はじめに―本書の内容について―

　本書は表題の「熊本藩の社会と文化」というよりも、副題の＜「八代古文書の会会報」1～50号＞というのが正しいと思いますが、蓑田勝彦の著作集的な性格が強いこともあって、このような題名をつけました。

　古文書を読みながらの歴史研究は50年をこえました。10年くらい前から著作集を出版したらどうですか、というような話がありました。そんなことはほとんど考えていなかったのですが、そのうちだんだんと出版を考えるようになり、出版社の方と話して著作集を作るのに着手しました。今まで書いてきたのを集めて本にすればいいと気楽に考えていたのですが、はっきりした方針も持たずに始めたので、すぐに迷いが出てどうしたらよいのか分らなくなってしまいました。そして、まだ誰も何も書いていないことで、自分しか知らないと思われることも沢山あるので、それらを書いておきたいし、紹介しておきたい史料も多いので、そちらの方を優先することにして、会報という形で発表することにしました。出版社の方にはご迷惑をおかけしました。

　3年ほどで50号まで発行することができました。その時どきに書きたいことを書いてきたので、1冊の本にしても何のまとまりもありませんが、50号までの内容のうち、いくつかについて簡単にふれておきたいと思います。

　「社会と文化」という題をつけましたが、せまい意味の文化に関するものは少ししか書いていません。その文化関係のうち、No.31・32は熊本藩の測量術・測量絵図と、藩校時習館の教師＝池部長十郎とについて書いたものです。池部長十郎は熊本藩の測量術と測量絵図の制作に重要な役割を果たした人物ですが、彼のことは今迄ほとんど知られておらず、彼の子＝池部啓太が幕末期の西洋砲術の発達に大きな貢献をしたことはよく知られていました。池部長十郎について詳しく述べたものとしては、恐らくこの会報の文章が初めてのものと思います。彼は伊能忠敬が熊本藩の測量に来たときに伊能一行の世話役をつとめています。そのことについては簡単にふれていますが、この会報を発行したあとにいくつか新しいことが判明しています。

　No.2の細川幽斎画像についての文は、熊本藩の美術史で定説化していた画像の作者についての考察で、新しい考えを提示したものです。そのほかに御用絵師の矢野家や薗井家についても書いています。筆者（蓑田）は江戸時代の絵画や絵師について関心をもっていて、この本には収録していませんが、「領内名勝図巻」についてとか、藩主の御座船「波奈之丸」の天井画についても書いています（巻末の「あとがき」参照）。今後も新しい史料を見出しながら努力していきたいと思います。

　「元禄」の殿様＝細川綱利について（No.19とNo.20）は、熊本藩の歴代藩主の中でも注目すべき存在であるのに、あまり取り上げられていない3代目藩主＝綱利について書きました。綱利は水前寺成趣園を造ったことなどで知られていますが、彼は時代の風潮の中で、藩の財政状況はあまり考えずに新しい家臣を何人も取りたてたり、気に入った家臣の知行を次つぎに加増したりしました。そのため以前から悪化していた藩の財政は極度に窮乏化しました。有名な細川重賢の宝暦の改革の中心課題は、その窮乏化した藩財政の立直しにあったことを、この論文で指摘しました。

　熊本藩の後期の藩札と銭匁勘定について、No.24やNo.45・46などに書きました。熊本藩の後期の

藩札は「銭1匁＝70文」という銭匁勘定に基づいて発行されたものですが、そのことは現在熊本の歴史研究においてよく理解されておらず、したがって一般の人々にはほとんど知られていない通貨制度です。熊本藩の江戸時代後期の通貨制度はこの論文で初めて明らかになったと思います。この銭匁勘定の成立についても、ここに書いたこと以外の新しい事実が分かってきたので、新しい原稿を準備中です。

　No.35～No.38には肥後の富講（宝くじ）について書いています。この富講のことについて詳しいことを書いたのも筆者が初めてだと思います。富講については史料が大変多く集まっているので、もっと沢山のことを書く予定でいたのですが、今のところこの4回分だけです。熊本藩内だけを対象にした宝くじが年に数十回も行われ、最高の当りくじ（1等）は千両、今でいえば1千万円以上という宝くじが行われていたことなどを書きました。

　松井家による八代海の干拓新田については、大学の卒業論文に書いたものをコピーしておいた（当時はコピー機はなく、ずっと後になってコピーしました）ものをNo.33・34・39・40に載せました。No.1とNo.3に書いた鹿子木量平らによる「七百町新地」のことなども、卒業論文を書くとき以来の関心事でした。いままで知られていなかった大坂の豪商たちの出資、地元の（藩内の）富裕者たちの出資状況、さらに富講の収益なども干拓地造成の資金にされたことなどを書いています。

　本書の内容でいちばん多いのは「八代の殿様」＝松井氏関係のことです。松井家10代目当主＝松井章之は、筆まめで多くの日記を残しています。その日記のうちで特に注目されるのは、天保12年（1841）と安政3年（1856）に徳川将軍に御目見えするために江戸へ旅行した時のものです。本書には安政3年の章之自筆の「参府日記」を掲載していますが（No.42・43・44）、その概要を記したもの（No.10）や、彼の江戸生活の状況を記したもの（No.26）もあります。彼の平常の生活を記した日記も、No.27・28・29とNo.47・48・49に掲載しています。松井氏は熊本藩の筆頭家老家で3万石を給された大名なみの家柄で、その当主の自筆日記というのは全国的に見ても、ほとんど例のない珍しい貴重なものといえると思います。天保12年の参府日記は別に本会から出版しています。

　つぎに多いのは八代関係のものです。前記の松井章之の日記も八代関係といえますが、No.13やNo.33・34・39・40も松井氏関係です。その他の八代関係としては、No.11の「めがね橋」で有名な岩永三五郎のこと、No.15の野津手永・種山手永の諸産物のこと、No.50の高田手永の概況を示したもの、No.17の櫨方の「八代出会所」、No.18の白島石細工、No.22の八代の災害のこと、No.21・23・25の八代蜜柑のことなどがあります。「八代関係」といっても単に八代のことを書くというよりも、日本の中の一つの地域の例として、日本の江戸時代がどのようであったかを理解することを目ざしながら書きたいと思っています。今後もできるだけ多くの史料を読んで、それを紹介したり、論文を書いたりしていきたいと思います。

2015年1月　　蓑田勝彦

※本書は「会報」1号～50号をそのまま復刻しましたが、気づいた入力ミス（誤植）などは訂正しました。

目　次　　（八代古文書の会会報目録）

No.1	（2011年2月）	鹿子木量平について（永青文庫「先祖附」による年譜）	4
No.2	（　同　3月）	細川幽斎画像の作者について	7
No.3	（　同　3月）	鹿子木量平と八代海の干拓新田	13
No.4	（　同　4月）	熊本藩の武士身分について（その2）	17
No.5	（　同　4月）	江戸時代の庶民と旅	21
No.6	（　同　5月）	熊本藩の御用絵師＝薗井家について	25
No.7	（　同　6月）	熊本藩の「寸志」知行取（その2）	29
No.8	（　同　6月）	百姓の農業経営は原則赤字？	32
No.9	（　同　7月）	江戸時代の落し物について、　御用絵師＝薗井家について（補）	36
No.10	（　同　8月）	「八代の殿様」松井章之の江戸旅行日記（安政3年）	40
No.11	（　同　9月）	和歌山の「不老橋」と肥後の石工―岩永三五郎の最後の目鑑橋―	44
No.12	（　同　9月）	将軍＝徳川吉宗の上覧に供された「三斎流」具足	47
No.13	（　同　10月）	松井家の歴史―「先祖由来附」第九巻、第十巻より―	51
No.14	（　同　10月）	熊本藩御用絵師＝矢野家について	57
No.15	（　同　11月）	肥後国八代郡の「惣産物調帳」（天保13年）	61
No.16	（　同　11月）	江戸時代の庶民と旅（その2）	65
No.17	（　同　12月）	熊本藩「櫨方」の「八代出会所」	69
No.18	（2012年1月）	将軍家に献上された　八代の白島石細工について	75
No.19、20	（同1月・2月）	「元禄」の殿様＝細川綱利について（その1・その2）	79
No.21	（　同　3月）	徳川将軍家への献上品「八代蜜柑」	89
No.22	（　同　3月）	江戸時代　八代の災害―火事・洪水・大風・地震―	95
No.23	（　同　4月）	徳川将軍家への献上品「八代蜜柑」（その2）	101
No.24	（　同　5月）	熊本藩の藩札の流通について	105
No.25	（　同　6月）	徳川将軍家への献上品「八代蜜柑」（その3）	109
No.26	（　同　7月）	「八代の殿様」松井章之の江戸生活（安政3年）	115
No.27、28、29	（同8月・9月・10月）	「松井章之日記」（天保12年1月～4月）	121
		―（その1）（その2）（その3）	
No.30	（　同　11月）	「他所合力」―大坂・江戸の熊本藩御用達など―	136
No.31、32	（同12月、2013年1月）	池部長十郎と熊本藩の測量絵図作成（上）（下）	142
No.33、34	（2013年1月・2月）	「八代の殿様」松井氏の干拓新田	156
		―その1・その2―敷河内新地（上）（下）	
No.35、36、37	（同3月・4月）	肥後の富講―熊本藩の「宝くじ」	168
		―（その1）（その2）（その3）	
No.38	（　同　5月）	小国宮原町の富講―熊本藩の「宝くじ」（その4）	182
No.39	（　同　5月）	「八代の殿様」松井氏の干拓新田―その3・松崎新地など	186
No.40	（　同　6月）	「八代の殿様」松井氏の干拓新田―その4・整理と問題点	194
No.41	（　同　7月）	竹崎茶堂の長州藩探索	200
No.42、43、44	（同8月・9月・10月）	安政3年の松井章之の参府日記	208
		―（その1）（その2）（その3）	
No.45、46	（同10月）	江戸後期　熊本藩の通貨制度―「銭匁勘定」と藩札―（上）（下）	229
No.47、48、49	（同11月・12月・2014年1月）	「松井章之日記」天保12年11月～同13年4月	241
		―（その1）（その2）（その3）	
No.50	（2014年2月）	肥後国八代郡　高田手永略手鑑（天保15年）について	261
あとがき			269

八代古文書の会会報 No.1	2011年2月　　八代古文書の会 発行 〒866-0081　八代市植柳上746-5　蓑田勝彦方

> 　以前から予定していた会報 第1号をお届けします。どのような内容のものにするか、年に何回発行するか、まだ未定です。いわば行きあたりばったり……。
> 　先だって八代古文書の会叢書の第8集『松井章之の江戸旅行日記』を、2008年10月に 会の30周年記念誌として発行しました。その後 会の開催は順調で、発足以来33年目を迎えました。上記第8集の最後の「例会の歩み」の所に使用したテキストを記していますが、その続きを記しておきます。
> 　　2009年3月～　　松井章之の江戸旅行日記＝「参府日記」（天保12年）
> 　　2010年10月～　　鹿子木量平の奉公附（永青文庫「先祖附」より）　　……現在継続中
> 　この号では、その鹿子木量平の奉公附の内容を要約したものを、下記に紹介します。

鹿子木量平　　先祖附（永青文庫 南東19、　熊本県立図書館複製本）

　先祖の鹿子木貞教は菊池家臣で鹿子木村に居住、その後数代を経て、飽田・託摩・玉名郡で560町を領知、熊本城に引き移る。のち上代村へ、さらに柿原村へ。豊臣秀吉の薩摩御陣の後、鹿子木紹達は高瀬町裏に居住し医業に従う。その子紹斎は菩提所として「大学寺」（大覚寺）を建立。その後、鹿子木貞徳の弟＝鹿子木善之助は鹿子木村に移り百姓となる。その曾孫＝弥左衛門は鹿子木村の庄屋を勤め、安永9年（1780）12月死去。その子が量平で、初めの名は幸平といった。

　宝暦3年（1753）生れ。

　安永2年（1773）7月　鹿子木村の相府役となる。　　同年12月　庄屋役代勤。

　同　6年（1777）9月　鹿子木村・西梶尾村庄屋役。　　（25歳）

　天明6年（1786）　　非常の天災飢饉に、両村の百姓は一人も飢寒に及ばざるよう取計い、郡代より褒詞。

　寛政4年（1792）4月　津波の時、溺死者の処理、被災者の救助などに出精し、役目をよく勤めたので、吉凶
　　　　　　　　　　　礼の節の麻上下着用・傘御免。　（40歳）

　同　5年（1793）12月　地士へ。　郡代手附横目となり、在勤中は一領一疋。

　同　9年（1797）6月　杉島手永の惣庄屋并代官兼帯、知行30石。　　（45歳）

　同　　　　　8月　飽田・託麻郡代手附横目在勤中、前年（寛政8年）夏の洪水後の諸御用多きところ出
　　　　　　　　　　精し勤務したので、作紋麻上下一具を下さる。

　同　10年（1798）5月　御才覚銀取計に心遣したことにより作紋帷子一・金子200疋を下される。

　享和元年（1801）6月　御郡庭帳改正に出精したこと、御家老衆に被承届。

　　【杉島手永・廻江手永守富在の田地は潮時に逆水を利用してきたが、至極不便利で塩気も多いので、作
　　　物がよくとれない。そこで国町川筋に新板堰を造り、流水を利用できるようにした。この工事費30貫
　　　目余を藩の出費なしで完成させ、今迄の48艘の井樋は不要となったため、毎年必要であった11貫900
　　　目余・米42石余・出夫1400人余が永年不要となった】

　同　2年（1802）12月　惣庄屋の仕事を熱心に勤め、年貢取立の仕法を改正し、また国町堰の完成に尽力した
　　　　　　　　　　　ことなどにより、作紋羽織一・金子200疋を下される。

　同　3年（1803）2月　反懸米のこと、寸志のことに格別出精したので、金子200疋を下される。

　文化元年（1804）5月　兼々心がけ厚く出精相勤めたので作紋袷一下され、知行高持懸りで野津手永惣庄屋に
　　　　　　　　　　　所替え、代官兼帯へ。　同年6月に野津へ。　　（52歳）

　　　　　【野津手永は格別の零落所で、以前から毎年莫大な御出方で何とかなっていたが、享和3年（1803）から「請免」の制度となったので、以後は御出方はできなくなった。そこで海辺新地を築いて手永の立直しが図られ、文化2年に普請開始、10月9日に完成。1ヵ年に50石宛藩に上納、313石は永代野津手永の御救立料とする仕法が決定された】

文化2年（1805）8月　この年5月の川尻洪水のとき御船手の塘が危険になったとき駆けつけて裁判、出精したので御間承届。

同　　　　　　11月　前年の請免・上米などのことに出精相勤めたので、知行高10石増（知行40石へ）。

同　3年（1806）8月　野津手永内田村・下村沖の新地（百町新地）築立に昼夜格別に出精したので、作紋絽羽織一と白銀5枚下される。　　　（54歳）

同　5年（1808）3月　知行高40石のままで、八代郡高田手永惣庄屋に所替、代官兼帯となり、野津手永の惣庄屋・代官も併勤を命じられる。　同年3月高田会所に移る（野津手永併勤）。

　　　　　【ここでは櫨方出会所の取建の御用懸、敷河内・海士江両所の御開見締、御仕立て櫨楮の見締、宮地村御用紙受払の御用ならびに御改正担当、松求麻猫谷・四浦在の山在畑開の調査を担当、定畑130町余の開明が出来】

同　5年（1808）閏6月　竜口御屋敷御類焼についての寸志一件取計への心遣いにより、作紋帷子一下される。

同　6年（1809）5月　野津手永の零落立直しで、地味の改良、勧農方の仕法などに出精したことなど、格別の勤め方により独礼に昇進。同時に野津手永での新地築立などの功績により、新地の中で田畑2町5反永代受持を認められる（反5升の上納は免除、手永備米〈反に3斗3升3合〉は差出）。

同　　　　　　8月　竜口御屋敷御作事用の材木川下しに、寸志・寸志夫を野津手永から差出したので御間承届。

同　7年（1810）1月　野津・高田両手永の御仕立櫨楮の件、敷河内・海士江両所の開地の心配、櫨方出会所の取建、櫨実の御買入などに出精したので、桜御紋上下一具を下される。

同　　　　　　12月　非常の御手当米、在中一統囲米についての寸志取計いに心配、また前年秋の下米御買上につき両手永で格別心配したので、作紋小袖一と金一両を下される。

同　8年（1811）11月　御留守居御中小姓列へ。今の役職はそのままで、御郡御吟味役当分を兼帯、また手永中のことに出精し、その功業もあるので御紋付御上下一具下される。

同　　　　　　12月　知行40石のままで五町手永惣庄屋に所替（代官兼帯）、五町へ引越す。

同　9年（1812）12月　前年冬から正月にかけて東目在御近領の百姓が騒動したとき、手永の村々の者どもに教示、心遣したこと賞される。

同　10年（1813）11月　西本願寺よりの御国中の寺々宗意調べ一件に格別心遣したことで銀二枚下される。

同　11年（1814）2月　御囲籾一件に心配したことで御紋付御上下一具を下される。

同　13年（1816）10月　太牟田沖新地築立につき御奉行衆の諮問により積帳を提出する。

同　14年（1817）2月　川尻御茶屋廻堀浚などの出夫のこと、徳王村への塩硝所の所替、同所の御蔵・会所の損所の手入に別して心配したことで、御紋付御上下一具を下される。

同　　　　　　6月　知行40石のままで野津手永惣庄屋に所替、代官兼帯。

同　　　　　　7月　太牟田御新地（四百町新地）築立の根役を命じられ、野津手永へ引越。
　　　　　同8月に新地開発に着手したが、10月下旬に中止となる。

　　　　　【文政元年（1818）11月　再開と決し、同2年2月に普請開始、同年9月に新地完成。正畝330町、年貢米1600石余を年々納入】

　　　　　【文政3年（1820）8月　下益城・宇土・八代三郡の海辺に新地築立の根役を命じられる。同4年（1821）

正月、700町新地を御出方を以て普請に取りかかり、同年11月潮止。正畝560町余、年貢米2400石余、年貢塩1600石余を年々納入】

文政6年（1823）4月　日光御霊屋向の普請御用に寸志米一件を心配、また郡代封金の件も心がけ厚く取計らい、御紋付御上下一具下される。

同　　　　　　10月　太牟田新地（四百町新地）の御用を格別精勤し、役方を数十年出精し、多くの功績があったので、擬作高100石を下され、知行取格とし、太牟田・高島・七百町の三ヵ所の新地見締を命じ、役料米を下され、御郡方御奉行触とする。　　　　　　（71歳）

同　　　　　　10月　御郡御吟味役兼帯当分を命じられる。

【文政7年（1824）1月　七百町新地について、藩主（細川斉樹）は、完成は来年の春と思っていたが、存外に早く完成したことを御満悦との旨、伝達あり】

【文政7年（1824）閏8月10日、藩主は熊本を出発、七百町新地の北端部を御覧、江道の御小立所で新地を御覧、御満悦、緒方藤左衛門宅に御泊。翌11日に内田村・下村沖百町新地、七百町新地・四百町新地を御覧、古田と同様と御満悦、「目出度」と御意あり。その後太牟田新地（四百町新地）の大鞘御小立所で鹿子木量平を召出され、「さぞ骨折」と御意あり】

同　8年（1825）7月　七百町新地の御用懸として諸事根になり、万事に心魂を尽くし完成させ、すぐに耕作が開始されたことなどの功績により、擬作100石を地面100石に直し、知行は新地の中から下される。　　また七百町新地の貝洲地区に屋敷地1050坪を下される。

【その後、量平が中心となり下益城・宇土・八代三郡の海辺で1900町余の新地開発を計画、資金は大坂の豪商＝稲川安右衛門らが出資者を募り、完成後に新地の土地を出資者に与え、毎歳の徳米で返済する計画を立て、その話を進めた。これは前藩主の時代からの2600町の新地開発計画に基づくものであったが、藩主の意向で七百町新地の完成で打ち切りとされた。それでも量平は、折角の計画だからと計画を進めたところ、その内容が御領内の土地を勝手に他所者に渡すことになっており、上を憚らない不都合のやり方で、不埒の至りとして処罰されることとなった。しかし老年者が性急に計画したことだからとの「御宥議」により、逼塞30日の処分で済むことになった。】

天保元年（1830）12月　当役差除かれ、御留守居御番組とし、逼塞30日の処罰をうける。　　（78歳）

同　10年（1839）3月　新地の和合塩浜の生産が順調に行われるようになったのは、量平の功績によるものとして、量平へ年々塩3斗入り10俵宛下される。　　　　　　　　　　　　（87歳）

同　　　　　　12月　四百町・七百町新地は量平の功績によるものとして、安定した収穫の中から米5俵を下される。

同　　　　　　12月　手永開（百町新地）も量平の功績によるものとして、その収穫米の中から米7俵を下される。

同　12年（1841）7月　病死（89歳）。

同　　　　　　12月　前の2項目　再通達（四百町新地・七百町新地から米5俵、百町新地から米7俵）

鹿子木量平の跡は養子の弥左衛門（実は量平の孫）が相続

天保4年（1833）正月　御目見、　同12年（1841）12月　養父（量平）の知行を相違なく相続（26歳）、御番方（有吉万之助組）。小倉戦争に出兵……。明治3年（1870）7月　弥金吾と改名。……

※（鹿子木謙之助は鹿子木量平の四男、父とともに新地開発に功績あり、父と別に知行50石を与えられ、別家を立てたので、量平の跡は継いでいない）

（終り）

八代古文書の会 会報 No.2	2011年3月　八代古文書の会 発行 〒866-0081　八代市植柳上746-5　蓑田勝彦方

　会報第2号をお届けします。前号では、江戸時代の八代海干拓の最大の功労者である鹿子木量平の奉公附の内容を紹介しました。今回は細川幽斎画像についての論考を掲載しました。
　この3月から、新幹線の博多～鹿児島ルートの全線開通を記念して、熊本県立美術館で「細川家の至宝」展が開催されます（3月8日～5月8日）。熊本藩主=細川家の初代である細川藤孝（幽斎）の画像も展示されるものと思います。この画像の作者は今まで田代等甫とするのが通説でしたが、それは誤りではないかという主張の論考です。

細川幽斎画像の作者について

蓑田　勝彦

一、はじめに

　昨年（二〇一〇年）は、細川幽斎の没後四〇〇年ということで、熊本県立美術館での展覧会や講演会、その他多くの催しが開催され、幽斎の画像も多くの印刷物に掲載されそれを見る機会も多かった。加藤氏改易のあと熊本藩主となった細川家、その初代=細川藤孝（幽斎）は武将でありながら当時最高の文化人でもあり、古今伝授の継承者としても知られている。その画像は、ずっと後になって作られた作品も含めるとかなりの数があるというが、普通に見られるのは ①南禅寺天授庵に所蔵されている以心崇伝の讃が付された画像（またはそれを写したもの）、②熊本の泰勝寺に伝来した上部に三枚の和歌色紙が貼られた画像（またはそれを写したもの）の二種類である。この二つの画像は一見するとよく似ており、同じ画像のようにも見える。この幽斎画像について三宅秀和氏は「右脚の膝頭に団扇を持つ右手を添え、向かって左、やや上方を眺めやる幽斎の姿は、柿本人麻呂や飯尾宗祇（一四二一～一五〇二）の像を踏襲したもので、彼ら歌聖の姿勢と性格を幽斎像に与えるものであった」と記し、二つの幽斎画像は同一作者によって同一時期に制作されたものという見解を述べている（註1）。
　この二つの幽斎像については、各種の展覧会図録の解説文などにはほとんどの場合、三宅氏と同様に二点とも慶長一七年（一六一二）幽斎の三回忌に、夫人の光寿院（=麝香）のもとめによって制作されたもので、細川忠興の画事をつとめた田代等甫によって描かれたものと記されており、それが通説となっている。しかし筆者（蓑田）はこの通説に疑問を感じており、二つの点から検討した結果、通説には無理があると思うようになった。第一点は二つの画像の違いを検討してみて、二つの画像は同一の絵師によって同一時期につくられたと考えるべきではないと思うようになったこと、第二点はこの二つの画像の作者を田代等甫とする根拠となった史料、『綿考輯録』『藩譜便覧』の記述の検討によってである。以下この二つのことについて述べていきたい。

二、二つの画像の比較検討

　二つの幽斎画像を比較検討するに際して、入手できる最も大きく新しい写真として東京国立博物館などによる展覧会図録『細川家の至宝』に掲載されている画像を利用した。前記①の画像としては、上部に以心崇伝の漢文の讃が添えられた同書の第31図の細川藤孝（幽斎）像（永青文庫所蔵）、②の画像としては、上部に和歌の色紙三枚が貼られた幽斎像=第30図（永青文庫所蔵）を用いた。同図録の解説によると、②は「熊本の泰勝寺に伝来し、明治の廃仏毀釈により細川家の所蔵となった画像」であり、いわゆる原本といえよう。①は「南禅寺天授庵に所蔵されている以心崇伝の賛が付された画像を写したもの」と記されており、いわゆる原本ではない（註2）。そこで念のため①の画像を原本の写真と比較しておきたい。

天授庵の原本の写真は、熊本県立美術館の『第四回熊本の美術　肥後の近世絵画』に第17図として収録されている（註3）。これは白黒写真であるが、画像の外形的な比較には支障はない。かなり詳しく較べてみてもほとんど外形的には相違がみられず、忠実に模写されていると思われる。なお参考のために②の画像を写したという画像も検討しておきたい。三宅秀和「追想の細川幽斎像」に、宝暦七年（一七五七）に竹原勘十郎（玄路）が写したという幽斎画像の写真が掲載されている（註4）。これには上部の和歌色紙は原本と全く違った感じに描かれているが、幽斎像そのものは原本に忠実に写されている様子がうかがわれる。このように「写し」は正確に原本を写すことが心がけられていたので、①の「写し」も原本と全く同様の画像と考えてよいと思われる。

　この①②の幽斎像は、前述した通りよく似ており、全く同一の作品のようにも見える。しかしこまかく比較してみると、かなり多くの点で違いが見られる。まず顔の部分を比較してみたい。(a) 目の部分をみると、①では左目の下にかなり濃い隈の線が引かれているように見える。同様に口の下の所に、①ではかなり強く「へ」の字形の線が描かれているが、②の像ではこの二つの線ははっきりとは見えない。(b) 耳の描き方が①は②に比べると斜めに描かれている度合いが強いようであり、顎も①は②に比べて少しとがって描かれているように見える。(c) 頭頂部は①の方は丸みが強い感じであり、後頭部も丸みをおびて描かれているが、②の後頭部は少しとがった形になっている。(d) 顔全体の感じを比べると①の方が少しキツイ感じに描かれているのに対して、②の方は穏やかな感じに描かれているように思われる。

　つぎに着物の描き方を見てみたい。服飾に関する知識が乏しいので正確な用語が分からないが、その点は御容赦をお願いしたい。上着は薄く透けた織物（絽？）で作られたもので、羽織ではなくて十徳または道服といわれるもののように思われる。(e) 臍の付近で上着の左右を結んでいる紐が、①と②とでは一見して違うことが分かる。①では左手に近い側に上下二本見えるように描かれているが、②ではほとんど一本に見えるように描かれている。(f) そのすぐ下の袴？の紐の結び目が、①にははっきりと目立つように描かれているのに、②ではそれほどはっきりと描かれていない。(g) この上着の、襟首〜紐〜裾と続く線を見ると、①では左右とも丸みを帯びて（カーブして）描かれているのに対して、②では襟から紐の所まではほぼまっすぐに描かれ、紐で引っ張られて急角度で左右に広がるように描かれている。また着物で最も目立つ違いは、着物全体の輪郭の描き方である。(h) 畳と着物の境目の凹凸の描き方が、①では左膝の下の所に鋭くとがった部分が描かれているのに対して、②にはそのような部分がない。(i) 左膝の外側に広がった上着の所に、①では鋭い切れ込みが描かれているが、②にはそれが見られず全体としてなだらかな凹凸で描かれている。さらによく観察すると、(j) ①の上着の左側（観察者から見れば右側）の裾は丸く巻き込まれているように見えるが、②ではそれが畳の上に広がっているように見える。

　幽斎の像容を見ると、(k) ①では幽斎の左肩がかなり左に傾けて描かれており、左腕を覆う着物がまっすぐには垂れず、少し不自然に腕に張り付いている感じで描かれているのに対して、②では着物はまっすぐ下に垂れていて自然な感じに描かれている。また左手の指の描き方をみると、(l) ①では親指が少し不自然な曲がり方をしているのに対して、②の画像にはそれほどの不自然さは感じられない。このように検討してみると、幽斎の全体的な像容は、顔の印象についても述べたが、①の方がどちらかといえばキツイ感じ、不自然な感じがするのに対して、②の方が比較的自然で穏やかな感じに描かれているように思われる。

　そのほかの相違点としては、(m) 座っている畳の縁の模様がある。黒い小さな丸い点のように見える模様の数は、前の方では①も②も二十二個描かれている。しかし後ろの方で幽斎の右手側に描かれている数は、①では三個がはっきりと描かれ、もう一つは着物の裏の方に透けて見えるように描かれているのに対して、②では四個の小さな丸点が四個とも着物に隠されずにはっきりと描かれている。(n) 幽斎の左手側の小さな丸点は、①では二個がはっきり描かれ、二個は着物の裏に透けて見えるように描かれているのに対して、②では一個だけが透けたように描かれて、もう一個が半分だけ透けたように描かれている、などの違いが見られる。

　以上、二つの画像のおもな相違点を記したが、詳細に見ればまだほかにも違いはあるかも知れない。要するに①と②の幽斎画像にはかなり大きな違いがあるといってもよいであろう。このような多くの相違点の中で(e) (h) (i) (m) などは下絵の段階での描き方の相違とも考えられるが、(c) の頭部の輪郭の描き方、(d) の顔の感じの表現、(g) の着衣の描き方、(k) の姿勢の描き方などは下絵の段階での違いではなく、絵師の個性による違いによるのではないだろうか。とくに(g)の上着の線がカーブして描かれていること、(k)の着衣が真っ直ぐに垂れずに左手

にはり付いたような形に描かれていることなどは、現代の写実重視の観点からみればかなり不自然な感じをあたえるものであり、絵師の描法の違いを示しているように思われる。このような違いが見られるということは、筆者にとっては、通説のようにこの二つの幽斎画像が同一時期に同一の作者のよって描かれたのではないことを示しているように考えられる。もし同一絵師の作品と考えるとしたら、かなり時間を隔てて制作されたものと考えるべきであろうし、それよりも二人の異なる絵師によって異なる時期に描かれたものと考えるべきではないだろうか。

　なお参考のために、幽斎画像と同じく細川家の当主（藩主）の肖像画で、図録『細川家の至宝』で見較べることのできる例を見てみたい。細川家一〇代目当主の細川斉茲画像である。掲載されている斉茲画像は二つとも藩の御用絵師である狩野弘信によって文政一〇年（一八二七）に描かれたものという。二つの画像は、讃のあるもの、無いもの、という違いはあるが「像容、形式、全く同一とみなしてよい」と記されている通り、肖像そのものには何の違いもないように描かれているといえよう(註5)。このように同じ一人の絵師によって同じ時期に描かれた画像の場合は、全く同一のような画像にするとか、少なくとも像容や顔の表情などは同一に描くなどして、相違点はそれほど多くないような描き方をするのではないかと思われる。この細川斉茲像の例と較べてみても、ここで検討している幽斎画像が、異なった時期に、異なった絵師によって描かれたものと考えた方がよいのではないかと思われるのである。

三、幽斎画像に関する史料について

　つぎに通説が幽斎画像の作者を田代等甫であるとする根拠となっている史料、『綿考輯録』『藩譜便覧』について検討してみたい。まずその史料を見てみよう。『綿考輯録』には

　(A)「一、慶長一七年壬子八月、三回御忌ニ光寿院様（幽斎夫人）之御好ニ而御像并讃出来す」と記され、それに続いて以心崇伝による漢文の「讃」が紹介されている。それに続けた形ではあるが、項を改めて

　(B)「一、泰勝寺ニ有之御影ハ御絵師田代等有筆也、（割註）「一ニ京車屋町御屋敷ニ而土佐光興ニ御書せ被成候」、御影の上御自詠三首……三斎君御物好にて御影之上ニ御張被遊候也」と記されている(註6)。

　そして別の史料である『藩譜便覧』の慶長一七年八月の項には

　(C)「一、八月（慶長一七年）泰勝院殿三年御忌ニ光寿院殿御好にて、泰勝院殿御影を田代等有に被仰付、御讃ハ前南禅寺被記候、御影の上に御自詠三首」とあり、続けて和歌が三首記されている(註7)。

　通説は上記三点の史料のうち特に(C)を主な根拠としている。つまり幽斎の三回忌の慶長一七年（一六一二）に、「前南禅寺」＝以心崇伝の讃があり、幽斎「御自詠」の色紙が上部に貼られた幽斎像が制作され、その作者（絵師）は「田代等有」と記されているが、この時期に田代等有が活動する筈はなく、「田代等有」は父親の「田代等甫」の誤記であろう、というのが通説の根拠とされているのである。

　ところでこの通説の支持者の中には、田代等甫の子が田代等有であり、等有が父＝等甫と同じく藩の御用絵師をつとめたということについて、不十分な理解のままで支持者になっていると推測される記述もみられるので、念のために田代等甫・等有・四郎兵衛の三代の絵師に関する史料を紹介しておきたい(註8)。

　　「蔚山町絵師田代八郎兵衛儀、親等有相果候以後、右八郎兵衛親同前御用被仰付、数年相勤申候へ共、御用無御座時分ハ勝手取続兼迷惑仕候、恐多申上事ニ御座候へ共、作料等ハ不被為拝領、少之御扶持方被下置、御用被仰付被下候は、御影を以取続、永々御用等相勤申度奉存候由、八郎兵衛願書付、祖父等甫・父等有ニ被下候御扶持方・作料之書付ニ、御奉行衆覚書共、大河原貞右衛門被差出候付、今日三宅藤助方へ相達候処、奉行中致讃談、書付相添達候様ニ可仕由ニて、右書付被差返候事」

　これは元禄七年（一六九四）の史料で、「町絵書」である田代八郎兵衛が、父や祖父と同様に藩の「御絵書」＝御用絵師に採用されるように願い出たことに関する書類である。この記事によれば、田代等甫・等有父子は二代にわたって藩から「御扶持方・作料」を支給される御用絵師であった。等有の子＝田代八郎兵衛は藩の「御用」は勤めたが「御扶持方」は給されず、熊本城下の蔚山町に居住する町絵師（町絵書）だったことが分かる。この三代にわたる絵師のうち、初代の等甫が慶長一七年ころに活躍しており、子の等有は生まれていたかどうかは不明であるが、少なくとも幽斎画像を描く年齢には達していなかったということが、通説の根拠とされているので

ある。

　ところで、通説の《田代等有は田代等甫の誤記》という考えは『藩譜便覧』の記述について十分な検討のうえで成立しているのだろうか。『藩譜便覧』の史料的性格については『肥後文献解題』に概要つぎのように記されている。《『藩譜便覧』は『藩譜採要』などを簡略化してつくられたものであり、その『藩譜採要』の幽斎以後の記述は『綿考輯録』によっている》(註9)。この解説が正しければ『藩譜便覧』の記事と『綿考輯録』の記事が一致しない場合は、原則として『藩譜便覧』の記事よりも、そのもとになった『綿考輯録』の記事の方を正しいものと考えるべきである、ということになるであろう。

　(C)の『藩譜便覧』には、幽斎像は慶長一七年に制作されたものであり、その作者は田代等有と記されている。しかしその記事のもととなった『綿考輯録』には、そうは記されていない。先に紹介したように『綿考輯録』には幽斎画像について二つの別な項目で記されており、(A)には《慶長一七年に南禅寺天授庵の以心崇伝の讃のある画像がつくられた》ことが記されているが、その作者については何も記されていない。つまり《作者は不明》なのである。(B)には《泰勝寺の幽斎画像の作者は田代等有（一説には土佐光興）である》ことは記されているが、制作された時期は記されていない。このように『綿考輯録』には(A)(B)の記事が二つの項目に分けて区別して記されていることに留意しておきたい。

　『藩譜便覧』の記事は(C)に紹介したように、《幽斎画像には以心崇伝の讃と、幽斎自筆の色紙が、画像の上部にある》と記しており、天授庵の画像と泰勝寺の画像とを区別して記述してはいないように思われる。通常の出版物に見られる幽斎画像には、以心崇伝の讃と幽斎自筆の色紙とが二つとも記されているものはない。このことから考えれば『藩譜便覧』の(C)の記事は、「便覧」の作成、つまり簡略化された「藩譜」を作成するために、『綿考輯録』の(A)(B)の二つの別項目の記事を単純に取り交ぜて一つの記事にした可能性が強いことを示していると思われ、『藩譜便覧』の記事の信頼性に疑問を感じざるを得ないのである。『藩譜便覧』の記述が、もし『綿考輯録』の二つの記事を取り交ぜて書かれたものであれば、それは『藩譜便覧』のこの部分の記事は信頼性に欠けるということであり、『綿考輯録』の記述の方をそのまま受け止めるべきである、ということになる。『綿考輯録』は細川家の正史といわれており、その筆者=小野武次郎はそれ相応の学識を有する学者であり、もともと田代等甫・等有父子の名を書き間違えるということは考えにくいのではないだろうか。

　ここまで書き進めてきてもう一つ重要なことに気付いた。『綿考輯録』の(A)の記事の最後の部分には「私云、右御像讃何方ニ有との事再考」と一見不思議な言葉が記されているのである(註10)。現代の我々にとっては、以心崇伝の讃のある幽斎画像は南禅寺天授庵にあるということは自明のことであり、《以心崇伝の讃がある幽斎画像はどこにあるのか不明である》という意味の文章は理解しにくい。筆者もこの文にはこれまで全く注意が向かなかったし、幽斎画像を論ずる人々も誰も目を向けなかったようである。ちょっと信じられないことであるが『綿考輯録』の著者=小野武次郎は、以心崇伝の讃のある幽斎画像が天授庵にあることは知らなかったし、それを見ないまま『綿考輯録』の記事を書いたのである。そのことは画像の上部に記されている讃と、『綿考輯録』に記された讃の文とを比較してみれば明らかである。二つの文は次のようにかなりの部分で違いが見られる。①画像でははっきり読み取れる語句なのに、『綿考輯録』では「一字闕」「二字闕」などと割註の形で記されている所がある　②画像の讃文は、あまり改行されずに一行が長く記されているが、『綿考輯録』では多くの改行がなされている　③『綿考輯録』の文の一部には、画像の文と順序の違って記されている部分がある　④『綿考輯録』の文には脱漏や字の誤りが数ヵ所ある、などである。

　以上のような違いは、小野武次郎が天授庵の幽斎画像を見て写したとすれば起こり得ない違いである。小野自身が「右御像讃何方ニ有との事再考」と記しているように、彼は天授庵の画像や讃を見ることなしに、讃を写した資料（しかもかなり質の悪い資料）を見ながら『綿考輯録』の記事を書いたとしか考えられない。そのため①〜④のような、考え方によっては『綿考輯録』の信頼性を疑わせるような、間違いの多い「讃」の文が記されたのである。小野武次郎が天授庵の幽斎画像を見ることなしに(A)の記事を書いたとすれば、それは(B)の記事とは完全に別の記事であり、彼がなぜ項目を改めて《泰勝寺の幽斎画像を描いた絵師は田代等有である……》と記したか、その理由が分かるのである。このことを考えると、『藩譜便覧』が(A)の記事と(B)の記事とを一連の記事とつなげて理解して、それを取り交ぜた形で記述したのは明らかに誤りであるといえよう。

以上検討した結果、くりかえしになるが(A)の記述にある南禅寺天授庵の幽斎像は慶長一七年（一六一二）に制作されたものであるが、その作者（絵師）は不明ということであり、また泰勝寺の幽斎像の作者（絵師）は(B)の記述のとおり「田代等有」（一説では土佐光興）であって「田代等甫」ではないと考えるべきであり、その制作時期は不明であるということになるであろう。

四、泰勝寺伝来の幽斎画像とその絵師
　ところで泰勝寺に伝来した幽斎画像を描いた絵師は田代等有と考えるべきであるという筆者の考えは、歴史的な事実として無理はないのだろうか？　田代等甫・等有父子の生没年などに関する史料は全く知られていないので、直接そのことを知ることはできない。しかし等甫の子＝等有が幽斎画像を描く資格を有したことは、先に紹介した史料により明らかである。つまり等有は、父の等甫やその弟子の矢野三郎兵衛らと同じく藩の「御用絵師」だったのであり、幽斎画像の製作を命じられた可能性は十分にあったのである。問題は(1)泰勝寺に伝来した幽斎画像がいつ描かれたのか、(2)その時期に等有が藩の御用絵師として一廉の存在となっていたかどうか、の二つの点であろう。

　泰勝寺の幽斎画像はいつころ描かれたのであろうか？　通説のようにそれが慶長一七年であれば、等有が幽斎画像を描く可能性はないであろう。等有が幽斎画像を描いたとした場合その時期はいつ頃であろうか。泰勝寺の画像に細川三斎（忠興）が幽斎自筆の和歌色紙を貼付したことが『綿考輯録』に記されていることから考えれば、その最下限は三斎の死、つまり正保二年（一六四五）ということになるであろう。しかし泰勝寺に幽斎画像を納入する時期としては、泰勝寺の歴史の中でそれに相応しい時期とか、あるいは幽斎の何年かの回忌など、肖像画を奉納するのに適当な時期があると考えるのが普通であろう。もし泰勝寺の歴史の中の時期で考えれば、細川忠利が寛永一四年（一六三七）に熊本の立田山山麓に泰勝院を建立して、祖父幽斎夫妻と母の玉子（ガラシャ）を祀った時が、その最下限の時かも知れない（註11）。

　この寛永一四年ころに、田代等甫の子＝等有が幽斎画像の制作を命じられる可能性はあったのであろうか。それを考えるために、田代等甫・等有父子の活動時期について考えてみたい。この父子に関する史料は少ないが、父の田代等甫に関する史料は大倉隆二氏によって何点か紹介されている。それによれば、等甫は寛永六～七年（一六二九～三〇）ころに細川家江戸屋敷の座敷絵を描いているが、寛永九年（一六三二）ころには引退した可能性が考えられるという。そして田代等甫に代わって、弟子の矢野三郎兵衛がその頃から活躍するようになったという。また『肥后藩雪舟流画家伝』には、等甫は細川三斎にしたがって八代に来住し、寛永年間に八代で死去したと記されているという（註12）。寛永年間に八代で死去したのが事実であれば、等甫は寛永九年から寛永二一年（一六四四）の間に死去したことになる。この等甫の子が等有である。

　田代等有も父と同じく藩の御用絵師を勤めたことは先に述べた通りである。等有に関しては父と同様に御用絵師を勤めたということを示すこの史料以外に、確実な史料は知られていない。もう一つ確からしい史料としては、大倉隆二氏が紹介している出奔事件の史料がある。これは寛永五年（一六二八）五月に等有が出奔して、矢野三郎兵衛が等有を連れ戻したという事件に関する史料である（註13）。この出奔事件はごく簡単な記述しか残されておらず詳しいことは分からないが、この時の等有は多分若年だったものと考えられる。前記のように、父の等有が寛永九年（一六三二）ころに引退したと考えれば、彼の出奔原因は父の跡を継ぐ問題と関わりがあったのではないかと思われる。父の跡を継ぐほどの技量に達していたかどうか、父の優秀な弟子である矢野三郎兵衛との関係など、複雑な事情がからんでいたのかも知れない。そのような憶測は別として、すでに見たように、等有は後に父と同様に藩から「扶持」を給された一人前の絵師となったことは間違いない事実である。その時期がいつかは分からないが、泰勝寺の幽斎像が等有によって描かれたとした場合、幽斎画像がもし寛永一四年（一六三七）ころに描かれたとすれば、出奔事件からは九年たっており、等有の年齢は二〇歳代後半か、三〇歳代の年齢に達していて、一人前の絵師として認められ、幽斎像を描き得る技量の持ち主であった可能性はかなり高いと考えられる。しかも寛永一四年ころに描かれたとした場合は、以前に描かれた画像を写すなどして制作するのであり、全く新しい肖像を制作するのとは違って、それほどの技量は必ずしも求められなかったことも考えられる。以上検討した結果をみれば、通説のように「田代等有」を「田代等甫」の誤りとせず、「田代等有」が泰勝寺の幽斎像

を描いたという『綿考輯録』の記述は、そのまま受け入れても不都合はないといえるであろう。

四、おわりに

　これまで述べたことをまとめると、第一には南禅寺天授庵の幽斎画像と、泰勝寺に伝来した幽斎画像を比較検討した結果、二つの幽斎画像には同一人が描いたとは思われないほどの相違点が見られること。第二には従来の通説の根拠とされている史料＝『綿考輯録』『藩譜便覧』の記事を検討すると、通説にみられるように二つの画像が同時期に制作されたという解釈には大きな疑問があるということになる。この二点の検討によって、二つの幽斎画像は二つとも田代等甫の作であるという今までの通説は成立しないのではないか、というのが筆者の考えである。そして二つの画像のうち、泰勝寺にあった幽斎画像については『綿考輯録』に記されている通り田代等有（一説では土佐光興）の作とするのが正しい考えであると思われるのである。しかし描かれた時期は全く不明で、先に寛永一四年（一六三七）と記したが、それは単なる可能性を考えただけのことで真相は不明としか言いようがない。南禅寺天授庵の幽斎画像が慶長一七年（一六一二）に幽斎の三回忌にあたって制作されたというのは疑いのないことであろうが、その作者は不明というべきであろう。もちろん田代等甫の可能性もあろうが、それはあくまで可能性であって、田代等甫が作者であることを示す史料は存在しないといえよう。

　以上、推測をまじえながら幽斎画像について考えたことを述べてみたが、結論は単に従来の通説は間違いではないかという主張に終わった感じで、必ずしも生産的な問題提起とはいえない点は筆者の力不足によるものである。今のところ南禅寺天授庵の幽斎画像の絵師についての検討課題の一つと思うのは、前述の（B）に"一説"で「京車屋町御屋敷ニ而土佐光興ニ御書せ被成候」と記されている「土佐光興」のことである。この「土佐光興」は泰勝寺の幽斎画像の作者かも知れないということで記されているのであるが、彼について調査・検討していけば、あるいは天授庵の幽斎画像の作者を究明する端緒が得られるかもしれない。「土佐光興」は常識的には「土佐光起」のことと考えられるが、彼は元和三年（一六一七）生まれとされているので、慶長一七年（一六一二）の作という天授庵の幽斎画像の作者ではありえない。土佐光起ではない「土佐光興」がもしかしたら天授庵の幽斎画像の作者かも知れないとも思うが、現在の筆者はこれを検討する資料も能力も持ち合せていない。筆者は絵画について専門的な知識は持ち合わせていないし、絵画史についても同様である。したがってここで述べたことにどれだけの正しさがあるかについてあまり自信はないが、検討したことをそのまま述べてみた次第であり、大方の御教示を得られれば幸いである。

　　註1　『細川幽斎展』（熊本県立美術館、平成二二年）一二頁
　　註2　『細川家の至宝―珠玉の永青文庫コレクション―』（東京国立博物館など、二〇一〇年）四四・四六・三二四頁
　　註3　『第四回熊本の美術　肥後の近世絵画』（熊本県立美術館、昭和五四年）。なおこの図録には頁数がつけられていない。
　　註4　三宅秀和「追想の細川幽斎像」（『茶道の研究』六四五号、平成二一年八月号）
　　註5　前註2の書、九六・九七・三四八〜三四九頁
　　註6　『綿考輯録』第一巻（出水叢書1、汲古書院、昭和六三年）三〇七〜三〇八頁、なお「光寿院」は幽斎夫人のこと。
　　註7　『藩譜便覧』（熊本大学附属図書館寄託「永青文庫」四-三-四-三）、なお「泰勝院殿」は細川幽斎のこと。
　　註8　永青文庫「草稿本」一一〇一、《「御花畑御奉行日記抄出」自天和元年　至元禄十七年　のうち、元禄七年正月の記事を写したもの》。但し熊本市歴史文書資料室蔵の「永青文庫」複製本一四九一による。なお、「草稿本」は、上記註7の「永青文庫」のうち、明治以後（大正時代？）に原史料を細川家の歴史編纂所で筆写したもので、いまは原本が失われているものも多い。
　　註9　上妻博之著・花岡興輝監修『新訂　肥後文献解題』（舒文堂河島書店、昭和六三年）一三六頁。
　　註10　前註6の『綿考輯録』第一巻、三〇八頁。
　　註11　泰勝寺の歴史については、前註6の『綿考輯録』第一巻の三〇六頁参照。
　　註12　前註3の『第四回熊本の美術　肥後の近世絵画』のうち、「肥後の近世絵画史概説」の項。なお「肥后藩雪舟流画家伝」は、『細川藩御用絵師・矢野派』（熊本県立美術館、平成八年）一二〇〜一五一頁に収録されている。
　　註13　前註12の『細川藩御用絵師・矢野派』八二頁。なお原史料には、出奔したのは「洞甫むす子」と記されている（『福岡県史　近世史料編　細川小倉藩(1)』四九三頁、〔西日本文化協会、平成二年〕）。

八代古文書の会 会報 No.3	2011年3月25日　八代古文書の会　発行 〒866-0081　八代市植柳上746-5　蓑田勝彦方

会報 No.1 は鹿子木量平の経歴（「先祖附」の一部）を紹介、No.2 には『細川幽斎画像の作者について』を掲載しました。この号には、No.1 に続いて鹿子木量平の八代海干拓に関する資料を掲載します。(A)「百町新地」「四百町新地」「七百町新地」について　(B)「七百町新地」への藩内での寸志　(C)「七百町新地」への大坂商人の出資　(D)「七百町新地」開発の際の役人（表彰された功労者）　(E)「七百町新地」築立に関する冨講興行（宝くじ）の資料です。

鹿子木量平と八代海の干拓新田

蓑田　勝彦

(A) 鹿子木量平による干拓新田

鹿子木量平が中心になって開発した三つの新地について、以下を参考に簡単にまとめた。
- 熊本大学国史学科研究会（佐藤郁夫他）「肥後藩の八代新田開発―百町・四百町・七百町新地について―」
（『熊本史学』第二四号、昭和三七年）
- 佐藤郁夫「肥後藩の干拓新田（二）―特に八代海沿岸百町・四百町・七百町新地についての問題点―」
（森田誠一編『肥後細川藩の研究』名著出版、昭和四九年）
- 永松豊蔵『鏡町史』上巻（鏡町役場、昭和五七年）
- 「天職事業記」（永青文庫「草稿本」1706、熊本市歴史文書資料室の永青文庫複製本1507冊目）

1．百町新地（手永開）

　文化2年（1805）築立。地元の緒方、浜田、白石らが才覚銭（出資金）を出す。それに100貫目の拝借銭（藩からの借用銭）。はじめ3ヵ年は利子だけ支払い。その後10年で元利返済、つまり13年で完全返済。1ヵ年の生産は1624石（1反に1.6石）。この内50石（1反に5斗）だけを貢租として藩へ上納、313.3石は野津手永御救備分とする。163.3石は銀主（出資者）へ渡し、残り1097.4石は作徳米。はじめは10ヵ年だけ御救新地ということだったが、万世御救新地へ。（治定後は1反に5斗上納）

2．四百町新地（藩営新地）

　文政2年（1819）築立。資金…寛政9年（1797）「御年貢庭帳改正」により田畑167町7畝余の隠田畑を摘発、同12年よりそこからの貢租上納、文化12年（1815）にはその集銭が1000貫目余となり、それを資金とする。八代郡3手永の会所貯銭からも支出。総額1263.5貫目余（金で12635両余）。出来た新地の耕地面積は約337.79町、産米5066.85石（1反に1.5石）。上納米は1688.95石（1反に5斗）。

3．七百町新地（藩営新地）

　文政4年（1821）築立。総工費は銭5487.14貫目、その多くは藩内・藩外の富商の出資による（別項参照）。新地のうち田畑面積は563町38余。生産額は7887.418石（1反に1.4石）、うち2535.24石余が上納米（32%）、5352.176石余が作徳米（農民側の取分）。（年貢米2400石余、年貢塩1600石余とも）

> 三新地の合計　　『鏡町史』所収の 鹿子木量平「邦君積善記」＜天保3年＞による
> 　　田畑　1002町6反7畝21歩、　　産穀　1万4278石766、　　産塩　1万7481石6斗
> 　　　三新地新村惣人数　1664人

※七百町新地は「三郡新地」二千六百町計画の一部とされている。「三郡」というのは八代郡・下益城郡・宇土郡で、その三つの郡の海岸部に広大な干拓地を造成しようという計画である。享和2年（1802）に当時の藩主＝細川斉茲が八代城に「御成」の際に、八代海を遠望して広大な新地が造成できるとの「御意」があったという。その「御意」に基づいて三郡新地 二千六百町計画が立てられた。

　鹿子木量平はこの計画に添って、七百町新地に続く千九百町の開発計画を立てて実行しようとしたが、その計画は新藩主＝細川斉樹の「御意」に添わないものとして処罰された。そのため二千六百町の開発計画は中断されたが、のちに再開され、内山幹生氏によれば安政2年（1855）までに次のようにほぼ完成したという。

（開発地）	（事業体）	（竣工年）	（開発面積）	
鹿嶋尻御新地	藩	天保九年（一八三八）	二一五・五反	
亀崎御新地	藩	天保一〇年（一八三九）	九三・八町	
下住吉御新地	藩	天保一一年（一八四〇）	九六町	
新田出新地	手永	同年	一〇五町	
松橋新開	藩	天保一二年（一八四一）	一三五・二町	
松橋新開築添	藩	弘化二年（一八四五）	一一二・七町	
網道新地	手永	嘉永五年（一八五二）	五九二・三町	（七百町新地を含めて
砂川新開	藩	安政二年（一八五五）	三六五町	合計 2455.9 町）

（内山氏の2010年12月 熊本史学会の発表資料「近世末期の国土開発―八代海二千六百町歩開発計画と鹿子木量平―」）

(B) 七百町新地への寸志応募者

　　七百町新地への寸志募集については浜田家文書「諸達控」（『鏡町史 上巻』p.1058~1061）参照。
　　　　　（銭200貫目で知行100石、銭100貫目で知行50石、銭70貫目で組付御中小姓、70貫目以上の寸志を募集）
「窺帳」10-13-28、10-14-5　　＜以下の人物については永青文庫の「十代相続寸志」に記されている者が多い＞　　　（⑮p.107~、⑯p.11~）

1. 鈴木龍太　　御留守居御知行取格　無禄　　　＜大津＞
　　文政四年（一八二一）七月。一〇〇貫目を差上げ知行五〇石、御番方へ。知行は新地の内から、一〇代相続。
2. 緒方藤左衛門　　組付御中小姓列　緒方吉次悴　　＜鏡＞
　　文政四年（一八二一）一〇月。父の緒方吉次が一〇〇貫目を寸志に差上げたので、藤左衛門へ知行五〇石、
　　御奉行触、一〇代相続、知行は新地の内より
3. 中原卯兵衛　　住江次郎左衛門組、三〇〇石蔵米　　＜菊池郡広瀬古閑村＞
　　文政四年一二月。寸志銭二〇〇貫目を差上げ、別段に知行一〇〇石、一〇代相続、知行は新地の内より。
　　　▽中原宇左衛門　　御奉行触 中原卯兵衛嫡子、二五歳
　　　　文政一〇年（一八二七）四月。父の中原卯兵衛が二月に病死した。父の知行は蔵米三〇〇石と一〇代相
　　　　続の一〇〇石で、以上を相違なく宇左衛門へ相続させる。
4. 片山仁左衛門　　五人扶持　　＜菊池郡＞
　　文政五年（一八二二）二月。寸志銭一〇〇貫目差上げ、知行五〇石、御奉行触。（今迄の禄席は二男 片山巌
　　へ引継、御留守居御中小姓）　一〇代相続、知行は新地の内より。
5. 吉田清右衛門　　宇土御郡代支配 士席浪人格、一〇人扶持
　　文政五年（一八二二）六月。寸志一〇〇貫目を差上げ、知行五〇石（新地の内より）、御奉行触、一〇代相続。
　　今迄の扶持はそのまま下される。
6. 松岡理三兵衛　　八代御郡代支配 御留守居御中小姓の席 二人扶持　　＜八代郡高田手永＞
　　文政五年（一八二二）八月。寸志銭一五〇貫目を差上げたので知行七五石、御奉行触、一〇代相続、知行は
　　新地の内より。（今迄の二人扶持は養子の亀記へ、御留守居御中小姓の席）
7. 岡崎源右衛門　　佐弐役触、士席浪人格、一七人扶持　　＜熊本町＞
　　文政七年（一八二四）六月。鳥目一〇〇貫目を寸志に差上げたので知行五〇石、御奉行触とし、一〇代相続。
　　知行は新地の内より。
8. 栗林桂次　　阿蘇南郷御郡代支配、御留守居御中小姓の席、七人扶持
　　文政八年（一八二五）二月。銭一〇〇貫目を差上げたので、知行五〇石、御奉行触へ。知行は新地の内より。
　　（今迄の七人扶持は養子の栗林欣吾へ、御留守居御中小姓の席で）
9. 御手洗栄八　　高田手永 惣庄屋直触、同手永小中嶋村居住　　＜豊後＞
　　文政八年（一八二五）二月。銭一〇〇貫目を差上げたので、知行五〇石、御奉行触、一〇代相続へ。
10. 冨田陸内　　御留守居御中小姓、無禄　　＜玉名郡鍛冶屋村＞
　　文政九年（一八二六）四月。寸志銭一〇〇貫目を差上げ知行五〇石、御奉行触、一〇代相続、知行は新地の
　　内より。（今迄の席は養子の冨田喜次郎へ、御留守居御中小姓）
11. 緒方平三郎　　緒方吉次養子
　　文政一二年（一八二九）三月。父の緒方吉次が鳥目一〇〇貫目を寸志に差上げたので、平三郎へ知行五〇石
　　を下され、御奉行触とし、一〇代相続、知行は新地御所務の内より。

12. 浜田喜三兵衛　　浜田忠蔵忰　　　　＜鏡＞　　　　　　　　『鏡町史 上巻』p.1061）
　　文政五年（一八二二）八月。寸志（七〇貫目）により五人扶持下され、組付御中小姓列。禄席は一〇代相続、扶持は七年目から下される。　　（※喜三兵衛の子＝市太郎は、天保一三年一二月、父通り五人扶持、組付御中小姓へ）

13. 狭間次右衛門　　今迄 苗字御免 鶴崎町別当列、　今迄四人扶持
　　文政九年（一八二六）八月。三郡新地に寸志（七〇貫目）を差上げ、五人扶持で組附御中小姓列へ。禄席とも一〇代相続。扶持は七ヵ年目より。（「先祖附」南東六二）

14. 首藤長次郎　　今迄 一領壱疋で三人扶持　　　＜豊後＞
　　文政一〇年（一八二七）九月。三郡新地に寸志（七〇貫目）を差上げ、五人扶持で組附御中小姓列へ。禄席ともに一〇代相続。扶持は７ヵ年目より。（「先祖附」南東六二）

(C) 七百町新地へ出資した大坂の豪商　「達帳」文政5年（9-11-4）

　長田作兵衛・稲川安五郎・樋口十郎兵衛へ申談じ、「永上」の分には銀高に応じ永久の御知行を下され、其余の出銀分は格別軽利として別段の賞を与える。是迄下されていた「御蔵米」は百石に三五石手取とされていた。今度の「永上銀」には百貫目に一五〇石ほどが相当として、同様に三五石手取とすれば、三俵六〇目にして利銀に直して二朱七厘ほどに当たる。

1. 長田作兵衛　　永上銀 500 貫目。
　　　銀百貫目に 150 石では 750 石であるが、知行 700 石を下される。この手取米 245 石（100 石に 35 石）
　　　　→代銀 14 貫 36 匁（3 俵 55 匁として）、利分に直して 2 朱 3 厘 3 毛 9 弗
　　　＜長田作兵衛には、蔵米知行 1300 石と 100 人扶持を下されている＞

2. 稲川安五郎　　永上銀 250 貫目
　　　同前、375 石のところ、知行 350 石とする。この手取米 122 石 5 斗（100 石に 35 石）
　　　　→代銀 7 貫 18 匁、利分に直して、同じく 2 朱 3 厘 3 毛 9 弗
　　　＜但し、永上銀 250 貫目のうち 100 貫目は弟の渋谷万太郎が差上げたので、知行 350 石のうち 200 石を稲川安五郎へ、150 石を渋谷万太郎へ下される。また稲川安五郎は蔵米知行 700 石と 40 人扶持を下されている。＞

3. 樋口十郎兵衛　　永上銀 50 貫目
　　　同前、75 石のところ、知行 70 石とする。この手取米 24 石 5 斗（100 石に 35 石）
　　　　→代銀 1 貫 403 匁、利分に直して、同じく 2 朱 3 厘 3 毛 8 弗
　　　＜別に「軽利調達分」として「九曜御紋附縮緬袷御羽織一」を下される。
　　　　また樋口十郎兵衛には 35 人扶持を下されている。＞

　※長田宗懿＜長田作兵衛隠居、15 人扶持、700 石・40 人扶持を下されている＞へ 10 人扶持増
　　稲川安右衛門＜稲川安五郎隠居、15 人扶持＞へ 5 人扶持増
　　加嶋屋 猪兵衛＜長田作兵衛手代、7 人扶持を下されている＞へ 3 人扶持、
　　茨木屋 吉兵衛＜稲川安五郎手代、5 人扶持を下されている＞へ 2 人扶持
　　加嶋屋 孫市・弥十郎（長田作兵衛手代）へ毎歳米 10 俵宛、＜孫市へは 2 人扶持を下されている＞
　　茨木屋 九兵衛・茂兵衛（稲川安五郎手代）へ毎歳米 5 俵宛、＜茂兵衛には 3 人扶持を下されている＞
　　加嶋屋 弥一兵衛・勝蔵（樋口十郎兵衛手代）へ九曜御紋附横麻御上下一具宛、

4. 小西新右衛門　　永上銀 5000 両分　銀 300 貫目　　＜伊丹商人、御用達＞
　　　御賞米 179 石 2 斗、代銀 10 貫 267 匁（3 俵 55 匁として）、利分に直して 2 朱 8 厘 5 毛 2 弗余
　　　　（この利分が長田らよりも高いのは、今度の調達計画以前から、利分は 3 朱で申出ていたため）
　※小西由兵衛（小西新右衛門手代）へ毎歳米 10 俵、　正助（小西新右衛門手代）へ毎歳米 5 俵

　以下は「達帳」⑲ 文政7年（永青文庫 9-11-6）による

5. 千草屋 宗十郎（大坂御用達）　銀 400 貫目、3 朱利付で出銀　　5 人扶持増へ
　※半九郎・甚五郎（千草屋 宗十郎 手代）へ白銀 2 枚宛

6. 平野屋 惣兵衛（大坂御館入）　新地御用銀 300 貫目、3 朱利付で、5 ヶ年割調達　米 20 俵
　※万兵衛（平野屋 惣兵衛 手代）　金子 300 疋

【七百町新地開発の資金】上記(B)(C)によると、(B)に記した熊本藩内の寸志額（14 人分）は銭 1250 貫目、(C)に記した大坂の豪商の出資額（6 人分）は銀 1800 貫目となる。この頃の米の値段は、ほぼ銀 100 目＝米 1.7 石、銭 100 目＝米 1 石である（『熊本藩年表稿』p.384）。

それで計算すると、銀1800貫目＝銭3060貫目となる。したがって（B）と（C）の金額を合計すると銭4860貫目になる。（A）の3に記した七百町新地開発経費は銭5487.14貫目であり、（B）と（C）の合計額はその88.6％と計算される。

（D）七百町新地に功績の役人

1. 松村英記　　御勘定所御目附、御使番列、二〇〇石　　　　　　　＜以下「窺帳」10-14-5より＞
   文政八年（一八二五）七月、七百町新地の御用懸で、御銀繰などに功績あり、足高五〇石下される。
2. 米良四助　　御郡代、一〇〇石擬作
   文政六年（一八二三）七月、七百町新地開発に出精、三三〇町余の新地が出来、高島新地の内百町御買上や塘手普請などの功績により、擬作百石を地面百石へ。
   ※米良四助　　御郡代、一〇〇石
   　文政八年（一八二五）七月、七百町新地の御用懸として主になり、昼夜格別に出精したので五〇石加増。
   ※文政九年（一八二六）一〇月隠居（家督以来四一年、御役は二九年勤務）、嫡子・米良亀之進が相続（三六歳）。
3. 坂本庄左衛門　　御目附、三〇人扶持、内一〇人扶持御足
   文政八年（一八二五）七月、七百町の御用懸として出精したので、知行三〇石を下される。
4. 宇野騏八郎　　郡代、一五〇石（うち五〇石御足）
   文政八年（一八二五）七月、七百町新地の御用懸として諸事心配したので、知行三〇石加増。
5. 奥村仙蔵　　郡代、一五〇石
   文政八年（一八二五）七月、七百町新地の御用懸として諸事心配したので、知行三〇石加増。
6. 大塚林右衛門　　御勘定頭、百石擬作
   文政八年（一八二五）七月、七百町新地の御用懸、御銀繰など心配、大坂で入目銀御才覚に尽力したので、擬作百石を地面に直し下される。
7. 鹿子木量平　　野津手永惣庄屋、御郡吟味役当分兼帯、御留守居御中小姓、知行四〇石
   文政六年（一八二三）七月、新地開発に出精など、長年の功績により擬作一〇〇石、知行取格、当役御免。大牟田・高島并七百町 三ヵ所の新地見締とし、御郡方御奉行触へ。
   ※鹿子木量平　　大牟田・高嶋并七百町三ヶ所の新地見締、御郡吟味役兼帯当分、擬作一〇〇石
   　文政八年（一八二五）七月、七百町新地開発の御用懸根役として出精、特に潮止に抜群の功績ありなどにより、擬作一〇〇石を地面に直し下される。（地面は新地の内にて）別に新地の内に屋敷床を下される。
8. 鹿子木謙之助　　野津手永惣庄屋、量平伜
   文政八年（一八二五）七月、七百町新地の御用懸根役として父＝量平と同様に出精し功績あり、知行五〇石（新地の内より）下され、七百町新地見締役へ。
9. 緒方吉次　　組附御中小姓列、一一人扶持
   文政八年（一八二五）七月、七百町新地開発の入目銭受払を主になり格別出精したので、擬作一〇〇石を下される、御奉行触。（扶持は寸志で下されたもので、今迄の通り下される）
10. 間部忠右衛門　　御郡方根取、二〇石五人扶持（うち二〇石御足）
    文政八年（一八二五）七月、七百町新地の御用懸として出精したので擬作一〇〇石を下される、御知行取格。

（E）七百町新地のための冨講興行

西　甚次（江良丹七譜代の家来　西甚左衛門の伜）　　　「達帳」文政10年（9-11-10-2）

親の西甚左衛門が、文化元年（1804）2月より寺社冨元役となって以来、見習を勤め、文化15年（1818）3月には寺社冨元本役となる。近年は八代新地御築立につき富講仕法を組立て興行し、余計の余銭を月々上納した。

① 銭144貫目　　八代新地につき、文政8年9月〜10年2月の分を御郡方へ上納分（但し文政8年8月までの分は、親の甚左衛門が上納している）

② 銭3貫360目　　文政8年9月、八代新地冨余銭の内、貝洲鎮守へ寄付（御郡方へ上納）

③ 銭67貫200目　　八代新地冨の内、割増興行により、藤崎御造営料として、文政8年9月〜10年2月まで寺社方へ上納分

（※新地冨については、西甚左衛門へ永々興行 仰付られ、冨元を1ヵ年6度宛受持ち、子孫まで永々仰付られ＝文政8年9月、「達帳」文政10年、9-11-10-2）

（終り）

八代古文書の会 会報 No.4	2011年4月10日　八代古文書の会　発行 〒866-0081　八代市植柳上746-5　蓑田勝彦方

> 3月は、はじめに会報第2号（細川幽斎画像の作者について）、続いて第3号（鹿子木量平と八代海の干拓新田）と、二つの号を発行しました。今回は熊本藩の武士身分についての資料を掲載します。
> 　熊本藩の武士についての資料として知られているのに「侍帳」や「先祖附」があります。「侍帳」は松本寿三郎氏の『熊本藩侍帳集成』に18種が収録されています。「先祖附」は永青文庫にありますが、県立図書館にその複製本があり、多くの人びとに利用されています。
> 　今回紹介するのは「侍帳」の一種で、慶応4年（明治元＝1868年）の家臣団の一覧です。

熊本藩の武士身分について（その2）

蓑田　勝彦

　筆者（蓑田）は先に「熊本藩の武士身分について」という文を発表して、今まではっきり分かっていなかった熊本藩の武士身分の基本的な状況について述べた（『熊本歴研 史叢』第14号、2009年）。その要旨は次の通りである。

　武家社会の構成員は大きく分けると武士身分の人と、武家奉公人とに二大別される。武家奉公人は本来、農工商などの庶民層の人々が武士の家に奉公して、苗字帯刀は認められておらず、中間・小者（小人）・荒仕子などと称された人々である。武士身分の人びとは「士席」と「軽輩」に大別される。士席は本来の武士身分で、これも「知行取」と「御中小姓」とに大別される。知行取は千石とか三〇〇石とかの知行を給される武士であり、御中小姓は知行ではなく切米・扶持米を給される武士である。軽輩は独礼・歩小姓・諸役人段など多くの身分に小分けされる下級武士で、藩政の実務を担当し、御中小姓と同様に切米・扶持米を給される身分である。

　この「軽輩」身分に属する人々は、一般庶民から見れば苗字帯刀の立派な武士であったが、「士席」身分の上級武士から見れば本当の武士というよりも、一般庶民と同様な身分であり、士席の武士に無礼を働いた場合は「無礼打ち」つまり「切捨御免」にされる身分であった。以上がその要旨である。

　本稿はそれに続いて武士身分について述べるもので、永青文庫の史料のうち士席身分の人びとの名前を収録した「士席名籍」、軽輩身分の人びとを収録した「独礼以下名籍」二点の史料内容を紹介したい。この二点の史料は、他の史料と違って折本形式になっており、表の部分が終わると裏側に記載が続いている。表裏の表紙に相当する所は綺麗な黒漆塗りに仕立てられた板が使われている。藩主の手元に置かれて必要時に利用されたものと思われるが、二点とも鍵の付いた木の箱に入れられており、厳重に管理されていたようである。

　(1)「士席名籍」は縦23.7㌢、横16.4㌢、折本の厚さ19㌢ほどであり、折目と折目の間に7枚の名札が貼れるように線が引いてあり、必要に応じて当該役職の人物名が貼付または削除できるようになっている。次に記載したように、身分の高い順に役職（地位）が記され、それに続く所に石高を付記した名札が貼付されている。本稿では初めの部分のみ名前と石高を記し、その後の記述ではその人数だけを記した。「ナシ」と記した所は、その役職（地位）名の場所に人名札が添付されていないことを示す。この「士席名籍」に記されている人名は最後の所に集計した通り1910名である（「嫡子」「子弟」を除く）。なお、ここに記されている人名を『熊本藩役職者一覧』によって調べてみると、この史料は慶応四年（明治元年、一八六八）のものと判断される。

　(2)「独礼以下名籍」は縦は23.5㌢ほどで「士席名籍」とほぼ同じであるが、横幅は10.7㌢ほどで少し狭い。折本の厚さは25㌢ほどである。横幅が狭いので、折目と折目との間には5枚の名札が貼れるように線が引いてあり、(1)と同様に人名が貼付または削除できるようになっている。(1)と同様に役職（地位）の高い順に記されているが、名前の記されているのは「諸役人段」の地位までであり、それ以下の役職（地位）の場合は人数だけ

が記されている。ここでは最初から最後まで人数だけを紹介した。それらの人数を合計すると1万1910人であり、(1) と (2) の人数を合計すると熊本藩の家臣の人数は1万2676人となる。この「独礼以下名籍」の記載内容の時期については、それを判定できる資料を見出していないが、(1) の「士席名籍」とセットで作成されたものと考えられるので、同じ時期のものと判断してよいのではないかと思われる。

この二つの史料についての内容の検討は別の機会にゆずるが、一つだけ註記すると、二点とも名札を貼付するように作られているので、もしかしたら幾つかの名札がはずれて紛失している可能性があるということである。また、「独礼以下名籍」という名称についてであるが、「独礼以下」と同様な意味に使用されている用語に「歩段以下」という言葉がある。確定的なことはいえないが、「独礼以下」も「歩段以下」もともに「軽輩」という言葉と同じ意味で使用されるのではないかと思われる。

---

(1)「士席名籍」(熊本大学附属図書館寄託「永青文庫」赤203、7号)

[一門・上卿・下卿] 〔一門〕細川若狭守 三万五千石・細川豊前守 三万石・長岡中務 六千石・長岡和泉 一万石

〔一家老〕長岡帯刀 三万石　〔二三家老〕米田与七郎 一万五千石・有吉与太郎 一万八千五百石　〔一家老嫡子〕ナシ

〔家老〕小笠原七郎 六千石・溝口蔵人 三千石・米田虎之助 二千俵　〔二三家老嫡子〕ナシ　〔中老〕木村男吏 三千石・尾藤金左衛門 三千石・沼田勘解由 五千石　〔備頭〕藪図書 三千石・清水数馬 四千石・木下嘉納 三千石

〔留守居大頭〕松井直記 三千八百石・三渕大膳 五千石　　(以下、人数のみ記す)〔同列〕三人

〔家老免職の席〕ナシ　〔中老免職の席〕一人　〔組外〕ナシ　〔家老二代目〕ナシ　〔中老二代目〕ナシ

〔備頭・留守居大頭并同列、免職の席〕二人　〔組外同列〕ナシ　　　　[一門・上卿・下卿] 合計24人

[着座] (以下 人数のみ) [上着座] /〔持座〕五人　〔上着座同列〕三人　〔家老嫡子〕一人　〔中老嫡子〕一人

[中着座] /〔一門二男末子弟〕ナシ　〔一家老二男末子弟〕ナシ　〔二三家老二男末子弟〕ナシ

〔備頭二代目〕ナシ　〔留守居大頭二代目〕ナシ　〔同列二代目〕ナシ　〔家老三代目〕ナシ　〔中老三代目〕二人

〔佐敷番頭〕一人　〔番頭〕八人　〔小姓頭〕三人　〔留守居番頭〕二人　〔上着座免席〕ナシ

〔中着座同列〕七人　[比着座] /〔備頭三代目〕ナシ　〔留守居大頭三代目〕ナシ　〔同列三代目〕一人

〔家老四代目〕ナシ　〔中老四代目〕一人　〔禄三千石以上持座〕ナシ　〔同列持座〕ナシ　〔組外并同列二代目〕一人

〔備頭・留守居大頭并同列の嫡子〕一人　〔八代番頭〕一人　〔中小姓頭〕一人　〔奉行〕ナシ　〔用人〕四人

〔番頭・小姓頭・留守居番頭・中着座免席〕一二人　〔持座〕一二人　〔家老二男末子弟〕ナシ　〔中老二男末子弟〕一人

〔組外并同列嫡子〕一人　　　　　　　　　　　　　　　　　　　　　　[着座] 合計69人

(他に嫡子など3人)

[上士]　　〔江戸留守居〕二人　[物頭] /〔鉄炮五拾挺頭〕ナシ　〔奉行副役〕四人

〔鉄炮五拾挺頭同列〕ナシ　〔鉄炮三拾挺頭〕一一人　〔留守居中小姓触頭〕一人　〔鉄炮弐拾挺頭〕二五人

〔鉄炮弐拾挺頭同列〕ナシ　〔近習次組脇〕四人　〔側鉄砲拾五挺頭〕四人　〔側弓拾張頭〕二人

〔鉄炮拾挺頭〕一〇人　〔鉄炮拾挺頭同列〕ナシ　[物頭同列] /〔長柄頭〕三人　〔目附〕一一人

〔使番同列〕五人　〔歩使番頭〕ナシ　〔右筆頭〕ナシ　〔歩頭〕ナシ　〔昇副頭〕一人

〔鉄炮五拾挺の副頭〕二人　〔鉄炮三拾挺の副頭〕一二人　〔物奉行〕四人　〔大組附〕/〔持座〕一人

〔上着座二代目〕ナシ　〔中着座二代目〕三人　〔比着座二代目〕九人　〔組外并同列三代目〕一人

〔持座〕五人　〔河尻町奉行〕ナシ　〔留守居切米取触頭〕一人　〔留守居大組附〕三人　〔着座の嫡子〕二一人

〔備頭・留守居大頭并同列の二男末子弟〕ナシ　〔側取次〕五人　〔近習次物頭列〕六人　〔小姓組の組脇〕ナシ

〔番方の組脇〕一六人　〔留守居番方組脇〕四人　〔八代城附組脇〕二人　〔八代目附〕二人

〔佐敷番組脇〕二人　〔学校目附〕三人　〔船頭の頭〕四人　〔持筒頭〕ナシ　〔普請作事頭〕一人

〔郡目附〕ナシ　〔穿鑿頭〕ナシ　〔勘定頭〕ナシ　〔算用頭〕一人　〔顕光院殿附〕一人　〔奥附〕六人

〔備頭組・留守居大頭組・小姓頭支配・奉行触・用人支配 物頭列〕四一人　〔連枝附〕六人

[上士] 合計225人 (他に嫡子など21人)

| 平士（中士） | 〔郡代〕一人 | 〔小姓役〕二〇人 | 〔諸町奉行〕ナシ | 〔外様医師触役〕一人 |

〔次知行取儒者〕一人　　〔知行取医業吟味〕一人　　〔次知行取医師〕五人　　〔外様知行取儒者〕ナシ
〔知行取附医師〕ナシ　　〔外様知行取医師〕四〇人　　〔奉行所佐弐役〕五人　　〔知行取近習目附〕一一人
〔近習次知行取〕五人　　〔茶道知行取〕一人　　〔知行取音信役〕ナシ　　〔川尻作事頭〕二人　　〔小姓組〕一人
〔住江甚兵衛組〕ナシ　　〔掃除頭〕ナシ　　〔天守方支配頭〕一人　　〔馬方組脇〕一人　　〔知行取諸目附〕一四人
（郡代当分）一四人　　（時習館文武芸師役、砲隊指揮役など）七二人　　〔番方〕／〔小坂大八組〕三四人
〔落合弥次兵衛組〕三八人　　〔下津縫殿組〕三七人　　〔（　　　）組〕四三人　　〔沢村八之進元組〕三九人
〔奥村軍記組〕四二人　　〔沢村尉左衛門組〕四一人　　〔牧多門助組〕四二人　　〔大河原次郎九郎組〕四四人
〔柏原要人組〕三七人　　〔（　　　）組〕四〇人　　〔長谷川久兵衛組〕四一人
〔知行取右筆〕ナシ（書込み「慶応四年二月五日右筆方差止、次物書所え併勤」）　　〔奉行所知行取根役〕六人
〔次物書所知行取根役〕一人　　〔知行吟味役〕一人　　〔小姓頭付知行取根役〕ナシ　　〔勘定所知行取根役〕ナシ
〔裏方知行取〕九人　　〔奉行触知行取〕五六人　　〔留守居番方〕ナシ　　〔谷内蔵允組〕四六人
〔松山権兵衛組〕四七人　　（郡方奉行支配）六一人　　（阿蘇組）五人　　〔鷹方知行取組脇〕一人
〔知行取馬方〕七人　　〔八代城附〕二五人　　〔佐敷番〕一三人　　〔連枝附知行取〕一〇人

　　　　　　　　　　　　　　　　　　　　　　　　　　　　　　　　　　　　　平士　合計962人

| 下士 | （以下は「中小姓」） | 〔中小姓の組脇〕八人 | 〔中小姓の小姓役〕六人 | 〔中小姓の近習目附〕四人 |

〔次中小姓儒者〕ナシ　〔中小姓医業吟味〕ナシ　〔次中小姓医師〕七人　〔外様中小姓儒者〕ナシ
〔中小姓附医師〕ナシ　〔外様中小姓医師〕二六人　〔中小姓の諸目附〕三人　〔中小姓音信役〕ナシ
〔中小姓案内駕役〕八人　〔中小姓座敷支配役〕ナシ　〔次中小姓〕二人　〔中小姓茶道〕一人
〔武芸師役など〕一三人　〔組付中小姓（　　組）三一人、（　　組）二九人、（　　組）二八人、
〔嶋田伝之丞組〕二九人、　（　　組）二〇人　〔中小姓右筆〕一人　〔奉行所中小姓根取〕一〇人
〔次物書所中小姓根取〕九人　〔吟味役〕一六人　〔小姓頭付中小姓根取〕二人　〔勘定所中小姓根取〕七人
〔裏方中小姓根取〕二一人　〔奉行触中小姓〕八七人　〔鷹方組脇〕一人　〔中小姓馬方〕九人
〔連枝付中小姓〕八人　〔留守居中小姓組脇〕四人　〔留守居中小姓〕一一四人（うち五六人は郡代支配）
〔知行当前の扶持方遣置候十四歳以下の者〕三人　〔阿蘇組〕ナシ
〔物頭の嫡子并組外同列、着座の二男末子弟〕一一〇人　　〔知行取の嫡子并物頭の二男末子弟〕一六七人
〔中小姓の嫡子并知行取の次男末子弟〕一七五人（うち二八人は叔父）　〔阿蘇組の嫡子〕ナシ
〔中小姓の二男末子弟〕一六人（うち三人は叔父）　〔阿蘇組の二男末子〕ナシ　〔船頭の組脇〕四人
〔知行取船頭〕五人　〔留守居知行取〕三〇人（うち「留守居知行取の席」一七人、「留守居知行取格」七人）
〔医師の子〕二五人　〔茶道の子〕三人　〔中小姓の船頭〕一四人
〔留守居中小姓同列〕七〇人（うち六三人は郡代支配）　〔知行取船頭の嫡子〕三人　〔留守居知行取の嫡子〕六人
〔留守居中小姓格の者〕ナシ　　　　　　　　　　　　　　　　　　　　下士　合計630人
　　　　　　　　　　　　　　　　　　　　　　　　　　　　　　　　　（他に嫡子など508人）

　　　　　　　　　　　　　　　　士席　合計1910人　（他に「嫡子」など532人）

※ 一門……着座　上士　などの区分は、鎌田浩氏の区分で、つけ加えたもの。人数は蓑田が数えて記入。
　〔　〕の区分の次の／は、空白なしでその次の〔　〕区分に繋がっている所。「ナシ」は空白があっても記事がない所。

----

(2)「独礼以下名籍」（熊本大学附属図書館寄託「永青文庫」赤203、8号）
一 奉行所根取／二 郡方米銀方根取／三 小物成方根取／四 歩使番（二組）45　　五 **歩使番列** 98
六 歩小姓組脇 4　　七 右筆 ナシ　　八 城内方横目 4　　九 目附付横目 15
十 勝手方横目 13　　十一 小姓頭付根取／十二 勘定所根取 8　　十三 算用所根取 1
十四 近習次独礼 17　　十五 新屋形近習次独礼 7　　十六 学校役人／十七 作事方根取 1
十八 天守方根取 2　　十九 音信所根取／二十 賄物所根取／二十一 客屋支配役 1

二十二 役割支配役 2	二十三 東西蔵根取 4	二十四 小間物所根取 1
二十五 鶴崎郡会所根取 1	二十六 川尻・鶴崎 御作事所根取 1	二十七 独礼諸横目 36
二十八 江戸留守居方物書根取 2	二十九 櫨方米銀方根取 2	三十 上内検／三十一 裏付 15
三十二 **諸独礼** 251	三十三 連枝付 5	三十四 歩小姓 103　　三十五 奉行所物書 15
三十六 次物書 4	三十七 新屋形次物書 4	三十八 次裏方横目／三十九 次小姓／四十 新屋形次小姓／
四十一 郡医師 13	四十二 外様諸横目 12	四十三 近習次歩小姓列 13
四十四 新屋形次歩小姓列 6	四十五 小姓頭付物書／四十六 料理人 2	四十七 新屋形料理人 3
四十八 鷹方 9	四十九 **歩小姓列** 214　　五十 次裏方外様諸横目 72	五十一 奉行所物書列 13
五十二 郡方米銀方物書 4	五十三 小物成方物書 2　　五十四 郡医師並 92	五十五 家老間坊主 9
五十六 船頭 154	五十七 惣庄屋 25　　五十八 近習次諸役人 20	五十九 新屋形諸役人 10
六十 所々蔵支配役 28	六十一 所々銀支配役 25	六十二 本丸座敷支配役／六十三 小間物支配役 7
六十四 賄物支配役 7	六十五 薪支配役 2	六十六 諸道具支配役／六十七 鍛冶方支配役／
六十八 井樋支配役 1	六十九 奉行所諸帳支配 紙支配兼帯 1	七十 奉行所詰小姓 8
七十一 勘定所物書 70	七十二 算用諸物書 1	七十三 江戸・京・大坂・長崎 留守居方役人 13
七十四 京・大坂買物方役人／七十五 京・大坂会所物書 3	七十六 台所方役人 21	
七十七 新屋形台所方役人 15	七十八 天守方諸役人 36　　七十九 作事所諸役人 28	八十 杣方役人 3
八十一 音信諸役人／八十二 櫨方役人 29	八十三 地内検 5	八十四 惣塘支配役 1
八十五 山支配役 37	八十六 切米取医師 27　　八十七 裏附 64	八十八 表小姓／八十九 広間帳付 2
九十 鷹方諸役人 4	九十一 穴太 5　　九十二 連枝附 26	九十三 城内番人 14　　九十四 居物斬 6
九十五 所々茶屋番 3	九十六 川尻作事所諸役人 4　　九十七 塩硝蔵番 1	九十八 所々口屋番并川口番 32
九十九 八代普請方役人／百 鶴崎郡会所役人 5	百一 鶴崎作事所役人 6	百二 野津原井手方役人 2
百三 **諸役人** 398	百四 無役の者 551	（ここまで 2826人）
（これ以下は人数のみの記載）　　百五 **一領一疋** 1076	百六 側足軽小頭 8	百七 外様足軽小頭 96
百八 側足軽 104　　百九 側足軽格 29	百十 舁の者小頭 2	百十一 飛脚番小頭／百十二 持筒の者小頭 2
百十三 次外様掃除坊主 56	百十四 諸職棟梁 14	百十五 手木の者小頭 1
百十六 定廻役 16	百十七 **地侍** 1429　　百十八 外様足軽 1177	百十九 長柄の者小頭 26
百二十 駕の者小頭 7	百二十一 手廻の者小頭 13　　百二十二 厩の者小頭 17	百二十三 掃除の者小頭 2
百二十四 諸役所付物書 14	百二十五 作事所二十人役 10　　百二十六 舁の者 60	百二十七 下横目 16
百二十八 新屋形下横目 15	百二十九 飛脚番 31　　百三十 持筒の者 15	百三十一 切手番 7
百三十二 次定小使 3	百三十三 作事所定人仕 12　　百三十四 杣方定人仕 2	百三十五 餌刺 6
百三十六 犬牽 3	百三十七 荒仕子小頭 3　　百三十八 苗字有諸手伝 166	百三十九 在町廻并口屋番 34
百四十 掃除方番人 81	百四十一 鶴崎詰足軽 31　　百四十二 野津原詰足軽 12	百四十三 久住詰足軽 10
百四十四 留守居鉄炮の者 30	百四十五 新地鉄炮の者 240　　百四十六 芦北郡筒 430	
百四十七 足軽格の者 350	百四十八 長柄の者 394　　百四十九 諸手伝 48	百五十 蔵子 13
百五十一 加子 766　　百五十二 駕の者 45	百五十三 手廻の者 42　　百五十四 厩の者 276	百五十五 小人 104
百五十六 手木の者 30	百五十七 掃除方番人并掃除の者 123	百五十八 作事所小屋手伝 11
百五十九 中間格の者 127	百六十 荒仕子 277　　百六十一 抱夫 28	

【独礼以下】　合計1万1910人

【家臣人数総計＝（1）＋（2）……1万2676人】

【会報No.3の補記】（B）の「領内の寸志応募者」に、熊本中古町別当で士席浪人格の友枝太郎左衛門を追加。寸志に銭200貫目を差上げ、毎歳米35石（100俵）宛、新地徳米の内より下され、10代相続。《「町在」文政7年》

八代古文書の会 会報　No.5

2011年4月25日　八代古文書の会 発行
〒866-0081　八代市植柳上746-5　蓑田勝彦方

　前号（No.4）には、熊本藩の武士社会の身分制度の資料、永青文庫の「士席名籍」「独礼以下名籍」の二点を紹介しました。「士席名籍」には「士席」である知行取と中小姓身分の1910人の職名・石高などが記されており、「独礼以下名籍」には「軽輩」身分の人と武家奉公人 合わせて1万2676人と記されています。
　本号は同じく永青文庫の史料＝「口書」から、江戸時代の庶民の旅に関する記録を紹介します。旅日記を残した人々の記録ではなく、旅をせざるを得なかった人々の旅が中心です。

江戸時代の庶民と旅

蓑田　勝彦

　江戸時代は旅の時代ともいわれるほど多くの人びとが旅に出たという。伊勢参宮の日記も多く残っており、出版されているものもある（註※）。本稿では日記を残さなかった人々の旅の記録をいくつか紹介してみたい。熊本大学附属図書館に寄託されている「永青文庫」の史料の中に「口書」という一群の記録がある。目録によると享保10年（1725）～慶応3年（1867）のものが131冊あるという。一冊の厚さはほとんどが20㌢以上あり、なかには30㌢以上のものもある。現在数冊を見ただけであるが、その記事の中から"旅する庶民"について、紙数の都合で12例の概要を紹介する。「口書」というのは藩当局の取調べを受けて処罰された人たちの供述書とでもいうべき書類である。その記事の中で興味をひかれた事例を集めたら、その多くが旅をした（あるいは旅をせざるを得なかった）人々の記録であった。
　旅をせざるを得なくなった理由で目立つのは、江戸奉公に出されて「欠落」したことである。江戸藩邸の門番などの仕事に従事した「外様足軽」、藩邸で雑用にしたがった「荒仕子」などの人びとは、肥後領内で採用または徴発されて江戸へ派遣された。また江戸へ参勤する藩主に従って江戸へ行く藩士の「若党」「小者」などとなって江戸へ登った人もいた。そのような人々が何らかの事情で（ほとんどは門限に遅れて）藩邸に帰らずに、その仕事を中途でやめてしまうことを「欠落」といい、一種の犯罪とされた。多くの場合、江戸で他の奉公先を探すのであるが、結局は故郷に帰らざるを得なくなっての旅である。その時に、ほとんどの人は旅行に必要とされる「往来手形」を持たずに旅行し、関所（番所）は何らかの方法で抜け通っている。
　かなり多くの人々にとっては、他領に出入りしたり、関所（番所）を通るときは必ず「往来手形」を準備しなければいけないという意識は薄かったように思われる。前述のように江戸から帰るときだけでなく、近隣の他領に行き来する場合も同様である。熊本藩で最も代表的な番所（＝御口屋、関所）は南関の番所であるが、そこを通る場合も、多くの人が躊躇なく「脇道」や「裏の山中」を通ったりしているし、通りかかりの人に案内してもらって脇道を通ったという記録もある。箱根関所は大名行列の荷運び人夫となって通ったりしている。また自分で往来手形を作ったり、他人の手形を貸してもらったり、出会った山伏に代金を払って手形を書いてもらう場合もあった。このように多くの人々が正式の往来手形を持たずに旅をしていたことが分かる。

　註※　『伊勢参宮道中記』（クギヤ印刷所、自家版、昭和61年）
　　　　山鹿双書 三『嘉永三 讃州 伊勢 道中記』（徳丸達也 解読・解題、山鹿市教育委員会、平成11年）
　　　　下津晃『伊勢道中日記帳』（自家版、平成22年）など

1．八代中片野川村　権吉、同所 宮ノ町　喜三郎　　元文5年（1740）　　（「口書」永青文庫13‐13‐2）①p.77
　　権吉は中片野川村の出身であるが、父の喜助が6～7年前に死去したあと「手筋悪敷」、3年前に居村を「逐

電」し、佐敷・田浦などを転々とし塩鯛を商ったりしていた。元文3年12月夜中に告口御番所を抜出し、八代石原町出身の知人を頼りにしようと人吉町に行った。しかし往来手形がないと一日も逗留できないとのことで、すぐに芦北の方に帰ろうと人吉領の番所の脇を山越えし、告口御番所の近くに来たとき、八代宮ノ町の喜三郎に出会った。夜になって番所を抜け通ろうとしたときに番人に捕まってしまった。

喜三郎は八代宮ノ町の者で、もとは惣八といった。元文3年（1738）3月に相良藩の五木の銅山で「日用を取」っていたが、5～6月ころに帰ってきた。しかし八代には帰らず、芦北佐敷辺りを「うろたへ」ていたが、同年12月に芦北湯町の甚八から「芦北本村　喜三郎」という往来手形を貸してもらい、以後は喜三郎という名前に変えた。その後人吉へ行く途中に権吉と出会い、告口番所で捕まったのである。

権吉は人吉で木綿10反を盗んでおり、番所を抜けようとして逮捕されたが、死罪にするほどでもないとして「芦北・八代・宇土・上下益城・飽田・託麻 追払」とする。喜三郎は相良藩領で石瓦を「包銀」にした罪、告口番所を抜けようとした罪、権吉の盗んだ品の分け前をもらうという取決めをしたりした罪があるが、死罪にする程でもないので、権吉と同じく「七郡払」とする（元文5年11月11日）。

2．本庄手永春竹村　清三郎　　延享元年（1744）　　　　（「口書」永青文庫13‐13‐2）①p.102

親は高13石程を作る百姓であったが、20ヵ年以前に病死。兄と一緒に居たが、去る申年（元文5=1740）の春に伊勢参宮に出ることにした。路銀が不足したので本庄村の伊助に150目を借銀して出かけ、帰村した後酉年（寛保元=1741年）の春に、本庄手永惣庄屋に奉公して給銀100目をもらい、翌春からは同村庄屋の理左衛門の所に奉公して100目の給銀をもらい、元利合計150目の借金を返済した。しかし理左衛門の所で奉公していた時などに色々と盗みを働いて逮捕され、延享元年6月26日「御城下・詫广郡追払」とされた。

3．生所八代の者、無宿　林源七　　寛延2年（1749）　　　（「口書」永青文庫13‐13‐3）②p.39

親は八代で足軽段を勤めていたが死去し、源七は浪人となり、八代木野場町の姉聟に引取られ14年ほど世話になり、その間に屏風張付細工などを仕覚え、藩内方々で細工で渡世した。そのうち往来を持たずに去々年参宮して、同年7月に帰国した。八代で10日ほど逗留したあと天草富岡に行き、そのまま茂木へ行き、その後肥前の諫早石見領内の矢神町に行った。糸木町に去年4月まで居たが、そのご諫早田町に行き、方々の細工を請け合い、同所の古町で細工をしている内に、同年7月にそこの娘と「密通」し、10月5日に娘を連れて欠落して長崎へ行き、そのご船で長崎から肥後へ来て、松山手永松合村に去年閏10月10日に着き、熊本の古町の河原町に行ったが、すぐに横手手永の古町村に移り滞在した。そこで怪しい人物として町廻役の吟味を受け、去年11月4日に「召籠」となった。娘は本所へ引取られ内済となったし、外に悪事もないとして、寛延2年8月6日八代郡と熊本城下「追払」となった。

4．八代郡萩原村の者　嘉平次　　宝暦2年（1752）　　　　（「口書」永青文庫13‐13‐4）②p.49

親は10石余の高を受持つ百姓であったが、嘉平次が7～8歳の頃死去し、母は他の者と結婚したが一緒に住んでいた。彼は幼少時から「手遊」をしたり盗みをしたりしていた。宝暦元年の4月に熊本で馬喰（博労）の弥平次と出会い、4～5日は馬の草を切ったり、馬の口を取ったりしていた。その後、八代郡井上村や小川町などに行き、高瀬から三池、長崎へ行き、8月には熊本に帰り、段山に来て放生会を見物、15日には藤崎宮の祭礼を見物したりした。その後、筑後・筑前で「物貰」をして、小倉・下関を経て大坂で14～15日ほど居て、京都から伊勢へ行き、正月12日にお宮に参拝、3月28日には肥後へ帰ってきた。その間もその後も各地で盗みを働き、高瀬から三池へ通るときは「御番所」などは一切通らず四度も往来している。不届きの至りにつき死罪にすべき所であるが「一命御助」で、飽田・託麻・山本・山鹿・上下益城・八代の「七郡追放」とする（宝暦2年11月23日）。

5．以前は外様足軽で小野荻平、現在は大津手永中窪田村円満寺弟子分　恵観　　（「口書」永青文庫13-13-3）②p.34

外様足軽として江戸詰であったとき、宝暦元年（一七五一）閏6月に江戸屋敷を欠落して肥後へ帰り、大津の円満寺に居ることが分かり、牢に入れられた。ことの起こりは同閏6月16日に私用で江戸屋敷から出て、諸所で酒を飲んで前後不覚となり、門限を過ぎて帰ったところ番人に入れてもらえず、そのまま欠落したことである。江戸町人に頼んで関所手形を入手、大小を売り払い、町人の姿となって7月28日に江戸をたち、東

海道筋、中国、小倉を通り、袖乞いをしながら大津へ帰った。恵観は大津出身で以前から知っていた円満寺を頼って住み込んだのである。取調べたが外に問題が無いので、宝暦3年（1753）10月22日「円満寺より門外不出」の処分となった。

6．熊本 段山の者 宇平　　宝暦8年（1758）　　　　　　　（「口書」永青文庫13‐13‐5）③p.43

18歳の時から新1丁目の香具屋に手代奉公7年、その後坪井辺で奉公、27歳の時から出京町米屋に手代奉公2年、その後新桶屋町宇和島屋に奉公、260目内外を引負い香具屋から150目を借用、返済できずに12月に欠落し、筑後・筑前を経て長崎へ行き、翌年8月に帰国したが、また欠落して小倉へ行き、江戸へ出ようと木曽路へ向かったが、美濃路の宇治で本陣桜井長兵衛の所で「追廻し」の奉公、それから信濃・出羽・奥州辺まで行き、また桜井長兵衛の所へ戻った。去年（宝暦7年）8月に帰国しようと下関へ来て豊後で方々に居たが、今年7月に筑後に入り瀬高に居るとき肥後の出家に知り合った。ところがその出家が肥後の役人に捕えられ、それに関連して宇平も捕まった。他国で盗みなどの悪事はしていないが、南関御口屋は裏道を通ったりしたことなどにより笞百の刑とする（宝暦8年10月4日）。

7．八代郡南種山村 長之允　　宝暦9年（1759）　　　　　　（「口書」永青文庫13-13-4）②p.63

宝暦9年1月25日、筑後の清水寺へ、忰の疱瘡の「願解」に行き、その帰りに川尻で道に迷っている所へ、役人に調べられた。その時懐中に往来手形を三枚持っていた。それは旧冬に球磨へ「米踏日雇」に行く途中で、山伏に出会ったとき、鳥目18文で作ってもらったものである。9月10日に家を出て、球磨の御口屋（番所）の大坂間でその手形を見せ、人吉町の日雇問屋の藤三郎の所へ行くと言ったら、番所の者が藤三郎の所へ行く送り手形を書いてくれた。人吉では横町の酒屋に雇われて働き、11月27日に家に帰った。取調を受けたとき、あとの2枚の手形のことを聞かれたので、球磨へは同じ村の角之允・市左衛門と一緒に行く予定だったので、二人の分も作ってもらったが、二人は麦作などの都合で行かなかったので、そのまま自分で持っていたと答えた。清水寺に行ったとき、南関番所はどう通ったかを聞かれたので、番所の裏を忍通ったと答えた。

以上の通りで、偽の往来で他領に出たり、往来なしで関所を通ったりしたことにより、入墨・笞百の刑とする（宝暦9年7月3日）。

8．飽田郡高平村弥助事 彦市　　宝暦9年（1759）　　　　　（「口書」永青文庫13‐13‐4）②p.65

宝暦6年（1756）2月から荒仕子になり、翌7年の春江戸へ行き藩邸で「御飼料方」に勤めていたが、次々と借金を重ねたので、身動きができなくなり「欠落」することにした。宝暦8年3月のある日、龍口御屋敷の御門札（外出許可証）をもらって外出、檜物屋町の庄七という者を頼り、そこに一宿。翌朝神奈川辺に行き日雇稼を探したら、善蔵という者の紹介で「小揚所」に宿を得て、方々で日雇稼をした。同8年9月に松平周防守様が御下国されるので、その「小揚」の仕事をして安芸国まで来た。そこで親に会いたくなって熊本を目指し、「物貰」などをしながら下関まで来て、10月27日肥後に入った。南関御番所は裏道を通り、高平村の親の所に真夜中に着いた。江戸で欠落したので親元に居ることは出来ず、近村に身を潜めて、熊本の坪井六間町の鉄屋＝平兵衛の所で「米踏」の日雇仕事を12月まで行なった。宝暦9年2月からは本妙寺で「飯炊」の日雇仕事をしていた。「庄屋請判」もないまま日雇仕事をしていたので捕まってしまったが、他に罪状もないということで「入墨・笞百」の刑とする（宝暦9年12月23日）。　　　　　　　　　　　　　　　　　　　③p.64

9．生所熊本南岳丁の者 松川八郎右衛門忰文太事 新六 32歳　宝暦13年（1763）　（「口書」永青文庫13-14-1）

親の松川新六は、川尻御茶屋番であった。親と喧嘩して追出されたので、知人の紹介で尾藤宇之允殿に「下々奉公」し、一年後には堀内彦四郎殿に若党奉公し、のちに木造源右衛門殿に奉公したが「不勤」で暇を出され親元へ戻った。そのご親元を出奔して浄瑠璃語の者の操人形を運ぶ日雇となり、日向から豊後の佐伯へ行き、塩付という公領へ行き、そこで二年居た。そのご日向高鍋の印籠屋で3年ほど過ごし、29歳のとき球磨を通って八代の上部木村（上日置村）の惣兵衛の所で球磨からの材木下しの日雇となり、また八代町の焼酎屋という旅人宿にも滞在した。3、4ヵ月後には紙漉の龍右衛門の所に預けてあった松井帯刀殿の厩の猿を借受けて、宇土・松橋・高瀬・山鹿にかけて「猿を牽き」渡世した。しかし猿回しは「吟味」が強いと聞き、猿を返して山鹿へ移り、そのご小国へ行き、漆細工などをして蓄えた金で「鏡研」の道具を拵え、鏡を研廻り筑後へ行った。

そのご長洲の方から肥後に入り、大浜・小浜などを「徘徊」したが、また筑後へ行き、筑前・豊後など方々へ行き、阿蘇の宮地にも秋中滞在したが、また筑後へ行き、日向延岡へ行き「袖乞」をし、そのご「炭山」で日雇をしていたとき、肥後の伊右衛門という者が「手付」を連れてきて、自分（新六）を熊本の御尋者と言い触らしたので「渡世成りかね」て、今年（宝暦13年）8月に肥後へ帰ることとし、大嶋御口屋で是迄の経緯を申し述べたところ、熊本の牢で取調を受け、宝暦13年12月25日に「笞60、1年眉なし」の刑となった。

10. 芦北郡津奈木手永浜村の者　金太　33歳　　宝暦14年（1764）　　　（「口書」永青文庫13-14-1）③p.66

宝暦12年（1762）閏4月、江戸から帰国する藩主をお迎えするため、川尻から出航した静国丸の水夫として乗組み、大坂へ派遣された。5月に大坂に着き、滞在中たびたび夜見世見物に行ったが、5月末のころ船を降りて大仏嶋天満屋という遊所へ行ったとき、酔って前後不覚となり翌日の昼に目を覚ました。船には夜明け前には帰る決まりになっていたので、船には帰れずにそのまま欠落した。大坂は初めてで不案内であったが、尼崎の方へむかい、唐津屋勘六という者の所へ行き、事情を話して日雇稼の相談をした所、まず「米を踏」む仕事を紹介されそこに滞在した。方々の日雇にも行って小遣いも少々貯まったので、親の顔が見たくなったと勘六に相談したところ尼崎の船頭＝茂右衛門を紹介され、宝暦13年の5月中旬に彼の船に乗り肥前の平戸に行き、平戸からは五島の船頭＝平次郎の船に乗って6月中旬に八代の前川に着いた。そこに津奈木浜村の庄吉の船が来ていて、伜の庄太が乗っていたので、その船に乗せてもらって帰宅した。そのご惣庄屋から呼出されて12月に熊本の牢に入れられた。取調の結果、御迎船から欠落したこと、御番所を紛れ通ったことなどが不届であるとして、宝暦14年6月18日に「入墨、笞60、1年眉なし」の刑となった。

11. 託麻郡田迎手永国分村　吉右衛門　　明和2年（1765）　　（「口書」永青文庫13-14-1）③p.81

宝暦12年2月に荒仕子になり、翌年4月に仲間14人と一緒に江戸へ派遣され、自分は白金屋敷に配属された。8月14日に一人で高輪茶屋へ行ったとき、酔って寝込んでしまい、屋敷に帰ったときは門限を過ぎていて入れてもらえなかった。欠落して行く所もないので、田町稲荷横町の「人屋」＝権左衛門の所に行き、8月の末には有馬家の藩邸に奉公、1年半ほど勤め、その後は同家中の大坪市左衛門という武士の家に奉公した。明和2年6月には藩主が帰国されるということで、その一行の日雇となり1日270文で雇われ、7月17日に久留米に到着した。1～2日久留米に居て7月20日に南関から肥後に入った。番所を通れないので、通りかかりの者に尋ねたところ「往来を持たない者はこの道を通っている」と言われ、その人に同道してもらって脇道を通った。その晩に国分村に帰着したが、同月23日に役人に捕まって「御役割所囲」に召籠められた。盗み悪事はしていないということで、明和2年11月27日に「笞60、1年眉なし」の刑とされた。　　　　　　③p.84

12. 山本郡植木町の者にて同郡滴水村人畜　伊平次事　沖助（30歳）　明和3年（1766）　（「口書」永青文庫13-14-1）

親の権右衛門は滴水村の者であるが、植木町へ出て渡世していた。沖助が14歳のとき親子で熊本へ出て、沖助は古町の山住屋庄右衛門の所へ一年勤め、19歳になって細川家臣の家へ小者奉公に出て江戸へも行った。宝暦12年（1762）3月には福田杢平様の御供をして江戸へ行った。しかし「乙名役」の者から沖助は「不奉公」であるとして暇を出され、戸越御屋敷の「揚人」にされ「明キ御小屋」に入れられた。2～3日後に生垣の隙間から逃出したが、何の当てもないので、吉原新町で「揚屋」をしている丁字屋貞八の所へ行った。少々料理の心得があったので、「場仕事」をして月に1貫400～500文を貰っていたが、明和3年の春にひどい病気になり、目も患ったので仕事が出来なくなり、100日ほどで良くなったがもとの職場には戻れず、故郷の父母に会いたくなって、8月5日に江戸をたち品川へ行ったところ、松平出羽守様（出雲松江藩）の若殿様の御帰国の行列に出会い、御家中の荷物担ぎの仕事を得て大坂まで行った。大坂からは中国路を「物貰躰」で旅をして、9月13日に肥後に帰ったが、南関番所は「裏の山中」を通った。江戸で福田杢平様から「揚人」になり「欠落」したので、親の所には居られず、同22日には縄をかけられ「御役割所囲」に召籠められた。取調の結果、明和3年12月4日に「入墨、笞六十、眉なし」の刑とされた。

(終り)

八代古文書の会 会報　No.6　　2011年5月20日　八代古文書の会　発行
〒866-0081　八代市植柳上746-5　蓑田勝彦方

　会報第6号をお届けします。「会報」としていますが、「会」のことや「会員」のことがまったく出てこない会報になってしまい申訳ありません。
　今回は、第2号に続いて熊本藩の御用絵師についての文です。江戸前期には、田代等甫・矢野三郎兵衛・薗井冨元（守供）などの御用絵師が居り、それぞれの家の子供が跡を継いでいます。ここではその三家のうち、今迄ほとんど分かってなかった薗井家について新しい資料を紹介し、それによって判明したことをまとめてあります。

熊本藩の御用絵師＝薗井家について

蓑田　勝彦

　筆者（蓑田）はさきに「細川幽斎画像の作者について」という文を発表した（会報第2号）。そこで江戸前期の作品である細川幽斎画像について検討したが、この時期の絵師についての史料は非常に少なく、詳しいことはほとんど分からない。
　江戸前期の熊本藩の御用絵師は、田代等甫・矢野三郎兵衛・薗井冨元（守供）などの御用絵師がいた。これら三人の家のうち、田代家と薗井家とはやがて御用絵師ではなくなり、矢野家だけが江戸時代を通して御用絵師として存続した。ただし矢野家そのものは絵師ではなく通常の武士の家として存続し、絵師としての家は弟子の山田喜三右衛門が「矢野」苗字を譲られて、御用絵師としての矢野家が存続したのである【註1】。矢野三郎兵衛や薗井冨元は「知行取」であったが、のちに絵師は原則として槍師・具足師などの人々と同様の「職人」として待遇されるようになり、御用絵師はほとんどの人が「諸役人段」という「軽輩」身分に属するようになった【註2】。
　熊本藩の御用絵師について詳しいことは別稿を準備することとし、本稿では御用絵師の薗井家について今まで紹介されたことのない史料を三点紹介し、それによって判明したことを、今まで分かっていたことと合わせてまとめてみたい。

①初代　薗井冨元（守供）
　　寛永三年（一六二六）　生れ　　　宝永三年（一七〇六）七月　病死　〈八一歳〉
　　明暦三年（一六五七）一一月　召出され、現米五〇石拝領、御中小姓〈三二歳〉
　　万治三年（一六六〇）一一月　一〇人扶持拝領〈三五歳〉
　　寛文七年（一六六七）八月　新知一五〇石拝領、御馬廻組〈四二歳〉
　　延宝二年（一六七四）八月　肥後の画僧＝一枝軒梅船が、江戸の狩野探幽に面会を願ったとき、探幽の
　　　　　　　　　　　　　　　　門下であった薗井冨元に紹介状を託して仲介を頼む〈四九歳〉【註3】
　　貞享元年（一六八四）七月　冨元が描いた「阿蘇下野狩図」が江戸で表装される〈五九歳〉【註4】
　　貞享四年（一六八七）一〇月　法橋に仰付られる。上京して帰国後に御医師組へ〈六二歳〉
　　元禄一四年（一七〇一）　本妙寺の「日遙像」を描く〈七六歳〉【註5】　翌年「紅葉」を描く〈七七歳〉【註6】
　　元禄一六年（一七〇三）四月　隠居〈七八歳〉
②二代目　薗井素宅（冨元）
　　寛文二年（一六六二）生れ　　　寛保元年（一七四一）二月一八日　病死〈八〇歳〉
　　元禄一六年（一七〇三）一二月　父跡相続、一五〇石拝領、江戸定詰〈四二歳〉
　　　　　　与市郎様（細川綱利の長男、元禄一三＝一七〇〇年に一四歳で死亡）、仙次郎様（細川綱利の二男、宝永

　　　　　　　　　　　三=一七〇六年死亡）の御側御用を勤める。また上野御用（上野=寛永寺）を勤める。
　　　　寛保元年死去のときの知行地……山鹿郡上杉村で九九・七石、飽田郡飛田村で五〇・三石、計一五〇石
　　　　　　　同じく家族　……　妻、嫡子=素仙　三六歳、三男=幸八　二五歳、末子=政治　二〇歳
　③三代目　薗井素仙
　　宝永三年（一七〇六）生れ　　　　　　　享保二年（一七一七）三月　御目見〈一二歳〉
　　　　　　　　　　部屋住中、狩野探常（守冨、江戸の鍛冶橋狩野家）が日光御用を勤めたとき素仙も同行、
　　　　　　　　　　探常の下で御用を勤めた、そのとき三人扶持を拝領
　　寛保元年（一七四一）五月　父跡相続、一五〇石拝領〈三六歳〉
　　寛保二年（一七四二）一〇月　病死〈三七歳〉
　④四代目　薗井素宅（三代目=素仙の弟・政治）
　　享保七年（一七二二）生れ　　　　　　　宝暦八年（一七五八）三月　病死〈三七歳〉
　　寛保三年（一七四三）正月　養父跡を相続、知行一五〇石当前の扶持として六人扶持拝領し、
　　　　　　　　御中小姓〈二二歳〉。　　　　　　度々　御次御用を仰付られる。
　　寛延二年（一七四九）四月　江戸の永嶺御屋敷の御門鍵預を仰付られる〈二八歳〉
　　宝暦四年（一七五四）五月　同上　御免　その後「御写絵」の御用を仰付られる〈三三歳〉
　　　　　　　　　　狩野探常（鍛冶橋狩野家）が上野御用を勤めたとき、素宅もその下で勤めた。
　　宝暦五年（一七五五）五月の史料に「六人扶持、御中小姓、江戸定詰」とあり〈同じ記事に狩野融仙（幸
　　　　　信、芳仙、五人扶持一〇石、御中小姓）、矢野喜三右衛門（雪叟、五人扶持一三石、諸役人段）などあり〉【註7】
　　宝暦八年死去。　　※「宝暦六年以後御知行被召上候家々」という史料に薗井家も含まれている。【註8】

　以上が下記の史料などによって知られる御用絵師=薗井家四代の概況である。初代の薗井冨元（守供）は狩野探幽の門下という。狩野探幽は狩野永徳の孫で、江戸幕府の御用絵師として「狩野派」繁栄の基を築いたことで知られる。その門下である薗井冨元は、細川綱利が藩主の時に熊本藩の御用絵師となり一五〇石を給された。彼は貞享四年には「御医師組」に入ったと記されており、四代目の素仙の待遇についての記事にも「御医師の内家業相続…」と記されているので、薗井家はもともと医師の家柄だったと思われる。
　初代=冨元は、江戸で狩野探幽門下として活動して、熊本藩の御用絵師に採用され、後に熊本に移ったようであるが、二代=素宅と四代=素宅の史料には「江戸定詰」と記されており、薗井家は狩野派の御用絵師として代々江戸に滞在して活動したものと思われる。二代=素宅は細川家の江戸屋敷で藩主の長男・二男の「御側御用」を勤めたとあり、藩主（細川綱年）のお気に入りだったようである。また四代=素宅は「御写絵」の御用を勤めたと記されているが、これは博物趣味で有名な藩主=細川重賢の命で動植物画などの作成に従事したことを意味するものであろう。
　初代=冨元（守供）が活躍した一七世紀後半の、他の御用絵師の家の状況を見てみよう。田代家は等甫・等有と二代続く御用絵師の家である。二人の生没年は不明であるが、守供が活躍する頃にはほぼ三代目=四郎兵衛の時代になっていたのではないかと考えられる。四郎兵衛は絵師ではあったが等有の跡の藩の絵師にはなっておらず、田代家は御用絵師ではなくなっていたと思われる【註9】。矢野家の初代=三郎兵衛は知行一五〇石取の絵師であったが、承応三年（一六五三）に死去しており、二代目の勘助（三郎兵衛の二男）は五人扶持二〇石の「独礼」身分であった。三代目=矢野茂左衛門も「独礼」から「中小姓」に昇進したが「知行取」にはなっていない【註10】。狩野家は狩野師信（庄九郎）の時代であるが、彼は「御合力米五石、御用の節々増五人扶持、御銀二〇枚」を給される身分で【註11】、知行取の薗井家よりも格下の身分であった。このように見てくると、薗井守供は一七世紀後半の熊本藩の御用絵師の中では重きをなす存在であったと考えられる。守供の子、二代目=素宅（冨元）の時代も、御用絵師で「知行取」の身分であったのは薗井家だけであり、薗井家は二代にわたって熊本藩の御用絵師としては重要な地位をしめていたのではないかと思われる。
　初代=冨元（守供）、二代=冨元（素宅）は、ともに八〇歳をこえる長寿を保ったが、三代=素仙、四代=素宅の両名はともに三七歳の若さで死去した。三代=素仙は三六歳で父の跡を相続した翌年に死去している。四代=素宅

は、養父（兄）が若死したので二二歳の若さで相続したが、「家業少々心得居」と記されており、技量が未熟であるとして一五〇石の知行は認められず、六人扶持で中小姓の身分とされ、知行取にならないまま三七歳の若さで死去し、御用絵師としての薗井家は四代で終わったものと思われる。

- 【註1】「達帳」（安永六年）のうち「矢野雪叟先祖并御奉公附」（熊本大学附属図書館寄託「永青文庫」九-八-五）
- 【註2】蓑田勝彦「熊本藩主の御座船「波奈之丸」の絵とその絵師」参照（『熊本藩家老・八代の殿様　松井章之の江戸旅行日記』八代古文書の会、二〇〇八年）
- 【註3】武藤厳男『肥後先哲偉蹟 後篇』（同書刊行会、昭和三年）五六六頁
- 【註4】『阿蘇の文化遺産』（熊本大学、熊本県立美術館、平成一八年）一八二頁
- 【註5】『本妙寺歴史資料調査報告書　美術工芸品篇』（熊本県立美術館、昭和五六年）一九頁
- 【註6】『肥後の近世絵画』（熊本県立美術館、昭和五四年）のうち「肥後の近世絵画史概説」
- 【註7】永青文庫「草稿本」五七九（熊本市歴史資料文書室所蔵、永青文庫複製本一四八一）
- 【註8】松本寿三郎編『熊本藩侍帳集成』（細川藩政史研究会、一九九六年）六一三頁
- 【註9】蓑田勝彦「細川幽斎画像の作者について」（『八代古文書の会会報』No.2、二〇一一年三月）
- 【註10】「矢野家先祖附」（永青文庫「先祖附」、熊本県立図書館の複製「永青文庫」六五）
- 【註11】「狩野家先祖附」（熊本県立図書館所蔵の複製本）

〔A〕先祖附　　　　　＜永青文庫「先祖附」六五、熊本県立図書館の永青文庫複製本のうち＞

「　　　　　　　　　　　　　　　　　　　　　　　　　　　　　　　薗井素宅

一曾祖父薗井冨元儀、於御当地明暦三年十一月被召出、現米五拾石被為拝領、御中小姓被仰付、万治三年十一月拾人扶持被為拝領、寛文七年八月新知百五拾石被為拝領、御馬廻組被仰付、貞享四年十月法橋ニ被仰付、上京仕帰府仕候以後、御医師組ニ被召加、其後隠居奉願候処、元禄十六年四月如願隠居被仰付候、宝永三年七月病死仕候

一祖父薗井素宅儀、元禄十六年十二月先知の通、御知行無相違百五拾石被為拝領、定詰被仰付、其後与市郎様・仙次郎様御側御用、且又上野御用も相勤、寛保元年二月病死仕候

一養父薗井素仙儀、同年五月跡目無相違被為拝領、素仙儀部屋住ニて居申候節ハ、狩野探常日光御用被仰付候付、右素仙儀を召連参申度奉願、如願被仰付、日光御用相勤候内、三人扶持被為拝領、右御用相仕廻申候、寛保二年十月病死仕候

一私儀素仙弟ニて御座候、素仙儀忰無御座候付、私儀を養子ニ奉願、如願被仰付、寛保三年正月素仙跡目百五拾石当前の御扶持方先被為拝領、御中小姓被召出、度々御次御用被仰付、寛延二年四月永嶺御屋敷御門鍵預被仰付相勤候、宝暦四年五月右御門預被成御免、其後御写絵の御用被仰付相勤、上野御用狩野探常被仰付候ニ付、奉願私儀も罷出相勤候、同五年迄御奉公、都合十四年相勤申候、同八年三月六日病死　」

〔B〕「日記」寛保二年（一七四二）　　　　　＜熊本大学附属図書館寄託「永青文庫」一一-三-四＞

「①　　　　薗井冨元当酉ノ二月十八日於江戸病死仕候ニ付、御知行差上目録

　　現高八拾六石八斗六升二合
　　　一高九拾九石六斗七升四合三勺五才　　　　山鹿郡の内　上杉村
　　現高四拾八石三斗九升弐勺四才
　　　一高五拾石三斗弐升五合八勺五才　　　　　飽田郡の内　飛田村
　　　　　現高百三拾石五斗弐升五合二勺四才
　　　　　　高合百五拾石
　　　右の通御座候
　　　　　元文六年二月晦日　　　　　　　　　　坂徳次郎
　　　　　　上羽四郎太夫殿

② 薗井冨元当酉ノ二月十八日 八十歳ニて於江戸病死仕候ニ付従類付
　　　一壱人　　　　　　　　　　　　　　　薗井冨元　妻
享保二年酉三月御目見仕候
　　　一壱人　　　　　　　　　　　　　右同人嫡子　薗井素仙
　　　　　　　　　　　　　　　　　　　　　　　　　三十六才
　　　一壱人　　　　　　　　　　　　　右同人三男　薗井幸八
　　　　　　　　　　　　　　　　　　　　　　　　　二十五才
　　　一壱人　　　　　　　　　　　　　右同人末子　薗井政治
　　　　　　　　　　　　　　　　　　　　　　　　　二十才　」
　　右の通御座候、此外育置候従類無御座候、以上
　　　元文六年二月　　　　　　　　坂徳次郎
　　　　上羽四郎太夫殿
　　（中略）
③　　　　覚
　御奉行所触 江戸定詰薗井冨元儀、父薗井冨元 元禄十六年四月隠居被仰付、家督百五拾石無相違、当冨元え被為拝領置候処、当酉二月十八日病死仕候、嫡子薗井素仙儀 当年三十六歳罷成候、享保二年三月於江戸御目見仕候、以上
　　　三月　日　　　　　　　　　　上羽四郎太夫

〔C〕「日記」寛保三年（一七四三）　　　＜同前、永青文庫一一三六＞
「　　　　　覚
　　　　　　　　　　　　江戸定詰御知行取　御絵師
　　　　　　　　　　　　　　　　　薗井素仙
右は男子無御座、弟を養子ニ仕度由願の書付差出置、十月九日病死付て、素仙従類附、并祖父以来勤方の書付、陳又兵衛覚書共三通、小笠原多宮方よりの来状共ニ御渡被成、申談相達可申旨被仰付置候付て、則吟味仕候処、御知行取御絵師右の通の例見当り不申候、依之讃談仕候処、素仙祖父以来家業宜、御知行相続被仰付置候事ニは御座候得共、今度素仙養子ニ相願候政次儀は、家業少々心得居申候由、又兵衛覚書ニ相見へ申候、左候へハ早速より御用ニ立申候筋にも無御座候間、跡目全相続被仰付候儀如何程ニ可有御座哉、御医師の内家業相続被仰付、又は御扶持方被下候例をも猶又吟味仕候処ニ、正徳三年江戸定詰田中良程御知行百五拾石被下置候、存生の内小池玄東を養子ニ奉願被置候処、願の通被仰付、拾人扶持被為拝領候、然処同四年六月病死仕候、且又御次医師大谷友伝御知行百五拾石被下置候処ニ、享保五年病死ニ付嫡子大谷巳之助へ八人扶持被為拝領、幼年ニ付成人の上御用ニも立候様可仕旨被仰付候、同十二年三月弐拾人扶持被為拝領、江戸定詰被仰付、今迄被下置候八人扶持は上り申候、右巳之介儀当時御中小姓ニて大谷半右衛門と申、御次御書物奉行被仰付置候、右之趣別紙書付相添申候、今度素仙養子政次儀、右の御見合を以、被為及御讃談ニて可有御座哉の事、以上
　　　十二月　日
　　　　　付札ニ
　　　　素仙養子政次儀、家業少々心得居申候由御座候間、御知行当前六人扶持被為拝領、御中小姓ニ被召出、江戸定詰御奉行所触ニ被召加置、追て家業宜敷相成、御用ニも相立申候節は猶又御讃談の趣も可有御座哉、右の趣如何程ニ可有御座哉の事　　　　」
　　　　　　　　　　　　　　　　　　　　　　　　　　　　（終り）

| 八代古文書の会 会報 No.7 | 2011年6月5日　八代古文書の会 発行
〒866-0081　八代市植柳上746-5　蓑田勝彦方 |

今回は「寸志知行取」の資料をお届けします。会報 第1号に鹿子木量平についての資料を掲載しました。彼は百町新地・四百町新地・七百町新地と、広大な新田を開発しましたが、七百町新地開発のときは莫大な資金が必要とされたため、藩内の富裕な者たちや大坂の豪商たちから「寸志」「才覚」などの出資金を募りました（会報 第3号 参照）。その際、高額の寸志を差出した者には、通常の在御家人身分である「軽輩」身分ではなく、「士席」である知行取・中小姓などの身分に取りたて、その身分の10代相続を認めました。今回は、その時の寸志によって10代相続を認められた10家の「先祖附」の内容を紹介します。『史叢』15号に紹介されている26家と合わせて御覧下さい。

熊本藩の「寸志」知行取（その2）

蓑田　勝彦

　筆者(蓑田)はさきに、「熊本藩の寸志知行取（その1）」と題した文を発表して、今まであまり注目されてこなかった、寸志によって知行取になった人々について、アイウエオ順に岩尾家から吉津家まで26の家々に関する資料を紹介した（『熊本歴研 史叢』第15号、熊本歴史学研究会、2011年6月）。そのとき紙数の制約で掲載できなかった分を次に紹介したい。以下は、永青文庫「先祖附」のうち「十代相続寸志」の肩書のある「先祖附」（南東六二）に記載されている10家の記述の要約である。　　　　　　　　　　　　　　　（熊本県立図書館の永青文庫「先祖附」複製本による）

(1)鈴木彦太郎　五〇石【大津】
　①鈴木龍太…鈴木貞右衛門の三男で、文化四年（一八〇七）正月に、武芸に出精、武器を嗜み奇特の志ありとして「御留守居御知行取格」で、鈴木貞右衛門列の末席へ。文政四年（一八二一）七月には、益城・宇土・八代三郡新地築立に格別の厚志があるとして、知行五〇石を下され、「御番方」で斉藤勘助組。天保五年（一八三四）一二月に病死（六六歳）。
　②鈴木彦太郎…天保六年五月に父の知行を相違なく下され「御奉行触」。天保一〇年（一八三三）一二月に隠居。
(2)片山水　五〇石【菊池郡　　】
　①寛政二年（一七九〇）四月に、親代の寸志で、父同然に「独礼」で菊池郡代の支配。同一二年（一八〇〇）閏四月に深川会所焼失につき寸志、また享和二年（一八〇二）六月に寸志で五人扶持、「御留守居御中小姓」。文化二年（一八〇五）九月に、園木亥太郎と出入の件により「歩御使番列」で菊池郡代の支配へ。同四年正月、上松尾村の新地築立に五〇貫目を寸志。同五年一〇月に梅堂新開に寸志を差上げ「御留守居御中小姓」。文政五年（一八二二）五月に、下益城・宇土・八代三郡新地築立に寸志を差上げて知行五〇石を下され「御奉行触」、知行は一〇代相続。なおこの際、今迄の扶持は二男の片山巌に相続されて別株となる。天保四年（一八三三）七月に隠居（文化四年二月に幸左衛門と改名、文化一〇年七月に仁左衛門と改名）。
　②片山長平次…天保四年七月に寸志で、父の知行を相違なく相続、「御奉行触」。同年一二月に重左衛門と改名。天保一四年（一八四三）一〇月に「御郡方御奉行の支配」で「御奉行触御知行取の席」。嘉永七年（一八五四）九月に五八歳で隠居。
　③片山安之助…嘉永七年九月に、寸志により父の知行を相違なく相続、「御奉行触御知行取の席」、「御郡方御奉行の支配」（一八歳）。安政二年（一八五五）二月に安之丞と改名。明治三年（一八七〇）七月に水と改名。
(3)中原太郎七　百石、蔵米三百石【菊池郡広瀬古閑村】

先祖は上野国の住人。天文三年（一五三四）に阿蘇小国郷中原村に移住、中原卯兵衛と改名。慶長二年（一五九七）に菊池郡広瀬古閑村に転住……。宝暦四年（一七五四）四月に、文次郎（のち卯兵衛）が広瀬古閑村庄屋となる。天明二年（一七八二）八月に菊池郡一領一疋。

①中原宇左衛門…親代の寸志で、天明六年閏一〇月に親跡の一領一疋へ。寛政七年（一七九五）八月に寸志で士席浪人格。同一〇年正月に寸志で御留守居御中小姓格。享和二年（一八〇二）二月に寸志により二人扶持増。文化五年（一八〇八）四月に追々の寸志により知行二五〇石で「御留守居御番方」で牧佐学組。同八年六月に追々の寸志で蔵米一五〇石加増。文化一一年（一八一四）一〇月に隠居（六二歳）。

②中原新吾…文化一一年一〇月に父の追々の寸志により蔵米三〇〇石を相続（三九歳）。「御留守居御番方」で片山多門組。文化一一年一一月に卯兵衛と改名。文政五年（一八二二）二月に下益城・宇土・八代三郡新地に寸志、別段で知行一〇〇石、「御奉行触」、知行一〇代相続。文政一〇年（一八二七）三月に病死。

③中原宇左衛門…文政一〇年（一八二七）六月、父の寸志により知行・蔵米とも相違なく相続、「御奉行触」（二六歳）。天保一四年（一八四三）一〇月に御郡方御奉行の支配で「御奉行触御知行取の席」。同一五年二月に貸付の鳥目捨方により別段三人扶持。嘉永五年（一八五二）五月に又左衛門と改名。安政三年（一八五六）一二月に隠居（五四歳）。

④中原佐兵衛…嘉永三年（一八五〇）一一月に各種の武芸出精により御賞詞。安政三年一二月に、寸志により父の知行相違なく相続、扶持は二人扶持を拝領、「御奉行触御知行取の席」で「御郡方御奉行の支配」（三三歳）。元治元年（一八六四）八月に御出馬の節は「御側御備の内」。慶応四年（一八六八）五月に助十郎と改名。明治三年（一八七〇）七月に太郎七と改名。明治四年（一八七一）三月に家禄八二俵。

(4)松岡理三兵衛　七五石【八代郡高田手永】

　松岡冨平…文化一一年（一八一四）八月、父の寸志により御留守居御中小姓で二人扶持（一九歳）。文政五年（一八二二）八月に下益城・宇土・八代三郡新地に寸志を差上げて知行七五石で「御奉行触」、知行は一〇代相続。但し今迄の扶持は養子の松岡亀記が相続、別株となる。文政一一年（一八二八）一〇月、松岡理右衛門に遺恨を含み放火を計画するなどで、苗字大小を取上げ、熊本御城下・八代郡追放。

(5)岡崎惣七郎　【熊本町　　】

　佐次郎は天明三年（一七八三）八月に別当。同七年七月に寸志で「町独礼」。寛政二年（一七九〇）七月に病死。太右衛門（佐次郎の弟）は、兄の寸志により、寛政二年九月に「町独礼」、別当助勤。同七年三月に苗字御免。同四月に藤三郎と改名。寛政一二年（一八〇〇）一二月、寸志により六人扶持拝領。享和二年（一八〇二）七月に病死。

①岡崎源右衛門…享和二年一〇月、父の寸志により六人扶持、また今度藤三郎が差上げた寸志により士席浪人格で、六人扶持増。苗字を岡崎と改める。同三年二月に御勘定所御用につき七人扶持増。文化六年（一八二三）二月に寸志により五人扶持増。文政元年（一八一八）三月、西古町別当。同六年（一八二三）に中古町別当兼勤。同七年七月に下益城・宇土・八代三郡新地に寸志を差上げて知行五〇石下され、一〇代相続、「御奉行触」。天保二年（一八三一）六月に隠居（六二歳）。

②岡崎惣七郎…天保二年寸志で父の知行相違なく下され、二〇人扶持も下され、「御奉行触」（二一歳）。同一四年（一八四三）正月に座席はそのままで「町方御奉行触」へ。同年一〇月に「町方御奉行の支配」で、座席は「御奉行触御知行取の席」へ。同一五年二月に貸付の鳥目余計に捨方で別段一〇人扶持。弘化三年（一八四六）五月に熊本町御奉行支配、同年八月に「町方御奉行の支配」へ。

(6)御手洗栄八　五〇石（大分県）【豊後高田手永小中嶋村】

　金兵衛は、文化二年（一八〇五）一二月に寸志により苗字御免、惣庄屋直触となり、御手洗と改める。

①その忰栄八は親の寸志により、苗字御免、御惣庄屋直触で御手洗と改める。文政八年（一八二五）三月、下益城・宇土・八代三郡新地に寸志を差上げて知行五〇石で「御奉行触」、知行は一〇代相続。手取米は七ヶ年目より所務。文政一〇年（一八二七）閏六月に、京都宮様の偽役人に関わって「御留守居御知行取席」へ。天保三年（一八三二）九月に隠居（五一歳）。

②御手洗吉次郎…天保三年九月、寸志で父の知行相違なく下され「御奉行触」（二四歳）。同七年七月に官語と改名。同一二年（一八四一）一二月に病死。

③御手洗保…天保一三年五月、寸志により父の知行相違なく下され「御奉行触」（一八歳）。同一四年（一八四三）一〇月に「御郡方御奉行の支配」で、座席は「御奉行触御知行取の席」へ。

(7)栗林子一郎　五〇石【阿蘇郡宮地村】

　先祖代々、阿蘇郡宮地村の百姓。明和四年（一七六七）六月に寸志一貫二〇〇目で無苗の郡代直触。安永二年（一七七三）一〇月に清蔵と改名。天明三年（一七八三）六月に寸志で一領一疋。寛政六年（一七九四）一一月、寸志により士席浪人格、阿蘇南郷御郡代の支配。同九年三月に清左衛門と改名。享和三年（一八〇三）七月に隠居。

　①栗林桂次…享和三年七月、父の寸志により三人扶持、士席浪人格、阿蘇南郷御郡代の支配。文化元年（一八〇四）一一月に寸志により三人扶持増。同七年（一八一〇）正月、龍口御屋敷御類焼につき寸志、「御留守居御中小姓列」、一人扶持増、阿蘇御郡代支配。同八年二月、寸志により「御留守居御中小姓の席」で阿蘇御郡代支配。文政八年（一八二五）三月、下益城・宇土・八代三郡新地につき寸志、御知行五〇石、「御奉行触」で、知行は一〇代相続、手取米は７ヵ年目より所務。天保五年（一八三四）二月病死（六〇歳）。

　②栗林民蔵…天保五年六月、寸志により父の知行相違なく相続、「御奉行触」（三五歳）。同年一〇月に窮民御取救の寸志で、別段に蔵米一〇〇石。天保一四年（一八四三）一〇月、「御郡方御奉行の支配」で座席は「御奉行触御知行取の席」。弘化四年（一八四七）五月に病死（四八歳）。

　③栗林子一郎…弘化四年九月、祖父栗林桂次以来の寸志により知行五〇石と一五人扶持を下され、「御奉行触御知行取の席」で「御郡方御奉行の支配」（二一歳）。

(8)冨田又太郎　五〇石【玉名郡鍛冶屋村】

　先祖は菊池家の浪人、山鹿郡津袋村に居住。冨田喜作は百姓になり、玉名郡鍛冶屋村に移り百姓を勤める。冨田平右衛門は明和二年（一七六五）に寸志で一領一疋。同八年平左衛門と改める。冨田和吉は明和八年五月に一領一疋。寛政八年（一七九六）四月に寸志により「士席浪人格」、御郡代支配。次の冨田平右衛門は文化三年（一八〇六）二月、父の追々の寸志により「御留守居御中小姓」。文化一四年（一八一七）三月に隠居。

　①冨田陸内…文化一四年三月、父の寸志により「御留守居御中小姓」（三六歳）。文政九年（一八二六）六月、下益城・宇土・八代三郡新地に寸志を差上げて知行五〇石、「御奉行触」、知行は一〇代相続、手取米は七ヵ年目より所務。天保一三年（八四二）一〇月、射術に抜群出精し、在中の御家人中引回しなどの功により賞美。天保一四年一〇月に「御郡方御奉行の支配「御奉行触御知行取の席」。嘉永五年一〇月に病死（七一歳）。

　②冨田喜作…嘉永五年（一八五二）一二月に父の寸志により、知行を相違なく下され、「御奉行触御知行取の席」「御郡方御奉行の支配」。嘉永六年正月に喜三兵衛と改名。安政六年（一八五九）九月に隠居（四八歳）。

　③冨田又太郎…安政六年九月に父の寸志により知行相違なく下され「御奉行触御知行取の席」で「御郡方御奉行の支配」。同七年正月に平右衛門と改名。

※狭間次右衛門　九人扶持　【豊後国】…文政九年（一八二六）八月、下益城・宇土・八代三郡新地に寸志を差上げて五人扶持を下され「組附御中小姓列」。それまで下されていた四人扶持はそのまま下された。禄席は一〇代相続で、御扶持方は七ヵ年目より渡される。天保一四年（一八四三）一〇月、座席はそのままで「御郡代の支配」へ。二代目の狭間十蔵は安政四年（一八五七）三月に父の寸志により八人扶持で「組附御中小姓列」。同年閏五月に次右衛門と改名。

※首藤長次郎【豊後国高田手永】…首藤次郎兵衛は、それまで一領一疋で三人扶持であったが、文政一〇年（一八二七）九月に下益城・宇土・八代三郡新地に寸志を差上げて五人扶持増で「組附御中小姓列」。この禄席は一〇代相続で、扶持は七ヵ年目より下される。天保三年（一八三二）閏一一月に隠居。二代目の首藤小十郎は、天保三年閏一一月に父の扶持のうち七人扶持を下され「組附御中小姓列」。天保九年（一八三八）閏四月に病死。三代目の首藤熊五郎は天保九年八月に父の扶持のうち五人扶持で「組附御中小姓列」。同年九月に次郎兵衛と改名。安政六年（一八五九）一〇月　寸志などにより、別段でなお三人扶持を下される。明治元年（一八六八）一二月に隠居。四代目の首藤長次郎は明治元年一二月に曾祖父の首藤藤次郎以来の寸志により、父の扶持のうち七人扶持を下され「組附御中小姓列」。

（※印の２名は「知行取」でなく「御中小姓」の家）　　　　　　　　　　　　　　（未完）

八代古文書の会 会報 No.8	2011年6月25日　八代古文書の会　発行 〒866-0081　八代市植柳上 746-5　蓑田勝彦方

> 今回の内容は、文化7年（1810）の百姓の農業経営に関する資料の紹介です。ごく普通の「高」10石の田畑を耕作する農家の収支状況が記された史料ですが、内容を見ると「働男」一人の労働力に報酬を支払うという農業経営の状況が記されていて、1年の収支を計算すると「不足」つまり赤字になるとされています。この史料の内容をどう理解したらよいのでしょうか。下記のような解釈でよいのでしょうか。皆さんの御意見をお聞かせ頂ければと思います。

百姓の農業経営は原則赤字？

蓑田　勝彦

　江戸時代の熊本藩の農家の経営についての史料が『新熊本市史』の史料篇（近世Ⅲ）に収録されている。平均的な一軒の農家の農業経営の状況を示した貴重な史料である。これには水田4反4畝15歩・畑3反2畝3歩、高10石を受け持つ百姓の収入・支出内容が記されている。数字は漢数字で記されていて見にくいので、ここには現代風に算用数字に直し、理解しやすいように説明を加えたりしながら紹介する。

　史料の年代は「午」と記されているだけなので、これが何年のものかを考えてみたい。(1)貢租の内容を示す記述の中に「上ヶ米 弐万石」「壱歩半米」などの語句が見えるので、「請免」の制度が実施された文化年間以後のものである。(2)銭85匁が米9斗9升1合と記されており、米1石＝銭85.8匁となる。この米の値段に最も近い「午」は文化7年（1810）である。(3)史料の原本である「井田衍義」の記述が、前後の関係から文化7年と考えても問題のないこと、などの理由から文化7年（1810）のものと判断できる。

　史料は大きく分けて二つの部分、つまり「御百姓一人の農業作徳差引」と「田一反の作り方手間積」とからなっている。今回は後者の部分は省略し、前者の「御百姓一人の農業作徳差引」の部分のみを検討する。「御百姓一人の農業作徳差引」というのは、農家一軒の収入・支出状況を示すという意味であろう。

　初めに支出内容が記されており、貢租の総計額は米の量で表すと6石9斗1升9合で、「高」の69.19%であるという。つぎに1年間のその他の支出額が、米の量では8石5斗2升3合2勺であると記され、この二つの支出を合わせると支出の総計は15石4斗4升2合2勺となっている。　つぎに収入として田畑からの収穫量が記されている。水田の表作として米が6石9斗6升3合、裏作として麦が2石となっている。畑の表作（夏作）としては粟が6石4斗、裏作（冬作）として麦が2石5斗6升となっており、これらの収穫物の量を米で表すと、総量は米で12石2升3合になる。　したがって収入と支出との差引は、米3石4斗2升の「不足」（赤字）となっている。

　ここに記されている＜収支差引＞がその通り間違いないものとすれば、農家は毎年の赤字で農業経営は成り立たないはずである。なぜこのような数字が記されているのであろうか。また実際の農業経営はどうであったのか、そのことを考えるために貢租以外の支出内容について検討してみたい。便宜上 支出の項目を次のように分類して各項目の比率（%）を算出してみた。なお金額は藩札による表記で1匁＝70文である。

　　　＜農業経営＞……約70%

①「働男」関係	（ア）（ク）	320匁	43.8%
②農具類	（キ）（チ）（ツ）（ナ）（ニ）（ヌ）	20匁	2.7%
③種子など	（ネ）（ノ）（ハ）	23.34匁	3.2%
④肥料・農薬類	（ヒ）（フ）（ヘ）	87.5匁	12%

⑤馬 関係	(シ)(セ)(ソ)		55.29 匁	7.6%
<農家生活>……約30%				
⑥食費関係	(イ)(ウ)(エ)(カ)(ケ)(コ)(サ)(ス)		160.23 匁	21.9%
⑦生活費など	(オ)(タ)(ト)		16.2 匁	2%
⑧その他	(テ)(ホ)		48 匁	6.6%
(合計)			730.56 匁	100%

　これを見ると「働男」関係が43.8%で圧倒的な比率を占めている。ついで食費関係が21.9%、肥料・農薬類が12%である。「働男」関係の支出が「不足」(赤字)の最大原因である。「働男」とは何を意味するのであろうか。単純に考えれば男子一人を労働力として雇った場合ということであろう。しかしごく一般的な農家が毎年普通に男子労働力を雇って農業経営を行うとは考えられない。「働男一人」というのは、農家一軒の労働力全体を、その家の中心的な労働力の担い手である成人男子一人として計算した場合、と考えるのが最も合理的な理解ではないだろうか。つまり妻や子供、父母などの労働力は、この計算から除外されているということであろう。

　江戸時代の農業経営を検討する場合には、家族労働への対価は考慮に入れないのが今迄の研究者の常識だったと思われる。そのことから考えると、たとえ一人分であっても家族労働への対価を計上しているということは、現在の私たちにとって予想外のこととも言えよう。この「働男」の労働対価が計上されているために<収支差引>は「不足」、つまり赤字になっているのである。"常識"にしたがって、家族労働への対価である「働男」関係の支出を除外して検討してみると、貢租類を除いた「支出」の金額は730.56匁でなく 410.56匁となり、293匁余の「不足」は27匁余の「余分」、つまり黒字となる。重ねていえば、"常識"にしたがって、家族労働への対価をゼロとすれば、農業経営は黒字となるのである。

　筆者(蓑田)は先に「江戸後期 熊本藩農村の経済力」と題する論文を発表した(『熊本史学』第89・90・91合併号、2008年)。そこでは天保期の熊本藩の農村では、全体として見れば年間に一人当り 106匁余の「余分」があるということを記した史料を紹介した。「井田衍義」の一部である今回の史料でも、家族労働への対価を計算に入れなければ、一般農家の経営には「余分」が見られるということでは、同様な内容が記されているということになる。

　先の論文ではまた、天保期の貢租は農村での総生産額の4分の1であることも紹介した。農民へ課せられた貢租は過酷なものであり、農民は「絞れば絞るほどとれる」という"常識"は正しいものではなかったのである。しかし農民側に「余分」が残るといっても、それは農民の家族労働への対価をゼロとした場合のことであり、ここで紹介したように家族労働に一定の対価を考慮した場合は「不足」つまり農業経営は赤字であるということを、藩当局は はっきりと認識していたのであり、そのことが貢租増徴を簡単には行なえない理由だったのではないだろうか。

[A] 　御百姓一人の農業作徳差引 左の通り
(1)【受持高、田畑の面積・高・高反、受物成】

　高6石9斗6升6合8勺8才

1. 田　4反4畝15歩　　　　高反 1石5斗6升5合5勺9才
　　　　　　　　　　　　　仮土反　 6斗9升　　 5勺2才
　　　受物成　3石7升2合8勺1才　　　　　　　　　　　　　　　　　　(a)

　高3石3升1合9勺7才

1. 畑　3反2畝3歩　　　　高反　9斗4升4合5勺4才
　　　　　　　　　　　　　仮土反　 4斗9升5合9勺5才
　　　受物成　1石5斗9升2合3勺5才　　　　　　　　　　　　　　　　(b)

　高合　10石　(課税基準となる持高、田と畑の「高」を合計したもの)

　　　　　　(「高反」…1反あたりの予定収穫量)　　(「仮土反」…1反あたりの貢租)　　(「受物成」…貢租負担量)

(2)【貢租のうち米で納入するもの】

　　　　　御物成　4石6斗6升5合　　　御免　4ッ6歩6朱5厘　　　　　　　　(c)=(a)+(b)

1. 米　4斗2升6合　　　三ノ口米・水夫・増水夫米納　九一三二の規矩　　　　(d)

1. 同　4斗9升9合　　　上ヶ米2万石、1歩半米1万石余の割合　　　　　　　　(e)

1. 米　3斗3升8合　　　諸出米　　　　　　　　　　　　　　　　　　　　　　(f)

　　　　　　　　御郡代物書給扶持　　塘方助役勤料　　御郡代手附横目勤料　　石場費地
　　　　　　　　会所床上納　　御内検小屋床上納　　村役宅床上納　　会所役人給
　　　　　　　　会所走番給　　村庄屋筆紙墨代　　帳書給米　　肝煎給米　　井手下村弁米
　　　　　　　　氏神社床上納　　頭百姓飯米　　御蔵払宿礼米　　払頭給米

(3)【貢租のうち銭で納入するもの】

1. 銭　27匁　　　諸出銀　　　　　　　　　　　　　　　　　　　　　　　　　(g)

　　　　　　　　8分4厘…御参勤人馬賃銭、　2匁4分1厘…御馬飼料・御家中飼料共、
　　　　　　　　3分4厘…諸山御初穂、　10匁6分1厘…会所諸出銀、　12匁8分…村諸出銀

1. 夫　26人　出人馬　　銭ニシテ52匁　　　　　　　　　　　　　　　　　　(h)

1. 馬　3疋　　　　　　銭ニシテ6匁　　　　　　　　　　　　　　　　　　　 (i)

　　　　　　　　所々御普請夫　　御役人継人馬　　御作事所払物払夫　　松櫨植夫
　　　　　　　　杉檜差夫　　鯨油受取夫　　会所薪剪割付越人馬　　所々状持夫
　　　　　　　　村方急御用走夫　　会所并井樋小屋垣廻夫　　村方用水道繕夫

合米　5石9斗2升8合　　　　　　　　　　　　　　　　　　　　　　　　　(j)=(c)+(d)+(e)+(f)

　銭　85匁……米ニ直　9斗9升1合　　　　　　　　　　　　　　　　　　(k)=(g)+(h)+(i)

米合　6石9斗1升9合　　高6ッ9歩1朱9厘ニ当ル　　【貢租の総計】　　　(l)=(j)+(k)

　　　　　内　4ッ6分6朱5厘……御年貢分
　　　　　　　2ッ2分5朱4厘……諸掛物分

右の外、御給地村々ハ給人諸払物・出夫等も有之候得共、一定不致候ニ付省之

[B] 右の田畑　働男一人を以作り方仕候雑費左の通　（[A]の田畑を「働男」1人に賃銭を支払って耕作した場合の経費）

(1)【必要経費＝支出】

1. 銭　300目……働男一人の給銀　　　　　　　　　　　　　　　　　　　　　(ア)

1. 同　118匁4分6厘……右年中粮米粟　3石1斗5升9合代　　　　　　　　　(イ)

1. 同　13匁1分4厘……年中味噌代　　　　　　　　　　　　　　　　　　　　(ウ)

　　　　　内　6匁1分7厘…大豆1斗2升代、　5匁4分7厘…麦1斗2升代、　1匁5分…塩6升代

1. 同　1匁3厘　　毎月朔日・15日用候鰯代　　　　　　　　　　　　　　　　(エ)

1. 同　5匁　　　　世帯道具仕継代　　　　　　　　　　　　　　　　　　　　(オ)

1. 同　3匁6分　　年中用候茶1斗2升代　　　　　　　　　　　　　　　　　 (カ)

1. 同　10匁　　　農具仕継代　　　　　　　　　　　　　　　　　　　　　　　(キ)

　　　　　内　6匁…鍬先かけ代、　2匁5分…鎌2具代、　1匁5分…鞍下ひら一口代

1. 銭　20目　　　休日9日　賄・神酒代共、撫1日2匁2分2厘　　　　　　　(ク)

1. 同　2匁5分　　年中塩代　　　　　　　　　　　　　　　　　　　　　　　　(ケ)

1. 同　1匁5分　　同小豆代　　　　　　　　　　　　　　　　　　　　　　　　(コ)

1. 同　15匁　　　手酒一巻代　　　　　　　　　　　　　　　　　　　　　　　(サ)

1. 同 6匁	1ヶ月越馬繕入目		(シ)
1. 同 5匁	年内用候醤油代		(ス)
1. 同 3匁	馬医礼物		(セ)
1. 同 46匁2分9厘	年中馬飼料大豆、1日2合5勺 1升5分1厘余		(ソ)
1. 同 1匁2分	ござ1枚		(タ)
1. 同 1匁2分	田簑1枚代		(チ)
1. 同 5分	田植笠1枚代		(ツ)
1. 同 24匁	年中寺院・物貰へ遣候分 撫1ヶ月2匁宛		(テ)
1. 同 10匁	年中灯候油代		(ト)
1. 同 7匁5分	唐臼作り賃		(ナ)
1. 同 3分	草かき1丁代		(ニ)
1. 同 5分	肥そうけ1ッ代		(ヌ)
1. 銭 8分4厘	粟種子3升代 1升ニ付2分8厘宛		(ネ)
1. 同 12匁	種子籾3斗、 1升4分ニシテ		(ノ)
1. 同 10匁5分	麦種子3斗代、1升ニ付3分5厘		(ハ)
1. 同 7匁5分	田方ニ差入候鯨油1升5合、1升5匁ニシテ		(ヒ)
1. 同 40目	田の肥シ代		(フ)
1. 同 40目	跡作の肥代		(ヘ)
1. 同 24匁	居屋敷3畝上納分		(ホ)
合 730目5分6厘	【支出合計】		(マ)=(ア)〜(ホ)の合計
米ニ直 8石5斗2升3合2勺	3斗5升 30目宛ニシテ		(ミ)

(2)【年貢なども含めた支出高総計】

    1. 米6石9斗1升9合　　御年貢・諸掛り物共ニ　ロニ顕居候通　　　　　　(ム)

    二口合　15石4斗4升2合2勺　　此分 高10石作り候御百姓の一式出方分　　(メ)=(ミ)+(ム)

        (銭では1貫323.62匁)

(3)右の内 作徳差引 左の通　【米の量に直した 田畑からの収穫高】

    米　6石9斗6升3合　　田 4反4畝15歩分、反ニ4俵半撫ニシテ　　　　　(m)

    麦　2石　代銭85匁　　　　　　　　　　　　　　　　　　　　　　　(n)

      米ニ直　9斗9升1合　　跡作2反5畝、反ニ2俵ニシテ、1俵17匁、米1俵30目宛

    粟　6石4斗　代銭240目　　　　　　　　　　　　　　　　　　　　　(o)

      米ニ直　2石8斗　　畑3反2畝3歩、反ニ5俵、1俵15匁、右同断

    麦　2石5斗6升　代銭108匁8分　　　　　　　　　　　　　　　　　　(p)

      米ニ直　1石2斗6升9合　　畑跡作 反ニ2俵、1俵17匁替、右同断

    米合　12石2升3合　此分 作徳出来可申分　【米に直した収穫高総計】　(q)=(m)+(n)+(o)+(p)

        (銭では1貫30.54匁)

(4)【収支の差引】

    残て 米3石4斗2升　　不足 【赤字】　　　　　　　　　　　　　　　(r)=(q)−(メ)

        銭ニ直　293匁余

      (「田一反の作り方手間賃積」の部分は省略)

   午十月

                                                         (終り)

八代古文書の会 会報 No.9

2011年7月25日　八代古文書の会 発行
〒866-0081　八代市植柳上746-5　蓑田勝彦方

> 　今回は、いままで歴史研究ではほとんど取り上げられてこなかった＜落し物＞についてです。些細な事といえば些細なことですが、いつの時代にも私たちの身近かで起こる問題です。江戸時代の落し物はどのように取り扱われていたのでしょうか。また現在とどう違っているのでしょうか。
> 　この号ではもう一つ、会報No.6に掲載した「熊本藩御用絵師＝薗井家について」の補遺 を最後の頁に載せています。御用絵師の仕事の意外な一面？が指摘されています。

江戸時代の落し物について

蓑田　勝彦

　江戸時代の落し物に関する史料をいくつか見出したのでそれを紹介し、江戸時代に落し物がどのように扱われていたのかを見てみたい。以下に紹介する史料はすべて、その拾い主への褒賞に関するものである。

　下記に紹介する〔事例1〕は文化5年（1808）12月に、江戸から熊本へ帰る途中の三原弥三次が、雪の積もった箱根の山道で金5両のはいった財布を拾って、それを元の持主に返却したことに関するものであるが、その話は関係者以外にはほとんど知られていなかった。文化10年になってそのことが当局者に知れ、時間はだいぶ経過しているが、三原弥三次の「清廉の行状」をぜひ表彰すべきであるということになった。しかしその当時は、そのような表彰の前例も乏しかったので、「町方」に前例を問合せた。問合せを受けた町方から提供された前例が〔事例2〕〜〔事例6〕であり、〔事例1〕の記事に続けて記述されている。この五例はすべて「町方」の管轄する熊本町での話である。拾われた金額が少額だったためであろうか、褒賞金額はすべて1貫文（1000文）以下であるのに対して、三原弥三次には2貫文が与えられている。

　〔事例7〕は文政6年（1823）9月に、黒川彦作（江戸藩邸勤務の下級武士＝黒川市郎次の忰）が、熊本城下の藪内で藩札97匁5分（1匁=70文）を拾って、それを父の上司である一本角兵衛に届け出た事例である。藩当局は〔事例1〕のような前例を参考にして彼に1貫文を与えた。〔事例8〕〔事例9〕はそのときに〔事例1〕とともに参考例としてあげられたものである。ところが落し主が100日経過しても名乗り出なかったため、黒川彦作は拾った藩札97匁5分も受取ることになった。そのため当局者の間では、これは二重の賞美になるのではないかとして問題となった。このことについては別稿に述べることにしたい。

　〔事例13〕は天保9年（1838）12月に、座頭の両房が銭1貫目余（銭70文の1000倍）に相当する刀道具を拾い、落し主を探し出して持主に返したという事例である。〔事例14〕はその際に前例として参考のために記された事例である。落し主からは50目（70文の50倍）ほどの謝礼を貰ってはいるが、両房は盲人であり、大変窮乏しているのに、大金に相当する品物を拾ってそれを持主に返したのは「奇特の至」であるとして賞美を受けたのである。この時は〔事例7〕について述べたように、二重の賞美が問題にされたが、特別の場合は「廉恥を誘」うためもあって賞美するという前例が参考にされたのである。この時の参考事例には〔事例9〕が記されている。

　〔事例15〕は明治3年（1870）の事例で、「落し物」といっても生きた牛の話である。通常の落し物と同様に、

100日経っても落し主は不明の場合は、拾い主に所有権を与えるようにという指示がなされている。

以上、拾い主が賞美をうけたことに関する10数例を紹介した。これを見ると、落し物の取扱い方について当局者が、統一した見解を示そうとしたのは〔事例1〕のときが初めてのように思われる。熊本町では早くから落し物を届け出た人に対する賞美がなされており、熊本町を管轄する「町方」は、原則として落し物を届け出た人に賞美を与えていた。これに対して刑法方では、落し物が届けられた場合、落し主が判明しなかったら全額を拾い主に与え、落し主が判明したらその半額を謝礼として与えることになっているので、藩から褒賞を与えれば二重の賞美になるとしていた。〔事例7〕の黒川彦作の場合にそのことが、当局者の間で問題とり、文政8年（1825）に奉行所でその調整が行われることになった。詳しい経緯は別稿にゆずるが、後述の〔事例13〕の項にあるように、以後は拾い主に対する賞美は原則として行なわないことになった。

以上が江戸時代の落し物についての取扱い例であるが、現在の法律ではどのように規定されているかを念のために確認しておきたい。遺失物法第4条では＜落し物を、拾った人が返してくれた場合は、落し主は100分の5以上、100分の20以下の報労金（謝礼）を渡さなければならない＞となっている。また民法第240条では＜落し物が届けられた後（公告された後）6ヵ月たっても、落し主が判明しない場合は、拾い主がその所有権を取得する＞とされている。熊本藩では、当局に届け出された落し物を受け取る際には、その半分の額を拾い届けてくれた人に支払う必要があったわけで、現在の5％～20％に比べると非常に高額の謝礼が義務づけられていた。また一方では落し主が判明しない場合、落し物が拾い主の物になるのは熊本藩では100日としているの対して、現在の民法では6ヵ月と2倍近い期間になっている。これは幕府の法令で6ヵ月とされていたことを受け継いでいるものと考えられる（『古事類苑』法律部44 参照）。

《参考》川に流れてきた物を拾った場合＜『八代市史 近世史料篇』第9巻（八代市教育委員会、平成12年）133頁＞

天明9年＝寛政元年（1789）1月の項（球磨川の洪水のときの記事）

川内で取上げた浮荷物は30分の1、沈んでいた荷物を拾い上げた場合は20分の1を拾い主に与える。

海上の浮荷物20分の1、海に沈んでいた物を拾い上げた場合は10分の1を拾い主に与える。

〔事例1〕 ＜「参談」文化10年、熊本大学附属図書館寄託「永青文庫」9・2・14＞および＜熊本県立図書館永青文庫複製本「覚帳」323＞

文化5年（1808）12月11日、江戸から熊本へ帰る途中の三原弥三次（御音信所定手伝）は、箱根の新家という付近で、風呂敷のような物が雪の中に見えたので、拾い上げてみたら木綿の財布であった。他に同行者が5～6人いたが、少し前に歩いていた斉藤平太（御駕の者小頭）に立ち会ってもらい、中味を改めたところ金子5両が入っていた（小判4両と小粒1両）。落し主の手掛かりになるような物はなかったので、そのまま箱根の宿まで行き、宿場で落し主を探してもらったところ、大松屋又左衛門の使用人＝平蔵という者が、元箱根町に「銭買」の使いに出た時に落したものであることが判明し、金子の持主の大松屋又左衛門から謝礼として酒樽と肴とが贈られたという。

このことを、ずっと後になって藩の当局者が知り、三原弥三次に確認して間違いないことが分かった。弥三次が金5両を拾ったのは誰も見ていない広野の中であり、それを持主に返却したことは「誠に廉潔」の行為で「奇特」のことであるとして、文化10年（1813）10月に、特別に「鳥目2貫文」（銭2000文）を下し置かれた。

〔事例2〕 ＜同上の「参談」文化10年＞

熊本古鍛冶屋町の布屋儀八の下女＝よし は、下河原で御銀所預（藩札）110匁（1匁＝70文）を拾って、そのまま主人の儀八に申し出たが、それはすぐ当局へ届け出された。これは「奇特の事」として文化8年（1811）3月に、よし には「鳥目700文」が下し置かれた。

〔事例3〕〈同上の「参談」文化10年〉

　熊本桶屋町の善右衛門は、袋に入っていた米を拾って届出たので寛政元年（1789）に「鳥目500文」を下し置かれた。

〔事例4〕〈同上の「参談」文化10年〉

　熊本新古川町の るも は、店先で預（藩札）700目（70文の700倍）を拾って届出たので、文化4年（1807）に「鳥目1貫文」を下し置かれた。

〔事例5〕〈同上の「参談」文化10年〉

　熊本古魚屋町一丁目の徳蔵は、熊本城内の勢屯で鼻紙袋（財布）を拾って、落し主を探し出して渡したので、文化6年（1809）10月に「鳥目500文」を下し置かれた。

〔事例6〕〈同上の「参談」文化10年〉

　熊本出京町の幸吉は、道で「懸物二幅」を拾って届け出た。二幅のうち一幅は「御筆」（藩主の書）ではないかとして町方（藩の役所）に召上げられ、幸吉には「鳥目1貫文」（銭1000文）が下し置かれた。

〔事例7〕<「覚帳」文政6～天保1（熊本県立図書館の永青文庫複製本323）>

　文政6年（1823）9月23日の4つ時分（午前10時ころ）、黒川市郎次の倅＝黒川彦作が竹部（たけべ、現在の熊本市黒髪町・子飼町・薬園町あたり）の方に用事があって、薮内（やぶのうち、現在の熊本市城東町）を通行していたところ、橋際に御銀所預（藩札）が落ちていたのを拾って、父の上司である一本角兵衛に届け出た。金額は97匁5分（銭で7000文近く）であった。このとき父の市郎次は江戸の藩邸に勤務しており、倅の彦作が自分で一本角兵衛の所へ届け出たのである。この報告をうけた藩庁の選挙方では、前例を参考に「金子100疋」（銭1000文）を彦作に与えることにした。

〔事例8〕<同上の「覚帳」文政6～天保1>

　文化13年（1816）12月29日、横手手永春日村の肝煎＝庄七は通行中に御銀所預（藩札）を拾った。金額は確認しなかったが、銭100目（70文の100倍）くらいあったという。この藩札は質札に巻いてあったが、質札に「吉文字屋」と書いてあったため、その質屋に届けて落し主に返してもらったという。落し主からの謝礼はもらわなかった。このことが後に判明して、文政2年（1819）に賞され鳥目（銭）1貫文を下し置かれた。

〔事例9〕<同上の「覚帳」文政6～天保1>および<「参談」天保10年（前出の熊大「永青文庫」9-4-11）>

　五町手永竹部村の仮人数（他所からの転入者）である和三は、立田口筋の往還で御銀所預を拾って、それを落し主に届けたという報告が文政4年（1821）8月にあった。拾った御銀所預の額は600目（70文の600倍）ほどで、和三は落し主から銭70目（70文の70倍）を謝礼をとして貰ったとのことである。正直者は賞美されるべきであるとして、和三に対して鳥目1貫文（銭1000文）が下し置かれた。

〔事例10〕<「参談」文政6年（前出の熊大「永青文庫」9-3-2）>

　文政6年（1823）12月、御飛脚番小頭の金沢弥右衛門が本庄村（現熊本市本庄町）を通行中、御銀所預11匁（銭770文）を拾って届出た。当局は通常の落し物の取扱いにしたがって、拾った場所に立札を建てることにした。落し物を届出た金沢弥右衛門を賞美すべきかどうかが検討されたが、金額が少ないので賞美の品は与えないで「御間聞届」の扱いになった。

〔事例11〕<「参談」文政7（前出の熊大「永青文庫」9-3-3）>

　文政6年（1823）12月、熊本城内慶宅坂上の辻番所前に古鞘入の刀（相州住正広）が落ちているのを、番所の番人である元松市太郎が拾って届出た。彼に対する賞美が検討された結果、翌7年3月に鳥目1貫文が下し置かれた（去冬、黒川彦作についての僉議で、拾い主には賞美を与えることになったことを参考に）。

〔事例12〕<同上の「参談」文政7>

　文政6年（1823）9月、熊本魚屋町の市右衛門が、大津で不審者に行き会ったとき、その不審者が「浅黄立横

縞単物1、紺同半切1、形付袷1、藍みる茶袷1、花色袷1、小倉縞帯1筋、包1」を捨てて逃げ去り、市右衛門はそれらを拾って届出た。市右衛門には翌7年3月に鳥目700文が与えられた（元松市太郎と同様に賞美）。

〔事例13〕＜「参談」天保10（前出の熊大「永青文庫」9-4-11）＞

天保9年（1838）12月、「瞽者」の両房（了房）（座頭座本支配 若狭都 弟子）が熊本近郊の寺原の寿昌寺付近を通行中に「縁頭13具、目貫1具、小柄2本、鍔1枚」を拾った。彼は質屋の人に探してもらって、それを落し主＝本坪井立町の利喜治のもとに届けた。これらは「極々上品」で金額に換算すると1貫目余（金では6両1分ほど）に相当するということであった。このことが利喜治から当局に届出られたので、当局ではどうすべきかを検討した。文政8年（1825）に改訂された決まりでは、落し物が届けられた場合は、落ちていた場所に立札を建て、100日を過ぎても落し主が分からないときは、落し物は拾った人に与えられる。落し主が分かった場合も半額（または半額相当分）は拾った人に与えられるので、当局として拾い主に賞美を与えることはないという規定になっている。したがって通常なら了房に褒美を与えることはしないが、彼は「誠ニ今日を暮兼」ねるほど貧しい生活をしているのに、夫婦ともに律儀で「質直」の者であり、「奇特の至」であるとして、翌10年に鳥目1貫文が下し置かれた（了房は落し主から礼銭50目を貰っていた）。

〔事例14〕＜「覚帳」明治3年（前出の熊大「永青文庫」文7-3-19）＞

明治3年（1870）10月、菊池郡小原村（現 旭志村）の又作が「放れ牛」を見つけて繋ぎ留め、立札を建てて置いたが、1ヶ月たっても飼い主の申し出はないという報告が、菊池郡の河原出張所を通じて郡役所に出された。牛は赤毛の「女牛」で「八歳以上」と記されている。これに対して郡役所からは、100日を過ぎても飼い主が判明しない場合は、牛は又作に与えるようにとの指示がなされた。　　　　　　　　　　　　　　　　　　　　　　（終り）

【熊本藩の御用絵師＝薗井家について（補）】

会報No.6に薗井家について新しく判明したことを紹介したが、さらに新しい史料を見出したので補足しておきたい。一つは薗井家の江戸での住居について、もう一つは江戸詰の御用絵師の仕事についてである。

「続跡覧」の正徳2年（1712）の熊本藩の江戸屋敷についての記事の中に、「家来抱屋敷」の項目があり、7人の家臣が江戸に自分の屋敷を持っていると記されている。その中の一人が薗井素宅で、三田台町2町目に192坪の屋敷を町人＝山田権左衛門名義で所有していると記されている。これは2代目の素宅が51歳のときのことである。彼は「江戸定詰」の身であり、150石の知行地を肥後で給されていたが、ほとんど熊本には帰らず江戸で活動を続けていたのであろう。この屋敷は、もしかしたら初代の時からもっていたかも知れないが、その点については全く不明である。同じ「続跡覧」の延享3年（1746）の同様の記録によると、薗井家の江戸屋敷は見られないので、おそくとも4代目の素宅（政治）の代には、この屋敷は薗井家のものではなくなっていたことが分かる。

もう一つの江戸詰の御用絵師の仕事内容について。同じ「続跡覧」の享保4年（1719）の記事に、熊本城本丸の石垣が孕んで修補が必要となったとき、幕府に届け出て許可を受けるための「清書絵図」は、いつもの通り江戸の薗井素宅に命じたと記されている。これは2代目薗井素宅が58歳のときのことである。同様に享保11年（1726）の八代城の石垣修補の際も、国元で描かれた下絵が江戸に送られて薗井素宅が清書をしたと記されており、寛保2年（1742）の八代城二の丸の堀浚えについても、江戸で薗井素仙に「清御絵図」が命じられたとある。これらの記述を見ると、江戸詰の御用絵師の仕事には、常識的に考えられる人物や風景などの絵画を描くこと以外に、幕府との折衝に必要とされる図面の作成など、職人的な仕事も重要な役割の一つとされていたことが分かる。

（史料の「続跡覧」59冊は熊本大学附属図書館寄託の「永青文庫」8-3-2）

八代古文書の会 会報 No.10	2011年8月25日　八代古文書の会　発行 〒866-0081　八代市植柳上746-5　蓑田勝彦方

> 今回は 松井章之の江戸旅行の自筆日記の概要紹介です。松井家は熊本藩の筆頭家老家であるとともに、将軍家から わずかながらも知行地を給されており、自家と将軍家の代替りごとに江戸に参府して将軍に御目見えする家柄でした。松井章之は天保12年（1841）に家督を継ぐとともに江戸へ行き、御目見えしましたが、そのときの参府日記は3年前に本会から翻刻出版しています。今回は その15年後の安政3年（1856）に新しい将軍に御目見えするために江戸へ行ったときのものです。天保12年の日記と比べながら見ていただければと思います。なお今回は節目の第10号ということで、今迄の号の内容を最後の所に載せました。

「八代の殿様」松井章之（てるゆき）の江戸旅行日記（安政3年）

蓑田　勝彦

　松井家は、熊本藩の筆頭家老家で、知行は3万石、八代城を預けられた大名なみの存在であり、また徳川将軍家から上方（山城国など）に173石余の知行地を与えられており、将軍の直臣でもあった。そのため自家の代替り、将軍家の代替りには、参府（江戸に行くこと）して将軍に御目見えすることになっていた。今回紹介するのは松井家第10代目の当主である松井章之が、安政3年（1856）に江戸へ赴き、13代将軍の徳川家定に御目見えしたときの日記である。

　章之は文化10年（1813）、松井家8代＝徴之の三男として出生、文政3年（1820）に9代＝督之（兄）の養子となった（8歳）＜註＞。文政11年（1828）に家老見習になり（16歳）、天保3年（1832）には家老となった（20歳）。このときは養父の督之も家老をつとめており、親子2人とも藩の家老をつとめたのである。天保12年（1841）に養父＝督之が死去したので、跡を継いで松井家の当主となり（29歳）、同年 江戸へ行き将軍＝家慶に御目見えした。ここに紹介するのは、安政3年（1856）に将軍＝家定に御目見したときの旅行日記の内容である（44歳のとき）。その後 章之は文久3年（1863）に隠居（51歳）、明治20年（1887）に死去した（75歳）。

　天保12年（1841）の「参府日記」は、2008年10月に八代古文書の会によって出版されている。今回は安政3年（1856）に13代将軍家定に御目見えするために江戸へ旅行したときの日記の内容を簡単に紹介する。表紙には何も記されていないが、記事の冒頭には「公義御代替ニ付て　御目見御礼として　安政三年辰三月十一日　八代発足より　途中諸日記」と記されている。この安政3年の日記も、天保12年の日記と同じく松井章之の自筆である（八代市 個人蔵）。

　天保12年の場合は、熊本から阿蘇を通って豊後鶴崎へ出て船に乗り、瀬戸内海を東へ向かい、大坂に近い室の港に上陸したが、今回は小倉路をとり、小倉で乗船して瀬戸内海を東へ向かったが、宮嶋で下船して参拝した後は陸路をとったことが大きな違いである。詳しいことは1986年12月に古文書の会の資料として、全文を手書きした冊子を作成しているので、それを御覧いただくようお願いしたい。

<註>8代目＝徴之の後継者＝存之が若死したため、松井家の分家から督之が迎えられて9代目となり、徴之の三男の章之が督之の養子となった。

安政3年（1856）、松井章之の「参府日記」

　3月11日　八代発駕、昼8つ後 出立、松馬場出切で小立、宮の原町 長谷栄太方へ休み、弁当しまい、小

川出切　里木に駕籠を据え、提灯をつけ、豊福茶屋へ着、止宿
同	12日	宇土本陣で小休、志々水村で小立、川尻を過ぎ、二軒茶屋で小立、迎町を通り、熊本屋敷へ着、止宿。
同	13日	花殿へ出仕、二の丸屋形へ参上、御二方へ会う。
同	14日	5つ半ころ熊本屋敷発駕、御馬下村で小休、植木御茶屋で昼休、広尾町に小立、山鹿御茶屋へ着、止宿。
同	15日	5つ時分出立、岩村光行寺で小立、肥猪町で小立、南関御茶屋で昼休、南関の鉄砲製作場でピストン筒見る、原の町本陣で小休、瀬高 柳川御茶屋へ着、止宿。
同	16日	6つ半ころ出立、宿の町で小休、アイゴオで野立、府中で昼休、古閑の茶屋で小休、松崎駅で小休、乙熊村で野立、山家本陣へ着、止宿。
同	17日	5つ前に発足、太宰府天満宮に参拝、昼食、本往還へ出て、テントウ村で小休、暮ころ飯塚本陣へ着、止宿。
同	18日	6つ過ぎころ出立、小竹で野立、小滝村で小休、木屋瀬の本陣で昼休、上の原で野立、黒崎駅の本陣で小休、大倉で小休、小倉本陣の村上新蔵方へ着、止宿。
同	19日	この日 渡海して中国路の予定のところ、筑前侯の若殿の下国で、宿が相宿となるので、それを避ける。昼9つころ出立、鳳麟丸に乗り、下関へ着、町内見物、「極忍」で所々見物、船泊。
同	20日	暁8つ過ぎ出船、周防の新泊に懸船。
同	21日	この日も滞船。
同	22日	5つ前出船、上の関へ着船、滞船。
同	23日	この日も滞船。
同	24日	6つ半ころ出船、夕8ツ半ころ宮嶋着船、「忍」で参拝、町内見物、遊女町も見物、船に泊。
同	25日	暁7つ半ころ出船、廿日市から上陸、本陣で昼食、「極忍」で出立、井ロダオの海辺で小休、草津で小休、駕籠に乗り広島城下入口で小立、城下出切で小立、海田市脇本陣へ着、止宿。
同	26日	5つころ出立、中の村で小立、一貫田の本陣で昼休、瀬ノ尾の峠で小休、飯田村で小休、西条四日市脇本陣へ着、止宿。
同	27日	6つ半過ぎ出立、石立で小休、タマリイチで小休、長崎御目附の通行を避けて脇道に入り、通行を見物、本道へ出て西ノ村出小屋で小休、新庄の本陣で昼休、藤の棚で小休、奴田本門の茶屋で小休、木の花で小休、三原本陣へ着、止宿。
同	28日	6半ころ出立、糸崎八幡社前に野立、ほくち村で小立、尾道脇本陣で小休、今津入口に陰陽石あり、本陣で昼休、水越で小休、中津ノ原で小休、神辺本陣へ着、止宿。
同	29日	6つ半ころ出立、タカヤの宿で小休、備中に入り、七日市の本陣で小休、小田村の堀越で小休、矢懸の駅本陣で昼休、下馬で野立、尾崎で小休、川辺の本陣へ着、止宿。
4月1日		6つ半ころ出立、山手で小休、千足で小休、板倉本陣で昼休、「極忍」で吉備津宮へ参詣、竈の祈祷あり、一の宮へ参詣、鳥居外で小休、三角で小休、岡山城下を通り、二本松で小休、藤井駅で止宿。
同	2日	本陣を出立、一日市で小休、伊部の窯元で小休、備前焼を買う。片上本陣で昼休、井手中村で小休、肥前佐賀侯 御通行につき、忍歩行で行列の脇を通る、焼石で休息、三石駅で小休、駕籠に乗り、梨ヶ原で小休、有年村で小休、有年駅本陣で止宿。
同	3日	6つ半ころ出立、若狭で野立、鶴亀で小休、「鶴亀石」あり、片島本陣で昼休、鳩で小休、山田で「棒頭」の山本吉兵衛方で小休、手ノ尾村で小休、姫路に着、止宿。室の本陣の名村与三左衛門と大津屋右平 罷出る。

同	4日	6つ半過ぎ出立、御着の脇本陣で小休、「忍」で行く、豆崎で衣服を一つ脱ぎ、魚橋本陣で小立、加古川の脇本陣で小休、西谷で小休、伊勢参宮の「道者人」多し、長池で小休、大久保の脇本陣で小休、大蔵谷の脇本陣へ着、止宿。
同	5日	6つ半ころ出立、舞子浜で小立（少し手前の明石の内山田八幡社脇に大筒三挺あり）、歩行、敦盛の墓の脇で小休、案内者を雇い、一の谷、須磨寺など見物、東須磨で小立、駕籠で兵庫脇本陣へ行き昼休、寺内で小休、住吉で小休、辻村で小休、西宮東本陣に着、止宿。「極忍」で西ノ宮へ参詣。
同	6日	6つ過ぎ出立、尼崎で小休、神崎川手前で小休、十三で昼休、ここから本行列、大坂の棒鼻で小立、昼9つ半ころ大坂中之島御屋敷へ着、大坂の役人共・御用達などに会う。夜「極忍」で所々見物、夜更けに帰る。
同	7日	夕7つ半ころ乗舟、舟に止宿（淀川）。
同	8日	舟で朝飯、けつね から上陸、「忍」で石清水八幡宮へ参詣、淀の城下など見物、朝4つころ舟へ戻る、昼9つ半ころ伏見へ着（以下 空白、記述なし）　〔京都へ行き、南禅寺聴松院に泊る〕
同	9日	朝4つころ聴松院出立（以下 空白、記述なし）　〔京都出立、大津に止宿〕
同	10日	6つ半ころ大津出立、瀬田鳥居川町で小立、月の輪で野立、草津で小立、草津で昼休、梅ノ木村で小立、（名物の和中散、伊吹もぐさ）、石部着、本陣に止宿。
同	11日	6つ半頃出立、田川で小立、水口で小立、（どじょう汁二杯）、大野で小立、土山で昼休、田村将軍の社あり、猪の鼻で小休、鈴鹿峠で小立、「忍」で歩行、坂ノ下で小立、なお歩行で筆捨山の茶屋で休息、（サバの鮨）、本行列が来たので駕籠に乗り、関へ着、本陣に止宿。
同	12日	6つ半ころ出立、のんこ で小休、亀山城下を通り、外町出切りの棒鼻で小休、西富田で野立、庄野の町中で田中八郎兵衛に出会、小立、八代へ手紙を託す、石薬師の本陣で小立、杖突で小休、（名物のまんじゅう）、追分で昼休、四日市で小立、（熊本への飛脚に出会う）、二条御番の建部内匠頭の通行を避けて「極忍」で脇道、小立して名物の焼蛤を食べる、なお「忍」で歩行、大小向村で小立、駕籠に乗り桑名へ、本陣に止宿。
同	13日	乗船して、5つころ出帆、夕8つころ宮に着、本陣に止宿。鳴海より絞り染の業者、商品を持参、数々求め、大坂で購入の縮緬などを絞り染に注文、晩に「極忍」で熱田大明神に参拝。
同	14日	6つ半ころ出立、笠寺前で小休、観音堂参詣、鳴海で小立、（絞りなど購入）、前後で小立、（木村次郎左衛門に行き合う）、池鯉鮒で脇本陣に昼休、大浜で小休、（名物のそば切を食べる）、矢作橋の側で小休、熊本の御小姓組の者二人に行き合う、岡崎へ着、本陣に止宿。
同	15日	6つ半ころ出立、藤川で小休、法蔵寺門前で小休、赤坂の宿で小休、御油の本陣で昼休、稲村で小休、夕7つころ吉田の本陣に着、止宿。
同	16日	暁6つ前出立、町外れで提灯を消す、二タ川入口で小休、白須賀の本陣で小休、新居本陣で小休、（鰻・鰻蒲焼きなど差出す）、新居関所通行、乗舟、夕8つ半ころ舞坂へ着、本陣で小立、篠原で小休、夕7つ過ぎ浜松本陣へ着、止宿。
同	17日	暁に出立、長村の松原で提灯を消し、柏村の六所宮へ小立、天竜川を渡る、池田村で小休、熊野母子の墓あり、見附本陣で小休、原川村で昼休、どじょう汁を食べる、掛川の入口で小休、（葛6反求め、合羽地5反注文）、山の鼻で小休、日坂棒鼻の本覚寺で小休、（惣供は金谷の宿へ行かせる）、熊本の若殿様も日坂に御止宿につき、若殿様の本陣に行き、御機嫌を伺う。歩行し、小夜の中山峠で小休、小和泉屋で小休、夜9つころ金谷本陣着、止宿。
同	18日	5つ過ぎころ出立、大井川渡る、島田出切の棒鼻で小休、三軒屋で小休、藤枝本陣で昼休、岡部で小立、鞠子棒鼻より行列で鞠子本陣へ着、止宿（府中より細工物を商人が持参、つるべ虫駕籠など購

入)。

同 19日　6つ半過ぎ出立、安倍川渡り、溝口で小立、(名物餅一重献ず)、小吉田で小立、(鮓三桶献ず)、江尻の脇本陣で昼休、興津駅の茶屋で小休、興津川渡り「極忍」で歩行、西倉で小立、名物のかい焼・鮑を食べる、由井駅の棒鼻より行列で本陣へ着、止宿。江戸からの飛脚持参の書状を受け取る。

同 20日　6つ過ぎ出立、蒲原で小立、岩渕の本陣で小休、(水晶玉・印判石・火打石など購入)、富士川渡る、「忍」歩行、原駅入口から行列、本陣で昼休、柏原で小休、(名物の鰻蒲焼きを食べる)、原の宿出切の棒鼻で小休、沼津町を通りぬけ山王社前で野立、黄瀬川で提灯をつけ、暮過ぎ三嶋本陣へ着、止宿。

同 21日　例弊使通行の情報で出立を見合わせ、4つ前出立、三谷村で小立、山中で小立、箱根本陣で昼休、関所通行、畑で小立、(細工物いろいろ購入)、例弊使が小田原泊なので、供中は小田原へやり、「極忍」で湯本へ行き米屋で細工物購入、同所へ「極忍」で止宿。

同 22日　例弊使の通行後、4つころ湯本を出立、風松で駕籠に乗り小田原へ、本陣へ寄り、矢俣で野立、梅沢で昼休、甲申宿の六社大明神で野立、夕7つ過ぎ大磯へ着、本陣へ止宿。

同 23日　6つ半ころ出立、八幡で野立、馬入川船渡り、なんこ で小休、四谷で小休、藤沢本陣で昼休、かげとり で小休、戸塚駅で小休、信濃村に出迎えの者あり、境木で小休、保土ヶ谷入口で小休、神奈川台の茶屋手前より提灯をつけ、夜6つ半ころ神奈川本陣へ着、止宿。

同 24日　朝5つころ出立、生麦で小立、川崎本陣で昼休、大森で小休、(名物の麦わら細工の小箱を購入)、品川に着、本陣へ夕8つ半ころ着、止宿。江戸屋敷から数名出迎えに来る、御用達ども罷出る。夜に「極々忍」で茶屋へ、(芸者五人)、4つ半ころ宿へ帰る。

同 25日　4つころ出立、龍口御屋敷西門より入る、江戸詰の家臣ども出迎え、、表海の間で藩主に召し出され食事、到着の行事終了後、白金屋敷へ移る、蓮性院様(前藩主 斉樹の室)へ御機嫌伺いに出る、御酒・御吸物など頂戴、暮前御小屋へ帰る。

同 26日　今日も蓮性院様へ御機嫌伺い、大崎御殿の鳳台院様(若殿様=慶前の室)へ御機嫌伺い

同 27日　朝5つ半ころより白金へ出方、観世太夫方へ能見物へ、帰りがけ酔月楼へ(芸者四人出る)、

同 28日　朝4つ半ころ龍口へ出仕、帰りに政尾郷方へ行く 種々馳走あり、夜4つころ帰る。

同 29日　夕がた「極忍」で買物へ(無尽灯・水入りビイドロなど)、晩4つころ帰る。

【7月1日 将軍=家定に御目見、　9月18～24日 相模国の熊本藩受持ちの警備場を視察、　10月15日 江戸を出発、途中京都に10日滞在、奈良に遊び、大坂を見物、11月17日に大坂を出発、12月9日 熊本着】

(終り)

【今迄の会報の内容】
No.1　(2001年2月)　鹿子木量平(永青文庫「先祖附」による年譜)
No.2　(　同　　3月)　細川幽斎画像の作者について
No.3　(　同　　3月)　鹿子木量平と八代海の干拓新田
No.4　(　同　　4月)　熊本藩の武士身分について(その2)
No.5　(　同　　4月)　江戸時代の庶民と旅
No.6　(　同　　5月)　熊本藩の御用絵師=薗井家について
No.7　(　同　　6月)　熊本藩の「寸志」知行取(その2)
No.8　(　同　　6月)　百姓の農業経営は原則赤字?
No.9　(　同　　7月)　江戸時代の落し物について　　御用絵師=薗井家について(補)
No.10　(　同　　8月)　「八代の殿様」松井章之の江戸旅行日記(安政3年)

八代古文書の会 会報 No.11	2011年9月10日　八代古文書の会 発行 〒866-0081　八代市植柳上746-5　蓑田勝彦方

> 「肥後の石工」のなかで最も優れた石工、岩永三五郎がつくった最後の目鑑橋（めがね橋）が分りました。それは意外にも和歌山市にある「不老橋」でした。不老橋は和歌山ではわりと知られた橋のようですが、その石工については全く不明でした。熊本でも、岩永三五郎が和歌山で目鑑橋をかけていたなど、誰一人想像していなかったと思います。日本の石橋を守る会の「日本のいしばし」の最新号（79号）に、美里町の文化財保護委員の長井勲氏がそのことを書いています。
> 　不老橋については、20年近く前に本が出版されていて、熊本県立図書館にもその本があります。長井氏の発見した史料と、県立図書館にある本を参考に岩永三五郎と不老橋について紹介します。

和歌山の「不老橋」と肥後の石工――岩永三五郎の最後の目鑑橋――

蓑田　勝彦

　和歌山市 和歌の浦にある目鑑橋が、「肥後の石工」岩永三五郎が架けたものであることが このほど判明した。日本の石橋を守る会の会誌「日本のいしばし」79号（2011年7月）に、美里町（熊本県）文化財保護委員会委員長の長井勲氏が、永青文庫の史料にそのことが記されていることを発見し、その概要を報告している。

　熊本県には非常に多く 江戸時代に造られた石橋（目鑑橋）が残されており、すぐれた石工も多かった。その中の一人、岩永三五郎が鹿児島に招かれて西田橋などの立派な石橋を造ったことや、明治にはいって 橋本勘五郎が東京でいくつかの目鑑橋（めがね橋、石造アーチ橋）を造ったことは、多くの人に知られている。その外にも熊本県に隣接する地域などで肥後の石工が架けた目鑑橋もあるが、とくに有名な橋ではないので一部の研究者にしか知られていない。今回明らかになったのは、万葉集の時代からの名所である和歌の浦にかけられた「不老橋」についてである。不老橋は和歌山県の名勝・史跡である和歌の浦の景観の一部をなしている橋である。

　不老橋の由来については、地元 和歌山ではよく知られている。すなわち徳川御三家の一である紀州藩では、徳川幕府開祖の家康を祀る東照宮を和歌山に勧請していたが、大御所（10代藩主）の徳川治宝（はるとみ）が、近くの片男波松原にあった御旅所の移築に際し その「御成道」に架橋させたもので、嘉永4年（1851）4月に完成した（時の藩主は13代＝徳川慶幅）。この時の石工は、和歌山の史料に「ひごのくま本の者」という語が見られる（註1）ことなどから肥後の石工であろうと考えられていたが、山口祐造氏は「岩永大蔵が、不老橋架設に関わっている可能性」が高いと推測している（註2）。

　こんど長井氏が見出した史料は永青文庫（熊本大学附属図書館に寄託）の「新続跡覧」の嘉永4年の冊子である（註3）。以下、長井氏の御教示をうけたこの史料によって、長井氏の文と重なる部分も多いが、岩永三五郎と不老橋について記してみたい。「跡覧」は永青文庫の目録によれば「続跡覧」「新続跡覧」などを含めると全部で500冊近くある（註4）。この「跡覧」は藩の対外的な事件などについて、他の文書類から1項目ごとに番号を付けて（月日順に）1年分の記事をまとめて編纂したものである。対外的とはいっても対幕府関係の記事が圧倒的に多い。例えば藩主の参勤交代に関すること、毎年の月ごとの将軍家への献上物のこと、幕府からの諸達、幕府への諸報告などの記事が目立つ。またわずかではあるが他藩との関係の記事も収められている。例えば、人吉藩は球磨川河口の熊本藩の土地を港として代々借用しているが、そのことに関する記事、福岡の黒田藩との仲違いのこ

とに関する記事などが見られる。岩永三五郎が和歌山の石橋建設に派遣され立派な石橋を建造したというのは、そのような他藩との関係に関する記事の一つとして収録されているものである。したがってこの記事では、岩永三五郎のことや彼が建造した目鑑橋について詳しいことは記されていない。記事の大部分をしめるのは、どのような経緯で和歌山藩が肥後石工の派遣を要請したのか、石橋が完成した後にどのような遣り取りが和歌山藩と熊本藩との間でなされたかなどの記事である。このようなことで、岩永三五郎や「不老橋」などについて詳しいことはほとんど分からないのであるが、以下に「新続跡覧」の記事にもとづいて経過を記してみたい。

　前述の「新続跡覧」嘉永4年の冊子の35番の記事には「紀州和歌宮御旅所え石橋御取拵付て、御国許の石工 紀州様より御雇入一件の事」という題が付けられている。この件に関する記述を整理して述べると次のようになる。嘉永3年（1850）12月に和歌山藩の大坂屋敷から、熊本藩の大坂屋敷詰の役人である黒川才右衛門へ次のような依頼文が届けられた。和歌の浦にある「和歌御宮」の御旅所は海辺にあるので、風波の強い時には破損があったり、祭礼の「渡御」が差支えたりしている。そこで丈夫な石橋を造りたいが、熊本では「橋杭無之石橋」（目鑑橋）が造られているとのことである。そのような石橋を造りたいので、鴻池伊助を通して内々で依頼したところ早速 絵図面が届けられた。ところが、その絵図面のような石橋を造れる石工は和歌山には居ないという。そこで肥後の石工を2名和歌山へ派遣してもらえるようにお願いしたい。そして橋の完成は、来年（嘉永4年）4月14日の「御祭礼」に間に合うように至急完成させたい というのである。

　依頼を受けた熊本藩の大坂留守居は、早速 熊本へその内容を伝えた。藩どうしの正式な交渉では早急な派遣は不可能なので、和歌山藩出入りの商人である鴻池伊助の仕事の一つとして、肥後の石工が派遣されるという形を取ることになった。そして「石橋の仕法筋熟知の石工」として岩永三五郎と、その養子の石工＝岩永大蔵、従者として小者の鹿吉、以上の三人が和歌山に派遣されることになった。この時の岩永三五郎の肩書は「八代郡芝口村居住 御郡代直触」と記されている。この三人は、年が明けて間もなくの1月11日に熊本を出発して同22日には大坂に到着した。この際 岩永三五郎ら三人へは「路用金」として15両が渡されたという。大坂に到着したのち和歌山藩の屋敷へ出頭して詳しい説明を受け、和歌山藩の役人に連れられて1月24日に大坂を出発した。

　その後の経過についてはほとんど何の記述も見られないが、実際の工事にあたっては和歌山の石工たちが参加して進められたと思われ、橋は祭礼に間に合うように「都合よく成就」し、後に「不老橋」と命名された。4月15日には普請奉行らの渡初めが行われ、同17日に祭礼が行われたが、そのころはまだ欄干は付けられていなかった（註5）。橋の長さは14.7メートル、幅は4.2メートルという（註6）欄干の部分はのちに和歌山の石工忠兵衛によって造られ「装飾的で芸術性の高い彫刻がなされている」という（註7）。不老橋の写真を見ると、橋の本体と欄干部とは何となく調和がとれていないように感じられるのは、このように別人によって造られたためであろう。

　橋は祭礼に間に合うように完成し見事な姿を見せたので、橋の造立を命じた「一位様」（大御所の徳川治宝、註8）の「思召に相叶い……御満悦」であったという。肥後の石工が造りあげた橋の出来ばえに満足した「一位様」は「御満悦の余り」「彼方様御家中拝領も難叶御品柄」である「御庭織袴地」を熊本藩の担当者である黒川才右衛門に2巻、山代藤市に1巻を与えたという。この袴地は「西浜御殿御庭織」とも記されている。大御所である徳川治宝が特別に製作を命じた高級な織物と思われる。「新続跡覧」には、この織物を拝領したことに対してどのように対応すべきかについの遣り取りの記事が延々と記述されている。今までまったく知られていなかった岩永三五郎の和歌山での目鑑橋架橋のことが判明したのは、熊本の目鑑橋研究にとっては大きなニュースであり、その発見は長井氏の幅広い目配りによるものである。

　ところで、ここで岩永三五郎についてふりかえってみたい（註9）。彼は「肥後の石工」のなかでも、人柄・技術ともに最も優れた人物であった。文政元年（1818）に完成した雄亀滝（おけだけ）目鑑橋の工事では、だれもが手をやいた石材の加工をやすやすと行なったし（26歳）、文政4年（1821）に完成した700町新地の工事では、彼の優れた人物・技術によって「八代郡中石工共惣引回」、つまり八代郡の石工たちの総責任者に抜擢されたのである（29歳）。天保13年（1842）には新地築立のために薩摩に招かれ（50歳）、その薩摩藩では多くの優れた目

鑑橋を建造している。三五郎は薩摩で多くの工事に活躍したが、嘉永2年（1849）に帰国した（57歳）ころには病気がちとなり、その翌々年＝嘉永4年に死去したといわれてきた(註10)。今回発見された史料によって、嘉永4年の1月に和歌山に派遣されて架けた不老橋が、彼の最後の架橋だったことが判明した。三五郎は和歌山から帰って間もなくの嘉永4年5月には出身地の八代郡野津村の東光寺（今はない）に、養子の大蔵とともに「打敷」（仏壇・仏具の敷物）を寄進し、その5カ月後の同年10月に59歳で死去したのであった(註11)。和歌山でもらった多額の報酬のなかから高額の打敷を購入して菩提寺に寄進し、先祖の冥福と自分の後生を祈願したのかも知れない。

　（註1）『和歌の浦 不老橋』（和歌浦を考える会、1992年）p.148
　（註2）同上『和歌の浦 不老橋』、p.61
　（註3）「新続跡覧」（熊本大学附属図書館に寄託の「永青文庫」8,7,7-15）
　（註4）『細川家旧記・古文書分類目録』（細川藩政史研究会、1969年）p.53
　（註5）『和歌の浦 歴史と文学』（和泉書院、1993年）p.109
　（註6）山口祐造『石橋は生きている』（葦書房、平成4年）p.350　　　　（註7）註5の書、p.111
　（註8）和歌山藩10代藩主の徳川治宝の官位は 従一位 権大納言であった。
　（註9）蓑田勝彦「石工 岩永三五郎について」（熊本歴史学研究会『熊本歴研 史叢』第9号、2004年）参照
　（註10・11）永松豊三「岩永三五郎考」（太田静六編『九州のかたち 眼鏡橋・西洋建築』西日本新聞社、昭和54年）など

和歌の浦に造られた
　　　　　「不老橋」

（インターネット
　ウキペディア「不老橋」より）

【参考……目鑑橋の大きさ】
　今回紹介した「不老橋」は、本文にも記したように、長さ14.7メートル、幅は4.2メートルほどである。それでは他の目鑑橋はどのくらいの大きさなのか、参考のために記しておきたい。
　　　通潤橋（旧矢部町、1854年）　　　　　長さ75.6メートル、幅 6.3メートル
　　　西田橋（もと鹿児島市、1846年）　　　長さ49.6メートル、幅 7.2メートル
　　　明十橋（熊本市西唐人町、1877年）　　長さ22.7メートル、幅 7.9メートル
　　　船場橋（旧宇土市船場町、1863年ころ）長さ13.3メートル、幅 3.6メートル
　不老橋の大きさは、熊本県などの目鑑橋とくらべると小さいといえるかも知れないが、宇土の船場町にある船場橋よりも少し大きいので、かなりの大きさの橋であるといえよう。

八代古文書の会 会報 No.12	2011年9月25日　八代古文書の会　発行 〒866-0081　八代市植柳上746-5　蓑田勝彦方

> 今回は甲冑＝よろい・かぶとの話です。刀とか甲冑とかは日常生活とは全く関係ないので、興味をもつ人は多くないと思いますが、博物館などではときどき展示されていて日本の伝統的な文化の一つです。
> 　熊本細川藩の初代藩主は細川忠利、その父＝細川忠興（三斎）は戦国時代から江戸時代初期にかけて、多くの戦いを経験した"歴戦のつわもの"でした。彼がその戦いの中で創意工夫を重ねた甲冑（具足）は「三斎流」または「越中流」と呼ばれ、江戸時代を通して多くの武士たちに注目されるものでした。今回はその「越中流」具足が全国的に注目されており、将軍の上覧にも供されていたことを示す史料の紹介です。

将軍＝徳川吉宗の上覧に供された「三斎流」具足

蓑田　勝彦

1．細川三斎と三斎流具足

　細川幽斎の子、ガラシャの夫で千利休の高弟として知られる細川忠興（越中守、三斎）は、第一に優れた武将であった。彼が多くの合戦の経験のなかで創意工夫した具足（ぐそく、甲冑）は「三斎流（越中流）」と呼ばれて他の大名家などからも高い評価を受け、日本の甲冑の歴史のなかでも注目されるものの一つという。
　『日本国語大辞典』（小学館）の「越中……」の項を見ると、三斎の考案した武具または三斎の好みの武具とされるものとして、次のような語句があげられている。

- 越中籠手（こて）…ひじから手首を覆う革製の防具（坐盤）を縦に細く数条に断ち切って、格子状の鎖でつづり、これを家地（いえじ＝手を包む布製の袋）にとじつけたもの
- 越中頭形（ずなり）…兜（かぶと）の一種。頭の形に従って作られた頭形兜で特に眉庇（まびさし）が大きく、上板が上重ねになっている。
- 越中脛楯（はいだて）…脛楯（鎧の下に着て、股と膝を覆う防具）の一種。細長い小型の鉄板を筏金（いかだがね）として鎖でつないで覆った脛楯。「越中ふんごみ」ともいう。
- 越中頬…顔を防禦する頬当（ほおあて）の一種。鼻をつけず、下あごだけにあてるもの。

以上のほかに「越中褌（ふんどし）」も細川越中守が創始したという説があると記されており、熊本市のデパートで「越中ふんどし」のセットを販売している所もある。
　甲冑の研究者　稲田和彦氏は「三斎流」の甲冑の特色として、「越中頭形」の兜をかぶり、「越中頬」を顔につけ、「越中脛楯」を身に着けることのほかに次のような点をあげている（註1）。

- 胴や胸を防護する鎧は伊予札製と板札製が多く、いずれも表面を縮革（しぼかわ）で包み、黒漆や茶漆塗にすることが多い。また同時に金具廻りも同手法を用いる。
- 草摺（くさずり）は伊予札・板札を問わず革札を用い、その革札にも革で包み込むことを原則とした。
- 射向（いむけ）の草摺二間は金磨きを施し、紅糸威（くれないとおどし）とする。

甲冑についての説明は難しい用語が多く使用されていて、一語一語の意味を確かめながら読まないと説明文が理解できず、正直なところ筆者（蓑田）にも分らない部分がある。今後も機会あるたびに実物や写真などを見ながら理解を深めていきたい。なお熊本県立美術館での「大名細川家のよろいの美」の展示（平成22年7月16日～9月26日）の際のパンフレットによれば、永青文庫に残る三斎流の兜（越中頭形）の上には「山鳥の尾の立て物」がつけられており、軽量化された具足は、全体の重量で10～13kg程度と記されている。

2．将軍の上覧に供された「三斎流」具足

　山岸素夫氏は江戸時代の甲冑について次にように述べている。多くの藩はそれぞれに甲冑師を抱え、独自の「御

家流」と称される甲冑が作られるようになったが、その中でも特に有名なのは加賀前田藩・仙台伊達藩・熊本細川藩などである。熊本藩の甲冑は細川三斎の名をとって「三斎流」「越中流」とよばれ、他藩でも尊重され模倣されることが多く、近世甲冑の発達に多大の影響を与えた。「三斎流の特色は、総体的には作風簡便にして仕立入念、あくまでも実用に徹し、外用は質朴ながら内に凛然たる気概を秘めていることで、しかも品位が高く、細川家の洗練された美の感覚を伝えている」という (註2)。

会報 No.11 で述べたように、熊本大学附属図書館に寄託されている「永青文庫」の史料の中の「跡覧」類は、各種文書の中から熊本藩の対外的な事柄を収録したもので 500 冊近い冊子が残されている。その中に「三斎流」の具足が熊本藩以外の人たちから注目されて、その実物を見せてほしいと依頼された時のことなどを記したものがいくつか見られるので、その史料を紹介しておきたい。

後記の史料（A）は享保 20 年（1735）9 月に御側衆の加納久通から、三斎流の具足を見せてもらいたいという要望があったので、それを見せた時の記録である。「御側衆」というのは「広辞苑」によれば「将軍の次室に宿直し、老中に代わって夜間の諸務を決済・上達し……」とあるので、将軍に最も近い存在であり、その要望というのは将軍徳川吉宗の要望ということであろう。その内々の要望に応じて「先越中守」＝細川宣紀、「当越中守」＝細川宗孝の具足を「御目に懸」けたと記されている。

これに関連して「御系譜」（佐田文書）の享保 14 年の記事には次のような文が見られる (註3)。徳川吉宗が将軍になったとき、むかし細川三斎が紀州藩初代藩主の徳川頼宣に進上した具足を江戸城に持ち込んだという話を聞いた熊本藩主＝細川宣紀が、自分の具足も将軍の上覧に供したら「上様の御慰」にもなるのでは、と河野松庵（将軍側近の医師？）に話した。そこで河野松庵がその話を取り次いで、細川宣紀の具足が享保 14 年 9 月に上覧に供された。吉宗はかねてから見たいと思っていたので「惣躰格別の儀」と「御機嫌」で、「陣羽織・蓑は一入に思召上」げられたという。（A）の史料には宣紀の具足も、細川宗孝（宣紀の次の藩主）の具足と同じく享保 20 年に上覧に供されたように記されているが、この「御系譜」の記事ではそれより 6 年前に、細川宣紀が自分の具足を上覧に供したように記されている。「続跡覧」の記事と、「御系譜」の記事と事実関係が合致しないので、どちらかの記事に誤りがあるのであろう。それとも宣紀の具足は享保 14 年と 20 年と 2 回とも上覧に供されたのだろうか。

いずれにしても吉宗は将軍になる前から三斎流の具足に興味を抱いていたことを知った熊本藩主が、自分の着用する三斎流の具足を吉宗の上覧に供した際に、吉宗がそれを興味深く観察したことが窺われる。なおこの享保 14 年の上覧について『熊本藩年表稿』には「藩主自作の」具足と記されているが、「藩主所用の」の誤りであろう (註4)。

（B）は享保 21 年（元文元、1736）、細川忠興（三斎）が関ヶ原の戦いの際に着用した具足を、同じく加納久通に「御目に懸」けた時の記事である。これも（A）同様に将軍＝吉宗が三斎所用の具足を見たいということで、熊本から遠路はるばる運ばせたのであろう。将軍＝吉宗が三斎流の具足にいかに強い興味を抱いていたかを窺わせる史料である。この関ヶ原で忠興が使用した具足は、『細川家の至宝—珠玉の永青文庫コレクション—』にその写真と解説が載せられている (註5)。

（C）はそれから約 30 年後の明和 4 年（1767）に、時の老中＝松平輝高から三斎流の具足を所望されたので、熊本で新しい具足を製作させて、それが出来上がって松平輝高に届けられた時の記録である。具足とともに進物として「干鯛」も届けられている。松平輝高は上野国高崎 7 万 2 千石の藩主で、京都所司代から老中に転じたのが宝暦 8 年（1758）で天明元年（1781）まで老中を勤めた人物である。

この三斎流の具足を製作したのは、熊本町に居住する具足師（甲冑師）西村家の忠兵衛であった。直接そのことを示す史料は目にしていないが、文政 8 年（1825）の「達帳」(註6) の西村丹治の項に 西村家の先祖附があり、「松平右京太夫様 河野松庵様、御家流の韋御具足 御所望被成候ニ付、被仰付、出来指上申候」と記されている。西村家は細川幽斎の時代から細川家に仕え、細川家の肥後入国以来 具足師を勤める家柄であった。奈良に居住する春田家が代々 100 石を給されて細川家御用の甲冑鍛冶を勤めていたというが、細川家のふだんの甲冑の御用は熊本城下に居住する西村家が勤めていたのである (註7)。

　（註1）「細川忠興と「三斎流」のよろい」：平成 22 年 9 月 熊本県立美術館での講演会の資料
　（註2）山岸素夫「日本の武器・武具」（『永青文庫の武器・武具』熊本県立美術館 永青文庫展Ⅴ 図録、昭和 53 年）

(註3) 佐田文書81「御系譜」(熊本県立図書館所蔵)
(註4) 森田誠一編『熊本藩年表稿』(細川藩政史研究会、1974年) 143頁
(註5) 『細川家の至宝―珠玉の永青文庫コレクション―』(東京国立博物館などの展覧会図録、2010年)
(註6) 「達帳」(熊本大学附属図書館に寄託の「永青文庫」9,11,7)
(註7) 前註2、前註6、その他

(A)「三斎様御流儀の韋御具足、加納遠江守様え御内々ニて被懸御目候事」の項 (永青文庫8,3,2-40 「続跡覧」享保20年)
「享保二十卯年九月廿二日、三斎様御流儀の韋御具足、加納遠江守久通様于時御側衆え、御内々ニて被懸御目候、此方様え御出入 御目見医田中俊庵迄、寺本登此時御用人方より指越被申、俊庵より相達被申筈ニ候、右御具足の書付品々左の通

　　　　　　覚
一 冑　　　　韋頭形紺糸
一 頬当　　　韋猿頬錆色塗
一 胴　　　　韋黒塗紺糸
一 籠手　　　家地布かちん裏水巻小紋
一 踏込　　　右同
一 臑当　　　七本立黒塗
　右は三斎好の通、家伝の韋具足、先越中守着料ニて御座候
　　　以上

　　　　　　覚
一 甲　　　　頭形紫糸毛引
一 立物　　　山鳥尾頭立
一 頬当　　　猿頬錆色塗
一 胴　　　　しほ韋包黒塗紫糸毛引
一 下散　　　毛引草摺熊毛
一 袖　　　　しほ韋包
一 籠手　　　家地鈍子裏布水巻
一 肩当　　　天鵞絨亀甲紫糸
一 踏込　　　惣鎖家地鈍子裏布水巻
一 臑当　　　七本篠かく摺草
　右は三斎好ニて吉例の具足と申、家代々申付候刻、当越中守着料の内ニて御座候
　　但、綴毛家地等は其時々好ニて違申候
　　　以上

　　　　　　覚
一 雉子毛陣合羽　　二
一 雉子毛陣蓑　　　一
　　　以上
　　　　　　（中略）
　一 草摺を天鵞絨ニて包申候は、三斎 太神君御陣御供の節、草摺鞍ニ中り鳴候ニ付、途中より妻方え緋天鵞絨の帯を遣候様ニと申遣取寄、俄包申候、其節々御陣御利運成候故、夫より代々如是包申候
　　　右は遠江守様御覧の上、異様の御不審も可有之哉と、貴様迄申達候
　　　以上　　　　　　　　　　　　　　　　　　　　　　　　　　」

(B)「三斎様 関ヶ原御陣ニ被為召候御具足、加納遠江守様え被懸御目候事」の項 (永青文庫8,3,2-41 「続跡覧」享保21年)

「右御具足、熊本御天守ニ納り有之候、右の御用ニ付、享保二十年卯ノ十一月御天守奉行上田弥右衛門被差添、中国路被差越 十二月参着、翌辰ノ三月遠江守様え御内々より被懸御目候、則左の通候、御書付 中奉書紙半切ニ出来、御具足ニ相添被進候也

　　　　　　覚
　　一 冑　　　　頭形黒塗 毛引糸かちん 黒熊の引廻シ付
　　一 立物　　　山鳥尾楓立
　　一 頬当　　　猿頬錆色塗
　　一 胴　　　　しほ韋包黒塗 黒糸すかけ
　　一 繰締の緒　ねりくり打 色浅黄
　　一 腰当　　　黄羅紗赤銅鐶付
　　一 小手　　　家地布表かちん 裏水巻しのくさり青漆
　　一 踏込　　　右同
　　一 臑当　　　九本篠黒塗かく摺韋
　　一 鞍 一曲　惣梨子地紋所ちらしとつつけの緒付
　　一 鐙 一掛　右同
　　　右は細川三斎、関原御陣の節 致着候具足、乗申候鞍鐙ニて御座候
　　一 草摺のけさん包申候儀ハ、鞍ニあたり なり申候ニ付、関原御陣の前ニ、陣屋ニて俄ニ包せ申候由申伝候事
　　一 右の小手家地の内ニ柿布ニて繕候ハ、陣中にて自身ニ仕候由ニ付、今以其通ニ仕置候、鑓疵ニて切レ候様ニ申伝候事
　　　右の通候儀故、年々ニ損候所をも態と繕不申、切レ候所ハ繊付置申候
　　　　　　以上」

(C)「松平右京大夫様より三斎様御流儀の韋御具足、依御所望被進候事」の項 (永青文庫8,3,3-20 「新続跡覧」明和4年)

「松平右京大夫輝高様 此節御老中 より御医師河野仙寿院を以、去々年三斎様御流儀の韋御具足御所望ニ付、於御国被仰付、今年出来付て 御国より御持せ被遊、右御具足二箱ニ入、五月廿三日 仙寿院より御添状を以、右京太夫様御中老宮部孫八まて被差遣候、尤被進様の儀は仙寿院御取計被成候、御目録如左

　　　　韋具足　　一領
　　　　干鯛　　　一箱
　　　　　以上
　　　　　　　　　細川越中守

覚目録大長奉書半切継ニ出来
　　　　　　覚
　　一 冑　　　　頭形黒塗 鞜毛引紺糸 忍緒水巻布
　　一 頬当　　　猿頬錆色すかけ紺糸
　　一 胴　　　　しほ韋包黒塗韋縅 草摺上一段毛引 下すかけ腰くくり
　　一 綿噛　　　亀甲くさり
　　一 杏葉　　　亀甲くさり
　　一 籠手　　　家地紺布 裏水巻形布 脇当くさり
　　一 佩楯　　　家地紺布 裏水巻布 紐小倉木綿
　　一 繰締　　　柿水巻形布
　　一 臑当　　　七本立筏 角摺ふすへ韋
　　　　　　以上」

八代古文書の会 会報 No.13	2011年10月10日　八代古文書の会　発行 〒866-0081　八代市植柳上746-5　蓑田勝彦方

「八代の殿様」松井家の歴史のなかで、初代 康之・2代 興長・3代 寄之 の3人については、いろいろな出版物に記されたりしてかなりよく知られています。今回は4代 直之・5代 寿之・6代 豊之・7代 営之について、松井家の「先祖由来附」の記事から、その概要の紹介です。

　松井家の菩提寺、古麓の春光寺は いつできたか、松井家の分家＝次門松井家が いつ成立したか、上方（かみがた）の知行地のうち 和泉国尾井村はいつから松井家の知行地になったかなど 松井家や八代の歴史にとって重要な出来事は いつの事だったのかが分かります。

松井家の歴史――「先祖由来附」第九巻、第十巻より――

蓑田　勝彦

1．松井家の歴史について

　松井家は、初代＝松井康之、2代＝松井興長の時代、織田信長・豊臣秀吉・徳川家康らのもとで時代の荒波を乗り切って細川氏が近世大名として成長するのに功があった。そして3代目には、主家＝細川家から寄之（細川忠興の6男）を迎え藩内での地位を盤石のものとし、筆頭家老家として藩政に重きをなした。また代々 八代城を預かって、その城下町は松井氏の家臣が奉行として支配にあたったし、松井家の知行地は八代地域に集中的に配置され、松井氏はまさに「八代の殿様」であった。

　この 康之・興長・寄之の3代については、八代市史近世史料篇Ⅷとして『松井家先祖由来附』（巻一～巻八）が出版されており（八代市教育委員会、1998年）詳しいことが分かるが、4代以後のことについてはほとんど何も分っていないといってよい。八代古文書の会では、その続きの巻九・巻十の出版を計画しているが、出版資金の問題で中断したままである。以下にその巻九・巻十の内容の概要を紹介したい。

2．松井家の4代～7代……松井家「先祖由来附」巻九・巻十より

［第九巻］松井直之代（4代目）

寛永15年（1638）11月	松井直之、熊本二の丸屋敷で誕生	
正保3年（1646）	祖父＝松井興長 (65歳) 八代城に入城、直之は八代で成長	〔9歳〕
寛文元年（1661）4月	藩主＝細川綱利 (19歳) 肥後入国。5月 直之 藩主に御目見得	
6月	祖父＝興長死去 (80歳)、父＝寄之 (46歳) が家督を相続。直之は寄之の跡を継ぎ、合力米8000俵、家老職。名を式部と改め、長岡の称号を許される　8月 寄之の跡の大組を預けられる	〔24歳〕
寛文2年（1662）6月	熊本出発、7月 江戸着。藩主（綱利）の縁組に尽力	
寛文2年ころ	直之 名を式部から帯刀と改める	
寛文3年（1663）6月	登城して将軍（4代 家綱）に御目見得	
12月	烏丸大納言資慶卿の娘＝房との婚礼整う	〔26歳〕
寛文4年（1664）1月	八代へ来た藩主＝綱利 (22歳) を屋敷で饗応	
寛文6年（1666）1月	父＝寄之 八代で死去 (51歳)。直之 遺跡相続	〔29歳〕

同年		八代警衛に関連、葭牟田・草牟田・十分一、川口運上など、松井氏が受込（植柳津口は元禄3年（1690）、鏡津口は明和元年（1764）より受込）	
同年	4月（5月とも）	将軍（4代 家綱）に御目見得、継目の御礼	
同年	10月	藩主＝綱利に相撲につき諫言	〔29歳〕
寛文7年（1667）	3月	名を氏之から直之へ改める	
	10月	藩主＝綱利（27歳） 八代へ御光駕、直之 饗応	
同年	11月	直之 八代発、12月 江戸着（本源院＝綱利室 懐妊につき）	
寛文8年（1668）	5月	江戸戸越御屋敷で、直之より藩主へ御茶差上げ饗応	
同年		畳櫓御門・田中口・松江口・塩屋口・徳渕口 5ヶ所に番所を置く。	
同年	6月	直之妻、八代で男子出産（のちの松井寿之）	
寛文9年（1669）	4月	直之 江戸発、5月八代へ帰着	〔32歳〕
同年	11月	藩主＝綱利 八代へ御光駕、藩主も能の脇方をつとめる	
寛文10年（1670）	9月	直之 八代発、10月 江戸着（翌年7月 八代帰着）	
寛文11年（1671）	4月	直之妹＝やく、裏松左少弁意光卿と婚礼	
同年	11月	藩主 八代へ御光駕、日奈久へ御越	〔34歳〕
寛文12年（1672）	2月	八代城に落雷、大小天守など焼失、火薬爆発、死人・怪我人多し。武具も多く焼失（延宝4年＝1676までに小天守以下 修復なる。ただし大天守は再建せず）	〔35歳〕
延宝元年（1673）	2月	八代城武具の修復料のため、海辺新地を築く（高子原新地）	
同年11月		藩主、八代郡野津で放鷹。同月7日八代へ御光駕、直之より夕御膳を差上げる	〔36歳〕
延宝4年（1676）	正月	直之 病気、藩主（綱利）より見舞いの使者。同13日 直之屋敷へ藩主御入。書院で饗応	〔39歳〕
同年		細川家の武具人馬など、御指物の絵図差し出しの命あり。差上げたところ、以後 御指物帳の受込を命ぜらる	
同年	2月	八代表御仕置御定法3ヵ条 藩主＝綱利の御印の書付下さる	
同年	12月	直之嫡女（かな）へ仮化粧田として知行300石を付与さる	
延宝5年（1677）	2月	松井家の海辺新地の塘修復は、永年 御郡奉行支配となる	
同年	5月	熊本立田口の春光院を八代に移し、古麓村に春光寺を建立。寺領100石と山30町寄付あり（12月）。（雷火で焼失した泰厳寺は北小路の宗雲寺跡に再建）	〔40歳〕
延宝6年（1678）	5月	藩主（綱利） 直之の熊本屋敷へ御光駕、饗応	〔41歳〕
延宝7年（1679）	2月	直之 八代発、3月 江戸着。綱利の長女＝菊 の松平豊後守との婚礼の世話役をつとめる。9月 熊本へ帰着	
天和元年（1681）	1月	直之 将軍代替りの御礼として八代出立。3月江戸着 登城して 将軍（5代 綱吉）御目見得。5月 熊本へ帰着	〔44歳〕
同年	11月	藩主＝綱利（39歳）八代へ。日奈久へ入湯	
貞享元年（1684）	7月	京都裏松家で成長した直之の二男＝松井新太郎祐之（13歳）八代へ帰着	〔47歳〕
同年		玉名・益城両郡の松井家知行所を八代郡へ替地、また八代海辺の塩浜を松井家が受込	
貞享3年（1686）	9月	八代城の米蔵を郭外から城内に移す	〔49歳〕
元禄3年（1690）	12月	直之 佐渡を筑後と改める（幕府若年寄の加藤佐渡守に差合）	
元禄5年（1692）	3月	直之 熊本発、4月 江戸着。藩主の嫡子（6歳、与一郎、綱利の長男、14歳で死去）に御目見得。	

同年7月ころから、直之 不快、10月 左の肩の腫物痛む、癰と診断あり。同月28日 藩主 直之を見舞う、直之 遺言を差上げる。同29日 江戸で死去、諡号 覚雲院。遺骨は八代春光寺に葬る〔55歳〕

〔第十巻〕
①松井寿之代 (5代目)

寛文8年（1668）	6月	松井吉松 八代で出生	
延宝8年（1680）	2月	松井吉松 名を式部と改める	〔13歳〕
天和元年（1681）	11月	藩主＝綱利 (39歳) 八代へ、古麓茶屋・日奈久入湯などへ。同月10日御相伴にて御料理頂戴	
貞享3年（1686）	閏3月	長岡左門興知嫡女を 寿之に縁組仰付らる	〔19歳〕
元禄5年（1692）	10月	父＝直之死去 (55歳)　11月 父の遺跡 相続　同12月 八代入城	〔25歳〕
元禄6年（1693）		寿之 継目の御礼として2月 熊本発、3月 江戸着。登城して将軍（綱吉）に御目見得	〔26歳〕
	同4月	寿之 名を式部から帯刀と改める	
	同5月	山城国八瀬村・神童子村の知行地へ入部。6月八代へ帰着	
	同9月	藩主＝綱利 (51歳) 寿之の熊本屋敷へ御光駕	
元禄7年（1694）	4月	寿之 長岡左門興知の娘＝菅と婚礼整う	〔27歳〕
元禄8年（1695）	2月	久留米の浪人 西山五郎左衛門一件、寿之の采配により熊本居住に決まる	〔28歳〕
元禄9年（1696）	2月	藩主＝綱利 寿之の熊本屋敷へ、一日亭へも	
元禄10年（1697）	9月	藩主＝綱利 寿之の熊本屋敷へ御光駕	〔30歳〕
元禄11年（1698）	11月	藩主＝綱利 八代へ御光駕	
元禄12年（1699）	10月	藩主＝綱利 寿之の熊本屋敷へ御光駕	〔32歳〕
元禄13年（1700）	1月	寿之の弟＝松井新太郎祐之 (29歳) 新知2000石拝領。同人は元禄15年1月 家老、2000石加増さる（次門松井家）	
同年	2月	藩主＝綱利 (58歳) 寿之の熊本屋敷へ御腰懸、仕舞・狂言御覧	
元禄15年（1702）	1月	藩主＝綱利 寿之の熊本屋敷へ御腰懸	〔35歳〕
同年	12月	寿之の嫡子＝胃太郎（克之、3歳で死去）出生。（翌々年3月に二男＝豊之出生）	
宝永7年（1710）	2月	将軍代替の御礼として熊本発、3月 江戸着	
同年	6月	寿之 登城して将軍（6代 家宣）に御目見得	〔43歳〕
同年	9月	山城国 八瀬村の知行地、和泉国 尾井村に替地となる	
正徳4年（1714）	1月	寿之隠居、実子＝右伝（豊之）が遺跡相続	〔47歳〕
		隠居料 知行1000石、眺山と号し、のち冬山と改む	
延享2年（1745）	2月	寿之死去 78歳。諡号＝邀月院	〔78歳〕

②松井豊之代 (6代目)

宝永元年（1704）	3月	松井豊之 八代で出生。幼名 龍千代、のち右伝	
正徳4年（1714）	1月	父＝松井寿之 (47歳) 隠居、豊之 相続	〔11歳〕
		長岡の称号を許され、名を帯刀と改む	
正徳5年（1715）	10月	藩主＝細川宣紀 (39歳) 八代へ御光駕、豊之より御膳差上	
同年	11月	藩主 八代御城附たちへ、松井氏に協力し、松井家臣とも協調すべきことを達す	〔12歳〕

享保2年（1717）12月	豊之 藩主＝宣紀の命により、額を直し熊本へ出府	
享保4年（1719）6月	豊之 前髪をとり、御花畑へ出席	〔16歳〕
享保6年（1721）1月	豊之 継目の御礼として八代発足、2月江戸着。	
	3月28日 登城して将軍（8代 吉宗）に御目見得	〔18歳〕
同年 4月	江戸発、帰途 山城国の知行地へ入部、5月 熊本着	
同年 8月	領内の田畑、7歳以上の人数を幕府へ提出すべき旨達しあり、山城国・和泉国の松井家知行地は田畑15町7反2畝5歩、人数は183人と報告	
享保12年（1727）8月	院宣により 八代神宮寺の霊符を法皇御所へ献上、返礼として 三部抄を下さる	〔24歳〕
享保20年（1735）1月	豊之 細川備後守妹と婚礼整う	〔32歳〕
元文3年（1738）11月	藩主＝細川宣紀（62歳）八代へ御光駕。八代御城附中も御目見得	
延享2年（1745）1月	細川三斎が豊前国の宇佐八幡宮の社殿再興した時の記録を藩主へ差上げる	〔42歳〕
同年 5月	豊之弟 松井土岐弘之 知行1000石拝領（宝暦5年 松井典礼の養子となり、次門松井家の遺跡相続）	
寛延2年（1749）3月	豊之 将軍代替りの御礼として八代発、4月 江戸着	
同 4月	豊之 将軍（9代 家重）に御目見得。5月江戸発、6月熊本着	〔46歳〕
寛延3年（1750）11月	豊之嫡子＝松井営之 長岡助右衛門（米田是福）娘と縁組	
宝暦3年（1753）2月	松井営之（17歳）家老見習となる	
宝暦4年（1754）11月	藩主＝細川重賢（35歳）八代御光駕、豊之 御鷹野に召連れらる。	
	このとき松井家に伝わる古文書類多数を御覧あり	〔51歳〕
宝暦7年（1757）春	八代城内に文武稽古所を建立。文学稽古所を伝習堂、武芸稽古所を教倚場と称し、11月15日稽古始め	〔54歳〕
宝暦8年（1758）8月	松井家への秀吉朱印状など三通を藩主の御覧に入れる	
宝暦13年（1763）6月	松井営之（27歳）婚礼整う	
同年 10月	豊之 将軍家代替の御礼として八代発、11月江戸着	
12月	登城して将軍（10代 家治）に御目見得。翌年2月 八代へ帰着	〔60歳〕
同年	藩庁に有馬御陣の記録が見当たらず、八代の記録を差出す（明和2年18冊、同6年に5冊、その他図面なども）	
明和3年（1766）7月	豊之 隠居、大山と号す。（隠居料1000石）	〔63歳〕
	松井営之（30歳）が家督相続	
明和8年（1771）3月	豊之 八代で死去、諡号＝凌雲院	〔68歳〕

③松井営之代 (7代目)

元文2年（1737）7月	営之出生。幼名 岩次郎、その後 亀松、式部、主水	
延享4年（1747）2月	藩主（宗孝）（30歳）に御目見得、名を式部と改める	〔11歳〕
宝暦2年（1752）4月	営之 前髪をとる	〔16歳〕
宝暦4年（1754）11月	藩主＝重賢（35歳）八代御光駕、営之御膳御相伴	〔18歳〕
宝暦8年（1758）10月	営之 熊本発、11月 江戸着	
宝暦9年（1759）10月	登城して将軍（家重）に御目見得、年11月下旬より病気、翌年1月全快	〔23歳〕
宝暦11年（1761）6月	前将軍＝徳川家重の墓地普請につき、細川家御手伝、	
	営之 惣奉行となり、翌年閏4月2日成就	〔25歳〕

宝暦12年（1762）9月		江戸発、10月 熊本帰着。江戸で家老職の仕事を勤めた通り、今後も家老職を勤めるよう仰渡され、職料2000俵、外に役料200石下さる	〔26歳〕
同年	11月	式部 名を主水と改める	
宝暦13年（1763）6月		長岡助右衛門（米田是福）娘と婚礼整う	〔27歳〕
同年	8月	父＝豊之 将軍代替の御礼として参府の留守中、営之 八代の御用を勤めるよう仰渡さる	
同年	11月	営之 細川胤次（5歳、のち9代藩主＝治年）の御袴御召初の御用を勤める	
明和3年（1766）7月		父＝帯刀豊之（63歳）隠居、主水営之が相続、八代に入城	〔30歳〕
	同月	営之嫡子 松井岩次郎（のち徵之）出生	
明和4年（1767）		1月より、高田手永敷河内村海辺に新地を築き、同6年に一応完成。しかし潮留の所から何回も破損、藩庁より工事を引き継ぐ。完成後 南割100町は藩有、残り126町余を八代文武稽古所の経営費とするとして松井家へ拝領	
同年	10月	営之 継目の御礼として八代発、11月15日江戸着	〔31歳〕
同	12月	営之 登城して将軍（家治）に御目見得	
明和5年（1768）2月		営之 江戸発、3月4日 上方の知行所へ入部。同19日 熊本着	〔32歳〕
明和7年（1770）11月		細川家出陣の節は、先規の通り松井家が御先手をつとめると仰せ付あり	
安永元年（1772）4月		営之と分部隼人正妹と婚礼整う（明和4年 縁組）	〔36歳〕
安永3年（1774）9月		藩主＝重賢（55歳）八代へ御光駕。24日 大書院で御城付中 御目見、主水差図に従い、文武芸に励むべき旨の御書付 拝聞あり〔38歳〕	
安永6年（1777）2月		八代御城御附米として毎歳現米2000石渡下さる	
同年	11月	八代郡古閑村海辺に900間余の潮塘を築き新地を開発、そのうち塩浜用に15町を藩に差出す	〔41歳〕
天明元年（1781）2月		藩主＝重賢 松井氏の熊本屋敷内の一日亭へ御腰懸	〔45歳〕
天明5年（1785）4月		藩主＝治年（27歳）一日亭へ御腰懸、営之より白石細工・高田焼などを差上げる	〔49歳〕
天明6年（1786）		霊感院様（細川重賢）遺物として、永真筆跡山水画の掛物など拝領	〔50歳〕
同年	11月	営之 将軍代替の御礼として出府仰付けられ、翌7年3月11日 八代発、4月27日 江戸着	
天明7年（1787）9月		藩主＝治年 死去（29歳）、細川斉茲（29歳、宇土支藩主 立礼）が跡式相続、営之が一件の御用筋を勤める	〔51歳〕
同年	12月	営之 江戸城に登城、将軍（11代 家斉）に御目見得	
天明8年（1788）2月		江戸発、4月7日 八代へ帰着	
寛政元年（1789）4月		営之嫡子＝松井徵之（24歳）有吉四郎右衛門娘と婚礼整う	
寛政4年（1792）2月		松井徵之 将軍（家斉）に御目見得	〔56歳〕
寛政7年（1795）1月		藩主＝細川斉茲（37歳）八代へ御光駕、22日 松浜軒に御腰懸	
		藩主はその後 藩境＝水俣まで巡覧	〔59歳〕
寛政9年（1797）10月		八代城本丸御殿など焼失	〔61歳〕
	（享和元年＝1801年3月 八代城本丸 普請成就、営之ら本丸へ移る）		
寛政11年（1799）2月		営之三男＝松井直記誠之 毎歳1000俵、御用人見習へ（翌12年10月、分家の松井求馬の婿養子となり、遺跡を相続）	
享和2年（1802）9月		藩主＝細川斉茲（42歳）八代へ御光駕	〔66歳〕
文化元年（1804）7月		営之 隠居、隠居料1000石、観水と号す。松井徵之（39歳）家督相続	〔68歳〕
文化5年（1808）5月		営之 死去、諡号＝英巌院	〔72歳〕

〔松井氏系図〕 出典：『肥後八代 松井家 御家人帳』（八代古文書の会、1984年）p.166〜167

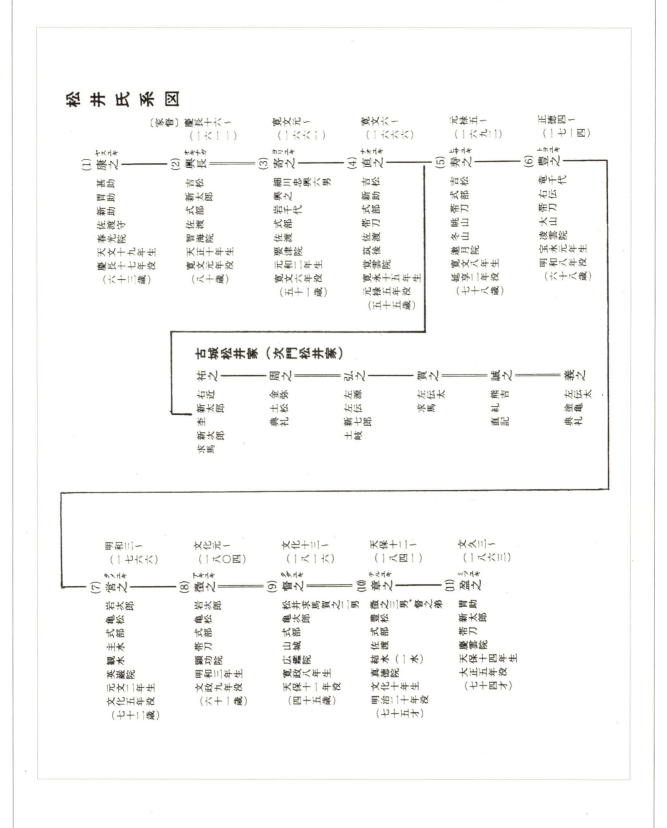

八代古文書の会 会報 No.14	2011年10月25日　八代古文書の会　発行 〒866-0081　八代市植柳上746-5　蓑田勝彦方

　江戸中期以後、肥後細川藩の絵師のなかで矢野派は最も中心的な存在だったようです。矢野家初代の矢野三郎兵衛はたいへん有名な存在ですが、2代目・3代目についてはよく分っていません。そのあとの4代目=矢野雪叟・5代目=矢野右膳の二人は優れた絵師だったので、この2代の時期に矢野派は隆盛期を迎えたといわれています。
　この4代目=雪叟は実は山田姓の人で、矢野家の養子になったわけではないのに矢野姓を譲られて、絵師としての矢野家を受け継いだ人です。今回はその間の事情が記されている史料=「先祖附」の紹介です。

熊本藩御用絵師=矢野家について

蓑田　勝彦

1．はじめに―二つの「矢野家先祖附」―

　江戸時代の熊本の絵画史にしめる矢野派の地位は非常に大きい。熊本県立美術館では『細川藩御用絵師・矢野派』が同館の開館二十周年記念の展覧会として開催され、その図録が作成されており（平成8年）、矢野派がいかに重要な地位をしめているかがわかる。御用絵師=矢野家の初代は、田代等甫に学んだ矢野三郎兵衛吉重である。そして2代目は三郎兵衛の二男=勘助、3代目は勘助の子=茂左衛門となっている。この茂左衛門には子がなく、養子となった山田喜三次（喜三右衛門、雪叟）が4代目となったという。この4代目=矢野雪叟は優れた絵師で、2代目・3代目にかけて衰退しつつあった矢野派を復興にむかわせ、その子=矢野右膳も優れた絵師であったので、矢野派はこの雪叟・右膳の2代のときに興隆期を迎え、その後江戸時代を通じて矢野派は熊本藩の御用絵師のなかで最大の流派を形成した。「最後の御用絵師」とよばれる杉谷雪樵は幕末から明治にかけて活躍したが、彼もまた矢野派の絵師であった（熊本県立美術館展覧会図録『杉谷雪樵』平成12年）。
　ところで矢野派4代目=矢野雪叟（山田喜三右衛門）は、3代目=矢野茂左衛門の養子となったとされていることについて、関係史料を見ているうちに疑問を持つようになった。常識的に考えれば、3代目=茂左衛門から名跡を譲られて「矢野」姓を名乗り、その画風を受け継いだのだから養子となって受けついだと考えるのは当然のことである。ところが矢野家の「先祖附」を見てみるとそれは誤りであることが分かる。実は矢野家の「先祖附」には二種類ある。一つは初代=矢野三郎兵衛から幕末まで続く矢野家のものであり（後掲史料A）、もう一つは矢野雪叟が矢野姓を継いだことによって別に成立した、絵師としての矢野家のものである（後掲史料B）。本稿では、文末に紹介する（A）（B）二つの先祖附にもとづいて、そのことについて述べてみたい。

2．御用絵師でなくなった矢野家

　（A）の矢野家先祖附は永青文庫の「先祖附」で、熊本県立図書館に複製本がある。これによると、初代の矢野三郎兵衛は13歳のときに豊後国で細川忠利に召抱えられ、細川家の肥後入国後の寛永14年（1637）に知行150石を給されるようになった。彼は優れた絵師で、『熊本県大百科事典』によると熊本城・花畑屋敷・江戸藩邸などに障壁画を描くなどしたが、現存する確かな作品はみられないという。承応2年（1653）に68歳で没した。
　2代目は三郎兵衛の二男=矢野勘助で、18歳のときに細川光尚に御目見えし、後に「独礼」の身分で5人扶持20石を給され、「御絵書所」で42年勤めて元禄7年（1694）2月に隠居した。
　3代目は勘助の子=矢野茂左衛門（猪兵衛）で、14歳で「御絵書所見習」となり、父隠居の跡を継ぎ、元禄7年に5人扶持10石を給され、宝永4年（1707）には「御絵書奉行」となった。これは藩の「御絵書」たちのま

とめ役という意味と思われるが、この時期の「奉行」は宝暦改革以後の奉行と違ってごく身分の低い存在であり、「諸奉行段」とも記されているように、のちの「諸役人段」に相当する身分ではないかと思われる。享保11年（1726）に「独礼」となり、同18年には5石加増され、寛保3年（1743）には「御中小姓」という「士席」の身分となった。59年におよぶ「御奉公」のすえ宝暦2年（1752）に死去した。この茂左衛門には子がなかったため、養子（吉右衛門）を迎えて家を継がせたが、4代目の矢野吉右衛門は絵師ではない普通の武士で、それ以後は通常の藩の役人を勤める家柄として幕末まで続いた。

　4代目以後については後記の史料は省略したが簡単に説明しておきたい。4代目＝吉右衛門は寛延3年（1750）に2人扶持8石を給されて「御切米所」の役人となり、明和8年（1771）に死去。5代目＝矢野吉蔵は父が死んだとき9歳であったが、「豊前以来」の家柄として成人後召抱えられ、天明8年（1788）に「独礼」、寛政9年（1797）には「御中小姓」の身分になり「御台所御目附」となった。彼は優秀な人材であったようで、享和3年（1803）には「御擬作100石」で「御勘定頭」の役につき、文化10年（1813）に50歳で死去した（「擬作」は知行取の一種と考えられる身分）。6代目吉次郎は初代の名をついで矢野三郎兵衛と称した。文化11年（1814）に父の跡を継いで「御合力米20石・5人扶持」を給され「御中小姓」となった。弘化2年（1845）32年の「御奉公」を勤めて死去した。7代目は矢野彦蔵（養子）で、弘化2年に父の跡を継ぎ10石4人扶持を給されて「歩御使番列」、同4年には「歩御使番」となり切米5石加増、嘉永7年（安政元、1854）「御奉公」10年で死去した。8代目はその養子＝矢野吉蔵（仁三郎、三郎兵衛）で安政2年に2人扶持で「諸役人段」となった。万延元年（1860）には10石3人扶持を給され「御奉行所御物書」となったが、文久3年（1863）「御奉公9年」28歳で死去した。9代目については矢野剛熊という名だけが分っている。6代目と8代目は初代の名を受けついで三郎兵衛を名乗っている。《7代目以後については「達帳」文久3年（永青文庫9,14,9）による》

3．二つの矢野家

　矢野三郎兵衛家は3代目までは御用絵師をつとめた。初代は知行取であったが、2代目では切米取に身分が下がっているがこれは特別のことではない。このころは親の身分や知行を子がそのまま受け継ぐという慣例は成立していなかった。2代目＝勘助のときは藩主が交替していたこともあって、親とは違う身分で「新しく召し出された」のである。3代目＝茂左衛門も初めは2代目＝勘助と同様に軽輩身分であったが、のちに立身して御中小姓（士席）になっている。彼には子がなかったので、吉右衛門が養子となって家を継いだ。くりかえしになるが、吉右衛門は「御切米所」の役人で絵師ではなかった。これ以後 三郎兵衛系の矢野家は、絵師とは無関係の家柄として明治まで続いたのである。

　一方、4代目の矢野家の絵師となった雪叟は「御指物帳所」の御用を勤める絵師＝山田理助の子で山田喜三次（喜三右衛門）といい、父が死去した跡を継いで享保17年（1732）に「御絵書」として「御指物帳所」の御用を勤め、3人扶持8石を給された。喜三右衛門＝雪叟は延享4年（1747）5月に茂左衛門から「苗字を譲られ」て矢野喜三右衛門と名を改め「家伝を残らず相伝」したと記されている。この喜三右衛門（雪叟）の子孫は、以後も矢野の家名を受けついだため、二つの矢野家が成立したのである。一つは三郎兵衛の「家」をうけついだ矢野家、もう一つは絵師として「矢野」の家名を受けついだ矢野家である。

　それにしても、3代目＝矢野茂左衛門の跡をついだ家が二つあるというのは何とも理解しにくいことであり、はじめの方に述べたように矢野雪叟は茂左衛門の養子となって跡を継いだと考えるのは、常識的な考え方であり当然のことといえよう。もしかしたら雪叟が「矢野」の名を譲られたというのは、実際に茂左衛門の養子になったということだったのではないか、とも考えられる。そして養子縁組が成立したあと何らかの事情が生じて雪叟との養子縁組が解消され、茂左衛門は改めて別の家から吉右衛門を養子に迎えたということも考えられる。しかしそれはまったくの推測であり根拠のある話ではない。確かなことは、雪叟は矢野三郎兵衛にはじまる「矢野家の4代目」ではなく、矢野茂左衛門から「絵師としての矢野姓を譲られた矢野家」の初代であるということである。このことは、「家」とか「何代目」とかをほとんど意識しない現代人にとってはどうでもよいような事であるが、江戸時代の人々にとってはかなり重要だったと思われるので、そのことを確認しておきたい。

4．おわりに

　今まで矢野雪叟は矢野茂左衛門の養子となって矢野家の4代目として活躍し矢野家の再興につとめたとされてきたが、二つの矢野家先祖附を見ると、雪叟は「養子」にはならずに矢野の名跡を受け継いだということが分かる。雪叟以後の矢野家は、山田家が名を変えた「家名だけの矢野家」であり、絵師としての矢野家の血筋は3代目＝茂左衛門で終わっているのである。そして そのことと関連していえば、熊本藩の前期に活躍した代表的な絵師の家は田代等甫・薗井富元・矢野三郎兵衛の3人の家であるが、その3人の家は三家とも、絵師の家としては3代または4代で終りを迎えている。田代家は等甫・等有・四郎兵衛、薗井家は富元・素宅・素仙・素宅、そして矢野家では三郎兵衛・勘助・茂左衛門までであり、以後はその子孫の人々は熊本藩の絵師としての姿は見えなくなってしまったのである。そのなかで矢野家の名跡だけが受けつがれた理由は不明であるが、絵師としての「矢野」という名前には、それだけ大きな価値があったのかも知れない。

　　※田代家については「八代古文書の会 会報」No.2の「細川幽斎画像の作者について」、薗井家については 同じくNo.6の
　　　「熊本藩の御用絵師＝薗井家について」を参照されたい。

･･･

（A）矢野家先祖附（永青文庫 南東65「先祖附」）
「
　　　　　　　　　　　　　　　　　　　　　　　　　　　　　　　矢野三郎兵衛
一先祖代々丹後の国の住人ニて、峯山の城主矢野藤一と申候、天正十年の比明智方ニ罷在候処、其砌御扱有之
　候付、御和睦申上、一族共を落、自身は切腹仕候由申伝候、家ニ伝り居申候諸書付等、其節家来共盗取立退
　申候由ニて不詳候、尤先祖系図は所持仕居申候
一右藤一忰矢野久右衛門儀、成長仕候後、森壱岐守殿え仕え知行高弐百石ニて、郡代役を勤出在仕居申候砌、
　壱岐守殿於京都建仁寺御切腹有之、断絶ニおよび候故直牢人仕、其後矢野甚左衛門と相改、豊前国小倉塩屋
　と申所居住仕申候、寛永八年十月同所ニて病死仕候
一右甚左衛門嫡子高祖父矢野三郎兵衛儀、幼名を山十郎と申候、十三歳ニて於豊前国妙解院様御代、由緒有之
　者の由ニて被召出、当御入国の節被召連、寛永十四年三月於菊池郡河原村・平野村ニて御知行百五拾石被為
　拝領候御書出頂戴仕、其節難有御意被仰出、御番方六番組槇嶋半之允組被召加候、右御書出、其後御代替ニ
　付頂戴仕御書出共二通、于今所持仕居申候、右三郎兵衛幼年より絵を好候て書居申候間、秘多度絵を被仰付、
　江戸定御供被召連候、肥前原の城御出陣の節御供被仰付、彼地切支丹の城郭御絵図調候様被仰付、右城外海
　陸共打廻り、御絵図間数迄も相調、早速差上候を公義え被差出候処、諸国より早ク御上納ニ相成候由、三郎
　兵衛儀始終御側備ニ被召置候付、場所の働一向不仕候、御帰陣の上、御近習並の御褒美として大判并御小袖
　被為拝領候、其後嫡子矢野三四郎と申者十二歳罷成申候砌、絵調候段達尊聴、於御前三郎兵衛絵被仰付候節
　は召連罷出候様被仰付、三四郎儀御目見奉願候処、願の通被仰付、三郎兵衛御前え罷出候度々召連罷出
　申候処、三四郎儀病身ニ罷成候付、其後度々ニは召連不申候、然処三郎兵衛儀承応二年閏六月病死仕候
一右三郎兵衛二男、曾祖父矢野勘助儀、三郎兵衛存命の内絵調候段、真源院様達尊聴、勘助儀御目見被為受候
　間、相願候様被仰出候付、勘助儀十八歳ニて御目見仕候、其節被為成御意候は、三郎兵衛儀は妙解院様御取
　立被下候、勘助儀は真源院様御取立可被下候間、随分絵を稽古仕候様被仰出候、其年被遊御逝去候、右三郎
　兵衛病死仕候以後、御知行直ニ勘助え被為拝領候処、組頭槇嶋半之允被申達候は、勘助儀は真源院様御意筋
　ニ付て、右の通被仰付候ニて有御座哉と奉存候、然処先嫡子三四郎え跡目を被仰付候様ニ有御座度奉存候由
　被申達、御知行被差上候間、其通ニて押移、其後被仰出候は、三四郎儀は連々病身罷成候段達上聞候間、今
　度御暇被下候、勘助儀は独礼被召出、五人扶持御切米弐拾石被為拝領、其節被仰渡候ハ、此節は被仰付品も
　有之候得共、様子有之先右の通被仰付置、往々御取立可被下候間、無困窮御奉公仕候様被仰渡候、御絵書所
　御奉公四拾二年相勤候処、筋気ニて手足痛数年引込居候儀、恐多奉存候付、元禄七年正月触頭大洞弥一兵衛
　を以御暇の願申上候、尤忰矢野茂左衛門儀、絵をも稽古仕せ置候間、如何躰ニも被召仕被下候様ニ奉願候処、
　同年二月勘助儀願の通御暇被下候
一右勘助忰、私祖父矢野茂左衛門儀、十四歳ニて御絵書所見習被仰付罷出候内、十五歳ニ罷成候節、御城廻御

修覆御願の御絵図被仰付、相調候を公義え被差上候、元禄七年二月被召出、五人扶持ニ御切米拾石被為拝領、
　直ニ大洞弥一兵衛触組ニ被召加候、御絵書所御奉公、親勘助勤上候通相勤可申旨被仰渡、勘助差上申候絵一
　色御道具、其外家屋敷共ニ被為拝領候、元禄十年八月従公義、諸国御絵図御改有之、右御用ニ付茂左衛門儀、
　同十一年三月江戸え被差登、同十二年六月被差下候、右御絵図品々清書出来ニ付、又々同十三年六月被差登
　候、右御絵図数通一筆ニて調立申候内、熊本御城内御修覆ニ付、公義え御窺被遊候御絵図、時限にて被仰付、
　無相違相調差上申候、夫々御上納相済申候間、同年九月被差下、後猶又御上納の通の御絵図、品々調立差上
　申候、宝永四年七月御絵書奉行被召直、御絵書御用、且又押立候御絵の儀は、今迄の通相勤可申旨被仰渡候
　　　　　　　機密間ニて吟味の書付ニ付認込置　　　　　　　　　　　　　　　御絵書
　　一五人扶持　御切米拾石　　　　　　　　　　　　　　　　　　　　　　矢野猪兵衛
　　　右は祖父以来、段々御絵所御用相勤、町絵書共え御用の差図等も宜仕候、然処先年諸職人刀帯申間敷との
　　　の御儀付、其以後刀を帯不申、町絵書同前の躰ニて御座候、猪兵衛儀先年御国絵図御改の節、江戸えも
　　　両度被遣、情を出相勤申候、彼者祖父矢野三郎兵衛儀ハ御知行をも被下置、親矢野勘助儀は五人扶持弐
　　　拾石被下置、独礼被仰付、於山崎御知行取屋敷被為拝領置候筋目の者ニて御座候、依之絵の御用相勤申
　　　候得共、手間料等をも拝領不仕候間、刀を帯候様ニ御座候て諸奉行段被差加、絵の御用をも只今迄の通
　　　相勤候様被仰付ニても可有御座哉と御家老中え相達候処、可奉伺由ニ御座候、以上
　　　宝永四年八月五日
　　　　右伺書、当春嘉悦市太夫江戸詰ニ被遣候節、相渡差越候処、於江戸被達御耳、書付の通被仰出候付、今
　　　　日猪兵衛を呼申渡候事
　享保十一年十一月独礼被召直候、同十八年三月御切米五石御加増被為拝領候、寛保三年八月御中小姓被召直、
　連々弟子共仕立申候得共、猶又弟子の儀随分仕立可申旨、於御花畑被仰渡、御奉行所触被仰付候、宝暦二年
　八月病死仕候
一右茂左衛門養子、親　矢野吉右衛門儀、寛延三年七月弐人扶持御切米八石被為拝領、御切米所当分御役人被召
　出……明和二年十一月　御切米所根取差添被仰付……同（明和）八年十一月病死仕候　　（以下略）　　　　」

（B）矢野家先祖附…「矢野雪叟先祖并御奉公附」（熊本市歴史文書資料室「永青文庫」複製本 1493 の「草稿本」1179）
「一先祖山田喜左衛門儀、天正十三年閏八月於越州、従太閤様御知行七千石被為拝領、関原陣の節討死仕候、
　　太閤様御知行の御書出・御知行付目録等于今所持仕候
一右喜左衛門嫡子山田藤蔵儀、病身ニ付清正公被仰候は、御国元え罷下候様との儀ニ付、罷下居申候、清正公
　　よりの御状等于今所持仕候、清正公御遠去以後、忠広公御代ニ右藤蔵弟山田次郎太夫ニ、山本郡の内草葉村、
　　寛延二年九月御知行百五拾六石被下置、右御書出も于今所持仕候
一祖父山田惣兵衛儀、浪人ニて居申候処、正徳三年閏五月病死仕候
一親山田理助儀、御指物帳所御用数十年相勤、其外押立候御絵の御用・御屏風等相調申候ニ付、享保十三年九
　　月廿三日、三人扶持御切米八石被為拝領、御絵書被召出、御留守居組触組被仰付、御奉公相勤居候処、同十
　　六年十二月病死仕候
一矢野雪叟儀、已然山田喜三右衛門と申候処、同四年五月師匠矢野茂左衛門、苗字を譲申度奉願候処、願の通
　　被仰付、矢野喜三右衛門と改、家伝不残相伝仕候
一寛延元年四月弐人扶持御切米五石御加増被仰付候、宝暦五年四月御指物帳御用御絵図一切、御絵の御用根役
　　被仰付候、同八年十二月於御茶道方追々生写御用被仰付、出精仕候付金三百疋被為拝領候
一明和元年閏十二月独礼被召直、御切米弐石被増下、毎歳御銀八拾目被為拝領候
一同二年八月於禁裏被叙法橋、名を雪叟と改、其節万里小路大納言様御手自、妻金の御中啓被為拝領候
一同五年八月十日雪叟儀准士席、御礼式の座配被召直段被仰渡、同八年八月法眼官仕度、又々奉願候処、願の
　　通被仰付候……（中略）
一雪叟儀、御指物帳御用日勤仕、一切根ニ成相勤、被召出候年より当年迄四十六年、為見習自勘ニて三年、都
　　合四十九年相勤、当八月朔日病死仕候事　　（以下略）　　　　　　　　　　　」　　　　　　　　（終り）

| 八代古文書の会 会報 No.15 | 2011年11月10日　八代古文書の会 発行
〒866-0081　八代市植柳上746-5　蓑田勝彦方 |

> 　今回は天保13年（1842）の熊本藩全域の農村生産物の実態を調査した報告書の紹介です。熊本藩の最も基本的な行政単位は「手永」と呼ばれ、51の手永がありました。1つの手永には普通20～40くらいの村があり、1手永の「高」は1万石くらいでした。原史料にはその手永ごとの生産物調査がまとめられ、最後に51手永の分を合計した数字が出されています。ここではそのうち、八代郡の野津手永と種山手永の分が紹介されています。簡単に概要説明がなされていますが、1つ1つ見ていくと大へん興味深い調査記録になっていますので、後記の表を ぜひ御自分でいろいろ考えながら見て頂きたいと思います。

肥後国八代郡の「惣産物調帳」（天保13年）

蓑田　勝彦

　ここに紹介するのは、天保13年（1842）の「諸御郡惣産物調帳」（個人蔵）のうち、八代郡の野津手永と種山手永の分である。「諸御郡惣産物調帳」については別稿に記したので、繰り返しになるがここにも記しておきたい(註1)。これは熊本藩領のうち都市部＝「五ヵ町」（熊本・八代・川尻・高瀬・高橋）を除いた地域の「惣産物」の状況を把握しようとした調査であり、天保13年直前の生産量を「年の豊凶」「年々増減」を考慮して「中年の見撫しにて取り調べ」た結果を記したものである。その調査を担当したのは「御郡御目附付御横目」たちであり、普段から各農村部の状況把握に務めている役人たちであった。

　熊本藩の支配は、「郡」と「村」の中間の行政単位である「手永」を最も中心的な単位として行なわれた。「肥後54万石」は、この頃は51の手永で構成されていたので、手永の平均の「高」はほぼ一万石である。「惣産物調帳」は手永ごとに作成されており、最後のところに51手永の分を合計した藩全体の状況が記されている。これらのうち、藩全体の分、八代郡高田手永の分と、豊後国の三手永（高田・関・野津原）の分は筆者が別稿に紹介している(註2)。その他の手永の分についても、かなりの数の手永の分が『玉名市史』『新宇土市史』などの市町村史類に紹介されている。ここでは新たに前記の野津手永・種山手永の二手永の「惣産物調帳」を紹介する。原本は漢数字が縦書きで記載されていて理解しにくいので、横書きの算用数字に直し、書式を変えたり、説明を加えたりしている。

　二つの手永の状況について検討してみたい。田畑面積を見ると、種山手永では1361町のうち649.3町=47.7%が「田」、野津手永は合計1730.1町のうち1424.1町=82.3%が「田」となっている。これは地図をみれば分かることであるが、種山手永では山地部が多いこと、野津手永は八代海に面する平野部に位置していることを反映している。生産物の額の中で「米」のしめる割合は、種山手永では28.8%であるのに対して、野津手永では62.1%である。食料品の生産額の中で「唐芋」（さつまいも）の額を見て見ると、種山手永は野津手永の1.5倍の643.23万斤を生産し、生産額全体の9.8%をしめており、畑地の比重の高い地域に特徴的な状況を示している。

　「余産」の項目を見ると、野津手永では「藺表」が目をひく。これは現在も八代地方の特産物となっている畳表で、江戸時代の史料には普通は「大牟田表」（大牟田は旧千丁町の地名）と記されていることが多い。「藺表」の原料は「諸作」の中に出てくる「藺」である。種山手永は山地部のため多種多様の「余産」が見られる。生産額の多いのは材木類・薪・櫨実・楮・茶などである。特徴的な「余産」としては場形紙・下張紙・塵紙などの紙類、「鋳物細工品々」「指物細工品々」などである。「鋳物」と記されているが、これは いわゆる「村の鍛冶屋」の生産物と思われる。「指物」というのは「木の板をさしあわせて組み立てつくった器具」(広辞苑)で、表中に見

られる川俣村（旧東陽村）がよく知られている。「榎津塗」（熊本市富合町榎津の産物）は、この川俣の指物の技術を取り入れて生産されるようになったという (註3)。

　これも別稿に述べたことであるが、最後の部分=《惣銭合》以下の部分について述べておきたい。《惣銭合》のすぐ後に年貢・諸出銀などの貢租類が記されており、それらの貢租類の総額である《払合》の額が《惣銭合》の中にしめる割合（貢租率）は、野津手永で30.9％、種山手永では17.0％となる。参考までに記すと、同じ八代郡の高田手永の貢租率は24.5％である。また藩全体では23.5％となっている (註4)。江戸時代の「年貢」は「五公五民」などといわれていたことから考えると意外に軽い負担となっている。最後に「余分」として、1人当り野津手永では112.7匁、種山手永では69.9匁と記されている。高田手永は89.9匁、藩全体では106匁となっている。この当時は1匁=70文であったので、藩全体の106匁は銭の額では7貫420文である（仮に1文=30円とすると22万2600円となる）。

　藩全体（平均）の貢租率が23.5％で、1人あたりの「余分」が7貫420文あるというのが当時の実態をどの程度正確に表しているかは不明であるが、先述の調査者の記述などから考えてかなり信用性は高いと思われる。その結果別稿にも述べたように、多くの人々が藩当局に多額の「寸志」を差出して苗字帯刀を許されたり、「傘・小脇差」を許されたりするようになったし、また多くの人々が寺小屋で学べるようになったりしているのである。これらの点について詳しくは先述の別稿を参照して頂くようにお願いしたい。

　（註1）拙稿「天保期 熊本藩農村の経済力」（『熊本史学』89・90・91合併号、2008年）
　（註2）拙稿「熊本藩領 豊後国三手永の「惣産物調帳」について」（『年報 熊本近世史』、2010年）
　（註3）榎津塗については『熊本県大百科事典』（熊本日日新聞社、昭和57年）P.94
　　　　 なお河俣の指物については『河俣塗関係資料調査報告書』（河俣塗研究会、2006年）参照
　（註4）註1の拙稿参照

八代郡種山手永の諸産物 （天保13年=1842）

[惣人数]	14,230 人	高	17238.6 石余	
田畝	649.3 町	内延畝	11.1 町	割にして0.01
畑畝	711.7 町	内延畝	63.5 町	割にして0.07

[諸作]						対 総生産額
米	32,460 俵	反に5俵	1俵=35 匁	代	1,136.10 貫	28.8%
粟	27,740 俵	反に6俵	1俵=18 匁	代	499.32 貫	12.6%
野稲	370 俵	反に4俵	1俵=27 匁	代	9.99 貫	
小麦	3,000 俵	反に3.5俵	1俵=26 匁	代	78.00 貫	2.0%
裸麦	8,990 俵	反に3.5俵	1俵=19 匁	代	170.81 貫	4.3%
大麦	26,550 俵	反に5俵	1俵=12 匁	代	318.6 貫 （麦類合せ14.3%）	8.0%
大豆	5,340 俵	反に3.5俵	1俵=25 匁	代	133.5 貫	3.4%
小豆	900 俵	反に3俵	1俵=26 匁	代	23.4 貫	
蕎麦	660 俵	反に3.5俵	1俵=18 匁	代	11.88 貫	
黍	9,860 俵	反に4俵	1俵=20 匁	代	197.2 貫	5.0%
稗	2,170 俵	反に5俵	1俵=8 匁	代	17.36 貫	
空豆	1,460 俵	反に3.5俵	1俵=15 匁	代	21.9 貫	
豌豆	990 俵	反に3.5俵	1俵=25 匁	代	24.75 貫	
種子	30 俵	反に1.5俵	1俵=45 匁	代	1.35 貫	
唐芋	643万2300 斤	反に3500斤	100斤=6 匁	代	385.92 貫	9.8%
芋	2,249.1 石	反に7.1石	1斗=4 匁	代	89.96 貫	2.3%
綿	282 貫	反に6貫目	100目=5 匁	代	14.1 貫	
藍	1,390 締	反に30締	1締=17.5 匁	代	24.33 貫	

[余産]					
大小竹	4,000 肩		1肩=5 匁	代	20 貫
材木類	10,000 本		角廻1本=5 匁	代	50 貫

品目	数量		単価		代			
薪	1200万 斤		100斤＝2 匁	代	240 貫			
家萱	5,000 駄		1駄＝5 匁	代	25 貫			
鍛冶屋炭	600 荷	川俣村	1荷＝3.5 匁	代	2.1 貫			
竹皮	1,000 貫		1貫＝1 匁	代	1 貫			
栟櫚皮	250 貫		1貫＝6 匁	代	1.5 貫			
櫨実	55,500 斤		10斤＝4.4 匁	代	24.42 貫			
楮	7,000 貫		1貫＝8 匁	代	56 貫			
上茶	7,000 斤		1斤＝3 匁	代	21 貫			
並茶	2,500 石		1斗＝2 匁	代	50 貫			
笋	200 荷		1荷＝5 匁	代	1 貫			
蕨類	200 荷		1荷＝2.5 匁	代	0.5 貫			
山芋	1,000 貫		1貫＝3 匁	代	3 貫			
椎茸	32 石		1升＝2.5 匁	代	8 貫			
蒟蒻芋	40 石		1升＝1.2 匁	代	4.8 貫			
葛	35 石		1升＝2 匁	代	7 貫			
葛籠	150 貫		1貫＝2 匁	代	0.3 貫			
柿	1,900 荷		1荷＝10 匁	代	19 貫			
蚕糸	1.5 貫		10匁＝7 匁	代	1 貫			
繭表	14,000 枚		1枚＝3 匁	代	42 貫			
場形紙	8,500 束	楮代引きで	1束＝4.9 匁	代	39.44 貫			
下張紙	750 束	同上	1束＝6.7 匁	代	5 貫	紙類合せ	1.4%
塵紙	8,500 束		10束＝12 匁	代	10.2 貫			
藁莚	70,000 枚	岡中・興善寺・岡小路	10枚＝3 匁	代	21 貫			
下駄	10,000 足		10束＝6 匁	代	6 貫			
猪鹿	20 疋		1疋＝100 匁	代	2 貫			
鳥類	200 羽		1羽＝2.5 匁	代	0.5 貫			
鶏卵	10,000		10＝1 匁	代	1 貫			
川魚	800 貫		1貫目＝7 匁	代	5.6 貫			
馬子	130 疋		1疋＝100 匁	代	13 貫			
鋳物細工品々代(吉本町)		銭11貫目	指物細工品々代(川俣村・吉本町)		銭50	指物細工	1.3%
桶類・鋤床・鍬柄并竹細工など　銭22貫目			胡床・大角豆その外野菜　銭27貫440目					

《惣銭合》	3950貫270目　(内 3185貫910目＝穀類并諸作類、 764貫360目＝余産代)		100.0%
内	519貫080目	御年貢米納、　この米 5,190.8石	
	9貫620目	同小麦納、　この小麦 129.6石	
	2貫420目	同大豆納、　この大豆 34石　〈年貢合計　531貫120目〉	13.4%
	73貫500目	諸出米并御赦免開徳米代共　この米 735石	
	6貫380目	野開運上銀并諸上納銀代	
	62貫180目	諸出銀　〈その他の負担合計＝142貫60目〉→《払合　673貫180目》	17.0%
残て	3,277貫90目	………《可処分所得》	83.0%
内	77貫400目	農具代、　但し1ヶ年分 1竃に30目	
	136貫100目	買肥代、　但し1ヶ年分 1反に10匁	
	2,071貫880目	粮物代、この米 2万718石8斗	52.4%
		但し、閏月を加え1ヶ年＝364日、1日1人に4合として	
《余分》	991貫710匁	1人に 69匁6分余	25.1%

≪矢部津手永・種山手永の村≫（『肥後国誌』下 p.236~243、p.350~377）

【野津手永】中野村、平島村、小路村、下村、西河田村、岩崎村、鏡村、鏡町、上鏡村、鹿島村、東鹿島村、野津村、東野津村、南野津村、北野津村、西野津村、高野道村、新地村、上土村、上有佐村、下有佐村、内田村、外牟田村、宮原村、宮原町

【種山手永】早尾村、楮村、興善寺村、吉本村、吉本町、大野村、河上村、立神村、北種山村、河俣村、栗木村、柿迫村、五箇荘（久連子村、樅木村、葉木村、仁田尾村、椎原村）、下嶽村、新田村、岡谷川村、岡中村、岡小路村、北村、今村、南種山村

八代郡野津手永の諸産物 (天保13年＝1842)

[惣人数]	10,300人	高	17,678.3石	
田	1,424.1町	内延畝	60.6町	割にして0.044
畑	306町	内延畝	9.5町	割にして0.032

[諸作]　　　　　　　　　　　　　　　　　　　　　　　　　　　　　　　　　　[対 生産総額]

品目	数量	反当	単価	代	割合
米	78,330俵	反に5.5俵	1俵＝35匁	代 2,741.550貫	62.1%
粟	8,680俵	反に5.5俵	1俵＝18匁	代 156.240貫	3.5%
小麦	2,420俵	反に3俵	1俵＝26匁	代 62.920貫	1.4%
裸麦	4,500俵	反に3.5俵	1俵＝19匁	代 85.500貫	1.9%
大麦	19,930俵	反に4.5俵	1俵＝12匁	代 239.160貫	5.4%
大豆	2,570俵	反に3.5俵	1俵＝25匁	代 64.250貫	1.5%
小豆	220俵	反に2.5俵	1俵＝26匁	代 5.720貫	
空豆	1,670俵	反に4俵	1俵＝15匁	代 25.050貫	
豌豆	140俵	反に3俵	1俵＝25匁	代 3.500貫	
種子	400俵	反に1.5俵	1俵＝45匁	代 18.000貫	
唐芋	426万斤	反に3500斤	100斤＝6匁	代 255.600貫	5.8%
芋	430石	反に9石	1斗＝4匁	代 17.200貫	
大根	98万本	反に1万本	100本＝1.7匁	代 16.660貫	
藍	190貫目	反に80貫	1貫＝7.5匁	代 1.430貫	
蘭	2600締	反に30締	1締＝17.5匁	代 45.500貫	1.0%
綿	1,548貫目	反に6貫	100目＝5匁	代 77.400貫	1.8%
市皮	3,270貫目	反に50貫	1貫＝7.5匁	代 24.520貫	
塩	53,000俵	反に270俵	1俵＝7匁	代 371.000貫	8.4%
黒砂糖	10,000斤	反に400斤	1斤＝1.5匁	代 15.000貫	

[余産]

品目	数量	単価	代	割合
葭	20,000束	1束＝0.5匁	代 10.000貫	
櫨実	15,000斤	10斤＝4.4匁	代 6.600貫	
蘭表	50,000枚 下村、上上村、外無田村 (手間料)	1枚＝1.5匁	代 75.000貫	1.7%
魚類	9,430貫	1貫目＝7匁	代 66.000貫	1.5%
鶏卵	30,000個	10個＝1匁	代 3.000貫	

梅実・梨子・柿代　銭1貫500目、　桶類・差物細工品々代　銭7貫900目
柑類代　銭1貫目、　大角豆・蕎麦・胡麻・其外 野菜代　14貫800目

[惣銭合] 4,412貫目（内 4,241貫目＝穀類 諸作代、171貫目＝余産代）……生産総額＝＝100%

内 1,038貫780目	御年貢米納、	此米 10,387.8石		
24貫310匁	同小麦納、	此小麦 327.3石		
850目	同大豆納、	此大豆 12石		
40貫660目	同塩納、	此塩 1355.3石	《年貢合計》…1104.6貫目	25.0%
200貫400目	諸出米・御赦免開徳米代共	此米 2,004石		
1貫240目	野開運上銀・諸運上銀代			
57貫目	諸出銀	《払合 1,363貫240目》…《負担率》		30.9%
残て 3,048貫760目		《可処分所得》		69.1%
内 41貫420目	農具代、但し1ヶ年分 1竃に25匁			0.9%
346貫20目	買肥代、但し1ヶ年分 1反に20目			7.8%
1,499貫680目	粮物代、此米 1万4,996石8斗			34.0%
	但し 閏月を加え1ヶ年364日、1日1人に4合			
余分 1,161貫640目	1人に112匁7分余			26.3%

| 八代古文書の会 会報 No.16 | 2011年11月25日　八代古文書の会　発行
〒866-0081　八代市植柳上746-5　蓑田勝彦方 |

> 　会報 No.5 に続いて、江戸時代の庶民と旅についてです。「敵討」について調べたとき、敵討に出た人の中には、敵（かたき）に出会わないまま行き倒れて死んでしまう人もいた、と書かれている文章を読んだことがあります。江戸時代は実に沢山の人が旅をしており、旅籠などの施設もかなり整備されていたと言われていますが、今回の史料に見られるように、旅の途中で病気して死んでしまう人も多くいたことがわかります。やはり江戸時代の旅はかなり厳しかったようです。

江戸時代の庶民と旅 (その2)

蓑田　勝彦

　江戸時代の庶民と旅については、先に会報 No.5 に 12 の事例をあげて実情を紹介した。本稿では、その際に紹介できなかった分と、新たに見出した分とあわせて 14 例を年代順に紹介する。旅の途中で病気になったり死亡したりしたという事例が多い。事例 1・3・7・8・9・10・11・12・14 などである。これらの記事をみると、当然のことながら江戸時代の旅は現在とは比べものにならないほど厳しかった。ここに見られる「継送」には幕府の法令があった。金森敦子『江戸庶民の旅』によれば、享保 12 年（1727）に出された幕府の触に、旅人が病気で歩けなくなった場合は医者にみせること。すぐに治る見込みがなく、本人が国元に帰りたいと言えば、宿継（村送・継送などとも）で送り届けるようにすることなどが定められていた。幕府の法令は原則として幕府領を対象としているのであるが、この法令は全国諸藩でも守られていることが分かる。また全国各地で出される往来手形には、万一この旅行者が病気などで死亡した場合は、その土地の風習に従って処置して下さるようにという文言が記されているのが通常であった（註1）。

　事例 3 には、佐渡から来た「六十六部」が行倒れで死亡したことが出ている。六十六部というのは＜法華経六十六部を書写し、全国六十六州の霊場に一部ずつ奉納する廻国の修行者。江戸時代には経典ではなく、納経札が奉納された。また六十六部に身をやつした物乞いも多かった。廻国者といわれることもあった＞などと説明されている（註2）。事例 1 や事例 8 もこの例であろう。

　前回にとりあげた似せの往来手形が、今回も事例 8 と 11 に出てくる。事例 9 では京都本願寺へ行く際に、鶴崎で出会った同行者に、自分の檀那寺の往来手形という形での偽手形を書いてもらっている。事例 11 では備後国で病死した人物が＜八代郡足北村の伝七＞という名が記された偽の手形を所持していたという。熊本藩内には足北村は存在しないので、まったく架空の村名が記されていたのである。これらのことから考えると、往来手形というのは本物であろうが偽物であろうが、持ってさえいれば通常の場合はそれで事足りたのではないかと思われる。今回の事例にみられる往来手形は寺院が発行した例が多いが、事例 4・5・6 では不正の往来手形を発行したとして寺院（僧侶）が処罰されている。これを見ると、手形の所持者が死亡した場合に、その地に「取置き候ように」（前記の、その土地の風習に従って処置してもらうこと）という文言を書けるのは、寺院ではなく行政当局とされていたのではないかと思われる。

　事例 13 の記事に見られる「太守様」というのは、10 代目の藩主＝細川斉護である。彼は「名君」を目指していたようで、その妨げになると思われた横井小楠らの実学派を排除することに努めた藩主である（註3）。なお最後の事例 14 はNHKテレビの「鶴瓶の 家族に乾杯」の番組に出てきた事例を、奈良県曾爾（そに）村に問合せて資料を送って頂いたものである。

（註1）金森敦子『江戸庶民の旅』（平凡社新書、2002 年）77 頁

(註2)『日本史広辞典』(山川出版社、1997年) 2250頁など
(註3) 蓑田勝彦「熊本藩主=細川斉護による「実学連」排除」(『熊本史学』92号、2010年) 参照

---

1. 阿蘇内牧で武蔵国の廻国者が行倒れて死亡　　寛延3年 (1750)

　寛延3年4月18日のこと、内牧手永狩尾村の中田代に病人が行倒れているのを、村横目の又三郎が見つけて庄屋に報告した。そのご惣庄屋に報告して、調べたところ武蔵国葛飾郡西葛西領の安心 (俗名は五兵衛) という「廻国者」であった。御郡医師の松村玄立が病状を診たら中風ということで、近くの薬師堂に連れて行き、薬を飲ませた。その後内牧町の旅人宿の弥四郎の所に案駄に乗せて連れて行き養生させたが、5月8日に死んでしまったので、内牧の浄土宗道智寺の境内に土葬した。安心は西葛西領法泉寺発行の往来證文を二通持っていた。いずれも延享2年 (1745) 8月発行のもので、一通には弟子の安心と記され、もう一通には「旦方」の五兵衛と記されていた。二通とも内容は同じで、もし彼が途中で病気になって死んでしまった場合は、その所のやり方で埋葬してもらい、法泉寺や彼の親類などへ知らせてもらう必要はない、ということが記されていた。

≪「日記」寛延3年(永青文庫11,4,1)≫

2. 江戸で「欠落」して相撲取となった麻生田村 (熊本市) の喜七、笞100の刑罰、　明和5年 (1768)

　親は百姓をしていたが、喜七は宝暦12年 (1762) 7月に「御駕の者」となり (18歳)、翌年9月に藩主の御参勤の御供をして江戸へ行った。外出許可の日に日本橋の酒屋で酒を飲んでいたとき、その酒屋で相撲取の伊勢海五大夫と出会った。深川で相撲興行中であるから見物に来ないかと誘われて行き、飛込みで若木山という者と相撲をとったところ喜七が勝った。それを見ていた町人が喜七を茶屋に連れて行った。そこで酔いつぶれて門限を過ぎてしまったので藩邸 (御屋敷) に帰れなくなって「欠落」した。

　五太夫に相談したところ相撲取になれといわれ、虎灘嘉大夫と名乗って相撲取になった。去年 (明和4年) の7月に市ヶ谷で相撲興行が行われたとき、肥後の阿蘇嶽桐右衛門が来ていたので、彼に肥後に帰りたいと話したところ、五大夫と掛け合ってくれ、帰国できることになった。7月に大坂へ向かい8月15日に着いた。同17日からの相撲興行では関脇を勤めた。その後薩摩の相撲取と一緒に船で豊後府内 (大分市) に行き、そこに滞在しているうちに親の徳兵衛に手紙を出したところ、今年の正月19日に親が迎えにきて翌20日の夜更けに麻生田村に帰り着いた。やがて手永会所に呼出され、熊本の牢に召し込められ笞100の刑となった。

≪「口書」(永青文庫13-14-2)≫

3. 佐渡国の六十六部が田迎手永良間村 (ややまむら、熊本市) で死去　　安永2年 (1773)

　安永2年6月下旬ころ、託麻郡良間村の光福寺に、廻国修行中の佐渡国羽茂郡背合村甘草半右衛門という六十六部がきて、足痛で歩行困難になったので、しばらく寺で保養させてもらいたいと願った。しばらく寺で養生させていたところ、9月8日ころから病状が悪化して、同10日に死亡してしまった。宿屋以外では旅人を宿泊させてはならないという藩の規則があるのだから、もし宿泊させなければならないような場合は、当局に届け出て差図を受けるべきであるのに、数ヵ月も止め置いて当人が死去したのは「不埒の至」であるとして、9月18日に「追込」の処分となった。1ヵ月たち10月18日に処分は解除された。

≪「遠慮帳」宝暦7年～天明5年 (永青文庫13,6,12-1)≫

4. 八代町の円応寺、不正の往来手形を書いたとして「逼塞」　　安永2年 (1773)

　高田手永松江村の源作の娘=とよ が、届出なしに安永2年 (1773) 正月に西国三十三所順礼に出たとき、八代町円応寺は寺証文を頼まれて、諸国往来手形を渡したが、とよは村人畜なのに、もし何処かで彼女が死亡したら、その場所に「取置候ように」と記したのは、「重畳不埒の至」であるので、同年7月に日数50日の「逼塞」となった。

≪「遠慮帳」宝暦7年～天明5年(永青文庫13,6,12-1)≫

5. 五町手永の雲岩寺、不正の往来手形を出したとして「逼塞」　　安永3年 (1774)

　五町手永平山村 (熊本市松尾町) 雲岩寺の弟子の道慶と同寺の家来=甚四郎の二人は、安永3年3月に雲岩寺の手形を発行してもらって信濃善光寺に参詣に出た。その帰途に道慶は体が動かなくなり、長門国 (山口県) の久米から「継々送届」となり、甚四郎は付添って肥後に向かった。肥後に入って南関から山鹿への途中、道慶は平野村で病死してしまった。当局で調査したところ、二人は以前に雲岩寺に仕えていたが、今はそうではなくな

っているのに、同寺から不正の手形を発行してもらい、どこにも届出ずに旅に出たという。雲岩寺は「寺手形」を頼まれたのに「諸国往来手形」を書いて渡したのは「重畳不埒の至」であるとして「逼塞」70日の処罰をうけた。

≪「遠慮帳」宝暦7年～天明5年(永青文庫 13,6,12-1)≫

6. 田迎手永の医王寺、不正の往来手形を書いたとして「逼塞」　　天明2年（1782）

田迎手永重富村（熊本市画図町）の太嶺は、内々で「四国廻」をしたいと、村の人にも言わずに出かけた。そのとき同村の医王寺は頼まれて往来手形を出したが、村人数なのに「弟子」と書いて渡し、何処で病死しても其処に「取置候よう」と記したのは「不埒の至り」であるとして三十日の「逼塞」を命じられた。

≪「遠慮帳」宝暦7年～天明5年(永青文庫 13,6,12-1)≫

7. 五町手永大窪村の左次右衛門が鶴崎（大分県）で死去　　文化5年（1808）

五町手永大窪村（熊本市清水町大窪）の左次右衛門夫婦は、娘を連れて無願で旅に出た。伊予（愛媛県）の大洲で病気となり「継送」になったが、左次右衛門は途中 鶴崎（大分県）で病死した。文化5年（1808）帰村した妻は入牢、五人組の者と村役人は「追込」となった。

≪「享保覚帳」(永青文庫 文4-3-10)≫

8. 熊本藩長峯村の伊兵衛、佐倉（千葉県）で死去　　文政6年（1823）

熊本藩の江戸屋敷に、佐倉藩（千葉県）から連絡があった。熊本藩の長峯村 伊兵衛という百姓で、諸国神社仏閣巡拝に出たと記された「寺往来」を持った人物が、下総国登戸村（千葉県）の墓地で去年（文政5年=1822）の8月3日、倒死しているのが発見されたという。道連れだったという乞食のような男の話によると、伊兵衛は4～5日前から病気になっていたが、8月2日の夕方に男が物貰いから帰ってきたら、伊兵衛が死亡していたという。年齢は57、8歳で坊主のような格好をしており、背が高く、鼻も高く、色は黒い方である。縞継々の古い袷を着て縞継ぎの細帯をしめていた。持ち物は古い木綿のちぎれた布に包んだ往来手形のほか、古い椀と、白い木綿の袋であったという。

江戸の藩邸から連絡を受けて熊本で調査が行われた。本庄手永長峯村（熊本市長嶺町）の庄屋からは伊兵衛という人物は存在しないし、そのような旅行に出かけた者もいないという報告があった。もっとも、同村の磯右衛門という者が近村の者を殺害して、文政元年（1818）3月から行方不明になっており、年齢は今年63歳になるとのことであった。また「寺往来」は熊本の西光寺が文政元年9月に発行したと記されていたので、西光寺に問合せたところ、そのような往来手形を発行した事はないとのことであった。さらに「長峯村」は五町手永にもあるということで、五町手永の長峯村（旧北部町）でも調査が行われたが、そのような者は存在しないということであった。

≪「覚帳」文政6年(永青文庫 文6-1-13)≫

9. 菅尾村（すげおむら、旧蘇陽町）の弥平の女房、京都からの帰途 久留米で死去　　文政7年（1824）

菅尾手永菅尾村（山都町、旧蘇陽町）の弥平（69歳）は無高者で生活が苦しかったが、文政7年正月ころから眼病になり、村医者にかかって薬を飲んだがよくならなかった。鶴崎の大在横田村（大分県）に名医がいると聞いて、2月下旬に女房と一緒に出かけた。しばらく治療して病状が改善したので、関大神宮（佐賀関）に参詣に行った。そこで日向延岡の者と出会い、その人が京都本願寺に参詣すると聞いて同行することにした。施行を受けながら旅行したが、往来手形が必要ということで、檀那寺の名ヶ園村光円寺の往来手形を、その同行者に書いてもらった（偽手形）。本願寺へ参詣した帰途に、播磨国明石郡西垂水村（兵庫県）で病気になり歩行ができなくなった。そこで「宿送」を願い出て、医師に診てもらったが歩行できるようにはならなかった。同行の人とはそこで別れ、7月12日に西垂水村を出発して「宿送」をしてもらった。しかし長門国豊浦郡前田村（山口県）まで来たとき、女房の つゆ も病気で歩行できなくなった。そこで女房と一緒に宿送を願ったところ、医師にかけてもらったあと、二人一緒に「継送」となった。女房の方は久留米藩の藤田浦村までできたとき病死したので、そこで埋葬してもらった。弥平は継送の結果、8月17日に高森の会所から菅尾村に帰着したが、病気の具合が悪く回復の見込みはないと思われる。弥平は無願で旅に出たことは「不埒の事」として極まり通り「過料」を命じ、庄屋・村役人は相当の「締方」とする。

≪「覚帳」文政7年(永青文庫 文6,1,13)≫

10. 中村手永高橋村（山鹿市）の姉妹、抜参宮の途中 大和国（奈良県）で死去　　文政8年（1825）

中村手永高橋村（旧鹿本町）の和右衛門の妹 みゑ と姉の ふさ は、文政7年（1824）4月下旬に家を出て「四国大社順拝」に行き、そのまま「抜参宮」に出た。ところが翌年4月に大和国宇陀郡上井足村まで来たところ、

二人ともその地で流行していた病気にかかり重症となった。村の役人たちが医師にみせて、数十日手厚く世話したところ、少し良くなり「継送」を願い出たので、その通り継送となった。姉妹は7月6日に安芸国佐伯郡宮内村に着いたが、そこで姉の病状が悪くなりその晩に死亡した。妹の願いで土地の寺に仮埋葬し、妹は宮内村からまた継送となり、7月21日に中村会所に送り届けられ家へ帰った。当局へ無届けで他所に出かけたことは不埒の至りであり、妹には相当の処罰を課すべきであるが、本人は8月12日に病死してしまったとのことである。村の庄屋・村役人・五人組の者どもは、二人が今年の「影踏」のとき不在だったことは分かっていたのに、そのままにしていたのは不埒の至りである。従って極まり通りの「過料」（罰金）を申し付ける。

≪「覚帳」文政8年(永青文庫 文6,1,13)≫

11. 八代郡「足北村」の伝七、備後国（広島県）で死去　文政8年（1825）

備後国世羅郡小国村（広島県）の庄屋から次のような手紙が送り届けられた。肥後国八代郡足北村の伝七という者が、去年（文政7＝1824）の12月6日に小国村に来たが、病気になって寝込んでしまった。事情を聞いたところ、17年前に日本廻国をし、一応帰国して8年ほど自分の村に居た後、去年の正月には四国遍路に出たという。その後6月ころから両足が腫れて病気が重くなったので「宿送」にしようとしたが、伝七は少し待ってほしいと言った。ところが長旅の疲れで今年（文政8年）の2月14日に病死してしまった。役所に届出たところ、仮埋葬した上で「往来手形」の写しと所持品の一覧表を伝七の出身地へ知らせ、「本葬」の意向があるかどうかを意向を尋ねるようにと指示があったという。

知らせを受けた熊本藩では「八代郡足北村」という村は存在しないが、その手紙の「伝七」に該当する人物がいるかどうかを調査することにした。往来手形には「正行寺」が発行したと記されているので、正行寺を探したところ、芦北郡津奈木手永にあることがわかった。しかし正行寺に問合せたところ、伝七という人物に往来手形を発行したことはないということであった。以上の調査結果が10月になってから備後国小国村に送付された。

≪「覚帳」文政7年(永青文庫 文6-1-13)≫

12. 荒尾手永長洲村の元七、四国遍路のあと 徳山（山口県周南市）で死去　文政8年（1825）

玉名郡荒尾手永長洲村（現 長洲町）の元七は、文政8年に往来手形を持たずに旅に出たが、9月下旬になって周防国徳山領 都濃郡河内村(山口県)の庄屋から手紙が送られて来た。それによると元七は河内村で病気になり、そのまま死亡したとのことである。調査したところ、元七は長洲町の吉平（64歳）の忰で31歳だったという。父の吉平は「無高者」であったが廻船を所持していた。現在は高齢になって船も売り払って生活も苦しい状態である。元七は9年ほど前から病気で薬を飲んだりしていたが、今年の2月には本妙寺（熊本）に心願があるとして「願解」に参詣に出て、そのまま栃木（南阿蘇の温泉）に養生に行き、それから杖立（小国町）に養生に行き、快くなったらそこで日雇稼をするといって家を出たが、そのまま四国遍路に出たようである。そして周防国河内村で9月29日に病死したのであった。元七は死んだときに長洲町の安養寺が発行したという寺証文を持っていたという。調べたところ長洲町には安養寺はなく、近くの山下村（現玉名市、旧岱明町）にあったが、その安養寺も そのような寺証文は出していないということであった。　≪「覚帳」文政8年(永青文庫 文6-1-13)≫

13. 中村手永椎持村（山鹿市）の清次ら、舞子浜で太守様（藩主）から金子を拝領　安政3年（1856）

中村手永下御苧田村（しもみうたむら、山鹿市鹿本町）の九助は、安政3年3月11日、旅行中に大津宿（滋賀県）で殿様の御上りを拝上、そのとき百文銭1つを拝領した。　同じく中村手永椎持村（山鹿市鹿北町）の清次ら4人は、2月26～27日ころ、舞子の浜（兵庫県、明石海峡大橋の北岸）で太守様から金子を拝領した。

≪「覚帳」(永青文庫文7-2-1)≫

14. 八代郡種山手永の女性、伊勢参宮に行き大和国（奈良県）で死去　年不明（江戸最末期）

奈良県東部 和歌山県境の曾爾村（そにむら）で、江戸末期（年号不明、1860年代ヵ）八代郡種山手永の女性が病死したが、その時に村人がお世話になったことに対して種山手永大野村（現 氷川町）の庄屋が送った礼状が残っている。南種山村の みさ、大野村の智順・りそ の三人が伊勢参宮旅行の途中、みさ が病気になり、村人の世話で医師に診てもらったりしたが結局病死した。帰村した智順・りそ からその話を聞いた大野村の庄屋が、看病してくれた山粕村の庄屋宛に出した礼状が残っている。　≪「曾爾村史」(奈良県 曾爾村役場、昭和47年)≫

(終り)

八代古文書の会 会報 No.17	2011年12月10日　八代古文書の会　発行 〒866-0081　八代市植柳上746-5　蓑田勝彦方

> 今回は「櫨方」の役所の一つであった「八代出会所」についてです。九州では多くの藩で櫨蝋の生産が行われました。熊本藩では藩政初期から櫨蝋に関する記事が見られますが、「宝暦の改革」のころから盛んになり、櫨蝋の「専売制」が実施されるようになりました。
> 　藩の櫨蝋関係の役所は、熊本町やその周辺だけでなく、八代・山鹿など地方の町にも設置されましたが、その実態についてはほとんど分っていません。「八代出会所」についても同様ですが、熊本県立図書館に八代出会所についての貴重な史料が所蔵されています。今回はその史料の内容を紹介します。

熊本藩「櫨方」の「八代出会所」

蓑田　勝彦

1．はじめに…熊本藩の櫨蝋生産（年表）

　熊本藩は「宝暦の改革」のころから櫨の栽培、蝋の製造に力を入れ、「藩専売」の政策を進めた。大坂では「肥後蝋」として知られ、藩内各地に製蝋所や蝋販売所が設けられ、数千本、数万本の櫨木を植えた「櫨場」も各地に設定された。下記の表は、今までの研究によって明らかになった熊本藩の櫨蝋生産の概要を示したものである（註1）。

寛永17年（1640）	小物成（雑税）に「櫨実」あり
寛文4年（1664）	櫨栽培を奨励、　　同11年（1671）阿蘇郡を除く各郡に櫨苗の植付を命じる
	（赤穂浪士を預かったとき（元禄15＝1702年）、お礼に櫨・蝋の生産を教えてもらったという伝説あり）
享保8年（1723）	薩摩より櫨の種1石9斗を買入、春日村に播く、　　櫨仕立て始まる
延享元年（1744）	「櫨方受込役人」を置く、　　同2年（1745）高10石に櫨苗3本の植付を命じる
同　3年（1746）	「櫨方役所」を置く　　＜「宝暦の改革」の時期に櫨蝋生産を盛んにする＞
宝暦13年（1763）	高橋町の村井伝右衛門の締蝋所を「櫨方」の直営とする
明和4年（1767）	熊本細工町の斉藤茂左衛門を「櫨蝋の惣問屋」とする
	領内生産の蝋も、他国から入込の蝋も、すべて売買代金の2％上納を命ず
	＜八代新町の油屋儀助　このころ松井家の「手櫨」の締方を担当＞
明和7年（1770）	他国産の蝋の移入を禁止
安永元年（1772）	惣問屋の斉藤茂左衛門を止めさせ、「旅人問屋惣会所」へ跡を引受させる
安永4年（1775）	惣問屋を廃止、運上銀も廃止、売買は勝手次第とする
寛政5年（1793）	他国産の晒蝋（さらしろう）の移入を禁止、御国製の晒蝋に限る
同　8年（1796）	熊本新3丁目に藩営の製蝋所を設け、晒蝋（さらしろう）・生蝋（きろう）を製造
同　10年（1798）	櫨実の自由売買を禁じ、「櫨方」ですべて買い上げる　　＜「専売」政策　推進＞
享和3年（1803）	水前寺蝋締所　設立（藩主＝細川斉茲の御側御用）、藩の製蝋所と競争
文化3年（1806）	<u>高田手永豊原村に櫨方の「八代出会所」を設置</u>

文政3年（1820）　　　藩内の蝋売所…熊本3丁目・山鹿新町・南関町・高瀬町・八代出会所
天保9年（1838）　　　生蝋1斤＝4匁、並蝋＝3.4匁、中生蝋＝3.8匁、晒蝋＝4.3匁、（2月）
同　10年（1839）　　　手櫨による手締蝋も禁止、櫨実はすべて「櫨方」と「水前寺蝋締所」が買上
同　13年（1842）　　　水前寺蝋締所を廃止、　蝋直段…生蝋1斤＝4.4匁、晒蝋＝5.2匁、蝋燭＝5.2匁
　　　　　　　　　　　蝋売所…高瀬町・山鹿町・吉田新町（高森）・八代町・水俣陣町・南関　関町・
　　　　　　　　　　　熊本3丁目・八代出会所
嘉永元年（1848）　　　松井家では「往古より」製蝋を行っており、この時「船」2艘で製蝋
安政5年（1858）　　　櫨木70万本、櫨実 約500万斤、製蝋高 約70万斤、代金 約1万7000両

（※1斤＝160匁＝600g、　銭1匁＝70文）

2．天保13年の調査　櫨実の産出量（註2）

「諸御郡惣産物調帳」（天保13年）に見る手永ごとの**櫨実産出量**　　（10斤＝銭4.4匁）

手永	産出量	代	手永	産出量	代
五町手永	15万2180斤	代 66貫950目	池田手永	15万斤	代 66貫目
横手手永	1万2000斤	代 5貫280目	銭塘手永	―	（記述なし）
本庄手永	5300斤	代 2貫330目	田迎手永	―	
鯰　手永	2950斤	代 1貫290目	沼山津手永	―	
甲佐手永	9000斤	代 3貫960目	木倉手永	365斤	代 160目
矢部手永	3000斤	代 1貫320目			
杉嶋手永	1万2000斤	代 5貫280目	廻江手永	―	
河江手永	―		中山手永	1万2000斤	代 5貫280目
砥用手永	―				
松山手永	3万2300斤	代 14貫200目	郡浦手永	3万2740斤	代 14貫400目
野津手永	1万5000斤	代 6貫600目	高田手永	8880斤	代 3貫900目
種山手永	5万5500斤	代 24貫420目			
田浦手永	10万6000斤	代 46貫640目	佐敷手永	4万斤	代 17貫600目
湯浦手永	5200斤	代 2貫280目	津奈木手永	―	
水俣手永	6万3000斤	代 27貫720目	久木野手永	―	
正院手永	―				
山鹿手永	2万9150斤	代 12貫820目	中村手永	6万9190斤	代 30貫440目
小田手永	20万斤	代 88貫目	内田手永	16万斤	代 70貫400目
坂下手永	2万5000斤	代 11貫目	荒尾手永	7万斤	代 30貫800目
南関手永	13万斤	代 57貫200目	中富手永	3万6300斤	代 16貫目
深川手永	2万3000斤	代 10貫120目	河原手永	3万6000斤	代 5貫840目
大津手永	2500斤	代 1貫100目	竹迫手永	350斤	代 150目
内牧手永	―		坂梨手永	―	
野尻手永	―		菅尾手永	―	
高森手永	―		布田手永	8500斤	代 3貫740目
北里手永	―		久住手永	―	
野津原手永	―				
高田手永	―		関　手永	―	

《惣一紙……櫨実代＝679貫900目》　（約154万斤）

3．「櫨方」の「八代出会所」

　熊本藩は櫨蝋の生産・販売などを管轄するために「櫨方」と称する役所を設置した。櫨方は藩内で生産される櫨実を入手して蝋を生産し、藩内各地で販売するとともに、大坂・江戸などに出荷して利益をあげた。藩は櫨蝋の専売製を推進するとともに、櫨方に「貨殖」政策の一翼を担わせた。「貨殖」とは"財貨を殖やす"ことであり、具体的には獲得した資金を個人や団体など多くの方面に貸付けて利子を得ることであった。櫨方は「小物成方」とともに、貨殖政策の中心的な役割りを果たした役所で、「櫨方預」と呼ばれる藩札も発行した。本稿ではその櫨方の支所として文化 3 年（1806）に設立された「八代出会所」の史料を文末に紹介する。

　八代出会所は高田手永豊原村に置かれたというが、その場所ははっきりしない。県立八代南高等学校近くの、球磨川左岸の旧堤防のそばに高田手永会所跡があるが、その近くにあったのではないかと思われる。八代出会所の役割について記された文化 7 年の史料によれば、「生蝋締方をはじめ、米穀売買、歩入物など、其外種々御貨殖筋」であった。「生蝋締方」は櫨実から蝋を製造することであり、「歩入物」というのは今の言葉でいえば質屋営業のことである。そして「貨殖」の例としては高田手永に備蓄されていた米を、八代町の別当である弓削嘉十郎に販売させて、その代価を出会所の貨殖の資金としたという例が見られる（註3）。また天保元年（1830）の史料には＜八代出会所は貨殖筋のために余計の銀銭を備え置き、八代郡・芦北郡の櫨実をすべて納入させて蝋締め・蝋晒など種々の「御益筋」に熱心に取り組み＞と記されている（註4）。

　「八代出会所」の史料は熊本県立図書館に 2 冊所蔵されているが、2 冊とも表紙が破損しており、「高田出会所 覚帳」という仮題が付けられている。内容を見ると明治 3 年（1870）のもので、もとは「八代出会所」の史料に番号をつけて収録したものであることが分かる。1 冊には 81 番から 106 番まで、もう 1 冊には 109 番から 138 番までが収められている。もともとは数冊にまとめられていたものが破損・逸失、その内の 2 冊だけが残存したものであろう。以下に紹介するのは、それらの記事のうち櫨蝋に直接関係する部分を書き抜いたものである。史料の原文ではなく、内容が分かりやすいように書き直して紹介した。（　）内は原本に記されていた番号である。

　各記事は、その時々の断片的な記録であるため、櫨蝋に関してまとまった情報は得られないが、その中で注目すべき記事をいくつか拾い上げてみたい。

- 商品としての蝋は 75 斤を 1 俵として取引きされた（75 斤＝45 kg）。
- 出会所で働いていた人には「頭司」「相槌」「粕拵」「締方」「晒方」などの役割分担があった。
- 「昼飯米」として 1 日に 2 合 5 勺が支給されていた。
- 出会所の労働者は、上豊原村・下豊原村・袈裟堂村（下松求麻村のうち）・西高下村・小川村（下松求麻村のうち）・久多良木村・原女木村・段村（下松求麻村のうち）など、出会所の周辺の村々の人たちであった。
- 熊本新三丁目晒蝋場・高橋蝋締所・水前寺蝋締所など、藩内の他の製蝋所との間に労働者の転勤が見られる。
- 生蝋（精製する前の蝋）の出荷は大坂への出荷と、江戸への出荷とは扱いが別であった。
- 江戸時代は朔望（毎月 1 日と 15 日）の月に 2 回の休日であったが、明治に入ってから毎月 1 の日、6 の日の、月 6 回の休日になった。
- 蝋の取引を担当したのは、熊本の商人「紙屋 庄八」であった。

　（註1）文末の〔参考文献〕参照
　（註2）「諸御郡惣産物調帳」は個人蔵。なお拙稿「天保期 熊本藩農村の経済力」（『熊本史学』89・90・91 合併号、2008 年）参照。

(註3)「僉議控」(熊本大学附属図書館寄託「永青文庫」13-5-4) 富田角右衛門の項
(註4)「達帳」(同上「永青文庫」9-12-1-2) 岡谷藤次の項

≪櫨方「八代出会所」史料≫ (明治2年)

(82番) 1月8日
　並蝋 115俵　8625斤　1俵=75斤入　代 2貫634匁4分 (1斤=29匁6分)
　晒蝋 135俵　1万125斤　1俵=75斤入　代 1貫864匁5分 (1斤=33匁)

(83番) 1月14日
　行政改革で藩の役所名を改める……「御作事所」→「工作司」、「御掃除方」→「修築司」、「小物成方」
　　→「雑税司」、「御蔵方」→「倉廩司」、「産物方」→「生産司」、「御天守方」→「武庫司」、「御銀所」
　　→「貨幣司」、「演武場」→「練兵場」、etc.　　<u>「櫨方」→「採蝋司」</u>

(85番) 1月
　諸物価高騰につき「手間賃」(賃金) 値上げを申請
　　大工・左官・木挽……25匁→30目、　日雇……20目→25匁　　　　(※1匁=70文)

(87番) 2月3日
　2月1日より「手間賃」値上げ　2匁5分宛
　2月3日より　製品値上げ　上生蝋1斤 38匁、　中同 37.8匁、　並同 37.6匁、
　　　　　　　　　　晒蝋 42匁、　蝋燭 42匁

(90番)
　午年櫨実繰合　寅年 9万3000斤余 3月〆、　辰年 18万5000斤余 4月〆
　　　　　　　巳年　　　　　　5月〆、　卯年 1万6000斤余 8,9月〆

(92番) 2月
　中嶋町 上嶋屋 弥七　これまで荒物商売、一業にては渡世成りかねるので、蝋燭職もしたいと願出る。
　現在は津国屋 熊市が蝋燭職を止めているので、その代りとして認める。

(95番) 2月26日
　四番船、去巳年8月より11月まで4ヵ月続きで「壱番溜」になったので、規則通り 御賞美
　　頭司 長助 3貫500文、　相槌 作次 2貫100文、　粕拵 源次郎 1貫400文

(96番) 12月3日
　上豊原村 和助・栄吉、　下豊原村 新蔵・平助、　下松求麻村の内 裃道村 源七・茂八
　西高下村 市左衛門・要平、　下松求麻村の内 小川村 作之允
　　以上の者ども、櫨方出会所の蝋締め御用に召使っていた所、何回か「鍋付の蝋」を盗み取って売払
　　っていたことは不届きである。　それぞれ「ぬ」の字の入墨をし、笞50敲きとする。

(98番)
　櫨 苗木 1寸5分廻り 代2分、　2寸廻り 代3分、　2寸5分廻り 代4分
　　6寸以上は、木の善悪により、その都度直段をきめる。

(100番) 3月13日
　蝋直段 値上げ　上生蝋1斤 41匁、　中生蝋 40.8匁、　並生蝋 40.6匁
　　　　　　　晒蝋　45匁、　蝋燭 45匁

(101番) 3月14日
　「生蝋」出荷のときの日雇賃銭　値上げ

　　　　　今まで　15匁（賃銭13.5匁と　朝出増分1.5匁）→ 22.5匁（賃銭19.5匁 と 朝出増分 3匁）
　　　大坂出荷の生蠟荷拵え賃　今まで1丸につき7分　→ 1匁
　　　江戸出荷の生蠟荷拵え賃　今まで1丸につき1匁　→ 1匁3分

(102番) 3月
　　去秋以来、米をはじめ諸物価高騰につき「手間賃」値上げ
　　　　大工・左官・木挽　とも　　今まで1日25匁 → 30目へ　　　（日雇は20目 → 30目へ）

(103番) 3月14日
　　蠟の締め方は、精粗により利益の在り方が大きく違うので、荒仕子の平助を、四ヵ所の蠟締所に「御用
　　懸」として派遣する。　　　　　　　　　（高橋蠟締所・三丁目晒蠟場・水前寺蠟締所・高田出会所）
　　　平助は船家に詰切りになるので、腰懸を用意すること。　　寝具を貸し渡すこと。
　　　昼飯米として、1日に2合5勺ずつ　それぞれの蠟締所で与えること。

(104番) 3月
　　田浦手永久多良木村の金四郎という者を、高田出会所で「相槌」として召し使っていたが、この正月以
　　来、「宿本」（自分の家）に引取ってしまった。調査したところ、会所の品物を盗んでいたので、高田手
　　永会所の「質部屋」に入れ、解雇した（3月20日）。　　罪状は去年の12月23日に、「舟家」の隅に
　　あった金輪付の粉締臼を盗み取り、八代紺屋町の鍛冶屋に90目で売り払ったことである。身柄は田浦
　　手永会所に引き渡すことになった。

(109番) 4月19日
　・高田手永下松求麻村の内　袈裟堂村　源次郎…慶応4年（明治1年、1868）10月から「締方日雇」
　・同じく原女木村　嘉平……明治2年（1869）1月「締方日雇」となり、同年4月に一応 解雇、同年8
　　　　　　　　　　月　再び「締方日雇」となる。
　・同じく　段村　文右衛門……明治2年6月「締方日雇」となる。
　　以上の3人はもともと「粉拵」に召使われた。「相槌」が不在となったので「相槌」となったが、4人と
　　も仕事に出精したので、以後「相槌」として、「手間賃」も増額する。

(111番) 5月
　　熊本の「三丁目晒場所」で「締方・粉拵日雇」に使っていた長平を、このたび久四郎の代りに八代出会
　　所に派遣する。
　　《長平の勤務状況》　明治2年12月…25日のうち24日勤務、1日病気休
　　　1月…34日のうち14日「締方」、8日「晒方」、12日「残詰」
　　　2月…30日のうち25日「締方」、4日「晒方」、1日 病気休
　　　3月…30日のうち23日「締方」、5日「晒方」、1日 病気休、1日「休日」
　　　4月…29日のうち20日「締方」、7日「晒方」、2日 病気休

(113番) 5月
　　久四郎は、去年の秋に八代出会所で不正事件があり、数人を解雇したので、急きょ「三丁目晒場」から
　　派遣された二人のうちの一人で「粉拵」である。熊本へ帰るので支給する金額
　　　銭123匁7分…「相槌手間銭」18匁4分×5日分＝92匁、と 賄料 15匁8分×2日＝31匁7分、
　　　銭75匁……遠方の所 派遣されたので、「別段御心付」

(117番) 6月14日
　　「採蠟司」より、熊本の「紙屋 庄八」へ製品を引渡すようにとの「差紙」（代金は受取すみ）
　　　「上生蠟」5000斤＝66俵と66斤（1俵＝75斤）

　　　　　　　「上生蝋」1万斤＝133俵と25斤（1俵＝75斤）　　　　　　　合計1万5000斤
(118番) 6月
　　楠竪木 五挺、文庫船弐拾艘　　四ヵ所蝋締所御備として 確保すること
(120番) 6月
　　銭2貫720目…　竿木17挺（1挺＝160目）、銭1貫50目……担木35挺（1挺＝30目）、
　　銭900目……以上の道具の運賃（船賃）　合計4貫670目　支払い済
(122番) 6月23日
　　今まで諸役所の休日は、定例の休日のほかに「朔・望」両度であったが、太政官からの仰出があり、毎月 1・6の日を休日とする。
(125番) 7月8日
　　7月9日から蝋直段を改めるので、八代市中の蝋関係職人へ周知のこと　（1斤の値段）
　　　　「上生蝋」＝37匁、「中生蝋」＝36.8匁、「並蝋」＝35.6匁、「晒蝋」＝41匁、「蝋燭」＝41匁
(131番) 8月4日
　　「野開」などに自分で仕立てた櫨実は、今後「勝手売買」を認める。郡中へ知らせること。
(133番) 8月　　　　　　　　　　　　　　　　　　　　　　　　　　※「専売制」の廃止
　　明治2年、八代出会所へ納入された櫨実　　高田手永…9万2524.8斤　　野津手永…6万513斤、
　　　　　　　　　　　　　　　　　　　　　種山手永…11万2735斤、田浦手永…7万3548斤
(137番) 9月
　　近年、盗難にあった蝋製品
　　　・「上生蝋」217斤……今年8月「上生蝋」を「銀蔵」へ移したとき、4俵が「乱俵」になり、その中から盗まれたらしい。調査したが不明のままである。
　　　・「生蝋」225斤（1俵＝75斤、3俵分）……慶応4年（明治1年、1868）8月に「締方」の分を、9月2日に改めたとき、4俵の「口」が緩んでいたために盗まれた分。
(138番) 9月3日
　　「採蝋司」や 関係の「会所」などは廃止とすることが、昨2日に通達された。（八代出会所も廃止）
(139番) 9月15日
　　「晒蝋」3450斤（1俵＝75斤、46俵分）紙屋 庄八へ引渡すこと（代金は納入済）

〔参考文献〕

蓑田勝彦「肥後藩の蝋専売制の成立について」（熊本大学国史科同窓会『国史論叢』、1972年）
同　　　　「水俣の"ハゼの木騒動"について」（熊本県高等学校社会科研究会『研究紀要』第3号、1972年）
同　　　　「史料紹介　肥後藩の蝋販売所と蝋価格」（熊本近世史の会『年報 熊本近世史』昭和46年度、1972年）
同　　　　「水俣侍山櫨場の開発について」（熊本近世史の会『年報 熊本近世史』平成9・10年度合併号 1999年）
津下 剛「肥後藩製蝋専売仕法」（『経済史研究』22号）
圭室諦成「肥後の蝋」（地方史研究協議会編『日本産業史大系 8』九州地方篇、東京大学出版会、1960年）
野口喜久雄「熊本藩における藩営製蝋業」（『近世九州産業史の研究』所収、吉川弘文館、1987年）

| 八代古文書の会 会報 No.18 | 2012年1月10日八代古文書の会 発行
〒866-0081　八代市植柳上746-5 蓑田勝彦方 |

> 　江戸時代の八代地方には多くの「名産」が見られます。その中で今までほとんど知られていなかった「白島石細工」を紹介します。白島石というのは上質の石灰石（大理石）で、花瓶や文鎮・硯など色々なものに加工されました。それらの中で、きれいに作られた手水鉢は大名などに人気があったようで、将軍家に献上されたという記録が見られます。以下に記すのは、八代市の図書館講座で紹介したとき（2006年4月）の資料を一部書きかえたものです。

将軍家に献上された
八代の白島石細工 について

蓑田　勝彦

1．はじめに──八代の名産・特産　　（「名物数望附」…『肥後読史總覧』下巻 参照）

　江戸時代の八代地方には多くの特産物（名産）があった。

- 八代（高田）焼……焼物師は藩から五人扶持や三人扶持を給される。上野三家で製造
- 八代（高田）みかん……毎年、将軍・老中などへ献上
- 八代染革（御免革、正平革、天平皮）…甲冑など武具の装飾に用いる、毎年幕府へ献上
  　　　　　八代宮の町で牧家（藩から三人扶持を給される）が製造
- 宮地紙……大高檀紙、大長奉書などの高級紙も製造、「御用紙漉」は三人扶持を給される
  　　　　明治3年（1870）には100余軒の紙漉　　※南関・山鹿地方は普通紙が中心
- 紙子（紙衣、かみこ）……紙製の衣服、宮地の宮原家で製造　「御用紙子師」
- 擣剥（擣刷、つきはぎ）……防水布（柿渋を塗った布）
  　　　　八代徳淵町の「擣剥師」岩本家が一子相伝で製造
- 白島石細工……上質の石灰岩で、文鎮・筆置きなどの小細工、手水鉢はたびたび幕府へ献上
  　　　　「八代御普請方御細工人」の岩用家・高木家が製造、献上品や進上品となる
- 河俣（川俣）塗……旧東陽村河俣地区で富岡家などが製造した漆器、藩の御用品も作る
- 大牟田表（大無田表、八代畳表）……旧千丁町の湿田で作る
- その他　八代上素麺　八代白砂糖　八代ざぼん　植柳木綿（保多木綿？）など

2．白島石細工とその製品

　「白島石細工」というのは、八代海の小島であった「白島」に産する石灰岩（大理石）を細工した工芸品。白島は現在は陸地になっており、八代港（内港）の定期船発着所のすぐ北の所、高さ18.7mの小山である。上にのぼると、石材を切り出した跡があり、切り出すために掘った矢穴が残っている所も見られる。

　　　　　※白島の石は全島大理石で、文鎮・風鎮・門札・墓碑・建築材に用いた（『八代郡誌』）。

- 元禄年間（1688〜1703）白島の石で作った手水鉢が江戸へ送られた（白島の標柱の説明文）。
- 天草の上田宜珍が熊本藩主の細川斉茲へ陶磁器を献上したら、「白嶼石の挿花瓶」を賜った（文化10年＝1813）という（上田宜珍墓碑）。　　　　　　　　　　　　　　（※嶼＝小さい島）
- 「御文鎮など種々難しき細工品々余計に（34品）仰せ付けられ…去秋白島石野面御手水鉢急に仰せ付けられ」た（文政5年＝1821）。　　※白嶋石御手水鉢を川尻へ積回すのを、八代御船宿の木屋辰助（徳渕町）が寸志で積回した。この上荷賃は通常は420目かかる（「町在」文政4年1月）

- 以前は「御手水鉢」または「屏風挟」などの類、種々手組の御品物……近年は、白島石細工物「御献上并御進上御用など種々手組の御品柄」も仰せ付けられ（天保6年＝1835）
- 天保10年（1839）江戸城西の丸造営のとき「白島石の手水鉢一基」を大御所様へ献上
- 天保12年、尾張徳川家御所望の手水鉢を製造
- 大御所様へ献上の「御手水鉢一基」（安政7年＝万延元年＝1860）
- 『松井文庫所蔵品調査報告書(1)』には「文鎮」6個（棒形、兎形、瓢箪形、山形）「筆架」1の写真が掲載されている（熊本県立美術館、平成元年発行）
- 菊池市城山月見殿の「徳富愛子女史髪塚」は白島石を使用（昭和31年建碑）
- 八代市の松浜軒には、幕府へ献上したものと同形の手水鉢が2基ある
- その他、白島石の製品と思われるもの
    - 松浜軒の「児の宮」の手水鉢は、真白の美しい方形のもの（明治19年、「大島・産島中」奉納）
    - 「松岡長寛の墓」（八代市奈良木）
    - 「渋江晩香彰徳碑」（菊池市月見殿跡）
    - 八代宮北側入口の「八代宮」標柱
    - 八代宮の大手水鉢　　　・八代宮南側　堀外の「護国」碑
    - 八代市の前川河畔の住吉神社の手水鉢（明治14年）
    - 植柳の栽柳園をかいた絵に、白島石の手水鉢が描かれている
    - 熊本の八景水谷の御茶屋をかいた絵に、白島石の手水鉢が描かれている（八景水谷御茶屋＝細川綱利の時代に造られ、正徳2年＝1712に廃止）。

［天保10年献上の
白島石　御手水鉢］

高さ　　5尺9寸
差渡し（上）2尺6寸
　　　（下）2尺6寸3歩
縁　　　3寸9歩
水持　差渡し
　　　　1尺8寸3歩
同　深さ　8寸3歩

3．「白嶋石細工人」について

　江戸時代の記録には、藩の職人としての「白島石細工人」の記録が見られる。彼らは後述の「八代御普請方」に属して担当の工事場で働くとともに、白島石の細工も行なっていた。史料には岩間家。高木家の人々などの名が見られる。

(1) ［岩間吉平］　　〈「達帳」文化3年、永青文庫9-9-12〉

宝暦6年（1756）御抱夫に召抱えらる

明和3年（1776）3月、畳御櫓御門台石垣修補に出精、鳥目500文拝領

安永4年（1775）7月、石細工などに出精、鳥目300文拝領

同6年（1777）12月、勤務良好につき鳥目300文拝領

同8年（1779）10月～翌3月、御城石垣修補に出精、鳥目500文拝領

天明4年（1784）5月、4石2人扶持下され、苗字刀御免、抱夫頭取・石細工人仰付らる。
　「石細工・石垣築方など巧者で、平日は普請場などで働くが、石細工御用のときはそれに専念させる（引除）」

寛政3年（1791）3月石細工を命じられ、それに専念している。近年は色々御好みの細工を命じられ、出精している。寛政4年12月に鳥目1貫200目を与える。

寛政6年（1794）12月、1石増で5石2人扶持

同8年（1796）12月、北御丸石垣・畳御櫓御門脇石垣修補に出精、鳥目1貫文拝領

同年6月、洪水の節、前川塘筋防方につき鳥目500文拝領

同10（1798）年12月、御櫓台石垣御修補に出精、鳥目1貫文拝領

享和1年（1801）1月、両松江御堀浚に出精、鳥目1貫文拝領

同年12月、石細工出精により鳥目1貫文拝領

同3（1803）年6月、寛政8年の洪水以後、前川・球磨川筋塘手石垣の笠上げ御普請に数年出精したので、1貫文拝領

　　　　　同年12月、数十年御奉公出精により1石増
　　　　　宝暦6年より当年まで50年、手全に出精、当（文化2年＝1805）11月病死
　　(2)［岩間利八］
　　　　　文化3年（1806）当年20歳、石細工も器用で御用に立つ者であり、父の50年の勤功もあるので、
　　　　　　2人扶持で御普請方石細工人（助勤）に召抱える
　　　　　文化9年（1812）御普請方石細工人本役、3石2人扶持
　　　　　文政6年（1823）4石増で7石2人扶持、足軽段、　　　　　　のち諸役人段末席
　　　　　天保8年（1837）死去
　　　※文政5年（1822）岩間利八の項　「先年、浜町様（斉茲）日奈久入湯のおり、文鎮など種々難しい
　　　　　細工品を余計に（34品）命じられた。また去秋に白嶋石野面御手水鉢を急ぎ出来命じられ、抜群に
　　　　　出精した。また小細工もよく呑込み、よく細工する」
　　　　　文政10年(1827)岩間利八の項　御細工人諸役人段末席（「達帳」文政10年、永青文庫9-11-10）
　　　　　天保6年（1835）岩間利八の項　「当年まで30年、白嶋石細工物、御献上ならびに御進上御用な
　　　　　ど、種々手組の品柄も仰せ付けられ、抜群の器用さで、同職の者を引回した。以前は御手水鉢、御
　　　　　屏風挟など。近年は種々の手組の御品物を命じられている。御細工の透々には、御普請にも罷出て、
　　　　　島々の石割出しがはかどる様に努力している」
　　(3)［岩間健蔵（謙蔵）］岩間利八養子　〈「達帳」文政8年、永青文庫9-11-8〉
　　　　　文政4年（1821）12月、自勘細工人見習（16才）、御心附は高木又三郎と同じ
　　　　　文政8年（1825）20歳。5ヵ年勤めたので、稽古扶持を申請　→不許可
　　　　　文政9年1ヶ年銭300目の御心附
　　　　　天保5年（1834）御普請方諸しらべ御用兼勤で、1ヵ年米8俵
　　　　　天保8年（1837）親跡　御普請方石細工人、3石2人扶持
①［高木又蔵］　〈「参談帳」寛政11年、永青文庫9-2-3〉〈「達帳」文政8年、永青文庫9-11-8〉
　　　　　安永2年（1773）2月、八代御普請方抱夫
　　　　　寛政3年（1791）3月から石細工専任となり出精している
　　　　　寛政11年（1799）4月、御普請方石細工人、3石2人扶持、苗字刀御免
　　　　　　「平日は普請場で働き、石細工を造るときはそれに専念させる。近年は石細工の御用が多いの
　　　　　　　で、又蔵がぜひとも必要であり、石細工人とする」（岩間吉平が病気のときは頭取助勤）
　　　　　文化6年（1809）7月、2石増で5石2人扶持
　　　　　文政3年（1820）3月、2石増で7石2人扶持、（文政2年？）
　　　　　文政8年（1825）71歳、51年勤め諸役人段、御普請方役人兼帯、同所御道具をも見締候
　　　　　　様（但し又蔵一代にて跡役は仰付ないこと）（53年勤め、細工繁盛の大功業あり。白島石細
　　　　　　工は、御進上御用の御品であるが、格別の御出方もなしに御好みの品が出来て一廉役にたつ
　　　　　　ものである。網田焼を進上物としていたときは、余計の御出方があったが、白嶋石を進上物
　　　　　　とすれば出費が大変少なくてすむので、白嶋石御用は頻々と御注文がある）
　　　　　文政10年（1827）御細工人　諸役人段末席　　（「達帳」文政10、永青文庫9-11-10）
　　　　　天保4年（1833）引退
②［高木又三郎］又蔵悴　　〈「達帳」文政8年、永青文庫9-11-8〉
　　　　　文化12年（1815）7月、御普請方石細工自勘見習、暮に集銭のうち28匁を与える
　　　　　文政8年（1825）22歳。11ヵ年勤め石細工も習熟、近年は御用も多い（御細工人は朝五ツ時罷出、
　　　　　　夕七ツ時まで相詰る）　石細工人へ申請　→不許可
　　　　　天保4年（1833）八代御普請方石細工人、3石2人扶持
　　　　　安政2年（1855）2石増で5石2人扶持
③［高木十右衛門］
　　　　　（名前だけ判明）

- ◎ [嘉次郎（八代紺屋町）] 天保12年（1841）の項〈以前は、石細工人は高木又蔵・岩間利八と、その悴たち高木又三郎・岩間健蔵の4人で石細工を行なっていたが、今は高木又蔵・岩間健蔵の2人だけである。しかし御用は年々余計に命じられるので、手伝い人を多くしたり、早朝や夕方遅くまで仕事をしている。今も尾張様（尾張徳川家）御所望の手水鉢を製造中であるが、大物であり、他の品々は取掛かりが出来ないでいる。一昨年江戸の伊藤宗順から注文のあった品々も出来ていない。その外にも急ぎの品もある。近年は白嶋石細工人が不足で、止むを得ないので、当春からは嘉次郎が器用なので石細工をさせている。彼を正式に石細工人に採用してもらいたいと、御茶道方の萱野仙游より願う。→嘉次郎を石細工人とし、苗字刀御免とする。
- ◎ [岩尾幸左衛門]

  天保12年（1841）に2人扶持、苗字刀御免、八代御普請方石細工人見習。

  嘉永5年（1852）3石2人扶持、石細工人となる　　万延元年（1860）11月死去

  遺族に妻、長男12歳、次男10歳、三男8歳、娘5歳あり。生活を考えて12歳の長男を石細工場で手伝いをさせ、17歳になったら石細工見習の採用の予定

4．八代御普請方

　白島石細工人は、藩の役所の一つである「八代御普請方」に所属する職人であった。これは藩の「御普請方」の八代出張所である。「御普請方」は「御作事方」「御掃除方」とともに、藩の重要施設の土木工事・建築工事、補修などを担当する役所である。

- ・「八代御普請方」の役所は八代紺屋町の前川岸にあり、代々丸山家（10石2人扶持）が普請の仕事を受け持つ。
- ・享和元年（1801）、両松江村の御堀浚えに出精し、丸山幾平は200疋、岩間吉平・高木又蔵は鳥目1貫文宛拝領
- ・享和3年（1803）、寛政4年（1792）の前川塘筋の土留石垣工事（840間）、寛政8年の洪水後の前川・球磨川の石垣笠上げ工事（2429間）に出精し、岩間吉平・高木又蔵は鳥目1貫文宛拝領。
  [①十歩番所〜千仏庵前770間、②萩原番所台〜古麓村鰐谷口1021間、③前川向塘480間、④栴檀渡場より上151間]
- ・文化2年（1805）八代御城石垣御普請（当1月12日〜8月12日）に出精、丸山幾平は金子300疋、丸山寿助と岩間吉平は鳥目1貫200文宛。高木又蔵は2月から7月5日までは石細工御用で熊本へ行っていたので、34〜35日しか出精していないので拝領物はなし。
- ・文化2年5月22日夜〜25日、前川筋洪水で新川口の石垣と塘が危急に陥ったので防ぎ留めに出精、丸山幾平・同寿助、岩間吉平・高木又蔵らは「御間承届」。
- ・文政4年（1821）山鹿町磧所、萩原敷石、球磨川二番・三番刎などの工事に出精。御普請方御役人=丸山寿助、同所石細工人で抱夫頭取=高木又蔵ら賞美。
- ・文政6年（1823）八代城外囲堀の工事で、丸山寿助が金200疋、高木又蔵は鳥目1貫文拝領。
- ・文政7年（1824）八代前川向塘、球磨川筋麦嶋村塘手などの工事で丸山寿助は金子200疋拝領。

5．おわりに……白島石細工と網田焼

　細川斉茲は天明7年（1787）29歳で熊本藩主となり、文化7年（1810）に52歳で隠居、天保6年（1835）に77歳で死去した。彼は美術工芸に強い関心をもっており、彼の時代に宇土半島に「網田焼」の窯を開かせて高級な磁器を生産させ進上品とした。しかしその窯の維持に多額の経費がかかったため、藩はやがて網田焼の経営から手を引き、白島石の製品をその代わりに用いるようになった。

| 八代古文書の会 会報 No.19 | 2012年1月30日　八代古文書の会　発行
〒866-0081　八代市植柳上746-5　蓑田勝彦方 |

> 細川綱利は細川家の5代目、熊本藩主としては3代目です。父=光尚が31歳で死去したため8歳で藩主になりました。甘やかされて育ち、また「元禄」の時代であったため彼の治世は問題が多く、「老臣」や「心ある家臣」たちから度々諫言されました。祖父=忠利の時代に蓄えられた天守銀は綱利の時代に使い果たされ（承応2年=1653には使い切る―『熊本藩年表稿』）、藩財政は極度に窮乏化したと言われています。6代目藩主の重賢は、その窮乏化した財政を立て直し、諸種の改革を行ないました（宝暦の改革）。なお次号も綱利についての続篇を掲載予定です。

「元禄」の殿様=細川綱利について（その1）

蓑田　勝彦

1．細川綱利について

　細川綱利は、肥後細川藩の3代目藩主である（細川藤孝=幽斎からは5代目）。2代目藩主の父=光尚が死去した慶安2年（1649）12月には7歳であった。幼少の綱利が3代目藩主として認められるかどうか心配されたが、細川家歴代の徳川家に対する貢献が考慮されて、翌年4月になって綱利の相続が認められた。その代わり当初の藩政は重臣たちが行うこと、幕府目付の監察を受けること、縁戚の小倉藩主=小笠原忠真が後見することが条件とされた。綱利は江戸で成長して、熊本で藩政に当るのは19歳になった寛文元年（1661）以後のことであった。

　綱利は甘やかされ、贅沢で我儘な生活ができる環境に育ったため、心ある家臣からは数度にわたって諫言されたことから分るように、彼の藩政には問題が多かった。そのような彼の性格は、母=清高院の影響が大きかったように思われる。清高院に対しても家老の松井興長が諫言している。綱利の時代は、江戸幕府が成立してほぼ100年、元禄時代（1688～1704）に向かって経済が急速に発展した時代で、綱利はまさに「元禄」の殿様であった。彼は「元禄」が終って約10年後の正徳2年（1712）に70歳で隠居、60年以上も藩主の座にあった（正徳4年に72歳で死去）。＜実子11人（女子9人・男子2人）、男子2人は14歳・18歳で死去、弟の子=宣紀を継嗣とす＞

2．綱利の母=清高院

　綱利の母は、父=光尚の後室で名は吉（清高院）、元和5年（1619）生れ、綱利を出産したのは寛永20年（1643）25歳のときである。＜光尚の正室は烏丸中納言光賢の娘=ねねで、寛永13年(1636)男子を出産後に17歳で死亡（その男子も2ヵ月で死亡）＞　その父=清水道是は京都浪人と記されているが詳しくは不明。綱利の弟=利重も清高院の子で、のち新田支藩主（3万5000石）となる。

　清水道是は慶安3年（1650）熊本へ、城内竹之丸に居住。万治元年（1658）御合力米3000俵・100人扶持を下され、寛文3年（1663）病死。菩提所の阿弥陀寺へは綱利から50石が寄進された。2代目=清水数馬は父の合力米を拝領、そのご合力米2000俵加増、都合5000俵。元禄3年（1690）隠居、宝永4年（1707）病死。3代目=清水靱負はもと清閑寺大納言の四男、数馬の養子となり、その合力米5000俵を地方に直し知行4000石拝領。元禄11年（1698）お以津様（綱利の六女）と婚姻。元文4年（1739）隠居。4代目=清水縫殿は家老となる。その子孫も備頭・大目付・用人などの要職につく。

綱利は、江戸屋敷にいる母の病気を理由に度々帰国を延期している ＜延宝3年（1675）8月 母＝清高院の介抱を理由に、帰国を延引。 元禄14年（1701）4月 帰国の暇を賜るも、母＝清高院の老衰を理由に滞府、8月に帰国へ。宝永7年（1710）2月 清高院を看病のため滞府（3月に死去）＞。

3．細川一門、重臣一族への加増、新知

    寛文5年（1665）細川左京（修理、忠利三男）に新知2万石、長岡半左衛門に2000石、同与八郎へ2000石、
       松井与兵衛（直之弟、正之）へ新知2000石
    同　6年（1666）弟＝利重に3万5000石内分、「新田支藩」を立てる（代々江戸に居住、支配地なし）
    同　8年 刑部家次男＝左門へ新知1万石、 同三男＝主膳へ新知1500石(刑部家＝細川忠興の五男興孝の家)
    元禄13年（1700）松井寿之の弟＝祐之へ新知2000石（のち4000石）、家老とす…「古城松井家」
    その他、米田家・有吉家などでも新知・加増あり

4．家臣への新知・加増が急増

    小姓頭＝平野九郎右衛門に250石加増、1250石へ　　御側衆＝宮村団之進へ500石加増
    弓削新助へ500石加増　　松野亀右衛門へ300石加増　　松村新五へ300石加増、etc.
    →宝暦の改革で 財政整理の対象…「世減の規矩」
      宝暦6年（1756）閏11月、綱利相続の年（慶安3年）以後の知行＝「新知」は相続のつど 原則として
      知行を削減
    ◎お気に入りの家臣（寵臣）への新知・加増……後掲の岩間家・片山家など
    〔岩間家〕綱利の生母＝清高院に付添った かいつ（海津）の子の家柄。藩主の児小姓・小姓、御用人などになる。3代目の岩間主鈴は御児小姓・御用人などを勤め1300石、養父が死去するとその跡式1500石も拝領して合計2800石と破格の待遇をうける。
    〔片山家〕3代目の片山多門は10歳のとき御児小姓となり、そのご父とは別に400石拝領、加増で700石となる。父が死去すると、その知行も相続して1100石となる。その後も200石、700石と加増されて合計2000石。藩主＝綱利が度々多門の家に「御腰懸」、多聞から「御膳」を差上げたりしている。次の藩主＝宣紀も多門の家に「御腰懸」、「被為入」も。
    〔木村半平〕延宝5年（1678）6歳で家督 1000石、25歳で御用人。34歳で「江戸定詰」、翌年 家老脇へ。38歳のとき3000石へ。40歳で家老。

5．綱利の時代…"元禄時代"

    綱利は母＝清高院のもとで育てられ、贅沢で、わがまま……寵愛の小姓ができ、華美を好み、遊興にふけり、相撲に熱中、政治も緩みがち……松井興長は、承応2年（1653）清高院に、万治元年（1658）に綱利に諫言
        『新熊本市史』通史編3 近世Ⅰ、239頁）　・吉田司家を取り立てる　・水前寺御茶屋を造営　・歌舞伎にも執心
      ※ 宝永6年（1709）八代の松崎妙見社祭礼の芝居を松浜軒でも興行
        「上々様（松井家の人々）御覧遊ばされ、御家中勝手次第見物仰せ付けられ…役者（豊前国北原村の者）二十四人へ白銀十枚、座元・太夫へ金一両ずつ下され…」『八代市史 近世史料編Ⅹ』
    ・赤穂事件…元禄14年（1701）3月 刃傷事件　翌年12月「四十七士」の討ち入り
        大石内蔵助ら17人、細川家江戸屋敷で元禄16年（1703）2月切腹 …「義士」を丁重にもてなす
          ※「堀内伝右衛門覚書」…大石らの世話を担当した堀内が書き残した覚書
    ・北の関事件…延宝元年（1673）藤田助之進らと前川勘右衛門らとの決闘 …勝者を賞賛

                                               『新熊本市史 通史編 第3巻』近世Ⅰp.620)

6.「主君押込」のうわさ
- 『鸚鵡籠中記』の宝永4年（1707）5月の記事「細川越中守今年も在江戸の事は、在国にてはあのふ行跡にては、執権共に押込らるべきやとて在江戸のよし」。(笠谷和比古『主君「押込」の構造』P.136、講談社学術文庫、2006年)
- 木村半平の隠居勧告（『肥後先哲偉蹟 正・続』、「肥後文献叢書」別巻1、p.444)

≪綱利時代の「出頭人」≫　出頭人…主君の恩寵・信頼を得て取り立てられ、その御前に出入りして諸事を取り次ぎ、強力な権限を行使しえた家臣（杣田善雄『将軍権力の確立』—「日本近世の歴史」②—吉川弘文館、2012年—p.24）

※『新熊本市史』には御側方（御側衆）として坂崎清左衛門・大木織部・柏原新左衛門・有吉市郎兵衛・木村半平・続団右衛門の名があげられている（通史編第3巻 近世Ⅰ p.243、平成13年）。

〔岩間家〕　（熊本県立図書館複製本 永青文庫の「先祖附」岩間主鈴・岩間多膳次の項）

◎武田（岩間）六兵衛
　先祖は甲斐の武田家という。小笠原秀政に仕え、その娘が忠利と縁組し御輿入れたとき、苗字を岩間と改め、「御附」として豊前中津へ来た。将軍家の「御祝儀」への使者を勤め、江戸城で将軍秀忠・家光に御目見えし、時服・銀など拝領。天草・島原の乱で忠利が江戸を発進したとき、六兵衛は江戸の保寿院（忠利室、徳川秀忠の養女、実は小笠原秀政の娘）に附添っていたが、その使者として島原へ下る。そのほか江戸〜国元（肥後）の使者を度々勤めた。正保4年（1647）正月江戸で病死。

◎かいつ（海津）
　武田六兵衛の妻。近江佐々木の末葉、伴周防守の娘。「御輿入」（小笠原秀政の娘＝千代が忠利へ）のとき六兵衛とともに御供して豊前へ。忠利の「大御老女役」で「500石分の御物成」を拝領。忠利の代から光尚の御側に召し使われた。光尚の後室＝清高院は六兵衛の家に移って綱利を出産、綱利は3歳までそこで育った。綱利の幼名「六丸」の「六」は六兵衛の六という。綱利が初めて徳川家光・同家綱に御目見えしたとき、六兵衛・海津も江戸城へ御供し、御目見えのときも海津は将軍父子の御前に付添った。慶安2年に光尚が死去した後も、海津は綱利に付添い、綱利が寛文元年（1661）肥後へ初入国した後の参勤交代にも「定御供」した。忠利・光尚・綱利の3代に何度も品々を拝領、「御懇に召使われ」延宝2年（1674）2月に江戸で病死。

初代＝岩間小十郎　岩間六兵衛の三男で、初め武田小十郎、のち武下、また岩間と改める。5才のとき光尚の御側に召し置かれた。正保4年（1647）六兵衛が病死したときは15歳になっていたので、その「跡式」を拝領する予定であったが、六兵衛の嫡子＝板垣左馬之助が召出されて跡式300石を拝領、岩間次部左衛門といった。そのとき小十郎は武下小十郎といい新知150石を拝領した。寛文元年（1661）550石加増、着座で御側に勤めた。同5年300石加増、都合1000石で「御用人」。御鷹を預けられ、新組の支配を仰付られる。毎度江戸御供を勤め、寛文8年（1668）7月に病死。（岩間治部左衛門は、そのご200石加増で500石となったが、岩間権次郎が早世したので一時断絶。のちに岩間弾八が養子に迎えられて元文5年（1740）御中小姓となった）。

2代目＝岩間弥左衛門　もと浅山太兵衛の五男で浅山清十郎。承応2年（1653）14歳で御児小姓となった。寛文2年（1662）に小十郎の養子となり、同8年小十郎が病死したので跡式を拝領。延宝元年（1673）御中小姓頭、同3年に御小姓頭。天和3年（1683）「御用人」となり、御鷹方・御音信方支配、毎度江戸御供。元禄7年（1694）500石加増（1500石へ）、同12年に御家老脇（のち旅家老）となり、正徳元年（1711）熊本で病死。

3代目＝岩間主鈴　浅山宗円の子＝浅山何五郎（岩間弥左衛門の甥）。元禄10年（1697）13歳で御児小姓となり、江戸定御供を勤める。同12年に新知500石、同15年500石加増、着座。宝永5年（1708）300石加増で都合1300石、御用人へ（24歳）。同6年に寛永寺の徳川綱吉の仏殿普請御用請込を命じられ、完工後将軍家宣に御目見え、時服など拝領。正徳元年に弥左衛門病死、跡式を下され都合2800石拝領、同2年（1712）江戸で家老脇となり（28歳）、綱利が死去し宣紀が相続、将軍家宣に御目見えしたとき、登城して「御太刀銀

馬代献上」の御用を勤める。同4年妙応院（綱利）の遺骸の御供で熊本へ。同6年（1709）宣紀の参勤御供で江戸へ、同年5月に江戸で病死。

4代目＝岩間新蔵　実は田中郷右衛門の三男で田中牛之助。綱利代の宝永6年（1709）13歳のとき、江戸で御児小姓となる。正徳2年（1712）に新知300石（16歳）。同4年に妙応院（綱利）の遺骸の御供で熊本へ。同5年宣紀の御小姓となり（19歳）、同6年江戸へ御供。同年5月に主鈴の養子となり、主鈴の病死後に跡式を拝領（2800石、20歳）。藩主＝宣紀の命により名を新蔵と改める。その後病気となり、享保9年（1724）隠居。

〔片山多門家〕

初代＝片山加左衛門　細川三斎代に丹波で召出され、忠利代には200石、御近習。

2代目＝片山加左衛門　父死去のときは11歳、3人扶持20石で御中小姓。延宝6年（1678）に新知200石、松姫に付けられる。元禄14年（1701）400石へ、宝永元年（1704）病死。

3代目＝片山多門　元禄3年（1690）8才で綱利に御目見え。同10年に御児小姓、名を多蔵から重之允に改める。同11年に御膳番となり江戸へ御供。同12年（1699）新知400石拝領。同14年に御側御物頭の上座、同年12月に綱利が重之允宅に「御腰懸」。同15年に御取次御前に仰付られ300石加増、700石となる。同16年に着座、座配は八代御番頭の次座。同年2月に江戸竜口屋敷の重之允の小屋へ綱利が「御腰懸」。

宝永元年（1704）に父嘉左衛門が病死、父の知行400石を多門に添下され、都合1100石となる。同4年に御用人へ。同5年200石加増、勝手方御用を仰付られ京・大坂へ差越される。同年5月に宣紀の御入国一巻を仰付られる。同6年に名を多門から典膳に改める。同年将軍＝綱吉が死去、寛永寺の仏殿造立の御手伝を命じられ、その御用請込を勤める。終了後に江戸城で時服など拝領、藩主からも品々拝領。同年身延山で清高院の法事の代参を勤める。正徳元年（1711）700石加増、都合2000石。同2年に本門寺で清高院の3回忌法事に惣奉行を勤める。

同年7月に旅家老となり、宣紀の家督（綱利は同年7月に隠居）の御礼に江戸城に登城、将軍に御目見え、時服など拝領。同年12月に綱利へ「御膳差上」、将軍代替の御祝儀には隠居＝綱利の使者を勤める。同3年の将軍宣下の御祝儀にも綱利の使者を勤める。同年9月に綱利へ「御膳差上」。同年11月に御用で熊本へ、翌4年2月に飽田郡津留村に下屋敷を拝領。同年に江戸へ御供、白金屋敷の典膳の小屋へ綱利が「御腰懸」、御紋付裕など拝領。同年11月に綱利死去、江戸妙解院の法事で惣奉行を勤める。同5年に宣紀の命で名を典膳から織部に改めたが、すぐに「差合」あるにより多門に改めるよう命ぜらる。

同年3月に多門の小屋（白金の長屋）に宣紀が「御腰懸」、御紋付御小袖など拝領。同月に法輪院様（綱利の長女、松平豊後守頼路の室）も同じく多門宅に「被為入」（正式に訪問したこと）。享保2年（1717）には幕府巡見使の肥後通行の御用請込を仰付られる。同年御姫様御出生につき「御取親」を仰付られる。同6年（1721）多門宅に隆徳院様（宣紀）が「被為入」、品々拝領。同12年には大坂御用を仰付られる。同18年（1733）病気となり御役儀を御断り、翌年御免、隠居。

※「御腰懸」「被為入」「御膳差上」は、主君と特に親密な関係にあった家臣との記録に見られる。

〔木村半平〕

初代＝木村半平　寛文5年（1668）に新知350石、綱利の御側に仕える、同10年に150石加増、500石へ。延宝3年（1675）500石加増、1000石となり、「御側御用人」へ。同6年病死。

2代目＝木村半平　延宝5年（1677）初代の養子となる。同6年に6歳で家督を継ぐ。元禄10年（1697）「御用人」となる（25歳）。以後毎年江戸御供。同12年300石加増で1300石へ。宝永3年（1706）400石加増で1700石へ、江戸定詰となる。翌4年400石加増、家老脇となる。同7年（1710）1000石加増、3000石へ。正徳2年（1712）家老となる。（同年、綱利が隠居、宣紀が相続、その「御用請込」）　　　　　　（続く）

八代古文書の会 会報 No.20

2012年2月10日 八代古文書の会 発行
〒866-0081 八代市植柳上町746-5 蓑田勝彦方

「細川綱利について」の続編です。綱利については『新熊本市史』などに記されており、松井佐渡の諫言には、綱利の奢侈生活や寵愛の家臣による政治の状況などが記されています。そのことが藩財政の支出に大きな影響を与え、先代=光尚の時代に比べて綱利代にどれほど支出が増大したかを数字で示した史料、綱利らの贅沢な生活を支えるために家臣たちから「五分一米」を徴収したために、家臣たちが困窮し多くの借金をせざるを得なかったことを示す史料などを紹介します。なお最後に20号までの目録を載せました。

「元禄」の殿様=細川綱利について (その2)

蓑田 勝彦

1．綱利への諫言

(1) 綱利の母（清高院）への諫言 ＜松井佐渡・米田監物から海津へ（承応元年=1652 10月27日）＞松井家文書384

　前号に述べた通り、綱利は家臣から諫言されているが、これはその綱利に大きな影響を与えた清高院への諫言である。綱利の後見役である小倉藩主=小笠原右近の意向を家老の松井佐渡と米田監物が、清高院の側近である海津にあてた手紙という形で伝えたものである。清高院は全体に「不作法」で、口を出すべきでない事にも無用の口出しをしているが、これは綱利のためにもよくない、などと記されている。

「　　うこんさま（右近様）より……おほせ下さるゝおほへ書
　一せいかう院（清高院）殿、御ぎやうぎふさほうニ御さ候よしきこしめし、なにとも御せうしせんばんニおほしめし候、だい一 六丸さま御ためあしく候あひだ、えとニてかいつを御つかひになされ、きびしく御いけんおほせられ候、とざまのぎ……御によぎの御さいばんはたと御むようとおほしめし候と、なるほどきつく御いけんおほせられ候……、
　　さとのかミ・けんもつハ、ばんじのぎそんじ候ハぬぎハあるましく候ニ、たゝいままで御いけんも申さす候事、さたのかぎりかとおほしめし候、……
　　かいつ（海津）をもつてせいかう院殿へばんじのぎ、いよいよ御いけん申、しかるへくおほしめし候、さやうに御さ候ほど、御こうきもよろしくおほしめし候、だい一ハ六丸さま御ためよく御さ候あひだ、さやうにかくごつかまつりしかるへくおほしめされ候、……　　　　（以下略）　　　　　　　　　　　　　　」

(2) 長岡（松井）佐渡など家老七名連署の書簡（森作兵衛宛）　松井家文書400（承応元年=1652年10月）

　七名の家老が連署して清高院に諫言しているが、彼女が召使っている人物の多くが望ましくない人物であること、清高院が知行3000石からの収入では賄いきれないほどの贅沢をしていると指摘している。3000石というのは、藩内では細川一門や家老を除けば、最高の知行高といえるが、それでも不足するというのは、老臣たちには信じられないほどの贅沢だったのであろう。綱利はその清高院の影響をうけて奢侈生活を送っていたものと思われる。

「　一清高院殿被召仕候男女下々共ニ猥ニ無之様ニ、諸法度万事其方堅可被申付候、自然猥ニ在之者候ハゝ、此方へ可被申越候事　　（中略）
　　一御知行三千石の御物成を以、万事被成御仕廻儀候間、可有其心得候、清高院殿被仰付候共、御為ニ不成儀は、其方（森作兵衛、清高院に付けられた人物ヵ）被存候事は達て可被申上候事　　（後略）　　　　　」

(3) 長岡佐渡の綱利への諫言

　長岡（松井）佐渡は、細川忠興死後の八代城を預けられており、藩の筆頭家老を勤めていた。つぎの諫言を

綱利に呈したのは、彼が77歳の万治元年（1658）のことであった（綱利は16歳）。この諫言に記されたことによれば、綱利は武芸を嫌い遊興を好み、昼夜の酒宴に興じ、寵愛を受けた女性たちは我が侭で、お気に入りの家臣や小姓に過分の知行を与え、間違った主張も贈物によって正しいこととされたり、不要な支出が増大して藩財政を圧迫しているなどと記されている。

> 君初ハ文武の心かけ浅からす、北条安房守弟福島伝兵衛といふ侍を師とし軍法を伝へ、甲冑の利用、川越の兵具抔自ら試給ひ、第一政正して家中も大に悦ひけるか、寵愛の小姓両人出来て、是よりいつしか花美を好ませられ、遊興にふけり仕置もゆるミけるとかや、佐渡興長また江戸へまかりて十三ヶ条の書付を差出しける、其文ニ曰
> 一御当家は幽斎様・三斎様・忠利様所々ニて御戦功第一、武道専一に御心懸被遊候故、近代迄御家風相残、諸士武芸心懸候処、至于当御代武芸を止、遊興ニ日を送候、殿様武芸御嫌ひ被成、御遊興御好被成候故、上の風俗ニ習ひ、以の外悪敷相成候事
> 一昼夜の御酒宴御近習もつかれ、御養生ニも不可然候事
> 一御代々忠勤の者共被捨置、当時出頭の者・御小姓共迄過分の知行被下不可然候事
> 一忠勤を励候ても御加増不被下候故、御代々の侍不快存候事
> 一不相応の金銀を以踊子被召抱、毎夜の御見物不可然候、御慰ハ外ニも可有御座候事
> 一近年出頭人申上候儀御承引不被成候故、彼両人中悪敷者ハ讒言仕、念比成者ハ不奉公仕候ても能様ニ取成申上候事
> 一此度御参府の節御側廻りの美麗、殊御小姓道中の過美、御代々無御座儀不宜奉存候事
> 一近年の御物入御代々無御座候故、御勝手及困窮候事
> 一御遊興被長候故、公儀の御務疎略ニ罷成候儀不可然候事
> 一御代も格式相極候て古例の通取計候処、近年は先例被差置種々新法被仰出不可然候事
> 一御奥の女中御寵愛ニ任せ我侭ニ申候、不可然候事
> 一公事・訴訟の儀、出頭御用人え音物付届能仕候得ハ、非を理ニ成候様諸人申候事
> 一か様の品々公儀え相知候ハヽ、御領国危ク奉存候事
> 右の条々御承引無御座候ハヽ、八代の城地井私知行差上、永々御暇拝領可仕候、恐惶謹言
>
> 　　月　日　　　　　長岡佐渡

［『阿蘇の煙』（八代古文書の会、1993年）p.81~82、なお『新熊本市史』史料篇 第3巻（1994年）p.366~367にもあり］

2．上記の「諫言」に続いて記されていた記録　　＜「綱利君覚書」（熊本県立図書館 ≪富永家文書≫ 1778）＞

　下記の史料には、綱利の御供をする小姓たちは「美服」を着用して、「乗掛九ツふとん」の乗物に乗っていたという。松井佐渡はそれを禁じ、「木綿ふとん一」にさせたと記されている。松井らの引き締めで一時は「家中の風儀も立直」ったが、その後また「大ゆるみ」になり、小姓出身の岩間主鈴・片山典膳などが家老に取りたてられたと記されている。これは前号に見たように事実である。綱利は歌舞伎役者の中村伝九郎の真似をしたりしていたが、「あやつり見物中」に頓死したという（72歳で死去）。

「君（＝綱利）聞召れ、甚迷惑せさせ給ひ、佐渡を召出し、諫書の通一々得其意、向後可相嗜也とそ、佐渡謹て御為を申上候処、御承引被遊、難有奉存候、左候ハヽ御帰国の節迄在府仕、御発駕の御供中仕置を極メ、私（＝松井佐渡）も御供仕らん迚滞りぬ、斯て其期ニ成けれハ、出頭用人さし置てハ御為宜まし、御先へ指下んとて君え申て指下シ、扨御供の人々え美服用ヘからす、小姓中乗掛九ツふとん堅停止、木綿ふとん一を用ゆへしと触流し、道中・船中佐渡きひしくいましめ守護仕りけれハ、供の人々もかつて油断ならす、作法無残処帰国ある、斯て佐渡屋敷え多くのおとなたち集りて、出頭用人両人被呼、近年御取立重く被召仕候処、不行跡御家中の儀、いろゝゝ無筋儀共御耳に達し、重々不届ニ思召候、きつと御仕置可被仰付候得共、御取立被成候御目相違の所を思召、知行被召上、蟄居被仰付旨申渡、国境の処え指支ス、自是家中の風儀も立直り候処、佐渡病死、其子幼少、夫より又、君（＝綱利）行跡崩レ、有吉・米田等の老臣打続キ相果、弥以大ゆるミニ成、物入多、徳居の町人は言に不及、座頭無尽の金子迄借用し、返弁相滞り、家中の物成給銀等相渡らす不勝手也、皆是狂言座の遊興に沈められし故也、近習の面々役者を務、料理人山本武左衛門目見へも成かたき者、悪人形上手ニて出頭す、小姓立の岩間主鈴・片山典膳高知をあたへて家老とす、女形の役を勤来り、職分の重をもつて免許を

願ふといへ共、両人過分にとり立召仕ふハ、心安ク万事ニ召仕ん為なり、異儀ニ不及と立腹し閉門す、程なく
ゆるされけれ共、恥かましきを忍て女方ニ出けるとなん、綱利君ハ役者の中村伝九郎か風を似られしと也、扨
実子兵部大輔（綱利の長男、与一郎）早世ニ付、甥細川主税頭（宣紀）を養子ニ願、家督、綱利君隠居せられし
か、正徳年中あやつり見物の中ニて頓死せられけるとそ（後略）」

3．細川綱利時代の財政状況（1）

　下記の資料は、綱利時代（25歳のとき）と前代（父の光尚の時代）の支出額を比較したものである。元の資料の漢数字を算用数字にするなど分りやすい形に書き直したもので、（ ）内は筆者＝蓑田が書き加えたものである。これを見ると、①の項目では合計石高が1.26倍になっているが、これらの中で「御犬扶持・諸鳥餌米など」が1.6倍になっているのが、いかにもこの時代らしい。③の項目では合計額が3.33倍になっている。それらの中で「長崎御買物代」「京都御買物代」が合せて2.6倍になっているのが目立つ。また③では「清高院様……」の項目が合せて110.9貫目、「御前様……」の項が240貫目、「若狭守様……」が250貫目など藩主関係の出費が、銀出費全体の約43％にのぼっていることが分かる。また④の項目では、全体の増加が1.28倍なのに対して「炭薪代」が2.4倍になっており、いかに贅沢な生活になっているかを象徴しているように見える。

◎「当御代 御国・江戸ニての御払方、真源院様御代の御払方、差引目録」（寛文5年（1665）、松井家文書 一紙799）

①真源院様御代より増加分（米）

	当御代（綱利代）	真源院様（光尚）御代	差引き
御合力米・御切米・御扶持方	米7万4065石	6万6180石	7885石 増
御蔵米ニて被遣御知行物成	米 820石	820石	———
大坂ニて小払方	米 2900石	2040石	860石 増
江戸御供衆 御足米	米 5420石	2875石	2545石 増
役人昼飯米	米 810石	700石	110石 増
御犬扶持・諸鳥餌米など	米 1425石	881石	544石 増
水夫賃米	米 6500石	2322石	4178石 増
御家方・御船方御作事など	米1万787石	6079石	4708石 増
□ ? □	米 77石	60石	17石 増
万小払御買物代	米 4197石	4010石	187石 増
証人料（当御代より、先代なし）	米 467石	———	467石 増
上御台所御賄	米 2310石	1434石	876石 増
《支出増 小計	（10万9778石）	（8万7401石）	2万1939石 増》

②真源院様御代より減少分（項目別の数字は省略）

　《支出減 小計　　　　　　　　　　　　　　　　　　　　　910石 減少》
　米支出増 総合計　　　　　　　　　　　　　　　　　　　2万1029石 増
　　　　　　　　　　　　　　　　　　【 銀にして 778貫850目 】……①

③真源院様御代より増加分（銀）

	当御代（綱利代）	真源院様（光尚）御代	差引き
長崎御買物代	銀 200貫目	100貫目	100貫目 増
京都御買物代	銀 500貫目	170貫目	330貫目 増
定御供銀	銀 36貫700目	34貫300目	2貫400目 増
江戸より帰国時の交通費など	銀 90貫目	88貫目	2貫目 増
江戸定詰衆物成	銀 22貫200目	17貫990目	2貫210匁 増
江戸にて相渡御米金銀			

清高院様御女房御給金銀共	銀	52貫200目	11貫140目	41貫60目 増
清高院様御知行御物成代銀	銀	55貫300目	———	55貫300目
御同人様御女房達衆菜銀	銀	3貫400目	———	3貫400目
御前様御賄料五千石分代銀	銀	180貫目	———	180貫目
御同人様へ被進金小判1000両代	銀	60貫目	———	60貫目
若狭守様御賄料五千石分代	銀	250貫目	———	250貫目
御藤様へ被進分	銀	30貫目	22貫880目	7貫120目
《支出増 小計		(1479貫800目)	(444貫310目)	1038貫490目 増》

④御在江戸13ヶ月分 支出増

		当御代（綱利代）	真源院様御代	差引き
上御台所 四月ヨリ明ル四月迄	銀	299貫目	193貫440目	105貫560目 増
御扶持方米代銀	銀	747貫500目	633貫500目	114貫目 増
御家中馬飼料（大豆）	銀	66貫目	31貫600目	33貫400目 増
繕御作事方	銀	195貫目	149貫900目	45貫100目 増
炭薪代	銀	117貫目	49貫200目	67貫800目 増
万御買物小払	銀	216貫80目	197貫880目	18貫200目 増
御音信方	銀	195貫目	173貫600目	21貫400目 増
《支出増 小計		(1836貫300目)	(1429貫120目)	417貫420目 増》

⑤江戸御留守（御在国の間）支出増

《1ヵ年分 支出増　　　　　　　　　　　　　　　　　　　　　　　　　　　　　104貫650目 増》

銀支出増 惣合計　　　　　　　　　　　　　　　　　　　　　　　　　　　1351貫850目 増…②

米銀共ニ **支出増 惣合計 （①+②）**　　　　　　　　　　　　　　　　　　　2130貫700目

4．細川綱利時代の財政状況（2）　　　＜松井家文書 一紙 863（熊本大学附属図書館蔵）＞

　つぎの史料は、時期ははっきりしないが、綱利時代ころの藩の財政事情について記したものと思われる。これによれば、初代藩主＝忠利時代には財政に余裕があって、御天守銀（備蓄）が可能であったという。ところが当代には支出が増大したため、その不足を補うために家臣から「十分一米」を召上げていたが、この2年間は「五分一米」に倍額を徴収したという。そのため家臣たち誰もが借金を抱えるようになった。最後の部分に13項目が記されているが、これらはその借金先である。「御銀米」は藩庫の銀や米、「若狭守様御銀」は藩主＝綱利の弟の銀、「座頭吉都銀」は座頭の吉都の銀……、など家臣たちは多くの所から借金せざるをえなくなり、その返済に苦しむことになったというのである。

「　　　　　　覚

一唯今の御所帯御物入、前々よりハ色々増申ニ付、御蔵納御物成まてにてハ御払方不足仕候、然ハ御借銀払のため、数年御家中より十分一米被召上候得共、年ニより十分一米□を御所帯方の内ニ御払込被成候、近年ハ就中御勝手御続兼被為成候故、去年・当年此両年、五分一米被召上候、然上ハ御米銀御余計も御座候ハ、新御借銀も不被仰付様ニも可有御座哉と奉存候処ニ、御物入かましく御座候ニ付、然々御余計無御座、新御借銀も増申様ニ成来申候、如此御座候てハ、さきゝゝ御所帯弥差つかへ可申様ニ、乍恐奉存候、此以後は何とそ様子を被為成御替、御蔵納御物成を以、御所帯被遊候様ニハ不被為成御事にて御座候哉、只今まてハ御払方不足の所ニ、十分一又は五分一米被召上、御払込就被成ニ付、御所帯とやかくと被為続候かと奉存候、五分一米打続両年被召上候故か、御家中もつまり申候様ニ粗承及申候、縦此後ハ五分一を被為差免候共、一両年の間ニ御家中もくつろき申程ニハ御座有間敷御物音にて御座候、兎角今の分の御入

目にて御座候てハ、十分一米毎年被召上候ても、ゆくゝゝ御所帯さのミなおり可申様ニハ不奉存候、其上御家中も次第ゝゝニ痛もまし申にて可有御座哉、然上ハ一向ニ五分一・十分一米被為差免、御蔵納御物成を以、御所帯相調申候様ニ被為仰付御手立ハ御座有間敷候哉、御物入の処を御讃談の上、一色成共且々被為成御仕替、如何可有御座哉、妙解院様御代ニハ御蔵納の御物成まてにて、諸方の御払方被為仰付、結句御物成の内御余計御座候を、御殿守ニ上り申候様ニ承及申候、尤先御代ゝヨリ只今ハ、各別の御払方品々大分増申儀ニ御座候得共、畢竟ハ御蔵納御物成を以、諸御払方御仕舞被為成候様ニ被為思召儀、乍恐第一ニ奉存候

一 前廉は御自分の御米銀、又ハ士山米ケ様の類の外は、御借シ物無御座候処ニ、近年色々の御借シ米銀かとゝゝ多ク御座候ニ付、御知行取衆并御切米取ニ至まて借用仕米銀大分御座候、因茲御かし付の御米銀も取立成兼申様ニ相見へ申候、就夫御為ニも悪敷御座候かと奉存候、近年御家中へ借り込申品々、かとゝゝ為被成御覧、書上申候

  一 御銀米の御事   一 士山米なしくつしの御事   一 長寿院様御米の御事
  一 若狭守様御銀の御事   一 長福様御銀の御事   一 彦山御預ケ銀の事
  一 阿蘇社米の御事   一 本座・新座神事米の御事   一 鶴屋弥兵衛米の御事
  一 井上九兵衛米の事   一 御軍用米の御事   一 鎌田杢之助方預り御銀御事
  一 座頭吉都銀の御事

右の品々御かし米銀、御知行取衆并御切米取衆、一かともはづれ被申たる衆ハ大形御座有間敷ニ奉存候
  （以下略）」

5．「新知」の増大による藩財政への圧迫……「世減の規矩」の必要

先号（No.19）に触れた通り、「宝暦の改革」では、綱利が藩主になった年（慶安3年＝1650）以後に新しく知行を与えられた者、加増をうけた者の知行（俸禄）は、その代替りごとに減額するという政策を、財政改革の一環として実施した。つぎに示すのはそれと関連する資料で、「旧知」「新知」などに分類した人数・石高などが記されている。5種類に分類されており、詳しい違いは分らないが、ここに見られるように「新知」の分を世代ごとに減額していけば、かなりの財政整理が期待できたものと思われる。

この史料も前の2の史料と同様に分りやすい形に直して掲載したが、いつの時期のものかはっきりとは判らない。「藻塩草」95（熊本県立図書館蔵）に収録されている同様の資料（文政5年＝1822）と比べると、「旧古知行取」が3人減少、「新知知行取」が17人増加、寸志知行取が5人増加していること、最後に「天保十四年十二月　日写」と記されていることから、天保年間（1830～1843）のものと考えられる。

〔新知と旧知〕　＜「世襲士席」（熊本県立図書館蔵「富永家文書」モアカ1795）＞

① 旧古御知行取　　　503人
  御知行高　　35万5847石8斗余、　外に25人扶持
       29万　847石余　　（御末家分　6万5000石を差引き）
       25万1852石2斗余　（御加増分　3万8995石6斗を除き）

② 新知御知行取　　　447人
  御知行高　　10万9625石　　14万8620石6斗（御加増分共）
    外に　俵取　3人（俵数1850俵）　　御扶持人方取　5人（106人扶持）

③ 御蔵米取　　　　　24人　　　2090石
④ 御擬作取　　　　　241人　　　2万4200石
           3口合せ　315人、3万6712石、外に86人扶持
⑤ 寸志知行取　　　　51人　　　1万422石
  惣合計　人数　1269人、　御知行高　50万2182石8斗、　外に足高　御末家分6万5000石共

（旧古・新知・御扶持方取・俵取・御蔵米取・御擬作取・寸志迄 打混）

6．木村半平による隠居勧告

前号 (No.19) に述べたように、綱利の藩政は江戸の人々にも評判となり、綱利はそのうちに家臣たちから「押込」にあうのではないかと噂された。

右の資料はそのことと関連するもので、家老の一人である木村半平が、何回も何回も綱利（右の文中では「妙応院様」）に隠居を勧告して、ついに彼を隠居させたという話を記したものである。

（武藤厳男編『肥後先哲偉蹟 正続』
p.443~444、歴史図書社、昭和46年復刊）

木村秋山

名は豐持、半平と稱し、秋山と號す、食祿三千石、家老職たり、寛保三年十二月二十七日歿す、享年七十一、子飼松雲院に葬る、

一妙應院樣、御行跡亂りがはしく成せられし故にや、木村半平とて、其比旅家老たりし人、御前に申上る事ありとて、罷出ければ、君にも御悟遊ばされけるが、兎や角の事にて、御逢成されぬ故、三日程詰間に坐して不動けり、其間には御近習の面々を、立更り入更り、見せに遭はされ、歸つたかと度々聞せ玉ふ、然るに右の如く三日迄詰たりければ、君にも後はたまり兼、御自身に右の詰間をのぞきなされたるを見受、つと立向ひしに、君足早に御部屋に入らせ玉ふ時、御袴の裾をひかへけるは、君立留り玉ひ、何を申す事のあるやと仰られければ、木村答て曰、早々御隱居遊ばされよと申ければ、承知々々と頷を玉ひて、直に御隱宅遊ばされたりとなん、誠に古の百川にも劣ることはあらざるべし、
隨聞錄

【八代古文書の会会報 目録】

No.1	(2011年2月)	鹿子木量平について（永青文庫「先祖附」による年譜）
No.2	(同 3月)	細川幽斎画像の作者について
No.3	(同 3月)	鹿子木量平と八代海の干拓新田
No.4	(同 4月)	熊本藩の武士身分について（その2）
No.5	(同 4月)	江戸時代の庶民と旅
No.6	(同 5月)	熊本藩の御用絵師＝薗井家について
No.7	(同 6月)	熊本藩の「寸志」知行取（その2）
No.8	(同 6月)	百姓の農業経営は原則赤字？
No.9	(同 7月)	江戸時代の落し物について、　御用絵師＝薗井家について（補）
No.10	(同 8月)	「八代の殿様」松井章之の江戸旅行日記（安政3年）
No.11	(同 9月)	和歌山の「不老橋」と肥後の石工―岩永三五郎の最後の目鑑橋―
No.12	(同 9月)	将軍＝徳川吉宗の上覧に供された「三斎流」具足
No.13	(同 10月)	松井家の歴史―「先祖由来附」第九巻、第十巻より―
No.14	(同 10月)	熊本藩御用絵師＝矢野家について
No.15	(同 11月)	肥後国八代郡の「惣産物調帳」（天保13年）
No.16	(同 11月)	江戸時代の庶民と旅（その2）
No.17	(同 12月)	熊本藩「櫨方」の「八代出会所」
No.18	(2012年1月)	将軍家に献上された 八代の白島石細工について
No.19	(同 1月)	「元禄」の殿様＝細川綱利について
No.20	(同 2月)	「元禄」の殿様＝細川綱利について（その2）

八代古文書の会 会報 No.21

2012年3月10日 八代古文書の会 発行
〒866-0081　八代市植柳上746-5　蓑田勝彦方

　八代蜜柑（高田蜜柑）は八代焼（高田焼）と同様、江戸時代の八代地方の名産でした。熊本などでは八代の産物として「八代みかん」といわれ、八代地方では産地の地域名をとって「高田みかん」とよばれてきました。八代蜜柑は将軍家への献上品として有名ですが、その詳しい実体はほとんど分っていません。今回紹介する史料は、宝暦5年（1755）の大洪水の後に初めて八代蜜柑の状況を調査したもので、栽培地ごとの蜜柑の木数が記されています。将軍家への献上品だったので、その土地や蜜柑木は厳重に管理されていました。

徳川将軍家への献上品「八代蜜柑」（その1）

蓑田　勝彦

　八代蜜柑が、江戸時代を通じて毎年徳川将軍家に献上されていたことは、よく知られている。大名たちは自領内の特産物を毎月将軍家に献上しており、熊本藩（細川家）からの毎月の献上物はつぎの通りであった。
　　1月…桑酒2樽・浜塩鯛5簀巻　　2月…砂糖漬梅1壺・銀杏1箱　　3月…麻地生酒2樽・塩鴨1桶
　　4月…加世以多1箱・干鯛1箱　　5月…砂糖漬天門冬1壺・糟漬鰤1桶　　6月…朝鮮飴1捲・佐賀関鯣1箱　　7月…八代染革1箱（15枚）・丸熬海鼠1捲　　8月…素麺1捲・清水苔1箱
　　9月…御しなひ1箱・丸熨斗蚫1捲　　10月…蜜漬1壺・塩蕨1桶　　11月…菊池苔1箱・糟漬鱇1桶
　　12月…白芋茎1箱・塩煮蚫1捲　　（「公私便覧」7、熊本市歴史文書資料室の永青文庫複製本）

　八代蜜柑はこれら月例の献上品とは別に11月（または12月）に特別に献上される品であった。宝暦5年（1755）の「新続跡覧」62（熊本大学附属図書館寄託の永青文庫 8.3.3-2）の記事によると、例年は公方様（将軍）へ20箱、大納言様（将軍世子）へ5箱を献上していたが、この年は夏の大洪水で200本以上の蜜柑木が流失し、残った木も痛みが強く収穫が少なかったため、公方様へ蜜柑10箱と「唐海月」1桶、大納言様へ蜜柑3箱と「唐海月」1桶とが11月26日に献上されという。なおこの年の大洪水は領内全体に大きな被害をもたらしているが、特に八代地方では、上流部＝瀬戸石の山（現八代市坂本と球磨郡球磨村の境目にＪＲ瀬戸石駅がある）が崩壊して球磨川を堰き止め、そこに滞留した大量の川水が一挙に流出して萩原の堤防（ＪＲ八代駅の付近）を決壊させて、甚大な被害をもたらした洪水をさしている。このとき流失した蜜柑木は、他の記録には240本余と記されている。

　次に紹介するのは、その大洪水から6年後の宝暦11年（1761）の史料で、将軍家に献上される蜜柑の木がどこにどれだけ植えられていたかが記されている。史料の内容を分りやすくするために①～⑤の番号を付けた。②の部分には、献上蜜柑木の所在地ごとに地名と広さ、「成木数」と「苗木数」、くねんぼ（久年母）の木数などが記されている。江戸時代の村ごとの木数をまとめると次のようになっている。
　　奈良木村…成木53本・苗木27本、上豊原村…成木7本・苗木12本、下豊原村…成木83本・苗木36本、
　　東本野村…成木3本・苗木1本、西本野村成木9本・苗木4本、西高下村…成木10本・苗木5本、
　　大福寺村…成木12本・苗木3本、植柳村…成木17本・苗木24本、敷河内村…成木1本

以上の合計として「成木」195本、「苗木」112本、久年母4本と記されている。6年前の洪水で240本余が流失したとされているので、「苗木」は洪水後に植え付けられたのではないかと考えられるが、それにしては112本というのは少なすぎるように思われ疑問が残る。③の部分には「痛木」「老木」「枯木」などで、役に立たなくなった蜜柑木の調査結果も記されている。

　①の初めの部分には、この記録がなぜ作成されたかについて記されている。それによれば蜜柑栽培地の畝数や木の本数などは、それまで正確には把握されていなかったという。この調査によって初めて、献上蜜柑木についての正確な「根帳」が作成されたことが分かる。②の最後の部分に見られるように、「御蜜柑支配」の役人が任命されており、献上用の「御蜜柑」については厳重な管理が行われていたことが伺われる。

八代蜜柑の栽培地と木数についての史料 （宝暦11年）

<「覚帳」（「永青文庫」文3-2-13）>より

<「草稿本」1320、熊本市歴史文書資料室の永青文庫複製本冊子 1498>にも

「① 　　　　覚

八代郡高田御蜜柑床畝数・木数、畝数の内外引高ニ相成居候畝数等、当時迄はきと仕候根帳無御座、外引の高ハ相知居申候へ共、組合の畝ハいつれと申儀相知不申候ニ付、今度委ク吟味仕、高・畝数組合せ、当時御用立申候なり木、且又先達て書付差上申候通、なり木の間の余計の明地御座候床の内見計、苗床を植込申候分共、御蜜柑支配并会所役人共立合相改、畝数・木数を記、帳面差上申候、壱冊ハ高田会所へ相渡置申候、以上

　　　　　四月　　　　　　　　　　福嶋加兵衛

②宝暦十一年巳ノ四月、御郡横目加兵衛より差出候ニ付、記置候帳面、左の通

　　　八代郡高田御蜜柑床畝数改帳の写

　はねつる

　一三畝拾弐歩　　　　　奈良木村

　　　御蜜柑成木拾弐本　外ニ壱本苗木植付申分

　南正寺

　一壱畝九歩

　　　御蜜柑成木弐本

　寺ノさこ

　一六畝

　　　御蜜柑成木拾三本　外ニ五本苗木植付申分

　仮屋

　一三畝九歩

　　　御蜜柑成木三本　　外四本苗木植付申分

　同所下ノ木

　一壱畝弐拾七歩

　　　御蜜柑成木壱本

　遙拝

　一壱反六畝九歩

　　　御蜜柑成木弐拾弐本　　外ニ拾七本苗木植付申分

　　合三反弐畝六歩　　六ケ所

　　木数五拾三本　　成り木、　　同弐拾七本　　苗木植付申分

　といみやう

　一六畝　　内高八斗三升六合引高　　上豊原村

　　　　　　四畝弐拾壱歩

　　　御蜜柑成木五本、　外ニ拾壱本苗木植付申分

　駄左衛門木

　一壱畝九歩

　　　御蜜柑成木弐本、　外ニ壱本苗木植付申分

　　合七畝九歩　　　弐ケ所

　　木数七本　　成り木、　　同拾弐本　　苗木植付申分

　左京木

　一壱畝六歩　　　　　　　　下豊原村

　　　御蜜柑成木三本

茶園木
一三畝拾弐歩
　　　御蜜柑成木六本、　　　外ニ壱本苗木植付申分
道上
一弐畝九歩
　　　御蜜柑成木五本、　　　外三本苗木植付申分
道下
一壱反七畝　　内　高壱石壱斗四升六合引高
　　　　　　　　　　　　七畝
　　　御蜜柑成木弐拾八本、　外ニ九本苗木植付申分、　　弐本久年母成木
七助木
一八畝九歩
　　　御蜜柑成木拾七本、　　外三本苗木植付申分、　　壱本久年母成り木
大工小屋
一弐畝拾弐歩
　　　御蜜柑成木五本、　　　外ニ壱本苗木植付申分
古接木床壱石八升引高
一六畝
　　　拾弐本苗木植附申分
八幡
一壱畝拾五歩
　　　御蜜柑成木三本
芝原ノ上ノ木
一三畝拾弐歩
　　　御蜜柑成木五本
芝原下ノ木
一弐畝拾弐歩
　　　御蜜柑成木六本
天福寺
一五畝拾八歩
　　　御蜜柑成木四本、　　　外七本苗木植付申分
平山
一壱畝九歩
　　　御蜜柑成木壱本
天福寺
一四畝
　　　但御蜜柑床の内、宝暦八年より接木床ニ被仰付候
　合五反八畝弐拾四歩　拾三ケ所
　木数八拾三本　　成り木、　　同三拾六本　苗木植付申分、　　外ニ三本　　久年母成木

時常
一壱畝九歩　　　　　　　　東本野村
　　　御蜜柑成木三本、　　外壱本苗木植付申分
草場
一三畝六歩　　　　　　　　西本野村
　　　御蜜柑成木五本
池田

一六畝九歩
　　　　御蜜柑成木四本、　　外四本苗木植付申分
　　　合九畝拾五歩　　　弐ケ所
　　　木数九本　　成り木、　　同四本　　苗木植付申分
　権之允前
　一弐畝弐拾四歩　　　　　　　西高下村
　　　　御蜜柑成木四本、　　外ニ四本苗木植付申分
　孫之允前
　一壱畝弐拾四歩
　　　　御蜜柑成り木三本、　　外ニ壱本苗木植付申分
　久夫喜
　一弐畝九歩
　　　　御蜜柑成り木三本
　　　合六畝弐拾七歩　　　三ケ所
　　　木数拾本　　成り木、　　同五本　　苗木植付申分

　大福寺大木
　一九畝弐拾四歩　　　　　　　大福寺村
　　　　御蜜柑成り木壱本
　大福寺小木
　一三畝拾弐歩
　　　　御蜜柑成木三本、　　外弐本苗木植附申分
　四郎左衛門木
　一四畝
　　　　御蜜柑成木八本、　　外壱本苗木植付申分
　　　合壱反七畝六歩　　　三ケ所
　　　木数合拾弐本　　成り木、　　同三本　　苗木植付申分

　植柳御仕立木
　一壱反三畝弐拾七歩　　　　　植柳村
　　　　御蜜柑成木拾三本、　　外拾八本苗木植付申分、　　壱本久年母成木
　弥三左衛門木
　一壱反
　　　　御蜜柑成り木四本、　　外六本苗木植付申分
　　　合弐反三畝弐拾七歩弐ケ所
　　　木数拾七本　　成木、　　同弐拾四本　　苗木植付申分、　　外ニ壱本　　久年母成り木

　敷河内
　一壱畝拾八歩　　　　　　　敷河内村
　　　　御蜜柑成木壱本

　畝数合壱町五反八畝弐拾壱歩　　　三拾三ケ所
　　　内
　　　高三石六升弐合六才
　　　　畠畝数壱反七畝弐拾壱歩
　　　　　　此高畝数、御免帳外引高ニ成居候分、　　其外の畝数は前々よりの御蜜柑床　　高知不申候分
　　御蜜柑成候木合百九拾五本

　　　　外ニ　百拾弐本　　但御蜜柑床高明地、苗木追々植付申分、　　　四本　久年母
　　右は八代郡高田手永御蜜柑床畝数・木数相改、相違無御座候、以上
　　　宝暦十一年巳四月　御蜜柑支配 一領一疋 松岡仙之允
　　　　　　　　　　　　　御惣庄屋　　高田冨右衛門
　　　　　　　　　　　　　御内検　　　市村　弁助
　　　　　　　　　　　　　御横目　　　福嶋　加兵衛

③　　　見分の節差出候書付控
　　　　　覚
惣木
一御蜜柑木壱本　　　　　　　　　奈良木村
　　此畝数壱畝拾弐歩
木下シ
一同弐本　　　　　　　　　　　　同村
　　此畝数壱畝弐拾四歩
船河内
一同壱本　　　　　　　　　　　上豊村（上豊原村）
　　此畝数壱畝弐拾四歩
　　　但右三ケ所の御蜜柑老木・痛木ニて御用相立不申候ニ付、奈良木村の内野口と申所御座候、御蜜柑
　　　の際ニ寄せ方被仰付被下候様ニと、先達て奉願候
松原
一同壱本　　　　　　　　　　　　下豊原村
　　此畝数弐拾四歩
　　　但右の御蜜柑枯木相成申候付、豊原村の内遙拝と申所御座候、御蜜柑床際寄方被仰付被下候様ニと、
　　　先達て奉願候
真米
一同壱本　　　　　　　　　　　　西本野村
　　此畝数壱畝
　　　但右の御蜜柑痛木相成り、御用相立不申候付、本野村の内池田と申所ニ御座候御蜜柑床際ニ寄方被
　　　仰付被下候様ニと先達て奉願候
合五ケ所
　御蜜柑木合六本
　畝数合六畝弐拾四歩
　　　右五ケ所の御蜜柑木、至極の古木ニて、虫付痛強、年々成実無御座、又ハ枯木ニ相成、数ケ年御用相立不
　　　申候付、潰方被仰付、当時御用立候御蜜柑床際ニ寄方被仰付被下候様有御座度段、先達て御達申上置候、
　　　右の所々前廉度々苗木等植継申候得共、地味あしく物立不申候、今度床替被仰付被下候ハゝ、追て苗木出
　　　来次第植継仕、物立申候ハゝ往々御用の御支ニ相成申間敷と奉存候
江川
一御蜜柑木弐本　　　　　　　　　植柳村
　　此畝数三畝弐拾四歩
次郎左衛門前
一同壱本　　　　　　　　　　　　同村
　　此畝数弐畝拾五歩
彦三郎その
一同弐本　　　　　　　　　　　　同村
　　此畝数弐畝拾弐歩

久夫喜
　一同壱本　　　　　　　　　　　西高下村
　　　　此畝数拾五歩
　　かみなり
　一同壱本　　　　　　　　　　　同村
　　　　此畝数壱畝弐拾七歩
　　田中
　一同弐本　　　　　　　　　　　同村
　　　　此畝数三畝三歩
　合七ケ所
　御蜜柑木合拾壱本
　畝数合壱反六畝九歩
　　右七ケ所の御蜜柑木、老木又ハ虫付痛強、数ケ年成実御座なく、御用相立不申候付、潰方被仰付、地味悪敷床際寄方被仰付被下候様、先達て御達申上置候、其後猶又委細見分仕候処、外の御蜜柑床内明地等も御座候間、此所々ニも植込申候得ハ木数も相増、往々御用差支申間敷と奉存候ニ付、右七ケ所の御蜜柑床は潰方ニ被仰付ニて可有御座哉と奉存候

④御役人より　付札
　　本行の御蜜柑木の内、痛木成り立不申所々床を御潰被成、右床代地被渡下候様奉願候へ共、潰方ニ成候畝数、不残被渡下候ニ不及、最初奉願候弐反三畝三歩の内、六畝弐拾四歩被渡下、残壱反六畝九歩ハ畝物被仰付ニても可有御座哉と書付差上置申候、依之猶又会所役人・村役人共立合見分仕、当時迄の御蜜柑床ハ御本方畑孕居申候ニ付、村端ニ片寄、地味不宜所を畝物床振替、当時迄の御蜜柑床ハ、其畑々ニて右畝物代地の高を持せ申候へハ、双方宜敷相極リ申候、上納の儀は反ニ弐斗宛定徳米ニ被仰付被下候様ニ奉願候、村方覚書別紙差上申候下方願の通被仰付にて可有御座と奉存候、以上
　　　　　　　　　　市村弁介
　　　　　四月　　　田代嘉市
　　　　　　　　　　藤木忠右衛門
　　　　　　御横目　福嶋加兵衛
　右の通御座候ニ付、前条ニ申上候通被仰付候ハヽ、追々苗木・執木等を以、外の御蜜柑床内明地ニも年々植込申候ハヽ、往々御用の御支も有御座間敷と奉存候、御大切の御用の儀御座候ニ付、万一右之通ニて、後年御用之御蜜柑及不足申儀も御座候ハヽ、其段可申上候間、其節右の地方御渡被下候様、宜被成御達可被下候、為其覚書を以申上候、以上
　　　宝暦十一年正月　　松岡仙之允
　　　　　　　　　　　　高田冨右衛門
　　　　　福嶋加兵衛殿

⑤　　　　　覚
一畝物畑壱反六畝九歩　　八代郡　植柳村
　　　　　　　　　　西高下村
　右は前々よりの御蜜柑床の内御用無之分、先達て畝物被仰付候処、本方畑地の内ニ入交居候付、川筋地下等の畑地と替地相成、今度御横目并上地御内検・村役人共立合、夫々徳米の儀、反弐斗宛の定徳米被仰付被下候ハヽ、如何様の年柄ニても無相違相納可申由、村方より相願候由、小前帳并書付ともニ、御役人より相達候付相添申候、願の通定徳米ニ被仰付ニて可有御座と奉存候、以上
　　　　五月　　　　　　御郡間
　　　此儀小前の帳面共遂披見、御郡間覚書の趣存寄無之候、右覚書の通可有御沙汰候、以上
　　　　五月十一日　御郡方　御奉行中
　　　　　御郡頭衆中

| 八代古文書の会 会報 No.22 | 2012年3月30日八代古文書の会 発行
〒866-0081　八代市植柳上746-5　蓑田勝彦方 |

今回は、江戸時代の八代地方の災害についてです。洪水や大風などの自然災害はいつも起こっていますし、火事も毎年多く起こっています。記録に残っているのは、それらのうち被害の大きかったものだけでしょう。地震はそれほど多くは起こっていないようです。八代地方には大きな断層線が走っていますが、記録に残っているのは麦島の八代城が崩壊した元和5年（1619）の大地震、それに富士山の山腹に宝永山ができた宝永4年（1707）の大地震、東海道・南海地方に起こった安政元年（1855）の大地震。この後者二つの全国的な大地震のときは、八代地方でもかなり大きな被害があったことが分かります。なおこれは2004年（平成16年）4月の八代市立図書館の歴史講座での資料をもとに作成しました。

江戸時代 八代の災害——火事・洪水・大風・地震——

蓑田　勝彦

　八代の江戸時代の歴史を見てみると、大きな災害に何回も見舞われていることがわかる。元和5年（1619）には小西時代に築かれた八代城（麦島城）が大地震で崩壊して、八代城は今の松江の地に移築されることになった。宝暦5年（1755）には、球磨川の大洪水で八代地方は甚大な被害をこうむっている。寛政9年（1797）には、八代城の本丸部分が全焼する大火災が起こった。球磨川の河口部にある植柳村には、人吉（相良）藩の「仮屋」が置かれていたが、そこでは何回も大きな火災が起こっている。

　今回は八代地方の災害の記録をまとめて見ることにした。主な史料は『八代市史 近世史料篇』第1～10巻（八代市教育委員会発行）と、熊本県立図書館所蔵の「上妻文庫」（未刊の写本）である。（④370）のように記したのは、『八代市史 近世史料篇』の第3巻の370頁の記事によるという意味で、（上妻127）のように記したのは「上妻文庫」の第127巻の記事によることを示している。㋱としたのは、熊本大学附属図書館に寄託の「永青文庫」の史料である。なお八代地方の災害については、故名和達夫氏の『八代地方の災害史年表』（自家版、平成9年、改訂増補版）がある。

1. 江戸時代 八代の主な災害年表

元和5年（1619）3.17　　「朝辰ノ刻、大地震ニテ御座候、娑婆神山ヨリ吉本町乱橋迄、口壱間程ゆりわり、其口より赤水出申候、其時八代の御城ハ、麦の嶋ニ御座候を、ゆりくつし申候、御城内ニて男女六拾人程死人御座候、其後御城今の所ニ直り申候」　（上妻127）

寛文12年（1672）2.19　　卯上刻 震雷、殿主大小・北の丸口の門櫓類焼、近くの侍家など類焼
　　　　　　　　　　　　鉄砲の薬に火移り、死人・怪我人多数　　武具多く焼く　（④370）
　　　　　　　　〔雷火に付、死人29人、怪我人15人　（上妻153）〕

〔延宝元年（1673）雷火焼失の修復、小殿主は元の通、御殿主台は屏を掛廻す　（④371）〕

《※他の八代城内の火事 （③376）》
　　　延宝6年（1678）1.28昼、御門番 竹下五郎右衛門家のこたつより出火、すぐ鎮火
　　　元禄13年（1700）12.18 夜4つ時分、北の丸桂光院様御宅の火燵より出火

明和7年（1770）12.29　暁7つ過、御馬屋出火、飼料所・御作事所・材木小屋・瓦小屋など焼失
　　　　　　　　　　6つ前鎮火
寛政9年（1797）10.2　八代城本丸焼失　（※別項参照）
文政4年（1821）2.7　八代城三の丸 松井丹下方など焼失　⑨502
元禄10年（1697）7.4　大雨、悟真寺川水出、紙漉共家5軒流、4軒転家。　上日置などで田畑24～25町
　　　　　　　　　水損、太田井手筋で水車8丁洗流　⑨136
元禄16年（1703）7.19　大風洪水で、牛窓山師が古田まで下していた椴保太1519挺流出、川筋所々で103
　　　　　　　　　挺取揚　⑨122
宝永4年（1707）10.4　昼9つ半時分より8つ前まで、強き地震、城内 櫓など壁所々にヒビ、瓦少し落ち
　　　　　　　　　る。　夜に入り、6つ半・9つ・7つ半 少しずつ地震
　　　　　　　　　植柳村　田地の内 所々に3尺ほど割れ、それより潟水吹出す、10度ほど潮満つ、植柳
　　　　　　　　　妙見の鳥居転じ、諸方天水わく 大方崩れ候…屋根の天水坪転じ、半切桶に入れ居候水
　　　　　　　　　も…こぼれ候、　地上は些か歩行仕がたき程　⑨290
　　　　　　　　　欄干橋上の御櫓 西の方に6寸程倒れ…、長櫓・大書院・御番所なども　⑨294
正徳6年（享保元年＝1716）7.1　「昼八つ半時、当町大火、本町・中嶋町・木ノ場町・細工町・徳渕町等、
　　　　　　　　　其外武家五ケ所、寺六ヶ所、蔵の数弐拾六、四日の朝七つ時迄焼申候」　（上妻49）
享保17年（1732）12.3　八代城下塩屋町、丑中刻出火、寅下刻鎮火　町屋186軒、寺1、社1　（上妻268）
享保17年（1732）　　洪水・虫入で大凶作　（上妻260）　洪水で14万7800石、虫入で33万390石
　　　　　5月26・27日豪雨　田畑1万2206町砂入り、水浸し　（上妻261）
寛延元年（1748）9.2　御船場番所下の材木流出、夜中取揚げ隠置いた者逼塞　⑨129
宝暦5年（1755）6.5　球磨川大洪水などで田畑2万1753町余り水浸し　　　　（※別項参照）
　　　　　　　　　田1万4128町余、畑7625町余、八代蜜柑240本余、溺死506人　（上妻262）
宝暦8年（1758）8.14　八代城下塩屋町、子下刻出火、翌15日卯中刻鎮火、町屋140軒　（上妻268）
　　　　明和7年（1770）2.26　八代郡植柳村、卯中刻出火、午上刻鎮火、百姓家284軒、寺1、
　　　　　　社1、女2人焼死　（上妻268）
《明和8年（1771）正月　八代町の「火消四組」　⑨680》
　　　本三町組…本町・紺屋町・袋町、　　東四町組…二の町・宮の町・新町・出町
　　　中弐町組…中嶋町・徳渕町　　西三丁組…平河原町・加子町・塩屋町
　　（かかす1、竿釣瓶4、雲竜水1、階子2、田子30、大団扇10、掛合10、大鋸2）
《安永9年（1780）3月　町内出火の節、火元の者、類焼無之候へは控に及ばず、　類焼有之節は火元を除
　　き10軒より内は3日、それより以上は其節の程次第に増減　③321 ⑨414》
天明元年（1781）11.23　芦北郡日奈久町、子刻出火、卯刻鎮火、
　　　　　　　　　用屋敷6、町屋・百姓屋・扶持人家251軒、土蔵1、寺1、社1　（上妻268）　　「　（上妻268）
天明2年（1782）3.21　八代郡植柳村、夜戌中刻ころ出火、夜子上刻鎮火。水主家103軒、茶屋1、長屋2
天明3年（1783）7.23　強風で八代城下で倒家　町屋8軒、塩竈家9軒、家来屋敷4軒　⑨64・71

《天明6年（1786）8月　萩原天神社前水尺1丈5尺以上 総出　⑨117》

天明4年（1784）閏1.27　芦北郡日奈久町、夜子中刻出火、寅中刻鎮火、町屋・百姓家102軒（93竈）、
　　　新御客屋1、薬師堂1　（上妻268）　　　　　　　　　　　　　　　　「　（上妻268）

天明8年（1788）10.28　　芦北郡日奈久町、子刻出火、卯刻鎮火。　町屋・百姓家277軒、社1、用屋敷3
　　　　　　　　　　　　〔海手の須崎に、亀市ら10人が「築出屋敷畝」を造り、住居を移す　　（永「年々覚」文8-2-8）〕
天明8年（1788）12.27　　八代町久岩寺、夜4つ半時分出火、本堂・庫裏、その他寺内諸堂残らず焼失、
　　　　　　　　　　　本尊・木仏・観世音などは無事、8つ時分鎮火　（③243、⑨408）

《天明9（寛政元＝1789）1月　球磨川筋洪水の流失物、川内で取揚げた浮荷物は1/30、同沈荷物は1/20
　　　　　　　　　海上浮荷物は1/20、同沈荷物は1/10　拾い主へ　　（⑨133）》

寛政8年（1796）6.11　　球磨川筋 2丈の増水、塘筋危し（⑨251）　熊本洪水大変＝辰年の洪水　（別項参照）
　　　　　　　　　　藩内全域で洪水、5月15日ころより雨降り続き、特に6月9～11日強雨
　　　　　　　　　　熊本城下水浸、田1万5202町余り・畑4632町余り、橋854流失、家3021軒、白川筋 地水
　　　　　　　　　　に3丈程（長六橋下）　（上妻257）
寛政9年（1797）10.2　　八代城内 奥書院内の屋根より、暁子下刻ころ「天火」にて出火、同日卯上刻ころ
　　　　　　　　　　鎮火、長岡主水住居向残らず、櫓1、蔵1、舞台・楽屋。大手御門内の松井紋右衛門居宅も飛
　　　　　　　　　　火で類焼　（上妻269）　（別項参照）
文化元年（1804）1.24　　上松求麻の内 中津道村 仁兵衛釜屋より出火、23竈焼失、阿弥陀堂も（⑨333）
文化2年（1805）5.4　　種山手永栗木村のうち古園村で10竈、22軒焼失　（⑨349）
文化2年（1805）5月　　千仏塘下……追々大崩　200間ほど…すぐ修復　（⑨272）
文化2年（1805）9.3　　下松求麻村の内 生名子村で16竈、26軒焼失、地蔵堂も　（⑨355）
文化4年（1807）1.20　　種山手永南種山村のうち早瀬村で27竈、62軒焼失　（⑨374）
文化7年（1810）10.7　　八代徳渕町長府屋儀右衛門懸屋敷より出火、13軒焼失、3軒を打崩（⑨401）
文化8年（1811）2.28　　下松求麻村のうち雉子村で22竈、31軒焼失　（⑨426）
文化8年（1811）11.29　　高田手永鋪河内村で48竈、89軒焼失　（⑨432）
文化9年（1812）8.29　　芦北郡日奈久町、亥刻出火、翌1日卯刻鎮火、百姓家・町屋・扶持人家215軒、
　　　　　　　　　　用屋敷1、社1、土蔵1　（上妻269）　うち無高百姓1軒、無高商人125軒、無高漁師104軒
　　　（⑨435）
　　　　　　　　〔町幅広め、所々に火除の空地を設定、密集地の漁師家は新地に分散をはかる、その費用に日
　　　　　　　　　奈久町のサキが寸志30両を差出す　（上妻269）〕
　　　　　　　　　また善立寺を瓦葺にするため畑地での瓦焼の許可を申請　（永「年々覚合類頭書」文8-2-11）〕
文化13年（1816）6.11　　湯谷で湯のろ降り、大石吹上げ、上下の湯小屋悉く打崩す　（⑨480）
文化14年（1817）3、13　　日奈久村并同所町、戌刻出火、翌14日丑刻鎮火　（上妻269）
　　　　　　　　　百姓家・町家・扶持人家134軒（115軒町家、14軒百姓家、3軒在御家人、2軒勝善院）
　　　　　　　　〔⑨488には、140軒とあり〕
文政8年（1825）7.18　　未中刻ころ、砲術師役中村軍内居宅より出火、近日火術試のため内弟子打寄り、
　　　　　　　　　　薬拵有之候内…怪我人6人、うち4人 追って死亡、砲術師妹も死亡　（⑨545）
文政13年（天保元年、1830）6.15　　朝4つ時分 1丈9尺余、船大工町前通 塘筋8間余切れ、3軒洗倒、
　　　　　　　　　　大工町・塩屋・荒神町上下すべて水浸、床上水上り、麦嶋村でも塘筋8間余切れ、家1軒
　　　　　　　　　　半倒　（⑨545）
　　　　　　　　・一昨日よりの雨天…昼9つ頃から増水…10間ばかり切れ…水押入り、塩屋古塘筋を3ヶ所
　　　　　　　　　切流し…水引落し、夜に入り歩行渡も不支、　萩原天神社前 水尺流失　（⑨274）

文政13年（1830）12.4　暁9つ半過ぎころ、平河原町恵八家より出火、平河原町14軒、大工町11軒焼失、
　　　　　　　　　　　4軒は火防として取崩（計30軒）　（⑨614）　　　　　　　　　　　　　「上妻270）
天保3年（1832）5、26　　八代加子町、暁丑下刻出火、辰中刻鎮火。　町家158軒、鐘撞堂1、堂1
天保11年（1840）9.14　　八代河岸　出火、ただし小火　（上妻270）
安政元年（1854）11.5・7　　藩内全域で両度 地震、　（上妻270）
　　　　　　　　　　　家2,695軒（潰899、倒936、破損860）、蔵・土蔵671、厩肥家521、諸官宅30軒、
　　　　　　　　　　　地引割250箇所余

2．大災害の詳細について

[A] 宝暦5年の大洪水

・6月5日、萩原御番人宅手前の塘より洗切……鏡・新牟田まで洪水　城内二の丸・北の丸御屋形 床上に
　　水揚、役所床上3尺余、平田船で往返、朝5時分、烈水溢、暮前水引当　（⑨137）
・6月9日　辰刻ころ　萩原で1丈8尺、総出有之、春光寺馬場口より萩原御番所下まで塘切れ、出町水筋に
　　相成、城内にも水せき入り、欄干橋口より船にて往来。御城附衆・御家中の面々総出、翌6時引取
　　（⑨189）

　　・塩屋の北の土手を切り、水を引かせ、13日に潮留
　　・高子原村御百姓　何も屋根の上に乗居り候由　（②349）
　　・萩原御番所より上は、土手上2尺余も水かさ有之、　一時にどっと洗切…塘かぶも残不申
　　・萩原御番人宅は即時に流れ、跡は渕ほどに成、遥拝御番所も洗流　（⑨207）
　　　　…水先 升形・出町・南北松江村より荒波にて洗来　（⑨206）
　　・御役所間内、床より1尺3寸せき上……塩屋方地卑の所は、床上3尺、または4尺余の上り、
　　　…夜に入り、床の落付き候　（⑨206）
　　・加子町は、御府中第一の低地にて、洪水家の棟を浸申候得は、家財雑具等、水浸にて朽腐申候
　　（③33）
　　・球磨　八代の死人432人、　汐塘の21ヶ所 けど出来申候　（上妻127）
　　・蜜柑の木200株余が流失したので、将軍家への蜜柑の献上は、それまで毎年本丸に500入20箱、
　　　西ノ丸に同5箱だったのが、本丸に10箱、西ノ丸に3箱献上となった。天明元年（1781）頃から
　　　元に戻った。　（上妻276）

〔宝暦5年は8月24日にも、大風の被害あり　藩内の倒家4万6千軒余、死者93人。
　この年は、6月・8月 二度の風水害で、藩の年貢類は3分の2を減じ、幕府に拝借金を願う〕

＜詳しい被害状況＞（⑨137〜）
　高子原村　30軒倒家、死馬7疋、　及飢申者91人、米1石5斗8升5合　（⑨212）
　松崎村　　6軒倒家、　及飢申者41人　（⑨216）　　　　　古閑村　　田59町4反余、畑14町7反余
　古麓村　　松木20本流失、太田井手筋・新井手筋残らず いはめ、家4軒倒、水車残らず流
　田中村　　家1軒崩、女1人溺死　　　　　　　上野村　田50町4反余、畑8町8反余
　萩原村　　囀塘75間・川筋塘300軒、松馬場筋道90間、松木121本、56軒流失（梅本院も）、流人39人、
　　　　　　駒7疋流。　　　　麦嶋村　家3軒、糧米・農具など諸道具打流、男女125人及飢→非人願
　植柳村　　石井樋・軽土所破損28ヶ所　　　　　新牟田村　転家9軒、死人1、死馬1
　　下松求麻村　流家14、流家同然38軒、飢に及ぶ　　流船18、痛船9

上松求麻村　田8町4反余、畑40町1反余、流家47、埋・痛家89（阿蘇大明神も）
　　　　　死人8、怪我人20、不明5人、　流船29、山崩652ヶ所　及飢131軒、733人
　　　下久多良木村　田32町7反、畑36町5反、山崩749ヶ所、流家31、埋家36、流家31、死人38、
　　　　　怪我人13、飢人54軒・287人、　飢米5石7斗4升（1人2升）
　　　上久多良木村　田38町1反余、畑25町1反余、流家15、埋家18、　山崩1027ヶ所
　　　　　飢人16軒、99人　飢米1石9斗8升（1人2升）
・八代 塩屋町、当春（宝暦5年春）以来 塩浜出来方 御座無く…当夏（5月）火事にて家居過半焼失…、
　　その後 洪水にて塩浜も水損に及び…同6年1月 飢人250人余　八代御蔵より10石5斗　　（⑨221）

〔田浦手永の被害〕
　　田　150町5反余　砂石など入込み、洗崩など、49町2反余　水洗、13町5反余　潮入り
　　畑　39町余　砂石など入込み、洗崩など、7反余　潮入
　　家　107軒流、100軒痛、100軒埋、　死人58　死馬4、　川船28流、
　　川塘　387ヶ所、2万3187間、　潮塘　16ヶ所、201間、　往還道筋　53ヶ所、856間、
　　土橋　18、　崩所　1万1116
〔佐敷手永の被害〕
　　田　90町3反余、　畑　47町9反余、　流家33、　埋家69
　　往還道筋　140ヶ所、5130間
〔内田・坂下両手永（玉名郡）田方洪水にて作替　（㊥「年々覚頭書」文8-2-13）〕
〔飽田・詫摩 田方洪水にて諸作替　（㊥「年々覚頭書」文8-2-13）〕
〔上益城郡井寺村　田63町余のうち58町余は水下となる　（⑨185）〕
〔宝暦6年（1756）4月 在中急飢の者 熊本へ物貰として罷出居候付、御救米渡下さる（㊥「年々覚頭書」文8-2-13）〕
＜復旧工事など＞
　　　　宝暦5年（1755）6.25　　荘厳寺 川施餓鬼、　浄信寺も
　　　　　　　　6.27　　前川で流灌頂　養林寺・盛光寺・荘厳寺・円応寺　（⑤569）
　　　　　　　　12月1日より御普請始まる　（上妻127）
　　　　宝暦5年10月　萩原塘 洪水破損 御普請、松尾次右衛門列 寸志いたし候事　（㊥「年々覚頭書」文8-2-13）
　　　　同年　同月　　萩原塘御普請、稲津弥右衛門 受込被仰付　（同上、㊥文8-2-13）
　　　　同年　12月　　八代御城下其外 馬場などの風倒木 入札銀にて、萩原塘御普請料の事（同上、㊥文8-2-13）
　　　　宝暦6年（1756）4.14　萩原塘破損所 御普請の土、春光寺山の空地より取出す　（⑤569）
　　　　　　　　5.20　　萩原塘 御普請に、八代町中に御用銀60貫目才覚仰付らる　（⑤576）
　　　　　　　　　（本町商人37人へ23貫150目、八代町13町へ60貫目）
　　　　宝暦7年（1757）3月　　去春以来、萩原土手・石手 丈夫に出来
　　　　　　　　　（春光寺前より下大刎まで400間、大刎より下 天神社前通400間）
　　　　同年　　　3月　　本町長門屋吉兵衛、木ノ場～御船場御番所 328間の塘筋笠置工事に 銀子
　　　　　　　　　2貫目を差出し、難儀の男女に賃銀を与えて工事　（⑤583）

[B] 寛政4年の島原大変
　　寛政4年（1792）3月1日より昼夜50～60度地震、4月1日海辺高波、潮塘6350間ほど破損、
　　　　　家2452軒、男女5209人溺死　（上妻290）

《この件については、各市町村史など多くの書に記されているので、省略》

[C] 寛政8年、辰年の大洪水
　寛政8年（1796）6.11　　球磨川筋2丈の増水　　熊本は「古今珍敷洪水」「前代未聞の大水」
　　　　　　　　6.13　　今朝の飛脚、宮原川水強く渡り成難、引返す　　（熊本より）今朝出発の飛脚、川尻
　　　　　　　　　　　　大渡越方なりがたく立帰　　（⑨269）
　　　　　　　　6.15　　八代より熊本屋敷へ魚類・野菜などを送る　　（⑨261）
　　白川・坪井川　橋は総て流申候　　泥中より8人の死骸掘出し…嬶　小児を懐ながら死居申候
　　蔚山町・職人町・細工町などは床上5尺、6尺くらい、　長岡与三郎などは屋根を切破り御逃出
　　二の丸・古京町・京町・出町は水上り不申、諸方より逃上り、買物に参り、二月市の様　（⑨268）
　寛政8年（1796）6.11　　二重峠并阿蘇山不残吹出候、山汐出、御府中不残、非常の洪水
　　　　　　　　　　　田畑1万5650町余、町屋2525軒、橋854ヶ所、死人74人　（上妻136）

[D] 寛政9年、八代城本丸焼失
　寛政9年（1797）10.2　　今暁9つ半時前、御城奥御書院 御上段の下、御納戸との間の御間所　天井に
　　　　　　　　　　　火燃渡り…火廻り至って急速　ほとんど何も持ち出せず、　舞台・楽屋も焼失、7つ半
　　　　　　　　　　　時ころ鎮火　（⑨307）
　　　　　　　　　　　大書院・小書院・御式台御間…それより小天守石垣つたかづらより土台下火くぐり…小
　　　　　　　　　　　天守一ヶ所、御本丸残らず焼失、　紋右衛門宅 類火にて焼失、殿様は浜御茶屋へ退避、
　　　　　　　　　　　江戸へ早打の飛脚　（⑥396～）
　寛政9年（1797）11月2日　幕府へ御伺い済　松井家当主（徴之）控えに及ばず、御門は裏門より出入
　　　　　　　　　　　りのこと　　松井家中の面々は門を閉じ、くぐりより出入りし、長髪のこと
　　　　　　　　　　　諸稽古・繕作事など停止、　責馬停止、　談義・説法停止、　業に致し候漁猟は可
　　11月12日　長岡主水 謹慎解除、　御家中の面々 閉門・長髪解除　（⑥446～）
　　11月25日　10月25日の八幡宮祭礼、慎方につき、この日に延期、相撲は中止　（①324）
　　〔妙見社祭礼は11月28日に、春日宮祭礼は11月15日を12月5日に　（①325）〕
　寛政10年（1798）の「年頭御礼」は中止、「年頭松囃子」も中止
　寛政10年（1798）5月　焼失跡の復興、幕府に絵図をそえて申請、許可される　（⑥347）
　同　12年（1800）3.7　　本丸 御屋形作事 御斧初　御作事「誠に前代未聞の御儀」　（⑥351）
　同年　　　　　　4.12　　地鎮祭　珊瑚小粒1、瑪瑙1など　（㊉「年々覚頭書」文8-2-13）
　同年　　　　　　6.15　　城内の地築・石突に八代町中より寸志夫6017人　（①338）
　同年　　　　　　8.4　　本丸御屋形 棟上、祝儀　町人の奉祝もあり　（⑤46～）
　同年　　　　　10月　八代御屋形御間の絵、矢野右膳、他に御家来甲斐永翅・尾田大進　（⑤39）
　同13年（享和元年、1801）3月　御移徙につき黒門往来差止め　（⑤354）
　　　　　　　移徙…方角が悪く、3月27日晩 浜御茶屋へ行き滞座、28日朝御本丸へ　（⑤99）
　享和2年（1802）11.25　　北御丸作事 手斧初　（⑤103）

| 八代古文書の会 会報 No.23 | 2012年4月30日八代古文書の会 発行
〒866-0081　八代市植柳上746-5　蓑田勝彦方 |

今回はNo.21に続いて「八代蜜柑」についてです。今まで八代蜜柑について書かれた出版物のうち、入手できたものの中から、圭室諦成氏の「八代みかん」など幾つかの研究書の内容を紹介します。これらの記述によって、江戸時代の献上品としての八代蜜柑のだいたいの様子、明治以後の様子なども分ります。

前々号（No.21）に宝暦11年（1761）の史料を掲載しましたが、今までの研究には見られなかった史料をほかにも確認していますので、今後も八代蜜柑について紹介していく予定です。

徳川将軍家への献上物「八代蜜柑」（その2）

――今までの出版物（研究書）から――

蓑田　勝彦

現在 八代地方の柑橘類としては晩白柚（ばんぺいゆ、ザボンの改良種）が有名である。第二次世界大戦後の経済成長の中で、熊本県の柑橘類は「温州みかん」「甘夏」「ポンカン」「デコポン」など、新しい品種がつぎつぎに登場して もてはやされたが、昭和30年（1955）ころまでは「みかん」といえば、江戸時代以来の伝統的な「小みかん」のことで、それ以外には「ネーブル」「夏みかん」「ざぼん」などが柑橘類であった。この「小みかん」は一つの実の直径は3～4cmほどで、袋ごとに種が入っていて、今の人たちから見れば大変食べにくい果実であったが、それが江戸時代以来の八代地方の産物として、人々が喜んで食べていた「みかん」であった。

この「八代みかん」が江戸時代には毎年将軍家に献上されていて、肥後の名産として知られていたのである。なお同じ「小みかん」は、熊本藩内では有明海沿岸の小天・河内地方でも生産されていて、熊本町など各地で販売され、一般庶民にも食べられていたが、「八代みかん」は将軍家への献上品として、生産が厳重に管理されており、庶民の口には入らない食品であった。「八代みかん」は有名であったので、それについての研究も早くから行なわれていた。今回はそれらの研究の内容を紹介してみたい。

A．圭室諦成「八代みかん」から（地方史研究協議会編『日本産業史大系』第8巻、九州地方篇、東京大学出版会、1960年）。

〔将軍家などへの献上〕
- 慶長12年（1607）12月6日　加藤清正が将軍＝徳川秀忠に八代蜜柑3箱を進上。
- 同　17年（1612）　　　　　加藤忠広が八代蜜柑3箱を豊臣秀頼に送っている。
- 同　19年（1614）12月17日　加藤忠広は茶臼山陣中の将軍＝徳川秀忠に八代蜜柑5箱を献上
- 寛永3年（1626）・4年・7年・8年にも献上のことが『徳川実紀』に見える。

　　　　　　　　　　　　　　　　　　　　　　　　（以上の記録の1箱＝500個入）

- 寛永9年（1632）12月　熊本藩主になった細川忠利は八代蜜柑を幕府に献上、以後 毎年献上。
- 　　　同　11年（1634）には、後水尾院と明正天皇に1箱ずつ献上。

〔献上蜜柑木について〕
- 八代郡高田郷のうち、上豊原・下豊原・奈良木・本野・東高下・西高下・植柳・大福寺に植えられている蜜柑木（藩有）の実が特に美味で、それが献上された。
- 蜜柑支配役が定められていて、蜜柑が熟するころになると、一株一株は竹矢来で囲まれ、盗み食いをすれば子供でも棒しばりに処せられた。
- いわゆる果樹園栽培でなく、大樹が一株あるいは数株ずつ散在していた。

「七畝一本の蜜柑の木もある」（井沢蟠龍 1730年没「肥後の記」）

「大ひなるは畳二十畳敷もあるなり」（古川古松軒「西遊雑記」1783年）
- 紀州蜜柑は若木に良果が実るが、八代蜜柑は古い大樹に見事な蜜柑が夥しく実る。
- 江戸末期には100株あった（「東肥陣跡誌」）　　・明治のはじめには約50株あった（故老の話）

〔その後の八代蜜柑〕
- 『八代郡誌』（1927年）古木の現存するものは「奈良木のうち 寺の迫・南照寺・仮屋床・墓の下、豊原のうち遙拝・大森・仕立木・出口・石王・ダシャー・諸木園・八幡・芝原・平山、高下のうち塘町・権田、大福寺、植柳」などに見られる。
- 明治以後も地主の家にはあったが普通農民の家にはなく……高田の民家でもみかんの木を私有するものは12～13戸にすぎず、貧農はみかんを口にするなど思いもよらなかったという。
- 現在（1960年ころ）八代蜜柑の古木は豊原に2本（かつての献上蜜柑の木）、平山に1本、高下に2本ある。平山のものが最も大きく、広さ8×6m、高さ4m、根まわり1m。高下の1本は7.5×4mで、高さ6m、毎年50貫～60貫くらい実るという。古老の話では明治初年ころは1本に80～100貫くらい実るのは ざらにあったという。

〔明治年間の古木の写真〕恩田鉄弥『実験園芸講義』（1909=明治42年）の口絵写真（下）の古木

　旧高下村の塘町の木は東西9間（約16.3m）、南北18間（約32.7m）あり、中央の幹は枯死し、枝より根を生じて左右の二樹となったものであり、数十年前には20間（約36.4m）四方あったという。写真左手に人物が立っいる所（空き地になっている）がもと幹のあった場所である。その後 大正10年（1921）の大洪水によって枯死したという。

　上妻博之氏によれば、蜜柑の木は垂れた枝先から根を生じて新木となり、大樹となって繁茂し、親木は枯死し、そうしたことを繰り返して永く樹齢がつづくのであるという。

『熊本県産業調査書』(1924年)に「樹齢まさに六百年をこゆる原木」としているのも、あながち虚言だとばかりは 言い難いのである。

我國最古の蜜柑

※〔河内・小天の蜜柑栽培〕
　飽託郡河内・玉名郡小天など有明海岸の丘陵地斜面には、江戸時代にすでに八代蜜柑が移し植えられ、明治15年（1882）の産額では、八代が5500貫余で、河内は6万3000貫余、小天は9万6000貫となっている。

※〔八代蜜柑は紀州蜜柑の祖〕
　「紀州柑橘類蕃殖来歴」（1734年著）所収の「来歴伝記」に「天正2年（1574）……肥後国八代と申す所より蜜柑小木を求め来り……」とあるという。

B. 本田彰男「高田蜜柑の来歴」（『日本談義』第119号、昭和35年10月号 所収）
- 古記録に見る高田蜜柑
　「駿府政事録」には慶長19年12月17日に加藤忠広が大坂陣中の将軍に八代蜜柑5箱を献上したと記載。

「肥後国誌」には、高田在 49 ヵ所に蜜柑樹あり。国君から年々江戸の将軍へ献上なり。当国第一の土産にして他邦の品に味わい甚だ勝れたり、とある。

「陣迹誌」には、球磨川の北岸のものよりも南岸に産する蜜柑が美味であり「河北に至りては味大に劣れり、河南も別して奈良木・豊原の産を上品とす」と記されている。

- 加藤氏時代の大庄屋であった松岡蔵人長重の家の分家が一領一疋の身分を与えられ蜜柑支配役となった。細川氏時代には、本家は代々惣庄屋を勤め、分家は代々蜜柑支配役となった。
- 大正の初期までは、奈良木・豊原・高下・大福寺・植柳などに蜜柑の元木が見られたが、大正 12 年の 6 月から 7 月にかけて 3 回の大豪雨に見舞われた。筆者（本田氏）が八代高等女学校の教師を勤めていた昭和の初めには、数ヶ所の原木が荒廃した畑に散見された。しかし昭和 28 年の 6・26 水害で消滅した。
- 昭和 5 年の夏、当時 90 歳の老人を尋ねたときの話では、蜜柑園には竹のヤライカベが施され、蜜柑採取どきになると看視人がついていた。収穫どきには付近の農民が賦役としてかり出され、一粒でも口にすることは許されなかった。役人でも盗み食いすれば罰せられた。
- 献上の蜜柑は、厳選したものを十ヶないし十二ヶを、ヒモで吊柿のように果便をいわえ、殿様が乗られるカゴの中にさし渡された竹か何かにつるし、蜜柑かつぎがつきそい、熊本・江戸・朝廷へ献上された。蜜柑籠の通路は殿様の行列と同様な警戒がものものしく厳重を極めた。

C. 蓑田田鶴男『高田の史跡』(昭和 36 年、八代市高田公民館発行) 16～18 頁

- 八代蜜柑　形は扁円で、秋には橙黄色に熟する。果皮はうすく、中に十一ほどの袋があり、味は甘酸でうまく、高い香気がある。大きさは直径 3cm から 3.5cm ぐらいの小蜜柑である。
- 文化年代（1804～1818 年）には、古木 64 本、新木 31 本、継木 96 本、計 191 本であった（「八代古跡略記」）
- 豊原下町 3329 番地　橋本驥一家の老木は樹齢 150 年と推定され、現存する高田蜜柑の親木中随一である。幹の大きさは根元で直径 39cm、地上 30cm ぐらいの所で 3 本に分かれる。東側の幹は、地上 50cm ぐらいのところは径 26.5cm、地上 60cm ぐらいのところは径 36cm となり、ここから枝 7～8 本を分枝する。西側の二つの幹は、地上 60cm ぐらいの所で直径 14.8cm である。幹は全体が北へ 30 度ぐらい倒れ、東の幹はやや直立するのに対し、西の二幹は 1m ぐらいの高さをはうようにして西と北へ向う。四つの幹は先端に近いところから多数の枝梢を分枝し……葉を密生し、小果を多数枝の先につける。もとは根元に近いところから数本の幹を分岐したことが、切り口でよくわかる。現在南側の枝は枯れ、東と北と南の三方へ L 字形に枝葉を広げている。その張りは北を頂点に、北東へ 10.9m、南西へ 8.8m で、高さは 3.65m である。北の方から見ると、低い笠を伏せたような格好である。その広さは 21 坪、南の枝があった所は 30 坪という見事なものである。西側や東側の枝先は、高さ 1m ぐらいの支えで保護してある。樹勢が最も盛んであったころは、毎年 50～60 貫の収穫があったという（昭和 36 年 橋本驥一氏談）。

枯死する前の豊原下町、橋本麒一氏宅にあった高田みかんの原木

<右の写真は、江上敏勝『ふるさと百話 八代の史話と伝説 総集編』198 頁より>

D. 江上敏勝「肥後の高田みかんの由来雑記」(八代市教育研究所、昭和 40 年)

- 現在、小みかんの最古木は、大分県津久見市青江のもので、樹齢 800 年、面積は 135 坪に伸び、平年作 750

貫を生産する。
- 『熊本藩年表稿』などより
  - 寛永11年（1634）9月　八代蜜柑を院御所ならびに国母様に献上
  - 享保3年（1718）12月　八代蜜柑献上、今年は3度とす。また向後は毎年1回20箱宛献上のことと指示あり。
  - 安永9年（1780）8月　八代蜜柑の献上、筑後原の町より宿継ぎによることとなる。蜜柑の数量は35箱、844貫。　同年9月　八代蜜柑成実見込み調査。35箱のために4万2000個必要のところ、本年の見込みは2万8000で、1万4000個不足の見込み。
- 紀州蜜柑の元祖は八代蜜柑である。天正2年（1574）に紀伊国有田郡宮原組の伊藤仙右衛門が八代蜜柑の苗8本と種子をもたらした。正徳4年（1713）には有田郡では27組で生産していた。また弘化年間（1844年以降）には生産量は100万籠、江戸への積出し高は多い年には34・5万～45万籠に達した（安藤万寿男『日本の本の果実』古今書院）。
- 『熊本県老寿名木誌略』（熊本県、昭和5年）には、八代郡高田村豊原に松井男爵家所有の蜜柑樹が4株ある。①倒れて5株となった木、最大幹廻り約1m、樹高約5m、東西9m、南北12m　②4株に分かれる、最大幹廻り0.9m、樹高約5m、東西7.5m、南北9m　③主幹1本で分株せず、幹回り0.8m、樹高約5m、東西10m、南北8m　④2株に分かれる、最大幹廻り0.7m、樹高約5m、東西8m、南北8m　⑤西方に倒れ5株に分かれる、最大幹廻り0.5m、樹高約5m、東西9.5m、南北10m　と記されている。
- 同じく江上敏勝氏の「古代から賞味された八代みかん」によると、熊本県師範学校発行『郷土研究提要』に「老樹は数株あり、何れも主幹と認むべきもの存在せず、根元より数本の支幹に分かれ、頗る複雑なる樹形を呈す。故に正確なる株数を定めがたきも、現在四株と認む」と記されているという（『日本の郷土産業6 九州・沖縄』新人物往来社、昭和49年、148頁）。

E.『熊本の天然記念物』(熊本日日新聞社「熊本の風土とこころシリーズ22」昭和55年) 144頁

芦北郡津奈木町のJR津奈木駅の裏手に蜜柑畑があり、その一角にコミカンの原木が一株保存されている。樹高は五㍍足らずだが、東西の枝張りは32.4㍍、南北の枝張りは25.3㍍と広い範囲に広がっている。また、横枝が垂れ下がって地につき、まるで森のよう。樹齢は三百五十年以上と推定されている。

＜上の写真は 津奈木の小みかん、上記の書145頁より。
枯死して今はない＞

豊原上町にあった柴田ヨシエ氏所有の原木も枯死した現在、根元の部分が高田公民館に保存してある。

＜左の写真は、江上敏勝『ふるさと百話 八代の史話と伝説 総集編』八代青年会議所、昭和58年、206頁＞

> 八代古文書の会 会報 No.24
>
> 2012年5月15日　八代古文書の会　発行
> 〒866-0081　八代市植柳上746-5　蓑田勝彦方

今回は藩札についてです。江戸時代の通貨は金銀銭の「三貨」であったといわれています。しかし早くから各地で藩札（まはそれに類するもの）が発行されていて、江戸後期には全国ほとんどの地域で藩札が発行され、円滑に流通するようになっていました。つまり現在と同様に紙幣が主な通貨として使用されていたのです。熊本藩も同様で「御銀所預」「小物成方預」などの藩札（紙幣）が通貨の中心として用いられ、金貨・銀貨などは実際にはほとんど用いられていなかったのです。ここでは延享3年（1746）に記された藩札発行に関する史料を紹介します。

熊本藩の藩札の流通について

蓑田　勝彦

　筆者（蓑田）はさきに「江戸後期 熊本藩における通貨制度―藩札の流通―」(註1)という文を発表して、熊本藩で江戸後期に発行された「御銀所預」などの藩札は、銀貨の額を表す「匁」を単位として金額が表記されているが、1匁＝銭70文と定められた銭貨として発行された紙幣＝藩札であることを述べた。その藩札は享和年間（1802～3年）に一時的な混乱はあったものの、それ以後は皆に受け入れられて熊本藩内の主要通貨として順調に流通した。つまり江戸後期の熊本藩内では金貨・銀貨はほとんど使用されず、支払いは原則としてすべて藩札でなされ、藩札が利用できない少額の支払いには現銭＝銭貨が使用されたのである。

　しかし、このような筆者の論考は必ずしも人々の理解を得られなかったようで、今でもかなりの研究者が幕府の発行した金銀銭の三貨が、江戸後期の熊本藩内でも主要通貨であったと考えているようである。このたび鹿野嘉昭『藩札の経済学』(註2)を読んで、筆者の考えが正しいことを確認できたが、そのことは別の機会に述べることにして、ここには熊本藩の藩札の流通についての基本史料の一つを紹介しておきたい。以下に紹介するのは、熊本県立図書館所蔵の史料（分類番号…c 337.2 エ）で、用紙14枚からなる冊子である。文中の［　］の中に記入した語句は、原史料の文の右側などに小さな字で後に書き入れられた文字で、原史料よりだいぶ後になって書き加えられたものと思われる。①②……の番号は筆者が説明の都合で付したものである。なお原史料にある「く」の字を長くのばした繰返しの記号は「々々」「ゝゝ」などとした。

　松本寿三郎氏の「熊本藩における藩札の発行」(註3)によると、熊本藩では次のように5期にわたって藩札が発行されている。①宝永元年（1704）～同4年（1707）10月　②享保18年（1733）3月～同20年（1735）1月　③享保20年（1735）11月～同21年（1736）9月　④延享3年（1746）3月～同年6月　⑤寛政4年（1792）以後、明治にいたるまで。以上5期のうち①～④のものは「銀札」、⑤の時期のものは「銭預」と呼ばれる「銭札」である。

　下記に紹介する史料は、このうち④の時期に「銀札」を発行するに際に出された藩の通達である。②～④の項目では、それ以前3回の銀札発行がいずれも短期間で停止せざるを得ず失敗に終わり、一般民衆にも迷惑をかけたことなどを反省したうえで、4回目の藩札発行に踏み切ったことを④の項目で詳しく説いている。これまでの藩札発行は「上の御勝手支より被仰付」たものであり、「下方及困窮」の事態を引き起こしたが、今回は「後年少しも下方え損分御懸け不被成筈候」と、今までのように一般民衆に損害を及ぼすことはないと説いている。⑤の項目では、今回は「札座」を設置して藩札と金銀銭との引換えを円滑に行い、他国へ出す必要のある場合は現金銀への引換えも可能であるという。⑥では藩札をいつでも現銀に交換できるできるように「引替銀御手当」に努力する。⑦では「上の御為」だけでなく、「上下持合」で、「追ては則四民を御救」になるために藩札を発行するとしている。以下、紙数の関係もあって項目別の解説は省略するが、⑱では①から⑰までの事項は、藩札発行に当って、そのことに関係する藩の役人たちへの心構えをまとめたものであることが述べられている。

　⑲は、①～⑱の「定」のセットとは別の書類で、しばらく通用を休止していた藩札の流通を近日中に再開する

105

ので、①〜⑱の事項を記した帳面の趣旨をすべての担当者に徹底するようにと指示している。⑲の最後の1行には、この4回目の藩札通用が延享3年3月15日から開始されたが、同年6月には早くもそれが中止されたことが記されている。

　⑳の項目は、ずっと後になって書き足された筆跡の異なる記事で、前述の第5期の藩札発行について記されている。寛政4年（1792年）に久し振りに発行された藩札は、幕府の許可を受けずに発行され、前4回の「銀札」とは違って「預」、つまり通貨の預証という形で発行された。そして通貨の単位としては銀貨だての藩札＝「銀札」と間違われる「匁」という単位が用いられているが、各藩札には「銭預」と記されており、1匁＝銭70文の決まりによる銭貨の額が記されている「銭札」であった。⑳には、この銭預が一時的な混乱はあったものの、「八代御城焼失跡御作事」「八代御新地」の工事の頃には工事費の全額がこの「銭預」で支払われ、文政年間（1818〜1830）にはこの藩札が「甚上下の弁利」になった、つまり「銭預」が完全に円滑に流通するようになったと記されている（註4）。

　なお、本史料の①⑲に「去る丑年から次の丑年まで二十五年」の語句が記されており、①の「去る丑年」には「享保六辛丑」という注記、「次の丑年」には「延享二乙丑」という注記がつけられているが、松本氏の論文（註3）によればこれは、それぞれ「享保十八癸丑」「宝暦七丁丑」の誤りである。つまり享保18年（1733）から宝暦7年（1757）までの25年間、幕府から藩札の通用を認められたことを指しているのである。

（註1）熊本歴史学研究会『熊本歴研 史叢』第8号、2003年　　　（註2）鹿野嘉昭『藩札の経済学』（東洋経済新報社、2011年）
（註3）松本氏の論文は森山恒雄教授退官記念論文集『地域史研究と歴史教育』（熊本出版文化会館、1998年）に所収
（註4）「八代城焼失」は寛政9年（1797）10月のこと、「八代新地」は四百町新地が文政2年（1819）9月に、七百町新地は文政4年（1821）11月に完成した。

....

≪熊本藩の藩札史料≫

（表紙）
「延享三年寅ノ正月銀札つかいニ付被仰付候御書付写
　　　　　定　　　　　　　　　　　　　　　」

　　　　　覚
① 一去ル丑年［享保六辛丑］より、此次の丑年［延享二乙丑］迄二十五年の間、御国中銀札遣ニ、公義え御願被仰上置候処、最前両度の通用差支、辰ノ年［元文元丙辰］より当分札遣被休置候、其後早速又々通用被仰付筈候得共、段々依故障及延引候、去秋は大分の御損毛ニて、弥以御勝手被差支候ニ付、追ては銀札通用可被仰付候、日限等の儀ハ夫々のしらへ相済次第可及沙汰候得共、前以為心得先相触候、先達て札遣の刻は間違も有之、通用差支、下方致困窮たる様子ニ候、依之今度の儀は後年迄も不及迷惑様ニ、重畳入念、左の通改、致沙汰事ニ候

② 一御国中札遣初て被仰付刻は四十三年以前、宝永元年ニて候［宝永元甲申、文政九丙戌、百二十三年］、此節は熊本其外在町え札座被仰付、金銀銭を札座え持参、札ニ引替通用いたしたる儀候、然処同四年の冬、従公義札遣御停止ニて［同四年 従公義停止セラル］、俄に引替被仰付候得共、根元御不勝手より被仰付たる札遣ニて候得は、引替銀御手当可有之様も無之、漸四歩一引替被仰付、残分は證文を以被渡下、下方難儀仕候旨、尤の儀候

③ 一十五年前子ノ年［享保十七壬子］田作虫入、大凶年付て右の通二十五年札遣被仰付候、此節は札座無之、金銀銭と取交通用被仰付候、然共金銀銭は惣国一統に通用の重キ事候処、御国中計通用の紙札と同前に可有之様も無之、其上他え出申候金銀、相対次第引替被仰付候得共、無支引替可申様も無之、旁程なく通用及難渋候儀尤の儀候

④ 一右の通ニ付て、当分札遣被休置、又々去ル卯［享保廿乙卯］ノ十一月より札遣被仰付、此節は札座相極、金銀銭自由ニ引替被仰付候得共、程なく引替差支、段々札の位悪ク、下方及困窮、又々辰［元文元丙］ノ十月より当分休メ置、当時迄十一年ハ不及其沙汰候、右三度の通用、下方及困窮、引替残の札も干今所持仕候族も有之候ニ付て、此度も通用可致難渋候、然共今度御仕法御改メ被成［延享三寅三月十五日より被仰付、同六月相止］、委敷被仰付事候、惣躰札遣の儀は、上の御勝手支より被仰付儀は勿論の事、後年迄の積を以被仰付事候得共、其御仕法よつて、下方後年迄持こたへ不申、程なく通用差支申たる儀ニ候、御仕法の儀は四十三年前［宝永元］

の通用は銘々所持の金銀銭を札座え持参、銀札に引替、御国中隅々迄も無支致通用候、左候て此方より札を持参、金銀銭に引替儀、訳立不申候ては引替不被仰付候、他国え出し申候金銀銭引替の儀は、支配方え相達吟味の上、訳立候得は引替被下たる様子ニ候、此訳は右の通、御不勝手より不被仰付儀候得は、引替銀は御国中え段々打散り候銀札の四歩一ほとも札座え有之、其分を以、他国え出し申候金銀銭を段々と順能引替、御国中計の通用ハ上より御家中えの御渡方、其外諸色代等に御出し被成、此分は引替銀手当なしの銀札ニて則札遣被仰付、当分の御益ニ成、後年段々と引替銀増候て、終ニは年数を隔てて悉引替被下、下方え少シの損分も御掛不被成筈候得共、初年は四年振に御停止付て、御手筈違ニ成申候、世上ニ打散候銀札の引替銀御手当有之候得は、札替可被仰付様も無之候様ニ、札遣の内は段々虚説も有之、少の儀ニも風説多候得は、必多斗下方無心元、雑説に迷ひ、左様の刻は引替自由候得は、銘々所持の銀札追々札座え持参、時の間ニも金銀ニ振替候覚悟いたし候付て早速引替銀払底、札の通用差支、銘々困窮付て、則卯ノ十一月より被仰付候札遣も通用差支、休メ被置候、尤金銀銭は取交候ては一向ニ通用不致訳候、依之今度の儀は、右四十三年以前の通諸事被仰付、後年少も下方え損分御懸不被成筈候

⑤ 一今度も前々のことく所々え札座被仰付、引替申筈候、此節の御支付て、引替銀の御手当差支候条、唯今ニては余計の御手当は難被仰付候、当秋よりは御手当の次第も及讃談置候、左候て札遣被仰付候日限前以より金銀銭札座え持参、無支札を請可致通用候、此銀高と此度御出被成候引替銀の手当ハ札座え動不申、追々他国え出し申候金銀、無拠分ニ引替可被下候事

⑥ 一当寅ノ年［延享三］より年々御所務の内を以、引替銀御手当被仰付、札の高と同前の銀高ニ相成候上、其刻札を引替被下、又々金銀銭迄の通用可被仰付候事

⑦ 一右の通ニて、少も下方え難儀不仕様、此度は御改メ何事も事を分ケ被仰付儀は、数年打続不作ニて御家中難儀の処、去年は大分の御損毛ニて、御扶持方も差支、御家人の難儀不怪事候、御家中難儀ニて候得は町々も商売も無之、在中も及難儀申事候条、銀札通用被仰付、其外才覚筋旁を以、何とぞ当秋の御所務ニ被押移候様ニ何も打寄、此節は上を御取続ケ申訳ニ付て、後年御甘キ被成候得は、則御国中の甘キニ成候付て、今度の札遣は上の御為と申迄ニては無之、上下持合候て、追ては則四民を御救被成候札遣の道理ニも当り申候、左候て当暮の御所務より右の通段々と引替、銀手当被仰付、終ニは札を金銀銭に夫々引替被下、札遣被差止御議定候、此所町在の者共随分信服仕、通用支不申候様仕候儀、畢竟は銘々の為候条、能々可致了簡候、依之委敷被仰付候事

⑧ 一右銀札の儀、今度新規ニ被仰付候ては、大分の札数隙取、間ニ合不申候条、去ル辰［元文元丙辰、九十年ニ成ル］ノ冬休被置、相納居候札ニ増印被仰付、通用の筈候、右の札今以所持の面々は早々御勘定所え可被差出候、追て引替可被下候、数年休メ被置候札を上より御出被成儀付、銘々所持の札も無減方引替可被仰付候得共、畢竟ハ御勝手支より被仰付銀札の儀て、引替の員数は得度御詮議可仰付候、尤其以前、享保十八年丑四月より卯ノ正月まて三ケ年通用の銀札所持の向々も、一同ニ可被差出候、右何れも二月十日限、御勘定所え差出候ハヽ請取手形相渡置、追て相応引替可被下候、尤二月十一日以後差出分は御取上無之筈ニ候、勿論右の通被仰付候ても、両度の古札囲置、紛敷様子も有之候ハヽ追て吟味の上、可為曲事候

　　但、三分以上の札を前廉も御出し被成候間、此度当分は三分以上可致通用候、追てハ壱分、弐分の札も御出し可被成候

⑨ 一札遣の儀は、前々困窮付て、商売方手広ク仕候者も、今度は取縮メ、漸今日々々迄の儀を札に引替、致渡世候覚悟仕候者も可有之候、右の通後年迄の儀も、堅く御積せ被仰付事候得は、余計致所持候銀札も、則正銀同前ニて候条、其旨相心得可申候、尤今度御出し被成候程の銀札の高程に、後年引替銀御手当の高に至り不申候共、追々作毛宜敷、引替銀段々御手当御引除被仰付候ハヽ、余計所持仕候者の札は、其中ニも段々と金銀に御引替可被下候、尤追々札遣無支順行、今度御出し被成候銀札ニては事足り不申候ハヽ、縦令札を御増候共、増札の引替銀ハ御引除被仰付、第一諸人の難儀を御救被成積ニて候事

⑩ 一右の通、後年下方少の損分も御懸不被成筈候得共、質屋は前々の銀札遣の度々損分も仕候付て、今度も何角疑敷可奉存候得共、如是段々被入御念被仰付事候得は、少も難渋不仕、正銀同前ニ可致取遣候、畢竟下方困窮の砌ニて候得は、質物取の儀は諸人の助に成候事勿論の儀候、右の通上の御勝手向至極御支ニて候得は、夫に応し下方も難儀の訳付て、被仰付候札遣の儀ニて候処、末々及難儀候ては御恵ミの筋も無之候、質物商売の儀は各段の事ニて候条、年々願出候ハヽ及御詮議、少も損分御懸ケ被成間鋪候、尤質物取遣の儀は八木

⑪ 一諸商売右の通不残札を以致取遣、其内八木迄は金銀銭札を以、勝手次第可致取遣候、畢竟八木の儀は大高の商売も仕儀候、札計の取遣ニては他国えの通商かたゝゝ指支可申候、殊更旅詰え被差越候御家人は、八木を金銀払不申候ては難成、別て御参勤の刻は余計の八木被渡下候付て、札ニ払候ては金銀引替候儀差支可申候条、彼是考合て、八木迄右の通被仰付候条、紛敷儀無之様可致取遣候事

⑫ 一御用聞共え被仰付候才覚の儀は、御扶持方米其外、江戸・大坂えの運送のため才覚被仰付儀候条、他国并地廻りを懸、金銀銭を以可致才覚候、其分は当暮の御所務を以、八木・金銀銭ニて御通弁被成筈候、尤時により札をも才覚差上候ハゝ、其分は札を以御返し可被成候、かたゝゝ米の価ハ右の通、金銀銭にても無支様、手広ク被仰付候事

⑬ 一御年貢の内銀納仕来候分は、金銀銭札取交可致上納候、尤其外金銀銭を以上納仕来候分も、金銀銭札を以上納不苦候事
　　　　但津口運上の内、他国者より金銀銭を以取立候分、直に可致上納候、紛敷儀無之様可被取計候

⑭ 一旅人共諸色を持参、札に売払、其札を札座え持参、金銀銭に引替候儀、余計の刻ハ其内米穀諸色を調持帰候様ニ、下方ニて此帳面の趣随分考合、工面可仕候事

⑮ 一他国え出し申候金銀銭引替候儀は、御家人は支配方、寺社・町在は御町奉行・御郡奉行より御役所え被相達、訳立候ハゝ引替可被下候事

⑯ 一鶴崎の儀は他領入交、札遣前廉も指支申候条、此度は彼表の札は先差止被置候、野津原迄銀札可致通用候、彼地え此方より入込候もの、彼地にての遣ひ方は追々可及御沙汰候事

⑰ 一似せ札仕候者有之候ハゝ、見出し、聞出し次第可出、訴人同類たり共其科をゆるし、急度御褒美可被下候、尤似せ札持参の者、札座は不及申、其外にても先押置、支配方え急度可被相達候事

⑱ 右の通委敷被仰付候儀ハ、畢竟先達て札遣の刻、及困窮たる儀付て、被入御念事候条一ケ条々々ニ不審の儀は随分下方心を付、帳向の前後得度考合、通用無支様可仕候、偏に御国民のために被仰付札遣の訳ニ候得は、随分相和キ候て、遠近隅々迄も早々行渡候様可相心得候、尤御横目をも可被差出候条、万一札の儀難渋仕候ものも有之候ハゝ急度曲事可被仰付候、且又札座え罷越引替候もの、前廉ハ強儀ニも相聞え候条、此度は左様無之様ニ、末々迄も可被申付候、以上
　　延享三年寅／正月

⑲　　　　覚
　去秋大分の御損毛付て、当年御勝手向御支被成候、御国の儀は去ル丑年より来ル丑年迄、二十五年の間銀札遣御願被成置候、右の札当分休メ被置候処ニ、此節通用被仰付事候条、在中隅々迄も随分無支、銀札引替通用仕候様可有御沙汰候、委細は別紙帳面の通候間、得斗御披見候て、此趣を以御申渡、帳面下方え可有御渡候、尤八木は金銀銭札取交、商売無支候、其外の雑穀八木ニ紛商売不仕候様、惣躰の締方随分堅相守候様被入御念、御申渡可有候、通用日限は追て可申入候
　　　　以上
　　　月　日
　右銀札通用、寅ノ三月十五日より被仰付、六月迄ニ通用相止候

（別筆、追記）
⑳「尚、銀札寛政四年子年初り、享和の初沢山過、弐匁五分ニ付三分、四分、或五分もつり銭を出候様相成、下方迷惑いたし候砌、預潰として寸志被召上、右預ニ裏書を用、反故ニ成シ上納いたし候を、御焼捨被成候ニ付漸々相減、猶又通用宜敷相成候、其砌ハ余計の引替ハ難被為叶、御家中・町人数を量り被仰付候処、御銀所の御間の口押破候様ニ有之、無拠寸志の事被仰付候、其後猶通用自由ニ相成候処、赤預・黄預・小預と段々御出シニ相成、八代御城焼失跡御作事、八代御新地等、全躰御預ニて出来、他国迄も通用、文政ニ至り甚上下の弁利ニ相成候事」

八代古文書の会 会報 No.25

2012年6月15日　八代古文書の会　発行
〒866-0081　八代市植柳上746-5　蓑田勝彦方

> 「八代蜜柑」の3回目です。1回目はNo.21に献上蜜柑木の「根帳」＝台帳を紹介、2回目はNo.23に今までの八代蜜柑についての研究を紹介しました。今回は八代蜜柑が将軍家へ献上されただけではなく、その他の人々への贈物となっている状況などについて、今まで紹介されたことのない資料をいくつか紹介します。
> また熊本藩内では、八代地区以外でもかなりの地域で蜜柑が栽培されており、商品として出回っていました。特に熊本町に近い小天・河内地区は今も蜜柑栽培が盛んですが、それは江戸時代からのことです。その小天・河内地区の生産・販売についての資料も少しだけですが紹介します。

徳川将軍家への献上品「八代蜜柑」(3)

蓑田　勝彦

八代蜜柑についてはNo.21、No.23にも記したが、その続きを記したい。はじめには、八代蜜柑の将軍家への献上やその他の家々への進上に関する記録を紹介する。続いて熊本藩内でかなりの地域で蜜柑が生産されていた状況や、特に有名な小天・河内地区での生産などについても資料を、少しではあるが紹介したい。

1．八代蜜柑献上の歴史など

(1)『肥後国誌』に見る「献上」の始まり　(後藤是山『肥後国誌』下巻、青潮社、昭和46年復刻、248頁)

「天正十五年 (1587) 秀吉公下向、宮地村悟真寺宿陣ノ時、去年ノ蜜柑ヲ埋蓄持タル弥三兵衛ト云者、鉢ニ盛テ進献ス、……夫ヨリ当地ノ蜜柑、往昔ニ返リ、加藤侯以来、君国ヨリ年々東都ニ献セラレ、大樹公ヨリ亦禁裡ニ献セラレ……」

「豊臣秀吉征西ノ時、大福寺ノ住僧囲ヒ置シ蜜柑ヲ呈ス、……慶長十九年 (1614) 十二月十七日、加藤忠広 高田蜜柑五箱ヲ献ス、……公義又其味甚美ナルヲ以テ朝廷ニ上ラル、是ヨリ恒例トナリ毎歳献上ノ第一トナル……」

『肥後国誌』の記事は、八代蜜柑の献上について記している全ての書に引かれているといってよい記事である。豊臣秀吉が島津討伐に来て八代に宿陣したときに蜜柑を献上したところ、秀吉が大へん喜んだことがきっかけであると記されている。ところで秀吉の八代宿陣は4月のことで、その時期に蜜柑が保存されていたのか疑問であるという説もある。

(2) 細川家 肥後入国直後の八代蜜柑献上　松本寿三郎氏紹介文書 (昭和43年 熊本近世史の会)

「　　　　　　御尋ニ付申上覚

上様ヘ八代の蜜柑、如毎年御進上候ハんと木下右衛門尉様思召、ミかん五百入の箱三拾、三百入の箱三十、以上六拾箱被成御調、両度ニ熊本ヘ被成仕出シ候、此外ハ高田ミかんの分少も取不申、惣別御進上の蜜柑ハ毎年私共御箱ニつめ申ニ付、此度も右の分被仰付候条、彼六拾箱の外ニ蜜柑箱ニ御入被成候ハ、私共ニ被仰付候ハんか、なにとも不仰付候、然上ニハ箱ニ入申たるミかんハ御座有ましきと奉存候、御尋ニ付如此申上候、以上

　　　　　　　　　　　　　　　　　高田郷下豊原村庄や　理右衛門　(花押)
　寛永九年十二月十五日　　　　　　上豊原村庄や　　　五郎右衛門　(花押)
　　　　　　　　　　　　　　　　　奈良木村庄や　　　与三左衛門　(花押)
　　　　　　　　　　　　　　　　　本ノ村庄や　　　　次郎右衛門　(花押)
　　　　　　　　　　　　　　　　　東高下村庄や　　　北右衛門　　(黒印)
　　　　　　　　　　　　　　　　　西高下村庄や　　　理兵衛　　　(黒印)

```
                                                        植柳村庄や　次右衛門　（花押）
                                                        大福寺村庄や　久右衛門　（花押）  」
```
　徳川将軍家へ献上の八代蜜柑を、加藤氏時代にどれだけ献上していたのか、細川氏の肥後入国直後（寛永9＝1632年12月）に調査した時の記録で、役人から尋ねられた高田地区の庄屋たちが8名連名で、蜜柑500入の箱30箱、300入30箱、計60箱を熊本へ仕出したと、答えている。これとほぼ同じ内容の文書が、同月同日に八代町の役人（庄屋・町年寄）たちからも出されている。

(3) 上妻博之『八代蜜柑集』より （熊本県立図書館蔵「上妻文庫」のうち）

　「上妻文庫」は、上妻氏が各種の史料を筆写した史料集であり、『八代蜜柑集』は主に永青文庫の史料から八代蜜柑に関する記録を集めたものである。

①「江戸状の扣」慶安3年（1650）閏10月3日「八代蜜柑目録」より

　公方様（将軍）…500入10箱 但し両度ニ上ル、　大納言様（将軍世子）…500入5箱

　　300入1箱…酒井讃岐守様・堀田加賀様・松平伊豆様・阿部豊後様・朽木民部様・松平和泉様・中根壱岐様

　　300入1籠…稲葉美濃様・安東右京様・松平出雲様・しゆりん殿・おこわ殿・おひこ殿

　　300入1箱…余慶、　500入2籠…御菓子蜜柑

②同上　「二番立の蜜柑指上せ申覚」　慶安3年閏10月15日

　公方様…500入15箱、　大納言様…500入5箱

　　500入1箱…酒井讃岐様・堀田加賀様・松平伊豆様・阿部豊後様・阿部対馬様・朽木民部様・松平和泉様・中根壱岐様

　　500入1籠…稲葉能登様・安藤右京様・松平出雲様

　　500入1箱…酒井河内様・太田備中様・牧野佐渡様・内田信濃様・小出越中様・久世大和様・斉藤摂津様・水野備後様・井上河内様

　　500入1籠…伊丹順斎様・宮城越前様・兼松弥五左衛門様・井上筑後様・神尾備前様・朝倉石見様・曽我丹波様・板倉周防様・平野権平様・田中主殿様

　　500入1箱…天寿院様・尾張大納言様・紀伊大納言様・水戸中納言様・松平陸奥様

　　500入1籠…御藤様　　　　　　500入5籠…余慶 但御菓子蜜柑共に

　　500入1籠…永井日向様　是は築山兵庫より相届候様

　　500入1籠…松平隼人様・稲垣摂津様　是は下村五兵衛より届候様

　　500入1箱…仙洞様・女院様　右御両所様へ いつも500入4籠ほど京都迄差上せ、京都にて桐の箱に入れ差上げ候筈、余りの分はいつものごとく鳳祥院様へ差上げ候へと申遣候

③同上　「三番立蜜柑指上候目録」慶安3年11月2日

　公方様…500入30箱

　　300入1籠…酒井紀伊守様へ・杉浦内蔵允様へ・鏡台院様へ

　　300入20籠…余慶みかん・御菓子みかん　うち10籠は江戸よりの注文前、
　　　　　　　　　　　　　　　　　　　　　10籠は御菓子のため余慶上せ申分

　　500入1籠…余慶みかん　　　　　　近国の御衆へ当年被進候（500宛）予定

〔慶安3年（1650）に献上先がなぜ多いか〕

　　慶安2年12月26日に、2代目藩主＝細川光尚が31歳で死去した。嫡子＝六丸（のちの綱利）は7歳で、その相続が認められるかどうか、はっきりしなかった。藩の重臣たちが幕府関係者へ懸命に働きかけたこともあって、慶安3年4月18日に六丸の遺領相続が認められた。そのため この年に収穫された八代蜜柑は多くの幕府関係者に進上されたと思われる。

④「続跡覧」17-30（上記「上妻文庫」）享保3年（1718）12月17日

「八代蜜柑の儀、…当年は三度の御進上ニて相済候、四度目の御進上ニハ不被及候…向後は最初壱度 前々の箱数ニて御献上可被成候、残三度ニ御献上ニは不被及……（向後は最初一度の御進上だけで）追ての御進上不及由被仰渡候」

⑤同上、「続跡覧」42-59、元文元年（1736）11月15日
　「享保十七子年₍₁₇₃₂₎…御国中作毛虫付損亡皆無程の儀ニて…諸献上等の儀、翌丑₍₁₇₃₃₎正月より卯年迄
　　三ヶ年の間は御用捨被成、蜜柑も御進上ニ不被及旨……」
⑤「続跡覧」43-111（同上）元文2年（1737）12月19日
　（次の通り献上）御本丸へ　八代蜜柑20箱・唐海月1桶、　西御丸へ　八代蜜柑5箱・唐海月1桶
　　300入1籠宛…両御丸　御老中様、松平右京太夫様、両御丸　若御年寄衆様、同御側衆様、
　　　　　　　　竹千代様御側衆様　　京都所司代様
⑥「続跡覧」45-74（同上）元文4年（1739）には
　　御在府の御奏者番衆、大岡越前守、山名因幡守、御留守居衆、大目付衆、御町奉行衆、御勘定奉行衆、
　　長崎奉行、京都御町奉行、伏見御奉行、大坂御町奉行衆　　久我前内府・同大納言・ゆふ姫　など
⑦「新続跡覧」67-78（同上）宝暦5年（1755）11月26日
　　例年…公方様へ20箱、大納言様へ5箱献上仕来候、然処先達て御届仕候通、当夏領内洪水の節、蜜柑
　　木二百本余流失仕、相残候分も痛強、此節不熟ニ付、当年は…公方様へ10箱、大納言様へ3箱、
　　当年は…御残不致進覧候　　　　　　　　　　　　　　　　　　　　　　　　　　1箱は500入
⑧「新続跡覧」68-64（同上）宝暦6年（1756）9月26日
　　公方様へ10箱、大納言様へ3箱（1箱は500入）
　　去年は蜜柑員数12000ほど、当年は17000ほど　江戸へ
○永青文庫「草稿本」1320（熊本市歴史文書資料室蔵「永青文庫」冊子1498）宝暦11年（1761）
　　　献上用の高田蜜柑の木は50箇所に所在しているが、痛木や枯木で実のならない木もある。そのうち
　　17本（12箇所、畝数合計2反3畝3歩）は、今度の「地引合」に際して他の「蜜柑床」に統合してほし
　　い。そうすれば、昼夜見廻りの番人などの手数もへり、百姓どもの勝手もよくなる。
⑨「新続跡覧」78-67（同上）明和元年（1764）12月7日
　　八代蜜柑…時候不順ニて悉病損申候……御本丸へ8箱、西丸へ1箱献上（12月13日）
⑩「新続跡覧」107-20（同上）安永5年（1776）10月21日
　　八代蜜柑…去年　御本丸へ20箱、西御丸へ3箱献上、当年気候不順ニて出来少御座候に付、去年の通り
　　公方様へ20箱、大納言様へ3箱の予定であったが、到着後　病損あり、3箱分相減り　御本丸へ17箱、
　　西御丸へ3箱となる（11月28日献上）。
　　安永6年（1777）は大風雨にて蜜柑木痛み不熟につき、公方様へ13箱、大納言様へ3箱（いずれも500
　　入）　　安永8年（1779）も、7月以来雨降続き不熟のうえ、途中痛み多く、八代蜜柑献上は13箱だけ。
(4)「新続跡覧」115（熊本大学附属図書館寄託「永青文庫」8-3-4-15）安永9年（1780）8月
　　蜜柑献上について幕府へ申請……蜜柑献上の道中は日数がかかり蜜柑は損じやすいし、途中の宿場で人足
　の差支えがあって予定が延びることもあった。八代蜜柑は他の献上品とは違って「格別の御用」の品だから、
　今後は「宿継の御證文人足」で江戸への輸送できるようにお願いしたい。なお蜜柑の重さは35箇で844貫
　900目（1箇=24貫140目）ほどで、筑後国原ノ町から小倉経由、中国路・東海道の駅々継人足でお願いした
　い。　　この申請が認められて、安永9年の献上から、幕府発行の「八代蜜柑宿次御證文」によって江戸へ
　運ばれることになった。
　　・この年の蜜柑は、35箇のうち22箇は「精々撰立」た蜜柑であったが、残りの13箇は「並蜜柑」で「青
　　　ミ勝」であったが献上に支障ないものであった。
　　・「宿次御證文」は、以前から発行されていた「鶴御拝領の節の御證文」と同様のものである。
　　　　「此状箱并鶴壱、従江戸至肥後国熊本細川越中守所え相届、返礼可来候間、於江戸月番老中え急度可
　　　　持参者也」
　　・この證文は「士席」の者が、江戸から国元へ持参するものとする。
　　・蜜柑に付ける荷札の案　　「献上/御用　肥後八代蜜柑
　　　　　　　　　　　　　　　　　　参拾五箇の内　」
(5)「新続跡覧」117（熊本大学附属図書館寄託「永青文庫」8-3-4-18）安永9年（1780）

- 正徳4年（1714）の記録には「細川宣紀の代に 八代蜜柑献上は35箱を1回だけ献上するようにとのことであったが、1度の献上には20箱が限度なので、以前は500入20箱を11月25,6日ころ、500入5箱を12月11,2日ころ、同じ500入5箱を12月25,6日ころ、同じ500入5箱を1月11日と、4回に分けて献上していた」とある。
- 今年（安永9年）は500入35箱を11月4日に熊本から送り出す予定で、筑後国原之町の問屋まで、御音信役などの役人が付添って行き、原之町からは宿次御證文で送り継ぎとなる予定である。
- 今年（安永9年）は、公方様へ500入20箱、御老中様・御側御用人様・若御年寄様へは150入1籠宛、御所司代様へ150入1籠、久我大納言様へ200入1籠、外に格別200入1籠（これは御内々に禁裏へ御進献）の予定。
- 蜜柑は11月13日に熊本出立、14日に筑後原ノ町の問屋着。12月9日江戸着。
  前記以外にも、霊雲院様・隆徳院様 御牌前に150入1籠宛、静證院様御牌前に70入1籠。御前様・若殿様・説姫様へ150入1籠宛。高雲院様・清源院様・御埴様へ100入1籠宛
  ※八代蜜柑は4万2000箇、35箱必要のところ、本年は2万8000箇で1万4000箇不足の見込みである
  （『熊本藩年表稿』p.217、安永9年9月の項）

(6) 「新続跡覧」125 (熊本大学附属図書館寄託「永青文庫」8-3-4-26) 天明元年（1781）
　　・宿次御證文の文章　　　　　「此八代蜜柑三拾五箇従
　　　　　　　　　　　　　　　筑後国原之町至江戸
　　　　　　　　　　　　　　　細川越中守所江急度
　　　　　　　　　　　　　　　可持参者也
　　　　　　　　　　　　　　　　　　　主殿　御印有之
　　　　　　　　　　　　　　　　　　　　　右宿中　　」

(7) 「新続跡覧」132 (熊本大学附属図書館寄託「永青文庫」8-3-5-3) 天明2年（1782）
- 例年は公方様へ500入20箱、西御丸へ同5箱献上のところ、当年は夏中雨降り続き時候不順、8月大雨にて蜜柑不出来につき、将軍家へは10箱（うち御本丸へ8箱、西御丸へ2箱）、両御丸 御老中様・水野出羽守様へ150入1箱宛、若御年寄様へ100入1籠宛、御側衆様へ100入1籠宛、勘定奉行 安藤弾正少弼様へ100入1籠、霊雲院様・隆徳院様・静證院様 各御牌前へ150入1籠宛、御前様・治年公・若御前様・親姫様へ150入1籠宛　　紀州様・水戸様・増上寺大僧正様へは不被進

(8) 「新続跡覧」179 (熊本大学附属図書館寄託「永青文庫」6-3-6-22) 寛政元年（1789）
- 10月14日、八代蜜柑28箇 国許差立て、11月27日献上。 公方様へ500入20箱、 御老中5人へ1籠宛、御側御用人へ150入1籠、若御年寄4人へ150入1籠宛、御側衆8人へ150入1籠宛、京都所司代へ150入1籠、 久我大納言様へ200入1籠、格別に200入1籠（御内々に禁裏へ）、 表御右筆組頭様へ100入籠、 妙解院へ300入1籠、有隣院様へ150入1器、瑶臺院様へ150入1器、親姫様へ150入1器

(9) 「機密間日記」慶応2年（1866）(熊本大学附属図書館寄託「永青文庫」12-2-16)
　　「今度長防御追討ニ付、下関……戦争の街と相成……当年は献上御免」

2．八代蜜柑について その他
  (1) 「屑蜜柑」(「覚帳」熊本大学附属図書館寄託「永青文庫」文3-3-3、文3-2-12)
- 宝暦9年（1759）10月　屑蜜柑2万3000　当年分は御音信所へ付出、相払い候よう
- 同10年（1760）11月　屑蜜柑2万5000　例年は御百姓どもへ被為拝領…、以後は去年の通り御音信所へ
- 同11年（1761）11月　屑蜜柑2万1000　如何程に可被仰付……
- 同12年（1762）10月　屑蜜柑2万3000　以前は所の者へ売払い……
  (2) 「蜜柑木囲の小成木」(「覚帳」同前)
- 宝暦9年（1759）11月…652束、去寅御囲被召置…当年垣廻りに被召使
- 明和2年（1765）12月…蜜柑採方すみ、小成木取除き　583束（1束36本位）
- 同　4年（1767）11月…621束　　同5年11月…586束　　同6年11月…586束（1束36本宛）

(3) 蜜柑の保存…「生置候蜜柑」(「御奉行所日帳」永青文庫 11-7-13) 寛文 7 年 (1667) 2 月 22 日
「八代蜜柑千五百生置候処、くさり 残少ニ成申候、如何可被仰付候哉と、八代御郡奉行衆より被申越候、被召置候ても御用ニ立申候処無之、くさらかし捨り申候も如何ニ候、残候蜜柑被差越候ハヽ、御一門様へ可進由申渡候、相残蜜かん五百六十七、八代より被差越候ニ付、御一門衆中へ被進覚、百十三ハ天岸公へ、百拾五 長寿院殿へ、百十三 おなへさま、百十三 円乗院殿へ、百十三 左京殿御内室へ、右の通被進候事」

3．熊本藩内の蜜柑生産
(1) 熊本藩の蜜柑類生産額…「諸御郡惣産物調帳」(個人蔵) (天保 13 年=1842)

柑橘類 総生産額　325 貫 860 目

五町手永…1 万 5000 俵、代価=銭 120 貫目、1 俵=8 匁　(河内村・白浜村)
小田手永…銭 100 貫目 (小天村)　　高田手永…銭 40 貫目　　河江手永…銭 15 貫目
水俣手永…銭 12 貫目　　砥用手永…銭 5 貫目　　佐敷手永…銭 2 貫 500 目
荒尾手永…銭 2 貫目　　郡浦手永…銭 1 貫 500 目　　松山手永…銭 1 貫目
野津手永…銭 1 貫目
　その他 木倉手永・津奈木手永・南関手永・矢部手永・砥用手永・田浦手永などに少しずつ生産

(2) 河内蜜柑の生産・流通
・蓑田勝彦「江戸後期 熊本町における商品生産・流通の資料紹介」『年報 熊本近世史』平成 7・8 年度、平成 10 年 所収
　熊本城下の段山町の丁頭をつとめる川内屋寿平次は、文政 5 年 (1822) に銭 45 貫目余を「捨方」したとして表彰された。城下町の商人 19 人に貸していた銭 30 貫目余を「捨方」しているが、そのうち 10 人は「蜜柑類など商売」している商人であった。また蜜柑の生産者である河内村の農民 7 人には銭 15 貫目余を「捨方」している。この蜜柑生産者に対する貸金は、実った蜜柑を寿平次に出荷する条件で貸し付けられている。　河内村で生産される蜜柑は熊本町などに出荷・販売されていたこと、生産者と小売商とを結びつける業者も居たことなどが分かる。

・「飽田郡村誌」(明治 10 年)
　河内村では 蜜柑 2030 俵、　小天村は 6000 俵　　(『河内町史』通史編 上、856 頁 平成 3 年)

・『肥後国誌』上、河内村の項 (後藤是山編、青潮社、昭和 46 年復刊、p.134)
　「当村并玉名郡小天村辺、蜜柑・甘蔗多シ、蜜柑ハ里俗貞享 (1684～1688) ノ頃ヨリ植始メ……」

・松村祝男『果樹作と庶民と地域の近代化―河内みかん発達史―』(龍渓書舎、2007 年)
　　・元禄 4 年 (1691)「蜜柑千を壱俵といふ」(p.9)　　・元禄 5 年「(蜜柑) 壱俵五十文程なり」(p.9)
　　・天明元年 (1781) 蜜柑 5～6 匁 (p.12)　・寛政 6 年 (1794) 蜜柑 5 匁 (p.13)　・寛政 12 年 蜜柑上 9 匁
　　・18 世紀末……「商品」としてかなり重要な機能を栽培者の家計経済に果たしていた……(p.14)

【補】(史料メモ)
　○「草稿本」1008 (熊本市歴史文書資料室、永青文庫複製本 1489 冊目) 寛永 9 年 (1632) 12 月
　　・八代蜜柑 1 籠　三斎様へ進上
　　・御音信所として、小倉在の上使衆 3 人へ八代蜜柑 1 鬢籠
　　・上蜜柑 4 万のうち、1 万は谷内蔵亟方より差上げ
　　　　　　　1 万 8000 は上様へ御上候分　但し 1 箱に 300 入り 60 箱
　　　　　　　800 は上の取りあまし　400 入りひけこ (鬢籠) 2 つにして差上げ
　　　1 万 693　上記の 上蜜柑の内より選り出し、中の蜜柑。　但し植柳村・大福寺村 両庄屋に預け置き申候 (12 月 21 日)
　　　木に残分　上蜜柑 1 万 5～6000 ほどに見及申候、　中蜜柑 1 万の内外 右同理
　　　この上中の間にて、蜜柑 5000 ほど三斎様へ進上
　　・上様 (将軍？) へ御進上の蜜柑 60 箱 鶴崎通り可被遣旨 (12 月 24 日)
　○「御奉行所日帳」寛文 5 年 (1665) (熊本大学附属図書館寄託「永青文庫」11-7-11)

- 蜜柑箱……500入り25箱（杉板）、300入り36箱（杉板）、500入り39箱、何れも雑櫃。うち11箱は余慶蜜柑箱なり（10月7日）
- 上り蜜柑 江戸にて詰め直し申につき、せきせうしゆうがひけ2箱宛、一番・二番・三番に差上せ可申由……（10月11日）
- 蜜柑の詰になり申候木葉 より申御用に候間、御長柄衆10人明日より御音信所へ……（10月17日）
- 上り蜜柑木ノ葉 選り申御長柄衆、明日は10人……（10月21日）
- 一番立の蜜柑 明日差立……（10月22日）　・八代蜜柑300入り2籠 急御用の由（10月24日）
- 二番立の八代蜜柑…野津に滞在中の藩主が御覧（11月4日）
- 蜜柑つり申御用に…御鉄炮衆20人申付られ……（11月10日）
- 八代蜜柑取り申御鉄炮衆手伝いに御長柄衆2人……（11月10日）
- 三番立の蜜柑 明日爰元（熊本）へ着、明後日 江戸へ差立……（11月16日）

○「御奉行所日帳」寛文6年（1666）(熊本大学附属図書館寄託「永青文庫」11-7-12)
- 一番立の蜜柑今日八代差立（10月27日）　二番立の蜜柑八代差立（11月10日）
- 三番立の蜜柑……才料の御鉄炮衆ニ……（11月13日）
- 松平讃岐様へ500入り1箱、松平安芸様へ300入り1箱　八代蜜柑一番立にて被遣……（12月4日）
- 爰元より原の町迄郡夫を申付…原の町より小倉迄ハ日用ニて参候様……（12月4日）
- 伊藤権兵衛殿・稲葉内記殿へ八代みつかん被進……（12月7日）
- 妙解寺へ八代蜜柑三百入一籠…泰勝寺へ同一籠被遣……（12月7日）
- 松平讃岐様へ一箱…小笠原右近様へ三百入一箱　八代蜜柑被進……（12月22日）

○「御奉行所日帳」寛文7年（1667）(熊本大学附属図書館寄託「永青文庫」11-7-13)
- 江戸へ余慶蜜柑を送る雑櫃、500入り4つ八代へ（10月5日）
- 二番立の500入りの蜜柑箱14箱のうち2箱は一番立へ、同じく二番立用の雑櫃6箱を一番立に加えること（10月5日）
- 江戸へ蜜柑を送るために、立田山で木葉を拾う荒仕子が3人必要である。木葉は10俵ほど集める（10月9日）
- 蜜柑に詰めるための木葉を洗い選ぶのに、長柄者10人 明日より御音信所へ行くように（10月16日）
- 荒仕子10人、蜜柑の詰になる木葉を選び洗うために御音信方へ行かせる（10月19日）
- 上り蜜柑箱に釘を打つために、大工1人 きり・かなつち・釘を持参して御音信所へ行くように（10月19日）
- 一番立の蜜柑便に、御音信方から 鮎のすし4265　24桶に入れ、8駄にして送る（10月24日）

○「日記」(熊本大学附属図書館寄託「永青文庫」11-3-3 他)
- 元文3年(1738) 12月9日　　(11-3-3)
　　11月11日 御国元差立…12月3〜4日ころ江戸着、　20箱 1200入り、13箱 1200入り
- 延享3年(1740) 10月3日　　八代蜜柑御進上拵方…於白金御屋敷　　　　(11-3-8)
- 宝暦4年(1754) 11月17日　　一番の八代蜜柑 今日着 33棹 878貫400目　　　(11-4-4)
- 宝暦5年(1755) 10月20日　　八代蜜柑拵方…今年は竜口屋敷で　　　　(11-4-5) ⑤1
- 宝暦5年11月8日　　八代蜜柑 大坂着、貫目改　御国で211貫目　大坂で208貫800目 (11-4-5)

○「江戸機密間日記」(熊本大学附属図書館寄託「永青文庫」12-3-10 他)
- 天明7年(1787) 11月25日　　八代蜜柑28箇　江戸着、(10月21日 国許差立)　　(12-3-9)
- 寛政元年(1789) 11月13日　　八代蜜柑28箇　江戸着、(10月14日 御国差立)　　(12-3-10)

○「日記」(熊本大学附属図書館寄託「永青文庫」11-5-8 他)
- 嘉永4年(1851) 8月5日　　八代蜜柑宿次御證文（35箇）引渡し　　(11-5-8)
- 嘉永6年(1853) 7月28日　　宿次御證文、当年は御本丸だけ 28箇の御證文。　(11-5-11)
　　　　　　　(10月26日熊本発、11月26日江戸着)　　　　　　　(11-5-11)

八代古文書の会 会報 No.26	2012年7月10日　八代古文書の会　発行 〒866-0081　八代市植柳上町746-5　蓑田勝彦

　今回は「八代の殿様」松井章之の江戸参府中の記録を紹介します。章之自筆の参府日記が、天保12年のものと安政3年のものと二つ残されています。それには道中の様子が記されており、いずれも既に紹介されていますが、章之が江戸に滞在中どのような生活をしていたか、などについては全く不明でした。
　熊本大学附属図書館に所蔵されている松井文庫の史料の中に、章之の安政3年の参府の江戸での記録が詳しく記されていましたので、今回はその内容の概略を紹介します。

「八代の殿様」松井章之(てるゆき)の江戸生活（安政3年）

蓑田　勝彦

1．松井章之の参府（江戸旅行）

　松井家は、熊本藩の筆頭家老家で知行は3万石、八代城を預けられた大名なみの存在であり、また徳川将軍家からも上方（山城国など）に173石余の知行地を与えられており、将軍の直臣でもあった。そのため自家の代替り、将軍家の代替りには、参府（江戸に行くこと）して将軍に御目見えすることになっていた。松井章之は松井家第10代目の当主で、天保12年(1841)に参府して12代将軍徳川家慶に御目見え、また安政3年(1856)には13代将軍家定に御目見えしている。

　章之は大変筆まめな性格で、毎日 日記をつけていたようで、数冊の日記が残されている。この天保12年と安政3年の江戸旅行についても章之の自筆の日記が残っており、天保12年のものは『松井章之の江戸旅行日記』として本会で出版しており、安政3年のものは本会報No.10にその概要を掲載している。

　ところで、この安政3年の松井章之の江戸旅行については、熊本大学附属図書館所蔵の「松井文庫」のなかの「日記」に章之の江戸への旅行、江戸滞在中のこと、江戸から八代への帰国の事など、章之の旅行関係の一部始終に関係する記事が掲載されている。それらのうち、章之の江戸滞在中のこと、帰国途上のこと関することのなかから、主な記事を以下に紹介したい《「江戸日記」安政3年（熊本大学附属図書館所蔵「松井文庫」2304）》。

2．江戸滞在中の記録

　松井章之は、安政3年（1856）3月11日に八代を出発、同年4月25日に江戸に到着。はじめ「白金屋敷」（細川家中屋敷）に居住したが、5月26日に「木挽町屋敷」（銀座のすぐ東側）へ移った。6月1日に今回の参府の最大目的である将軍＝徳川家定への「御目見」をすませ、同11日に江戸城に登城して「御暇」（帰国許可）の命をうけたが、その後も10月中旬まで江戸に滞在した。この滞在中は原則として龍口屋敷（上屋敷）に出勤して家老としての公務を勤めたが、よく「御忍」で外出して山王社の祭礼や両国の花火を見物したり、また「所々御見物」に出かけたりしている。

　9月18日には江戸をたって「相州警備」の視察に出かけている。相州警備というのは、ペリーの来航以後、幕府が江戸の警備を厳重にし、江戸湾の出入口などの警衛を諸藩に担当させたとき、熊本藩も三浦半島での警衛にあたったことをいう。章之は熊本藩の警衛の状況を視察しに行ったのである。ついでに鎌倉・江の島など見物して江戸に帰っている。

10月15日に江戸を出発して帰国の途についた。11月11日には上方知行地の山城国の神童寺村を、同14日には同じく和泉国の尾井村を訪ねている。上方知行地の「高」は2ヵ所合せて173石余であるが、江戸参府の機会を利用してその地をたずねた。京都・奈良では名高い史跡などを見物したりしている。
　この白金屋敷（中屋敷）に滞在していたときのものと思われる間取図が同史料に載せられており、貴重な資料として最後の所に紹介しておきたい。白金屋敷は、現在の品川駅の北方、泉岳寺の近くにあった。赤穂浪士はこの藩邸に預けられていた。

〔5月の記事〕

「龍口屋敷」へ出仕…1・4・5・9・10・12・14・15・17・19・21・23・25・27・28・29日

5月9日　夕方、蓮性院・鳳台院が龍口へきて、松井章之を饗応（江戸一番の座頭をよび、三味線を御馳走）

　　※蓮性院…前藩主 細川斉樹の室。　鳳台院…藩主 細川斉護の世子であった慶前（嘉永元年＝1848年、23歳で死去）の室

　　11日　御忍で外出、　　13日　4時分より御忍で外出、　　16日　夕方 西洋銃の調練を庭内で御覧
　　18日　御忍で御門外へ、　　22日　御忍で外出、　　24日　大木舎人同道、品川沖の御台場へ

　　　　　　　　　　　　　　　　　　　　　　　　　　　※大木舎人…家老、この時は江戸に駐在

〔6月の記事〕

「龍口屋敷」へ出仕……1・5・6・8・9・10・12・15・16・17・19・23・25・27・29日

6月1日　龍口へ出仕後、江戸城へ、将軍に御目見え
　　2日　夕方脇方へ、　　3日　4半頃より白金屋敷へ、蓮性院・若御前・鳳台院へ挨拶
　　4日　蓮性院に召出され、9半頃より白金へ、御料理頂戴（太守も白金へ）、　　7日　昼頃より脇方へ

　　※若御前…細川慶前（のち韶邦）の室＝峯、一条左大臣忠香の養女　　太守…細川斉護（文政9＝1826より藩主）

　　11日　6時頃 御忍で龍口へ、半上下に着替え、5半時頃より本行列で江戸城へ登城、御暇下さる。
　　15日　三王社祭礼、通し物御覧として今暁7時の御供揃で銀座2丁目の村田屋へ、例刻出仕、
　　　　　帰りになお又 村田屋へ、通し物御覧、　※三王社（山王社）…日枝神社、千代田区永田町にある。この祭
　　　　　礼は、神田明神の祭礼とともに「天下祭」として有名。
　　17日　出仕、帰りがけ八丁堀屋敷で塗亀様に会う、塗亀様御住居へ行き夜に帰る。

　　　　　※八丁堀屋敷…新田藩（支藩、3.5万石）の屋敷、有楽町の東で佃島の西の所。
　　　　　※塗亀様…松井分家の松井典礼のこと、松井章之の伯父にあたる（先代＝督之の実兄）、家老、安政3年1月に隠
　　　　　　居して塗亀と号した。

　　19日　暑気につき御機嫌伺いとして龍口へ、
　　20日　出仕後、御下りより柳原へ　　※柳原…両国の東、錦糸町付近、細川家の分家 細川玄蕃頭の屋敷？
　　21日　4半時分より白金屋敷へ、　　22日　4半時分より脇方へ
　　23日　一橋様へ御出、龍口へ行き、惣御供は返し、御忍……。
　　24日　川口へ大砲鋳立御覧に遠乗　　※川口…埼玉県川口、鋳物業で有名、熊本藩の大砲も製造。
　　25日　夕方 脇方へ、　　　　26日　妙解院へ参詣。

　　　　※妙解院…北品川にある東海寺（臨済宗）の塔頭であった。いま熊本藩主や宇土支藩 藩主の墓などが残っている。

　　27日　退出より大木舎人の御小屋へ、それより脇方へ、
　　28日　両国橋辺で花火につき、夕方8半時分より御忍……。
　　30日　能登守様より御招き、晩4半頃帰座。　　※能登守…新田支藩の当主、細川利用

〔7月の記事〕

「龍口屋敷」へ出仕……1・3・5・6・7・8・9・10・12・13・15・16・17・18・19・21・23・24・25・26・
　　　　　　　　　　28日（22日は白金屋敷へ）

7月1日 今夕 霊岸島永秀亭にて御留守居衆などを饗応、　　2日 夕方 舎人様・典礼様らと酔月楼へ

　　4日 夕方より脇方へ、　　6日 夕方 目黒方へ遠乗、

　　7日 夕方 深川方へ御忍……。　　※深川には新田支藩（3.5万石）の抱屋敷がある。

　　14日 昼すぎより妙解院へ参詣、　　15日 出仕、それより白金・大崎両御殿へ、それより御忍で目黒方へ、

　　25日 夕方 御忍で所々御見物、　　29日 夕方より脇方へ、

〔8月の記事〕

　「龍口屋敷」へ出仕……1・3・5・6・7・8・10・13・15・19・21・25・29日

　8月2日 脇方へ、　　4日 白金屋敷の御庭で柳生流剣術御覧（殿様も御出）、　　6日 出仕、のち脇方へ、

　　8日 出仕、夕方より玄蕃頭様方へ、　　15日 出仕、夕方両国方へ、湊川八幡社参詣、

　　　　※玄蕃様…細川家の分家、谷田部藩（茂木藩）の藩主＝細川興貫

　　16日 大木舎人・松井典礼・長岡与三郎らと茶屋で寄合、　　22日 夕方 両国方へ、

　　24日 佐渡様 表海間で御相伴、　　25日 出仕、のち亀井戸天満宮祭礼に参詣、それより両国方へ

　　26日 6時分より八丁堀へ、のち龍口屋敷へ、のち白金屋敷へ、

　　28日 木挽町御屋敷に居住の御供方 白金屋敷へ引移る、　　29日 出仕、夕方所々の破損所を見物、

　　晦日 4時過ぎより脇方へ、

〔9月の記事〕

　「龍口屋敷」へ出仕……8・9・12・14・15・17・25・27・28・29日

　9月5日 今日より龍口屋敷の物見下の御小屋へ引移、

　　7日 昼 太守の御召あり、表海間で御酒頂戴、御料理頂戴、御馬拝領、　　11日 夕方 脇方へ御忍で…、

　　12日 出仕、夕方 御忍で御出（柳原へ）、　　13日 御目見につき奥へ召され、夕方より御殿へ、

　　14日 夕方 脇方へ、　　15日 出仕、夕方 大木舎人を同道、翁庵（茶屋）へ、

　　　（相州の御備場へ18日に出発の予定、大津屋が世話、造用銭不足で仙波太郎兵衛に才覚）

　　　　※大津屋…江戸の熊本藩御用達、熊本で製造された蝋の販売などのほか、細川家の参勤交代の旅の世話なども行う

　　　　　仙波太郎兵衛…熊本藩の江戸御用達商人の中でも最も有力な商人、「役員蹟覧」13下によれば、彼には1000石と145

　　　　　　人扶持、仙波太郎助にも毎歳米20俵、怜＝栄助に10人扶持、その他手代2人にも扶持米が与えられている。

　　18日 6時の供揃で相州大津へ出立（御供14人、＋2人）

　　19日 程ヶ谷を5時発、金奈沢で昼休、乗船、夜5半時ころ大津へ着、止宿、

　　20日 御台場巡覧、炮術打方御覧、　　21日 浦賀巡覧、

　　22日 江戸へ向かう、鎌倉見物、江ノ島廻り、同所止宿、　　23日 江ノ島御覧、神奈川止宿、

　　24日 程ヶ谷発、夕方 江戸帰着、　　26日 夕方 御忍で脇方へ、

　　晦日 朝5時過ぎより遠乗で目白台へ、

〔10月の記事〕

　「龍口屋敷」へ出仕……1・3・7・8・9・14　（15日に江戸を出発して帰国へ）

　10月1日 夕方 脇方へ、鋼之助様方にて御離盃、　　2日 夕方 脇方へ、

　　　　※鋼之助様…新田支藩主＝細川利用（能登守）の養子、安政3年（1856）7月に支藩主となる。

　　3日 出仕、御能拝見、　玄猪につき夕方 御謁、御祝儀、　　4日 馬で細川渡様へ御暇乞へ、

　　5日 5半時の供揃で乗切で大崎御殿へ、鳳台院様へ御離盃、

　　　のち白金屋敷へ、蓮性院様・若御前様へ御離盃、　帰りがけ 愛宕下の分部様へ、御夜食振舞い、

　　　　※愛宕下…増上寺のすぐ北に愛宕神社がある。

　　　　　分部氏は近江大溝藩主、2万石。章之の先々代＝徴之の養母（営之の後妻）は分部氏の娘。

6日　妙解院 参詣、帰りがけ 八丁堀の塗亀様方へ、

　　のち翁庵で大木舎人・塗亀様、その他 御用人・御小姓頭・御中小姓頭などより御離盃、

7日　朝6半時過ぎ 余程の地震、殿様も走り出なられ候、朝御膳後 出仕、

11日　御忍にて金剛太夫方へ能御覧として4半ころより御出、帰りがけ 渡様同道、戸田央様（旗本）宅へ

　　（帰国の出発日を、14日にすべきか、15日にすべきかを、天文学師範＝甲斐多喜次へ問う）

13日　帰国の際、杉谷市太郎と能師両人を伴うこととする

　　　※杉谷市太郎…絵師＝杉谷行直の子、のちの杉谷雪樵。松井章之の参府に随伴し各地の風景をスケッチしたことが、章之の参府日記に見える。その時に製作された「道中風景絵巻」全12巻が松井文庫に蔵されている。

14日　出仕、帰りがけに大木舎人の小屋に暇乞へ、晩6半ころより柳原へ、なお白金屋敷へ、

3．江戸出発、帰国へ

10月15日　朝5時の供揃で白金目黒長屋を出発、帰国へ、品川で昼休、大森辺より提灯、夜5時ころ川崎着、

16日　暁7時の供揃で6時ころ川崎発、藤沢止宿、　　17日　小田原止宿、　　18日　箱根止宿、

19日　吉原止宿、　　20日　府中止宿、　　21日　金谷止宿、　　22日　見附止宿、　　23日　舞坂止宿、

24日　吉田止宿、　　25日　岡崎止宿、　　26日　宮 止宿、　　27日　御忍で佐屋廻り、桑名止宿、

28日　亀山止宿、　　29日　水口止宿、　　晦日　大津止宿、

〔11月の記事〕

11月1日　暁6時前発、蹴上茶屋で昼休、三条橋詰で昼休、熊本藩の京都役人や御用達などが出迎え、

　　　　※蹴上…東海道が峠を越えて京都に入る所。南禅寺がある（松井家初代＝松井康之は南禅寺聴松院に葬る）

　　昼食後 一条様へ御逢、諸方へ進物、（泉州の知行所入部は 帯刀11人、下方12人とす）

2日　諸方廻勤の筈のところ、昨夜半より風邪ぐあい、　　3・4・5・6日も風邪、

6日　城州知行所の 神童寺村の庄屋忰来る、（大坂よりの飛脚来る、江戸で造らせた太刀が着坂と）

7日　大坂よりの飛脚来る、　　8日　廻勤（京都町奉行・京都所司代・京都御代官・久我様）

9日　廻勤（七条三位様・吉田三位様・天授庵・南禅寺・聴松院）

10日　朝5時過ぎより御忍歩行で、祇園・清水・大仏堂・……、長池の在町に止宿、神童寺村庄屋ら来る、

11日　長池発、神童寺村庄屋の案内で知行地へ、金剛蔵王院に入る、　奈良町垂井に止宿、

12日　春日又左衛門并町人案内者の御供　御忍で、春日社・東大寺・興福寺・三笠山……、旧跡見物

13日　記述なし　　14日　6時の供揃　御忍で泉州の知行所＝尾井村へ、庄屋宅へ止宿、

15日　大坂へ帰る、　　16日　尾井村の庄屋 お礼に罷出る、

17日　大坂9時ころ発、十三川まで本行列、そこから御忍で中国路（御供は船に乗組む）、西宮止宿、

18日　大倉谷止宿、　　19日　御着止宿、　　20日　御供の棒頭 山本吉兵衛宅（播磨の山田村）へ入る、

　　御供中へも馳走あり、　少し離れた大津屋重五郎宅へも入る、御供中へも饗応、片嶋止宿、

21日　片上止宿、　　22日　板倉止宿、　　23日　矢懸止宿、　　24日　尾道止宿、

25日　奴田本郷止宿、　　26日　西条四日市止宿、　　27日　海田市昼休み、広島を過ぎ、廿日市止宿、

28日　船を雇い宮嶋参詣、引き返し、久波の駅に惣供 待ち居り 合流、関戸止宿、

29日　岩国へ、錦帯橋を見る、花岡止宿、

〔12月の記事〕

12月1日　この2〜3日 山道の険阻の所ばかり通る、浮野市で鋳物師＝吉武伊三郎罷出る、

2日　小郡昼休、舟木止宿、　　3日　赤間関止宿、　　4日　藩の船＝福寿丸に乗り小倉へ、黒崎止宿、

5日　小嶽昼休、内野止宿、　　6日　松崎昼休、府中止宿、

  7日　羽犬塚より歩行で元石観音へ参詣（惣供は瀬戸で昼休、原の町で待つ）、南関 木下初太郎宅へ止宿、
   （国境より在小頭両人 棒を突き御先を払う）
  8日　山鹿昼休、植木御茶屋止宿、

5．熊本着、八代へ

  9日　御馬毛（みまげ）で社内に、知行所の一領一疋など 遠在居住の家来どもが、仮屋を設けて出迎え、道筋
   に侍衆や各所の使者などが出迎える、4 時過ぎ熊本屋敷へ着、程なく御花畑へ罷出、若殿様へ御機嫌
   伺い、二の丸へも伺候、夕方 一日亭で寄合
  10日　熊本発、暮れ前 小川御茶屋止宿、　　11日 八代へ、松馬場・大曲あたりから出迎えの人々が並ぶ、
   新町・宮の町・二之町・本町・大手口を通り、八代城に着城、

6．御供人数・荷物など

 【御供人数】松井章之の江戸滞在中の江戸屋敷図をみると、この時に章之に随従した家臣たちの部屋ががどの
 ように割り当てられていたかが分る。「本小屋内」というのは、後掲の部屋割図に記されているもので、
 それ以外にも「下小屋」5ヵ所に分かれて身分の低い人たちが割当てられており、合計すると94人となるが、
 これは章之の道中の人数と同じではないと思われる。江戸に到着後まもなく帰国した家臣もいたと考えられ
 るし、道中には荷物を運ぶために多数の人夫が同行していたと思われる。

  ①住居割り（これは予定の部屋割、後掲の部屋割図とは合致しない）
  物書根取　1人・物書1人、　　取次2人、　　医師1人、　　近習10人、　　納戸役3人、
  台所役人2人・下々2人、　　次坊主并代役とも3人、　　駕役1人・歩小姓7人、
  馬役1人・仲間2人・馬1疋、　手廻小頭2人・下々9人、　　以上 本小屋内
  下小屋1ヶ所…供頭 1人・若党6人・下々3人、　　下小屋1ヶ所…小姓頭3人・若党2人・下々3人
  下小屋1ヶ所…目附役1人・手附1人・下々1人、　　下小屋1ヶ所…勘定方役人3人・下々2人、
  下小屋1ヶ所…足軽11人・下々10人　　　　　　〔以上総計　94人〕

  ②身分で分けると
  供頭　1人、給人并中小姓　28人（うち1人医師）、歩行段并足軽　33人、又者　8人、
  下々并又供ともに29人

  ③道中御供（道中は、いつも全員が行列して一緒に歩くのではない。最低12人が章之のすぐ側について歩いた）
  松井兵庫・川上源吉・小川宅平・魚住俊太・三宅平八郎　うち両人、
  松村見龍・馬場儀右衛門・御近習組脇両人　うち1人、　　御近習6人　うち3人、
  御駕番1人・歩御小姓8人　うち4人、　　御次坊主両人　うち1人、
  御手廻小頭1人・御供使番両人　うち1人　　〔道中は、最低12人が松井章之の御供に居る〕

 【荷物】熊本藩の筆頭家老であり、3万石の大身である松井家の格式を示す多くの「道具」が、松井章之の行
 列とともに江戸へ往復したと思われる。つぎのような品々が記されている。

  台弓　1飾、　具足篭　1棹、　差物箱　1ッ、　鑓　5本、　長刀　1振、　簑箱　1荷、
  駕　2挺、　長柄傘　1本、　鉄砲小筒　14挺、　矢箱　1荷、　用箱　2荷、
  茶弁当　1荷、　刀箱　1棹、　長持　3棹、　茶道具　1荷、　台所挟箱　2荷、
  合羽掛　5荷、　供鑓　23本、　供長刀　1振、　小長持　1棹、　供具足箱　7荷、
  供駕　13挺、　供挟箱　10荷、　筆筒　2棹、　供笠籠　1荷

7．道中心得

江戸へ出発するにあたって、御供の面々への心構えが伝えられた。18項目にわたっており、全文は紹介できないので、簡略化して紹介したい。

- 道中で「船渡」がある所は、小姓頭などで話し合って、一人ずつ交替で行って、川越などについて支障がないように手配すること。
- 小姓頭のうち一人ずつ交替で、その日その日の御先番を勤めること
- 大名や旗本の行列と行きあったときは、除けて通ること。除ける事が出来ない場合は、乗馬の者は下馬すること。
- 喧嘩口論など無いようにすること。もし違反した場合は、理由のいかんを問わず、はじめに仕懸た者が悪いとして処罰する。
- 道中で荷物を盗み取ろうとする者を見つけた場合、すぐに討果したりしないで、できるだけ逮捕するようにするようにすること。
- 通行中に、喧嘩その他の事件があっても関わらないこと。御供の行列を乱さないで通行すること。
- 酔っぱらったり大声で騒いだりしないこと。
- 江戸で、もし逃げ出そうとしている者を見つけたら、すぐに報告すること。
  （江戸滞在中に屋敷を出て、そのまま行方不明になるものも多かった。会報No.5参照）
- 博奕またはそれに類似のことをした者は処罰する。
- 江戸滞在中、外出する場合は上役の許可を受けて、松井兵庫（御供の責任者）に報告がすんだ上で外出すること。
- 土産は、親子兄弟や特別身近かな親類に限ること。その外は一切無用である。師弟の関係や親友の交際など余儀なくして餞別などを受取らないようにすること。

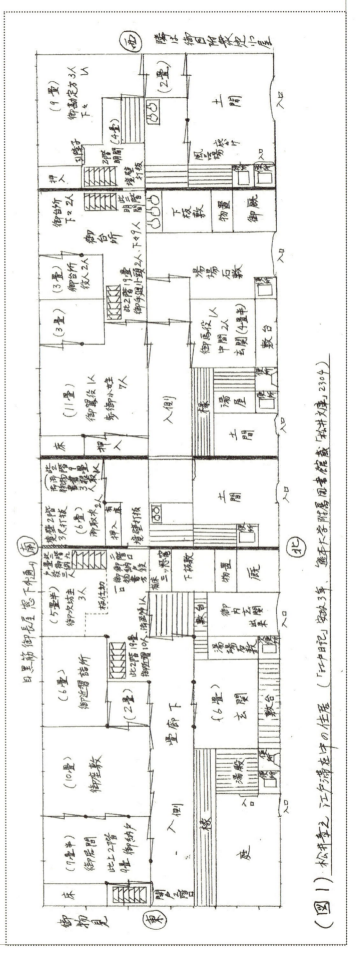

（図1）松井章之 江戸滞在中の住居（「江戸日記」文政3年、鹿本大学附属図書館蔵「松井文庫」2304）

八代古文書の会 会報 No.27	2012年8月10日　八代古文書の会　発行 〒866-0081　八代市植柳上746-5　蓑田勝彦方

> 　熊本藩筆頭家老家の10代目当主=松井章之は、大変筆まめで、毎日 日記をつけていました。いまも何冊かの日記が残っていますが、今回はそのうち天保12年1月から4月までの日記を紹介します。同年4月7日から、将軍に御目見するための江戸旅行に出発しますが、これはその前日までの日記です。紺色の表紙をつけた小型の日記帳で、分量の関係で3回に分けて紹介する予定です。

≪史料紹介≫

「松井章之日記」（天保12年1月～4月）―その1―

蓑田　勝彦

　熊本藩筆頭家老家の松井家の当主は、わずか173石余ではあるが将軍から知行地を給される徳川家の直臣でもあった。そのため将軍家の代替わり、自家の代替わりごとに江戸へ参府して将軍に御目見することになっていた。10代目の松井章之も、天保12年（1841）と安政3年（1855）に江戸へ行き、将軍に御目見しているが、その時の日記が今も残されている。安政3年の参府については会報10号にその概要を紹介し、その時の江戸滞在中の状況についても、会報26号に紹介している。

　また天保12年の参府については、本会の30周年記念誌『松井章之の江戸旅行日記』に、章之自筆の旅行中（八代～江戸）の日記の全文を紹介している（2008年10月発行）。今回紹介するのは、その天保12年の参府の直前の自筆日記である。前年の11月に9代目の義父=督之（実兄）が死去したために、章之がその跡を継ぐことになった。章之は天保3年（1832）20歳の時に家老になっており、督之とともに藩政を担っていた。義父の死後、松井家の当主としての活動はすぐに開始したと思われるが、1月1日の記事に「未タ家督等不仰付」とあり、藩主=細川斉護から家督を「仰せ付けられ」たのは1月25日で、3日後の28日に八代城に「入城」した。そして4月には、将軍に御目見するために江戸へ向うのである。本日記にはその前後の緊張した日々の状況が記されている。

　前記の旅行中の日記にくらべると全体的に整った字で書かれており、書き直しもほとんど見られない。割註の部分はちょうど2行に形が整えられており、もしかしたら一回下書きして書き直したのかとも思われる。この日記は4月6日で終わっており、その翌日からのことは『松井章之の江戸旅行日記』に続いている。

[凡例]
- 原本の大きさは12.8cm×19.1cmで 厚さは6.5mm、表裏の表紙を除いて39枚の用紙が袋とじにされており、そのうち最後の2枚は白紙となっている。　・日付の前の〇印は朱筆である。
- 利用の便を考えて読点（,）・並列点（・）を適宜付した。　・闕字・平出は空白を設けなかった。
- 漢字 かな とも通用の字体を用いた（處→処、鶴→鶴、署→略、扣→控、而→て、者→は、江→え、連→れ など）。
- 割註は2行にせず、＜　＞の中に小さな文字で一行に記した。
- 子共（子供）、性名（姓名）、求广（球磨）、義（儀）、相拶（挨拶）などはそのままの字を使用した。
- 翻刻に際して加えた説明は（　）の中に入れた。
- 虫食いなどで判読できない文字は大体の字数を考えて□□□などとした。

（表紙題箋）

「　日記　　天保十二年正月元日ヨリ
　　　　　　同年四月六日迄　　　　」

　　　　天保十二年丑ノ正月元日よりの記事
　　○正月元日　晴
一太守様御在国、其外上々様益御機嫌能被遊御超歳、奉恐悦候事
一某共何れも無事ニ致越年、例年通の規式一座ニて祝候事
一当年頭の儀は未タ家督等不被仰付候ニ付、礼式等は先ツ見合置、追て家督の上、一同ニ礼式等受ケ候筈ニ候事
一熊本御花殿えは御礼の使者ニ、松井九郎左衛門差出候事
一当年の儀□何事も表向の手数の規式は、家督迄は畳置候、尤内輪の規式等は相□儀無之候事
　　○二日　曇
一無記事、右同断
　　○三日　曇
一無記事、右同断
　　○四日　晴
一無記事、右同断
　　○五日　晴後曇、雪
一無記事、右同断
　　○六日　晴
一無記事、右同断
　　○七日　晴少々曇　雪雨少々
一無記事、右同断
　　○八日　雪少々降ル
一無記事
　　○九日　晴

<「日記」の書出し部　(右上は はずれた題箋)>

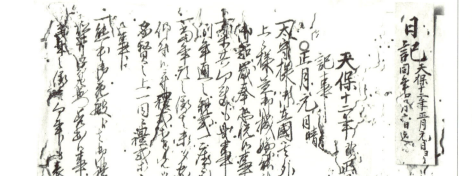

一御代々様御入城前ニは神宮寺□□被仰付、小書院御上段ニて大般若経修行被仰付ニ付、此節も右の見合を以て今日同所ニて神宮寺并院主等被罷出修行有之、某初いつれも致拝候事
一若殿様去十二月廿六日初て、以上使斉藤左源太様、御鷹の雁被遊御拝領候段、御到来有之候趣、同席中より知せ来り候事
　　○十日　曇
一例年の通り児ノ宮祭礼有之候、尤未タ家督等も不被仰付□□候ニ付、音楽囃子は無之、其趣は神前□□□□申上相止メ候、其外は例年の通り無滞相済候事
　　○十一日　晴、尤昨晩雪降ル、今日五寸位積ム
一今日具足の餅祝の儀は未タ家督不被仰付候事ニ付、差延置候事
一家督の儀は来ル十五日比可被仰付御模様の段、佐弐役中より内□□□越候ニ付、左候へハ十三日より可致出府段申付置候、尤表向申付候儀は、同席中より召帖被仕出候上申付候筈ニ候事
　　○十二日　晴
一家督の儀は昨日の控ニ有之通りニ候処、今日迄は表向同席中よりの御達も無之、いつれニ今日ニも熊本より御達ニ可相成、左候へハ今晩明日ニも爰元えは可相達候間、とても夫よりの手数□□は出席も難相成候間、明日迄は出府の儀は見合、明後日出府の方え内輪申付置候事
　　○十三日　曇
一今朝熊本より左の通り
　　一筆致啓達候、貴殿儀御用有之候間、来ル十五日御花畑え被罷出候様被仰出候条、被奉得其意、麻上下着
　　　十五日四ツ時分可有御出候、恐々謹言
　　　　正月十二日　　　　　　　長岡監物
　　　　　　　　　　　　　　　　　性名判

　　　　　松井式部殿
　右の通御達有之候間、御請の儀は直ニ右筆所より取計、弥以て明日より出府の儀申付候事
一今晩夜半ニ猶熊本より左の通り
　　　　　貴殿儀御用有之候間、明後□御花畑え被罷出候様、被仰出置候処、少御風邪気ニて難被遊御出座候ニ付、
　　　　　明後日は御延引、追て可被為召旨被仰出候条、可被奉得其意候、以上
　　　　　正月十三日　　　　　　長岡監物
　　　　　松井式部殿
　右の通り申来候ニ付、明日よりの出府ハ猶延引申付、追て熊本の御模様ニ応し出府の儀申付候筈ニ候事
　　　〇十四日　晴
一今日の左義長は未タ家督等も無之内の事ニ付、臥せ焼キニ申付、勿論家中の馬乗方も無之候事
　　　〇十五日　晴
一無記事
　　　〇十六日　晴
一無記事
　　　〇十七日　晴
一助彦儀当年十七歳ニ付、今日表居間ニおいて某自手前髪を取遣し候、左候て麻上下一具遣シ候事
　　　〇十八日　晴
一無記事
　　　〇十九日　曇、雪少々積ム
一無記事
　　　〇廿日　晴
一無記事
　　　〇廿一日　終日雪
一今日熊本より早打着、某家督の儀も来ル廿五日被仰付御模様の段、佐弐役中より知候由ニて申越候間、廿四日
　比より出府の段、内輪申付置候事
　　　〇廿二日　晴
一無記事
　　　〇廿三日　晴
一今朝熊本より左の通り
　　　　　一筆致啓達候、貴殿儀御用有之候間、来ル廿五日御花畑え被罷出候様被仰出候条、被奉得其意、麻上下着
　　　　　廿五日四ツ時分可有御出候、恐々謹言
　　　　　　　　　　　　　　　長岡監物
　　　　　正月廿二日　　　　　　性名判
　　　　　松井式部殿
　右の通り御達有之候間、御請等は右筆共取計、弥以て明日より致出府候段申付候事
　　　〇廿四日　晴　　熊本
一今暁七ツ半時の供揃ニて地の行列ニて出府、御広間えは御番頭初、惣御城附中見立出方有之、五ツ時分出立ツ
　致し、今日は御広間玄関より出立致し、御家中の見立も有之候、八ツ時分豊福え着、無程同所出立、夜五ツ時
　分熊本屋敷え致着候事
一着後無程典礼様・内匠・熊人・武・豊記御出ニ相成候ニ付、鳥渡吸物差上、九ツ時分御帰りニ相成候事
　　　〇廿五日　晴、後曇
一今日某御花畑ニて御用有之候ニ付、四ツ時分麻上下着罷出候様ニ御達ニ付て、五ツ時過より致出仕候処、家督
　無相違被仰付、従公義の御知行も無相違被下置、八代御城をも不相替被遊御預旨、諸事先規の通被仰付、直ニ

家督の御礼、其外諸事先規の通無残処被仰付、難有仕（仕合ヵ）候事＜委細は別記ニ有之候間略シ候事＞
一御判物は未タ本書江戸より着無之候ニ付、先□を下置候事＜委細ハ別記有之候間略シ候事＞
一下りより監物初メ同席中不残被参、大御奉行＜溝口蔵人＞大御目附＜長岡右門＞両人は一所ニて吸物等振舞候、御奉行中も暫クハ一所ニも呼ヒ候、其間内諸御役々并出入の御侍中も相見候、取持は永次郎初縁家内并出入の懇意の御侍中え相頼候、典礼様え勿論ニ候、永次郎・典礼様えは同席中の御取持も相願候事、夜五ツ半時分迄ニ来客も無滞相済候、尤同席ニても織部は此間忌中ニて当時は御免ニは相成候へ共、今日柄遠慮ニて不被参、追て被参候段噂有之、今日は不被参候、委クは小姓頭共方えも控有之候間略シ候事

　　○廿六日　曇後雨、夜風強シ
一四ツ時分より御花畑え致出仕、明暁より出立、明後廿八日八代入城致し候筈ニ付、例の通御用伺等、御用人境野丈之助へ申達候処、此節は御用も無之段、且又此節は入城の御礼は早速可被遊候御模様ニ候哉、又ハ暫ク御間合も被為在候ハヽ、八代の方御城附初諸礼式相仕舞候て出府仕度、此儀は境野迄御模様相尋候段も致噂置候処、同人の心得の処ニて御内聴被奉伺候処、右の御礼は格別不被為急候とも御宜敷可被為在と被思召上候間、八代の方相仕舞候て出府致候方、某弁利ニも可相成候間、八代の方相仕舞、出府仕候様ニとの事ニ付、左様の思召ニ被為在候ハヽ、誠以て難有奉存候、左様ニ候ハヽ爰元幾日比迄ニ相仕舞候と申儀は、典礼様迄内分可申上越候間、猶被為受候儀は幾日比と申儀、内分ニて四五日前ニ知せ被呉候様、双方より打合可申段致相談置候事
一今日は会議ニ付、政府の方えは某儀は、少シは御花畑え引懸り可申候間、会儀は無構初メニ相成様申遣置、九ツ時分より政府の様ニ致出仕、下り懸ケ長上下着、泰勝寺・妙解寺え家督の御礼ニ致参拝候事
一今夕帰り前より御瀧様御歓として御出被居候ニ付、某帰り候上吸物等さし上、夜六ツ半時過ニ御帰り被成候事
一暮比より角太郎参り、四ツ半時分引取候事

　　○廿七日　終日雪、風立ツ
一今朝五ツ半時分熊本出立致し、明日八代入城致し候ニ付、右の供立ニて、小笠原備前門前より一丁目より三丁目、唐人町の様ニ本通り通行致し候、尤屋敷出立の節は長岡定彦・山室宗全見立ニ被参候ニ付、通り懸ケ逢候、監物・織部よりも見立の使者参候ニ付、是も通り懸ケ致直答候、途中ニも迎町口外、三四丁先ニ松江玄立并出入の能狂言役者三人、見立ニ罷出居候、二軒茶屋えは絵書中見立ニ罷出居候、此節は宇土の様ニ通行、松橋ニて昼弁当、夕七ツ半時分豊福茶屋え無滞致着候、同所え暫ク休ミ、夜四ツ時過比より同所出立致し候事＜委クは別記ニ小姓頭共方えも控有之候間略ス＞

　　○廿八日　次第ニ晴

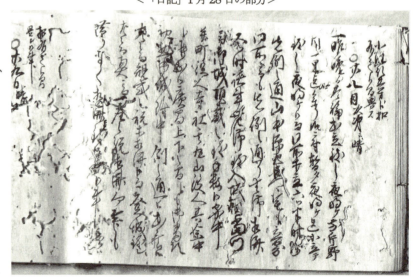

＜「日記」1月28日の部分＞

一昨晩より豊福出立致し、夜明ケ前片野川一里迄参り候ニ付、暫ク夜明ケ迄小立テ致し、夜明ケ候て同前打立、六ツ半時分先例の通山本源左衛門宅え立寄、同所ニても先例の通り無滞相済、五ツ時諸事無滞致入城、頬当門ニて御城頂戴の致手数候、家中并町役人、寺社其（其外ヵ）丸山役人共途中え罷出候、広間・上下の間えも御番頭初惣御城附中、例の通り被出居候、左候て規式の祝等相済候て登城致シ、左候て奥ニて一座の祝相済、何事も滞りなく相済、致安心候事＜委クハ別記ニ控有之候間略シ候事＞

　　○廿九日　晴
一御番頭并組脇・御目附被罷出候ニ付、鳥渡逢候、御目附は月末言上も有之候事

（閏正月）
　　○閏正月朔日　晴
一入城の御礼、御城附初家中の礼、今日より相初メ、此節は英巌院様迄の通り、御番頭初惣御城附中え酒盃の取遣等相始メ、何の異論も無之、重畳無事ニ相済、大に致安心候、右の式も顕功院様御代、広鑑院様御代も御倹約ニ付て、上の御礼式も御礼式御略式の折柄ニ付、爰元の儀も右ニ応し御略式被仰付候得共、当年頭の御礼よりは、上も御平年の通りの御礼ニ被仰付候ニ付、爰元の儀も此節取越不申候ては、已来取越の儀も出来兼候ニ付、旁取越候処、御番頭初少シも申分無之、上下大に致安心候＜委ハ別記ニ有之候間略シ候事＞
一右相済、家司役初物頭列迄の礼、今日無滞相済候、尤家中の儀も其段格々ニ仍て、酒盃の取遣有之候事＜委クは別記ニ有之候間略シ候事＞
　　○二日　曇、夜雨
一今日馬廻より役人段迄の礼、無滞相済候事＜委クは別記ニ有之候間略シ候事＞
　　○三日　晴
一今日春光寺・福寿寺・悟信（真）寺・本成寺の礼を受、左候て昨日大番所詰の馬廻の礼、其外寸志の給人并中小姓の礼、其後町役人并町医師の礼を受ケ候事＜委クは別記ニ有之候間略シ候事＞
一右相済、伝習堂え参り、夫より馬見所え参り馬乗初メ致し、夫より会所え参り、無滞手数相済候事
一今晩謡初メ、例年通りの略式ニて無滞相済候事＜委クは別記ニ有之候間略シ候事＞
一奥も琴引キ初メ被致候事
　　○四日　晴
一今日浜ノ御蔵役人、其外在御家人共の礼を受ケ候事＜委クは別記ニ有之候間略シ候事＞
　　○五日　晴、尤朝雨
一今日神宮寺列の礼日ニ付、出仕の面々礼を受ケ候事＜委クは別記ニ有之候間略シ候事＞
一右相済、妙見社・五霊（御霊）社・塩屋八幡社・清瀧宮・浜ノ茶屋稲荷社・八王社え致参詣候事＜伊勢堂は服中ニ付憚り候て当年は見合ス、委クは略ス＞
　　○六日　晴
一今日惣寺社の礼を受ケ候事
一右相済、春光寺・荘巌寺・本成寺・泰巌寺え致参拝候事
　　○七日　晴
一今日正教寺列の礼、其後立寄の礼を受候事
　　○八日　晴後曇
一無記事
　　○九日　雨
一此節家督・入城の祝、今日御番頭初惣御城附中え先例の通り、鉄炮の間・鶴ノ間・大書院三ケ所ニて酒振舞候ニ付、三ケ所え暫クの間宛致出座候、御番頭の弓削何右衛門は久々病中ニ付不参ニ付、神谷源助一人えは口の居間ニて取遣等いたし候、いつれも不怪塩梅宜、大ニ致安心候事＜委クは別記ニ有之候間略シ候事＞
　　○十日　曇又晴
一平井弥次兵衛儀＜已前御城附、当時御小姓組ナリ＞此節家督入城の歓として、熊ト熊本より被罷越候ニ付鳥渡逢候て、次ニて酒抔振舞候
一お琴今日松江伊勢堂・妙見社・塩屋八幡社・浜ノ茶屋稲荷社・八王社え初社参、無滞相済候事

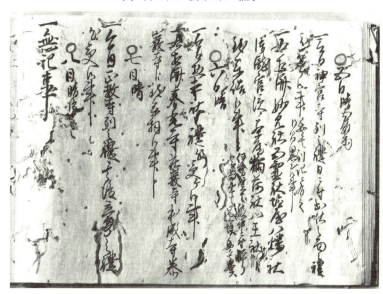

＜閏1月5日から同8日の記事＞

一今日熊本より左の通り
　　　貴殿今度御入城付て御礼の節は、被召出等も有之候付、御模様御用人より奉伺置候処、来ル十五日不被為在御支旨候条、左様御心得、其前御出府候様存候、以上
　　閏正月九日　　　　　松野　匡
　　長岡式部殿
　右の通りニ付、来ル十三日より出府の儀申付候事
　　　〇十一日　晴
一当年御手当の御番頭弓削何右衛門ニて候間、同人を呼書付引渡候筈の処、数日病中ニて引入被居候間、同役の神谷源助を呼ヒ書附引渡、同人より何右衛門え通達被致候様申聞候事
一松岡熊喜＜御中小姓ナリ＞次通り願ニ付、今日松岡理右衛門＜御中小姓ナリ＞同道ニて鳥渡逢、次ニて酒抔振舞候事
一正月十一日の式を今日ニ差延置候ニ付、例の通り居間ニて軍学の講釈宗村又助致し、夫より鶴ノ間ニて槍剣術の仕イ初メ致し候、左候て御代々様御相伝の御槍術の御書一式、広鑑院様御病中の内被仰置と申所ニて、今日坂井久右衛門・志水加兵衛両人より居間ニて引渡の致手数候、加兵衛よりは一子相伝ニ御先代様より被仰付置候口伝の儀、一ト通り書付ニ致シ差出候、委ハ追々罷出申出候間、右の書付は今日申上の処を書付ニ致差出候、右両人えは御先例の通り、樽代并干肴銘々ニ居間ニて遣し、手数相済候＜委クは小姓頭共ええ控有之候間略シ候事＞
一右相済、具足の餅祝候、其外今日の手数例年通、無滞相済候事＜委クは右同断＞
一右相伝ニ付て、今昼吸物并祝膳ニて祝ひ候事
　　　〇十二日　雨
一明日より出府致候筈ニ付、例の通り御番頭・組脇・御目附出方有之、逢候、相変儀無之候事
一右同断ニ付、自分方の用は未タ初用無之内の儀ニ付、今日迄ハ延引申付候事
　　　〇十三日　雨
一今朝六ツ時の供揃ニて、地の供立ニて致出府候筈の処、用多ク四ツ時分より致出立候、此節は入城初ての出府ニ付、御番頭初□惣御城附、其外家中の見立出方有之候、夕八ツ時分豊福御茶屋え茶（着ヵ）、同所ニて弁当仕舞、夜□時過熊本屋敷へ無異儀致着候事
　　　〇十四日　晴
一此間風邪気ニて、今昼湯遣、月代等致シ候ニ付。今日迄は出仕不致候事
一今夕七ツ半比より典礼様御出被成、暮比御帰り被成候事
　　　〇十五日　晴
一今日入城の御礼被遊御受候ニ付、五ツ半時分より麻上下着、御花畑え致出仕候、式日の御礼の跡ニて御目見・諸御礼等有之候後、某陽春ノ御間ニて被召出、御盃頂戴且御刀拝領等先規の通り、其後猶被召出候て、御奉書御直ニ被為拝領、左候て此節家督ニ付て、継目の御礼として引返シ出府被仰付旨、御直ニ被仰渡候、詰間ニて御朱印・御判物、御用人より持出シ、御用番九郎右衛門より相渡シ被申、何事も先規の通相違なく被仰付、無滞相済、大ニ致安心候事＜委クは別記ニ有之候間略シ候事＞
一今夕七ツ時分より織部方え、去冬已来色々世話ニ相成候ニ付、右の返礼ニ参り、夫より御瀧様方え参り、暮□ニ帰り候事
一今晩右陣・角太郎参り、九ツ半比引取、右陣は病後ニて少シ先ニ帰り候事
　　　〇十六日　曇、夕より雨
一太守様今日御往来御乗切ニて、水前寺より御船鷹ニて川尻迄御下り（被）遊候ニ付、政府出仕少シ延引の段相答、四ツ半時分より出仕いたし候事
一今夕芦村冨雄被参、暫ク咄し候て被帰候事

（続く）

八代古文書の会 会報 No.28

2012年9月10日　八代古文書の会 発行
〒866-0081　八代市植柳上746-5　蓑田勝彦方

天保12年の松井章之日記の2回目です。前回は1月1日から閏1月16日までの分を紹介しましたが、今回は閏1月17日～2月15日迄の分です。解説・凡例は前号に記されていますので、できれば会報No.27を参照して頂きたいと思います。

≪史料紹介≫

「松井章之日記」（天保12年1月～4月）―その2―

蓑田　勝彦

　会報27号（その1）では天保12年1月1日から同年閏1月16日までの分を紹介した。今回はその続きで閏1月17日から2月15日迄の分を紹介する。日記の筆者の松井章之は文政11年（1828）12月に16歳で家老見習となり、20歳の天保3年（1832）12月からは家老となって藩政に参画していた。藩の筆頭家老家である松井家の家督を受け継いだ天保12年1月25日は29歳であった。同28日には「御城頂戴」の儀式を行って「規式の祝」を受けた。閏1月1日には八代城で御城附（八代城警衛に熊本から派遣されている細川家直臣）や、松井家の家臣たちと正式の対面式を行い、「酒盃の取遣」も済ませた。

　このように八代城を預かる責任者としての諸行事を済ませて、同13日には初めて熊本へ出勤し、15日には改めて藩主に御目見、将軍家からの「御朱印・御判物」の伝達を受取るなどの行事がおこなわれた。以下の日記には、その後の家老としての松井章之の日常生活の様子が記録されている。なお閏1月20日と2月4日の記事に見える「飛雲客」は、藩主の居館＝「御花畑」の部屋の名であるが、『城郭・侍屋敷古図集成　熊本城』には「披雲閣」と記されている（平井聖監修・北野隆編、至文堂、平成5年、71頁）。

（天保12＝1841年 閏1月）
　　○十七日　曇又ハ雨
一今日は致暇日、爰元詰の面々え入城の礼を□□絵書の面々并用達者（共ヵ）の礼も無滞相済候＜委クは小姓頭共方え控有之候間略シ候事＞
一歩御使番の高瀬権兵衛出入願ニ付、今朝右の礼式相始り候前、鳥渡新居間ニて逢候事
一今夕武被参、無程被帰候事
一其後磯次郎被参、無程被帰候事
　　○十八日　晴
一例刻致出仕候事
　　○十九日　晴
一太守様今日江津川筋御放鷹御出被遊候ニ付、例刻より政府え致出仕候事
一今夕磯次郎被参、無程被帰候事
　　○廿日　曇後雨
一今日御定日の被召出を御延引、廿二日被召出候段被仰出候ニ付、例刻より致出仕候、昨日典礼様迄今日某被召出被下候様相願置候ニ付、某一人飛雲客（閣ヵ）御居間ニて被召出候事
一今朝出仕前、芦村富雄被参暫ク逢候、此間頼置候書附持参ニて被送候事
一今夕森本儀十郎・増田権之助・武・熊人被参候、武・熊人・権之助は無程被帰候、儀十郎は暮比被帰候事
　　○廿一日　曇後晴
一例刻より致出仕候事
一今夕下りより爰元え、同席中井大御奉行・大御目附相寄、織部・匡は不快ニて不被参候、監物は暮ニ被帰候、其外は夜食後被帰候事
　　○廿二日　晴

一例刻より致出仕候事
一旧冬御使番の嘉悦市之丞儀、某方の御判物差添ニて、江戸え被差立候ニ付ては、道中も往来不怪心配も被致候事ニ付、今夕相招キ鳥渡逢候て、次通りニて酒振舞候事
　　　　○廿三日　雨
一例刻より致出仕候、某一人召出奉願候、夜八ツ時過御裏の於御居間被召出候事＜御用略シ候事＞
一今夕下り前より御瀧様御出ニ相成居、夜御夜食等さし上、五ツ半時分御帰り被成候事
一清台院様此間より御病の処、今晩五ツ時分御死去被成、誠兎角は難申上、恐入候事ニ候、某も今晩五ツ半時分より致参上、四ツ半時分帰り候、尤御広メは明日有之筈ニ候事
　　　　○廿四日　雨
一昨日御裏え召出の節の御用の□、今日出席の上、席中咄会候筈ニ候処、昨晩清台院様御死去ニ付て忌服等も無之事ニは候へ共、今日一日は遠慮致し候方心□において安シ候間、今日ハ不快ニて致欠席候間、九郎右衛門え出勤懸ケ鳥渡立寄被呉候様申遺候て、出席懸ケ被参候間、昨日の御用の□相頼、今日欠席の儀も宜敷頼置候事
一前段の通りニて、今日は致欠席候事
一清台院様御死去の段、今日御広有之候事
　　　　○廿五日　晴
一例刻より致出仕候、少シ致早引候事
一今夕熊人・永次郎・毎記被参、夜四ツ時分被帰候事
　　　　○廿六日　雨
一定日の会議ニ付、例刻より政府へ致出仕候事
一今夕八ツ半時分より、織部方へ咄しニ九郎右衛門申合参り候、同人より某少シ先ニ参り候、夜六ツ半時過ニ帰り候、九郎右衛門同様の事
一今晩右陣・角太郎・藤兵衛□□共ニソロヽヽ仕舞見物候、右陣弟子内の茂八と申者も内々連罷出候ニ付、是も舞致し、九ツ半時過ニ相済候事
　　　　○廿七日　雨
一今朝出仕前、大木舎人＜当時御備頭＞被参、同人組の御物頭佐分利十右衛門儀、此節某参府の節被差添候て出府被仰付候ニ付て、拝借願被出候ニ付、某よりも宜敷、御奉行中え申聞呉候様ニとの頼ニ被参候ニ付、致承知□段申聞候、暫ク新居間ニて逢候事
一右の通りニ付、少シ致延引候段申達、四ツ半時分より致出仕候、舎人より前文頼の儀は、佐田右平迄申聞置候事
一下りより典礼様方え御弔儀ニ致参上、無程帰り候事
　　　　○廿八日　朝曇、次第ニ晴
一例刻より致出仕候事
　　　　○廿九日　晴
一例刻より致出仕候事
一今朝芦村冨雄被参候得共、出仕前ニ付今夕被参候様申聞候ニ付、猶今夕被参、新居間ニて逢居候内、市郎兵衛御用談ニ被参候ニ付、冨雄は直ニ被帰候、市郎兵衛は暫ク被居候て被帰候事
　　　　○晦日　雨
一今日は少シ不快ニ付致欠席候事
一清台院様今日御葬式ニて、某□典礼様方え致参上候筈の処、不快ニ付其儀出来兼、善兵衛を代拝ニ差出候事
（2月）
　　　　○二月朔日　雨、次第ニ後晴
一式日ニて不快も快ク候間、五ツ半時過より致出仕候、少シ致早引、市郎兵衛方＜暫ク逢＞、佐仲殿＜暫ク逢＞、匡＜通り申置＞、九郎右衛門＜通り申置＞、監物＜留守ニ通り家内え逢＞方え参り、某家督已来の返礼、且又此節参府ニ付て、此次の出府は格別滞留も不致積ニ付、此節□暇乞等申置候事
一今夕御瀧様方え、此節参府御離盃として御招キニ付、七ツ時分より致参上候、夷則も佐敷御番頭被仰付、近日引越の様子ニ付、是又今夕御離盃として御招キニ相成、一座ニて御吸物等御夜食共ニ御振舞被成候、御隣の藪三左衛門夫婦子共被（衍カ）参り被居候、将又助彦儀も御暇乞ニ、兵可儀も御新宅拝見ニ連罷出候□、御菓子・

御夜食頂戴致し、御瀧様御夫婦より助彦えは御盃等被為頂戴候、夜五ツ半時過帰り候事
　　　　○二日　曇
一例刻より致出仕候事
一下りより典礼様方え参上、近日致帰城候ニ付御暇乞、且又当月下旬比より致参府候積ニ付、此節右の御暇乞をも不申上置候ては、次の出府は格別滞留も不致積りニ付、一同ニ今日御暇乞をも申上置候、当時御忌中の事ニは候得共、右の様子申上、不得止事御忌中の内なから、御暇乞をも申上置候、某参上の前より織部も致□□被□□て、某より先ニ被帰候、某も無程帰り候事
一今夕熊人・磯次郎初被参、夜四ツ半時比被帰候事
一織部方の家司役中山九右衛門より、此間爰元留守居善兵衛迄、極密ニ大蔵身分の儀等、某一人え願出の趣有之候ニ付、今晩呼ヒ、右の儀等申聞候ニ付、□ツ半時過より罷出、四ツ時分引取、不怪有難かり致し候、事柄ハ略シ候事
　　　　○三日　晴
一今日は少シ出仕致延引段相答置、四ツ時前より藤崎宮・本妙寺・祇園宮え、当月下旬比より参府の積ニ付致参拝候、六所宮は服中は不叶候ニ付不致参拝候、伊豆殿えも当年抔屋敷え被参候ニ付、右の返礼且不遠参府ニ付、右の暇乞をも可申述候□、本妙寺より帰りニ立寄＜通り申置＞候、左候て直ニ致出仕候事
一夕水野伝右衛門被参、暫ク逢候て無程被帰候、右同人事も此間御家御一流師役内尾源八え引譲ニ相成り候願も相済、其通被仰付候ニ付、是より師役は内尾え被仰付候事
一今夕内匠被参、今夕某被召出候筈の処、明夕可被召出との御事申達ニ被帰（参ヵ）候、無程被帰候事
一御鉄炮頭の佐分利十郎右衛門、此節某参府ニ付て被差添候ニ付、今晩相招キ、某は鳥渡逢、次ニて酒抔振舞候事
　　　　○四日　曇
一少シ出仕延引致し候段相答、五ツ半時比より妙解寺・泰勝寺・松雲院え、不遠参府ニ付て致参拝、直ニ致出仕候事
一某出仕前ニ監物被召出候由、其後某出仕の上、某一人猶被召出候事
一今□□村被参候、暫ク逢候事
一今夕七ツ時過より花殿え罷出候様、御用人内匠より自筆を以て被申達候ニ付、御請の紙面自筆ニて仕出シ、直ニ御刻限ニ罷出、直ニ御用人詰間の様ニ罷出居候、無程飛雲客（閣ヵ）え被召出、暮過ニ引下り、御用人の詰間え控居候処、猶奥え被召出、御吸物・御酒・御菓子等被為頂戴候、暫ク頂戴仕、左候て引下り、御老女えも御礼申述、左候て御用人詰間え引下り、猶御夜食頂戴仕、左候て御用人え御礼申達、夜五ツ時過ニ引取候、尤今日の御用人夕番ハ内匠、留り番磯谷新左衛門ニて候、奥ニて頂戴の節は、内匠・新左衛門も被召出、頂戴被仰付候事＜御用別ニ控＞
　　　　○五日　雨
一今朝出仕前、九郎右衛門を招キ致御用談候事
一例刻より致出仕候事
一今夕芦村え用有之、相招キ暫ク逢候事
一其後織部方え御用談ニ参り、暮過ニ帰り候事
一今晩山室宗全被参、養益一件極密ニ熊本の模様、心組の為咄し被申候、無程被帰候事
　　　　○六日　晴
一例刻より花殿え出仕、某明日致帰城候ニ付、御機嫌伺候、今日の御用番□飛雲客ニて被召出、其後引続某被召出候、今日は会議定日ニ付、匡えは無構先え政府の様ニ被致出仕候様申置、某も跡より政府の様ニ致出仕候事
　＜御用は別記ニ控＞
一今夕熊人被参、無程被帰候事
　　　　○七日　雨　　　　　　　八代
一今暁七ツ半時の供揃ニて、地の行列ニて帰城、六ツ半時分熊本発駕、豊福ニて昼飯、家中の出迎等有之、暮過ニ致着候、今日は裏玄関より致着候事
一お定儀今日より熊本打立ニて、松橋より船路ニて、夜九ツ時分爰元え着、暫ク滞留の筈ニ候事
　　　　○八日　雨

一今日は御城附御用日ニて、毎も帰城翌日の御用等取束、鉄炮の間ニて御番頭初逢、左候て居間ニて伝習堂見繕役え逢、左候て自分方用承り候事

　　　○九日　晴

一家督入城無滞相済候ニ付て、今日祝能有之筈ニ候処、大御所様御不例の段、六日ニ御飛脚致着候ニ付、今日の能は延引申付置、上の御模様等何程ニ可被為在哉と、昨夕より典礼様え御相談の為、宅平・杢之進両人馬より早打ニ差出候処、今朝罷帰り、未タ随分支無之段被仰越候ニ付、明日祝能の儀申付置候事＜委ハ略ス＞

　　　○十日　曇後雨

一家督入城の祝能今日有之筈ニ候処、太守様御実母様栄昌院様、先月廿七日御死去ニ相成候段、御到来有之、太守様えは御聞取五十日の御忌ニて、明十一日より御達出しニ相成、公義御届等も明日よりの御日附ニて御仕出ニ相成候由ニて、先頭々えは御病気至て御勝ケ（マヽ）無之段及達候段、熊本より今朝申参り候ニ付、又々能は見合、一統延引の段申付候、右の御模様ニ付ては、太守様えも来ル廿一日の御発駕も、定て御延ニ相成可申、左候ヘハ某も其模様ニ応し差延可申候間、御忌明の上、可被遊御発駕候間、先の間合次第ニて、猶参府前祝能は申付候筈ニ候事

一右の御儀ニ付て、明日より致出府、御機嫌奉伺候筈ニて、一夜帰りニ出府の儀申付候事

一明日より出府の筈ニ候処、求广表去ル八日、百姓共数千の人数徒党を組打崩シ、町内え入込居、未タ寸斗不治風評有之候ニ付、早速外聞も差立置候事ニ付、先明日迄は出府延引申付、熊本の方えも申遣、出府の儀は席中えも申遣置候間、内密右の様子ニ付、暫ク出府は見合候段、次郎三□□罷出申達候様申遣候事

　　　○十一日　雨

一今日於居間、家司共え此節頂戴の御奉書拝見致せ候、左候て口の居間ニて家司共え家督ニ付ての書附相渡、左候て奉行役一人＜中西力衛罷出ル＞呼出、家督ニ付て役人段已下え読聞の書附相渡シ候、左候て大書院ニて留守居頭初小姓段迄一同ニ座ニ付置、某より此度家督ニ付て書附読せ候間、承り候様申候、左候て家司より取合せ申候上、右筆方より読上ル、相済候上家司より取合相済候事

一今昼於奥居間、亀次郎袴着初の祝、おか屋髪置の祝、一座ニて吸物等祝、無滞相済候事

　　　○十二日　晴

一今昼泰巌寺・春光寺え致参拝候事

一太守様御実母様の細川豊前守殿ニて栄昌院殿、先月廿七日死去の申来候由ニて、太守様昨十一日より四月朔日迄御忌中ニ被為入候ニ付、御家中諸事相慎居候様及達候段、同席中より申来り候、右の御儀ニ付、来ル廿一日よりの御発駕は御延引被仰出、御日限は猶追て被仰出候段も申来候事

一右の御儀ニ付て、太守様え御機嫌伺も申参り候へ共、略シ候事

　　　○十三日　曇、夜雨

一求广表百性共徒党を組打崩し、大変の模様ニ付、早速外聞等は差出置候事

　　　○十四日　雨

一求广表大変ニ付ては、外聞も差出置候へ共、未タ不帰候、併御境目の儀は警衛として、鉄炮頭松井清三一組、今朝より差越候様、昨晩九郎兵衛を以て申付候処、早速同人よりは其手数致し置候処、三宅五左衛門并会所物書上原源九郎両人の中ニ間違の儀有之、今朝ニ至り達候由、然処所々より求广表、次第ニ静謐の由申来候ニ付ては、只今差越候儀は少し延引ニも相成候ニ付、先見合置候様猶申付候、尤五左衛門・源九郎は身分伺出候ニ付、請置候事

一長崎より今度家督入城ニ付、御祝の御使者斉藤一郎罷越シ、今日罷出候ニ付、今昼奥ニおいて一座ニて逢候、お定も滞留中ニ付、一同ニ逢被申候、左候て次通りニて吸物等振舞候事

　　　○十五日　晴

一大御所様先月晦日薨御ニ付て、御国中諸事穏便ニ相心得、繕作事ハ十日、新規の作事ハ二十日相止メ候様及達候段、同席中より申来ル、右ニ付て太守様・上々様え御機嫌伺の儀も申参ル、委クハ略シ候事

一今昼外様櫓え、鉄炮并玉等備の様子見繕の為参り候事

一斎藤一郎今日猶罷出、今度某参府ニ付て御餞別の品持参、且又家督入城ニ付て、其身よりの悦ニ、今日肴等遣し候、今日は取紛不逢候事

　　　　　　　　　　　　　　　　　　　　　　　　（続く）

八代古文書の会 会報 No.29	2012年10月10日　八代古文書の会　発行 〒866-0081　八代市植柳上746-5　蓑田勝彦方

　前の会報に続く「松井章之日記」の3回目（最終回）で、天保12年（1841）2月16日から同年4月6日までの分です。よく4月7日には将軍に御目見えするために江戸へ出発しますが、そのときの日記はNo.27に述べたように、本会出版の『松井章之の江戸参府旅行日記』に収録されています。
　3月24日の記事には、「出仕（出勤）」したが、その後に江戸に出発する直前の藩主から一人だけ居残りを命じられ「御内密の御意」があったことが記されています。その内容は不明ですが、松井章之は藩主から特別の指示を受けていたことが分かります。

≪史料紹介≫

「松井章之日記」（天保12年1月～4月）―その3―

蓑田　勝彦

　会報27・28号に続く「松井章之日記」の3回目（最終回）である。凡例は27号に記したので、それを御覧いただきたい。
　はじめの部分、2月16日に「求广表の異変」とあるのは、前号2月10日・13日に「求广表百姓共徒党を組み打崩、大変の模様……」に続く記事である。この事件は通常「茸山（なばやま）騒動」と呼ばれる、人吉藩の百姓一揆のことである。百姓たちが椎茸などの藩専売制に反対して起こした大規模な一揆で、専売制を推し進めた家老（田代膳右衛門）が責任をとって切腹し、専売制は廃止されて一揆はおさまったが、翌年2月には田代と対立していた相良左仲（藩主の叔父）が切腹を命じられている。人吉藩の歴史ではかなり大きな事件で多くの史書に記されている事件である。2月13日に「外聞（とぎき）」を差出したと記されている。外聞というのは他領の情報を収集する人のことである。2月9日に起こった一揆の情報が13日の日記に記されており、13日にはその一揆が始まったと記されている。
　3月23日の記事に「織部隠居の存念」とあるが、「織部」というのは有吉織部のことである。有吉家は熊本藩の家老職を世襲する三家の一つで家禄1万8500石の家柄である。その当主である有吉織部が隠居を申し出たことが記されているが、実際に織部が隠居したのは、この年の11月15日で、子の有吉大蔵が家老職を受け継いでいる（『熊本藩年表稿』の付録の「家老・中老一覧」）。この時は周囲の説得で織部の隠居が延期されたのであろう。
　この日記の最後の頁を見ると（5頁の写真）、タテに引かれた罫線が見える。これは字が真直ぐに同じ間隔で書けるように、袋とじの間に罫線を引いた紙をはさんであるので、他の冊子にも時々見られるものである。

＜天保12年2月7日の記事（会報No.28参照）＞

（天保12年2月）
　　〇十六日　曇
一求广表の異変最早始り（治りヵ）候由ニ付、惣躰求广の儀は例年江戸留守中、万一相変り候儀も有之候ハヽ、向方家来共迄申聞、宜ク頼ミ被申段、兼て約定ニも相成居候儀ニて、其上近国の儀ニも有之、旁今日より見舞と

　　　　　して九郎兵衛を使者ニ差立テ候、委クは略シ候事
　　　　○十七日　雨
一九郎右衛門より紙面相達ス、右は求广表異変の儀ニ付て、佐敷御番頭の儀ニ付て、某より申越候返書ニ、熊本
　御番頭一件の儀、并某江戸出立比合の儀被申越候、委クは略シ候事
　　　　○十八日　曇
一少シ不快ニ候事
　　　　○十九日　晴
一右同断
　　　　○廿日　晴
一右同断
一九郎兵衛儀去ル十六日より求广表え見舞として遣し置候処、今晩罷帰り直ニ罷出候、求广表の様子惣躰爰元え
　取扱の儀、已前の取扱とハ不怪違の由、右の訳は一両年已前、壱岐守殿参府の節、途中より大病ニて当地仮屋
　迄被罷越、久々の滞留中ニ、広鑑院様熊本より御漁の鯉を被遊御送候由ニて、右の御深切、彼ノ方君臣共ニ不
　怪忝ながりニて、其後求广表え爰方家来の内、万一見物抔ニ罷越候ハヽ、早速役筋え申出候様、左候ヘハ右の
　鯉の御一条ニ付て、爰元の家来えも、主人よりの口被致候て、諸事手厚キ取扱の段、町方問屋々々えも相触有
　之候由ニて、此節九郎兵衛ヘハ格別取扱も（約二字分空白）ニ有之候由、委クは略ス、今日抔より諸家様より
　御見舞の御使者口求广表え罷越候由、併爰元よりの使者一番早ク有之候由、至極の塩梅ニ有之候事
一前文の通り九郎兵衛求广表え罷越候儀ニ付て、佐弐役より善兵衛迄尋の趣有之、同人より爰元え申越候趣有之
　候得共、別ニ控の書付有之候間略シ候事
　　　　○廿一日　曇
一不快ニ候事
　　　　○廿二日　雨
一風邪も快ク、今昼髪月代等致し候事
　　　　○廿三日　夜半より雨降ル、暁より雷鳴有り、少シ強し、朝五ツ比より雷止ム
一御城附・自分方定日の用承り候、尤今日迄は病後の事ニ付、泰巌寺えは参拝不致候事
　　　　○廿四日　雨、昼より雨止ム、暮前より又々少々雨降ル
一今昼春光寺え致参拝候事
　　　　○廿五日　晴
一長崎より此節家督御悦の御使者ニ、斉藤一郎罷出相勤候儀は前記の通り、夫より滞り居、今日此節参府ニ付て
　の御使者相勤、御餞別の御品等も被下候事
一右一郎え吸物等振舞候儀は、当時穏便中の儀ニ付、内分奥ニて振舞候事
一今夕北ノ丸の馬場ニて厩の馬乗方致見物、右相済、北ノ丸え暫ク致参上、暮過ニ帰り候、今夕はお琴・お定・
　亀次郎・おか屋も北ノ丸え被参候、尤亀次郎は馬事有之内ニ被帰候、其余は某帰候後被帰候事
　　　　○廿六日　（天候記入なし）
一郡夷則佐敷御番頭被仰付候ニ付、昨日引越ニ熊本出立ニて、今朝爰元え罷出候ニ付、先規の通り鉄炮ノ間ニて
　逢、口達書等相渡シ候、左候て夷則えは縁家の儀ニも有之候間、表居間ニて猶又鳥渡逢候、毎は三方且振舞等
　も有之儀ニ候ヘ共、当時穏便中の儀ニて候間其儀無之、矢張り平服ニて被参候、委クは略シ候事
一太守様当時御忌中ニ付て、御機嫌伺として一両日滞留ニ、明日より致出府候ニ付、例の通り御番頭初メ被罷出
　候ニ付逢候、自分方の方は、此節ハ暫クの滞留の儀ニて、其上手元色々用も有之候間、格別の用も無之候ハヽ、
　不呼出旨申達候処、何れも役々格別の用も無之由ニて不罷出候事
　　　　○廿七日　曇　夕より雨　　　　熊本
一今朝七ツ半時の供揃ニて、地の行列ニて出府、朝ノ内少し用有之、五ツ半時分出立、豊福ニて昼飯、夜五ツ時
　前熊本屋敷え致着候事
　　　　廿八日　曇
一今朝出仕前九郎右衛門被参暫ク逢、無程被帰候事
一少し延引の段相答置、四ツ半時分より致出仕候事

一今夕下りより御瀧様方え致参上、無程帰り候事
　　○廿九日　曇
一例刻より致出仕候事
一今夕武熊本（マヽ）被参、無程被帰候事
一今夕角太郎参り候、其内定彦被参暫ク逢候、其内此節御差添御物頭の佐分利十右衛門、今日小姓頭共咄の為相招、被参候ニ付暫ク逢候、左候て同人儀は一日亭ニて酒抔振舞、咄し致候筈ニ候、角太郎は夜半迄居間え罷出居、夫より納戸ニ滞り居候事
（3月）
　　○三月朔日　曇　昼より雨降ル
一今暁七ツ半時分の供揃ニて、地の行列ニて帰城致し候筈の処、少し延引致し居候内、芦村富雄被参暫ク逢、左候て六ツ半時分熊本発駕、豊福茶屋ニて昼弁当仕舞、暮比致着城候、尤熊本ニては昨夕より角太郎参り居、今暁出立迄滞り居候事
　　○二日　晴

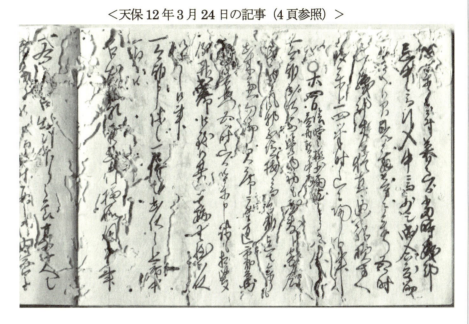

<天保12年3月24日の記事（4頁参照）>

一今朝御番頭初被罷出逢候、自分方□も承り候事
　　○三日　晴
一穏便中ニ付御城附初、御礼等無之候事＜内方の祝ひは例年通り有之候＞
　　○四日　雨
一無記事
　　○五日　晴
一少シ風邪気ニ候事
　　○六日　朝雨、後晴、又夕雨
一右同断
　　○七日　雨
一右同断
　　○八日　朝雨、後晴
一右同断ニ付、今日は春光寺えは参拝不致、代参申付候事
　　○九日　雨
一右同断
　　○十日　晴
一風邪快ク、今昼髪月代等致し候事
一北ノ丸庭内ツヽジ盛りニ付、今夕七ツ時分より致参上候、お琴・お定・亀次郎・おか屋も被参候、亀次郎・おか屋ハ暮比被帰、某共は夜六ツ半過ニ帰り候事
　　○十一日　曇
一無記事
　　○十二日　曇、後晴
一今朝泰巌寺え致参拝候、春光寺えは出立前、色々用向多く候ニ付、今日は代参申付候事
　　○十三日　雨、少々雷鳴有り
一太守様来月六日、五ツ半時の御供揃ニて被遊御（発）駕旨、尤小倉路御通行の筈の処、豊後路被遊御通行、美濃路可被遊御通行旨、今日熊本より申来り候事
　　○十四日　晴、次第ニ曇、夕雨
一今日□□妙見社え被致参拝候事
　　○十五日　雨

一無記事
　　○十六日　雨
一無記事
　　十七日　晴
一今日匡よりの紙面相達候、左の通り
　　　八代高田手永古閑村懸り、四百町新地沖手ニおいて、開床御拝領有之度由、御家来名元の書付被差出置候
　　　ニ付、奉窺候処、近年新規の開床願は難叶旨被仰出置候ニ付、願の通ニは難被仰付候得共、御亡父山城方
　　　数年の被対勤労、別段の思召を以、御願被置候町数の内百五十町、貴殿え被下置旨被仰出候条、可被奉得
　　　貴意（其意ヵ）候、以上
　　　　　三月十六日　　　　　　　　松野匡
　　　　長岡式部殿
　　右の通り申来候ニ付、早速紙面は九郎兵衛え相渡、御礼等の儀取計候様申付置候事
　　　○十八日　晴
一□□定日の用日は延引申付候事
　　　○十九日　晴
一今昼春光寺え致参拝候、今日はお定も春光寺え被致参拝候事
　　　○廿日　晴
一少シ不快ニ候事
　　　○廿一日　晴
一少シ不快ニ候事
　　　○廿二日　晴、次第ニ曇、夕雨ニ成候
一不快も今日は快ク相成、髪月代等致し候事
　　　○廿三日　小雨　　　　　　　　熊本
一織部隠居願の存念一件の儀ニ付て□□□候筋有之、一夜滞留ニても致出府呉候様、此間監物より紙面被送候ニ
　付、今朝五ツ時過より乗切ニて八代乗出し、夕八ツ半時分熊本屋敷え着、直ニ今夕監物初被参候□の処、監物
　昨晩より風邪ニて参りも出来兼候ニ付、明朝出仕前成ル丈外同席差揃被参候□使者参り候ニ付、暮過より当時
　織部忌中ニて引入中ニて、少シ咄合度筋有之候間、見舞旁ニ参り、五ツ時過より織部方より猶直ニ典礼様方へ
　致参上、四ツ半時過ニ帰り候事
　　　○廿四日　陰、時々極少雨、尤昼内暫ク中雨　　　八代
一今朝出仕前、監物初も屋敷え寄合、監物は風邪不塩梅ニて、今朝迄は参りも出来兼、勿論欠席ニ付、匡・市郎
　兵衛・□□右衛門、五ツ時過より被参、申談も相堅メ、例刻出席被致候、某□其跡無程出仕いたし候事
一今朝申談の一件は、出仕の上、席中一同ニ被召出□罷出、御模様伺候事
一右□召出引下り候節、某一人は居残り被仰付、段々御内密の御意等被為在候事
一此節の御用向も相済候ニ付、今夕退出後仕舞次第□度段奉願候□、御用も最早不被為在候由ニ付、今夕八ツ半
　時過熊本乗出し、夜五ツ時過八代え致帰城候事
　　　○廿五日　晴
一例の通り今日御番頭・組脇・御目附□逢候事
一自分方用の儀は、此節出府も一夜滞留の儀ニ付て、格別用も無之、其上出立前色々用繁ニも有之、旁流レ申付、
　用有之、役々迄呼出候事
　　　○廿六日　晴
一無記事
　　　○廿七日　晴
一無記事
　　　○廿八日　曇、夕雨
一来月七日爰元出立、参府致し候筈ニ付て、今日泰巌寺・春光寺え御暇乞の致参拝候、未夕太守様御忌中ニ付て、
　平常通りの□廻ニて致参拝候、春光寺ニては三方幷□煮抔、馳走の先例の由ニ候へ共、前文の通り未夕御慎内

の儀ニ付て其儀無之、昼飯并菓子馳走ニ相成候事＜今日本文の通り致参拝候ニ付、明日の参拝は代参申付候事＞

　　　○廿九日　晴、陰
一御番頭両人逢被申度由ニ付、今朝逢候事
　　　○晦日　陰
一明日より一夜帰りニ、乗切ニて致出府候筈ニ付て、毎も御城附御番頭初逢候得共、此節は一夜の儀ニ付、見合申達候、自分方の方出立前の用、諸役呼出し候事
一御城附御目附、月末言上ニ出方有之、逢候事

（4月）

　　　○四月朔日　晴　　　　　　　熊本
一今朝六ツ時の供揃ニて乗切出府、朝五ツ半時分致出立、夕七ツ時過熊本屋敷え致着候事
一今夕芦村冨雄被参、暫ク逢候事
　　　○二日　晴　　　　　　　　八代
一太守様今朝四ツ時の御供揃ニて、両御寺御参拝被遊候事
一太守様今日御忌明ニ被為成候事
一来ル六日太守様御発駕ニ付て、某も御□□申上候筈ニ候得共、某も来ル七日八代出立致し度候間、今日御忌明候処ニて、今朝の御出前御機嫌奉伺候間、五ツ半時前より致出仕候、然処毎も御寺詣前は御日柄の御差別無シニ御しよふじん被遊候間、御寺詣御帰殿の上被召出、目出度御手熨斗等も可被下との御事ニて、典礼様より御噂ニ付、奉畏、左様ニ□□今日は屋敷ニても、家督後の家来中え書附読聞せ等残り居候ニ付、今日申談候筈ニ申付置候間暫ク引取、右手数等相仕舞、御帰殿前見合、猶罷出申度段御相談申上、席中も存寄無之候間、九ツ時分より引取、屋敷の手数等相仕舞、且今日御指物帳も差出候ニ付、絵書中えも鳥渡逢候、八ツ時過より猶致出仕候、左候て御帰座後、御平服ニて被召出、某も平服ニて御手熨斗等被為拝領、御用等も被仰付、無程引下り、直ニ屋敷へ引取候、右の通りニて御発駕の御見立は被遊御免候事
一今夕七ツ半時分より乗切ニて帰城、夜四ツ半時分致着城候事
　　　○三日　晴
一来ル□日江戸え出立ニ付、今日八王社・御霊社・妙見社・塩屋八幡社・清瀧宮・浜茶屋稲荷社え致参詣候、供立年始通りの事
一今夕内方の離盃致し候事

　　　○四日　晴
一□晩御番頭并組脇・御目附離盃ニ相招キ候ニ付、弓削何右衛門・丹羽源吾・□谷瀬左衛門被参候ニ付、表居間ニて酒振舞候、神谷源助・和田新(震)七郎・星野庄右衛門は、御発駕ニ付て出府ニ相成候ニ付不被参候、取持ニ丹下并右筆頭・小姓頭呼出□、四ツ半時比被帰候事

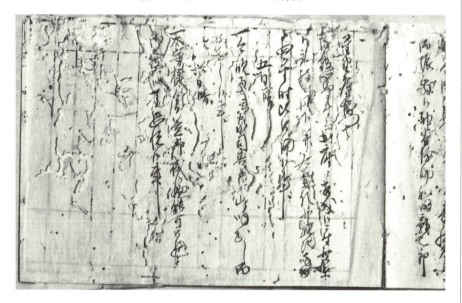

＜日記の最終頁（4月4日〜6日の部分）＞

　　　○五日　晴
一今晩奥ニて家司共并□□呼出し酒抔遣し候事
　　　○六日　晴
一太守様今日益御機嫌能可被遊御発□、奉恐悦候事

　　　　　　　　　　　　　　　　　（終）

| 八代古文書の会 会報 No.30 | 2012年11月10日　八代古文書の会　発行
〒866-0081　八代市植柳上746-5　蓑田勝彦方 |

江戸時代の各藩では、家臣たちに知行や扶持を給与していましたが、領地内の家臣以外にも、知行や扶持を受ける人々が存在しました。何らかの形で藩主（藩）に貢献してくれた人やその子孫、現に貢献してくれる人や、貢献を期待できる人などに知行や扶持を支給しました。永青文庫の史料に、熊本藩から知行や扶持を給された人々をまとめたものとして「他所御合力」や「他所え遣合力の事」という史料があります。今回はそのうち「他所御合力」という史料の紹介です。

≪史料紹介≫

「他所御合力」――大坂・江戸の熊本藩御用達など――

蓑田　勝彦

　熊本藩では、藩に「寸志」（献金）を出すなどして藩経済に貢献した人々に知行や扶持を与えたり、在御家人（軽い身分の武士）に取りたてるなどしていた。寸志による藩内での最高の知行高は八〇〇石（吉津家）である（註1）。しかし大坂・江戸など藩外の豪商では一〇〇〇石を超える場合もみられた。そのように、藩外で知行・扶持などを与えられる人々をまとめて記した史料があるので、ここに紹介したい。

　永青文庫の中に「役員蹟覧」と題された記録があり（註2）、熊本藩の下級武士たちがどのような役職についているか一覧できる。上は藩の奉行所の役人から、下は料理人や門番、草履取・小人などの奉公人などの役職名も記されている。全13巻のうち最後の巻にはそのような役員ではなく、具足師や焼物師など、もともとは藩の役人ではない人々で、藩から扶持を給されて藩の仕事をする人々など、本来の細川家臣でない人（家）についても記されている。その最後近くに今回紹介する「他所御合力」の部分がある。

　そこには、大坂・江戸・京都・長崎その他で熊本藩の御用達を務めて扶持などを給された人々の名前があげられている。それらの人々は、別に「寸志」を出した訳ではないが、何らかの意味で熊本藩に功績のあった家（人）である。多くの場合は経済的な貢献であるが、それ以外の貢献による場合も多い。最初に出てくる井上因碩は、江戸幕府碁所四家の一つであり、歴代の藩主が囲碁の指導を受けたのであろう。七番目に記されている観世兵次郎は能楽「観世流」の家柄である。

　この史料に見える人々のうち、大坂の長田作兵衛・稲川安五郎（ここでは万太郎）・樋口十郎兵衛（重郎兵衛）・小西新右衛門・千草屋宗十郎（ここでは収十郎）・平野屋惣兵衛は、文政4年（1821）に完成した四百町新地への出資者として名前が出ていることは、会報第3号に記した通りである。これらの中で、熊本藩から最も多くの「合力」を得ているのは長田作兵衛である。彼は、極度の財政難に陥った熊本藩が鴻池家から蔵元を断られたとき、なり手のなかった熊本藩の蔵元を引き受けて、熊本藩の財政再建に重要な役割を果たした。藩に対する多大の功績によって、この段階までに何回か加増されて2000石の知行を与えられたのである。2000石という石高は、熊本藩54万石の知行取約1100人の中でも、細川一門や世襲家老家などを除けば20家ほどしか存在しない大身に相当する石高である（註3）。長田家関係者では、隠居の長田宗懿、養子の長田松次郎、手代の加嶋屋猪兵衛・同弥十郎・同孫市・同要助と合計7人が「合力」を受けている（註4）。江戸で長田作兵衛と似た存在が仙波太郎兵衛である。仙波家は1000石と145人扶持で、長田よりも少ない「合力」であるが、一族の仙波太郎助、悴の仙波栄助、手代の甚兵衛・喜三郎と、合せて5人が「合力」を受けている（註5）。

　熊本の史料によく見られるのは、最後から3人目に記されている豊前小倉の村上新蔵である。おそらく細川氏の小倉藩時代からの関係によるものであろうが、詳しい経緯は分らない。藩主や重臣を初めとする熊本藩関係者だけでなく、一般庶民が旅行で小倉で宿泊する場合も原則として村上新蔵の所に宿泊することになっていたようである。似たような存在が(3)の大坂の項の最後に記されている「荒井御用宿」の前田作右衛門である。大坂の項

に記されているが、「荒井」は普通は「新居」と記され、浜名湖の西岸にあり、箱根についで有名な関所があった所である。説明文に記されている通り、細川氏が参勤交代で東海道を通るときには、関所の通過と浜名湖を渡る船の世話などをしていた商人である。同様の存在に瀬戸内海の重要な港である室（室津、現在 兵庫県たつの市御津町）の商人である名村家（100石）があるが、なぜかここには記されていない。

江戸の項目には30人ほどが記されているが、その2／3付近に大津屋元吉の名がある。この大津屋は江戸の商人であるが、今でいう旅行業者とでもいうべき存在で、大名の参勤交代などに人馬を斡旋する仕事もしていた。細川氏は江戸～熊本の長距離移動に必要な人夫や馬を大津屋に頼んでいたのであろう。大津屋はまた、熊本藩で生産する櫨蝋を江戸で販売する仕事もしており、細川氏（熊本藩）にとっては大変便利な存在であった（註6）。その他にも説明しておきたいこともあるが、今回はこれまでにしておきたい。

本史料には、これが何年のものかは記されていない。史料中に記されている最も新しい年号としては、「伊丹町人」大嶋長兵衛の説明に天保9年（1838）正月とあるので、その頃に成立したのではないかと思われる。なお掲載にあたっては、原史料に近い形で掲載するようにつとめたが、肩書きの形で記されていた語句は、肩書きの形ではなく、たとえばその人名の上部などに少し小さな字で一行に記した。また割註は二行にせずに少し小さな字にして<　>の中に入れた。また説明のための語句は（　）の中にいれた。

（註1）拙稿「熊本藩の寸志知行取（その1）」（『熊本歴研 史叢』第15号、2011年）参照。
（註2）熊本大学附属図書館寄託の永青文庫8-5-11の19（熊本市歴史文書資料室の永青文庫複製本冊子340）
（註3）松本寿三郎編『熊本藩侍帳』（細川藩政史研究会、1996年）参照。
（註4）文化12年（1815）の熊本藩の大坂での借銀高は総額3万7168貫目余であるが、そのうち長田作兵衛の分は1万3065貫目余で、全体の1／3以上である（「大坂御借物片付片しらへ帳面」＝熊本市歴史文書資料室の永青文庫複製本冊子1347、永青文庫「密書輯録」神 番外1、3の8-1）。
（註5）仙波家と熊本藩との関係は、元禄年間に始まり、享保21年（元文元、1736）には10人扶持を給され、寛延3年（1750）には500石を給された。宝暦3年（1753）に太郎兵衛が隠居したときには、養子の長七に知行500石と50人扶持の相続が認められている（「御館入 仙波太郎兵衛先祖由緒書」＝同上の永青文庫複製本1355、永青文庫「密書輯録」神 番外1、3の14）。
（註6）大津屋については、藤村潤一郎「江戸六組飛脚屋大津屋と熊本藩」（『日本歴史』315号、1974年8月号）参照。

他所御合力（「役員躓覧　十三下」、熊本市歴史文書資料室蔵「永青文庫」冊子340）

　　　（1）江戸

一米百五拾石　　　　　　　　　　　　　　　　　　　　　　　　　　井上因磧
一拾人扶持　外年々米拾俵　　　　　　　　根岸肥前守様御組与力　安藤小左衛門
一三人扶持　　　　　　　　　　　　　　　　　　　　　　　　　　　愛染院
一三人扶持　　　　　　　　　　　　　　　　　　　　　　　　　　　真蔵院
一五人扶持　　　　　　　　　　　　　　　　　　　　御城坊主　岩原幸伯
一三人扶持　　　　　　　　　　　　　　　　　　　　御城坊主　星野求民
一大判壱枚半　　　　　　　　　　　　　　　　　　　　　　　　　　観世兵次郎
一弐拾人扶持　　　　　　　　　　　　　　　　　　　　　　　　　　高安鬼次郎
一七人扶持　　　　　　　　　　　　　　　　　　　　　　　　　　　本阿弥氏之助
一五人扶持　　　　　　　　　　　　　　　　　　　　　　　　　　　山田□□郎
一千石　百四拾五人扶持　　　　　　　　　　　　　　　　　　　　　仙波太郎兵衛
一三拾五人扶持　　　　　　　　　　　　　　　　　　　　　　　　　大和屋兵三郎
一弐拾人扶持　　　　　　　　　　　　　　　　　　　　　　　　　　蔵田直之進
一弐百石　七拾人扶持　　　　　　　　　　　　　　　　　　　　　　大橋仲七
一弐拾人扶持　　　　　　　　　　　　　　　　　　　　　　　　　　海津永太郎
一三拾人扶持　　　　　　　　　　　　　　　　　　　　　　　　　　村山弥市

一拾五人扶持	竹原文右衛門
一四拾五人扶持	中井新右衛門
一五人扶持	坂本三右衛門
一四拾五人扶持	久保太郎兵衛
一拾人扶持	山田清助
一五拾人扶持	朝倉円蔵
一毎歳八木弐拾俵	仙波太郎助
一拾人扶持	太郎兵衛忰　仙波栄助
一毎歳銀五枚	樽屋左平次
一拾人扶持	大津屋元吉
一毎歳八木拾俵	大和屋幾助
一三人扶持	大工棟梁　庄兵衛
一三人扶持	川村ひて後見　嘉兵衛
一三人扶持　外弐人扶持	仙波太郎助手代　甚兵衛
一三人扶持	右同　喜三郎
一五人扶持	及川十右衛門
一五人扶持	及川伊右衛門
一三人扶持	平井新田御屋敷地守　半六
一大判壱枚	高安孫右衛門
一三人扶持	春日五平次
一拾人扶持	荒木三郎右衛門
一四拾人扶持	川村伝左衛門
一　御上下の節々　金五両	相州箱根御本陣　柏屋左五右衛門

　　　木曽路御旅行の節ハ御発駕前、於江戸被下置候

　　　右は御扶持方被下候様相願候へ共、難叶候、尤前々訳有之者ニ付、及僉議、御上下の節々金五両宛、以
　　　来被下置候、尤木曽路御通行の節ハ、御発駕前於江戸被下筈候、安永四年正月　達帳

　　（2）京都

一弐拾人扶持	京都御家代　家原嘉一郎
一米四拾五石　外銀六貫五百目	井上九兵衛
一百三拾石　内四拾五石定渡り　外銀五貫目	石井鉄五郎
一三人扶持	井川豊次郎
一拾石　依願江戸渡り被仰付候	三井藤右衛門
一三拾石	扇紺屋四郎左衛門
一三人扶持	扇屋弥太郎
一五人扶持	清水藤三郎
一米三拾石　外銀三貫五百目	谷野東太郎
一三人扶持	吉田忠兵衛
一五人扶持	辻　新三郎
一月々八木拾俵	中西勝蔵　中西伝兵衛
一高百石の手取　拾五石　外拾人扶持　御知行物成半減の内被渡下候	淀　築山兵馬
一　同　拾五石　外　右同	築山兵庫
一　高拾五人扶持　七人半扶持	上林味卜
一毎歳御米弐拾俵	京都西岡居住の浪人　革嶋新五郎

一毎歳御米弐拾俵　　　　　　　　　　　　　　　丹州世木庄木住村郷士　湯浅左右司
一　百石の内　拾三石　　　　　　　　　　　　　　　　　　　奈良　春日又左衛門
一三人扶持　　　　　　　　　　　　　　　　　　　　　　伏見御屋代　肥後屋清兵衛
一弐人扶持　外銀弐百目　　　　　　　　　　　　　　　牧田熊八郎手付　杉右衛門

　（3）大坂
一弐千石　百人扶持　　　　　　　　　　　　　　　　　　　　　　　　長田作兵衛
一千五拾石　四拾人扶持　　　　　　　　　　　　　　　　　　　　　　稲川万太郎
一弐拾五人扶持　　　　　　　　　　　　　　　　　　　　　　隠居　長田宗懿
一弐拾五人扶持　　　　　　　　　　　　　　　　　　　　　　　天王寺屋三郎右衛門
一拾人扶持　　　　　　　　　　　　　　　　　　　　　　　　　　　　吉屋初五郎
一五人扶持　　　　　　　　　　　　　　　　　　　　　　　　　　　吉屋三郎右衛門
一七拾石　三拾五人扶持　毎歳八木百俵　　　　　　　　　　　　　　樋口重郎兵衛
一五人扶持　　　　　　　　　　　　　　　　　　　　　　　隠居　樋口正左衛門
一四拾人扶持　　　　　　　　　　　　　　　　　　　　　　　　　　　西脇善吉
一拾五人扶持　　　　　　　　　　　　　　　　　　　　　　　　　　米屋杢右衛門
一拾八人扶持　　　　　　　　　　　　　　　　　　　　　　　　　河内屋市左衛門
一三拾五人扶持　　　　　　　　　　　　　　　　　　　　　　　　平野屋又右衛門
一拾七人扶持　　　　　　　　　　　　　　　　　　　　　　　　　　　岩崎又三郎
一弐拾人扶持　　　　　　　　　　　　　　　　　　　　　　　　　川崎屋三右衛門
一拾弐人扶持　　　　　　　　　　　　　　　　　　　　　　　　　播摩屋九郎兵衛
一拾人扶持　　　　　　　　　　　　　　　　　　　　　　　　　　　鴻池善右衛門
一拾五人扶持　　　　　　　　　　　　　　　　　　　　　　　　　永瀬七郎右衛門
一拾五人扶持　　　　　　　　　　　　　　　　　　　　　　　　　平井次郎右衛門
一七人扶持　　　　　　　　　　　　　　　　　　　　　　　　　　塩飽屋清右衛門
一三拾人扶持　　　　　　　　　　　　　　　　　　　　　　　　　　　殿村鉄五郎
一弐拾三人扶持　　　　　　　　　　　　　　　　　　　　　　　　　　千草屋収五郎
一拾人扶持　　　　　　　　　　　　　　　　　　　　　　　　　　　　米屋長兵衛
一七拾人扶持　毎歳八木弐拾俵　　　　　　　　　　　　　　　　　　　平野屋惣兵衛
一拾五人扶持　毎歳八木拾弐俵　　　　　　　　　　　　　　　　　　　河内屋勘四郎
一拾五人扶持　　　　　　　　　　　　　　　　　　　　　作兵衛養子　長田松次郎
一五人扶持　　　　　　　　　　　　　　　　　　　　　　　　　　　　雑候屋捨松
一五人扶持　　　　　　　　　　　　　　　　　　　　　　　　　　　西村屋喜右衛門
一毎歳八木弐拾五俵　　　　　　　　　　　　　　　　　　　　　　　　鴻池伊助
一三人扶持　　　　　　　　　　　　　　　　　　　　　　　　　　　天王寺屋源兵衛
一七人扶持　　　　　　　　　　　　　　　　　　　　　　　　　　　　亀屋武兵衛
一七人扶持　　　　　　　　　　　　　　　　　　　　　　　　　　　　亀屋儀左衛門
一御賞米　毎歳百七拾九石弐斗　外五拾人扶持　　　　　　　伊丹商人　小西新右衛門
一拾五人扶持　　　　　　　　　　　　　　　　　　　　　　　　　　　大嶋長兵衛
　　　長兵衛儀、於大坂御抱石番代ニ被仰付置候付、弐人扶持被下置候処、此度右御抱不残永々御差除の
　　　儀、御達ニ相成候付て、御抱石番被成御免、弐人扶持ハ被召上候、天保九年正月
一拾人扶持　　　　　　　　　　　　　　　　　　　　　長田作兵衛手代　加嶋屋猪兵衛
一三人扶持　外毎歳八木拾俵　　　　　　　　　　　　　　　　　右同　加嶋屋弥十郎
一弐人扶持　外毎歳八木拾俵　　　　　　　　　　　　　　　　　右同　加嶋屋孫市
　　　大坂西御蔵所御名代被仰付置候

一拾弐人扶持	右同	加嶋屋要介

御屋敷御用懸相勤候中迄被下置候

一三人扶持宛	殿村平右衛門手代	米屋政七・米屋五兵衛
一三人扶持　外毎歳八木五俵	稲川安右衛門別家手代　茨木屋儀右衛門養子	茂兵衛
一五人扶持　外米拾五俵	同人手代	茨木屋和助
一七人扶持	右同	茨木屋吉兵衛
一七石	平野屋又右衛門手代	次郎兵衛
一七石	同人手代	弥三兵衛
一三人扶持	河崎屋三右衛門手代	儀兵衛
一五人扶持	西脇彦左衛門別家手代	絆屋孫八
一毎歳八木拾俵	河内屋勘四郎手代	清兵衛
一毎歳八木拾俵	小西新右衛門手代	由兵衛
一同　五俵	同人手代	正助
一三人扶持宛	殿村平三郎手代	米屋三郎兵衛・米屋孫兵衛

　　三郎兵衛えハ、外毎歳八木弐拾俵

一拾人扶持		塩飽屋卯兵衛
一毎歳八木拾俵	一代限無席ニて御手医師	鳩野元達
一弐人扶持	荒井御用宿	前田作右衛門

　　右は従前々、此方様船場の用向世話いたし来候処、今度右用向等一切彼駅本陣より世話いたし候筈ニ相改候由、右の通ニ付てハ、難渋至極仕候由ニ付、御家来分と申名目ニ被仰付候歟、又ハ御扶持方被下候名目被仰付候ハヽ、此方様御用向相勤候ても、御関所前ニおゐてハ何の支も無之由願出候付、宝暦十三年九月弐人扶持被下置候

（４）九州

一拾五人扶持　外銀三拾枚	長崎御家代	竹内庄兵衛
一五人扶持　外銀十枚	右同	加藤永助

　　長崎御用船御引払ニ相成候付てハ、請前の勤方心遣いたし候付、天明二年二月今迄月々被下置候太米三斗五升被差止、三人扶持銀五枚被増下、都合五人扶持銀十枚被下置候

一三人扶持　外銀五枚	長崎御買物御用	西原長右衛門

　　右は先祖西原惣助と申もの、御屋敷近所ニ居候付、内々出入仕、御用銀調達の節、御為宜相勤候付、享保十七年五月御買物役被仰付、弐人扶持被下置候、寛延二年正月勤料として毎歳銀五枚宛被下置候、宝暦二年二月相果候付、悴茂兵衛え同年九月、父同様御買物役被仰付、御扶持方并勤料共無相違被下置候、天明二年御用船御引払ニ相成候付てハ、受前の勤方心遣いたし候付、壱人扶持被増下候、此後代々三人扶持銀五枚被下、御買物役被仰付置候

一弐人扶持	豊後乙津	幸　賢立

　　右は先祖幸無住儀、大友家の浪人ニて乙津村居住いたし居候、妙解院様江戸御往来の刻、乙津川其外の御取持等仕候段、達御聞、鶴崎ニおゐて御目見被仰付、御時服等被下置候、其後島原一乱の節、妙解院様江戸より被遊御下候節、無住儀御道筋ニ罷出、嶋原えの御供被仰付候様願出候由の処、志の程ハ被遊御感候へとも、他領のもの候へハ御遠慮の旨ニて、御供ハ難被為叶旨被仰聞候、其後右の志有之者ニ付、二男幸七左衛門儀を熊本え被召出、御知行三百石被下置候＜継子無之家断絶＞無住果候後ハ悴不瑩儀も、不相替御目見被仰付、毎度御時服被下置候、賢隆と申代ニ毎歳銀三枚宛被下置候処、右七左衛門病死跡式及断絶、残念ニ被思召上、且又高松御役所えの御用等相勤候付、五人扶持被下候＜宝永七年＞、元文三年右御扶持方を百石の御知行ニ被直下候様願出候間、百石の物成弐拾石宛被渡下候、寛延二年相果候付、悴三折えも御知行百石の物成可被下置哉と奉窺候処、五人扶持可被下置旨被仰出候、此跡式立庵え＜後賢龍と改名＞、安永七年十一月三人扶持被下置候、此跡式

の儀、右の通被減候付、当賢立え享和二年三月弐人扶持被下置候

一百石　廿石手取　　　　　　　　　　　　　　　　　豊後日出町人　宇佐美市十郎
一拾人扶持　　　　　　　　　　　　　　　　　　　　　　　　　　　宇佐美正吾

　　右は先祖宇佐美五郎兵衛、同人甥宇佐美吉郎兵衛と申もの、両人ニて追々御用銀調達いたし、其上享保九年百貫目寸志差出候付、同十年五郎兵衛え御知行百五拾石、吉郎兵衛え拾人扶持被下置候、然処五郎兵衛家ハ四代目迄ハ御知行百五拾石無相違被下置候処、五代目より五拾石被減候、吉郎兵衛家ハ当正吾儀四代目ニ付、此節迄ハ拾人扶持被下置候、此後より世減被仰付筈候

一拾人扶持　　　　　　　　　　　　　　　　　　　　　　　　豊前小倉　村上新蔵
一五人扶持　　　　　　　　　　　　　　　　　　　　　　　日田御用達　長崎屋　彦助

　　右は宝暦八年日隈源助と申もの、五人扶持被下置候、其後代々右御扶持方被下置候

一　一代限　弐人扶持　　　　　　　　　　　長崎外浦町乙名　御館入　中村茂助　　　（終）

本号で30号となったので、今までの会報の目録を掲載します。

【八代古文書の会会報　目録】

No.1　（2011年2月）　鹿子木量平について（永青文庫「先祖附」による年譜）
No.2　（同　　3月）　細川幽斎画像の作者について
No.3　（同　　3月）　鹿子木量平と八代海の干拓新田
No.4　（同　　4月）　熊本藩の武士身分について（その2）
No.5　（同　　4月）　江戸時代の庶民と旅
No.6　（同　　5月）　熊本藩の御用絵師＝薗井家について
No.7　（同　　6月）　熊本藩の「寸志」知行取（その2）
No.8　（同　　6月）　百姓の農業経営は原則赤字？
No.9　（同　　7月）　江戸時代の落し物について、　御用絵師＝薗井家について（補）
No.10　（同　　8月）　「八代の殿様」松井章之の江戸旅行日記（安政3年）
No.11　（同　　9月）　和歌山の「不老橋」と肥後の石工―岩永三五郎の最後の目鑑橋―
No.12　（同　　9月）　将軍＝徳川吉宗の上覧に供された「三斎流」具足
No.13　（同　　10月）　松井家の歴史―「先祖由来附」第九巻、第十巻より―
No.14　（同　　10月）　熊本藩御用絵師＝矢野家について
No.15　（同　　11月）　肥後国八代郡の「惣産物調帳」（天保13年）
No.16　（同　　11月）　江戸時代の庶民と旅（その2）
No.17　（同　　12月）　熊本藩「櫨方」の「八代出会所」
No.18　（2012年1月）　将軍家に献上された　八代の白島石細工について
No.19　（同　　1月）　「元禄」の殿様＝細川綱利について
No.20　（同　　2月）　「元禄」の殿様＝細川綱利について（その2）
No.21　（同　　3月）　徳川将軍家への献上品「八代蜜柑」
No.22　（同　　3月）　江戸時代　八代の災害―火事・洪水・大風・地震―
No.23　（同　　4月）　徳川将軍家への献上品「八代蜜柑」（その2）
No.24　（同　　5月）　熊本藩の藩札の流通について
No.25　（同　　6月）　徳川将軍家への献上品「八代蜜柑」（その3）
No.26　（同　　7月）　「八代の殿様」松井章之の江戸生活（安政3年）
No.27　（同　　8月）　「松井章之日記」（天保12年1月～4月）―その1―
No.28　（同　　9月）　「松井章之日記」（天保12年1月～4月）―その2―
No.29　（同　　10月）　「松井章之日記」（天保12年1月～4月）―その3―
No.30　（同　　11月）　史料紹介「他所合力」―大坂・江戸の熊本藩御用達など―

八代古文書の会 会報 No.31	2012年12月10日八代古文書の会 発行 〒866-0081　八代市植柳上746-5　蓑田勝彦方

> 　本年11月の新聞記事に、いま伊能忠敬記念館に熊本藩の測量絵図が2点展示されているが、それは熊本の池部長十郎が作成したもので「国宝」になっている、というのがありました。伊能忠敬のことは誰でも知っていますが、その記念館に熊本藩の藩校＝時習館の教師であった池部長十郎が作成した測量絵図が何点も所蔵されていて、それが国宝になっているということは、熊本の歴史を研究している人々にもほとんど知られていないことでした。　長十郎の子＝池部啓太については、幕末の砲術家として広く知られているのですが、父の長十郎についてはごく一部の人にしか知られていません。今回はその池部長十郎についてです。原稿の分量の関係で二回に分けて掲載します。

池部長十郎と熊本藩の測量絵図作成（上）

蓑田　勝彦

1．はじめに

　今年（平成24年＝2012）の11月5日の「熊本日日新聞」に、伊能忠敬記念館で開催中の「九州×伊能忠敬」展に、池部長十郎が作成した芦北郡の街道筋の絵図2点が展示されているという記事が掲載されていた。2点とも同館の所蔵品として国宝に指定されているという。伊能忠敬記念館のホームページの目録と見くらべてみると、展示されているのは目録番号741番の「細川越中守領分肥後国芦北郡佐敷庄日奈久郷村々海辺并街道絵図」と、同752番の「細川越中守領分肥後国芦北郡水俣郷津奈木郷湯浦郷村々海辺并街道絵図」の2点であることが分かった。ホームページの地図絵図類目録には787点が掲載されている。そのうち熊本県関係が56点ほど見られる。「熊日」の記事には、このうち池部長十郎が作成したと思われる絵図は13点、ほかに池部が伊能忠敬に出したと思われる書状が1点所蔵されているという。池部長十郎の子＝池部啓太は、肥後の幕末期の砲術家として有名で多くの人が研究しているが、父の長十郎については啓太の父という程度の研究しか行われていないといってよい。本稿では池部長十郎やその父＝池部弥八郎について述べてみたい。

2．池部弥八郎について

　池部家の人で藩の記録に見えるのは、長十郎の父＝池部弥八郎からである。明和6年（1769）の記録には「池辺平太郎支配浪人　池部弥八郎」と記されている。池辺平太郎というのは、藩校＝時習館の訓導、助教を勤めた池辺蘭陵のことと思われる。蘭陵は代々医師を勤める池辺家の分家の人物で、本家4代目の弟＝藤平（鶴林）が儒学者として御中小姓に召出され別家をたてた。その子が平太郎＝蘭陵である。優れた学者として知られ、父の跡をついで時習館の訓導となり、安永8年（1779）には助教、天明元年（1781）には100石の知行取となったが、翌2年には57歳で死去したという(註1)。その池辺平太郎支配の浪人と記されているが、それ以外のことは不明である。

　浪人であった池部弥八郎は＜京都陰陽頭　土御門　安倍二位様　天文暦学の門弟となり、重き免許状を下され、京都で表札を掛け大勢の門人を指南、去年（明和5年）5月熊本へ帰り、当地でも表札をかけて指南したいと申請があった。検討の結果、弥八郎に3人扶持を下され、天文暦学師役を仰せ付けられる＞と記されている(註2)。土御門家は陰陽道の大家＝安倍清明の後裔で、室町中期からは「土御門」を称し、江戸時代には代々陰陽頭を勤め、陰陽・天文道を家業としていた。その土御門家の門弟となって天文暦学を修め、学芸・人物ともに優れていたためであろう「大勢の門人を指南」する立場にあったという。別の史料によれば、弥八郎の安倍家入門は明和4年（1767）であったという(註3)。同じ史料の別の部分には、弥八郎は明和2年に上京、海内第一の算術の達人といわれた中根丈左衛門（元圭）に入門を希望したが、丈左衛門が死亡していたので、その嫡子の中根保之助（元循）に入門したと記されている。また池部弥八郎は『律襲暦後篇』を著わし、これには「元圭遺訓元循門人」と記しているという(註4)。中根丈左衛門は京都の暦算家で、享保18年（1733）に死去しており、弥八郎が入門

142

を希望したというのは丈左衛門の死亡後30年以上たっており、その点は少し疑問の残る話である。
　安永元年（1772）の記録には＜池辺平太郎支配浪人 池部弥八郎には、3人扶持・外に米20俵を給しており、天文・暦学・算学・習書師、游・陣貝、都合六芸の師役を勤めさせている。彼はそれらの師役を抜群に出精しているので、句読師と同格の待遇にしたいとの申請があった。検討の結果、俸給などはそのまま「御留守居御中小姓列の上座」とする＞と記されている（註5）。4年後の安永5年の記録には＜池部弥八郎は今まで3人扶持・御米20俵宛の給与であったが、今後は15石5人扶持の給与とする＞と記されている（註6）。はじめ時習館の教師に任ぜられたときはわずか3人扶持の足軽程度の身分であったが、まもなく時習館の普通の教師である「句読師」と同様の待遇を受けることとなり、「軽輩」身分から「士席」である「御中小姓」身分の一種（御留守居御中小姓列）へ昇格し、給与もそれにふさわしい15石5人扶持となったのである。藩庁の書類では以上のことが確認されるだけで、その他のことは不明である。弥八郎は春近、汝玉ともいい、安永7年（1778）に47歳で死去したという（註7）。

3．池部長十郎について

　池部長十郎（春幸）は弥八郎の甥で、弥八郎に男子がなかったので長十郎がその養子となった。文化10年の「達帳」には長十郎の経歴が次のように記されている。＜彼は安永9年（1780）から「学校見習」を命じられ出精してきた。そのご養父＝池部弥八郎の功績も考慮されて、天明6年（1786）に「御奉行所詰小姓」となった。寛政4年（1792）には「諸帳支配役本役并紙支配役兼帯」となり、同年に「学校付物書」、同7年（1795）に「天文算学師役」となった＞（註8）。
　別の史料には長十郎が寛政7年（1795）3月に天文算学師役になったときの事情が次のように記されている。＜長十郎は父の弥八郎が土御門家の門人で、父＝弥八郎から外の算学師にはない格別の師伝を伝えられている。時習館の天文算学師役は梁瀬太郎兵衛が池部弥八郎の跡役を勤めているが、梁瀬が自分は師役には相応しくないし、自分は一昨年には長十郎に奥儀まで皆伝しているので、長十郎に師役を譲りたいと申し出ている。検討の結果、長十郎を梁瀬のあとの師役とし、給与はこれ迄と同じ切米8石2人扶持とする＞（註9）。なお梁瀬太郎兵衛は「先祖附」によれば、池部弥八郎の門弟で、安永7年（1778）に弥八郎が病死したあとは「門弟引廻」を命じられ、寛政元年（1789）に「天文算学師役」となり同7年まで勤めたと記されている（註10）。
　藩校＝時習館の師役になって5年後の寛政12年（1800）に、長十郎は京都の土御門家（安倍家）に入門したことなどが別の史料に次のように記されている。＜長十郎は寛政12年（1800）秋に上京して安倍家に入門した。そして天文・暦道の達人といわれていた大坂の浅田剛竜（麻田剛立）に教えを請う予定であったが、浅田は既に死去していた。そこで浅田と同様の達人という間五郎兵衛（間重富）に入門を願った。ところが、間は当時は「公儀測量御道具仕立方受込」の仕事で忙しく入門できなかった。長十郎は享和元年（1801）正月下旬から大病を患ったがやがて回復、享和2年に間五郎兵衛が公用で長崎に来るというので彼に入門を願い、同年7月下旬から8月上旬にかけて数十日、「長崎海辺絵図仕立」の廻村に間の内弟子として加わって測量の稽古をした。そのころ幕府が西洋測量術の原書を買上げて、通詞の志築忠次郎（志筑忠雄）へ翻訳させたが、志築の伝を受けた長崎興善町の乙名＝末次忠助が「西洋新法測量術」に功熟しているということで、享和3年の春に長崎へ行き、末次から測量術の奥意などの伝を受け、書籍などを写し取って熊本へ帰った＞（註11）。
　また前出の文化10年の「達帳」には次のように記されている。＜長十郎は文化元年（1804）に「歩御小姓列」の身分に昇進した。そして文化9年（1812）段階の給与は切米8石2人扶持、外に2石1人扶持の「御足」がある。藩の役人になって以来の「御奉公」は26年、歩御小姓列になってからは同じく8年になる。年数はあまり経っていないが、このたび彼を「独礼」身分に昇格させ、桜御紋附御羽織一を与えることとする＞（註12）。文化9年ころは10石3人扶持を給されていたことがわかる。この文化10年の賞美は、後に述べる伊能忠敬の藩内測量への協力を無事に果たした功績を評価して行われたものである。
　以上のように長十郎の経歴が記されているのであるが、その年齢が知られるような情報は残念ながら見当たらないので、ここで彼の年齢について考えておきたい。一般的には父が死去すればその後を継ぐ場合が多いが、長十郎は父の死の2年後の安永9年（1780）に「学校見習」になり、寛政7年（1795）つまり養父の死後15年たって養父が勤めていた多くの師役のうちの「天文算学師役」の職を継いだことになる。そのことから推測すると、長十郎は養父＝弥八郎が死去したときは未だ若年で、藩校＝時習館の師役になるほどの能力・経験がなかったと考えられる。最初「見習」になったと記されているが、見習というのは一人前でない若輩への待遇と思われるので、

この時の年齢は15歳くらいだったのではないだろうか。長十郎は「見習」とか「物書」（書記役）などを経験しながら「天文算学」などに精進した結果、「見習」になってから15年後に「天文算学師役」に就任している。そのことから計算すると、長十郎が師役になったのは30歳ころだったのではないかと思われる。

4．伊能忠敬と池部長十郎

　伊能忠敬の全国測量は、寛政12年（1800）の奥州道中と蝦夷地の測量を手始めに、文化11年（1814）までに行われたが、そのうち九州の測量は文化7年と同9年（1812）とに行われた。冒頭に述べた伊能忠敬記念館の「九州×伊能忠敬」展は、彼の九州測量から200年を記念して開催されたものである。九州測量にきた伊能忠敬が熊本藩内の測量を行うことになると、池部長十郎は藩の測量専門家として伊能一行の応接担当を命じられて忙しい日々を過ごすこととなった。

　伊能忠敬の測量日記によると、伊能一行は文化7年（1810）11月13日に天草（天領）から佐敷に上陸したが、彼らが同14日に人吉へ向ったときに、長十郎は藩境まで見送ったという。この日の日記には「案内池部長十郎」とある。同月17日に伊能らは人吉から球磨川を下って八代へ到着したが、その日に長十郎は藩境まで出迎えに行っており、翌日には「池部長十郎門人」らが伊能一行の世話役に出たことが記されている。12月12日には熊本城下を測量したあと「池部長十郎仮宅え立寄、夜ニ入テ帰宿」と、伊能が池部宅を訪問したことが記されているので、二人がかなり親密な関係になっていたのではないかと思われる。文化9年（1812）には伊能一行が2回目の九州測量に来たが、その時も長十郎は2月10日に筑後から肥後に入る一行を藩境まで出迎えに出ている。一行は「先手」と「後手」とに分かれて測量したが、長十郎は先手の「差添」役を勤めたと記されている。長十郎は伊能一行の2回に及ぶ測量事業に地元の世話役として最も重要な役割を果たしたのであった（註13）。

　ここで池部長十郎が伊能忠敬の藩内測量時にどのような役割を果たしたのか、もう少し詳しく見てみよう。伊能忠敬の九州測量に関する文化8年の記事の中に次のような記述がある。＜池部長十郎は、公儀測量方の御役人が領内の海辺・街道筋・島々などの改め方として入込んだとき、去年（文化7＝1812年）正月から鶴崎・佐賀関へ派遣され、下改をして地図の仕立てを行い、幕府の役人の鶴崎に到着後の応対・付廻を勤め、熊本へ帰るときは鶴崎から熊本立田口まで街道筋測量の下改を行って地図を仕立てた。それから直に芦北表薩摩境から海辺・島々の街道筋測量下改に出て絵図を仕立てた。11月に幕府役人衆が領内に入ったときは、また芦北に行って応対・付廻をして、昼夜心遣いすること1ヶ年、家事をさしおいて公務に励み、幕府役人の気受けもよく順調に調査が終了し、藩の出費も余計にはかからないで済んだ。大勢の門人が協力し、丁縄などの差図も行き届き、御用が無事に終了するように出精したので、格別の御賞美を下されるようにとの申請があった＞（註14）。

　幕府から伊能忠敬の九州測量が熊本藩に伝えられると、すぐに池部長十郎が熊本藩領の飛地である豊後（大分県）の鶴崎に派遣された。彼は「下改」をおこない「地図を仕立て」、その帰りには鶴崎から熊本立田口までの"豊後街道"の地図を作成し、その後も芦北地域の絵図を作成して、伊能忠敬の測量事業への協力準備をおこない、実際に一行が来ると「応対」「付廻」をして「昼夜心遣い」をしたと記されている。この池部長十郎の献身的な努力に対して藩当局が「格別の御賞美」を行ったのが、前に記したように彼を「独礼」身分に昇格させ、桜御紋附御羽織一を与えるということであった。このように、長十郎の役割はただの応接役・世話役というのではなく、「測量の下改」「絵図を仕立」てることでもあった。

　そのことと関連して確認しておきたいことは、長十郎がどのように測量術を身につけていったかである。前に述べた通り、長十郎は天文・暦学の最先端の学者であった麻田剛立の弟子＝間重富に長崎で学び、内弟子として現場で測量術を身につけた。さらに長崎では志筑忠雄・末次忠助らの「西洋新法測量術」を学んだという。麻田剛立は豊後の出身で、大坂に出て医師を生業としながら暦学研究に没頭、寛政7年（1795）に幕府の改暦に招請されるが応じず、門下の高橋至時・間重富を推挙した。寛政11年（1799）没（66歳）。間五郎兵衛＝間重富は大坂生れの天文暦学者。麻田剛立の門弟。高橋至時とともに寛政改暦に従事、文化13年（1816）没（61歳）。志筑忠雄は長崎生まれの天文学者・蘭学者、文化3年（1806）没（47歳）、「暦象新書」などの著者として有名。末次忠助は志筑忠雄の高弟で天文学・数学・物理学などに優れる。天保9年（1838）没（74歳）。これらの人々はみな高等学校の日本史の教科書に出てくるような著名人である。伊能忠敬は高橋至時に師事した人物であり、高橋は麻田剛立に学び、寛政暦を完成させたことで有名である（註15）。このように見てくると、池部長十郎と伊能忠敬はともに麻田剛立の学統を継ぐ、学問的にはいわば同格の人物といえよう。

　長十郎の長崎での測量術修行に関する話が、池部啓太（長十郎の子）の述べたこととして次のように記録され

ている。＜父の長十郎は「測量術吟味」のため、文化2年（1805）、同4年に長崎へ行った。そのとき末次忠助から阿蘭陀の砲術の優秀さ、命中率の高さを聞いて砲術修行をしたいと思ったが、その時は測量術吟味に集中しなければならなかったので、砲術修行ができなかった。そこで自分（啓太）は父の「存念」を受継いで文政3年に長崎へ行き。末次忠助から彼の知る限りの相伝を受けた＞（註16）。このうち文化4年と記されている部分には、その年にイギリス船が来航したと記されているので、年表で確かめるとアメリカ船の来航となっている。文化5年にはイギリス船＝フェートン号が来航して大きな事件となっている。この点は啓太の記憶違いのようで、文化4年とあるのは5年の誤りかも知れない。いずれにしても、長十郎の長崎での測量術研究は、前記の享和2年、3年に続いて、文化2年、4年（5年？）と続けられたと記されており、この時期に長十郎の測量術は、当時の水準としては十分な高さに達したであろうと思われる。そのことは伊能忠敬の熊本藩での測量の同行した長十郎は「段々咄合」したなどと記されており、伊能から指導を受けたというようなことは何も記されていないこと、また後述のように長十郎が伊能と出会う以前から熊本藩領の測量地図作成を命じられていたことなどからも推測される。

5．池部長十郎による測量絵図の作成—文化年間—

　文化年間（1804〜1817）から文政年間（1818〜1829）ころ、長十郎は熊本藩から様々な測量を命じられ測量絵図を作成するようになった。以下に長十郎が行った測量・地図作成のうち判明する分を紹介したい。

(1)礒永和貴氏によれば、早い時期のものとしては文化4年（1807）の阿蘇郡内牧手永の「分度記」が残っているという（註17）。分度記というのは、測量した地点ごとの距離・方角・高度などの数字を記入した記録であり、その数字を基に測量絵図が作成される測量帳である。この文化4年の内牧手永の測量がどのような事情でなされたのか不明であるが、内牧だけでなく多くの手永の地図の作成に従事したのかも知れない。

(2)永青文庫の「達帳」に熊本藩の「御絵書」＝中嶋平右衛門についての記事があるが、その中に次のような記載がある。＜中嶋は測量方御用の領内の海辺などの絵図仕立て方のさい、文化5年（1808）6月に矢野右膳と一緒に差出され、多くの絵図を控図とともに二通りずつ清画として、同年10月までに制作した。その際の測量下改の分間地図の制作は池部長十郎に命じられ、その清絵が平右衛門に命じられて完成された。昼は海辺山々を歩き廻り、夜になって宿舎で絵図に仕立てるなど出精したので、平右衛門へは御賞美として金子二百疋下される。また矢野右膳の弟子の梶山善次郎も中嶋平右衛門と同様に出精したので、御賞美として金子百疋を下される＞（註18）。この記録によれば、長十郎が領内海辺などの測量を命じられて「下改」を行い、絵師の中島平右衛門によって文化5年10月にその測量絵図が完成されたことが分る。この測量絵図が具体的にどのようなものか、現在も残っているかどうかは不明であるが、とにかく長十郎が測量を命じられた絵図が制作されたことは確かである。

(3)前述のように、伊能忠敬の九州測量の予定が熊本藩に伝えられるとすぐに、文化7年（1810）に長十郎が鶴崎に派遣されて「下改」を行って地図を仕立て、また鶴崎〜熊本間の街道筋の「下改」、芦北地域の海辺・島々の絵図の仕立てをおこなっている。この「下改」というのは、前項の中嶋平右衛門についての記事に見られるように、完成絵図の「下改」つまり測量のことである。この時の測量地図についても詳しいことは不明である。

(4)「年々覚合類頭書」という史料の文化7年（1810）9月の記事に＜測量御用の絵図を、柳川丁の中島平右衛門宅にて清書＞という記事があり、また翌8年9月の記事には＜池部長十郎官宅に引き移り候につき、若し出火の節、測量御用諸絵面持除夫9人が駆けつけるよう仰せ付けられた＞とある（註19）。この二つの記事から判断すると、この文化7、8年には池部長十郎は藩から命じられた測量絵図を製作中であり、池部が製図したものを絵師である中島平右衛門が完成品である「清画」に仕立てる役を命じられていたことが推測される。藩当局は、池部長十郎が測量した資料や測量図が万一の火事のときに焼失しないように気を配っていたのである。この時も具体的にどのような絵図が制作されたかは不明であるが、長十郎は次からつぎへと測量・地図制作を命じられていたであろうことが窺われる。

(5)『荒尾市史』の「絵図・地図篇」に、文化14年（1817）に製作された「御領内街道海辺測量分見絵図」が紹介されている。掲載の絵図の写真は荒尾手永の部分だけであるが、その近くに（図の北西端にあたる所に）この絵図についての説明が次のように記されている。「此図以分度針正方位、以間竿正町数以厘尺縮之、以分度之規矩図焉、所附属之分度記十二冊、量地之時一一方位里数、郡境・手永境・村境、其外寺社山川之類者也、有此

記則雖後図必毫厘不差也　　文化十四丁丑年六月　池部長十郎・池部啓太・小原吉郎助」。この図が文化14年に、池部長十郎・啓太父子と小原吉郎助によって作成されたことがわかる。またこの絵図には別に「覚」が添えられている。その中に、この測量絵図がなぜ作られることになったかについて＜池部は以前に「手永限大絵図」の作成を命じられていたが、去子年（文化13年）に「御国中弐枚」の縮図制作を命じられて、同年冬に政府へ提出した。これはそのうち「御城下より西手、海辺通」の絵図である。藩の東部については、街道の測量は済んでいるが「御境目等不成就」であり、追って全体の図を完成させたい＞という趣旨の文が記されている。また、この絵図の作成のために「分度記」が12冊つくられたが、そのうち11冊が熊本大学附属図書館に寄託された永青文庫に残っており、その写真も掲載されている(註20)。なお、この「御領内街道海辺測量分見絵図」のうち、旧菊水町を中心とした部分の写真が『菊水町史』に掲載されており、「分度記」12冊のうちの第九巻目の写真も掲載されている(註21)。

　以上のようなことから考えると、池部長十郎は伊能忠敬の九州測量以前から、藩内の各種測量に従事しており、測量地図の作成にはかなり習熟していたことが分かる。なお『荒尾市史』には、絵図に添えられている前記「覚」の内容に「忠敬が使ったのは、緻密な測量技術であった」という意味の文が記されていると書いてあるが、「覚」にはそのような文は記されていない。また「覚」の文中の「去子年」を天保2年（1831）と解釈するような記述が見られるが、筆者（蓑田）は文化13年（1816）と解釈すべきものと考えている。以上の2点は、その後に記されている「伊能忠敬の影響を受けて作成されていることが明らかである」という文とともに、読者の誤解を導くものと考えている(註22)。つまり池部長十郎の絵図は伊能忠敬の絵図よりもずっと後に作成され、その影響を受けたものであり、伊能忠敬の絵図の方が池部のものよりも優れた絵図である、という感じを読者に与える文になっていると思うのである。二つの絵図の優劣について筆者は判断する能力はないが、少なくとも現在のところ、池部長十郎の絵図は伊能の絵図の影響を大きく受けて制作されたとか、伊能の絵図よりも劣っているということは明らかにはされていないと思うのである。この点について池部長十郎自身は前記「覚」の第3項目で「宇土郡から玉名郡にかけての海辺については、公儀御役人衆（伊能忠敬ら）の帳面を写し取って絵図を作ったので、たいへん荒目（大まか）である」と、自分の測量の方が伊能忠敬のものよりも優れているように記している。

　以上のように、「手永限大絵図」「御領内街道海辺測量分見絵図」など多くの測量地図の作成にあたった功績によるものであろうか。文化14年（1817）の史料には次のように記されている。＜池部長十郎は天文算学師で「独礼」身分で、10石3人扶持（うち2石1人扶持は御足）である。藩への御奉公38年、そのうち師役は23年勤めてきた。近年は測量御用を出精したので「御中小姓」の身分に昇格させ、「御足分」は「加増」に直し、なお5石2人扶持の「御足」を下される＞(註23)。このように長十郎は「御中小姓」の身分に昇格、俸給も15石5人扶持に増額された。この「御中小姓」という身分は「知行取」と同じく「士席」の身分で、「独礼」以下の「軽輩」身分とは一線を画す高い身分であり、長十郎がこの身分に昇格させられたことは、長十郎の功績がいかに高く評価されたかを示すものである(註24)。　　　　　　　　　　　　　　　　　　　　　　　　（未完）

(註1)　武藤厳男篇『肥後先哲偉蹟』正続編（『肥後文献叢書』別巻（一）、歴史図書社、昭和48年）P.68～　なお史料を見ると「池辺」と「池部」は区別して記されている場合が多い。本稿で中心的に扱う池部長十郎の家は「池部」である。

(註2)　「窺書」（熊本大学附属図書館寄託「永青文庫」10-15-12、明和6年2月）

(註3)（註4）「僉議控」（同上の「永青文庫」13-5-5）

(註5)　「窺帳」（註2の「永青文庫」10-13-14、安永元年の項）

(註6)　「窺帳」（同上、安永5年12月の項）。なお「御中小姓」などについては、蓑田勝彦「熊本藩武家社会の身分制度」（『熊本歴研 史叢』14号 所収、熊本歴史学研究、2009年）参照。

(註7)　註1の書　p.501～　　　　　　　　　(註8)「達帳」（註2の「永青文庫」9-10-4）

(註9)　「草稿本」1781（熊本市歴史文書資料室所蔵「永青文庫」複製本1151）

(註10)　熊本県立図書館所蔵「先祖附」34（永青文庫複製本）

(註11)　「僉議控」（註2の「永青文庫」13-5-19）安政5年 池部弥一郎の「覚」のうち

(註12)　「達帳」（註2の「永青文庫」9-10-4）文化10年の項

(註13)　城後尚年「伊能忠敬の九州測量」（『熊本史学』66・67合併号、平成2年）。

(註14)　註12の「達帳」

(註15) 麻田以下の人々については『日本史広辞典』（山川出版社、1997年）による。
(註16) 「池辺啓太吟味一巻」（註2の「永青文庫」13-1-37）
(註17) 礒永和貴「肥後藩の測量家について」（2012年6月の熊本史学会での発表資料）
(註18) 註12の「達帳」。なお「金子百疋」「金子二百疋」などは、賞美など特別な場合に使用される金額表示法で、百疋は1／4両、ここでは実際には銭1000文（1貫文）のことである。
(註19) 「年々覚合類頭書」（註2の「永青文庫」8-2-7）
(註20) 『荒尾市史』絵図地図篇（同編纂委員会、平成13年）48～51頁、129～152頁
(註21) 『菊水町史』絵図地図編（同編纂委員会、平成17年）15～16頁
(註22) 註20に同じ。　　　　　（註23）「窺帳」（註2の「永青文庫」10-14-1）
(註24) 「御中小姓」など武士の身分については、註6の拙稿「熊本藩武家社会の身分制度」参照。

今に伝わる肥後の絵図

郷土史研究家　平田 稔

国宝…千葉で展示

肥後藩測量術師範 池部長十郎作2点

2012.11.5 km

伊能忠敬の2回目の九州測量から今年は200年目に当たり、伊能忠敬記念館（千葉県香取市）で企画展「九州×伊能忠敬」が開かれている。

予想もしなかったことだが、幕末の肥後藩の測量術師範・池部長十郎が作成した芦北郡や日奈久の色絵図も展示してあり、そこに「国宝　当館所蔵」とあった。藩校時習館の師範が作成した絵図が「国宝」に指定されていることを熊本県民のどれだけが知っているだろうか、と驚きながら見入った。

展示されているのは「細川越中守領分肥後国芦北郡水俣津奈木郷湯浦郷村々海辺并街道絵図」（水俣市付近。縦1㍍56㌢、横2㍍14㌢）と、「細川越中守領分肥後国芦北郡佐敷庄日奈久郷村々海辺并街道絵図」（八代市日奈久付近。縦1㍍56㌢、横2㍍11㌢）の堂々たる2点。

海を濃紺で描き、山々を緑の濃淡で描き、朱色で「方位線」と村名、距離などが書き込まれている。明らかに池部の絵図も含まれており、伊能の「測量日記」にも書き留められている。

酒井一輔学芸員によれば「これらの絵図が全国各地の絵図展などに出品されていくよう、幕府は藩政府に、全国の測量がスムーズにいくよう、細かく触れており、その一つが『参考地図』や『下図』の事前準備。長十郎の絵図もその流れで作成し提出されたと思われるが、記念館では『全国測量が終わった後、何らかの指示があって、長十郎が作成したことも否定できない」という。

このほか、池部が作成したと思われる絵図13点、池部が伊能宛に出したと思われる書状1点も所蔵しているという。

池部家は長十郎（春幸）をはじめ、長十郎の養父・春十郎の絵図など、幕末に藩校時習館の測量師範を代々務めた家柄（100石）。文化7（1810）年と9年の伊能の肥後領測量では、長十郎が事前の準備と現地での立ち会い、藩庁との連絡など細かい世話をしており、伊能の「測量日記」にも細かく触れられている。

全国の測量がスムーズにいくよう、幕府は藩政府に、藩政府は測量師範や村々に、細かい触れを出しており、その一つが『参考地図』や『下図』の事前準備。長十郎の絵図もその流れで作成し提出されたと思われるが、記念館では『全国測量が終わった後、何らかの指示があって、長十郎が作成したことも否定できない」という。

いずれにしても、肥後藩測量師範が作成した絵図が、国宝となって今に伝わっていることを喜ぶとともに、多くの県民にそのことを知ってもらいたいと思う。

（和水町在住）

※企画展「九州×伊能忠敬」は18日まで。伊能忠敬記念館☎0478（54）1118。

八代市日奈久一帯の海岸線を描いた絵図「細川越中守領分肥後国芦北郡佐敷庄日奈久郷村々海辺并街道絵図」（部分）＝伊能忠敬記念館所蔵

≪「熊本日日新聞」2012年11月5日の記事≫

八代古文書の会 会報 No.32

2013年1月10日八代古文書の会 発行
〒866-0081　八代市植柳上746-5　蓑田勝彦方

　今年は八代古文書の会が発足して35年目を迎えます。8冊目の史料集（叢書）を発行してから4年たちました。9冊目も原稿は完成していますが、先立つものがないので発行できずにいます。そのことも考えて、2011年2月から「会報」を発行してきましたが、おかげで30号を越えることができました。今年は40号を越える予定で、出来るだけ長く「会報」をつくっていきたいと思います。また叢書の方も方策を考えて9冊目を発行したいと思っております。

　例会の方は昨年11月で、2011年5月から続いていた亀井南冥の「肥後物語」を終了して、12月からのテキストは松井家の敷河内新地の史料にかわりました。また昨年10月には、久しぶりに史跡見学会を8名の参加で実施、矢部の通潤用水を見学しました。以上、簡単に会の様子も報告致しました。

　今号は「池部長十郎と熊本藩の測量絵図作成」の後篇です。前号では長十郎がどのように測量術を身につけたかとか、伊能忠敬の九州測量とのかかわり、文化年間までの長十郎の測量絵図作成について述べています。本号では、「御中小姓」という士席の身分になった以後の、長十郎の測量絵図作成などを述べたあと、彼の死後の池部家のことや、測量術の広がりなどについても簡単に述べています。

池部長十郎と熊本藩の測量絵図作成（下）

蓑田　勝彦

6．池部長十郎による測量絵図の作成―文政年間―

　池部長十郎は、「御中小姓」の身分に昇格した後も、時習館の天文算学師役の役割や、藩内の測量活動などは以前と変わらなかったようである。長十郎が作成したことを図中に書き込んだ地図で文政年間のものがいくつか残されており、その他にも測量に関係する記事があるのでそれを紹介したい。

(1) 文政5年（1822）の「達帳」には次のように記されている。＜池部長十郎の嫡子の池部啓太は、文化14年（1817）10月以来「御領内周廻測量御用并防禦口測量」出在など、文政2年（1819）まで出精して勤め、深山川中などで抜群に辛労した。また文化10年（1813）から文政2年まで、手永備分見絵図、水利測量などを行なったので、別段に賞美を申請。また同じく長十郎の二男の冨次、三男の子之助は文化14年10月以来「御領内周廻測量御用并防禦口測量」に出在するなど出精したので、その賞美を申請する。この申請を検討した結果、この度の御領内所々測量御用に出精した面々のうち、池部長十郎には白銀3枚を下された。よって啓太へは金子二百疋、冨次・子之助へは同じく百疋ずつ下される＞ (註25)。なおこの時の賞美については、池部長十郎の名前で文化13年または14年以来、彼の下で御領内周廻測量并防禦口測量御用などに出精した多くの人々への賞美が申請されており、御雇絵師の内尾太松も測量分見絵図清画の作成に出精したとして賞美されている。これらの記録から熊本藩の事業として、文化10年から文政2年まで足かけ7年にわたって「領内周廻測量」「防禦口測量」の実施、文政2年までに「手永備分見絵図」の作成、水利測量などが行われ、それらの測量事業が池部長十郎とその子供たち3人が中心になって行われたことなどが分かる。

(2)熊本県立図書館に託麻郡田迎手永の絵図が所蔵されている。田迎手永というのは現在の熊本市の江津町・画図町・健軍町などが含まれており、図の中央部に上下江津湖が描かれ、南部は加勢川が鯰手永との境界となっている。この絵図の南東部の端には次のような文が記されている。＜此図以分度針正方位、以丈量正町数、以厘尺縮之、以分度之規矩図焉、別作冊子尽記其方位、里数、郡村之区域、及寺社山川形状、有此記則、雖復図庶幾無毫厘差也　　文政四辛巳年十一月　池部長十郎＞ (註26)。これによって、この地図が池部長十郎によって文政4年（1821）に作成されたことが分かる。この絵図は『新熊本市史』に写真が掲載されており、その解説文には「御船往還・按尾往還・山西往還」が通っていると記されているが (註27)、図中には村々を結ぶ小さな

道も多く描かれており、この小さい道路も測量によって描かれたものと思われる。

(3)同じく熊本県立図書館には、飽田郡五町手永の絵図が残されている。五町手永は現熊本市北部の東西に広がる地域で、東は立田・宇留毛などから西は海岸部の近津・白浜・船津などに及ぶ地域である。この地図にも前記の田迎手永の地図と全く同じ文が記されており、その最後の所に「文政五壬午年　池部長十郎」とある。それに続いて次の11人の名が記されている。「門人　松田多助、同　栗崎冨次、同　森本四郎右衛門、池部啓太、池部冨次、池部子之助、門人　今村理右衛門、同　尾崎喜八郎、同　若林宗右衛門、同清画　内尾栄英、同　宮津紋右衛門」(註28)。この記述から、この図が文政5年（1822）に池部長十郎父子や、その門弟たちによって作成されたことが分かる。合計12名のうち最後の2人は「清画」、つまり完成した絵図の作成者である。そのうち内尾栄英と記されているのは、前記(1)の内尾太松と同一人物で、藩の御用絵師の一人である。文政5年の「達帳」には＜御雇絵師の内尾太松は文化14年から文政2年まで、池部長十郎に領内周廻測量御用と防禦口測量を仰付けられたとき、測量分見絵図の清画に出精したので銀3両を下される＞とある(註29)。

(4)『新宇土市史』の絵図・地図編には池部長十郎が関係した「分水新井手筋高低測量分見絵図」が掲載されている。これは緑川の築地磧から宇土郡松山手永へ用水を引く工事のための測量分見絵図であるが、この工事自体については関連史料が見出されておらず詳細は不明という。図の中に「文政六癸未年十二月　池部長十郎門人　池部啓太・池部冨次・若林宗右衛門」と記されている。長十郎に依頼された測量絵図を、その子　啓太・冨次と門人の若林に作成させたものであろう(註30)。

(5)『熊本藩年表稿』の文政7年(1824)12月の記事に「新地絵図出来、池部長十郎測量、惣坪数4390町6反」とある(註31)。出典は生田宏『肥後近世史年表』で原典は不明で、具体的にどのような絵図かは分からないが、次項と考え合せると、七百町新地の完成後に、藩内全部の「新地」の面積を測量する事業が行われたのかも知れない。

(6)天保6年（1835）正月の「僉議控」には次のように記されている(註32)。＜先年八代七百町新地をつくるとき、球磨川遥拝磧から氷川端まで2里余の大井手立ての設計は、もともと鹿子木謙之助が行ったが、万一失敗したら数十万人の労働が無駄になる可能性もあるので、藩の新地方から長十郎へ念のための測量をさせるように要請があった。そこで長十郎父子と門弟、それに有吉織部家来の若林惣右衛門たちが出役し、文政5年（1822）2月19日から3月4日まで出精したので、同年夏までに井手立ては予定通りに完成し、その年から作物の植付けが可能になった。また、松山手永（旧宇土市松山町付近一帯）は無類の旱田（水不足）の所だったので、文政8年に立岡堤を掘り添えたが、その際も長十郎父子や若林惣右衛門が出役して出精した。その賞美申請が天保5年10月にあったので、検討の結果、長十郎へは銀1枚（＝銭3000文）、啓太と惣右衛門へは金子200疋（＝銭2000文）宛を下される＞。「七百町新地」は熊本藩最大の干拓新田として有名である。本会報でもNo.3で言及しており、それを参照されたい(註33)。ここに述べられている通り、球磨川に設けた遥拝堰から旧鏡町の広大な干拓地（文政地区）への用水が引かれている。その用水路設計は既にできていたが、その計画通りでよいかどうかの確認が長十郎父子らに依頼されたという。立岡堤は、慶長16年（1611）に加藤清正によって築造されたという。それを、松山手永惣庄屋の三隅丈八が中心になって文政8年（1825）に改修したもので、310町の灌漑を可能にしたという(註34)。これらの灌漑用水路造成の測量を長十郎らが担当したのである。

7．池部長十郎の測量関係記事

つぎに記すのは、これまで述べてきた測量地図作成そのものについてではなく、その前段階の測量作業のあり方や、池部長十郎の身分に関する記録などである。

(1)文政3年の「覚帳」には次のように記されている。＜池部長十郎は別段測量御用として、御国中一円廻在を仰せ付けられ、文政3年（1820）4、5月から、門弟6人、荒仕子2人とともに9人で芦北郡へ行くので、止宿所に支障なきようにとの連絡が芦北郡の惣庄屋たちへ達せられた。それに対して惣庄屋たちからは、今は農繁期だから、特に急ぎの用事でなければ、6月になると「根付」も終わって農隙になるので、それまで延期してもらいたいとの願書が出され、その通りになった＞(註35)。ここに記されているのは、芦北郡での測量のことであるが、具体的にどのような測量地図が作成されたかは不明である。それでもこの史料では、長十郎の測量について貴重な情報が得られる点が重要である。①「御国中一円廻在」を行う「別段測量」が池部長十郎を

中心に行われた。②彼の測量が9人のチームによって行われた。③測量が農繁期をさけて実施されたこと、などが分かる。

(2)文政6年(1823)の「窺帳」には次のように記されている。＜池部長十郎は天文算学師で、身分は御中小姓であり、15石5人扶持を給している（うち5石2人扶持は御足）。指南方を多年出精しており、近年は特に測量御用に出精している。44年の御奉公のうち師役を29年勤めており、御中小姓になって7年たつので、今までの「御足」は加増とし、さらに5石の「御足」を という申請があり、その通りになった＞(註36)。長十郎はこの文政6年から20石5人扶持を給されることになり、「御中小姓」身分として最も高い方の石高を給されることになったのである。

(3)永青文庫「草稿本」文政7、8年の記事には、次の(a)～(f)のようなことが記されている(註37)。

　(a)長十郎が、未測量地域の箇所の廻在を仰せ付けられた時のこと。できるだけ測量日数が短くて済むように、また経費もできるだけ節減できるようにとの要請があった。そこで検討した結果、今までの測量廻村は朝7ツ（午前4時ころ）に起きて、朝食後に夜明けを待って廻村し、8ツ時分（午後2時ころ）に引き上げる日程になっているが、次の順番の村役人が待っていて、予定通り自分たちの村も今日中に済ませてほしいと申し出て、それに応じた場合は、夜遅くなってしまう場合も多い。そうなると帰りの道も遠くなり、帰った後のその日の整理も夜遅くまでかかり、支払う経費も増加する。なお、これまでの測量の時の日当は、長十郎は1日6匁、門弟6人で1日24匁、荒仕子2人で1日2匁6分、合計32匁6分であった。

　(b)今回の廻村の賃金については次の通りとしたい。以前は7人で行ったが今回は4人で行う。長十郎父子へは1日12匁、荒仕子2人で2匁、合計14匁とする（格別険阻の場所の場合は別に「御心附」を支給）。但し以前は7人だったのを4人で行うので、事情によっては門弟に手伝わせたりする場合もあるが、その場合は廻村終了後に改めて経費を申請する。

　(c)今回の廻村の賃金の見積りは次の通り。

　　　池部長十郎…438匁（73日分）、池部富次…320目（80日分）、
　　　小橋子之助…320目（80日分）、松田多物…372（93日分）、栗崎富次…288匁（72日分）、
　　　森本四郎左衛門…196匁（49日分）、今村理右衛門…320目（80日分）、
　　　荒仕子 文助…104匁（80日分）、荒仕子 太右衛門…104匁（80日分）

　(d)池部長十郎が廻村に出張中の時習館の稽古や内稽古は次の通りとする。以前は代りの指導者として郡司八九郎・恵良右十の二人とされていたが、今回は森本四郎右衛門一人とし、その間の給与としては米15俵を給する。悴（啓次）へは年々85俵宛下されていたが、昨年の冬には給されなくなった。

　(e)長十郎が制作した「御次御用」の「御国中絵図」は「荒目の箇所」が多い。飽田郡・託麻郡・玉名郡などの絵図は「至て微細」である。それと同様に制作する場合は手当として、1日に池部長十郎は4人扶持と経費=銭2匁、同人門弟中…4人扶持と経費=銭1.5匁、荒仕子…飯米5合と経費=0.39匁とする。

　(f)「御次御用」の諸御郡測量図を池部長十郎に作成させるが、是迄測量が行われていない郡については、長十郎と門人たちに測量を仰せ付けられた。その場合は、在中に居住の長十郎の門人が測量の際に出てくることもある。

　　以上(a)～(f)の項目は、藩財政の担当者から厳しい経費節減を要求されて、その中で測量絵図を作成するためにどうすべきかを検討した結果を記したものである。測量を行うための予算に関する記録だけであり、この記事に見られることと実際に作成された地図とどのような関係があるのかは残念ながら不明である。

(4)文政7年(1824)の「覚帳」に次のように記されている(註38)。＜御用人の有吉市郎兵衛から奉行の小山門喜へ口達があった。池部長十郎が作成した「御国中測量絵図」には往還筋は測量の結果が描かれているが、「村々間道」は描かれていない。何年かかっても測量を済ませるようにしたいとの御意があったとのことである。これに対し小山の方からは来年中には済ませるようにしたいと答えたとのことであった＞。藩主=細川斉樹が池部長十郎の作成した「御国中測量絵図」について、絵図には「往還筋」は描かれているが、「村々間道」は描かれていないので、「村々間道」も書き入れた絵図を作成するようにとの御意があったという。そのため「村々間道」を記入した絵図が制作されることになったと記されているが、どのような絵図が制作されたかは今のところ分かっていない。

(5) 文政 8 年（1825）の「覚帳」には次のようなことが記されている (註39)。
 (a)「御郡方」へ納める「手永限絵図」は、「八代生漉中折紙」を表裏とも使用した方が保方が良いので、それを使用したい。
 (b)「御前御用測量絵図」が出来たら江戸へ持って行くことになっているので、別に「御国元御控絵図」の作成を仰せつけられたが、それは「半は出来」している。残りの分を制作する紙を池部長十郎へ渡すように。
 (c)池部長十郎が提出した「覚」に次のように記されている。去冬（文政7年冬）に「御次」へ納めた「御国中測量図」は全部の郡がまだ揃っていないので、測量の済んでいない所を測量するようにしたい。しかし現在は「御省略」（財政緊縮）の時期なので次のように実施したい。今まで廻村は朝7ツ（午前4時ころ）に起きて終日廻村し、その後夜中にも仕事をしていたが、それでは経費の節減は困難なので、今後は未明に起き、6ツ半（午前7時ころ）に宿所を立ち、8ツころに測量から引揚げ、それから「其日の度直シ余弦、厘附、町数引合等」を行うことにしたい。その場合の1日1人当りの手当ては「御知行取・御中小姓・軽輩の差別なく2.1匁、荒仕子は0.9匁」を支給する。測量は長十郎とその門人7人が3手に分かれて行い、荒仕子は今まで1手に2人ずつだったが、今後は1人ずつとする。また自分（池部長十郎）の門人が諸所に居るので、彼らの稽古にもなるので、なるだけ「自勘」で加勢してもらうようにしたい。その際の、測量手残りの場所とその廻村の予定日数は次の通り

 芦北6手永…102日、 八代3手永…51日、 阿蘇6手永…102日、 小国久住…34日、
 大津1手永…17日、 宇土2手永…8日、 豊後3手永…24日、 上益城5手永…110日（矢部50日、他の4手永を平均15日）　　総日数 448日

 この3項目のうち(c)の項目は、前記(7)に記したことと同様に、財政当局から経費節減を求められて、今後の測量をどのように実施していくかについての計画である。長十郎が藩の経費節減策のもとで苦労しながら測量を進めていこうとしていることが分かる。

(6) 文政8年（1825）4月の「僉議控」には次のように記されている (註40)。＜池部長十郎へ時習館の助教（大城準太・近藤英助）より。貴殿へ渡し置いた「測器」は、文化7年（1810）に公儀御役人参着のとき、御用のために出来たもので、御用が終わった後は貴殿の「稽古」に使用させている。今後は1ヵ月のうち15日は貴殿（長十郎）へ、あとの15日は外の面々へ使用させるようにしたい＞。これは、前号に記した伊能忠敬が熊本藩の測量に来たときのことに関連したことである。池部長十郎は伊能忠敬の来藩に際して「下改」「差添」の役割を果たしたことは前述の通りである。その「下改」というのは、実際は伊能忠敬の測量の前に長十郎が測量を行い、測量図を作成することだったことも前に述べた。この文政8年の史料に記されているのは、その「下改」に使用した「測器」＝測量用具のことである。藩が誂えて長十郎の「下改」に使用させた「測器」は、伊能忠敬らの藩内測量が終了した後、長十郎がそのまま自分の門弟たちの測量指導に使っていたのである。そこで時習館の他の「算学師役」たち（甲斐 勝・徳野多助・牛嶋宇平太）から、自分たちの門弟指導にもその「測器」を使用させてほしいという要望が出されたために、このような通達が長十郎に出されたものと思われる。

 この件については、藩当局と長十郎、3人の算学師役たちとの遣り取りの記録が詳しく収録されている。長十郎の主張は、測量術の指導ができるのは自分一人であるという自負にあふれた主張のように受けとれる。それに対して他の算学師たちは自分たちも測量術を身につけているので、門弟の指導は可能であるが、長十郎が「測器」を独占している状況ではそれが困難であると主張しているようである。この間の遣り取りには興味深い問題も含まれているが、ここでは省略したい。結論は明確には記されていないが、他の算学師役たちにも「測器」の使用が認められたように思われる。

 (7) 文政12年（1829）の「窺帳」に次のように記されている (註41)。＜池部長十郎は、学校方御奉行触の御中小姓で天文算学師役を勤めており、20石5人扶持である（うち5石は「御足」）。彼は御奉公の惣年数は50年、師役になってから35年、御中小姓身分になってから13年になる。指南方に格別出精しており、近年は「測量分見絵図仕立方」を命じられて昼も夜も出精しているので、俸給を「御擬作百石」とし、身分を「御知行取格」にするように申請があった。検討の結果その通りとする＞。ここに記されている通り、池部長十郎は数多くの「測量分見絵図仕立方」などの功績を認められて、勤続50年目をきっかけに、武士身分として最上位ランクの「御知行取」の一種の身分に昇格することになった。父の弥八郎は、その下の身分である「御中小姓」

のランクで終わったのに対し、長十郎はそれを超える「知行取」身分に達したのである。
(8)天保7年（1836）12月の史料には次のように記されている(註42)。＜池部長十郎は天文算学師役を勤めている。身分は御奉行触御知行取で学校方御奉行触である。このたび座席が御番方上座に進席したので、今までの御心附銀を御役料米15俵に直し下される＞。池部長十郎は、これ以前に身分が「知行取格」から「知行取」に格上げされており、このとき座席が「御番方上座」に上げられたので、「御役料」もそれに応じて「御心附銀」から「御役料米」に変更されたのである。ここに記されていることは、当時の身分格式の小さな変化であり、現在の常識ではたいした変化とは思えない。前に記したように彼の年齢が判明するような資料が見当たらないので、はっきりしたことは分からないが、このとき彼が70歳の古稀を迎えての賞美による身分変化かとも思われる。

以上記したことが、管見に入った史料で判明することである。池部長十郎はこの賞美の3年後の天保10年（1839）に死去した。75歳近いころ死亡したと思われ、当時としては天寿を全うしたといえるのかも知れない。

8．長十郎死去後の池部家

天保10年（1839）12月の史料に、池部家について次のように記されている(註43)。＜父の長十郎は擬作100石で天文算学師役であった。このたび嫡子啓太（42歳）が跡を継ぐが、「御格」の通りでいけば、啓太は御中小姓とするはずであるが、父の長十郎は60年勤めて死去した。その功により啓太を父跡の天文算学師役で擬作100石とし、御役料は並の通り支給し、座席は御番方上座とする＞。また翌11年11月には＜啓太は、父の長十郎が彼を長崎町年寄の高嶋四郎兵衛へ入門させて「奥儀悉皆相伝」を受けているので、蘭法砲術の「砲術師役」とする＞と記されている(註44)。

池部長十郎は勤続60年、多くの業績を残して天保10年に死去した。その功績によって、子の池部啓太は、家督を継ぐとき通常は「御中小姓」身分になるのが決まりであったが、父＝長十郎の「擬作100石」をそのまま受け継いで知行取の身分を認められ、父と同じ天文算学師役となった。翌年には蘭法砲術の「砲術師役」の役も兼ねることになり、以後は主に砲術師役として活躍することになる。砲術師役としての啓太については多くの研究があるので(註45)、詳しいことそれらにゆずり、ここでは啓太の測量絵図作成について簡単に記しておきたい。啓太に関する記録の一つ、「池部如泉先生履歴書」に記されている測量に関係する部分を紹介する(註46)。

①文化8年（1811）8月に「御国中測量御用」を命じられ、文政4年(1821)4月まで勤めた。
②文政4年4月に、父の不在中は「相門誘披」を命じられたので「測量御用」は勤めなかった。
③同7年（1824）には、父の「出在御用」は差し止めとなった。
④同8年7月に父へ「御国中絵図仕立」を命じられたので、啓太もその御用を勤めた。
⑤同9年5月「相門引廻」を命じられ「測量絵図仕立御用」も兼勤したが、同10年12月に差し止めとなった。

翌文政11年に啓太は長崎へ行き、暦法や砲術を学び、とくに高島四郎兵衛に入門した後は砲術修行に励んだが、この長崎行きは「前後十三回」におよんだという。長崎で多くの知識を身につけ砲術師として活躍していたが、天保13年（1842）に高島秋帆事件に連座して捕えられ、翌年江戸送りとなり、弘化3年（1845）に「押込」100日の判決をうけ、釈放されるまで合計3年間拘束された。釈放された啓太は弘化3年（1845）12月に、藩に迷惑をかけたとして知行返上を申し出て受理され、一旦諸役職を離れた。その間の一こまであろう、嘉永4年（1851）に啓太が測量に従事したことを示す史料が「福島文書」の中に見える。同年3月17日の「無田在高低測量分度記」の冒頭に「池部啓太」とあり、続いて測量に従事した地元の人々9名の名が記されている(註47)。無田というのは江津湖の周辺にいくつかある地名で、はっきりした場所は分からない。同じ嘉永4年の12月16日の記録には「池部先生…布田手永へ測量出在…」「池部先生父子…矢野弥次右衛門方泊」とある(註48)。布田手永は大津町の南にあり、現西原村付近である。啓太は官職を離れていた間にこのような測量の仕事を行っていたが、これらは藩の事業ではなかったために、藩政記録には記されなかったのではないかと思われる。

啓太が官職を離れたあとは嫡子の池部弥一郎が「御中小姓」の身分で父の時習館での師役を継いだが(註49)、安政2年（1855）江戸に出張中に死去した。その跡は田添家からの養子＝弥一郎（啓太の養孫）が継ぎ、天文算学師役となった。しかし砲術師範の方は啓太が「再勤」を命じられ「西洋法砲術」を指南、文久3年（1863）には擬作100石を「返し下され」、もとの官職に復帰が認められた(註50)。慶応2年（1866）12月に「擬作」を「地

面」に直し下され、正真正銘の「知行取」となり、明治元年（1867）8月に71歳で死去したという（註51）。

　以上述べたように、池部長十郎は測量地図の作成に活躍したことが多くの史料に記されており、その子＝啓太も藩の測量地図作成事業に参加しているが、活動の中心は砲術師としてであった。池部家の測量事業従事の記録は、今のところ長十郎・啓太父子のものしか確認できない。先に記したように長十郎には啓太の外に次男＝冨次、三男＝子之助がいて、両名とも測量術を身につけていたと思われるので、もしかしたら彼等が何らかの測量に従事したかもしれないが、そのことについての史料は確認できていない。なお弥一郎が、霊台橋建設に功のあった茂見伴右衛門に嘉永6年（1853）に与えた測量術の免許状が、熊本市立博物館に寄託されており（註52）、池部家から測量術の免許を受けた人が外にも多くいたであろうことが推測される。

　また、鳴海邦匡氏は池部長十郎など池部家の人が作成したと思われる測量絵図17点をあげて検討を加えているが（註53）、ここではそれについての詳しいことは省略したい。

9．おわりに

　このころには、池部家の人々以外にも多くの人が西洋式の測量術を身につけるような時代になっていたようである。先に述べたように、長十郎と同時期の算学師である甲斐勝・徳野多助・牛嶋宇平太らも、長十郎が使用していた測量器具を使用して門弟の指導をしたいと申し出ており、どの程度かは別としての測量術を身につけていたのであろう。さらに文政元年（1818）の史料によると、中冨手永岩原村（現玉名市）の原甚吉には合計101人の門人がおり、その内訳は算学42人、測量30人、読書・習書29人と記されている（註54）。そのうち測量の門人の中に「牛嶋宇平太殿嫡子　牛嶋五左衛門殿」がいる。牛嶋宇平太は前述のように藩の算学師であり測量術を身につけているはずの人物であり、その嫡子が原甚吉の門人となっている。牛嶋五左衛門はのちに父の跡をついで算学師となっている。原甚吉は備中の谷東平に測量術を学び、帰国後は多くの測量事業に従事した人物であり、谷東平は大坂の麻田剛立の門人という（註55）。民間人である原甚吉が、自ら備中に遊学して測量術を身につけ、多くの門人に測量術を教える状況になっているということは、土木工事が盛行した江戸後期には、歴史の表面に表われない多くの人々が測量術を身につける時代になっていたことを推測させるものといえよう。

　なお最後に、伊能忠敬記念館に所蔵されている　池部長十郎が制作したといわれる地図について、現物についての情報が新聞記事だけという状況ではあるが、一応の推測を述べておきたい。これまで述べてきた熊本藩内の測量状況、つまり前号の5の(2)～(4)の項で述べたことや、後記の「補記と訂正」で述べたことから考えると、伊能忠敬記念館に所蔵されている長十郎作成という測量絵図は、伊能忠敬の藩内測量に備えて、熊本藩が作成した「下改」の地図ではないかと推測される。この「下改」地図が、伊能忠敬の藩内測量の時か、またはその後に伊能忠敬の所に届けられて、彼の九州図（ひいては日本全図）の作成の資料の一つとされ、九州図が完成したあと、そのまま伊能忠敬の手もとに残されたものと考えるのが最も合理的な解釈と思われる。

(註25)「達帳」文政5年（前註2の「永青文庫」9-11-4）。　なお、ここに出てくる「白銀○枚」というのは、前号の（註18）の「金子○○疋」などと同様に、賞美など特別の場合に使用される金額表示法で、「白銀」1枚は銭43匁、銭1匁＝70文であり、白銀1枚＝3010文と計算される。「金子」100疋は、同じく（註18）に記した通りで銭1000文のことである。

(註26)「託麻郡田迎手永測量分見絵図」（熊本県立図書館所蔵の古絵図目録のうち　整理番号322）。

(註27)『新熊本市史』別篇　第1篇　絵図地図（上）（同編纂委員会、平成5年）218～219頁、245頁

(註28)「五町手永測量分見絵図」（熊本県立図書館所蔵の古絵図目録のうち　整理番号315）

(註29)「達帳」（前註2の「永青文庫」9-11-4）。　なお、ここに出てくる「銀3両」というのは、前記（註25）の「白銀」と同じく銀1両＝銭43匁で、銭1匁＝70文で計算される。

(註30)『新宇土市史』絵図・地図編（同編纂委員会、平成11年）64～67頁、91～92頁

(註31) 細川藩政史研究会『熊本藩年表稿』289頁

(註32)「僉議控」天保6年（前註2の「永青文庫」13-5-12）

(註33)「八代古文書の会　会報」No.3（2011年3月）

(註34) 日本歴史地名大系44『熊本県の地名』（平凡社、1985年）682頁

(註35) 永青文庫「草稿本」1134（熊本市歴史文書資料室の永青文庫複製本冊子·1492）の「覚帳」文政3年の記事　　　　　(註36)「窺帳」文政6年（前註2の「永青文庫」10-14-6）

(註37)「草稿本」1788（前註35の永青文庫複製本冊子1511）の「覚帳」文政7、8年の記事

(註38)「覚帳」（前註2の「永青文庫」文6-1-13）文政7年の記事。

(註39) 同前の文政8年の記事。　　　　　(註40)「僉議控」（前註2の「永青文庫」13-5-5）

(註41)「窺帳」（前註2の「永青文庫」10-14-5）

(註42)「草稿本」2148、（前註35の永青文庫複製本冊子·1522）

(註43)(註44)「窺帳」（前註2の「永青文庫」10-14-9）天保10年、同11年の項

(註45) 瀬戸致誠「幕末肥後西洋砲術家池部啓太に関するいくつかの疑問点について」（熊本県高等学校社会科研究会『研究紀要』19号、1989年）、吉田忠「池部啓太の弾道学」（東北大学文学部附属日本文化研究施設『日本文化研究所報告』第20集、昭和59年）、木山貴満「新渡西洋流砲術師池部啓太と熊本藩の洋式軍備化」（熊本県立大学日本語日本文学会『国文研究』55号、平成22年）、その他。

(註46)「草稿本」435（熊本大学附属図書館に寄託の永青文庫のうち）

(註47) 熊本県立図書館蔵「福島文書」268番。福島家は上益城郡沼山津手永福富村にあり、文書の多くは2代目福島太郎助に関するものである。なお福島家については花岡興輝『近世大名の領国支配の構造』（国書刊行会、昭和51年）768～769頁参照。

(註48) 同上の福島文書269「外勤日記」

(註49)(註50)「窺帳」文久3年（前註2の「永青文庫」10-15-5）

(註51) 註1の『肥後先哲偉蹟』正続編840頁

(註52) 木山貴満「池部弥一郎発給の測量術免許状について」（『肥後の博物学・科学技術』55頁～、熊本市立博物館発行、平成24年）

(註53)「測量技術を通してみる江戸時代の人々と水・河川との関わり方について」（河川整備基金助成事業、平成15年度報告書）

(註54)『玉名市史』史料篇5古文書（玉名市、平成5年）917～919頁

(註55) 原甚吉については『鹿央町史』上巻587～589頁、同下巻452～455頁参照。なお、鳴海邦匡『近世日本の地図と測量』（九州大学出版会、2007年）171頁 参照

【補記と訂正】前号（No31）を記すとき、重要な史料を見過ごしていたので補記・訂正しておきたい。

(a)「僉議控」の文化8年12月の記事に次のように記されている。＜永田加助の嫡子＝永田五右衛門は、去正月（文化7年1月）から鶴崎・佐賀関海辺測量の「下改」に池部長十郎とともに出在を命じられた。「測量分見絵図」の御用が済み、幕府の役人が入り込んでの鶴崎・佐賀関の「御改」も済んだ。その帰途には鶴崎から立田口までの「下改」を勤めた。2月晦日に終了するまでの日数は合計45日の勤務であった。その後、4月20日から熊本や諸郡の海辺の「下改」を勤めた。去年4月20日から当年（文化8年）1月6日までの254日のうち、98日は「出在」（現地調査）し、141日は「宅にて宿しらへ」（＝家で行う仕事）に早朝から暮まで従事、15日は出勤しなかった (註①)＞。ここに記されている永田加助は『熊本藩役職者一覧』によれば、「奉行所根取」を勤めたあと「竹丸櫓番」に転じ、文化8年6月に隠居した。その嫡子の五右衛門は父の隠居後、家督をついで「番方」に編入され、文化9年2月からは時習館の「句読師」を勤めている (註②)。父の跡を継ぐ前に、池部長十郎の門人として測量御用を勤めたものと思われる。

(b)同じ「僉議控」の文化8年の記事に＜「御絵書」の矢野右膳は、幕府の測量方役人が熊本藩の測量にくるとのことで、領内の海辺などの絵図仕立方を、文化5年6月に命じられた。そして海辺所々に差し出され、「清画」と「御控」と二通りの絵図を、同年10月ころまでに制作した。また「測量下改分見地図」の制作は池部長十郎に命じられ、その「清画」は矢野右膳に命じられた。昼は海辺山々を打ち回り、宿に着いてから夜にかけて絵図を仕立てるなどして出精した＞。

(c)「達帳」の文化10年の項には、「物書」の垣塚文兵衛について＜幕府役人が測量改として、熊本藩領にも来るということで、文化4年7月からその担当になり、同6年11月にはその「御用懸」に任じられた。同7年1

月に幕府役人が鶴崎に来るまでに、鶴崎～佐賀関方面や玉名から芦北迄の海辺の絵図を作り、「小村」海辺などの確認などを行い、「下絵図」ともに四枚を新しく作成して、それを納入した。それらの仕事を間違いないように「格別骨折」心配した＞と記されている (註③)。

　以上 (a) (b) (c) の記事と、前号（No.31）の 5の(2)(3)(4)の記事を総合して考えると、熊本藩の伊能忠敬らの全国測量への対応は次のように行われたことが分かる。伊能忠敬による熊本藩内の測量は文化7年、同9年の2回にわたって行われたが、熊本藩では文化4年には既に垣塚文兵衛らがその準備を始めていた。藩の飛び地である鶴崎・佐賀関や玉名～芦北の海岸線の村名調査、同じ地域の絵図の作成、「測量下改分見地図」の作成などが、多くの人々を動員して行われ、池部長十郎が測量地図の作成＝「下改」を担当したこと、その「清画」は御用絵師の矢野右膳が担当した（弟子の中島平右衛門などが協力）ことが分かるのである。このことは前号で、5の(2)(3)(4)を別々のことと理解して「長十郎は次からつぎへと測量・地図制作を命じられ」と記したことは誤りであって、これらは一連の事業のなかで行われたものであった。以上、新しく確認した史料の紹介と、それによって明らかになった誤りを訂正する次第である。

　（註①）「僉議控」(熊本大学附属図書館寄託の永青文庫 13-5-4)
　（註②）西山禎一『熊本藩役職者一覧』(私家版、平成19年) 369頁・383頁
　（註③）「達帳」(註①の 永青文庫 9-10-4)

〔伊能忠敬記念館蔵の絵図地図目録のうち熊本県関係のもの〕(同館のホームページより)

370	〔自豊前国下毛郡樋田村至肥後国阿蘇郡内牧町下図〕
371	〔自肥後国玉名郡大島村至肥後国玉名郡千田村下図〕
372	〔自肥前国藤津郡音成村至肥前国高来郡江浦村下図〕
373	〔自日向国臼杵郡恒富村至肥後国阿蘇郡坂梨町下図〕
374	〔自肥後国阿蘇郡大野村至肥後国熊本町下図〕
375	〔自日向国臼杵郡神門村至肥後国阿蘇郡大野村下図〕
444	〔自肥後国葦北郡佐敷村至肥後国葦北郡大河内村下図〕
445	〔自肥後国八代郡拵村至肥後国宇土郡永尾村下図〕
446	〔自肥後国山鹿郡湯町至肥後国菊池郡正観寺村下図〕
447	〔自豊後国大分郡野津原村至豊後国大分郡下宗方村下図〕
448	〔自薩摩国高城郡麦ノ浦至薩摩国薩摩郡羽嶋村下図〕
449	〔自薩摩国伊佐郡小木原村至肥後国葦北郡久木野村下図〕
450	〔自肥後国飽田郡飛田村至肥後国飽田郡今村下図〕
451	〔自肥後国宇土郡篠原村至肥後国宇土郡波多村下図〕
452	〔自肥後国葦北郡久木野村至肥後国葦北郡袋村下図〕
716	〔肥後国天草郡中田村参考絵図〕
717	〔肥後国天草郡硴石村参考絵図〕
718	〔肥後国天草郡宮野川内村参考絵図〕
719	〔肥後国天草郡今富村参考絵図〕
720	〔肥後国天草郡崎津村参考絵図〕
721	〔肥後国天草郡大江村参考絵図〕
722	〔肥後国天草郡高浜村参考絵図〕
723	〔肥後国天草郡小田床村参考絵図〕
724	〔肥後国天草郡下津深江村参考絵図〕
725	〔肥後国天草郡都呂々村参考絵図〕
726	〔肥後国天草郡立原村参考絵図〕
727	〔肥後国天草郡津留村参考絵図〕
728	〔肥後国天草郡市瀬村参考絵図〕
729	〔肥後国天草郡平床村参考絵図〕
730	〔肥後国天草郡魚貫村参考絵図〕
731	〔肥後国天草郡亀浦村参考絵図〕
732	〔肥後国天草郡早浦村参考絵図〕
733	〔肥後国天草郡内田村参考絵図〕
734	〔肥後国天草郡下田村参考絵図〕
735	〔肥後国天草郡富岡町参考絵図〕
736	〔肥後国天草郡久留村参考絵図〕
737	〔肥後国天草郡白木河内村参考絵図〕
738	〔肥後国天草郡大多尾村参考絵図〕
739	〔肥後国熊本城下参考絵図〕

番号	絵図名	数量
740	細川越中守領分肥後国芦北郡湯浦郷佐敷庄村々海辺并街道絵図	1鋪
741	細川越中守領分肥後国芦北郡佐敷庄日奈久郷村々海辺并街道絵図	1鋪
742	細川越中守領分肥後国葦北郡水俣郷村々海辺并街道絵図	1鋪
743	細川越中守領分肥後国芦北郡日奈久郷村々海辺并街道絵図	1鋪
744	細川越中守領分肥後国合志郡中郷下郷之内村々街道絵図弐枚之内	1鋪
745	細川越中守領分肥後国合志郡中郷下郷之内村々街道絵図弐枚之内	1鋪
746	細川越中守領分肥後国飽田郡立田郷之内村々熊本街道絵図	1鋪
747	細川越中守領分肥後国阿蘇郡豊後国直入郡之内村々街道絵図弐枚	1鋪
748	細川越中守領分豊後国大分郡穂田庄阿南庄之内村々街道絵図弐枚	1鋪
749	細川越中守領分肥後国阿蘇郡阿蘇谷之内村々街道絵図三枚之内	1鋪
750	細川越中守領分肥後国阿蘇郡阿蘇谷之内村々街道絵図三枚之内	1鋪
751	細川越中守領分肥後国阿蘇郡阿蘇谷之内村々街道絵図三枚之内	1鋪
752	細川越中守領分肥後国芦北郡水俣郷津奈木郷湯浦郷村々海辺并街	1鋪
753	細川越中守領分肥後国八代郡海辺并街道筋村々絵図	1鋪
754	肥後国図 下	1鋪
755	肥後国図 上	1鋪
756	〔肥後国天草郡牛深村参考絵図〕	1枚
757	〔肥後国天草郡久玉村参考絵図〕	1枚
758	〔肥後国天草郡深海村参考絵図〕	1枚

八代古文書の会 会報 No.33	2013年1月25日八代古文書の会 発行 〒866-0081　八代市植柳上746-5　蓑田勝彦方

　前号にも書きましたが、現在 例会のテキストは敷河内新地関係の史料で、天保13年（1842）の「敷河内御開百町御願下等の書付控帳」です。原本は熊本大学附属図書館所蔵「松井文庫」のものですが、熊本市歴史文書資料室に複製本があります（松井文庫の冊子92冊目）。この新地は「八代の殿様」松井氏の干拓新田30数ヶ所の中でも最も興味深い新田です。そのことを知る材料の一つとして、筆者（蓑田）の大学卒業論文の一部を今回 紹介したいと思います（分量の関係で2回に分けます）。昭和37年（1962）3月卒業のときのものですから、50年以上前のものですが、何らかの参考にはしていただけると思います。なおこれは、八代市文化課（現在 文化まちづくり課）が、八代海の干拓新田のことを調査したときに、参考史料としてワープロに入力してあったものを もとに作成しました。

「八代の殿様」松井氏の干拓新田─その1・敷河内新地（上）─

蓑田 勝彦

　いま八代古文書の会では「敷河内新地」関係の史料をテキストにしている。この新地は現在の八代市南部、敷河内村の海辺に開発された新田で、後に述べるように松井氏が開発した新田の中で最も問題の多い新田であったため、多くの記録が残されており、現在のテキスト＝「敷河内御開百町御願下等の書付控帳」もその一つである。そこでこのテキストの理解を深める資料の一つとして、敷河内新地に関する文章を収録することにした。以下に紹介するのは、筆者（蓑田）の大学の卒業論文の一部である。卒論の題は「肥後藩の干拓新田」であるが、内容は松井氏の干拓新田についてである。主に取り扱った新田は、敷河内新地のほかには「松崎新地」「高子原新地」「植柳沖新地」「高島新地」などである。今回はそのうち敷河内新地の部分を紹介したい。なおこの卒論の要旨は同じ「肥後藩の干拓新田」という題で『国史論叢』第1集（熊本大学法文学部国史研究室編）に掲載されており、その文は後に森田誠一編『肥後細川藩の研究』（名著出版、1974年）に収録されている。

　原則として元の文をそのまま収録したが修正した所もある。例えば挿入した表の数字は、元は漢数字であったのを算用数字に改めたが、他の部分の数字は漢数字のままにしていたり、「註」の番号は元のままの番号であったりするなど、ちぐはぐな感じを与えるような部分もある。なお今回収録していない原文の中に＜特に出典を記していない場合は、松井文庫の「先例略記 御開の部」による＞と記しているために、出典を記していない場合があることについても、ここに御断りしておきたい。この「先例略記 御開の部」は、当時は出版されていなかったが、いまは『八代市史 近世史料編Ⅴ』（松井家文書 先例略記1）に収録されており（八代市教育委員会、平成8年）、卒論当時と事情が変わっていたりする点もあり、それらの事情を考慮して読んでいただければと願う次第である。

敷河内新地

　敷河内新地は八代の南、当時の八代郡敷河内村及び植柳村沖の海面に明和六（一七六九）年に築造された。面積は二百二拾六町余である。この新地は松井氏のものでも最も問題の多かった新地であり、したがってこの新地についての史料は最も多く見られる。

　この新地には築造前から問題が起っている。松井氏は既に四代目の直之の代（一六六六～一六九二）に藩からの許可を受け、ここを自己の際目地（開発予定地）としていた。ところが宝暦十三（一七六三）年の秋「惣塘支配役宮崎平兵衛方、其外宇土御役人、町人并住吉村庄屋同道ニテ植柳村庄屋方え罷越、右の所柄宇土より新地御見立ニ付て見分有之由」(註13)とある様に、細川家の一門である宇土支藩から、本藩の役人と共に、工事関係者を見分に遣わしてきたのである。松井氏は勿論これに反対して藩に提訴したが、「惣て開所の儀は、奉願三ヶ年鍬入不仕差上候所、余人より奉願候得は、其者ニ被為拝領候」という「先規」により、この地の開発権は宇土支藩

に帰した。しかし松井氏はこの藩の裁定を不満として再度提訴して遂にその開発権を自己の掌中に収めた。

「新地開発の儀は、先年御停止ニ被仰付置候事ニ付、先祖拝領の際目地たりとも、数十年其分ニ押移候場所、比節私ニ開発の儀可奉願様も無之」と開発を延期せざるを得なかったと弁明し、自分の方の計画は、宝暦八（一七五八）年「御所柄警衛、御城附衆并家来其外御城下の面々」が「文武芸怠り為不申」（註14）に建てた文武稽古所（伝習堂と教衛場）の補修や稽古道具・書籍などの購入のために、つまり「文武稽古所取続」の費用を得るためのものであって「専に私ニ所務の開地とは訳も違、御用同前」のものであるという大義名分をおし立てて、藩の規則をたてにとった宇土支藩の主張をしりぞけたのである。なおここに新地開発が停止されたとあるが、肥後藩においては享保十七（一七三二）年と元文二（一七三七）年の二度に禁令が出されており、そのことを指すのであろうがこれについては後に述べる。この様に紛糾した開発権の問題において藩の方針も松井氏の主張におし流されてしまっている。これは勿論松井氏が三家老の筆頭格として藩政上に占める地位にもよるだろうが、しかもこの問題において細川一門たる宇土支藩の主張をしりぞけ得たのは、一に「文武稽古所取続」のためという大義名分によるものではなかったかと思われる。このことは肥後藩の海辺新地築造権がどういう理由で三家老に与えられたかを解明する一つの鍵となるのではないかと思うが、はっきりした見解を述べるだけの整理はつかない。問題点として残しておくことにする。

さてこの様にして開発権を得た松井氏は、いよいよ明和四（一七六七）年正月新地の築造にとりかかった。その資金として松井氏は「代々貯置申候櫓銀を元立ニ」したという（註15）。しかしこのころは一般の例にもれず松井氏も相当な窮乏状態にあったので、この時までどの程度の「櫓銀」を蓄えていたか疑問であり、この櫓銀もすぐに底をつき、後に述べるように方々から莫大な借銀をせざるをえなかったのである。明和五年四月にはようやく潮留に至るまで工事が進んだのであるが、資金の問題からなかなか潮留することができずにいた。

御新地御普請御用銀被差支、潮留メ前別て手賦難成段、頃夜委細被仰達候趣致承知、何れも申談候処、無余儀様子ニ付、金百両渡方の及達申候、則別紙直段付相添為持差越候間、御請取候様ニと存候、以上
　　四月六日　　　　　　　　　　　　　会所
　　森伊右衛門殿

　　　　　　覚
一銀六貫三百七拾目　　　此金百両
　　　　　内
　　五拾両　但両ニ付六拾四匁
　　五拾両　但両ニ付六拾三匁四分
　　　〆
　　右の通御座候
　　　（明和五年）四月

この会所が果して何の「会所」なのか、又いかなる条件で借用したのか不明であるが、早くも潮留の時期に至って資金に行き詰まり百両の借金をしているのである。しかも運悪くこの四月は農繁期であり「在中当時田地手入、麦作取揚の時分、在方より夫方余計ニ召仕候儀も御用捨の事ニ候」と工事労働力にも不足をきたしていた。そこで松井氏は「御町夫の儀、前々ハ現夫被召仕、元録（禄）年中より今以夫代銀上納相成申儀候」と、「夫代銀」の上納によって夫役を免除されていた八代町にも「比節は大双なる御普請被仰付、格別の儀ニ付」というので延二千人の人夫を出させた。その代り今迄銀五分であった「夫銀」をこの度は「一人前銀七分づつ被増下」二分の賃上げを行っている。このように「会所」から借金してそれによって八代の町夫を雇い潮留めを行わんとしたのであるが、四月中には潮留ならず六月に至ってようやく築造に成功したが、その時もやはり八代から町夫を徴している。ところがこの敷河内新地は非常な難工事であって、これもすぐ破損し何回も工事をやり直している。この難工事のため松井氏は「現夫」を免除されていた八代町からも、数回に亘って人夫を出させなければならなかったのであるが、この間その他にも八代町の町人や松井氏の知行地の村々からも「御加勢」や「寸志」という形で、労働力や資材が提供されている。次にその例を二、三あげてみよう。

　　　　口上の覚
敷河内・植柳の沖新開塘筋大概出来仕候付、近々潮留御普請被仰付候由奉承知候、依之乍恐 私共村より夫方人数千五百人 日数五日の間、私共召連罷出、御加勢仕上申度奉願候、右奉願候通被仰付候ては、村方なにそ故障の儀少も無御座候付、比節奉願候通、早々被成御沙汰可被下候、為其覚書を以御達申上候、以上

　　　　明和五年五月　　萩原村　古麓村　横手村　松江村　松崎村　高子原村　田中村　古閑村　上野村
　　　　　　　　　　　　海士江村　大村　新牟田村　東川田村　北・上・中・下片野川村　永田村
　　　　　　　　　　　　　上日置村　両宮地村　敷川内村　植柳村　麦島村　下井上村　庄屋共<small>名前略之</small>
　　　　　松田宅右衛門殿　白石助九郎殿
　　　　　遠藤七太夫殿

　　　　　奉願覚
一明俵弐千五百俵
　　内
　　千五百三十俵　　豊福村、　　弐拾俵　　　竹崎村、　　百俵　　下中間村、
　　百弐拾俵　　　　下郷村、　　四百三十俵　萩尾村、　　三百俵　糸石村
　　〆
右は植柳御新地御普請御仕寄ニ相成申候段奉恐悦候、依之御百姓中申談、為寸志右の明俵差上申度奉願候、
比段宜敷被成御沙汰可被下候、以上
　　　　明和五年五月　　　豊福村庄屋　彦兵衛、　　下中間村同　理兵衛、　　下郷村同　伝右衛門、
　　　　　　　　　　　　　萩尾村同　甚七、　　　糸石村同　貞七
　　　　　松田宅右衛門殿　白石助九郎殿
　　　　　遠藤七太夫殿

　　　　　乍恐奉願口上の覚
一くり石六拾艘
右は御新地潮留御用ニ、乍恐為寸志　植柳平田船ニて、御新地え積廻シ差上度奉存候、右願上奉候通、何卒
被為仰付被下候ハヽ重畳難有仕合奉存上候、比段宜被遊御沙汰可被下候、以上
　　　　明和五年十月　　本町長府屋　源次郎 印、　　同油屋　清兵衛 同、　　同肥前屋　市郎右衛門 同
　　　　　　　　　　　　同一文字屋　清蔵 同、　　同横目　徳左衛門 同、　　同　　又四郎 同
　　　　　　　　　　　　同丁頭　市兵衛 同、　　同別当　又左衛門 同、　　同　　平蔵 同
　　　　　本嶋次右衛門殿　角田九兵衛殿

　　　　　覚
一くり石拾艘　一文字屋 又左衛門、　一同拾艘　　同 市兵衛、　　一同拾艘　同 清蔵
一同六艘　　いすミや 又四郎、　一同六艘　肥前屋 市郎右衛門、一同六艘　油屋 清兵衛
一同六艘　　長府屋 源次郎、　一同三艘　帯屋 平蔵、　　一同三艘　五木屋 徳左衛門
　〆六拾艘
右の通御座候、願書別書ニ相添差上申候、以上
　　　　子十月

　以上三例をあげただけであるが、この様な「御加勢」や「寸志」が、「先例略記」にはこのほか数例記載されている。これを表示すると別表（次頁）のようになる。これら「御加勢」又は「寸志」を出した所は、すべて松井氏の知行地か又はその支配下にあるところ（八代町）である。(F)と(G)とは後に説明する通り特殊なものであるので一応除外して考えてみると、最初に松井氏に対して「御加勢」を「願い奉」ったのは(A)に見られる二十五ヶ村で、これらの村は現在殆ど八代市に編入されている地区であり、松井氏の知行地の中でもいわばお膝元とも言うべきところで、工事の人夫もこの附近の農民が多く使役されたのであろう。敷河内新地に最も近い(A)の地区からまず「夫方」を延七千五百人差出し、次いで(B)(C)(D)及び(H)に見られる十一ヶ村から「しだ」を計六千四百三拾四締納入している。これら十一ヶ村は(A)の地区よりも八代との距離は遠く平野をもたない山村である。次の(E)群の六ヶ村は下益城郡の平野と山間部の接線にあり、八代とはかなり隔たっている。この(E)群と(I)群の村からは壱万弐千五百俵の明俵を出しているが、(I)群の九ヶ村は玉名郡・合志郡・上益城郡にあり、松井氏からは「遠在」と呼ばれた知行地である。このように見てくると、これらの諸村から「御加勢」又は「寸志」として差上げたのは、人夫・しだ・明俵とその村々の八代からの距離やその土地条件に応じたものであり、しかもそのしだや明俵の数は村々の石高とほぼ比例している。その上(A)(E)(H)(I)の如く近接の村々が一括して「口上の覚」

【別表】敷河内新地への「加勢」「寸志」

<敷河内 新地築造への「加勢」「寸志」>

(A) 夫方　人数1500人・日数5日　[加勢]　御知行所村々より
　　　　萩原村、古麓村、横手村、松江村、松崎村、高子原村、田中村、
　　　　古閑村、上野村、海士江村、大村、新牟田村、東川田村、
　　　　北・上・中・下片野川村、永田村、上日置村、両宮地村、敷川内村、
　　　　植柳村、麦嶋村、下井上村　（庄屋共名前略之）

(B) 柴朶　　1000 締　　[加勢]　上下久多良木村（庄屋　次右衛門）
(C) 歯朶　　300 締　　[加勢]　猫谷村（庄屋　吉左衛門）
(D) 歯朶　　1800 締　　[加勢]　下松求麻村（庄屋　次兵衛）
(E) 明俵　　2500 俵　　[寸志]
　　内　　　　1530俵＝豊福村（庄屋　彦兵衛）、20俵＝竹崎村
　　　　　　　100俵＝下仲間村（庄屋　理兵衛）、120俵＝下郷村（庄屋　伝右衛門）、
　　　　　　　430俵＝萩尾村（庄屋　甚七）、300俵＝糸石村（庄屋　貞七）

(F) 白銀　　3 枚　　[寸志]　南種山村　喜右衛門
(G) 白銀　　1 枚　　[寸志]　南種山村　伝助
(H) しだ　　3334 締　　[寸志]　小浦村（庄屋　角兵衛）、北種山村（庄屋　多惣）、
　　　　　　　南種山村（庄屋　新右衛門）、下嶽村（庄屋　吉左衛門）
　　　　　　　柿迫村（庄屋　伊三次）、栗木村（庄屋　平四郎）、
　　　　　　　川俣村（庄屋　養助）

(I) 明俵　　10000 俵　　[寸志]
　　内　　　　1320俵＝井寺村（庄屋　源左衛門）、
　　　　　　　720俵＝平川村・120俵＝猿渡村（両村 庄屋　藤左衛門）、
　　　　　　　1300俵＝杉水村（庄屋　幸左衛門）、
　　　　　　　2560俵＝下村（庄屋　甚兵衛）、840俵＝尾田村（庄屋　吉三）、
　　　　　　　520俵＝立花村（庄屋　貞右衛門）、1950俵＝川嶋村（庄屋　次助）
　　　　　　　670俵＝府本村（庄屋　喜平次）

(J) くり石　　500 俵　　[寸志]　求广屋　仁左衛門
(K) くり石　　4 艘（平田船）　[寸志]　鍵屋　弥平次
(L) くり石　　60 艘（平田船）　[寸志]
　　内　　　　10艘＝本町　一文字屋　又左衛門（別当）、
　　　　　　　10艘＝同丁頭　市兵衛（一文字屋）、10艘＝同　一文字屋　清蔵、
　　　　　　　6艘＝同　横目　又四郎（いすミや）、6艘＝同　肥前屋　市郎右衛門、
　　　　　　　6艘＝同　油屋　清兵衛、6艘＝同　長府屋　源次郎、
　　　　　　　3艘＝同　別当　平蔵（帯屋）、3艘＝同　横目　徳左衛門（五木屋）

(M) くり石　　33 艘（平田船）　[寸志]
　　内　　　　3艘＝和田安左衛門、5艘＝新町　箔屋　作右衛門、
　　　　　　　10艘＝二の町　門屋　半兵衛、3艘＝同　塩涌屋　作兵衛、
　　　　　　　3艘＝同　万屋　惣左衛門、3艘＝同　紙屋　長兵衛
　　　　　　　3艘＝同　紙屋　伝左衛門、3艘＝同　長崎屋　平兵衛

<「先例略記 御開の部」＝熊本大学附属図書館蔵「松井文庫」488＞

を提出して「御加勢」や「寸志」を願い出ていることなどから考えると、あきらかに松井氏がその支配下にあった村々に対して、この敷河内新地築造のために人夫や資材を提出することを命じたのであろうことが推測される。このことは先の二十五ヶ村の「口上の覚」の語句からも伺われるのであるが、(D)の下松求麻村の場合をみてみると更にはっきりする。

　　　　申上口上の覚
　今度植柳・敷河内沖御新地塘、軽士所潮留御普請被仰付候段、就夫乍恐 私村より御加勢歯朶千八百締払上申上度奉存候、尤右の内、此間追々払上、洪水ニ付未払上不申村方御座候、近日御潮留ニは御用ニ相立申候様ニ払上可申候、此段宜被成御達可被下候、以上
　　　明和五年五月　　　　　下松求广村庄屋　次兵衛

とあり、この「御加勢」は各村へ松井氏から強制的に割当てられたものであって、洪水に苦しんでいるところもその割当ては避けられず、延期を願っているのである。(J)(K)(L)(M)の四つはいずれも八代町人からの「くり石」である。森山恒雄氏によれば、松井氏はこの頃までは八代町奉行を自己の家臣の中から任命する権限を得ているし、貢租の換銀化などを通じて八代町の町人を自己の掌中に把握していたという（補註①）。その結果知行所の村々に対して行ったと同様に、八代町の町人に対しても資材の提供を命じたのであり、(L)(M)のごとく町内ごとの「寸志」としてあらわれたのであろうと考えられる。

　さて、(F)(G)についてであるが、この白銀を寸志として差上げた二人はいずれも南種山村の百姓であり、庄屋を通じての差上げである。白銀寸志の願と同時に提出された「覚」をみると、

　　　　　奉願口上の覚
　　　　南種山村 喜右衛門、　同村 伝助、　同村 紋次、　同村 三助、　同村 八之允
　右は敷河内御新地御築立被遊候付、右の者共 御新地え罷出、御百姓相勤申度段奉願候、村方の儀は田畑共作所少ク御座候、右の者共儀 兄弟掛ニて無高同前の者共ニて御座候、先々故障の儀も無御座候間、何とそ奉願候通被為加御不便、右御新地ニ罷出候様ニ被仰付可被下候、為其書付を以申上候、此段宜被成御沙汰可被下候、以上
　　　明和五年六月　　南種山村庄屋　新右衛門
　　　　松田宅右衛門殿　白石助九郎殿
　　　　遠藤七太夫殿

この願を出した五人の中、喜右衛門と伝助の二人から寸志が出されている。他の三人は寸志の記載がないが、同様に新地の百姓に取立てられることを願い出ている。この白銀一枚がどの程度の価値のものかわからないが（補註②）、新地に入植する場合には松崎新地・高子原新地などの例をみれば、衣食住・農具・馬代などまで支給された「仕立百姓」となっているのであって、彼らが二・三男とか無高者などの場合、新地に入植するのに寸志などを差上る必要はなかったのではないかと思う。ついでに新地完成後の移百姓の史料を見てみよう（註16）。

　　　　　奉願口上の覚
　高子原村の儀、無高者多居申候処ニて、諸奉公ニ罷出家内育申候得共、家内余計の者共は極々難儀仕申候、且人畜余計の村方ニ御座候得は、兄弟家分り等仕候節、纔宛請持居申候地方の内を分け申候て、双方難儀ニ相成申候、依之恐多願ニ奉存候得共、以来兄弟家分り仕候者共并無高者共、追々と植柳御開内ニ移り百姓被仰付候様ニ奉願候、尤当時少々は彼所ニ作小屋を立置、居村より懸候て滞留仕、作方仕申候得共、遠方殊の外不便利ニ御座候付、何とそ御慈悲の筋を以、御百姓共奉願候通、御免被仰付候様ニ重畳奉願候、為其書付を以申上候、以上
　　　天明元年閏五月　　高子原村庄屋　形助 印
　　　　　同村頭百姓 弥吉、　同 喜三次、　同 勇助、　同 庄右衛門
　　　秋永左平太殿
　　　吉田八郎右衛門殿

このように新地完成後約十年ほど経た天明元年（一七八一）にも、高子原村からの移百姓願が出されている。ここにあげたのは村役人からのものであり、高子原村から実際に何人が移住したのか明らかでないが、新地成就後の明和八年（一七七一）には植柳村庄屋甚兵衛とならんで、高子原村の庄屋形助がこの敷河内新地の「惣支配」を命ぜられているのであって、高子原村からの百姓が多かったことが推測される。移百姓については後の植柳沖築添新地の項で詳述するつもりであるが、この史料にあらわれたものは、はじめ新地に居住しないで出百姓として耕作に従っており、ようやく新地が安定してくると「作小屋」を建ててそこに居住するようになったのである。

　それはともかく、松井氏はこの敷河内新地の築造にあたって自己の知行地の農民や八代町人から、労力や種々の資材を徴することによって、明和五年（一七六八）六月十一日には「敷河内御新地、今日軽土留ニ有之候処、無恙築留ニ相成候事」と一応潮留に成功したのである。しかしこれもすぐに破損したのは前に述べた通りであり、実際にこの新地が完成したのは翌六年の七月である。その間の経過は史料がなくて不明であるが、明和七年二月の日記によれば

　敷河内御新地の儀、明和四年正月新塘御普請取懸り相成、追々致出来、潮留メニ至リ度々及破損、色々御仕法も有之候得共、深堀ニて軽土留メ及難渋、難及御手様子ニ付て、右御新地上え被差上、御普請被仰付被下候様ニ御願被仰上候処、去六月より上え被召上、宮崎平兵衛殿請込ニて御普請被仰付、去秋軽土留メ相済（後略）

とあるように結局松井氏はこの新地の築造を放棄し、工事を藩庁の手にゆだねた。しかしこの事によって松井氏はこの新地への権利を放棄したのではなく、工事を藩の経営にゆだねただけであったことは、新地完成後松井氏がその新地の半分を受け取り、さらに後年に至って残り半分の返還を何度も藩に頼み込んでそれに成功していることからも分かる。

　明和六年七月に完成したこの新地の検地は、翌七年正月の末から二月の初めにかけて行なわれ、藩からの新地工事責任者たる惣塘支配役宮崎平兵衛以下、郡横目二人、上内検四人、地内検八人、地内検手伝八人計二十三人が植柳村に止宿して検地にあたった。その結果は

　　惣畝数弐百五拾町三反七畝廿七歩
　　　　内
　　拾壱町弐反九畝三歩　　費地分、　四町四畝弐拾四歩　井手道分、　壱反　御普請小屋床分、
　　五町壱畝廿七歩　　流藻川分、　三町四反五畝拾五歩　　潮溜分
　　残弐百弐拾六町四反六畝拾八歩　　生畝分

となっている。これを南北に分け南割が藩の新地となり、北割の方は八代文武稽古所相続のために松井氏に引き渡されている。藩からの手紙によると

　　一筆致啓達候、八代敷河内新地、去六月より御役人被差出、追々普請致成就候付、此度地割も相済候処　惣畝数弐百五拾町三反七畝弐拾八歩の内、井手・作道・馬道・潮溜并流藻川等の費地、且壱町ニ五畝宛の延畝をも加、残て正畝弐百弐拾六町五反五畝弐拾四歩ニて候、比内百町御開被仰付、百弐拾六町五反五畝余、八代文武稽古所相続のため貴殿え被渡下候、尤右開所南北割の内、於南割の方百町御開被仰付候間、北割の方ニて右の畝数、貴殿え相渡筈ニ候条、左様可有御心得候、恐々謹言
　　　　二月五日　　　　三淵伊織助　澄鮮
　　　　　　　　　　　　堀平太左衛門　勝名
　　　　　　　　　　　　長岡少進　季規
　　　　　　　　　　　　有吉四郎右衛門　立喜
　　　　　　　　　　　　長岡助右衛門　是福
　　　　　長岡主水殿
　　猶々近々御役人差出引渡せ可申候条、可有其御心得候、尤此上普請相残候分ハ貴殿方え引渡方の普請共ニ上より被仰付筈候、左候て後年迄普請割合の儀は、惣成就の上相極候筈、以上

松井氏としては非常な努力をしたにもかかわらず、何度も破損し遂に自分の手に負えなくなって、工事を藩庁に引き継いでもらい、完成後その半分を与えられたのである。このような事は先の高子原新地の場合にも見られ、また次の高島新地の場合にも同じようなことが見られる。藩の方では、家臣が自分の手に負えなくなって「差上」げた新地を、莫大な工事費を費やしたにもかかわらず、完成後その半分を与えている。これは松井氏がこの工事を藩庁に引き継ぐ時の契約に基づくものであったかも知れないが、松井氏の三家老としての地位が、また八代城城代としての地位が大きく作用していると考えざるを得ない。しかもこの時松井氏は「八代文武稽古所相続のため」という大義名分を押し立てて築造に取りかかったのであるから、藩としても、たとえその力で新地を成就させたにせよ、松井氏の築造目的を無視する事はできなかったのであろう。このことは後に松井氏が南割百町の返還を願い出、遂に藩が譲歩せざるを得なかった事と考え合わせて、松井氏の肥後藩における地位の特殊さをはっきりと示している。

(続く)

(註13)同右、敷河内新地については以下特に断らない限り「先例略記」による。
(註14)「上え被差上置候敷河内御開百町御願一件」文化十一年十月（熊本大学図書館蔵「松井文書」のうち整理番号二九五）
(註15)(註16)「御開御建山帳」
(補註①) 森山恒雄「肥後藩統治に関する一試論―八代城番をめぐって―」（『地方史研究』44号 所収）
(補註②) 熊本藩では、銀貨の単位である「匁」を銭を表す単位にも使用しており、元文年間（1736〜1740）以降 銀1匁＝銭1匁＝銭70文とされていた。そして銀1枚＝43匁とされ（銀1枚＝銭43×70文）、「白銀」1枚も銀1枚、つまり銭43×70文を意味していた。
※なお敷河内新地を取り扱ったものとして、熊本大学文学部国史研究室 学生ゼミ報告「松井氏の干拓新田―敷河内新地を中心として―」＜『史灯』第6号（熊本大学国史研究室、1987年）＞があり、蓑田の論文をかなり取り入れている。

(続く)

| 八代古文書の会 会報 No.34 | 2013年2月10日八代古文書の会 発行
〒866-0081　八代市植柳上746-5　蓑田勝彦 |

No.33の「敷河内新地」の続きです。前号で、ここに収録した文は筆者（蓑田）の大学の卒業論文の一部で、50年以上のものであることを説明しました。そして、敷河内新地がなぜ開発されたかと、完成するまでの経緯を紹介しています。敷河内新地の項はこれで終りですが、今後も「松井氏の干拓新田」の別の部分を収録していきたいと思います。

「八代の殿様」松井氏の干拓新田―その2・敷河内新地（下）―

蓑　田　勝　彦

（前号は、敷河内新地が完成するまでと、その面積など）

　かくて完成した新地において明和七年（一七七〇）二月廿四日、植柳村妙見宮社僧胎蔵院による地堅めの祈祷が執行され、三月十八・十九の両日には新地地堅メの相撲も興行され、その完成が祝われた。しかし松井氏はその完成を喜んでばかりはいられなかった。完成後藩からその半分余を受取ったのであるが、松井氏は藩から引き渡されたその半分さえも自己のものとすることはできなかったのである。それは松井氏が新地築造に際して大坂町人平野屋又兵衛から莫大な借銀をしており、財政の苦しい上にも新地築造に無理したためその返済がならず、藩から与えられた分をそっくり抵当として平野屋に引き渡さなければならなかったからである。松井氏は蓄えていた櫨銀まで使い果たした上、散々苦労した敷河内新地を全然自己の自由にすることはできなかったのである。そればかりではなくこの中二拾町は平野屋又兵衛に「永代」与えるはめになってしまった。もっともこの二拾町は「先達て委細御掛合候通り」とあるように、出資することによって築造後新地の一部を受取るという契約があったのかも知れない。

　　一筆致啓達候、於当所敷河内海辺、主水方新地の儀ニ付ては、先達て委細及御掛合候通り候、右開地の内弐拾町、永貴様え遣被申候付て、為後證家老共連判の書付一通相渡置候条、則差遣之申候、右の趣自拙者共可申達旨ニ付、如斯御座候、恐惶謹言
　　　　三月廿一日　　　　　　　魚住吉之允 判
　　　　　　　　　　　　　　　　西垣太右衛門 判
　　　　　　　　　　　致他行無判 木付左角
　　　平野屋
　　　　　又兵衛様

　　肥後国八代郡敷河内村海辺主水懇田の内、弐拾町永遣之候条、全可有御収納旨候、仍如件
　　　安永三年三月廿一日　他行ニ付無判 山本源太左衛門
　　　　　　　　　　　　　松井牛右衛門 判
　　　　　　　　　　　　　松井嘉須馬 同
　　　　　　　　　　　　　松井織部 同
　　　平野屋
　　　　　又兵衛殿

　平野屋又兵衛は鴻池屋善右衛門などに比べると大した事はないが、やはり大坂「豪商」のうちの一人であり、『草間伊助筆記』によれば、宝暦十一年には「近来米穀下直ニ付諸人及難儀候ニ付、米相場引上之ため」金五千両を幕府に上納している。この時、鴻池屋善右衛門は五万両を上納しているのであって、非常な差があるが、平野屋又兵衛もこの時上納した六七名の大坂豪商の一人であった。松井氏と平野屋とはいかなる関係にあったか、

他の史料がないので不明であるが、普段から取り引きがあって、かなり緊密な関係であったろうことは、次にあげるように松井氏が平野屋から無利息で莫大な借銀をしえたことからも推測できる。

　　　　證文
　一銀四百六拾壱貫六百四拾五匁五分也
　　　但無利足
　　　右は八代郡鋪河内新地開発ニ付、致借用候銀子実正也、然処右新地成就以後も、追々修覆彼是物入有之、
　　　地他の借銀高莫大ニ相成、返済及難渋候付て、此節より右新地百弐拾六町余の内、弐拾町は貴殿え永々遣
　　　被申、残て百六町余の地方、借銀為返済当巳八月より貴殿方え相渡置候条、年々右物成を以可被致勘定候、
　　　尤其内塘修覆且又自然破損の節は、約束前の通被致修覆、入目銀は右物成の内を以、先達て相極置候通、
　　　無利足ニて差引被有御算用候て、何十年の末ニても勘定相済候上、地方此方え請取可申候、仍而後年迄聊
　　　違変為無之一札如件
　　（但書略）
　　　　安永二年八月　　　　　　　　　　　魚住吉之允　印
　　　　　　　　　　　　　　　　　　　　　西垣太右衛門　印
　　　　　　　　　　　　　　　他行ニ付無判　木付左角
　　　平野屋
　　　　又兵衛殿

　このように敷河内新地の松井氏の分は、借銀返済完了まで無期限に平野屋の手に移ってしまった。松井氏から土地を引き渡された平野屋はこれをどのように管理していたであろうか。町人請負新田、例えば摂津川口新田の場合は、開発主たる町人はその新田において絶対的な権力を有し、地主とその耕作者とはあたかも「領主と領民との如き関係」にあり「請負人心之不叶百姓は入替申事も請負人心任に候」とされる程であったという（註17）。しかしそれは川口新田や鴻池新田の如き完全な町人請負新田の場合であり、平野屋の場合のように新田が遠隔地にあり、しかもただ資金面において参加したにすぎず、松井氏が主導権をもって開発した敷河内新田の場合、平野屋が川口新田におけるような農民の直接支配を行なったとは考えられず、ただ単に松井氏の代わりに貢租を収納したにすぎないと思われ、新地の管理は松井氏に任されていたようである。耕作農民は主として植柳村や高子原村から入っていたが、新地は「植柳村受持四拾町」とあるようにいくつかの「何々村受持」という区分をもって統制されていたようであり、松崎新地や高子原新地のようにすぐに「村」は仕立てられていない。また新地の「惣支配」として高子原・植柳両村庄屋が任命されていたことは前に述べた。なお敷河内新地北割が平野屋の手に渡ってから十一年後の天明四（一七八四）年の史料によると、この土地は平野屋又兵衛の分家・平野屋源右衛門の手に移っており、塘の修覆工事は平野屋から資金を出し、工事は松井氏に任されている（註18）。松井氏は敷河内新地築造にあたって自己の知行所から労働力や資材を出させ、また平野屋又兵衛から四百六拾貫余の借銀をしたことは述べたが、同じ大坂商人であった尼崎屋平兵衛からもかなりの借銀をしたらしい。尼崎屋平兵衛については何も分からないが、平野屋と同様、松井氏とかなり密接な関係にあったろうと思われる。

　　　　申達の覚
　　貴殿儀、主水方諸用事被相頼候ニ付て、今度五人扶持被遣置旨候、以上
　　　　安永三年　　　　　　主水
　　　　　　三月　　　　　　　奉行役
　　　尼崎屋
　　　　平兵衛殿

この「諸用事」というのは何を指すのか具体的には分からないが、前記平野屋の例と同じ所に記載してあり、同じ日付で出されているので、平野屋もまた敷河内新地築造に関して松井氏に何らかの便宜を尽くしたのであろう。そのため五人扶持を与えられ、士分に取り立てられている。松井氏はこの尼崎屋に同年七月にも新地築造のために「銀主」の世話方を依頼している。

　　　八代郡古閑村の海辺、百年以前此方の開場ニ見立、棒杭等立置候処（中略）塘一間ニ付銀弐百目撫ニて有之
　　　候ハヽ石垣迄も出来可申候、右の通ニ付銀主有之候ハヽ、築建成就の上三年目より年貢相極、月五朱程の利
　　　ニ当り候様積合を以、新地の内ニて銀主方え地方永代ニ遣可申候間、於其御地御手寄之方え御相談被下候様

敷河内の場合はその時まで蓄えていた櫓銀を資金としたのであるが、今度の計画では最初から出資額に応じて土

地を分け与える約束で新地を築造しようとした。つまりこの時には松井氏は自己の資金だけでは全然新地を築造する能力を失っていたのである。このような開発法は菊池氏の分類による先進地型の藩営新田にみられる方法であって(註19)、松井氏もまたそのような開発方法で新地を築造しようとしたのである。これは敷河内新地の経験からこのような開発法が考え出されたのではないかと思われる。この計画が実行されたかどうか史料には見えないが、松井氏のその後の新地においては殆ど自己資金のみによるものは見られない。この点についてはまた後で述べる。

ところで平野屋は抵当として敷河内新地の松井氏分を受け取ったのであるが、この北割の地は、藩の所有となった南割が後に藩有の新地の中で最良のものと称されたのに反して、非常に劣悪な土地であって、耕地予定地のうち耕作可能の分は全体の三分の二の八拾町しかなかった。その可耕地も用水の便が悪くしかも度々破損し、その修覆料は毎年新地からの収入を上回る程であった。そこで平野屋は遂に敷河内新地をあきらめ、借銀を返済してもらう代わりに新たに土地を分けてもらいたいと願い出た。

　　（前略）右開築立候付てハ、大坂平野屋又兵衛よりの借銀、追々元利払等致候得共、其後も段々御割合の出
　　方、旁以諸方借銀打重、勝手向極々及難渋候付、安永元年八月平野屋又兵衛方え右新地為借銀返弁相渡申候、
　　然処五六年前当又兵衛儀罷下、右の開地是迄受持候てハ、度々大造の普請仕、小繕ハ不断の儀ニて、右物成
　　御普請料ニ相成候、未タ借銀元減の埒ニ至不申候、依之長々受持居候内、若々一破損等有之候ては致無力候、
　　又兵衛儀如何様共可仕儀無御座候ニ付、受持の儀断申出、左候て是迄出置候銀子不致返弁、先又兵衛代ニ右
　　開の内、地面弐拾町遣置申候尚外ニ、同所ニて相応の地方申し受、其願を以致渡世度（後略）

と願っている(註20)。松井氏はこの平野屋の要求を「右八拾町余の内、今度願の筋ニ付尚又地面遣候得は、拙者所務弥以致減少、増々普請料も及不足候事ニ付」(註21)と拒絶しているのであるが、後には先に与えた弐拾町以外の抵当地は取り戻したらしい。もっとも先に述べたように、堤防の修覆は松井氏に任されていたのであって「度々大造の普請仕云々」は、この新地を平野屋に手放させる松井氏の策略に基づくものであるかも知れない。ところで平野屋に「永々遣」した弐拾町も、文化十一年（一八一四）の文書によると松井氏はこれを引当（抵当）にして「櫨方銀」を藩から借用して平野屋や藩との間に悶着を起している(註22)。これは平野屋に与えたといっても松井氏と平野屋との間の契約であり、表面上はここが松井氏の所有地となっていたからである。天保年間の「絵図」をみてみるとこの弐拾町は「上り開」となっており藩有に帰している(註23)。その詳しい経過は不明であるが、以上のように平野屋に対しては権力をもって自己の開地を取り戻したようである。さらに松井氏は先に藩に「召上」げられていた百町をも、どうにかして自己の手中に収めようとした。敷河内新地築造を実行に移した七代営之は、寛政五（一七九三）年藩庁に返還を願い出たが藩の要求する返還金を捻出しえず、その請求は失敗に終わった。松井氏は以後徴之・督之・章之と数代にわたって再三自己の窮状を訴えてその返還を願い出ているが、その度に松井氏の希望と藩の主張が食い違い、交渉は容易にまとまらなかった(註24)。それでも松井氏は根気よく何度も何度もその窮状を訴え、新地築造の目的であった文武稽古所相続のためと、自己の窮乏の救済のため敷河内新地百町の返還を願い出た結果、遂に嘉永六（一八五三）年松井氏はその宿望を達し、「一円御引渡」を受けた(註25)。築造後約八十年で敷河内新地は完全に松井氏の手に戻ったのである。

(註17) 松好貞夫『新田の研究』一七五頁　　　　　(註18) 前出「塘筋」
(註19) 菊池利夫『新田開発』三三三頁〜三三四頁の名古屋藩の開発法に見られる。
(註20)(註21)「八代敷河内御開覚」（熊本大学図書館蔵「松井文書」のうち整理番号二九七）。ここにあげた
　　のは年号不明であるが寛政五（一七九三）年のものと思われる。
(註22)前出「上江差上置候敷河内御開百町御願一件」
(註23)「天保十四年九月三日強風高潮之節海辺塘切絵図－益城郡・八代郡・芦北郡」（「北岡文庫」八、四、
　　三一二）
(註24) これらの交渉において藩はある程度の譲歩を示しているが、松井氏は藩の要求する年賦金額と返還さ
　　れる新地からの収入の差額を捻出しえない程の困窮であった。この経過については数冊の文書があり、藩と
　　松井氏との関係について興味ある問題を提起するものと思われるが、今後の考察に譲る。
(註25)「諸御開根帳」（「北岡文書」一四、二十、一五）
　　※「北岡文書」は、現在は熊本大学附属図書館に寄託の「永青文庫」のこと。熊本大学に寄託される前は、
　　　細川家の北岡邸の倉庫に保管されていたため、このように呼ばれていた。　　　　　　　　　　　（終）

「八代郡敷河内 植柳御新地図」（熊本県立図書館　古絵図目録番号 614.5-18）　（原図は彩色図）

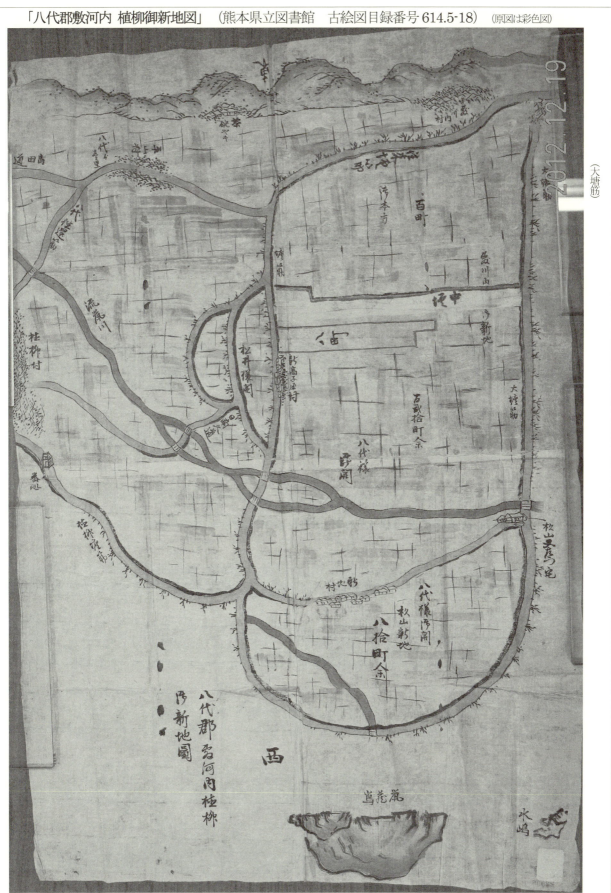

　東側の「百町　御本方」の所は藩有地、「中塘」の西方「百弐拾町余　八代様御開」の所は松井氏の新地、最も西側の「八代様御開　杉山新地　八拾町余」の所は「植柳沖築添新地」ともいい、文化2年（1805）築造された。
　（右端の上部、「2012」の字がある所の縦書きの字は「大塘筋」、敷河内新地の堤防＝道路）

「敷河内御開絵図」〔故渋谷敏実氏による古絵図の複写図〕（現在は崇城大学図書館蔵）（原図は彩色図）

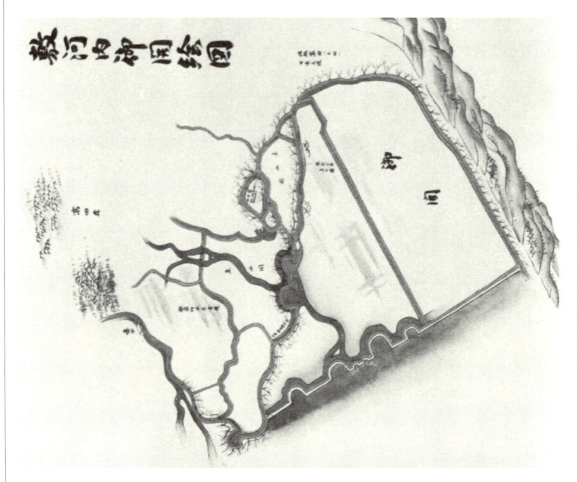

「御開」とある部分は、敷河内新地のうちの藩有地 百町、その上部の線（中塘）の北部が松井家の新地、西南の半円形の堤防は破損後に修復した部分。道路（堤防）には櫨の木が植えられたが、それが描かれている。

「天保十四年九月三日強風高潮の節海辺塘切絵図」（熊本大学附属図書館に寄託の永青文庫 8-4-31 乙）

（原図は彩色図）

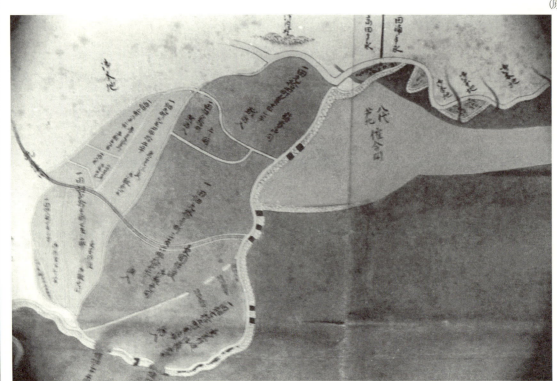

「田九拾四町…櫨方御開」は敷河内新地の内の藩有地
「田畑九拾壱町…長岡佐渡御赦免開」は松井氏の新地
「八代 芦北 催合開」は 天保14年10月完成、190町

松井家の八代海干拓新田 (明治34年測量の地形図)

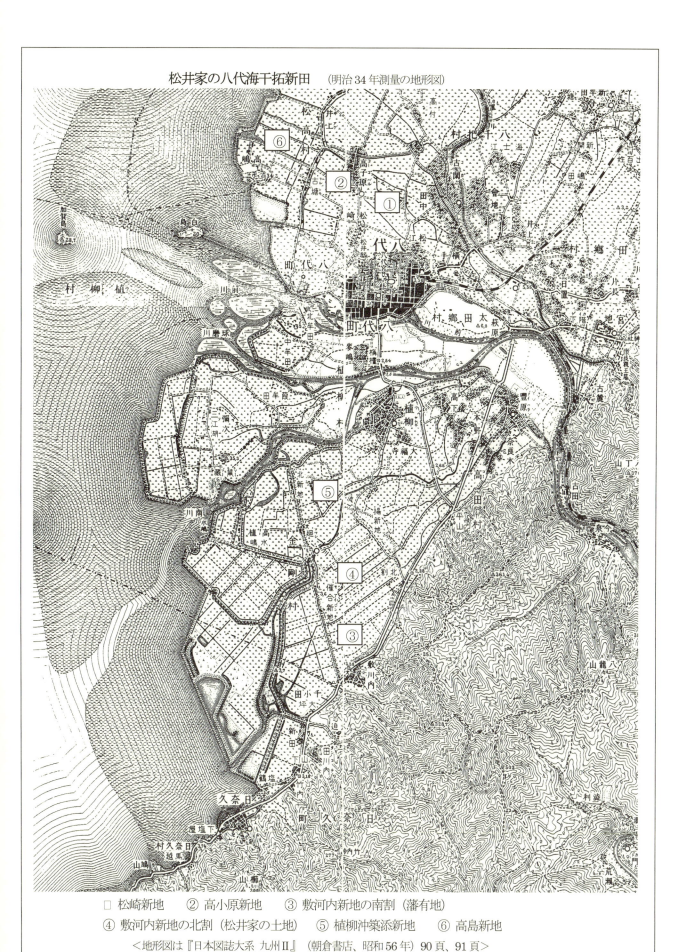

① 松崎新地　② 高小原新地　③ 敷河内新地の南割（藩有地）
④ 敷河内新地の北割（松井家の土地）　⑤ 植柳沖築添新地　⑥ 高島新地
<地形図は『日本図誌大系　九州Ⅱ』（朝倉書店、昭和56年）90頁、91頁>

八代古文書の会 会報 No.35

2013年3月10日八代古文書の会 発行
〒866-0081　八代市植柳上746-5　蓑田勝彦方

> 今回は「肥後の富講」（その1）です。「富講」は「宝くじ」のことです。江戸時代の熊本の史料には「富くじ」ではなく「富講」と記されています。江戸で「富くじ」が盛んだったことはよく知られていますが、熊本藩内でも同様に盛んだったことはほとんど知られていません。本号では天保～嘉永年間ころ（1830～50年頃）の状況について紹介していますが、今後 何回かに亘って「富講」について分かっていることを詳しく紹介していきたいと思います。

肥後の富講―熊本藩の「宝くじ」・その1―

蓑田　勝彦

　筆者（蓑田）は先に「肥後の富講―残存する富札による考察―」という文を発表した(註1)。江戸の「富くじ」は有名で、落語の題材になったりしているが、同じ時代の肥後でも「富くじ」が盛んに行われていたことは全く知られていなかった。筆者は永青文庫の「町在」の中に「富講」の史料を見出して、その他の史料から判明したことと合せて、肥後の富講の大まかな全体像を「熊本近世史の会」や「熊本史学会」などで報告した。また廃棄された「富札」を大量に保存しておられる熊本市在住の西口惟精氏に話をうかがい、富札のコピーをとらせて頂き、富札の記載事項を検討したり一覧表を作成したりして「富講」の実施状況を考察した。その結果、当時の「富講興行」は富講場での興行だけでなく、農村部の人々に販売された富札は、富興行終了後に当選番号を書きしるしたものを手永会所に持参するなどして興行結果を知らせていたであろうことが推測された。「富講」はその興行が行われる都市部だけではなく、農村部の人々にも富札が販売されており、藩内で広範囲にわたって「富」が流行していたであろうという結論を得たのであった。

　その時は残された富札の考察に集中していたため、肥後の富講についての重要な事柄についても詳しいことはほとんど書かなかった。本稿ではその時に書かないでいたことを書いていきたいが、その一つは富講の実施回数である。嘉永2年（1849）の「町在」に、藩が指名した3人の「富元」（富講の主催者）＝西甚左衛門・財津九十郎・河嶋平三郎が興行した富講の日時（回数）、「富余銭」（利益）の上納額が記されている(註2)。この嘉永2年の史料には3人の富元についての説明も記されているので、初めにそれを紹介しておきたい。

［財津九十郎］西古町別当、寺社富元、士席浪人格
　　文化5年（1808）4月「寺社富元差添」、同10年（1813）6月「代継社正立寺富元請込」、「宇土富引受」も仰せ付けられる。　天保2年（1831）12月、富元の仕事に出精したとして、「桜御紋附御小袖一と白銀弐拾枚」を下される。　今回、嘉永2年（1849）9月「桜御紋附御小袖一と白銀弐拾枚」を下される。

［西甚左衛門］寺社富元、諸役人段
　　天保3年（1832）11月「寺社富元助役」、同8年（1837）5月「寺社富元本役」。
　　今回、嘉永2年（1849）9月「作紋小袖一と白銀弐拾枚」を下される

［河嶋平三郎］新三丁目別当、南関富元、町独礼
　　文化13年（1816）12月「南関富元」、天保7年（1836）1月、富元役を出精したとして「桜御紋附御小袖一と白銀弐拾枚」を下される。　今回、嘉永2年（1849）9月「桜御紋附御小袖一と白銀弐拾枚」を下される。

　この3人のうち西甚左衛門の分を一覧表にしたのが〔表1〕であり（財津九十郎・河嶋平三郎の分は次号に掲載予定）、財津・西・河嶋の3人の富講の回数・上納銭高を簡単にまとめたのが〔表2〕である。

　〔表1〕の最後の部分に「冨余銭」の納入先を記している。富講の名は「藤崎富」「大慈寺富」「阿蘇大宮司富」など寺社の名がつけられているが、収益の中からそれらの寺社に納入される金額はごく僅かで、収益の93％余は

藩の役所である「櫨方」に納入されている。「櫨方」は本来藩内で櫨を栽培してその実を原料とする蝋（蝋燭）を製造し、それを大坂などで販売して収益を得るために設立された役所であるが、実際は各種の方策で藩の収入増加をはかる仕事を行う＝「貨殖」を担当する役所であった。そのために「富余銭」も「櫨方」に収納されたのである。西甚左衛門が興行した富講の名で分けると、「大慈寺富」が11回、「藤崎富」が9回、「阿蘇大宮司富」が3回で、寺社富の合計は23回となっている。「宇土富」は、その名のとおり宇土支藩の経済窮乏を補うために行われたものである。「新富」は実施回数が46回で最も多い。これは、はっきりしたことは分からないが、文政4年（1821）に八代海に「七百町新地」が造られるときに、その資金を得るために始められた「新地富」が、10年目以後は新地修補料を得るために「永久年限」興行されるようになったが（註3）、それらの富講のことを「新富」と呼んだのではないかと思われる。つぎに「非常御救富」が8回実施されている。これもどういうものか不明であるが、その名称から考えると、「天保の飢饉」以後の生活困窮者を救うための資金を得るということで行われた富講とも考えられる。また「3割増」「10割増」などについてであるが、これらは「〇割」という数字を参考に計算すると、「1割」は銭800匁を意味することが分かる。したがって富札を、その「〇割」増発することによって「富余銭」（利益）もそれだけ多く得られたことを示しているものと考えられる。

　3人の富元が11年〜15年の間で銭1000貫目以上の富余銭を得て藩に上納している。銭〇貫目、銭〇匁……というのはいわゆる「匁銭」で、熊本藩では1匁＝銭70文と定められていた。藩はその定めに基づいて藩札＝「預」を発行して、それを強制的に流通させていたので、その金額は1匁=70文を意味する藩札の金額である（註4）。嘉永2年の米価と比較してみると、銭100目は ほぼ米0.5石に相当する（註5）。参考のために記すと、文政4年（1821）に完成した七百町新地築造のときに募集された寸志は、銭100貫目を差し出せば知行50石を下されると定められており、それは10代相続を認められていた（註6）。その基準で考えると、銭1000貫目は500石の知行を与えられ、その10代相続が認められるれるほどの金額となる。

　富元3人が揃って富興行を実施した天保8年（1837）〜弘化4年（1847）の11年間では299回の富興行が行われている。その頻度は1年に約27.2回、13日に1回となり、1ヵ月に2度以上の富が興行されている。現代の宝くじの実施回数から考えると大へん頻繁に行われていたように考えられる。　　　　　　　　　　　　　　（続く）

〔表1〕 富元・西甚左衛門の富興行と「富余銭」の上納　　（ゥは閏月）

	新富		宇土富		寺社富、その他		年間合計
	(月　日)	(貫　匁)	(月　日)	(貫　匁)	(月　日)	(貫　匁)	(貫　匁)
天保8年(1837)	5. 11	10. 760 (3割増)	6. 21	1.142.1	〔大慈寺富〕		
	7. 11	12. 360 (5割増)	9. 11	1.142.1	9. 7	9.600 (2割増)	
	10. 15	13. 960 (7割増)	12. 14	1.142.1	（内5貫目 大慈寺直渡）		(7回)
							50貫106.3
天保9年(1838)	1. 11	16. 360 (10割増)	3. 21	1.142.1	〔大慈寺富〕		
	ゥ4. 1	10. 760 (3割増)	6. 25	1.142.1	4. 11	10.400 (3割増)	
	6. 6	10. 760 (3割増)	9. 11	1.142.1	（内5貫目 大慈寺直渡）		
	10. 3	12. 360 (5割増)	12. 18	1.142.1	〔藤崎富〕		
	11. 28	16. 800 (11割増)			1. 18	10.400 (3割増)	
					〔非常御救御備富〕		(12回)
					7. 11	12.000	104貫408.4
天保10年(1839)	3. 1	12. 360 (5割増)	3. 21	1.142.1	〔藤崎富〕		
	5. 11	10. 760 (3割増)	6. 21	1.142.1	1. 11	16.000 (10割増)	
	7. 11	12. 360 (5割増)	9. 11	1.142.1	〔阿蘇大宮司富〕		
	9. 24	13. 960 (7割増)	12. 21	1.142.1	4. 11	10.400 (3割増)	
					〔非常御救御備富〕		(11回)
					12. 4	12.800 (6割増)	93貫208.4

年								
天保11年（1840）	3. 11	12. 360 (5割増)		3. 21	1.142.1	〔藤崎富〕 1. 19	12.000 (5割増)	
	5. 11	10. 760 (3割増)		7. 21	1.142.1	〔大慈寺富〕		
	7. 11	12. 360 (5割増)		9. 11	1.142.1	4. 15	10.400 (3割増)	
	8. 11	12. 360 (5割増)				（内5貫目　大慈寺直渡）		
						〔大慈寺富〕		(10回)
						9. 27	11.200 (4割増)	84貫866.3
天保12年（1841）	1. 11	16. 360 (10割増)		1. 29	1.142.1	〔藤崎富〕 1. 19	12.000 (5割増)	
	4. 27	10. 760 (3割増)		6. 9	1.142.1	〔大慈寺富〕		
	6. 19	10. 760 (3割増)		9. 5	1.142.1	5. 9	10.400 (3割増)	
	8. 11	13. 960 (7割増)		12. 11	3.426.3	〔非常御救御備富〕		(11回)
				（札1枚5匁、5割増）		11. 8	12.000 (5割増)	93貫092.6
天保13年（1842）	1. 11	16. 360 (10割増)		3. 21	1.142.1	〔藤崎富〕 1. 19	12.000 (5割増)	
	4. 1	10. 760 (3割増)		7. 21	1.142.1	〔大慈寺富〕		
	5. 21	10. 760 (3割増)		10. 27	1.142.1	7. 1	10.400 (3割増)	
	6. 11	8. 360 (一流興行)				（内5貫目　大慈寺直渡）		
	9. 22	11. 560 (4割増)				〔非常御救御備富〕		(11回)
						12. 27	20.800 (16割増)	104貫426.3
天保14年（1843）	1. 11	16. 360 (10割増)		2. 3	1.142.1	〔藤崎富〕 2. 13	12.000 (5割増)	
	4. 1	10. 760 (3割増)		5. 23	1.142.1	（内5貫目　藤崎宮直渡）		
	7. 11	12. 360 (5割増)		8. 22	1.142.1	〔大慈寺富〕		
	9. 22	12. 360 (5割増)		11. 19	1.142.1	6. 3	10.400 (3割増)	
						（内5貫目　大慈寺直渡）		
						〔非常御救御備富〕		(11回)
						ゥ9. 29	12.000 (5割増)	90貫808.4
弘化1年（1844）	1. 11	20. 360 (15割増)		5. 1	1.142.1	〔藤崎富〕 2. 13	12.000 (5割増)	
	4. 1	12. 360 (5割増)		9. 11	1.142.1	（内6貫目　藤崎宮直渡）		
	6. 11	10. 760 (3割増)		10. 3	1.142.1	〔大慈寺富〕		
	8. 12	12. 360 (5割増)		11. 18	1.713.15	8. 3	10.400 (3割増)	
				（5割増）		（内5貫目　大慈寺直渡）		
						〔非常御救御備富〕		(11回)
						5. 21	10.400 (3割増)	93貫779.45
弘化2年（1845）	3. 1	12. 360 (5割増)		3. 21	1.142.1	〔藤崎富〕 1. 11	16.000 (10割増)	
	5. 1	10. 760 (3割増)		6. 21	1.142.1	（内6貫目　直渡）		
	7. 12	12. 360 (5割増)		9. 15	1.142.1	〔藤崎富〕		
	9. 4	12. 360 (5割増)		12. 7	1.713.45	5. 11	10.400 (3割増)	
	11. 3	12. 360 (5割増)		（5割増）		（内6貫目　藤崎宮直渡）		
						〔阿蘇大宮司富〕		(11回)
						10. 3	12.000 (5割増)	103貫739.45

弘化3年（1846）	1. 11　　20. 360（15割増） 4. 22　　10. 760（3割増） ゥ5. 3　　10. 760（3割増） 8. 11　　12. 360（5割増）	3. 21　　1.142.1 6. 21　　1.142.1 9. 15　　1.142.1 12. 3　　1.142.1	〔大慈寺富〕 3. 11　　　11. 200（4割増） 　　（内5貫目 大慈寺直渡） 〔阿蘇大宮司富〕 6. 11　　　10. 400（3割増） 〔非常御救御備富〕 12. 8　　　16. 800（11割増）	（11回） 97貫208.4
弘化4年（1847）	1. 11　　17. 960（12割増） 4. 25　　12. 360（5割増） 6. 3　　10. 760（3割増） 9. 1　　12. 360（5割増）	3. 21　　1.142.1 7. 22　　1.142.1 10. 3　　1.142.1	〔大慈寺富〕 3. 1　　　12. 000 　　（内5貫目 大慈寺直渡） 5. 3　　　10. 400 　　（内5貫目 大慈寺直渡） 〔非常御救御備富〕 12. 15　　　16. 800（11割増）	（10回） 96貫066.3
西甚左衛門上納の「富余銭」 （天保8年5月～弘化4年12月）		総計　1011貫710匁3分　　（117回） 　内　943貫710匁3分……櫨方御会所へ上納 　　　18貫目　　　……藤崎寺社へ直に相渡 　　　50貫目　　　……大慈寺へ直に相渡		

〔表2〕富元3人の富興行と「富余銭」の上納表

富元＼年度	西甚左衛門の上納		財津九十郎の上納		河嶋平三郎の上納		合　計	
	回数	余銭上納額	回数	余銭上納額	回数	余銭上納額	回数	余銭上納額
天保4年			7	54貫644.2			7	54貫644.2
5年			8	57. 728.4			8	57. 728.4
6年			7	36. 568.4	3	40貫320	10	76. 888.4
7年			10	64. 699.6	8	83. 840	18	148. 539.6
8年	7	50貫 106.3	9	60. 928.4	8	84. 480	24	195. 514.7
9年	12	104. 408.4	9	73. 028.4	8	88. 320	29	265. 756.8
10年	11	93. 208.4	9	86. 888.4	8	87. 040	28	267. 136.8
11年	10	84. 866.3	9	81. 859.45	8	83. 840	27	250. 565.75
12年	11	93. 092.6	10	85. 059.45	8	84. 480	29	262. 632.05
13年	11	104. 426.3	9	74. 659.45	8	81. 280	28	260. 365.75
14年	11	90. 808.4	9	80. 928.4	8	81. 280	28	253. 016.8
弘化1年	11	93. 779.45	6	54. 186.3	8	81. 280	25	229. 245.75
2年	11	103. 739.45	9	84. 699.45	8	81. 280	28	269. 718.9
3年	11	97. 208.4	9	75. 099.45	8	81. 280	28	253. 587.85
4年	10	96. 066.3	7	56. 699.45	8	81. 280	25	234. 045.75
合計	117	1011. 7103	126	1027. 6772	99	1040. 000	343	3079. 387.2

（註1）『史叢』第4号、5号合併号（熊本歴史学研究会、2000年）所収

（註2）熊本県立図書館の永青文庫複製本「町在」1662　　（註3）前註の「町在」2023

（註4）蓑田勝彦「江戸後期 熊本藩における通貨制度―藩札の流通―」（『熊本歴研 史叢』第8号、2003年）参照

（註5）『熊本藩年表稿』386頁の米価表

（註6）蓑田勝彦「鹿子木量平と八代海の干拓新田」（「八代古文書の会会報」No.3、2011年）

八代古文書の会 会報 No.36

2013年3月25日 八代古文書の会 発行
〒866-0081 八代市植柳上746-5 蓑田勝彦方

「肥後の富講」の3回目です。前号（No.36）では、富元＝西甚左衛門が天保8年(1837)～弘化4年(1847)に興行した富講の一覧表を載せました。今回は同様に、財津九十郎・河嶋平三郎の二人の富元が興行した富講の一覧表を掲載しましたが、西甚左衛門が以前に興行した富講についての史料や、西家の人々が4代にわたって富元を勤めてきた状況についての史料の内容も紹介しています。富講については、その具体的な実施状況―冨札の販売数・賞金の金額その他、多くの事が分かっているので、今後もそれらのことを紹介していきたいと思います。

肥後の富講―熊本藩の「宝くじ」・その2―

蓑田　勝彦

前号では、永青文庫の「町在」（嘉永2＝1849年）に見える富講の史料によって、富元の西甚左衛門の富興行の一覧表などを掲載した。本号では同様に財津九十郎と河嶋平三郎の富興行の一覧表を掲載するが、その前に前号に記した西甚左衛門が、以前に興行した富講に関する史料が『新熊本市史』に掲載されているので（註1）、その内容を紹介しておきたい。

〔表3〕西甚左衛門の富余銭上納高

① 享和2年（1802）5月～文化3年（1806）10月分　　　銭　490貫31匁4572
　御銀所預消方富　余銭上納
② 文化3年（1806）11月～同12月分　　　　　　　　銭　22貫650目　　　（3富）
　御銀所預消方富　余銭上納
③ 文化4年（1807）1月～同12月分　　　　　　　　銭　66貫350目　　　（9富）
　うち1富は植木町へ御免の富で、植木町へ5貫目引渡、
　その残り66貫350目を「御町方」へ上納
④ 文化5年（1808）1月～12月分　　　　　　　　　銭　66貫300目　　　（9富）
　うち宇土へ7貫500目、佐賀関宮へ5貫783匁33、代継社へ5貫目
　残り分48貫16匁67を「御町方」へ上納
⑤ 文化6年（1809）1月～12月分　　　　　　　　　銭　96貫目　　　　（13富）
　うち宇土富3ッ分　宇土会所へ22貫500目、
　代継社へ5貫目、植木町へ5貫目、　残り63貫500目を「御町方」へ
⑥ 文化7年（1810）1月～12月分　　　　　　　　　銭　110貫550目　　 （15富）
　うち宇土富2ッ分　「宇土御会所」へ15貫目、
　佐賀関宮富分は鶴崎御会所へ5貫783匁33、
　残り89貫766匁67を「御町方」へ
⑦ 文化8（1811）1月～12月分　　　　　　　　　　銭　125貫250目　　 （17富）
　うち宇土御会所へ2ッ分15貫目、植木町分を正院会所へ5貫目、
　1月～9月までの分を「櫨方」へ68貫750目、
　残りの36貫750目を「割崩上納」
⑧ 文化9年（1812）　　　　　　　　　　　　　　銭　95貫850目　　　（13富）
　うち宇土へ2ッ分15貫目、国分寺へ5貫目、
　「御町方」へ46貫450目、　不納29貫400目
　　　　　　　　　①～⑧の《総計》＝銭 1072貫981匁45

（註1）『新熊本市史』史料編 近世Ⅱ（新熊本市史編纂委員会、平成8年）826～833頁。原典は永青文庫「町在」明治4年

〔表4〕富元・財津九十郎の富興行と「富余銭」の上納

	宇土富	寺社の富	その他の富	年間合計
天保4年（1833）	9月2日　　1貫142匁1分 11月18日　　1貫142匁1匁	〔藤崎富〕 3月11日　8貫目 （6貫目 藤崎宮直渡） 6月11日　8貫目 （6貫目 藤崎宮直渡）	〔非常御救御備富〕 8月21日　8貫目 11月13日　8貫目 〔新地富〕 12月17日　20貫360目 （二流五合分）	（7回） 54貫644.2
天保5年（1834）	〔月.日〕〔貫 匁 分〕 1.27　1貫142.1 4.21　1貫142.1 7.29　1貫142.1 10.21　1貫142.1	〔藤崎富〕 3月11日　10貫目400目 （3割増） 7月1日　10貫400目 （3割増）	〔非常御救御備富〕 8月21日　8貫目 〔新地富〕 12月15日　21貫160目 （二流六合）	（8回） 57貫782.4
天保6年（1835）	1.25　1貫142.1 4.20　1貫142.1 7.22　1貫142.1 10.13　1貫142.1	〔藤崎富〕 3月11日　10貫400目（3割増） 〔阿蘇大宮司富〕 ゥ7月11日　10貫400目（3割増） 11月2日　11貫200目（4割増）		（7回） 36貫568.4
天保7年（1836）	2.21　1貫142.1 5.21　1貫142.1 6.21　1貫142.1 11.27　1貫142.1 同日　　571.2 （5割増）	〔大慈寺富〕 4月1日　12貫目　（5割増） 〔阿蘇大宮司富〕 9月1日　12貫目　（5割増）	〔新地富〕 2月11日　12貫360目（5割増） 〔非常御救富〕 11月25日　11貫200目（4割増） 〔格別富〕1 2月13日　12貫目	（10回） 64貫699.6
天保8年（1837）	2.21　1貫142.1 5.11　1貫142.1 8.21　1貫142.1 ？　　1貫142.1	〔藤崎富〕 3月11日　12貫目 （内6貫目藤崎宮渡） 〔阿蘇大宮司富〕 7月29日　10貫400目（3割増） 9月25日　9貫600目 〔寺社富　格別御免〕 11月18日　12貫目　（5割増）	〔新地富〕 11月3日　12貫360目（5割増）	（9回） 60貫928.4
天保9年（1838）	2.21　1貫142.1 5.21　1貫142.1 7.21　1貫142.1 11.11　1貫142.1	〔藤崎富〕 3月11日　12貫目　（5割増） 5月13日　9貫600目（2割増） 〔大慈寺へ御振替二ヶ稜〕 ？　　4貫100目 〔大慈寺富〕 7月晦日　10貫400目（3割増）	〔新地富〕 12月20日　32貫360目 （40割）	（9回） 73貫028.4
天保10年（1839）	2.21　1貫142.1 5.21　1貫142.1 8.21　1貫142.1 11.7　1貫142.1	〔藤崎富〕 3月11日　12貫目　（5割増） 〔大慈寺富〕 7月晦日　12貫目　（5割増）	〔新地富〕　　　　寸志とも 10月13日　12貫360目（5割増） 〔非常御救御備富〕 11月29日　13貫600目（7割増） 〔新地富〕　　　　寸志とも 12月11日　32貫360目　（40割）	（9回） 86貫888.4

（註2）『新熊本市史 史料編 近世Ⅱ』p.819～）　（註3）（註4）（註5）「町在」明治4年（熊本県立図書館の「永青文庫」複製本2023）

天保11年（1840）	3.21　1貫142.1 6.23　1貫142.1 10.22　1貫142.1 12.18　1貫713.15 　　　（5割増）	〔藤崎富〕 3月18日　10貫400目（3割増） 〔阿蘇大宮富〕 6月13日　10貫400目（3割増） 7月29日　11貫200目（4割増）	〔新富〕　　　　　寸志とも 10月6日　12貫360（5割増） 〔新地富〕　　　　寸志とも ？　　　32貫360（40割）	（9回） 81貫859.45
天保12年（1841）	4.2　1貫142.1 8.19　1貫142.1 8.19　1貫142.1 11.14　1貫713.15 　　　（5割増）	〔藤崎富〕 4月11日　10貫400目（3割増） 〔大慈寺富〕 10月3日　12貫目（5割増）	〔新地富〕 10月11日　12貫360（5割増） 〔新富〕　　　　　寸志とも 11月21日　24貫360（30割） 〔非常御救御備富〕 12月27日　9貫600目（2割増） 〔格別御免富〕 ？　　　11貫200目（4割増）	（10回） 85貫059.45
天保13年（1842）	2.22　1貫142.1 6.1　1貫142.1 9.14　1貫142.1 12.16　1貫713.15 　　　（5割増）	〔藤崎富〕 3月11日　12貫000目（5割増） 5月1日　10貫400目（3割増） 〔阿蘇大宮司富〕 7月29日　10貫400目（3割増）	〔新富〕　　　　　寸志とも 11月5日　12貫360（5割増） 12月11日　24貫360？（30割） 　　　　　　　寸志とも	（9回） 74貫659.45
天保14年（1843）	4.22　1貫142.1 7.21　1貫142.1 ウ9.21　1貫142.1 12.3　1貫142.1	〔藤崎富および大慈寺富〕 1月24日　16貫目（10割増） 〔藤崎富〕 4月11日　10貫400目（3割増） 〔阿蘇大宮司富〕 ウ9月1日　12貫目（5割増）	〔非常御救御備富〕 10月25日　12貫目（5割増） 〔新地富〕 ？　　　25貫960（32割）	（9回） 80貫928.4
弘化元年（1844）	1.27　1貫142.1 3.21　1貫142.1 7.21　1貫142.1	〔藤崎富および大慈寺富〕 1月20日　16貫目（10割増）	〔非常御救御備富〕 4月21日　10貫400目（3割増） 〔新富〕　　　　　寸志とも 12月19日　24貫360目（30割）	（6回） 54貫186.3
弘化2年（1845）	2.13　1貫142.1 5.21　1貫142.1 8.21　1貫142.1 11.25　1貫713.15 　　　（5割増）	〔藤崎富〕 3月11日　12貫000目（5割増） 〔阿蘇大宮司富〕 8月3日　10貫400目（3割増）	〔非常御救御備富〕 1月11日　20貫800目（二流六合） 10月11日　12貫目（5割増） 〔新富〕　　　　　寸志とも 12月13日　24貫360目（30割）	（9回） 84貫699.45
弘化3年（1846）	2.21　1貫142.1 5.21　1貫142.1 8.21　1貫142.1 11.11　1貫713.15 　　　（5割増）	〔藤崎富および大慈寺富〕 1月19日　14貫400目（8割増） 〔藤崎富〕 4月4日　10貫400目（3割増） 〔阿蘇大宮司富〕 7月29日　10貫400目（3割増）	〔非常御救御備富〕 9月25日　10貫400目（3割増） 〔新地富〕　　　　寸志とも 12月11日　24貫360（30割）	（9回） 75回099.45
弘化4年（1846）	2.24　1貫142.1 6.21　1貫142.1 9.18　1貫142.1 12.20　1貫713.15 　　　（5割増）	〔藤崎富および大慈寺富〕 1月19日　14貫400目（8割増） 〔藤崎富〕 4月4日　10貫400目（3割増）	〔新地富〕　　　　寸志とも 12月9日　26貫760（32割）	（7回） 56貫699.45
合計	57回　69貫097.2 1回平均　1貫212.2	38回　　420貫900目 1回平均　11貫076.3	31回　　537貫680目 1回平均　17貫344.5	126回 1027貫677.2

〔表5〕富元・河嶋平三郎の富興行と「富余銭」の上納

富講 興行日 （年 月 日）	櫨方へ納入 （貫 匁）	南関会所へ納入 （貫 匁）	合計額 （貫 匁）
天保6. 9. 23	銭7. 280	銭1. 040	銭8. 320
10. 23	8. 400	1. 200	9. 600
12. 晦	19. 600	2. 800	22. 400
合計（3回）	35. 280	5. 040	40. 320
天保7. 2. 4	7. 840	1. 120	8. 960
(1836) 5. 2	7. 280	1. 040	8. 320
7. 11	8. 400	1. 200	9. 600
9. 11	7. 280	1. 040	8. 320
10. 22	8. 400	1. 200	9. 600
11. 13	8. 400	1. 200	9. 600
12. 1	8. 960	1. 280	10. 240
12. 17	16. 800	2. 400	19. 200
合計（8回）	73. 360	10. 480	83. 840
天保8. 2. 2	7. 840	1. 200	9. 600
(1837) 5. 2	6. 720	960	7. 680
7. 2	8. 400	1. 200	9. 600
9. 1	8. 400	1. 200	9. 600
10. 5	8. 400	1. 200	9. 600
11. 11	8. 400	1. 200	9. 600
12. 8	8. 400	1. 200	9. 600
12. 26	16. 800	2. 400	19. 200
合計（8回）	73. 360	10. 560	84. 480
天保9. 2. 4	8. 400	1. 200	9. 600
(1838) ゥ4. 11	6. 720	960	7. 680
7. 3	7. 280	1. 040	8. 320
9. 1	7. 280	1. 040	8. 320
9. 28	8. 400	1. 200	9. 600
10. 22	8. 400	1. 200	9. 600
12. 8	8. 960	1. 200	9. 600
12. 24	22. 400	3. 200	25. 600
合計（8回）	77. 280	11. 040	88. 320
天保10. 2. 4	8. 400	1. 200	9. 600
(1839) 5. 1	6. 720	960	7. 680
7. 1	7. 280	1. 040	8. 320
9. 1	7. 280	1. 040	8. 320
10. 3	7. 280	1. 040	8. 320
10. 29	8. 400	1. 200	9. 600
11. 21	8. 400	1. 200	9. 600
12. 25	22. 400	3. 200	25. 600
合計（8回）	76. 160	10. 880	87. 040

(註6)『植木町史』(同書 編纂委員会、昭和56年) p.339〜340
(註7)『南関町史』資料編（同書 編集委員会、平成9年) p.356〜368
(註8)「町在」(熊本県立図書館の「永青文庫」複製本1873)

【富講の種類について】

　熊本藩での富講の初見は元文2年（1737）といわれるが、本格的に富講が興行されるようになったのは、名君＝細川重賢の時代、宝暦3年（1753）に藤崎宮の永代修復料のために1ヶ年5度の興行が認められてからである（註2）。そのご年を経るにしたがって多くの名目の富講が認められるようになり、この表に見られる文化年間のころには多種類の富講が認められて、実施回数も多くなっていった。〔表3〕の①②の「御銀所預消方富」というのは、「御銀所預」と呼ばれる藩札が寛政4年（1792）に発行されたが、それが乱発され経済混乱が起こった。それを終息させるためにダブついた藩札＝「預」を廃棄する資金を得るために興行された富講である。

　この「御銀所預消方富」は、享和2年（1802）5月始まったが、はじめは川尻と高橋で興行、そのご代継社前に場所を移して10ヵ年興行された（註3）。明治4年の「町在」の記事によれば、西家が興行した富講の利益のうち、代継社富・植木町富・佐賀関富・国分寺富などは1富ごとに5貫目宛てがそれぞれの「願主」に渡され、残りは「御町方」に上納されることになっていた（註4）。

　また文化10年（1813）10月には「富御改正」が行われ、それ以後は「非常御救富」と「寺社富」などを「打混ぜ」て興行するようになったという（註5）。

　③⑤⑦に見える植木町へ御免の富は、文化4年（1807）の大火で打撃をうけた植木町の復興をはかるための富講である。植木町は熊本町の近くの宿場町であり、菊池・阿蘇方面への分岐点の町として重要な場所であるため、その復興を目的とした富講が認められたのであろう。『植木町史』には「大火跡、家建料拝借返納のため…弐拾富御免…年々四貫五百目宛拝領」と記されている（註6）。

　④⑥に見られる「佐賀関富」は、現在の大分県佐賀関にある早吸日女神社（式内社）のための富講である。富興行は佐賀関で行われたものと思われる。　④⑤の「代継社」は細川幽斎を合祀するなど細川家と関係の深い神社であり、その

天保11. (1840)	2. 2	8.400	1.200	9.600
	5. 3	6.720	960	7.680
	7. 2	7.280	1.040	8.320
	9. 1	7.280	1.040	8.320
	10. 18	7.280	1.040	8.320
	10. 晦	8.400	1.200	9.600
	11. 22	8.400	1.200	9.600
	12. 24	19.600	2.800	22.400
合計（8回）		73.360	10.480	83.840
天保12. (1841)	ゥ1. 21	7.280	1.040	8.320
	5. 28	6.720	960	7.680
	7. 1	7.280	1.040	8.320
	8. 27	7.280	1.040	8.320
	9. 24	8.400	1.200	9.600
	10. 18	8.400	1.200	9.600
	12. 5	9.520	1.360	10.880
	12. 22	19.040	2.720	21.760
合計（8回）		73.920	10.560	84.480
天保13. (1842)	2. 4	7.280	1.040	8.320
	4. 22	6.720	960	7.650
	6. 21	5.600	800	6.400
	9. 7	7.280	1.040	8.320
	10. 20	8.400	1.200	9.600
	11. 12	8.400	1.200	9.600
	12. 3	8.960	1.280	10.240
	12. 22	18.480	2.640	21.120
合計（8回）		71.120	10.160	81.280
天保14. (1843)	2. 11	7.280	1.040	8.320
	5. 4	7.280	1.040	8.320
	7. 1	7.280	1.040	8.320
	9. 1	7.280	1.040	8.320
	ゥ9. 11	8.400	1.200	9.600
	10. 8	8.400	1.200	9.600
	11. 11	9.520	1.360	10.880
	11. 29	15.680	2.240	17.920
合計（8回）		71.120	10.160	81.280
弘化1. (1842)	2. 4	8.400	1.200	9.600
	2. 21	6.720	960	7.680
	7. 1	7.280	1.040	8.320
	9. 1	7.280	1.040	8.320
	10. 18	7.840	1.120	8.960
	11. 11	8.400	1.200	9.600
	12. 14	8.400	1.200	9.600
	12. 28	16.800	2.400	19.200
合計（8回）		71.180	10.160	81.280

（註9）「町在」天保3（県立図1472）および「町在」明治4（県立図2023）

ために富講が認められたものであろう。

⑤⑥……の「宇土富」は、藩財政が窮乏化したために参勤交代の経費を得るなどの名目で本藩の許可を受けて、宇土支藩のために宝暦8年（1758）から行われるようになった富講であり、宇土の西岡神社（三宮大明神）で興行された。

「藤崎富」は、熊本城下の総鎮守として200石の社領が寄進された神社である藤崎八旛宮の永代修復料を得るために始められた。江戸時代には現在の藤崎台球場付近にあった同社内に「富講場」が設けられ、多くの富興行で賑わったといわれる。

〔表5〕の河嶋平三郎が興行した「南関富」については『南関町史』に詳しい。寛政5年（1793）3月、同10年（1798）8月の2度の大火で打撃を受けた南関町の復興のために始められたもので、佐賀関宮に御免の富講を、享和2年（1802）に南関町に場所替えを願って始められたという（註7）。南関は国境の防備上重要な場所であり、江戸初期に廃止された南関城（鷹原城）のあった所であり、豊前街道の宿場でもあったので、南関町の復旧のために富講が認められたのである。また文久2年（1862）の史料には「御境目の所柄、他所富防」にもなる、つまり他領の富は禁止されているのであるが、それでも他領の富札が流入してくるので、それを防止する意味もあって、南関富が続けられたと記されている（註8）。

【富元・西家について】

〔表1〕〔表3〕の富講を興行した西家については、かなり詳しいことが史料に記されているので以下にその内容を紹介しておきたい。（註9）

西家はもともと江良十内譜代の家来で、本庄手永の砂取に居住していた。享和2年（1802）に、西甚左衛門が62歳のとき「御銀所預消方」の富講を認められ、富興行ごとに「御銀所預」を藩に上納してそれが焼却されて（ダブついた「預」＝藩札が回収され）、やがて「預」は安定して流通する藩札となった。

甚左衛門は文化10年（1813）に73歳で悴の甚次（47歳）に主な仕事を受け継がせた。文政4年（1821）に藩が「三

弘化2. (1843)	2. 7	8. 400	1. 200	9. 600
	4. 13	7. 280	1. 040	8. 320
	7. 1	7. 280	1. 040	8. 320
	9. 1	7. 280	1. 040	8. 320
	9. 24	7. 280	1. 040	8. 960
	10. 18	8. 400	1. 200	9. 600
	11. 11	8. 400	1. 200	9. 600
	12. 26	16. 800	2. 400	19. 200
合計（8回）		71. 120	10. 160	81. 280
弘化3. (1844)	2. 13	8. 400	1. 200	9. 600
	4. 13	7. 280	1. 040	8. 320
	ｳ5. 13	7. 280	1. 040	8. 320
	7. 1	7. 280	1. 040	8. 320
	9. 1	7. 840	1. 120	8. 960
	10. 11	7. 840	1. 120	8. 960
	11. 1	8. 400	1. 200	9. 600
	12. 25	16. 800	2. 400	19. 200
合計（8回）		71. 120	10. 160	81. 280
弘化4. (1845)	2. 4	8. 400	1. 200	9. 600
	4. 15	7. 280	1. 040	8. 320
	6. 12	7. 280	1. 040	8. 320
	8. 3	7. 280	1. 040	8. 320
	9. 25	7. 280	1. 040	8. 320
	10. 27	8. 400	1. 200	9. 600
	11. 24	8. 400	1. 200	9. 600
	?	16. 800	2. 400	19. 200
合計（8回）		71. 120	10. 160	81. 280
合計 99回		910貫目	130貫目	1040貫目

郡新地」（七百町新地）を造成するにあたって「御仕立百姓の御入目銭助成の富」を提案して許可を受け、1ヶ年に12富ずつ興行し、余計の「富余銭」を上納したが、それは「市中語救恤御備」と呼ばれ、それをもとに熊本の京町・新町・古町に「御備米蔵」が建てられたという。また文化10年から天保2年（1831）までに銭600貫目余の御銀所預消方富を「非常御救恤御備」の名目で上納した。なおこの間、文政8年（1825）9月にはそれまでの功績により西家に「新地富元株」として、1ヶ年に富6ッの「永々子孫相続」を認められている。西甚次は天保3年（1832）に父以来の功績を賞されて「諸役人段」の身分を認められたが、同8年（1837）5月に病死した。

　甚次の伜＝甚左衛門は天保3年に「富元助役」になり、父の甚次が死去すると同8年にその跡をついで「諸役人段」で「富元本役」となった。嘉永2年（1849）9月に、1000貫目余の富余銭を上納したことで賞され「作紋小袖一と白銀弐拾枚」を下し置かれたことは前号（No.35）で述べた通りである。甚左衛門の跡を継いだのは熊之助で、文久元年（1861）「諸役人段」で「富元本役」となった。彼は病弱だったようで、慶応元年（1865）11月には弟の甚蔵が熊之助の「富元代役」を命じられている。熊之助が明治4年（1871）に病死すると、養子となっていた甚蔵が跡を継いだ。しかしその前の明治2年（1869）1月には、新政府の方針で富講は廃止されており、甚蔵は「富元」にはなっていない。このように西家は①甚左衛門―②甚次―③甚左衛門―④熊之助（のち甚次）と4代にわたって「富元」を勤めている。富元には規定の「勤料」が給されていたが、慶応元年には1富興行ごとに350目（匁）だった勤料が、幕末期の物価高騰のために700目になったと記されている（1匁＝70文）。

【富講の組織について】

　「富元」は、ここに記した西甚左衛門・財津九十郎・河嶋平三郎の外にも、箕田八左衛門・友枝太郎右衛門などの名が見られる。前号に天保～弘化年間ころには1年平均27.2回、1ヵ月に2度以上の富講興行が行われていたと記したが、それは西・財津・河嶋3人だけの富講であり、箕田・友枝らの富講を加えるともっと多くの回数が興行されていたのである。このうち財津家については10数年前に書いた拙稿があるので参照して頂きたい（註10）。また「富元」を補佐して富興行に重要な役割をになう存在として「大口頭（惣口頭）」があり、福岡屋嘉次郎・宮田（絹屋）金兵衛・甲斐藤次郎・綿屋利吉・毛利久右衛門などの名前が知られる。「富元」「大口頭」の下に「富組」が組織されており、1つの興行ごとに20組の富組が富講の実際の運営にあたった（註11）。なお、詳しくは別稿を準備したい。　　　　　　　　　　　　　　　　　　　　　　　　　　　　　　（続く）

　（註10）拙稿「熊本町の豪商＝財津家について」（『史叢』第2号＝熊本歴史学研究会、1998年）所収
　（註11）富組などについては『肥後読史総覧』（鶴屋百貨店、昭和58年）下巻1829～1835頁参照

> 八代古文書の会 会報　No.37
>
> 2013年4月20日八代古文書の会発行
> 〒866-0081 八代市植柳上746-5　蓑田勝彦方

> 「肥後の富講」の3回目です。前号（No.36）前々号（No.35）では、富元＝西甚左衛門・財津九十郎・河嶋平三郎が天保4年（1833）～弘化4年（1847）に興行した富講の一覧表を掲載しました。今回は、熊本藩で富講が本格的に始められた宝暦3年（1753）の藤崎宮富講に関する史料で、富札の販売数・賞金の金額その他、多くの事が分かるので、その内容を紹介します。それから100年ほど後の藤崎宮の「千両富」は、1等の賞金が1000両で、その他600両・500両・300両……と、全国的に見ても巨額の賞金が当たるものになっています。この「千両富」の様子を描いた版画も残っているので、それも紹介します。

肥後の富講―熊本藩の「宝くじ」・その3―

蓑田勝彦

1．宝暦3年（1753）3月興行の藤崎富

　熊本藩で富講が本格的に実施されるようになったのは、宝暦3年（1753）からである。そのときの富講の実施状況については「雑花錦語集」に詳しい記録があり（註1）、それは『新熊本市史』の史料編に収録されている（註2）ので、だれでも簡単に調べることができる。ただし一部に理解しにくい部分もあるので、以下に分かりやすい形で紹介したい。史料の題は「藤崎宮富講興行の事」となっており、「宝暦三癸酉年富講始り申候ニ付、諸書付の写」と続いている。次に「所々ニ立候高札の書面　宝暦三年三月廿三日より」とあり、富講開始にあたって各地に「高札」が立てられて、人々に富講の内容が分かりやすく紹介されていることが分かる。その要点は二つである。

　一つは「覚」として富講がどのように実施されるかの概要が記されており、もう一つは「褒美目録」として、どのような「褒美」＝"あたり"がどのくらい設定されているか、ということである。はじめの「覚」には3つの項目が記されている。①藤崎社永代修復のため、富講を1ヶ年に6度行う。初富は3月中に藤崎社前において興行する。②札高は35000枚、代金は1枚＝60文、そのうち10文は札売料とする。③「褒美の口銭」は1割5分引き（当選者への賞金は1割5分を引いて手渡す。つまり15％は藤崎社へ納める）とする。「札寄」（賞金の引替期間）は3月15日から20日までの間とする。

　「褒美目録」には当選の賞金額とその本数が記されている。賞金の額は「匁銭」の単位で記されている。①「初札」1本 250目、「花札」100本 30目ずつ、「節札」10本 50目ずつ。②「中富」は1番150目から10番1貫目までの10本。③「中入」は「花札」100本 50目ずつと「節札」10本 100目ずつ。④最後に「本富」が1番250目から10番の「大乙」5貫目まで10本、そしておまけの「揃札」が10本 50目ずつとなっている。当選本数を合計すると251本、賞金額の合計は銭高25貫100目（50文銭）と記されている。以上が、宝暦3年3月に藤崎社前で興行された富講の実施要項である。

　最後付近に記した「50文銭」というのは、研究者の間でふつう「匁銭」と呼ばれている江戸時代の通貨の流通法のことで、一般には理解困難な所がある。詳しい説明は省略するが、江戸時代の幕府の通貨制度は金・銀・銭の3貨で、江戸など関東では金貨が中心、関西では銀貨が中心的に使用されたと説明されてきた。しかし実際は簡単ではなく、熊本をふくむ西南日本の地方では銭貨を中心とした経済流通が見られ、その銭貨を銀の通貨単位である「匁」の制度で表す方法が広く行われていて、そのことを「匁銭」と呼んでいるのである。実際は「銭」貨であるのに、それを表す場合に銀貨を表すとまったく同様に「〇貫〇〇〇匁〇分」などのように表記するのである。そして、その「匁銭」は地域々々で異なっており、また同じ場所でも時代によって異なっている場合もある。熊本藩の場合は、ほとんどの場合が「1匁＝70文」の「匁銭」の制度がとられているが、他藩では1匁＝60文であったりするので注意が必要である（註3）。

　熊本藩ではほとんどの場合に1匁＝70文と記したが、いまここで使用されている富講の賞金の単位としては1匁＝50文という「匁銭」の単位が使用されている。このように、普通熊本藩で使用されていない「匁銭」をここで使用している理由はよく分からないが、多分賞金額を大きく見せるためではないかと思われる。史料の後半部分の、当選者に実際に渡した賞金額が記された部分をみると、この1匁＝50文で表記されている賞金を、実際に

用いている1匁＝70文に計算し直して手渡していることが分かる。

〔表6〕は宝暦3年の藤崎富の賞金一覧表である。富講興行の原初の形は、この表の中の「本富」の部分だけだったのが、回を重ねるにしたがって次々と新しい名目の賞金が増えていったのではないかと思われる。表の初めに「初札」とあるが、これはその名の通り興行の最初の目出度い当選札であるため、他の当選札では1割5分を差引いて支払われるが、この札だけはそのままの賞金が支払われることになっていた。さらに年度初めの3月興行では、この「初札」には別に「御酒肴」が添えられることになっていた。また興行に華やかさを加えるためであろう。「初札」のあとと、「中富」10番のあとには「花札」が100本ずつ設定されている。なお「本富」10番の最高の当選金額は「大乙（だいおつ）」と呼ばれていたが、これは全国的にどこの「富くじ」でも同じだったようである。

富札の販売数は3万5000枚で、1枚の値段は60文、そのうち10文は販売者が手数料として受取るので、富札の販売収入は35貫目（1匁＝50文の「匁銭」で）と計算されている。当選札251本の賞金総額は25貫100目で、販売収入の71.7％である。残りの9貫900目（28.3％）は「御役所」つまり藩へ納入されることになっていた。

〔表6〕　宝暦3年（1753）の藤崎富の賞金（富講褒美の銭高）

〔当選札〕	〔50文銭での額〕	〔1割5分引き後の額（70文銭で）〕	註記
「初札」1本	250目	引方なし　178匁55	3月初めての節は、外に御酒肴下さる
「花札」1本	30目	18匁214	100本で1貫821匁4
「節札」1本	50目	30目3571	10本で303匁571
「中富」1番	150目	91匁713	
2番	200目	121匁428	
3番	250目	151匁785	
4番	300目	182匁1426	
5番	350目	212匁499	
6番	400目	242匁856	
7番	450目	273匁213	
8番	500目	303匁571	
9番	600目	364匁28	
10番	1貫目	607匁142	
（中入）「本花札」1本	50目	30目3571	100本で　3貫35匁71
（中入）「本節札」1本	100目	60目7142	10本で607匁142
「本富」1番	250目	151匁785	
2番	300目	182匁1426	
3番	400目	242匁856	
4番	500目	303匁571	
5番	600目	364匁28	
6番	700目	424匁998	
7番	800目	485匁712	
8番	900目	546匁42	
9番	1貫200目	728匁56	
大乙　10番	5貫目	3貫35匁71	
「揃札」1本	50目	30目3571	10本で303匁571

【受取り銭高（賞金額合計）15貫265匁9665…70文銭で】　冨札数3万5000枚。
　1枚につき納方50文で35貫目。　うち褒美（賞金）に25貫100目（50文銭）。
　　残9貫900目…御役所に納高（70文銭では7貫71匁426）。
　　　売上高35貫目の71.7％は賞金へ。28.3％は藩へ上納。

2．安政7年（1860、万延元）の藤崎宮での「千両富」

つぎに藤崎富の詳しい様子が分かる史料は幕末の「千両富」についてである。『熊本藩年表稿』の嘉永6年（1853）11月の記事に「1000両富始まる」とあるが（註4）、具体的なことが分かるのは安政7年（1860、万延元）の千

両富についてである。20年ほど前の古書店の販売目録に、安政7年の「千両富」の史料が見られる（註5）。掲載されている写真とその解説を読むと次のような内容である。このころ藤崎宮では年に2回、2月と11月とに「千両富」が興行されている。史料は18枚がセットになっており、そのうちの1枚は「御免御富目録」と題された普通の刷物で、次回の千両富の案内チラシである。他の17枚は「白抜墨刷」のもので「千両富惣あたり附全」と題されており、前回の千両富の当選札3075枚の番号などを、当選金額とともに印刷したものである。この17枚の「惣あたり附」は、今ふうにいえば宝くじの当選番号速報とでも言うべきものであろう。富興行の場に居た人も当選番号が確認できるし、興行の現場に行けなかった人もこの速報印刷物で自分が購入していた冨札が「当り」だったか「ハズレ」だったかが確認できるようになっていたことが分かる。

「御免御富目録」は「肥後熊本千両富会所」が発行したもので、次回の千両富の案内が記されている。初めの部分には「札高3万5000枚に増札を加えて興行」「別冊あたりの見亘を以て、来る11月に興行」という記載があり、続いて賞金の一覧表が掲げられている。3両・5両などから100両・300両・500両などがあり、賞金の最高額は1000両、当選札数は合計3075枚と記されている。そして最後の部分には「右の通り毎年2回、2月11日と11月15日に興行」「100両以上の当選者には、確かな人物をつけて賞金を送り届ける」旨の記載が見られる。つぎに賞金の一覧表を分かりやすく紹介したい。

〔表7〕安政7年（1860）興行の藤崎宮「千両富」の賞金表（〔図1〕の内容を書き直しともの）

① 「初札」～
「初札」1枚 金50両、「初揃」20枚 金6両ずつ（合計120両）、「初押」1枚 金100両、
「花札」500枚 金4両ずつ（合計2000両）、「小節」45枚 金5両ずつ（合計225両）、
「大節」5枚 金10両ずつ（合計50両）、「中揃」20枚 金8両ずつ（合計160両）
「中押」1枚 金150両、「本揃」20枚 金10両ずつ（合計200両）、「本押」1枚 金200両、
　　　（以上小計　614枚、3255両）
「増揃」200枚 金5両ずつ（合計1000両）、「増押」1枚 金50両、「増押」1枚 金75両、
「増押」8枚 金100両ずつ（合計800両）、「増花」2000枚 金3両ずつ（合計6000両）、
「増節」180枚 金4両ずつ（合計720両）、「増大節」20枚 金8両ずつ（合計160両）、
「増花押」1枚 金15両、　　　　　　　　　　（以上小計 2411枚、8820両）
　　　　　　　　　　　　　　　　　　　　〔①合計　3025枚、金1万2075両〕

② 「初富」10枚
「1番」金6両、「2番」金6両、「3番」金7両、「4番」金8両、「5番」金10両、「6番」金12両、
「7番」金15両、「8番」金20両、「9番」金50両、「10番」金300両、

③ 「増初富」10枚
「1番」金7両、「2番」金7両、「3番」金8両、「4番」金10両、「5番」金12両、「6番」金15両、
「7番」金20両、「8番」金25両、「9番」金60両、「10番」金300両

④ 「中富」10枚
「1番」金10両、「2番」金10両、「3番」金12両、「4番」金15両、「5番」金20両、「6番」金25両、
「7番」金30両、「8番」金40両、「9番」金100両、「10番」金500両、

⑤ 「増中富」10枚
「1番」金12両、「2番」金12両、「3番」金15両、「4番」金20両、「5番」金25両、「6番」金30両、
「7番」金35両、「8番」金50両、「9番」金110両、「10番」金600両、

⑥ 「本富」10枚
「1番」金20両、「2番」金25両、「3番」金30両、「4番」金40両、「5番」金50両、「6番」金60両、
「7番」金75両、「8番」金100両、「9番」金300両、「10番」金1000両、
　　　　　〔②～⑥合計 50枚、金4269両〕

＜安政7年の「千両富」の当選数 3075枚、賞金総額 1万6344両＞

〔表7〕を見ると、この「千両富」は宝暦3年の藤崎富と比べると賞金は驚くような高額となっている。最高額は「本富」10番の1000両で、600両・500両・300両など100両以上の賞金も多い。賞金総額を計算すると1万6344両となる。一方、宝暦3年（1753）の例は100年近く前のことではあるが、賞金総額は50文銭で25貫100目。これを仮に「金1両＝銀60匁＝銭4000文」で計算すると約314両で、安政7年は宝暦3年の52倍の賞金となっている。

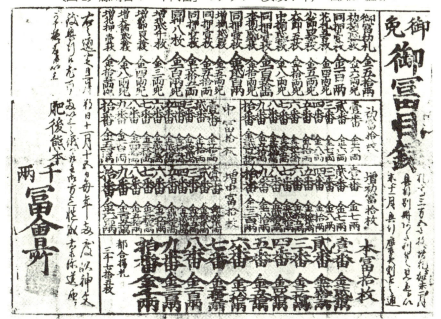

[図1] 藤崎宮の「千両富」のチラシ（安政7年） <出典は（註5）>

ところで別の史料に、年は不明であるが「千両富」の富札1枚の値段は「200疋」＝2000文と記されている(註6)。この値段で3万5000枚を販売すれば銭7万貫となる。同じく金1両＝4000文で計算すると銭7万貫は1万7500両となり、賞金額をようやく賄う程度の金額にしかならない。

販売する富札の数を当選札数との割合で考えてみると、宝暦3年の場合は3万5000枚のうち251枚で、当選率は約1／140である。そのことから考えると千両富の販売枚数は当選数3075枚の100倍、つまり30万枚くらいであってもおかしくないであろう。いま仮に50枚に1枚の当選とすると販売札数は約15万枚で、販売額は15万×2000文＝銭30万貫、これを同様に金1両＝4000文で計算すると7万5000両となる。以上「仮に」の条件つきではあるが、「千両富」の富札が1枚2000文で販売されていたことを基にして安政7年の千両富の実施状況を推測すると、富札の販売枚数は10万～20万枚ほどはあったのではないかと思われる。

江戸時代の銭1文が現代の何円くらいにあたるかについては、30円、40円、50円など多くの説があるが、仮に30円として計算すると、富札1枚＝6000円、50円とした場合は1万円という高額になる。江戸最末期の1860年ころの熊本ではそのような高額の富札が、富興行ごとに10万枚～20万枚は売れるような経済状況になっていたであろうことが分かるのである。

[図2] 「熊本藤崎社千両富場の図」 3人の子供が高い台の上にいて、その下に回転する大きな八角形(?)の箱がある。当選番号の書かれた木札を、3人の子供が箱の穴から錐で突いて取り出し、それを下段の箱の前で紙に書いている。3人の子供の頭上に張られている長方形の旗には「千両」「六百両」…などの当選金額が記されている。
≪出典：熊本市制100周年記念『熊本・歴史と魅力』（同実行委員会、平成10年）35頁≫

(註1)「雑花錦語集」37　（熊本県立図書館所蔵の写本）。なお「吹寄与勢」3（同図書館所蔵の写本）にも記述あり。
(註2)『新熊本市史』史料編近世Ⅱ（熊本市、平成8年）、p.820～。　なお『肥後読史総覧』下巻（鶴屋百貨店、昭和58年）p.1828～にも同史料が収録されている。
(註3) 拙稿「江戸後期熊本藩における通貨制度―藩札の流通―」（熊本歴史学研究会『熊本歴研史叢』第8号、2003年）
(註4) 細川藩政史研究会『熊本藩年表稿』（1974年）342頁
(註5)『九州の郷土史』舒文堂古書目録21号（平成4年）
(註6) 拙稿「肥後の富講―残存する富札による考察」（註3の『熊本歴研史叢』第4、5号合併号、2000年）

八代古文書の会 会報 No.38

2013年5月10日八代古文書の会 発行
〒866-0081　八代市植柳上746-5　蓑田勝彦方

「肥後の富講」の4回目です。1回目・2回目では、富元＝西甚左衛門・財津九十郎・河嶋平三郎らが天保4年(1833)～弘化4年(1847)に興行した富講の一覧表を載せました。3回目（前号）では宝暦3年（1753）の藤崎宮富講と安政7年（1860）の「千両富」の内容を紹介しました。

今回は、熊本城下町から遠く離れた阿蘇郡小国町の富講を紹介します。小国富の廃棄された富札が多く残されているなど、藤崎宮の富講以外では資料が多く残っています。また町内には宝くじの"ご利益スポット"も設定されていて、参拝者には御利益があるといわれています。

小国宮原町の富講—熊本藩の「宝くじ」・その4—

蓑田　勝彦

1．はじめに

　熊本城下町以外でも、宇土・南関・植木など各地で多くの富講が興行されていたことは、会報36号に紹介した通りである。それらのうち、かなり多くの史料が残っているのが小国宮原の富講である。小国は熊本藩領の北端の山間部に位置する町で、北里手永の会所が置かれたこの地方の中心地であった。三方を他領（豊後国）に囲まれており、杖立川を下った北方には天領の日田がある。その日田は幕府の九州支配の中心地の一つといわれた所である。『小国郷史』には「富講の許可されたのは、文政元年宮原町が零落したので、町立なをしの為に初められた。……嘉永元年十一月から、安政二年まで都合七十六会興行している。……運上銀一会九百五十目……、一会五百目宛を宮原町備金に納めている」とあり(註1)、『熊本藩年表稿』の文政元年（1818）11月19日の記事にも「宮原町富講願につきゆるす」とあるが(註2)、詳しいことは分からない。

2．嘉永元年の小国富講

　嘉永元年（1848）11月から安政3年（1856）まで76回興行と記されているが、この嘉永元年10月には小国の富講の実施法が変更された年である。当時の小国富講の「根受」役であった福島屋甚吉の願書に「近くの久住では月に3回の富講が行われており繁盛している。小国は富講が許された当時は月に2回興行されていたが、今は1年に7回しか興行されていない。また宇佐宮富など他領の富の賞金は100両～500両などの"大富"で繁盛している。小国の富講もそれらにまけないような富講にしたい」として新しい富講の案を提出したが、それを分かりやすく表にしたのが〔表1〕である(註3)。

〔表1〕肥後小国宮原町富講の計画　　嘉永元年（1848）

A.初札	1本	350目	（合計　350目）	B.中富	1番 250目、	2番 250目、
初揃	10本	150目	（合計　1貫500目）		3番 300目、	4番 400目、　5番 500目、
花	250本	80目	（合計　20貫目）		6番 800目、	7番 5貫目
節	25本	100目	（合計　2貫500目）		（中富合計　7本　7貫500目）	
中揃	10本	200目	（合計　2貫目）	C.本富	1番 350目、	2番 350目、
（合計）	296本		（合計　26貫350目）		3番 400目、	4番 600目、　5番 1貫、
札高1万5500枚、割方50文銭					6番 2貫目、	7番 17貫目、
《総計》当り札　310本、　賞金総額　55貫550目					（本富合計　7本　21貫700目）	

（出典：熊本市歴史文書資料室所蔵「古閑家文書」追269-8）

　この表では金額が「50文銭」という「匁銭」で記されていて分かりにくい。最も高額の賞金17貫目で説明する。17貫目は17000匁であり、「50文銭」というのは1匁＝銭50文ということだから17000×50＝850000文＝銭850貫文のことである。これを仮に「金1両＝銀60匁＝銭4貫文」で換算すると212.5両となる。1等の賞金は金で200両ほどと計算される。ちなみに最も低額の賞金の80目を同様に計算すると80×50文＝銭4000文、つまり金1両ほどになる。この史料には富札の値段は記されていないが、1枚＝750文と推測されている(註4)。

「札高1万5500枚」が完売されたとすれば1万5500×750文＝11625貫文となり、同様に計算すると売上金は約2900両となる。賞金総額は50文銭で55貫550目なので2777500文となり、同様に計算すると約700両である。富札が完売となった場合には巨額の利益が得られることになる。なお賞金札の割合は1万55000枚に310枚、つまり50枚に1枚の当選率である。

小国富がこの案の通りに実施されたかどうか不明であるが、別の史料には「小国富はそれまで1年に7回の興行であったが、嘉永元年（1848）から同4年の間は、久住富のうち1年に5回を宮原に"引越興行"することを願い出て許可されたので、合計12回となり、富講を毎月行うことができるようになった。"札売"たちも入込んできて町全体が活気づいた。また"増富"分の運上銭は4ヵ年間で15貫目余となり、"町方備"は7貫500目ほど増加した」と記されている（註5）。

3．安政5年の小国富講

つぎに小国富講のことが分かるのが〔図1〕の富講の「目録」である（個人蔵）。〔表2〕はその内容を分かりやすく書き直したものである。〔図1〕の最後の所には「午11月」と記されているが、年号は不明である。小国富講の「褒美」（賞金）一覧を記したもので、今ふうにいえば"チラシ"に相当するものである。大きさは縦15.5cm、横69cmほどで、左右半分に分けてコピーしたものを上下に配置した。右端の「札代壱貫目」の所、上段の「中冨」の部分、上段最後から下段最初の部分の3ヵ所に長方形の印が押されているが、そこには「肥后小国宮ノ原町 富会所」の文字が見える。

[図1] 小国宮原町富講の「目録」（個人蔵）

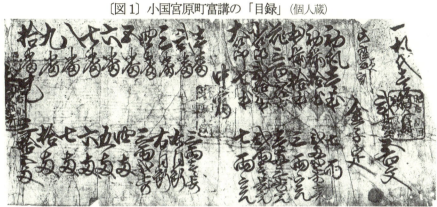
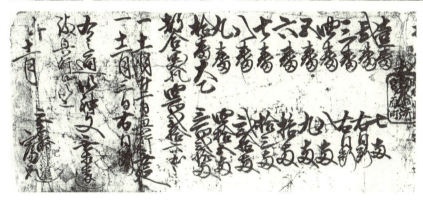

最後の行の「宮原町富元」の所には丸い印が押されていて、そこには「肥後小国 宮原 湊屋」の文字が見える。

大乙（1等）の賞金額は320両、最低の「花」の額が1両3歩と、嘉永元年の富講にくらべてかなり高額になっている。したがって常識的に考えると嘉永元年よりも後の富講である。嘉永元年より後の「午」年は安政5年

[表2] 肥後小国宮原町の富講　　午11月（安政5年＝1858年ヵ）　　＜個人蔵の一紙文書による＞

A. 初札　　1本　　7両　　　（合計　7両）	B. 中冨　　　1番　3両1歩、　2番　3両1歩、
初揃　10本　25両　　（　　25両）	3番　3両1歩、　　4番　3両2歩、　　5番　4両、
本揃　10本　2両2歩　（　　30両）	6番　5両、　　7番　6両、　　8番　7両、　　9番　10両、
花　350本　1両3歩　（　612両2歩）	10番中乙　35両、　　（中冨合計　10本　80両1歩）
小節　28本　2両1歩　（　　63両）	C. 本冨　　　1番　7両、　　2番　7両、　　3番　7両、
大節　7本　7両　　　（　　49両）	4番　8両、　　5番　9両、　　6番　10両、
（合計）406本　（合計786両2歩）	7番　13両、　　8番　20両、　　9番　45両、
《総計》　当たり籤　426本、賞金総額　1312両3歩	10番　大乙　320両、　　（本冨合計　10本　446両）
［札代　1枚　2貫500文、11月22日・12月3日に興行］	

（1858）である。その後の「午」年は明治3年（1870）であり、新政府の方針で富講は廃止されているので、このチラシは安政5年のものと判断すべきであろう。ところで、このときの富札1枚は2貫500文と記されている。筆者（蓑田）は別稿で安政4年の富札が1枚＝1貫600文、安政7年（1860＝万延元）のものが2貫文と推定したが（註6）、安政5年が2貫500文であるとすると、別稿の推定は常識的には誤りだったことになる。万一の事としては、この小国では新政府の富講禁止の後も富興行を続けていたと仮定した場合は、このチラシの「午」年は明治3年のものという可能性もあるが、その可能性は少ないと思われる。しかし別稿の推定が誤りであったという

ことも考えにくいので、この点の疑問は後の課題としておきたい。

　この「午年」の富札が何枚販売されたかは記されていない。嘉永元年の場合と同じく１万5500枚と仮定して考えてみよう。富札が完売されたとしたら１万5500×2500文＝38750貫文となる。これを前と同様に１両＝銭4000文で計算してみると9687.5両となり、賞金総額の1312両3歩と比べた場合、富講の利益は莫大な額になり疑問が残る。１万5500枚の場合、当り札の割合は36.4枚に１枚と計算される。

４．小国富講の残存富札について

　小国富の廃棄された富札がたくさんあることは別稿に述べた通りである(註7)。ここでは別稿と重なる部分も多くなるが、廃棄された富札を中心に述べてみたい。

　熊本市の西口氏所蔵の近世史料の中に当時の富札が約300枚あり、そのうち小国富のものが139枚、久住富のものが131枚ある。〔図２〕の富札はタテ16.8cm、ヨコ11.8cmで、「御免富 札代百七拾五文受取」「戌二月六日」とあり、朱色の印で「大福組」と押されている。左下の長方形の印には「肥後 小国 宮原 富会所」とある。札の番号だけが１枚ずつ筆書きされていて、他はすべて印刷か印判である。札番号は「八百八十七」と書かれており、札番号の下方に丸い印が二つ押してあるが、その上に「富元」という字が見えるので二つの印は富元のものであろう。中央付近の「百七拾五文」の字のある所に長方形の印があるが、これは裏に押されているもので「根元 肥後 宮原 高野」の字が見える。以上のことか

〔図２〕175文の小国富札　　〔図３〕２貫文の小国富札

〔表３〕１枚の値段別で分類した小国富札　139枚

175文の札…10枚、	200文の札…7枚、	210文の札…9枚、
300文の札…5枚、	350文の札…16枚、	400文の札…37枚、
450文の札…5枚、	500文の札…10枚、	750文の札…7枚、
800文の札…12枚、	１貫600文の札…8枚、	２貫文の札…13枚

ら小国の富講は、熊本の富元が主催し、小国の商人が「根元」になって興行されたと推定される。図の右下に字らしいものが見えるが、これは裏に書かれた文字が透けて見えているもので「いくら 源七様」と記されている。「いくら」というのは、隈府町の東北部、現在の菊池市重味の一部の、江戸時代の伊倉村のことで、伊倉村の源七がこの富札を購入したときに記された文字であろう。同様なことが残存の富札には多く見られることから、小国富の富札が菊池地方でも販売されていたであろうことが推測されるのである(註8)。

　〔図３〕の富札はタテ16.7cm、ヨコ11.8cmで、大きさは図２の富札と同じである。印刷または押印されている文字も〔図２〕とほぼ同じである。左下の長方形の印は図２とよく似ているように見えるが「小国 宮原」でなく「小国 宮原町」となっている。札代は約11倍の２貫文になっている。「富元」の丸印は二つだったのが一つになっている。札番号は「三百弐十九」と記されている。中央部に楕円形の印で「半入」という字が押されているが、その意味は不明である。右下に図２と同様に裏に記された文字が反転して透けて見える。ここには「紙すキ 利平様」と記されており、この富札の購入者が紙漉職人の利平だったことが分かる。またこの富札の表面から透けて見えてはいないが、図２と同様に裏の中央部付近には長方形の印が押されていて「根元 肥後 宮原 原田 大塚」と押印されており、小国宮原町の原田・大塚の二人が「根元」役であったことがわかる。

　ここでは〔図２〕と〔図３〕の２枚だけを紹介したが、先述のように小国富の富札は139枚残っており、それを札代ごとに一覧表にしたのが〔表３〕である。各札の枚数は、偶然に残ったと考えられるので検討の必要はないであろう。問題は値段である。12種類の値段の富札があるのは、常識的に考えて、年代が下がるにつれて富札１枚の値段が高くなったからと考えられる。当選賞金の金額もそれにつれて高額になっていったと思われる。そのように考えると、先に述べたことであるが、最高額の２貫文の富札は富興行の最末期のものということになり、「申年十一月七日」とあることから、安政７年（1860＝万延元）のものと推測されるのである。このようなことから推定すると、〔表３〕の175文の富札のうち「申」年のものは文政７年（1824）、450文の「申」年のものは天保７年（1836）、750文の「申」年のものは嘉永元年（1848）のものと推定される。

5．小国富講のエピソード

　『小国郷史』には次のような記事が見られる。「城尾村市郎右エ門（文久二年死）は両神社富と久住宮富で、四回大乙に当籤したので、宮原福阪橋、脇戸谷えの橋を架け、郷内の寺院神社にも寄進した。後又杉田の檜皮田原の市原往還が凹道で水はけ悪く通行困難だったので石畳にした。其跡は今も幾分残っている。又宮原の湊屋橋本純左エ門も大乙に当り、横町坂の石畳や下町構口から松田えの道を石畳にした。又上町井川端（欅の下から泉の湧く処）の石土手も自費で作っている。両人とも公共の為に尽した奇特な人である」(註9)。市郎右衛門の住んだ城尾村は小国宮原町の南西部、現在の南小国町にある。

　この話が、現在小国町の「町おこし」の材料の一つとされている。城尾村市郎右衛門と宮原の橋本純右衛門とが信仰したり、参拝したりしたという3ヵ所、筑後川の支流（志賀瀬川）沿いに湧きでる「けやき水源」の水神、小国郷の中心的な神社である両神社（旧県社）、湊屋の裏にある「鏡ヶ池」の恵比寿様、にお参りすると御利益があるという。3ヵ所のうち水神にお参りを続けた小国町の会社員が100万円以上当ったという話があり、小国町の商工会では"ご利益スポット"をたどる「富くじの道」を整備して町おこしにつなげる試みを始めたという (註10)。インターネットにも小国町商工会による「小国郷の富くじと神々」というページがあり、鏡ヶ池の恵比寿様に御参りして、年末ジャンボで500万円当ったという女性の話などが掲載されている。

　城尾村の市郎右衛門や宮原町の橋本純左衛門のように、富講の賞金を「公共のために」使用した事例は時々見られたようで、藩政史料にも次のような事例が記されている。正院手永内村（現熊本市植木町）の庄屋茂七は、年貢納入に支障をきたしている者など村内の困窮者を助ける資金を得ようと富札を購入したところ、幸運にも「大乙」に当ったという。その賞金1貫500目余を「難渋者」に配分したことを賞され、文化3年（1806）7月「苗字御免、御惣庄屋直触」の身分となった (註11)。これはどこの富講かは記されていないが、常識的に考えれば植木町の富講であろう。1貫500目余というのは1匁=70文の「匁銭」であろうから、1500×70文=銭1085貫文であり、仮に「1両=銀60匁=4000文」で計算すると26両余となる。

　この庄屋茂七の賞美の際に参考にされたのが寛政7年（1795）3月の事例である。正院手永加茂村（現熊本市植木町豊田）の庄屋で「苗字御免御惣庄屋直触」の津野田作左衛門と、同村の頭百姓武右衛門の二人が共同して富講の賞金50文銭8貫目（70文銭で5貫700目）全額を、同村の困窮者に配当したことにより、作左衛門は「刀御免、郡代直触」となり「作紋上下一具」を与えられ、武右衛門は「苗字御免、郡代直触」となった。これが文化3年の茂七の賞美の前例とされたのである (註12)。

6．おわりに

　以上、山間部にある藩境の町＝小国町の富講を見てきた。このような小さな町でも時期によっては1年に12回、毎月1回富講が興行されていたし、豊後国の熊本藩領＝久住町では月に3回の富講が興行されていた。富興行が盛んになると「札売」などの人々も他所から入りこんで町が活気づいたという。賞金額も安政5年（1858）と推定される小国富講では「大乙」（1等）の賞金では320両という大金になっていた。富札1枚の値段も2貫500文という高額の富講が行われるような社会になっていたのである。筆者は別稿で、天保13年（1842）ころの熊本藩の農村の実質的な貢租負担率は23%程であり、かなり多くの農民の所得には「余分」があり、農村部でも寺小屋数が増大し、藩への献金＝「寸志」によって庶民には認められていなかった特権を認められたり、「在御家人」とよばれる武士身分を得たりする人が多く見られるようになったことなどを指摘したが、本稿に述べた富講の盛行も、そのような農村経済の発展を背景とする社会現象といえよう。　　　　　　（未完）

　(註1) 禿迷盧『小国郷史』（小国町、昭和35年）361頁
　(註2)『熊本藩年表稿』（細川藩政史研究会、1974年）277頁
　(註3) 熊本市十禅寺町の「古閑家文書」追269-8、追270-4（熊本市歴史文書資料室蔵の複製本による）
　(註4) 拙稿「肥後の富講」（熊本歴史学研究会『熊歴研 史叢』第4・5号合併号、2000年）
　(註5) 永青文庫の「町在」安政元年（熊本県立図書館所蔵の「永青文庫」複製本1763）
　(註6)～(註8) 註4の拙稿　　　　　　　　　　　　　　(註9) 註1の書 361頁
　(註10)「熊本日日新聞」2003年12月20日夕刊
　(註11)(註12)「町在」文化3年（熊本県立図書館の複製本「永青文庫」1225）

≪※「小国宮原町の富講」は終りですが、「肥後の富講―熊本藩の宝くじ―」は続く予定≫

八代古文書の会 会報 No.39

2013年5月25日 八代古文書の会 発行
〒866-0081　八代市植柳上746-5　蓑田勝彦方

> 前回まで4回続けて「肥後の富講」をとり上げました。まだ述べるべきことが多く残っていますが、別の機会にしたいと思います。今回は会報 No.33・No.34 に続いて「松井氏の干拓新田」の3回目です。1回目・2回目は、松井氏の干拓新田の中で最も問題の多かった敷河内新地について述べました。今回は蓑田の大学卒業時の"卒論"で取り扱った他の新地＝「松崎新地」「高子原新地」「植柳沖築添新地」「高島新地」の部分を収録しました。この外に"卒論"の内容で残されているのは、干拓新田の築造権の問題、干拓地造成のための資金の問題、干拓地造成時の労働力や「移百姓」の問題などがあります。これらのことについては次号に収録したいと思います。

「八代の殿様」松井氏の干拓新田―その3―

蓑田　勝彦

　「八代の殿様」であった松井氏は、球磨川河口周辺に数多くの干拓新田を造成した。そのうち最も問題の大きかった「敷河内新地」については本会報 No.33 と No.34 とに述べた。今回は松井氏が造成したその他の新地のうち、ある程度状況が分かる新地について述べたい。これは前回と同じく筆者（蓑田）の大学卒業論文を掲載するものであり、誤りや不十分な点もあると思われるが、そのまま紹介したい。

（一）　松崎新地

　松崎新地は松井氏が八代に入城してまもなく、明暦元（一六五五）年と翌二年の二度にわたって築造された。面積は約三十五町である。「先例略記―御開之部―」（註1）によれば

　　一佐渡守興長公、八代入城以後　海辺山中所々御巡見被成、松江村・海士江村の海辺を御開新地ニ可被成段　御見立被成、光尚様え被仰上、明暦元乙未十一月廿二日ニ始り、松江村千余間の塘を同廿五日ニ築終、翌日海士江村五百余間の塘築懸り、同廿七日ニ成就仕候、前後纔六七日ニ功を終申候、比節惣奉行山本源五左衛門勝守、普請奉行下津半助一明、橋本角右衛門定勝申談、百姓の隙々ニ竹木俵等如山集置、用意調候上ニて、右の通御普請不日ニ成就仕候、興長公日々御見分被遊、粮米酒肴を被下候事、成就の上即刻江戸え被仰上候処ニ、綱利公殊外御満悦被遊候由

　　一当春（明暦二年）より興長公御知行所の内、村々一家ニ五人三人有之、田畠作り余り候者共を撰出、去年築立申候新地ニ引移耕作仕せ候処、風雨旱天の障も無御座、田畠随分宜敷出来ニ付、今年古閑村の海辺六百三拾余間を、十一月廿二日より同廿六日迄ニ塘筋成就仕候、去年より築立申候塘三ヶ所合て弐千余間、其田畠大分の儀故一村となし、松崎村と名付申候、上松熊の内松崎と申所の百姓多く移来候故、松崎村と申候

とある。惣奉行となった山本源五左衛門は松井氏の家臣団のうちでも、松井采女の千百石に次いで、松井角左衛門・松井七郎左衛門とともに七百石を給せられ、代々松井家の「家司」（松井家の家老）をつとめる最高の家柄であり、下津半助・橋本角右衛門はそれぞれ五百五拾石、百弐拾石を与えられた「普請奉行」であった（註2）。この様に松井氏の家臣のうちでも大身者が総指揮をとり、「百姓の隙々」に資材を集めさせ、わずか七日間で千五百余間の堤防を一挙に築きあげたのである。これは後に築造された新地の場合とくらべると驚異的な速さであり、この記事を疑うものもあるが、この新地の築かれたところは、その後二十年も経ない延宝元（一六七三）年　その先に高子原新地が築造されており、干潟の発達が著しかったため、石垣のない簡単な潮除堤だけで海水の入る心配のない新地ができたのであろう。この新地の土地条件のよかったことは、明暦元年築造の翌年に早くも「田畠随分宜敷出来」したとあることからもわかる。新地への移百姓は松井氏知行所の村々から「一家ニ五人三人有之、田畠作り余り候者共」つまり高持百姓ではなく、その二三男などを引移して一村をたてている。ここに移住した者のうち最も多かったのが上松求麻村の松崎であり、それにちなんだ村名が附せられたのであるが、この松求麻村は山村で耕地の少なかったせいか、特にこの「田畠を作り余り候者」が多かったらしく、他の新地へも度々百姓たちが移っている。この新地の工事労働力には「八代懇田の記」（註3）によれば、松井氏の知行所の農民だけでなく、八代郡の三手永の百姓たちを総動員している。なおこの新地の田畑割合

は明和三（一七六六）年の地引合（検地）では次の様になっている(註4)。

　一田畝数三拾壱町四畝拾五歩　　出高床共ニ
　一畑畝数三町弐反六畝　　但出高分四反五畝九歩　田畝数ニ加り申候
　一田畝数壱反八畝拾五歩　　仲井善右衛門殿手開

(二)高子原新地

　高子原新地は松崎村新地が築かれてから約二十年後、その前面に延宝元（一六七三）年築造されたもので、面積は約百弐拾五町である。「先例略記」によれば

　　高子原御開、直之公御代延宝元年癸丑二月より同十二月迄ニ成就、同六年戊午八月五日大風洪水、此節破損数年ニして過半成就、此開ハ先年雷火ニて八代御殿主ニ有之候御武具　不残焼失仕候故、為修覆御願、其通ニ被仰付候
　　　　比時御家司　山本源五左衛門、　　御奉行　後藤小左衛門、　　知行奉行　坂井半右衛門
　　　　延宝二年石垣成就、同五年三月向後修覆御郡奉行支配ニ相定候

つまりこの新地は、雷火によって焼失した八代城の軍備力を回復するために築造されたものであり、次に述べる敷河内新地が八代の文武稽古所の維持のために築かれたのと同様、特殊目的をもって築造されている。なおこの時も先の松崎新地の場合と同じく、山本源五左衛門が責任者となってその築造にあたったのである。又安永二（一七七三）年には次のような願が松井氏から藩庁に出されており、それによってこの新地の築造過程をさらにくわしく知ることができる(註5)。

　　　　覚
　　八代御城の儀は、真源院様（三代藩主光尚）思召の旨被成御座、正保三（一六四六）年佐渡興長え被遊御預候、依之相応の人馬をも蓋置不申候ては難相成筋御座候処、筑後直之代ニ至り、勝手向甚夕差支、年々取続方及難儀候付、為後年高嶋海辺ニて新地築立の儀奉願候処、願の通被成御免、延宝元年より右新塘築、一旦築留メニ相成、高子原村仕立申候、右築方の節は、八代御郡奉行衆も被罷出、三手永よりも出夫仕、御惣庄屋など出方有之、夫方才判等有之、成就の上ハ無程御郡方よりの御普請ニ相成申候、然処同六年八月大風の節、右の新塘筋不残及破損候付て、猶又新塘築方の儀、難及手仕合ニ御座候処、右の様子妙応院様（四代藩主綱利）被聞召上、思召の旨を以右新塘御郡方より御築立被下旨、御郡奉行松野左次兵衛殿、牧五助殿ニ其節の御家老中様より被仰聞、御郡方より諸積等有之、達の上築方の夫数ニ飯米をも被渡下由ニ御座候処を、在百姓共の内より、比節の儀ニ付銘々寄合築ニ被仰付被下候様、御郡奉行衆迄再三相願候処、尤の様子ニて、願の通寄合築ニ被仰付候、尤諸事の儀は、御郡奉行衆并高田御惣庄屋など一式引受候て御才判有之、同年十一月より新塘築懸り相成、尤石井樋・板井樋ハ御郡方より被仰付、塘築立の上ハ直ニ御郡方より御普請有之、根石をも打方ニ相成、翌年三月右の開跡御郡方より地割をも有之、一紙目録を以御引渡ニ相成、則只今高子原潮塘筋ニて御座候、右開所の内ニ其以前松崎村新地築立候節の塘筋少々相残居候得共、其以後追々塘根迄開畑地ニ相成候所も有之、開跡惣畝数ニ加り居候、自然右の内塘筋此節御郡方より御普請有之御様子ニも可有御座哉、右の内塘は御本田旧田の塘筋ニて無之、且高子原村庄屋共屋敷床ニも懸り、又は右塘外田地養水懸りの際も可有之歟迄奉存候、勿論下方をも委敷御吟味可有御座候得共、差寄人夫諸品の御出方、或ハ地方の費ニも相成可申哉、殊ニ高子原村潮塘筋、年々差たる損所茂無之、全堅固ニ有之、尤去秋の通の破損は一統非常の事御座候、其上右の通自余の開所と違、各別思召の旨を以、被為拝領置候御訳も有之事ニ御座候得は、以是迄の通、後年迄御郡方御普請ニ被指置被下候様ニ有御座度奉存候、以上
　　　　（安永二年）四月

八代城の天守閣が雷火で焼失したのは寛文十二年（一六七二）二月であり、翌延宝元年の春に天守閣は早くも再建された(註6)。そこで武器などを補充し、八代城を預る者として「相応の人馬」を備え置く費用を得るためにこの新地が築造されたのである。このため、この高子原新地は松井氏の開でありながら、その築造に際して多大な藩の援助がなされている。

　最初延宝元年二月に工事に着手し、同十一月に潮留めが行われた。このときは八代郡の三手永からの出夫があり、惣庄屋が直接人夫の指揮をとるなど、松井氏方の人夫だけでなく、藩の方からも労働力が出されている。そして翌二年に新地塘の石垣工事もなされたが、延宝六年八月の台風で塘防は完全に破壊されてしまった。この時も松井氏の手におえず、その修覆は全く藩に任せられた。しかし農民たちの願により塘は「百姓寄合築」となり、石井樋・板井樋などの巨

額な費用を要する排水施設だけが郡方の普請によって再建されている。そして翌延宝七年三月に地割等が済んだ上で、この新地は松井氏に引渡されたのである。その後宝暦六年（一七五六）四月・五月、安永元年（一七七二）などにもこの塘が破損しており(註7)、高子原村はこれら度々の破損により、だんだん衰微していったらしく、後に松井氏によって築造された新地へ移っていった無高者も多い。それはともかく、これら度々の破損の時の修覆は依然として藩の普請によっていた。排水施設である井樋の修覆についても「井樋は国中にて作事料年々五六十貫目在中割符にて出すなり、御一門・御家老開所の井樋は公よりの作事は不被仰付候事、宝暦二年に極る」(註8)とある様に、宝暦二年までは藩の普請によっていたが、このころから塘の修覆とともに藩の工事によらないという方針をとる様になっていた。それに対して松井氏は、この新地が八代城の軍備充実のため、藩主の特別の思召で築造されたという当時の事情を説明し、「自余の開所と違」う新地であるからというので、これまで通り普請は藩の受持にしてくれる様にと、特別扱いの延長を願い出ているのである。

さて築造された新地には松崎新地の場合と同様に郡内各所からの農民を入植させて、直ちに一村を「仕立」ている。内村氏の論文によればそれらの農民に対しては「衣食住農具馬代等」が松井氏から支給されたというから(註9)、移住農民は大変な優遇をされたわけである。天明元（一七八一）年の記録によると「右高子原村開百姓と申ハ仕立百姓ニて有之候哉」という藩からの質問に対して、松井氏は「高子原村の儀ハ已前開発仕候砌、催寄の知行所より兄弟別等仕候者共を引移申候」と答えて、「開百姓」ではなくて「仕立百姓」であることを肯定している(註10)。つまり新地への移住に際して、土地だけでなく衣食住など新たに百姓として出発に必要な物資を支給されたものを「仕立百姓」と呼んだのである。これは松崎新地の場合も同様であり(註11)、松井氏の初期の新地においては、移百姓はほとんど仕立百姓であったと思われる。なお明和三（一七六六）年十月の地引合によれば高子原村の畝数は次の如くなっている(註12)。

　　古帳前百弐拾四町七反六畝拾五歩
　　一田百四拾四町六反五畝弐拾七歩　　今度相改申候帳面一紙前
　　　　差引拾九町八反九畝拾弐歩　　但畑塩浜共水操ニ相成居申候分、今度田方ニ加り、比通増方ニ相成申候
　　同弐拾五町七反六畝拾五歩
　　一畑九町五反四畝弐拾四分　　　　右同断
　　　　差引拾六町壱反八畝弐拾壱歩減　　但水操田ニ相成居申候分、今度田方ニ加り比通減方ニ相成申候
　　同六町三反拾八歩
　　一塩浜弐町五反九畝弐拾七歩　　　右同断
　　　　差引三町七反弐拾壱歩減　　　但右同断
　　惣田畑塩浜畝数合百五拾六町八反拾八歩

　　　（「三」は 敷河内新地……会報33・34号に収録）

（四）　植柳沖築添新地

この新地は文化二（一八〇五）年、先の敷河内新地の前面に築造されたもので、面積は約八拾町である。内村氏によれば

　　築添新田
　　　　文化元年築立、八十四町三反二十七歩、築造主は松井徴之代で、農家は松高村より移住させ、三ヶ年作り取りて
　　　四ヶ年目より地味に応じて徳米を徴集す。この築立には杉山又左衛門功労ありしと見えて一名杉山新地の称あり。

とある(註26)。この新地の築造過程を直接示す史料は見当らないが、完成後十二年を経た文化十四年に、無断で新地に移り住んでいた百姓たちが、郡方役人から咎められて出した移百姓の願があり、それによってある程度知ることができる。今その一例をあげると(註27)、

　　　　　　奉願覚
　　私共儀、兄弟一所ニ居申候処、家内数多ニ相成、村方ニて請持の地方ニては作足不申、作子奉公又は日雇稼等ニて
　　渡世仕居申候、且万之允儀は受持の地方等も無之、諸方を懸日雇稼等ニて渡世仕居候処、去ル文化元年より植柳村
　　沖御築添御新地御築立ニ付て、同十二月より何れも日雇稼ニ罷出、何卒御新地奉願、御百姓ニ成立度存念ニて、翌
　　年三月右御新地被渡下候様ニと奉願候処、願の通被渡下、直ニ其侭夫小屋え相滞　作廻仕見申候処、右御新地の儀

は潮時々々押上水ニて、彼所え罷越居不申候ては余計の作方水引等届兼申候付、右の小屋え相滞居申候処、其後小屋も及破損申候付、古竹木を以作小屋取建 作廻仕居申候、自分壱人宛ニては作廻届兼、家内召連罷越居申候て、追々地味宜相成候ハヽ居住奉願度、是迄何方えも不奉願押移候次第、此節御郡方より御吟味ニ至、兎角と難申上奉恐入候、依之右御新地内え作小屋を建 居住仕候儀、有筋書付を以御達申上候様、御郡間より被仰付、則御達申上候儀御座候、私共儀 難渋者ニ御座候得共、此節本所え引取申候ても地方作足不申、家内養育も成兼奉逼入候間、恐多奉存候得共、御憐愍の筋を以、已来右御築添御新地内え居住御免被仰付被下候様、御郡方え宜御願達被成下候様、幾重ニも宜奉願候、為其書付を以申上候、以上

　　　文化十四年二月　　　先年奉願高子原村より古御新地江移百姓　惣平弟　夫平　　　右同貞右衛門弟　惣四郎

　　　　　　　　　　　　　　　　右同半右衛門兄　伝四郎　　　右同仁太郎兄　源四郎　　　右同平七兄　平次郎

　　　　　　　　　　　　　　　　同村弥四郎弟　伊三次　　　同村久助弟　小平　　　同村惣八弟　長吉

　　　　　　　　　　　　　　　　同村庄助弟　弥四郎　　　同村武兵衛弟　平作　　　同村次郎左衛門弟　庄右衛門

　　　　　　　　　　　　　　　　同村次四郎弟　七兵衛　　　同村無高者　万右衛門

右の者共申上候通 相違無御座候、尤自分一人ニては余計の作方届兼申候付、家内召連作小屋え罷越居申候、追々地味宜相成候ハヽ居住奉願□存念ニて、是迄何方えも不奉願 彼是と押移候次第、此節御郡方より御吟味ニ至、今更兎角と難申上、於私共も奉恐入候、根元地方作足不申処より彼方え罷越居候儀ニ御座候付、何卒御慈悲の筋を以、右の者共奉願候通、已来右の所え居住御免被仰付被下候様ニ、御郡方え宜御願達被下候様、於私共も奉願候、此段肩書を以申上候、以上

　　　　　　　　　　　　　　　　　　　　　植柳沖張本
　　　　　　　　　　　　　　　　　　　　　　　杉山卯作 印
　　　　　　　　　　　　　　　　　　　　　高子原村庄屋
　　　　　　　　　　　　　　　　　　　　　　　幾太

　　　高橋作太殿
　　　　山諸立蔵殿
　　　　　三宅五左衛門殿

となっている。これによると植柳沖築添新地は、文化元年に工事を始めて翌文化二年三月に完成し、直ちに百姓たちが耕作に従事していることがわかる。このような願書は移百姓の出身村別に作られており、全部で二十九人が移百姓を願い出ている。今これらの願書から知られる事項について表を作ってみると次頁のごとくなる。ここに見られるのは植柳沖築添新地に、耕作の便宜上「作小屋」を建てて移百姓を願い出た者だけであり、新地の面積七十五町八反五畝から考えれば、その他にこの新地に作小屋を建てずに付近の村々に居住して耕作に従事した者も多く、さらに後にこの地に移住した者が多数あったと思われるが、この史料に見える文化十四年ではこの二十九名が移百姓を願っている。このうち二十四名が高子原村出身者であり、全体の八割以上を占めている。内村氏の松高村（明治以後、松崎村と高子原村が合併してできた村）より移住させたというのは、このことを指しているものと思われる。この二十四名は最初高子原新地が延宝元（一六七三）年に築造された時「仕立百姓」として松井氏の知行所から移住させられた百姓たちの子孫で、このうち十四名は先に植柳村沖古御開、つまり敷河内新地へ高子原村から移住していた百姓たち、及びその兄弟である。高子原新地が築造された後、度々の破損によって高子原村が零落したことは前に述べたが、そこで生活不能になった農民の一部は敷河内新地に移ったのである。ところがこの敷河内新地も先に述べたように、地味や用排水などの地理的条件に恵まれず、堤防の修覆なども多く、以前よりも苦しい生活を送っていたのであろう。かくて高子原新地から敷河内新地に移った百姓たちのうち、ここに見られる十七名は零落して「作子奉公」や「日雇稼」などで渡世せざるを得なくなり、植柳沖築添新地が築造されるや、その新地に移ってきたのである。しかもこの新地においては、松崎新地や高子原新地の場合のように「衣食住農具馬代等」まで支給されたのではなく、各人に一町ずつの土地を与えられたのみで工事の時の人夫小屋に住み、それも破損して古竹木で作った小屋に住まなければならなかった。彼らはここに見られるように、八代郡内各所 → 敷河内新地 → 植柳沖築添新地と、新地が築造されるに従って、次から次へと新しい新地へ移り住んでいるのであるが、このような零落百姓の例は、おそらく他の新地についても見出されることであろう。

次に工事労働力について見てみると、松井氏の知行地の村々から「無高者ニて諸方を掛日雇稼等を以渡世仕居申候」

者や「家内数多ニ相成田畑作足不申」者とか「作子奉公」に出ていたような零落した農民たちがその工事労働力となっている。例にあげた願書に見られる十三名は、この植柳沖築添新地が築造される以前にも、諸奉公や日雇稼で渡世して

植柳沖築添新地（文化2=1805）への移百姓一覧　（出典…「御開御建山根帳」＝松井家文書133）

〈移百姓名〉	〈出身地〉	〈家内人数〉	〈持家〉	〈生活状態・新地への労働提供など〉
弥四郎	上日置村	3	貫屋(惣小屋)1、掘立高屋1(文化2)	無高者、諸方へ日雇稼、文化元より当新地へ日雇稼
兵右衛門	同	3	掘立家1　　　　（文化2）	上日置村 十右衛門弟、家内数多、日雇稼、文化2年11月 当新地へ日雇稼
宇作（卯作）	敷河内村	11	貫屋1(文化10建直)、掘立高屋1(文化2)、掘立小屋1(文化2)	病気などで無高者になる
藤左衛門	同	5	掘立家(惣小屋)1(文化2)、掘立高屋1(文化10)	／兄弟数多、村方は地方不足、日雇稼
庄之允	植柳村		貫屋1、掘立高屋1(文化8)	植柳村 有右衛門弟、家内数多、新地へ出百姓
小平	高子原村	9	貫屋(惣小屋)1、掘立高屋1(文化13)	高子原村 久助弟、家内数多、作子奉公、作足不申、日雇稼、文化元年12月より当新地へ日雇稼
武平(夫平)	同	8	貫屋(惣小屋)1、高屋1(文化3)	同村 惣平弟　　同上、　　同上、　　同上、
源四郎	同	5	貫屋(惣小屋)1、高屋1(文化8)、小屋1(文化10)	／同村 仁太郎兄　同上、　　同上、　　同上
伊三次	同	5	貫屋(惣小屋)1、高屋1(文化9)	同村 弥四郎弟　同上、　　同上、　　同上、
平次郎	同	9	貫屋(惣小屋)1(文化8)、掘立高屋1(文化2)、小屋1(文化10)	同村 平七兄、　　同上、　　同上、　　同上、
伝四郎	同	7	貫屋(惣小屋)1、高屋1(文化8)	同村 半右衛門兄、同上、　　同上、　　同上
庄右衛門	同	6	貫屋1(文化13)、掘立屋1(文化8)	同村 次郎右衛門弟、同上、同上、　　同上
惣四郎	同	4	掘立屋(惣小屋)1、高屋1(文化2)	同村 貞右衛門弟、同上、　　同上、　　同上
長吉	同	3	掘立屋(惣小屋)1、高屋1(文化2)	同村 惣八弟、　同上、　　同上、　　同上
平作	同	4	貫屋(惣小屋)1、高屋1(文化9)	同村 武兵衛弟、同上、　　同上、　　同上
七兵衛	同	5	貫屋(惣小屋)1、掘立高屋1、掘立小屋1(文化9)	／同村 次四郎弟、同上、　　同上、　　同上
弥四郎	同		貫屋(惣小屋)1、高屋1(文化9)	同村 庄助弟、　同上、　　同上、　　同上
万右衛門	同			同村 無高者、　同上、　　同上、　　同上
弥作	同	7		同上、　　同上、　　同上
万之允	同	2	掘立屋(日雇小屋取結)1、掘立高屋1(文化2)	同上、　　同上、　　同上
孫四郎	もと高子原村		貫屋1（文化13建直）	植柳沖古御開移百姓、家内数多、田畑作1町拝領
貞右衛門	同		掘立1（文化13建直）	同上、　　同上、　　同上、
卯作	同		貫屋1、仮高屋1（文化7）	同上、　　同上、　　同上、
半右衛門	同		掘立1（文化13）	同上、　　同上、　　同上、
次七(藤四郎)	同		掘立1、仮高屋（貫屋に建直）（文化13）	同上、　　同上、　　同上、
半次郎	同		掘立1（文化10）	同上、　　同上、　　同上、
平七	同		貫屋1	同上、　　同上、　　同上、
惣助	同		掘立1（文化3）	同上、　　同上、　　同上、

いたのであるが、この新地の工事が始まると文化元年の十二月からその工事の労働力に転じ、同じく日雇稼として築造に従事している。この外にも上日置村の弥四郎・兵右衛門などが新地へ日雇稼に出ており、この新地に移百姓を希望した二十九名のうち十七名がこの新地に労働力を提供している。しかしこのことは必ずしも新地の日雇稼が、他の日雇稼や諸奉公よりも有利であったことを意味するものではないであろう。彼らが望んだのは、新地の労働者として より高い賃金を得ることではなく、その工事に従事することによって完成後の新地へ優先的に移住する権利を獲得し、より安定した生活の途を見出すことであったと思われる。このように、新地の築造は貧窮した農民たちに「日雇稼」として生活

の糧を得る場を与え、また完成後その新地に移住して再起をはかる場となっていたのである。

(五) 高嶋新地

　高嶋新地は文化十三 (一八一六) 年、前述の高子原新地の沖に、松井氏によって築造された。しかしその後敷河内新地と同様に度々破損し、藩の力により文政三 (一八二〇) 年に完成され、半分は藩の所有となった。面積は約二百町である。松井氏は文化十二年に次のような計画で藩に新地築造の許可を求めている(註28)。

　　　　覚
　(前略) 高子原村海辺古開荒地を尚築立の儀、御免被仰付被下候様、去ル文化五辰年奉願置候得共、折節銀主も無御座、当時迄其侭ニて押移居候、(中略) 不係吉凶 臨時の備無御座候ては難相済儀ニ付、今度高子原村古開荒地猶築立、右の物成を以返済の取組ニして、銀辻才覚の手段を付、塘手築方開明等被申付度被奉願候、右の場所の儀は、先書ニも御達仕置候通、寛文十二年八代御天守雷火ニて、武器数多焼失仕候付、修覆為取続新開築立申度被相願、延宝元年二月より塘普請取懸り、同年十一月成就仕、毛付相成居候処、同六年八月五日強風洪水ニて破損仕候間、尚又塘手築立被申付候得共、大造の儀ニて出銀難及手、数年を経漸過半成就、当時高子原村塘筋丈出来仕、干今已前の塘株も残居候程の儀ニて、全ク先年御免相成築立候古開荒地御座候間、願の通開明の儀御免被仰付被下候様、宜敷被成御讃談可被下候、尚前文銀辻才覚并返済等の儀は、別紙書付相添御内意仕、此段自私宜御達可仕旨被申付如此御座候、以上
　　　　　　　　　　　　　　御名内
　　　　　　　　　　　　　　　　頼藤栄
　　　正月

　松井氏は先に築造した高子原新地の経過を述べ、そのとき計画を縮小して築造した新地の外側の「古開荒地」となっている所を開発したいというのである。松井氏はすでに文化五年にその開発を計画したのであるが、出資者が見当たらず築造できなかった。敷河内新地の項でみたように、松井氏はこのころになると非常な財政困難に陥っており、自己の資金のみでは到底このような大新地を築く力はなかった。今度も新しく築造される新地からの収入で出資者に返還するという計画を立てている。さらにこれと同時に出された覚書によると、

　　右造用銀の儀、於御国内才覚の手配仕候得共、大金の儀ニて出来仕兼候間、長崎会所稜銀借用の儀内々承合候処、願出候ハヽ御名支申間敷模様ニ付、今度正銀三百五拾貫目程、七ヶ年の間利払、八ヶ年目より十ヶ年ニ元利払の取組ニて出来仕候ハヽ、被致借用度被存候、尤払入の儀は、此節奉願候開地物成ニて不足分は、別紙御内達仕候山本源太左衛門所持の高田手永植柳村・古閑村ニて弐拾八町余の開所物成を以相続候筈ニ付、聊帯刀勝手操の障りニ相成候儀無御座、勿論後年ニ至、継ヶ間敷儀出来仕候共、源太左衛門所持の御赦免地弐拾八町余を以、払入の仕法を付可申覚悟ニ御座候得ハ、上の御難題ニ相成申間敷奉存候、他所才覚の儀は、先年一統御達の趣御座候付、可奉伺旨被申付如斯御座候

とあるように、肥後国内では莫大な資金を調達することはできず、長崎会所からの借銀を計画している。長崎会所というのは、江戸時代の海外貿易を独占し長崎の会計を司っていた商人たちの団体であり、いわゆる糸割符による利益は巨額なものであったろう。松井氏はこの長崎会所からの借銀を計画しているのであるが、この藩への願書では返還銀がもし今度築く新地の物成で不足する場合には、家臣の山本源太左衛門所持の御赦免開二十八町余でそれを補うから、全然家老としての松井氏の損失になることもなく、また藩の方にも迷惑をかけないことに念を入れている。すでに松井氏は敷河内新地の場合も、平野屋又兵衛に与えた二十町を抵当に藩から借金して問題を起している(註29)。「他所才覚の儀は、先年一統御達の趣御座候」とあるのは、そのような問題を起さないための達しであろうと思われ、松井氏は特に「上の御難題ニ相成申間敷」という配慮を見せなければならなかったのである。なおここに見える山本源太左衛門は、その祖父源五左衛門が、先に見たように松崎新地・高子原新地の築造に際して、松井氏の「家司」としてその責任者だったのであるが、彼もまたその沖に築造される高嶋新地の責任者となっているのである。

　さて松井氏の願を受けた藩庁は、郡横目・惣塘支配役から役人を遣し、高田手永惣庄屋の立合のもとに実地見分を行ない、面積や養水問題・井樋などについてその詳細を尋ねている。それによると新築の塘間数が千八百三十間、開発面積は百八十町、そのうち田開が三分の二、畑開が三分の一の見込であった。また「御開作廻の儀は、何村々々え作廻被仰付候御見込ニ御座候哉」との質問に対しては、

　　田畑作廻の儀ハ松崎村・高子原村兼て地方及不足、其上無高者凡百弐十人余御座候付、右両村作廻候丈相渡、残分

も有之候ハヽ松求麻村の者共の内、兼て内願仕候者も有之候付、右様の者へも相渡、其外御本方村えも願出候村方
　　　有之候ハヽ、其節の模様ニ応し相渡申筈ニ御座候
と答えている。先に敷河内新地・植柳沖築添新地へ多くの移百姓を出した高子原村は、ここでも松崎村と合わせて百二十人もの無高者がいることがあげられており、余程の零落村であったことが知られる。また「内願」を出しているという松求麻村は松崎新地への移百姓が最も多く、その村内の地名が新しい村名となったほどであり、この二村が松井氏の知行地のうちでも特に零落していたことが窺われる。

　このような調査の結果、許可はすぐにおりたらしく、同年二月には山本源太左衛門から新地工事の人夫に対する掟書が出されている。新地築造に際してどのようなことが心掛けられていたかが具体的に示されているので、ここにその全文をあげてみよう。
　　　　　　　　　　掟
　一今度御新地御開発ニ付ては、御為宜取計、怠慢有へからさる事
　一諸御法度堅く可相守事
　一拙者差図違背いたす間鋪事
　一御新地え往来の途中、行儀正しく、別て農作の妨ニ相成間鋪事
　一於御新地不作法の儀有之間鋪事　附無用の高声禁之事
　一衆心一和は速ニ功を遂るの基ニ付、互ニ相助相救、聊も無隔意万端有之事
　　　　附寛猛の二を不失、下方致心服候様ニ示方専要の事
　一存寄の筋は、聊も心底を不残、直ニ拙者え可申達候、応時宜取捨いたすへく候間、事ニ寄申達の筋不相立儀も可
　　　有之候得共、少も退屈なく、心付の筋は何ヶ度ニても可申達事
　一人数大勢の事ニ付、若其内難差置筋致出来候節は、委細の様子拙者え申達候ハヽ可及差図候、相対の取計有之間
　　　鋪事
　一拙者身分ニおひて、聊之儀たり共、心付の筋は少も無遠慮、一々可申事
　一徒党を結ひ、謀計を企て、人を誑し欺く事於有之は、屹ト被仰付筋有之候事
　一功を嫉ミ、能を悪ミ、讒訴讒言堅禁之事
　一出夫の者共、喧嘩口論禁之、若違背の者於有之は、頭取を初め其組中の越度ニ申付、惣夫方中の賃銭渡ス間鋪事
　一御用の諸品、聊たり共盗取ニおひてわ、頭取并其組中の可為越度事　但私の道具も同前の事
　一出方の御役人え対し、下方不作法の儀仕間鋪事　附賄賂ヶ間鋪儀堅く禁之事
　一主知れさる品、拾取候節は、役所え差出可受差図候、若隠し置ニおひてハ越度ニ可申付事
　一御役人詰小屋え兼て半鐘を釣置、非常の儀有之節、早メ打致させ候間、承り付次第、早速馳付受差図相働へく候、
　　　駈付候者一番より十番迄は褒美可遣事
　一夜中見締役并汐見番・井樋番の面々、汐時は不及申、厳重ニ打廻り、兼て板を渡置候付、万一塘手の申分有之節
　　　は、右の板を早メ打ニ打へく候間、承り次第塘手妨の諸道具銘々ニ持、板を打候所え馳付可相働候、且又夜廻り
　　　の節、盗賊・鳥乱躰の者見及候ハヽ、板を三ツ五ツ宛打切々々打セ候間、左右ニ手を分、速ニ搦捕候覚悟いたす
　　　へき事
　一飯場烟草休ミにわ宝螺貝を立る事
　一昼夜ともに及乱酒間鋪事
　一諸小屋々々火用心堅く念を入るへき事
　　　右の条々堅可相守事
　　　　　以上
　　　（文化十三年）二月　　　　　　　　　山本源太左衛門

この二十ヶ条の掟書は、工事に従事する人夫を対象としたものであるが、これと同時に彼らを監督する「日雇頭取中」と「出役の御役人中」へも、これとほぼ同趣旨の心得書が出されている。それらは使用の語句が改まり、条文が少なくなっているだけである。その中「日雇頭取中心得の事」には、特に「夫方の精不精は、頭取役の働ニ有之儀ニ付、其様子甲乙ニよって頭取役差替へき事」という規定が加えられており、人夫の働きはすべて頭取役の責任とされている。この掟書を見てみると、規則を守り一致協力して怠慢などのないよう、要するに新地工事場の規律ある統制を維持するた

めの条文が最も多いのは当然であるが、新地工事についての人夫たちの意見や提案を「少も遠慮なく」何度でも申し出るようにとの条文も見られる。また新地築造特有の規則としては、工事中途塘の危険な場合、全人夫を非常召集してそれを防ぐべき事が規定されている。さらにもう一つ注目すべき条文は、人夫たちが喧嘩口論した場合は「頭取を初め其組中の越度」として、その日の賃銭を渡さないと定めていることである。賃銭がどれほどであったか分からないが、工事に従事する人夫すべてに賃銭が渡されており、植柳沖築添新地の場合のごとく、多くの日雇稼の者たちに生計の途を与えたであろうことが想像される。

以上のようにして、この高嶋新地は一応文化十三年に松井氏によって築造されたのである。しかしここで別の史料を見てみると、

> 高嶋新地は、山本源太左衛門三代を経築留ニ相成候処、作地ニ成兼候ニ付、八代三手永より再興御普請仕候様被仰付、比新地は弐百六町余の内、百町上り開ニ相成、残百六町余ニ相減申候

とあり（註30）、また藩の記録に

> 文政三年
> 八代高嶋沖新開九十九丁六反余築立［御郡方］、費用七百貫目、此の新開は最初長岡山城着手の処、度々破損、其効なく本藩にて施行す［同上］

とある（註31）。これらの事から高嶋新地は、山本源太左衛門の指揮により一度完成した後、敷河内新地と同様度々破損したため、藩の直轄工事に移り、文政三（一八二〇）年八代郡の三手永によって完成されたことが知られる。天保十四年の絵図によればこの新地は、松井佐渡御赦免開百七町七畝九歩、御郡方御開九拾弐町六反壱畝拾弐歩となっている（註32）。

(1) 熊本大学図書館蔵「松井文書」のうち整理番号四八八（p.466）。「先例略記」は日記帳の類から特定事項に関する記事を書き抜いたもので、「松井文書」の中には「御開之部」以外に数冊ある。この論文に引用する先例略記はすべて「御開之部」であり、以下「先例略記」という。
(2) 森山恒雄「肥後藩統治に関する一試論－八代城番をめぐって－」（『地方史研究』四四号所収）
(3) 蓑田鶴男『松井佐渡守康之 松井佐渡守興長』（松井神社、昭和36年）七七～七八頁
(4) 前出＝註（1）の「先例略記」（p.490）
(5) 「塘筋 全」（熊本大学図書館蔵「松井文書」のうち整理番号六三六）（p.697）。これも「先例略記」と同様、日記類からの抜き書きである。以下「塘筋」という。　(6) 『拾集物語』（『肥後文献叢書』巻四のうち五三九頁）
(7) 前出＝註（5）の「塘筋」（p.675、p.677、p.687）　(8) 『官職制度考』（『肥後文献叢書』巻一、一九二頁）
(9) 内村政光「肥後八代の干拓新地研究」（『社会経済史学』四‐九所収）
(10) 「御開御建山帳」（熊本大学図書館蔵「松井文書」のうち整理番号一三三）。松井氏の開と建山に関する記事を書き抜いて集めたもの。　　(11) 前註（3）の書、七八頁　　(12) 前註（1）の「先例略記」（p.491）

【※ 註13～26は、会報No.33・No.34にあり】

(27)(28) 前註（10）の「御開御建山帳」（松井文書）。以下この高嶋新地の項では、特に断わらない限り「御開御建山帳」による。
(29) 「上江差上置候敷河内百町御願一件」（「松井文書」二九五）
(30) 「七百町新地之儀付御内意之覚」（八代郡鏡町、鹿子木氏所蔵）
(31) 生田宏『肥後近世史年表』（日本談義社、一九五八年）一四二頁
(32) 「天保十四年九月三日強風高潮の節 海辺塘切絵図」（「北岡文庫」八‐四‐三一二）

　※註（1）（4）（12）の「先例略記 御開之部」と、註（5）（7）の「塘筋」は、のちに八代市教育委員会から出版の八代古文書の会編『八代市史 近世史料編 Ⅴ』松井家文書「先例略記 一」（平成8年）に収録された。各註の最後の（ ）の中に（p.466）などとあるのは同書（『近世史料編 Ⅴ』）の頁である。なお註（32）の「北岡文庫」は現在 熊本大学附属図書館に寄託の「永青文庫」の古文書のことである。

（未完）

八代古文書の会 会報 No.40

2013年6月10日 八代古文書の会 発行
〒866-0081 八代市植柳上746-5 蓑田勝彦方

前回（No.39）に続いて「松井氏の干拓新田」の4回目で、今までと同じく大学の卒業論文からの掲載です。八代海の干拓新田のうち、鹿子木量平によって開発された百町新地・四百町新地・七百町新地など（現在の八代市鏡町地区）については多くの人によって研究されていてよく知られていますが、球磨川河口周辺に松井氏によって開発された新地について詳しいことはほとんど知られていません。ここに掲載した文が、鹿子木量平の開発した新地と同様に、多くの人々に理解が広がることを願いたいと思います。

「八代の殿様」松井氏の干拓新田―その4―

蓑田　勝彦

　前回まで（No.33、No.34、No.39）は松井氏の干拓新田開発について、具体的な状況をみてきた。今回はそれらをふまえて、熊本藩の干拓新田開発について全体的な観点から問題点をしぼって述べてみたい。前回までと同じく筆者の大学の卒業論文から、最後付近の部分を以下に紹介する。卒業論文のうち、それまでの全国的な新田研究について概観した部分はすべて省略しているので、それを踏まえて書いた部分は理解しにくいところがあるが、その点御容赦くださるようお願いしたい。

第二節　整理と問題点

　以上、松井氏による新地のうち、比較的多く史料の得られたものについて、それらの史料に基づきながら、個々の新地の具体相を明らかにするとともに、その問題点についても述べてきたのであるが、以下これら松井氏による新地について整理し、他の新地とも比較しながら、肥後藩の新地一般についても触れてみたいと思う。
　第一章においては、延宝八年（一六八〇）の藩士の地方知行廃止令をきっかけとして、肥後藩の本田と新田との区別が生じ、肥後藩の新田即ち新地が、本田即ち本方と区別して取扱われていたこと、及び現在までの肥後藩の新田研究が干拓新田に限られており、それが官築新地、御内家開、士族開、郷備開の四種に分類されていることなどを述べてきたのであるが、ここではいくつかの問題点について項目別に述べることにする。

（一）新地築造権について

　本論文は渋谷氏の分類による「士族開」の一つとしての、松井氏による干拓新田を取扱ってきた。先に述べたように渋谷氏によれば、肥後の干拓新田は(1)官築新地、(2)御内家開（御側開）、(3)士族開、(4)永開（郷備開）の四つに分類され、この士族開は「細川家の一門及び三家老の築造」になるもので(註33)、しかもそれらに限られ「別に一般藩士に許されたわけではない」という(註34)。たしかに実際に開かれた海面干拓の新地をみても藩営や手永によるものの外には、一門・三家老によるものが大部分である。また

　　細川氏肥後入国以来、海面干潟ヲ埋メ立ツルコトハ妄リニ許サレズ、必ズ御一門・三家老ノ三氏等及郡郷ノ団体所
　　謂手永ニ限リ許サルル規則ニシテ、ソノ埋メ立ツル地所ハ永年地税ヲ免除セラレ、築造主ハ　永世所得スル慣行ナ
　　リキ

ともあり(註35)、干拓新地の築造権が藩士においては三家老のみに与えられていたことを裏書きしている。そして今までの論文はすべてこの四種類の分類を採用し、またはそれに基づいている(註36)。しかしこれらは訂正の要があると思う。このいわゆる「士族開」という名称は明治以後において使用されたものであり、肥後藩時代には、その新地の貢租を藩へ上納することを免除されていた（赦免された）開地という意味から「御赦免開」と称されていたのである。つまり海面干拓に限らず、山野を開墾した「野開」も御赦免開であった。
　ところで御赦免開について「田賦考」によると

　　御赦免開とは、御侍中又は一領壱疋、地士之類、御家中譜代之家来開明たる地方也。いづ方も畝広なり。然共拾割
　　已上之延畝は難成よし。この御赦免開、昔は（右之面々より）願出候得ば御免に成しかども、今は御一門衆、御三
　　家老中之外御免無由

とあり(註37)、また寛文十（一六七〇）年の法令には

一新開の事、御知行取開申分は、従前々開取に被仰付、於干今右の分に沙汰仕候事
　　一御中小姓開も、御知行取同前に被仰付候事
　　一御切米取開は、田畠共に御年貢上納被仰付候事
　　一御惣庄屋開の儀、高の定申分は御百姓並に御年貢上納仕候、高無御座歆物の分は、田畠共に御年貢を出し不申、
　　　作取に被仰付候へども、近年は御百姓同前に、御年貢上納被仰付候事
　　一寺社方開も、御百姓並に御年貢上納被仰付候事
　　一又内々知行取、同中小姓開の儀、御知行取、御中小姓同様に被仰付候事
　　一一領壱定の御奉公望申者の儀、其仁柄御郡奉行吟味仕、書付を差上申候、其趣御家老中へ相達、望のごとく被仰
　　　付候者には、田畠共に開取に可仕旨、従前々被仰出、今以其分に御座候事
　　一地侍の儀、右同前にて御座候事
　　　（中略）
　　一御百姓新開仕候儀、其所に随、手間懸候所は、御郡奉行吟味仕、奉行所へ相達、弐年、三年にても、手間懸様の
　　　様子により、御年貢御赦免被成、其翌年より御年貢上納仕候事

とあり(註38)、初期においては三家老に限らず、知行を取るほどの武士にはすべて御赦免開が許されており、その他御中小姓や一領一定、地侍などの郷士層までが「開取」つまり御赦免開をする権利を有していた。その外にも切米取、惣庄屋、寺社なども開発する権利を与えられていたが、百姓新開と同様にこれらは年貢上納をしなければならなかった。

　このように寛文年間には一般武士にも御赦免開が許されていたのであるが、少なくとも「田賦考」の著わされた文化年間以前に、それが制限され「御一門・御三家老中之外御免無由」となったのである。それが何時頃であったか、今のところはっきりしたことはわからないが、肥後藩においては享保十七（一七三二）年、元文二（一七三七）年の二度にわたって新地開発の禁令が出されている(註39)。この禁令以後の新地の開発者がどう変化したか、個々の新地について調べてみないとわからないが、これらの禁止令の後に新地築造を許可されたのが、一門と三家老、それに手永の三者ではなかったろうかと考えられる。これについて松井文書の例を見てみると、明和六（一七六九）年六月、弓削一角という武士が松井氏の際目地（開発予定地）であった八代郡海士江村の海辺の開発を計画し、松井氏に対してその際目地を譲ってくれるように頼んでいるが、松井氏はそれに対して自分としては何ら差支えはないと返答したので、弓削一角は早速「家来之者差越、境杭をも建せ」て開発にとりかかったのであるが、これはその後の藩庁の「吟味」で不許可となっている。即ち藩から一角への手紙によると、

　　海士江村の儀、宝暦九年帯刀殿より依願被為拝領候得共、所柄得斗無之被押移候、畢竟帯刀殿えハ、前廉右の所際
　　目も被建置、其上願の趣各別の訳ニて被為拝領候、一統新地開発ハ御制禁の事ニ付、此節右の所貴様よりの御願ニ
　　てハ相叶不申筋御座候付、左様ニ御心得可被成候

というのである(註40)。「一統新地開発ハ御制禁の事」とあるが、松井氏は「各別の訳」でそれが許可されたのであり、またこの前年には敷河内新地の築造にとりかかっており、明和七年にはそれが完成しているのである。松井氏は明らかにこの禁令の対象とはなっておらず、弓削一角ら一般の武士と違って新地の開発権が依然として認められていたのである。この一例だけで断定することはできないが、弓削一角がこの干拓を計画したということは、この明和六年近くまでは一般武士にも干拓新地の築造権があったことを意味しており、それが享保或いは元文ごろに禁止され、それ以後は藩庁以外には、一門・三家老・手永だけに許可されるようになったのではないかと思われるのである。

　またこの外にも天保十四（一八四二）年の絵図(註41)を見てみると、この「官築新地」「御側開」「士族開」「手永開」の四分類に入らないと思われる新地が多くある。それらをあげてみると、八代郡植柳村附近の「鹿子木弥左衛門御赦免開」「小田藤右衛門御赦免開」などは、芦北郡の「高田宮右衛門上り開」「徳富善次郎御赦免開」などと同様惣庄屋らの開地とみられるものであるし、同じく芦北郡の「浜村町自勘開」「海浦村自勘開」「小津奈木村歆物自勘開」などの村の「自勘開」(註42)、「北田浦村御赦免開」「白岩村御赦免開」「杉谷村御赦免開」などの村の「御赦免開」の類、それに「海浦村村備開」というのもある。これらはその一つ一つの新地について、どの様なものであったか、その具体相を明らかにした上でなければはっきりしたことは言えないが、少なくとも名称の上では先の四分類に入るものとは考えられない。村の「自勘開」や「御赦免開」、それに「村備開」などという名称からみると、手永に限らず、一つの村自体が新地築造権を持っていたと思われるのである。

　以上述べたところによって、干拓新地の築造が、武士においては細川一門と三家老だけに許されていたという説が必ずしも正しいのではなく、それがある時期以後のことであり、また従って従来行われていた肥後藩の干拓新地の分類も、村の開発権が考えられることなどとともに、決して完全なものではなく、今後検討さるべき大きな問題点があることを指摘したつもりである。これについてはそれら個々の新地についてその具体相を明らかにした上で改めて考察したいと思う。

(二)資金からみた松井氏の新地

　新地開発に最大の問題となるのはその築造資金である。新地築造には莫大な工事費を要することは言うまでもないことであるが、松井氏はその資金をどのようにして調達していたのであろうか。

　敷河内新地の場合をみてみると、後には平野屋又兵衛・尼崎屋平兵衛などの大坂商人から借銀しており、平野屋からの借銀だけでも四百六十貫以上であり、その築造費がいかに大きかったかがわかる。この敷河内新地もその築造にあたっては「代々貯置申候櫓銀を元立ニ被致、八代郡敷河内村海辺新開築立」とあるように、自己資金に基づいて築造に着手しているのである。それ以前の新地においては、松崎新地、高子原新地がその具体相が比較的よく判明するのであるが、資金についてはよくわからない。しかしこれら藩政初期の新地においては、工事労働力も「百姓の隙々ニ竹木俵等如山集置」とあるように、農民からの夫役も容易に徴され賃銭を支払うこともなかったろうと考えられ、高子原新地の場合には藩の強力な援助もあったし、移住した農民たちを「仕立百姓ニ付、家居・農具・馬代・粮物等従来振替」と優遇する余裕もあった。このようにだいたい敷河内新地の築造されるころまでは、自己資金のみ或いはそれを中心にしていたと思われる。そして敷河内新地でつまづいた後は、古閑村海辺新地の計画でも大坂商人に借銀を頼んでいるし、高島新地の場合は長崎会所から借銀するという具合に、松井氏は新地の築造資金を専ら他に頼るようになってきている。

　ところが後期の新地になると、それら大坂商人たちからの借銀もならず、肥後国内の在地の小資本の寄せ集めまたは百姓の寄合で新地の築造を行なっている。すでに文化十三（一八一六）年の高嶋新地において

　　　旧藩え地所ノ内百町指出、借金ヲ以漸潮留成業、右百町嘉永度ニ返金皆済、元ニ復申候、其他才覚金、地所譲且徳
　　　米ヲ以返入仕候

と出資者に土地を譲渡しているのが見られるが(註43)、天保以降の築造に際しては付近の農民の寄合、或いは手永との共同などで築造されるのがほとんどであり、松井氏はそれらの築造に際してただその名義だけを貸しており、実際の工事はそれらの農民や手永にまかされていたようである。天保六（一八三五）年より八年まで築立の「植柳沖高下差槌鴉須新地」の例を見てみると

　　　麦嶋村の者并牟田端之居住ノ者、作地願出候付、相願築造仕ラセ候処、潮留ニ至り手ニ及兼、願出之趣ニ付出金ヲ
　　　以潮留成業、其後高下塘破損ニ付出金ヲ以築留申候、地租の儀前条同様、且地所ハ開方願候者江受持セ候

とあるように、潮留の費用だけは松井氏から出されているが、築造の主導権は完全に農民たちの手に移っている。ここでは松井氏が新地を築造して農民を移住させるのではなく、農民たちが耕地の増加を希望して自分たちで新地を開発したのである。また弘化四（一八四七）年の「沖ノ須新地」になると「新開相願候処許可ニ付テ、出金引受築造致サセ呉候様望ノ面々有之候ニ付、築造仕セ候」と出資者の希望で築造しており、さらに安政二（一八五五）年の「北牟田新地」の場合には

　　　右受込牟田葭立悪敷相成候ニ付、新開相願築造の処、雑費出金仕度望ノ者有之候ニ付出金仕セ、定約ヲ以テ成業ノ
　　　上町数ノ半高赦免ニテ譲渡申候、地租の儀五ヶ年無徳、六ヶ年目ヨリ収入、御一新以来八分通所務仕、且地所出金
　　　且又築造関係ノ面々割渡受持セ候

とあるように、築造計画も資金も工事も完全に松井氏の手を離れ、しかも完成後は築造時の契約により土地の何割かは出資者に無年貢で譲り渡されており、松井氏はその名義を提供しているにすぎない。その他、天保・弘化・嘉永・安政年間に築造された新地のほとんどがこのような開発方法によっている。これはその頃になると松井氏の資力が枯渇したことも一つの原因であろうが、それよりも農民たちが御赦免開の有利性に着目し、新地を築造する力を失った松井氏との交渉により、自己の土地を増加せんことを図った結果であろう。このことは当時の役人にも知られ「田賦考」にも、御赦免開と称するものの中にも「給知の百姓開明け、表向は給人の願にて御赦免開とし、内実百姓作り取にしたるもある由」と指摘されている(註44)。

　このような開発方法は松井氏の後期の新地築造においてのみ見られるものではなく、同じく肥後藩の三家老の一である有吉氏の場合も同様な開発法がとられている。有吉氏による新地築造は現在の玉名郡横島村の大部分を生み出したのであるが、それは松井氏の場合とは異なり、文化年間に開発に着手され「一番開」から「十番開」までが江戸時代に築造されている。有吉氏の新地は松井氏の新地の後期に近い時期に始められたのであり、従って築造の当初からそのような性格を持っていた。明治の初年に永小作問題の紛糾に際して作成された新地の沿革調査書によると

　　　一反別拾弐町七反弐畝三歩　　　字一番開　　文化四年築立
　　　一反別拾参町八反　　　　　　　字二番開　　同五年築立
　　　一反別四町壱反　　　　　　　　字三番開　　同六年築立
　　　　合三開　但開拓後三ヶ年無税、四ヶ年目より徳米有吉家へ納め来候処、維新後右徳米の内弐分官納、其余分有吉家納
　　　右は県士有吉平吉、旧藩主より拝領し新地床を旧藩庁許可を得、横島大園両村の小前数人申談、拾人宛組合を立、
　　　総塘長を受持し出夫致し泥土沖手より塘床へ操寄せ、或は明俵猫伏等持出し潮留仕り一切村方の者、自勘を以て
　　　築立卒業の上、地所は右出夫数に応じ割渡相成、出夫の者へは一人に付粟一俵宛、有吉家より渡方有之候処、天

保夏の大風にて堤防破損致し、猶又、村出夫を以て築立、其節浪当り強き個所迄高さ一間程石垣築添、其入費は
　　　全く有吉家より出金に相成、地所売買質書入等従前は帳元一判を以て取遣仕来維新後は本方同様戸長の扱に相成
　　　る事

とある(註45)。ここに見られるように有吉氏が新地築造の許可を得てその名義を提供し、実際の築造は農民がその主導権を持ち、資材・労力を提供し、完成後土地を受取って、徳米をその名義主たる有吉氏に納めている。こういう開発方法は先に述べた松井氏の天保以後の諸新地と全く同じ形式である。有吉氏はこのような方法で以後「五番開」「六番開」「築添小開」「八番開」「九番開」「十番開」の諸新地を慶応三(一八六七)年までに得ている。「四番開(川浚料新地)」「七番開(大開)」の二開が、小田・中富・南関などの手永が主導権を持って築造されているのは(註46)、松井氏の後期の新地のうち「中牟田新地」「葭牟田新地」の築造に際して高田手永が果たしたと同様の役割を果たしているといえるであろう(註47)。

　以上見てきたところによって、はっきりとした時期は画せないが、だいたい文化年間ごろを境として松井氏の新地は大きく前期と後期とに分けられると思う。前期のものは、後になると他からの借銀に頼りながらも、とにかく松井氏がその築造の主導権を持っていたのであるが、後期になると松井氏の新地というのも名ばかりで、「田賦考」のいうごとく「内実百姓作り取にしたる」ものであり、菊池氏によれば「村受新田」と呼ばれるものが、御赦免開つまり「藩士知行新田」の名の下に開発されているのである。これは新田の開発権が肥後藩においては先述のような制限がなされていた結果生じた特殊な形態である。肥後藩においてなぜ後になって新地の築造権が一門と三家老、それに手永にだけ許されるようになったのか大きな問題であるが、喜多村氏はそれについて、主として横島地区における有吉氏の新地の研究から、いわゆる「士族開」に関しては三家老の藩政上に占める特殊な地位を取り上げ、さらに一般的には新地開発の資力に基づく制限であろうとされている。即ち喜多村氏によれば「此の地方には斯る新田開発事業に投資し得る迄の、商業資本の蓄積の見られなかった事情」を考え、「小大名とも目し得る、三家の財力によって開発の主導権を執らしめ、これに地元農民の資本・労力を総動員して干拓事業が進められて行った」のであり、「而も現地に新田開発に投資し得る程の富裕な農民の存在を欠く時、広く多数の農民を動かしての開発以外の方法はなかったであらう」として、

　　　斯くして肥後藩の新地開発は「郷備開」をも含めて、藩と特殊な関係のある個人若しくは機関であって、而も新地
　　　開発に投じ得る資金を有するものに対して与へられた特権であったと云ひ得るであらう。

と結論づけられている(註48)。確かに肥後藩においては商業資本の力は弱く、先進地に見られるように単独で新田開発事業に投資し得る程の蓄積はされていなかったであろう。しかし松井氏の初期の開発に見られるごとく、ほとんど松井氏の自己の資力だけで新地を築造し得たと思われる時代はともかく、文化以降の、松井氏の場合では後期にあたる横島地区の新地の研究から、三家老などの「財力の裏付け」による資金面からの制限であるという結論を下すのは、それこそ「積極的に之を実証し得る根拠」を持たない単なる推測に過ぎないものである。有吉氏が横島地区に新地を築造し始めたのは、江戸時代も後期に入り、三家老といえどもその財政は破綻に瀕しており、新地の開発に自己の「財力」を割く余裕はなく、在地の農民たちの労働力や資力に頼りきりであって、実際の工事もそれらの農民の寄合や手永にその施工を委ねており、ただ名義だけが松井氏や有吉氏のものであったことはここに見られる通りである。それ故、肥後藩の干拓新地築造権制限の問題は、喜多村氏の説くごとく資金面からの築造能力にその解決を求めるべきではないと思う。先にも述べたように、干拓新地も含めて「御赦免開」はある時期までは一般武士にも許されていたのであり、それが後になって禁止されたのであって、資力による制限とは考えられないのである。それにしても「高子原新地」の項でみたように(註49)、「御一門・御家老開所の井樋は公よりの作事は不被仰付候事、宝暦二年に極る」とあるように、それまでは一門・三家老の新地は特別待遇されており、やはり築造権の問題については、彼らの藩政上における特殊な地位というものが最も重要視されなければならないと思われる(註50)。

　これら松井氏の後期の新地及び有吉氏の新地に見られるような開発方法においては、松井氏や有吉氏は何らの出資もせず、或いは僅少の出資によって、新地を自己のものとし、徳米を収納することができた。しかしここではもはや松井氏や有吉氏は実質的な「築造主」とはいえず、単に築造権を有するということによってのみそれらを自己の新地として登録することを得たのであり、この意味において「築造主」というよりはむしろ単なる新地の「地主」に過ぎないと言える。しかもこの場合は自己の資力によって新田を開発した松井氏の初期の新田や、町人請負新田などの場合のように、いわゆる「開発地主」とも言えず、質地などの経済的条件によって生じた「土地集積地主」などとも異なり、全然経済的要件に基づかないで、ただ単に封建権力によって保障された築造権を持っていたことによって寄生地主たることを得た、いわば純粋に封建権力に基づく寄生地主であると言えるであろう。このことは明治以後の大地主の設定の一起点として一つの問題となるものであろうが、今はその点について触れる余裕はない。

　　　(三)新地の労働力と移百姓について
　新地の労働力と移百姓との関係については「敷河内新地」「植柳沖築添新地」の項でかなり詳しく触れたのではある

が、ここでは主として労働力の面からこの点についてもう一度整理してみたいと思う。

　松井氏の初期の新地である松崎新地、高子原新地については、はっきりしたことは判らないがその記事から察すれば、松井氏は自己の知行地の農民から夫役を徴したのであろうと思われる。ところがその後延宝八（一六八〇）年、肥後藩では地方知行を廃してすべて蔵納とした。これはその後四年で撤回されたが正徳三（一七一三）年再び蔵納となった(註51)。しかしそれによって知行地の夫役徴発権が消失したのではなかった。

　　其以来（＝正徳三年以来）只今通一統御蔵納は仕候得共、御知行高・人畜ハ不相替被下置候事ニ付、諸帳面前も何の何某殿御給知と仕出来申候

とあるように(註52)、人畜はやはり知行取のものであった。ところが延宝八年の郡奉行への触書によると「御給人衆夫仕の事、拾石高ニ付夫一ヶ年壱人宛、此夫銀八分宛」とあり(註53)、又「官職制度考」には

　　知行所の百姓を自用に仕ふ事、三百石已上高百石は一ヶ年に十人宛、一人に付夫銀八分宛、三百石より二百石は一ヶ年三十人、二百石已下百石迄は二十人、百石以下は十人宛

とあり(註54)、自分の知行所の農民といえども、夫役を無償で徴することはできず、すべて夫銀を支払わなければならなくなったのである。このことは当然松井氏の新地築造にも影響する。明暦元（一六五六）年の松崎新地の場合は「粮米酒肴」を与えればよかったのであるが、宝暦九（一七五九）年の計画では「人夫ハ農業の障無之節、在方日雇等召仕」と(註55)、日雇の人夫を使わなければならなくなっている。そして明和六（一七六九）年の敷河内新地の場合には、シダや明俵などと共に「寸志夫」として労働力を徴発している。このことは、八代城代という特殊な地位を占めている松井氏でも「寸志」という形でしか労働力を徴発し得なくなっており、従って延宝八年の触書が確実に実行されていたことを示すものといえよう。新地工事の労働力が原則として「日雇夫」であったことは、先の植柳沖築添新地への移百姓についての一覧表からも察せられるのであるが、それをさらにはっきりさせるのは高嶋新地築造にあたっての掟書である。それによれば新地工事の人夫たちは幾組かに分けられ、それぞれの組の「頭取」の統率の下にあって、その指揮に従って築造工事に従事したのであるが、ここで喧嘩口論をした場合は「其組中の越度」となり、賃銭をもらうことができなかったのである。

　これらの新地築造工事に携わった者たちの中には、無高者ないしは高持百姓の兄弟で「家内数多ニ相成田畑作足不申」者が多くあり、彼らは「作子奉公」や種々の「日雇稼」をして生活していたのであるが、新地築造工事に従事することが一つの生計の途となっていたのである。そして新地築造工事に従事した「日雇稼」の農民たちの何割かは、新地の完成後そこの耕作に従事することによって、農民としての再出発を期したのであった。けれども松崎新地や高子原新地の場合のように、住居や農具まで支給されたとしても、少なくとも入植当初は新地という劣悪な土地条件に苦しまねばならず、また堤防の決壊によって潮害をこうむることも度々であり、高子原新地のように無高者を続出せしめることもあった。しかし新地一般がそのようであったわけではなく、高子原新地の場合は特別であったと考えられ、一般的に言えば新地の築造によって、「日雇稼」などで渡世し、貨幣経済に巻き込まれていた無高者や二、三男などの余剰人口を吸収することができたし、またそこからの年貢収入によって財源の拡大をはかることができたのであって、新地の築造はこの意味において、やはり封建制の矛盾を弱め、大石氏の指摘のごとく、「支配者に対しては、崩れゆく封建体制の基礎、農民分解をゆるめ、それを再編成する機会を与えるものとしての役目を果した」といえるのではなかろうか(註56)。

　さて新地に移住した農民たちには、植柳沖築添新地の場合をみてみると、一人（＝一家族）に一町ずつ分配されている。これは幕令による分地制限令に規定された最低限の広さであり、この新地に移住した者中家内人数の最も多いのは十一人にも上っており、これだけでは土地条件の悪い新地では生活できなかったかもしれない。文政四（一八二一）年の藩営七百町新地の場合は、開発された面積の大きかったこともあるが、その時の出百姓たちの願書によれば一人で五町以上も願出ているものもあり、平均二町五反もの希望を出している(註57)。実際にそれだけの土地が与えられたかどうか分からないが、松井氏の新地とは大きな差があったようである。新地がどのように配分されたか非常に興味ある問題であり、特に松井氏の後期の新地については、その土地配分の状況を分析することによって新地築造の出資者や労力提供など、新地築造の状態を知ることができるだろうし、松井文書の中にもその史料と思われるものがあるのであるが、今度はそこまでは調べることができなかった。

　ところで築造された新地がある程度以上の広さをもち、そこに百姓が移住してきてそれがある数以上になると、必然的にそこには新村が形成されることになるのであって、新田の開発は即ち新村の形成であるとされる所以である(註58)。ところで肥後藩の新地をみてみると、松崎新地・高子原新地などの初期の新地は「松崎村」「高子原村」と「村」の名を冠せられているのであるが、敷河内新地・高嶋新地などの場合、面積は二百町或いはそれ以上にも達しながら、築造後百姓が移り住んで数十年を経た後でも依然として「新地」であり、「村」とはなっていない。これは松井氏の新地に限らず、藩営新田である七百町新地その他についても同様である。そして松井氏の新地の場合、高子原村には明らかに「庄屋」がいるのであるが、植柳沖築添新地においては新地移百姓願に連署しているのは「庄屋」ではなく「帳本」である(註59)。そして有吉氏の新地の場合は、この新地の「地所売買質書入等」は「帳本一判」によっていたのであって(註

60)、新地が「本方」とは全く別の取扱いを受けていたらしいことがわかる。新地が何々村と呼称されなかったのは、享保十五（一七三〇）年の幕府法令でそれが禁止されていたからであろうが(註61)、新地が実質的には本田同様の村落を形成しながらも、松井氏や有吉氏の新地にみられるごとく、なお「庄屋」ではなく「帳元」という特殊な役人の名称を有していたことや、また「新地方之高ニハ諸公役掛ケ不申候、其儀御記録帳ニ極リ居申候、然共村立之新地ハ諸公役并出来等本方同前ニ仕筈候事」という規定があること(註62)などから考えると、やはり新地が本方と異なった取り扱いを受けていることは否定できない。この点も藩制史の研究と相まって明らかにしなければならない問題である。

　＜註＞

(33)渋谷敏実『肥後藩の干拓史』（自家版、昭和28年）一三頁　　　(34)熊本日日新聞社『熊本の歴史4』（1960年）二五七頁

(35)「海面ノ干潟ヲ埋メ立耕宅地トナス従前ノ慣例」松井家記録。内村政光「肥後八代の干拓新地研究」『社会経済史学』四‐九）より。

(36)菊池利夫『新田開発』（古今書院、昭和33年）八五頁。喜多村俊夫「干拓新田の歴史地理的構造－肥後国玉名郡横島新田－」『名古屋大学文学部研究論集Ⅹ』所収）。　山田竜雄「佐賀米と肥後米」（『日本産業史体系 8』九州地方篇四七頁）など。

(37)滝本誠一編『日本経済大典 三八巻』四一四頁　　　(38)「御郡方記録帳」（『肥後藩の政治』四七～四八頁）

(39)『肥後近世史年表』には「享保十七年「是歳　家中の新地手開を禁ず［年系略］」「元文二年「是歳　御赦免開新地は願に依り知行高に直し下されたるを爾今停止す［年・本］」「又新地開発を禁止す［御郡方］」とある。また「官職制度考」には「山野海辺を開事、都て重んずる所本方の荒地を発き明る事に力を用ひず、新規に海辺などに開を仕立るは不都合なり。自然と本方の衰微となる。已来新地開発の儀無用に被成との事、元文二年仰出さる（『肥後文献叢書』巻一、一七一頁）」とある。

(40)「先例略記 御開の部」（熊本大学附属図書館所蔵「松井家文書」四八八）＝（『八代市史 近世史料編 5』＝平成8年、p.514）

(41)前註(23)に同じ。「天保十四年九月三日強風高潮の節 海辺塘切絵図」（「北岡文庫」八‐四‐三一二）

(42)この絵図によれば、この村の自勘開は全部で十二ある。

(43)第一節の附録「松井家干拓調査報告書」による。以下この項の史料は特に断わらない限り同書による。

　　　（「松井家干拓調査報告書」は後に「年報 熊本近世史」に収録）

(44)前註(37)に同じ　　　　　　　(45)(46)園田一亀『横島郷土志』（横島村役場、昭和24年）五五～五六頁

(47)前註(43)「松井家干拓調査報告書」

(48)前註(36)の喜多村氏論文。『名古屋大学文学部研究論集』Ⅹの三二七～三二八頁。

(49)前註(39)の「官職制度考」に同じ

(50)この点について森山恒雄氏は、軍役高との関係が最も大きな問題であろうとされているが、自分としはまだそのような見通しを得る段階には達していない。

(51)熊本日々新聞社『熊本の歴史』4、一三五～一三六頁。なお前註（39）の「官職制度考」参照

(52)「土貢管見録」巻之下、熊大国史研究室蔵。　　　　　(53)「井田衍義」（北岡文庫三‐七‐三四）

(54)『肥後文献叢書』巻一、二一三頁　　　(55)前註(40)の「先例略記」（『八代市史 近世史料編』Ⅴ＝平成8年、p.473）

(56)大石慎三郎「寄生地主形成の起点」（『日本地主制史研究』）本論文第一章参照

(57)「奉願覚」文政五年、鏡町麓子木氏所蔵文書。ただしこの覚書で願い出ているのはわずか七名で、これで全般を推測することはできない。　　　　　　(58)前註36の『新田開発』一七頁

(59)前註(27)の「御開御建山帳」（松井文書一三三）文化一四年の記事参照

(60)前註(45)の記事参照。なお有吉氏の新地では、例えば四番開のうち「郷備」となった川浚料新地では、その「地所売買質書入等は本地同様、庄屋代官の捺印を用ひ取扱」い、有吉家が徳米を収納するところでは「有吉開方帳元一判を以て取扱」っている。

(61)前註（36）の『新田開発』一四頁　　　(62)前註（53）の「井田衍義」（北岡文書）

　　＜※（註）は卒論では不十分な所が多かったので、かなりの部分で書直した。「北岡文庫」は、現在 熊本大学附属図書館に寄託されている「永青文庫」に同じ＞　　　　　　　　　　　　　　　　　　　　　　　　　　　　（終）

以上、4回にわたって卒論の主要部分を収録したが、その要旨は熊本史学会で発表したあと論文化して「肥後藩の干拓新田（一）」という題で『国史論叢』第一集（熊本大学法文学部国史科、昭和40年）に収録、そのご森田誠一編『肥後細川藩の研究』（名著出版、昭和49年）に転載された。

【参考文献】蓑田勝彦「松井氏の干拓新田史料―海辺新地御布達の趣ニ付御達」（「年報 熊本近世史」昭和43年度）

　　　　　　八代古文書の会『八代市史　近世史料編 Ⅴ』（八代市教育委員会、平成8年）

　　　　　　内山幹生「八代城下防衛と松井氏の初期干拓」（西南学院大学大学院『文学研究論集』第22号、平成15年）

　　　　　　同　　　「八代城代松井氏の海辺開発」（熊本史学会『熊本史学』第87・88合併号、平成19年）

　　　　　　蓑田正義「江戸期八代町西方干拓地の考察」（八代史談会『夜豆志呂』159号・160号、平成21年）

八代古文書の会 会報 No.41

2013年7月15日八代古文書の会 発行
〒866-0081　八代市植柳上746-5　蓑田勝彦方

竹崎茶堂（律次郎）は熊本の近代史で重要な役割を果たした人物です。横井小楠の門人で明治3年の「実学党政権」の時代に熊本藩の改革を推進し、「雑税」を廃止する大幅減税を実現。古城医学校や熊本洋学校の創設などにも貢献しました。彼の妻・竹崎順子は熊本女学校の校長を勤めて女子教育に貢献したことで有名で、竹崎茶堂・順子夫妻については、徳冨蘆花の『竹崎順子』に詳しく記されています。

この竹崎律次郎が、幕末の「長州戦争」に際して長州藩の情勢探索に従事したことを記した文書が永青文庫の「町在」に収められており、今回はその紹介です。彼は「馬口労」（ばくろう）の平川亀右衛門や甚右衛門らを従えて諜報活動を行いました。彼の多才な人物像が伺えます。

史料紹介　**竹崎茶堂の長州藩探索**

蓑田　勝彦

1．竹崎茶堂と長州戦争

竹崎茶堂（律次郎）は熊本の近代史における重要人物の一人である。横井小楠の門弟で、明治3年の実学派による藩政改革の際に「改革意見書綱要」で、旧習を打破し庶民の負担を軽減するなどの基本方針を示し、徳冨一敬らとともに諸雑税を廃止するなど大幅減税を実現させている。

彼は文化9年（1812）玉名郡伊倉町の木下家の二男として生まれた。17歳のとき竹崎家の養子となり、天保11年（1840）29歳で矢嶋順子と結婚した。順子は律次郎よりも13歳年下で、茶道の死後も長生きして熊本女学校（後の大江高校、フェイス学院高校）の校長になるなど女子教育に貢献した。徳冨蘆花の『竹崎順子』(註1)で有名である。木下家・竹崎家・矢島家は三家ともに惣庄屋を勤める人物を出しており、幕末から明治にかけてすぐれた人材を輩出した家柄である。

茶堂（律次郎）は古城医学校・熊本洋学校の創設にも貢献した。古城医学校はオランダ人マンスフェルトを招いて設立され、北里柴三郎・緒方正規などを輩出した。熊本洋学校は明治4年（1871）アメリカ人ジェーンズを招いて開校、多くの優秀な人材を生み出した。また彼は私塾＝日新堂を興して子弟を教育、西洋の農業を取り入れるなど産業の振興にも努めた。明治10年（1877）66歳で死去(註2)。

表題に記した長州藩探索は元治元年（1864）彼が53歳の時のことである。本稿で紹介するのは、第一次「長州征伐」（長州戦争）の時期に長州藩の情勢を探索したときの史料である。"尊王攘夷"の急先鋒であった長州藩は、倒幕運動の中心的な勢力として京都で勢力を強めていたが、元治元年7月に「禁門の変」で敗北して京都から退いた。幕府は諸藩に出兵を命じて包囲態勢を整えたが、11月に長州藩が恭順の意を示したため総攻撃は中止となった（第一次）。そのご慶応2年（1866）6月に幕府側が長州攻撃を再開したが、戦況不利のうちに将軍徳川家茂が死去、7月には休戦し、9月には撤兵した（第二次）。本稿で紹介する史料は慶応元年（1865）11月23日に、竹崎律次郎が長州藩の状況探索に功績があったとして賞美（褒賞）を受けた時の記録で、藩政史料「町在」に収録されているものである(註3)。

竹崎茶堂の伝記『竹崎茶堂先生』には、彼の長州探索について次のように記されている。「偵察は元治元年三月中のことであった。その第一回の報告は小倉領の大里門司等の兵備に関するもの。第二回の報告は、長防両州の沿岸から、芸州境までの津々浦々の海の浅深、船舶の都合などを記し、地図まで添付した頗る詳細なものであった。第三回の報告は、当時長州藩は防備の最中で、他国人の入るを禁じてゐたのに、其の中に潜入して、兵站から砲台の所在などを偵察したものであった」(註4)。そして『肥後藩国事史料』には竹崎律次郎の「長防探索書」

の史料が収録されているが、それを見ると元治元年（1864）3月11日付となっており、下関から長府までの往来筋に台場を築いており、そこは人の通行を禁じて脇道を通させるなどと、探索の結果が記されている(註5)。

2．「町在」に見る竹崎茶堂らの記録

本稿に紹介するのは同年の8月から12月にかけての、竹崎ら5人の長州藩探索活動に関する記録で、藩政記録「町在」の一部である。「町在」は、"士農工商"のうち「士」を除いた「農工商」の人々の賞美（褒賞）に関する記録で、原本で約100冊が残されている。一件ごとに賞美の申請から決定までの関係書類がまとめて綴られている。江戸時代の一般人に関する貴重な記録として熊本大学によって2万件をこえる件名目録が作成されており(註6)、熊本大学附属図書館のホームページでも閲覧できる。

ここでは竹崎律次郎と一緒に長州探索を行って功績があったとして賞美を受けた5人の関係書類が一括して綴じられている部分を紹介する。一つ一つの書類が必ずしも順序よく綴じられてはおらず、分量も多すぎるので、本稿では竹崎らが提出した情勢探索書などいくつかの書類は省略し、また順序も並びかえ、A,B,C……の符号をつけて説明したい。

（A）は玉名郡代から藩当局（選挙方）へ提出された平川亀右衛門・築地村（現玉名市）甚右衛門・坂下村（現玉名市）信右衛門の3名の賞美（褒賞）申請書である。（B）は（A）の元になったもので、竹崎律次郎が自分の配下で活動した3人の賞美を願い出た文書である。（C）は（A）の申請書に添えて提出された文書で、郡政部局の目付（監察役）の配下の役人である「横目」が、その3人について申請の内容が正しいかなどを調査した結果を記した文書である。（D）と（E）は、竹崎律次郎と竹部村（現熊本市黒髪町付近）宇平（宇兵衛）、それぞれの賞美申請書である。本来はこの2人についても（C）のような文書が添えられている筈であるが、この一括書類には見当らない。

（F）は以上5人の賞美について、担当部局（選挙方）が「僉議」（調査検討）したときの記録である。はじめに藩政の全体的な状況の中で、この5人の賞美をどうすべきかなどの検討結果が記され、その後に1人ひとりの賞美案が記されている。（G）はたった1行であるが、選挙方で作成された案の通り賞美が決定され、それが関係者に「達」（通達）された日付が記されている。竹崎律次郎へは「作紋紬綿入」1つと金子200疋（2000文）、平川亀右衛門へは「地士」の身分、馬口労の甚右衛門へは「郡代直触」の身分、坂下村の信右衛門へは「惣庄屋直触」の身分、竹部村の宇平（宇兵衛）へは米3俵を与えられることになったことが分かる。

（H）は竹崎律次郎と平川亀右衛門2人の連名で、元治元年（1864、子の年）12月に長州藩の状勢を探索した報告書である。他にも2つの報告書が綴じられているが、前述の通り省略した。（I）は竹崎が元治元年8月に長州藩探索に派遣されて以来の活動を簡単にまとめて報告した文書である。

3．竹崎茶堂らの探索活動

ここで、この「町在」史料に見られる竹崎らの探索活動について見てみたい。史料の（I）の部分を見ると、竹崎は元治元年8月に熊本を出発し8月23日に小倉に到着し、以後は小倉を根拠地として探索活動を行っている。小倉藩（小笠原家）と熊本藩（細川家）とは、小笠原秀政の娘（徳川秀忠の養女）が熊本藩の初代藩主＝細川忠利の妻になって以来親しい関係が続いていた。第2次長州戦争の時に小倉が長州側から攻め込まれた際には、小笠原家の人たちや小倉藩の民衆が熊本藩の北部に避難して来ている(註7)。竹崎の探索活動は、第1回…8月28日～9月2日。第2回…9月18日～10月1日、第3回…10月11日～10月24日、第4回…12月22日～12月24日、その間9月8日からは「士席の振合」で「他藩応接」に従事している。この段階での竹崎の身分は＜「在勤中諸役人段」竹崎新次郎の父＞で、在御家人の家族の扱いである。「諸役人段」は、農村では武士として尊敬されるべき身分であるが、武士身分全体の中では「軽輩」であり、「士席」身分である知行取や中小姓身分の武士からは、一般庶民と同じく「切捨御免」される身分であった(註8)。「士席の振合」というのは、一時的に「切捨御免」をする「士席」の格で扱われる身分ということである。竹崎が人格・力量の優れた人物と見込まれて他藩との応接を担当することになったのであろう。

これらの書類の中で最も諜報活動らしく興味を引かれる内容は、（C）の平川亀右衛門に関する記事の中で、警

戒を強めている長州の中で探索活動に従事する様子を怪しまれたのであろう、長州の役人に追われて知人の家に逃げ込み、押入れから天井に隠れたこと、その時に彼の小者（従者）は「肥壺」に飛び込んで隠れていたなど、小説に書かれているような状況が記されている。その続きの部分には、亀右衛門が船で移動しようとしても、そのための船を長州藩の厳しい取り締まりで雇うことができず、やむを得ず知人の紹介で105両で船を1艘買い取ったことなども記されている。

　史料（H）は最後の探索活動から帰ったあとの慶応元年（1865）2月に、竹崎が提出した報告書である。「五卿」とあるのは、「8月18日の政変」で長州藩に「都落ち」した7人の公家（「七卿落ち」という）のうちの5人のことである。京都から来た公家をどう待遇するかをめぐって、長州藩内で対立があったことが報告されている。また奇兵隊の高杉晋作が、三田尻港にあった藩の蒸気船1艘を奪い取って「乗逃」したことなど、多くの情報を探り出して報告している。

　『竹崎茶堂先生』によると、竹崎は慶応2年の第2次長州戦争には、「肥後出征軍の小荷駄方（或は人夫宰領）として、小倉に従軍した……」「出征の命を受けた先生は…近在の馬子共を駆り集めて、鱈腹御馳走を食はせて置いて……翌日改めて御用を命じたので、馬子連中は『竹崎さんに一杯喰はされた』と苦笑しながらも、先生の徴発に応じたとの話が遺ってゐる」と記されている（註9）。竹崎の多才な一面がうかがえる話であるが、彼の最も重要な働きは、前述のように明治維新後の熊本藩の藩政改革以後に見られるのである。

- （註1）徳冨蘆花述『竹崎順子』（福永書店、大正12年）
- （註2）『熊本県大百科事典』（熊本日日新聞社、昭和57年）527頁 などを参照
- （註3）「町在」慶応元年（熊本県立図書館「永青文庫」複製本1937）
- （註4）『竹崎茶堂先生』（同 伝記編纂会、昭和5年）40～41頁
- （註5）『改訂 肥後藩国事史料』巻4（侯爵細川家編纂所、昭和7年）626～629頁
- （註6）熊本大学拠点研究プロジェクト編『十九世紀熊本藩住民評価・褒賞記録「町在」解析目録』（2009年）
- （註7）大浪和弥「幕末の戦争難民―「小倉落人」と玉名地域―」（玉名歴史研究会『歴史玉名』56号、2011年）参照
- （註8）蓑田勝彦「熊本藩武士社会の身分制度」（『熊本歴研 史叢』第14号、2009年）　　（註9）前註4の書、42～43頁

≪竹崎律次郎らの長州藩探索 史料≫　　「町在」（熊本県立図書館蔵「永青文庫」複製本1937）

（A）　　　　　　　　　　御内意の覚

　　　　　　　　　　　　　　　　　御仕立駒子受込中
　　　　　　　　　　　　　　　　　　御郡代直触
　　　　　　　　　　　　　　　　　　　　平川亀右衛門

右は嘉永三年正月駒子御用掛在勤中仮小頭申付、安政五年八月御仕立駒子受込中御郡代直触被仰付置候処、今度小倉表え長防御征伐の御人数出張ニ付て、竹崎律次郎え被差添、小倉表え被差越、当正月引取申候、右滞陣中敵地え間者として度々被差越候ニ付ては、万一見顕され候得ハ殺害ニ逢候儀ハ必然ニて、誠ニ身命を捨、差入危難を凌、敵の巣穴山口迄も罷越、彼方の地理を始、事柄をも委細ニ探索行届、且御為合を計り、大金の私財を以船を相求候所より敵地の往来もやすく出来いたし、運賃等の御出方も相減彼是、兼て無禄の身分身命を抛、金銭をも打捨相勤候故、逸稜の御為合ニ相成候ニ付、非常御別段の御詮議を以、本席一領壱疋ニ進席被仰付、大金ニて船買入候儀ハ別ニ相当の御賞美被仰付被下候様

　　　　　　　　　　　　　　　　坂下手永築地村馬口労
　　　　　　　　　　　　　　　　　　　甚右衛門

右は前条平川亀右衛門同断、小倉在陣中苗字刀御免ニて被差越、当正月引取申候、同人も間者として敵地え度々被差越候ニ付ては、亀右衛門同様一命を抛、千辛万苦いたし山口えも忍入、長防の地理要害の模様、事柄の成行等無残処見聞いたし、且小者をも自勘ニて、地理案内の者を撰召連、半年近宿許引迦し物入いたし、家産を傾候程ニ御座候得とも、聊厭不申身命を打捨相勤、一稜御用ニ相立申候由ニて、別段の御詮議ニて地士ニ被召

出被下候様

　　　　　　　　　　　　　同手永下坂下村
　　　　　　　　　　　　　　　　信右衛門

右は前文亀右衛門、小倉表え被差越候節、右の者敵地熟知の者ニて、連人ニいたし、長防え忍入候節召連、共々危難ニ逢、山口迄も罷越、且又於小倉長防の絵図出来いたし候節、重ニ御用ニ相立、半年近キ日数艱苦を凌身命を投げ抛相勤、奇特の者ニ付、右同断苗字御免、御惣庄屋直触被召出被下候様

右いつれも前条の通被仰付被下候様有御座度、於私共奉願候、委細の儀ハ小倉表出張の御役々々見聞ニ相成居候と奉存候、同道いたし候竹崎律次郎より差出候別紙相添御達仕候、此段御内意仕候条、宜被成御参談可被下候、以上
　　　慶応元年五月　　　　　　　　　玉名　御郡代
　　　御郡方　御奉行衆中

(B)　　　　　袖　控
　　　　　　　　　　　　　在勤中御郡代直触
　　　　　　　　　　　　　　平川亀右衛門

右は去八月以来私え被差添、小倉表え被差越、当正月引取申候処、敵地ニも度々被差立候ニ付ては、実ニ覚悟を究罷越為申儀ニ御座候処、果て危キ目ニも逢、山口ニも忍入、彼地の光景委敷探索いたし、将又御便利の為と相心得、於防州代金百両余ニて自勘ニ船を求、船頭・加子等も計策を以、他国より防州え罷越居候者共を雇入、右の船持懸の長州の船印を用候ニ付、敵地の湊出入自由ニ相成、且右の手船より往来仕候ニ付、運賃等も御出方ニ及付申、彼是厚ク心を用、諸藩の探索人多キ中にも、敵の巣穴迄も入込候者迚は無御座、旁余人の難成御奉公ニて御座候間被賞、一領一疋ニ被仰付、外ニ相応ニ御心附をも被為拝領被下度奉存候
　　　　　　　　　　　　　在陣中苗字帯刀御免
　　　　　　　　　　　　　　築山甚右衛門

右は平川亀右衛門と同断ニて、当正月引取申候処、是又敵地え追々被差立候ニ付ては、亀右衛門同様覚悟を究罷越、不一方難渋いたし、山口ニも忍入、芸州境より下関迄の間、敵地の東西普ク通行いたし徳山・三田尻・長府等要地々々無残見聞いたし、諸藩の探索人もケ様ニ敵地を委敷見聞いたし候者迚は無御座、是又余人の難成御奉公ニて、且召連候小者も敵地案内の者を撰、勝手向も不宜中、右小者賃銭も自勘ニ相渡、百五十日余滞陣仕居候中ニは、他所ニも度々被差立、骨折仕居候間、旁被賞、地士ニ被仰付被下度奉存候
　　　　　　　　　　　　　平川亀右衛門連人
　　　　　　　　　　　　　　坂下手永下坂下村
　　　　　　　　　　　　　　　信右衛門

右は平川亀右衛門敵地ニ被差立候節も召連罷越、亀右衛門同様危キ目ニ逢、山口ニも忍入、且長防地理最モ委敷者ニて、於小倉表長防地図出来仕候節は、亀右衛門・甚右衛門一同しらへ方仕候中ニも主ニ相成、是又余人の難成儀ニて、一稜御用ニ相立申候者ニ付被賞、御惣庄屋直触ニ被仰付被下度奉存候

右の通ニ御座候間、宜敷被成御達被下度奉願候、以上
　　　丑二月　　　　　　　　　　　　竹崎律次郎

(C)
　　　　　　　覚
坂下手永平川亀右衛門列三人、別紙の趣ニ付承繕申候処、左の通御座候

203

　　　　　　　　　　　　　　　　　　下坂下村居住御仕立駒子請込
　　　　　　　　　　　　　　　　　　在勤中御郡代直触
　　　　　　　　　　　　　　　　　　　　平川亀右衛門

右は去秋、小倉表ニ御人数出張の節、竹崎律次郎え被差添、同所え罷越居候内、長州の模様為聞繕、去八月廿五日より黒崎え罷越、同廿九日小倉の様ニ引取、九月七日より猶又黒崎え罷越、同夜九時分小倉え引取候由の処、於彼地は一向様子分兼候ニ付、同月十四日より長防の模様為探索被差立候ニ付、小者信右衛門と申者を召連、鶴崎御用船ニ乗組、杵築領姫嶋迄罷越、右御用船ニては向地え渡海六ヶ敷有之候ニ付、於同所雇船仕、長州領鯖嶋迄乗付候処、旅船改方の者共罷越、何方より何用有之、何方ニ罷越候哉問糺候由ニ付、種々取拵其場程能申抜、出帆いたし、長州旦浦と申湊え上陸仕、近辺下津領村清兵衛と申者は馬口労中間ニて、知音の者の由ニ付、同人宅え忍々両人共ニ罷越居申候処、猶又改方の者罷越候ニ付、亀右衛門は押入の内より天井ニ登り、小者は明キ肥壺ニ飛入、田子を冠隠居候処、見当不申、役人躰の者は引取候由ニ付、漸息付流し、彼是噺合長州御父子の御有所等承合、山口の模様も見繕申度及相談申候処、幸イ山口在の者より塩の頼を受、付越候筈ニ付、馬を牽、清兵衛下人の躰ニて罷越候様申聞候ニ付、直ニ打立、夜通山口近辺宮野村と申所え塩相届ケ、帰り懸山口町ニて日を暮、同所酒店ニて酒抔給合候上、同所え馬は預置、山口の北ニ当浄水寺と申山寺有之処より、御城の様子等月明ニ見渡候処、委敷儀は分兼候由、夫より引取、出帆の心組ニ候処、雇船一切出来兼候ニ付、防州吉敷郡大道村の内旦ノ浦と申湊、清助と申者の船を前条清兵衛中次を以、金百五両歟ニ買取、筑前広嶋より糠を買取候趣ニ清兵衛取扱、漸出帆いたし、下関え着仕、於同所も段々承合、同月廿二日ニ小倉帰帆仕、其後猶又十月十九日より長防の様子為探索被差出、十一月廿日ニ歟小倉え引取候由ニて、聞取候趣は一ッ書を以相達候由ニて、其砌は諸藩の探索人は一切入込候儀難相成由の処、亀右衛門儀は馬口労にて、追々罷越、長防の地理も相応ニ熟知いたし居、殊ニ知音の者も有之、旁入込出来仕候由

　　　　　　　　　　　　　　　　　　築地村馬口労
　　　　　　　　　　　　　　　　　　　　甚右衛門

右は前条同断ニて罷越、九月中旬より小倉出帆いたし、同月廿七日ニ岩国え着帆、同所より上陸いたし、山口えも志候ニ付、岩国役筋より手寄を以印鑑貰受候処、同領は右印鑑ニて通行も出来仕候得共、岩国より四里程西手、高森と申所よりは萩領の由ニて、右印鑑ニては差通不申候ニ付、無拠引返、間道筋を伝、夜中は辻堂抔ニ宿り、防州吉敷郡大道村の様ニ罷越、同所えは甚右衛門村方の者、甚兵衛と申者年久敷罷越居候ニ付、同人申談、馬口労の躰ニて同道、馬を牽、山口えも罷越、同所の様子等見繕、下関の様ニ罷越、同所より北安岡と申漁士ニ知音の者儀助と申者居候ニ付、竊ニ申談一宿いたし、同人を頼、漁舟より渡海仕、十月四日ニ歟小倉え罷帰、山口の様子、且聞取候趣は一ッ書を以相達候由

　　　　　　　　　　　　　　　　　　下坂下村
　　　　　　　　　　　　　　　　　　　　信右衛門

右は前条亀右衛門連人ニいたし、長防えも罷越、危難ニ逢候由、且於小倉長防の絵図出来の砌は、彼地熟知の者ニて、重ニ御用ニ相立候由

右の通ニて亀右衛門儀は自勘を以船相求、甚右衛門儀は難渋の内、小者も召連、給金も相渡、信右衛門儀は亀右衛門連人ニて罷越、孰も半年近家産を畳、差入相勤候儀は、無禄の身分奇特の至ニ付、申立の通被仰付候は、此後万一御人数御打入等の砌ニも至、案内者等ニ被召仕候は御用弁ニ相成可申見込の唱承申候、以上

　　丑八月　　　　　　　　　　　　　　渡辺平兵衛［印］

(D)　　　　　御内意の覚

　　　　　　　　　　　　　　　　　　南郷御郡代手附横目
　　　　　　　　　　　　　　　　　　竹崎新次郎養父　小田手永
　　　　　　　　　　　　　　　　　　横島村居住

竹崎律次郎

右律次郎儀、去秋片山多門小倉出張の節被差添、律次郎えは坂下手永居住平川亀右衛門、同手永築地村甚右衛門を被差添、彼表え被差越置、滞陣中臨時御用相勤候内、筑前表え御用有之、去八月廿八日より士席の振合ニて被差立、九月二日引取、同月八日在陣中士席振合ニ被仰付、臨時御用并他藩応接相勤、同月十八日より芸州広島より防州岩国迄為探索被差立、其後右同所え両度被差立、都合三度ニおよひ、十一月廿一日此砌諸藩の事情等聞繕可申旨被仰付、十二月廿二日より下関方事情聞繕として被差立、敵地帯刀入込出来兼候ニ付、無刀町人の躰ニて罷越、事情探索仕、同廿四日引取、右の通追々他邦え被差越、探索の次第は其節々委細御達仕置候写別紙の通ニて、御滞陣中一稜御用弁筋ニ相成、当正月帰陣被仰付候迄の内ニは、度々他邦え被差立、他藩応接、且敵地えは姿を替入込彼是、不一方辛労いたし、誠実相勤申候間、右被対勤労、此節重被為賞被下候様有御座度、於私共奉願候、則別紙五冊相添御達仕候、此段御内意仕候条、宜敷被成御参談可被下候、以上

　　慶応元年九月　　　　　　　　　　　　　　　　　　　玉名 御郡代

　　　　御郡方 御奉行衆中

(E)　　　　御内意の覚

　　　　　　　　　　　　　　　　五町手永竹部村

　　　　　　　　　　　　　　　　　宇　平

右は去秋小倉表え御人数被差出候節、同人儀気働有之、兼て長防両州の地理をも熟知仕候ニ付、彼表為探索被差越候処、敵地の中に深入込、種々探索の術を尽、数十日相滞候中ニは十死一生の儀を仕、屹度御用弁ニ相成申候由ニて、誠以奇特の者御座候間、御別段の御詮議を以屹度御賞美被仰付被下候様、於私奉願候、此段御内意仕候条、宜被成御参談可被下候、以上

　　慶応元年九月　　　　　　　　　　　　　　　　　　　中村庄右衛門

　　　　御郡方 御奉行衆中

(F) 僉議

　　去八月御奉行手ニ被差添、小倉え被差越候竹崎律次郎列、左の五人探索御用等格別相働、骨折仕候付、急ニ御賞美被仰付度由、本紙并御郡代書達、別紙の通ニ御座候、方今の御時躰別て御出京御引続、宮内様御出京、小倉御出張、其外御備御人数所々被差越候付ては、其筋ニ係り候御役人は申迄も無之、役外臨時の御用ニ被召仕候面々も不少儀ニ御座候処、右律次郎列被賞候ては、一統ニ相響キ、類推ニも至り如何可有之哉と、しらへ見合せ置候得共、右の面々は兼て禄給等被下置候儀ニても無之処、数ヶ月の間家事をも差置、他国え差出被置、度々敵地へ入込探索御用等格別相働、一稜御弁利ニ相成候者、御賞美及延引候ては以往の御倡ニも係り可申候間、急ニ被賞度由、猶口達の趣有之候間、熟考仕候処、律次郎儀ハ在勤中諸役人段竹崎新次郎父ニて、役儀等相勤居候者ニても無之、亀右衛門儀は下地馬口労ニて有之候処、駒子仕立方御用懸ニ付、在勤中御郡代直触被仰付置、甚右衛門も同様馬口労ニて有之候処、此節小倉へ被差越、律次郎へ被差添候付、右出張中苗字刀被成御免、信右衛門は民籍小前の者、宇兵衛儀は五町手永建部村仮人数入御免ニ相成候迄の者ニて、何レも普通の儀ニ候得共、日数ニ応相応々々御心附被下置候儀ても可然哉ニ相見候得共、律次郎列働の次第は委細書面の通ニて、いつれも思惟を凝シ、或は形チを替へ探索筋格別相働、既ニ亀右衛門・信右衛門儀は、危急存亡の境ニも差臨候処、稍々陰れ忍ひ辛うして虎口を遁レ候儀も有之たる哉ニて、彼是書面の趣相違も有之間敷候間、別段を以左の通ニも可被仰付哉

　　　　　　　　　　　　　　　　　菅尾手永唐物抜荷改方御横目
　　　　　　　　　　　　　　　　　　在勤中諸役人段竹崎新次郎父
　　　　　　　　　　　　　　　　　　　竹崎律次郎

右は小倉出張中諸役人段の振合ニ被仰付置、探索御用相勤、其末士席の振合ニて他所応接等被仰付置、度々筑前・芸州へも被指越、諸藩応接等昼夜ニ懸致出精、格別御弁利ニ相成候由書面の通ニ付、作紋紬綿入一・金子弐百疋程も可被下置哉

坂下手永坂下村居住　駒子受込
在勤中御郡代直触
平川亀右衛門

右は前条竹崎律次郎え被差添置候処、多年馬口労いたし、長防ニも罷越、地理熟知の者ニて、彼の地の模様見繕として度々罷越、既ニ初度罷越候節は危急の場ニ差臨、乗船の都合悪敷、自勘ニて多分の出金いたし船一艘買取、辛して罷帰り、一稜御便利ニ相成候由ニ付、別段を以地士可被仰付哉

同手永築地村馬口労
甚右衛門

右は小倉出張中苗字刀被成御免、竹崎律次郎へ被差添置、前条亀右衛門同様の者ニて、追々長防の様子聞繕として彼地へ被差越、且越前様御頼の馬、小倉へ牽越彼是、厳寒中別て骨折、一稜御弁利ニ相成候由ニ付、御郡代直触可被仰付哉

平川亀右衛門連人
信右衛門

右は亀右衛門初度長防へ被差越候節連越、両国の地理委敷、地図出来の節扨主ニ成申談、一稜御便利ニ相成候由、書面の通ニ付、無苗ニて御惣庄屋直触可被仰付哉

五町手永建部村仮人数
宇兵衛

右は去冬小倉表へ御人数出張中被差越候処、同人儀は若年の砌より為稼中国筋へ罷越、同所ニおゐて妻帯をもいたし、土地の者同様ニて、山口宮市辺別て知音広、地理熟知の者ニ付、彼の地の模様聞繕として、都合三度被差越、所々打廻、平川亀右衛門同様、一稜御便利ニ相成候由、委細別紙の通ニ御座候処、同人儀ハ近来稍々建部村仮人数入御免ニ相成候者ニて、此節身分ニ係り候御賞美は難被仰付相見、さり迚無味ニ被閣候ては、前条亀右衛門列ニ見合、不対ニも相成候間、御心附として米三俵程も被下置候ては如何程ニ可有御座哉

但、本文平川亀右衛門儀は一領一疋、甚右衛門儀は地士、信右衛門は苗字御免御惣庄屋直触被仰付候様、申立の通ニは御座候得共、左候ては余り過分ニ相見候、尤此節は非常別段の儀ニは御座候へ共、一統御賞美筋は釣合も有之事ニ付、少シ斟酌を用、申立より一等落にして、本文の通相しらへ申候、何程ニ可有御座哉

本紙申立は、多人数の儀ニ御座候得共、此節は敵地へ入込、探索筋など格別相働候竹崎律次郎列五人迄相調へ、余は追ての模様ニ応取調へ可申と、先見合せ置申候

(G) 右、丑（慶応元＝1865年）十一月廿三日達

(H)　　　　　下関表聞取書

一 五卿受取の議起り候後、激徒評議いたし候は、今更ニ至五卿を渡候儀難成、左候得ハ兵力を以押懸られ候外無之、左様ニ成行申候得ハ勝算とてハ無之候得共、空敷渡しは仕間敷と評議致シ居候中、萩より説得いたし、伊佐長府より五里と申所え立退キ候様申付候処、激徒両端ニ相成、一方は主命の事ニ付、先伊佐ニ立退キ、存念の筋はドコヽヽ迄も申達候方可然と申説有之、一方は何事も奸吏共の仕業ニ候得は従フニ不及と申候て一定不仕、五百人計は伊佐の様に罷越、弐百五拾人計は馬関の様ニ罷越、跡ニハ諸国の浮浪を加、八九拾人位も残り居、五卿を警衛いたし居候由ニ御座候、右の通所々ニ引分レ候得共、五卿と意の絶候事とは見え不申候

ニ付、五卿の渡海容易ニは出来申間敷との見込の説多ク御座候
一右の激徒弐百五拾人程、去ル十六日朝未明ニ馬関え罷越、本家の領分新地ニ至、左の通の高札を立、直ニ役所ニ押懸、金子并米を奪取候ニ付、萩より相詰居候役人は尽ク逃出シ候由、其中の頭役壱人は虜ニいたし居候との事ニ御座候、右の逃帰候役人、右の次第萩え訴出候ニ付、直ニ押懸討捕可申との説も有之候得共、巡見使も相見え候折柄、願日干戈を不動して鎮静致シ度とて、評議最中との事ニ御座候

　　　高札　奸吏共恐多クも、君上の御正義ニ戻り、四境の敵ニ媚、御屋形を毀チ関門を破り、言語ニ不堪次第、
　　　　　　依之其罪を正シ農商を安するもの也

一前条馬関新地ニ罷越候奇兵隊の長、高杉晋作と申者、竊ニ三田尻の様ニ罷越、十九日の夜蒸気船壱艘乗逃いたし候段、馬関役元ニ申参候由ニ御座候、依之馬関の激徒は右の蒸気船ニ乗、何方え欤立退可申手段共ニては無之哉との見込の説も御座候
一当月十四日激徒の頭分毛利登・前田孫右衛門・松嶋甲蔵・瀧弥太郎・渡辺内蔵太・山田又助・楢崎弥三槌、都合七人、誅戮を加え候由ニ御座候
一本家の方ハ役人も多ク引替り、長井雅楽派の者は惣て召出候由、其中ニ熊谷式部と申者才力も有之、権柄強ク有之候との事ニ御座候
一左京亮は極々暗愚ニて、三吉内蔵介と申家老壱人ニて権を執居候由、右内蔵介は益田家より養子ニ参り居、右衛門介従弟ニ当り候者ニて、内実は右衛門介と無二の同意ニて有之、今ニ意中は激徒ニ通シ居候由、五卿并激徒長府ニ集り候も、畢竟頼ム所有之候ての事と申事ニ御座候、右内蔵介積り、長府を亡シ候者ニて可有之とて慨歎仕候者御座候
右の外格別相変候儀承り不申候、以上
　　　子十二月廿四日　　　　　　　　　　　　　　　　　　　　竹崎律次郎
　　　　　　　　　　　　　　　　　　　　　　　　　　　　　　平川亀右衛門

(I)　　　　　　口上の覚
　　　私儀、片山多門殿え被差添、平川亀右衛門・築山甚右衛門私え被差添、去秋来小倉表え被差越候付て、
　　　於彼表勤方等の次第、御問合の趣承知仕、則左の通ニ御座候
一去子八月十八日熊本発足仕、同廿三日小倉表え着仕、臨時の御用等相勤申候
一筑前表え御用有之、上野惣右衛門殿・田上忠助殿同道ニて、士席の振合ニて被差越、八月廿八日小倉出立仕、九月二日同所え引取申候
一九月八日、在陣中士席の振合ニ被仰付候段御達有之、臨時の御用并他藩応接等相勤申候
一芸州辺御用有之、安田源之允殿同道、往来中の急ニて被差立、九月十八日小倉表出立仕、芸州広島より防州岩国迄罷越、十月朔日小倉表え引取、長防并中国筋の事情探索仕候次第は別冊の通ニ御座候
一同所え御用有之、被差立、十月十一日小倉表出帆仕、同月廿四日引取、事情聞取候次第ハ右同断
一同所え右同断、往来大早ニて被差立、十一月九日小倉表出立仕、同十六日同所え引取、右同断
一十一月廿一日此砌諸藩の事情等聞繕可申旨、被仰付候
一下関方事情聞繕として被差立、十二月廿二日小倉表出立仕、無刀ニて町人の躰ニテ出立罷越、同廿四日同所え引取申候、見聞仕候次第は別冊の通ニ御座候、以上
右の通ニ御座候、以上
　　　丑二月　　　　　　　　　　　　　　　　　　　　　　　　竹崎律次郎
　　　　　　丸山平左衛門殿

※ここに紹介した史料は、熊本近代史研究会の「会報」第500号に＜史料紹介＞として掲載したものと同じものである（解説文は異なる）。

八代古文書の会 会報 No.42

2013年8月5日　八代古文書の会　発行
〒866-0081　八代市植柳上746-5　蓑田勝彦方

今回は熊本藩筆頭家老で知行3万石、八代城を預けられていた松井章之の、自筆の江戸旅行日記の翻刻です。この安政3年（1856）の参府日記については、本会報でもNo.10とNo.26の2回とりあげていますので、詳しく知りたい方はそれを御覧下さい。今回は彼の自筆の懐中日記を、原文通り翻刻しています。

このときの日記は他にも、彼に随行した家臣のだれかが、松井章之になったつもりで書いた旅日記があります。これは今回のものとは文章表現も異なっており、江戸から八代までの帰途も記されていますので、機会をみてそれも翻刻したいと思います。

安政3年の松井章之の参府日記（その1）

蓑田　勝彦

今回紹介するのは、熊本藩の筆頭家老で知行高3万石、代々八代城をを預けられていた松井章之の江戸旅行日記である。松井家は、徳川将軍からも上方（山城国など）に173石余の知行地を給されており（つまり徳川家の直臣でもあったので）、自家の代替り、将軍家の代替りごとに、江戸へ行き（参府）将軍に「御目見え」することになっていた。松井章之は天保11年（1840）に義父の跡を継いで、翌12年に参府して12代将軍徳川家慶に御目見えしている(註1)。今回紹介する参府日記は、松井章之が嘉永6年（1853）に13代将軍になった徳川家定に御目見えするために江戸へ向った時の日記である。彼はこのとき44歳、家老になって25年目、前回の15年後2回目の参府ある。

彼は安政3年（1856）3月11日に八代を出発し、4月25日に江戸に到着した。6月1日に将軍に御目見えをはたしたが、その後も長く江戸に滞在した。家老としての公務を勤めるほか、9月18〜24日には相州警備の状況視察を行っている。相州警備というのは、ペリー来航以後、幕府が諸藩に命じて江戸湾付近の警備にあたらせたが、熊本藩は相模国の三浦半島の警備を命じられたことをいう。10月15日に江戸を出発して帰国の途についたが、途中京都に10日ほど滞在、上方の知行地に立寄るなどして、12月9日に熊本に帰着した。この時の旅行については、本会報でも第10号（2011年8月）、第26号（2012年7月）の2回にわたって述べているので、ここでは詳しい説明は省略し、章之自筆の日記本文を紹介する。

原本は絹で表装した懐中日記帳で、タテ16.8㎝、ヨコ18.6㎝の大きさである。写真に見えるように、広げた時の中央に長方形にカットされた部分があり、そこは墨で黒く汚れているので、小形の墨壺が入れられていたと思われる。小さな筆も帳面の背の部分に入れられていたと思われるが、墨壺も筆も残っていない。表紙を除いた中味は86枚で、そのうち後の41枚は白紙のままである。表紙には何も記されておらず、最初の頁の冒頭に写真に見るように長い表題が記されている。その時々に記されたままの日記であるため、後で記入しようと空白をもうけた部分が、そのまま空白となっている所もあり、また一旦記入したあと抹消したり、空白部分を見つけて離れた所に記事を続けた部分もあったりする。翻刻にあたっては、できるだけ原本の体裁に近いようにしようとつとめたが、うまくいかないかった場合も多い。なお分量の関係で3回に分けて掲載の予定である。

≪凡例≫
- 読みやすくするために、適宜 読点（,）をつけた。また原文が長く続けて記されているとき、何ヵ所かで行を改めた。
- 原文に ない説明を、編集の必要上記入した場合は（　）の中に入れて示した。
- 文字は、漢字・かな ともに、原則として現在通用の字体を使用した。
    藝→芸、圓→円、萬→万、處→処、瀧→滝、圖→図、靍→鶴、廣→広、扣→控　など
    者→は、茂→も、江→え、而→て、之→の　など

- 「く」の字を長くのばした繰り返しの文字が多いが、それらは原則として　漢字は「々」、ひらがなは「ゝ」、片仮名は「ヽ」を使用して表した。
- 日付の上にある○は、原文では中空ではなく、朱色の丸印である。
- 本稿は会員の緒方晶子がワープロ入力を行い、同じく会員の蓑田勝彦が校正などを担当した。

（註1）天保12年の日記は『熊本藩家老 八代の殿様 松井章之の江戸旅行日記』（八代古文書の会、2008年）として出版すみ

＜安政三年　松井章之参府日記＞

公義御代替ニ付て、御目見御礼として
安政三年辰三月十一日八代発足より途中諸日記

　　　　○十一日　晴、少シ風立　　　　　　　　　　　八代発駕　豊福止宿
一今朝五ツ半時の供揃ニて発駕ニ付、毎もの通り表居間ニて髪月代等いたし、奥湯殿ニて行水いたし、猶表ニて着替へ、左候て奥お上ヘニて一座ニて三方錫の酒土器ニて取遣、胃助は別段壱人の取遣ニて、お恒・お坤・基之助・お直・お春ニ、略式一同ニ取遣いたし、其後亀次郎も当地え参り被居候ニ付、一座ニて朝飯仕舞、菓子迄出テ、其後庭内児ノ宮・稲荷社・二階櫓神棚、夫より間内神棚、内仏等致拝、

　左候て表ニて家司一列、兵庫も此節供頭ニて参り候ニ付一同ニ逢、いつれも手熨斗遣し候、引続キ供の物頭已上逢、手熨斗、引続キ供の中小姓已上ニ逢、引続キ留守残りの用人已下奉行迄一ト切、小姓頭より右筆頭、并ニ平役取次納戸方迄一ト切ニ逢、其跡ニて引続胃助・小姓頭并側組脇一同ニ逢候、左候て猶奥おうヘニて一座ニて吸物より祝イ、縁側え家司初、用人・奥用人・供頭・供の納戸役・医師・留守残りの医師まで呼ヒ、家司共えハ吸物より出し、いつれも酒給へさせ、祝中程ニ昼八ツ時後直ニ奥出立、

　表ニて口祝の三方迄祝イ直ニ出立、鶴の間迄亀次郎見立ニ被出、大書院下の間ニ菅嶋彦蜂見立ニ被出居候、是は未タ御目見無之人ニて、我等炮術門人ニ付、別段ニ被出候、夫より広間上の間、御番頭・組脇初メ例の通、下の間ニ惣御城附中見立ニ被出候、敷台ニ胃助・基之助見立ニ被参候、玄関前操石ニ例の通り家司共、頬当テ門外より杭場、此節より建方いたし、家中役々見立、辻目見ニ罷出候ケ所々々、小姓頭共方ニ委敷有之候ニ付略ス、

　府外南側、松江駅所前、知行頭并役人、引続キ知行の地筒共罷出

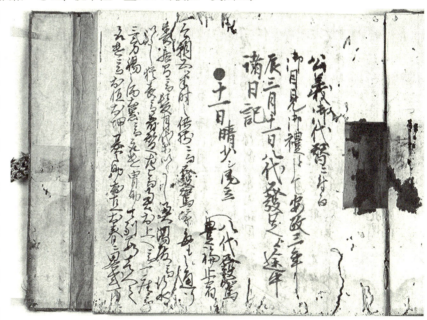

松井章之の参府日記（表題なし）　　最初のページ

候、北側、松江駅所前宝泉院、引続キ知行の庄屋共罷出居候、松馬場大曲り中道口の処ニ、高田手永惣庄屋初、在寸志御中小姓初、御家人罷出居候、並川村通松場筋え、胃助初子共衆の見立使者罷出居候ニ付、駕を据へ致伝言候、夫より松馬場出切ニ暫ク小立テ、夫より小御堂前ニ石川寿堤彦・同今彦兄弟両人見立ニ被出候、夫より興善寺出小屋手前ニ、種子山手永惣庄屋忰初、同所御家人共罷出居候、夫より宮之原町長谷栄太方え休ミ、栄太より菓子、野津惣庄屋下山郡次罷出候て、吸物酒肴等差出し候、右郡次・栄太一同ニ鳥渡逢候、八代御郡代古田十郎右衛門被参候ニ付鳥渡逢候、

　同所ニて弁当仕舞、無程同所発足、右町出切りニ、右の郡次初野津御家人共罷出居候、小川出切り、里木の

所ニ駕を据、同所より灯燈を付ケ、夜五ツ時分無滞豊福茶屋え致着候、当所の茶屋番并用達より玉子等差出候、其後機嫌伺ニ、外記罷出候ニ付逢候、其後猶呼出シ、目通りニて相伴ニて吸物酒等給へ候、今晩は当所止宿ニて候事

　　　　○十二日　晴　　　　　　　　　　　　　　豊福出立　熊本屋敷　一日亭止宿
一今朝知行所の帳本共より干肴差出候事
一河江惣庄屋内田寿太郎、小川駅所横目藤井彦之助両人より鮮鯛差出候ニ付、一同ニ逢候事
一今朝六ツ半時の供揃ニて、五ツ時過豊福茶屋致発足、茶屋外石橋越し、直ニ右の方ニ、右河江手永惣庄屋内田寿太郎并小川駅所横目藤井彦之助、両人見立ニ罷出居候、夫より宇土本陣桑原作平次方え小休ミ、往来共ニ同人罷出居候、無程同所出立、町内宇土より先払両人罷出候、夫より志々水村伊八と申者小立テ場取建、今日初て出来ニ付、同所ニて昼弁当仕舞、初ての事ニ付、伊八より川尻草津餅壱箱、鮮鯛一折差出候、
　　無程同所出立、川尻渡り、惣供渡り相済候迄、例の通小立テ、右川渡シ手前ニ御船の（約七字分　空白）見立として罷出居候、夫より二軒茶屋小立テ、同所通り筋え此節頼ミ候て召連候筈の歩御使番の清原逸次、歩御小姓の石井九郎、両人出迎ニ罷出候ニ付、二軒茶屋ニて両人ニ鳥渡一同ニ逢候、無程同所出立、迎町より本通三丁目、壱丁目、法花坂通、熊本屋敷え着いたし候事
一迎町口より壱丁目御門外迄、毎の油屋治兵衛并鳶役両人、鳶頭両先拂いたし候、頭取廻役甲斐清兵衛、橋本熊太両人、迎町口より屋敷門前迄、鳶役の跡ニ先拂いたし候事
一着の上直ニ新居間ニて三方祝イ、左候て家司役外記え手熨斗遣シ、左候て中小姓頭粟坂市左衛門、当所留守居宇野平之進一同ニ逢、引続当所目附早木十右衛門、右筆頭早川次郎三ニ逢、左候て直ニ裏の馬場より谷通り、一日亭え参り候処、お滝様・おかや・亀次郎・永次郎御出ニ相成居、無程衛士、其後刑部・お藤、暮過よりおたゝ参り被申、永次郎ハ暮前ニ被帰候、外は一座ニて吸物より夜食迄出し、衛士は四ツ半時比被帰、おたゝ・刑部・お藤ハ九ツ比被帰、お滝様・おかやハ今晩は一日ニ御留りニ相成、我等も一日ニ止宿いたし候事

　　　　○十三日　曇、暮前より小雨、次第ニ強雨の方　　　　一日ニ滞留
一今朝出仕前、三渕志津馬被参鳥渡逢候、其後宮部璘七郎・貫角右衛門、両人餞別菓子被送候て参り候ニ付鳥渡逢、四ツ時過より花殿え出仕、御一門衆初例の御役々御機嫌伺、我等え謁有之候、旦又勇姫様先月五日御袖留の御祝有之候段御到来ニ付、右御歓御用人え謁有之候、御用相済、帰り懸ヶ二ノ丸御屋形え参上（約三字分　空白）御二方御逢被成、太守様御初え御機嫌御伺御伝言等有之、御二方共ニ直ニ、御手熨斗有之候、
　　左候て直ニ引取候処、志津馬参り被居、無程御奉行不残、真野源之助・上野十平・小山門喜・荒木甚四郎被参、其後監物、其後内匠被参、其後藪三左衛門被参候、一座ニて吸物酒等振舞候、三左衛門は差合ニ付、直ニ被帰候、監物・内匠は暮頃被帰候、御奉行中は跡ニて少し咄合有之、暮過ニ被帰候、志摩守被参候ニ付、愛元ニて諸方より送ニ相成候札守等認メ頼ミ候、暮よりおきよ・直記被参、お滝様・おかやハ昨日より御留りニて、志津馬・おきよ・直記・志摩守等一座ニて、吸物夜食等振舞候、直記ハ少し先ニ被帰、其後おきよ・御滝様・志津馬・おかや被帰、九ツ半無滞相済候事
一亀次郎も今夕より参り被居候得共、監物初の座ニハ出テ無之、然処養父三左衛門身分伺有之ニて被請置候由ニて、三左衛門帰りニ相成候事ニ付、亀次郎も今日は帰りニ相成候方可然と咄合、暮前ニ暇乞致し帰り被申候事

　　　　○十四日　強雨、格別風は無之候　　　　　　　　　熊本出立　山鹿止宿
一今朝五ツ時の供揃ニて熊本発足ニ付、一日亭ニて三方祝、引続吸物酒肴二種、直ニ朝飯仕舞、無程本宅の様ニ谷通りニて参り、新居間ニて口祝、三方祝、左候て家司役外記え手熨斗遣シ、左候て粟坂市左衛門・宇野平之進・川口九左衛門・早木十右衛門・杉山又左衛門・藤木孫之丞・早川次郎三え壱人ツヽ逢候、其後三渕志津馬・坂崎忠左衛門・澤村衛士・松井直記え一同ニ逢、其外沢村八之進初、大勢絵の間え並居候て、其処ニ参り鳥渡逢候、出立の節は絵の間え志津馬・忠左衛門・衛士・八之進・直記送被申、其外は惣て大書院下モ間ニ被並居送被申候、大書院段下ニ狩野藤太見立ニ罷出居、広間上の間え（以下約七行　空白）

左候て五ツ半時分、熊本屋敷無滞致発駕、出町ハツレ町内より出入の新座座方の者共、其外士衆大勢見立ニ被参居、其外刑部初席中、縁家衆使者罷出居候、夫より暫の間所々町人、且両座座方の者共、三角門次郎・幸右衛門共見立ニ罷出居候、大久保村内ニ絵書共、不残罷出居候、夫より御馬下村酒屋、寸志壱領壱疋赤垣直次郎宅え小休ミ、此処にて五丁手永惣庄屋佐藤久助よりまんちゆう壱重、よふかん壱重差出候、無程同所発足、門外ニ角田市太、其少し先キニ絵書の赤星喜十見立ニ罷出候、

　　夫より植木入りロニ当所惣庄屋川野八兵衛出迎居候、当所御茶屋え休ミ弁当仕舞候、御茶屋迄北村甚九郎・小堀志摩守見立ニ参り被居、志摩守より酒肴等被出候、惣庄屋八兵衛よりも同様差出候、甚九郎・志摩守えは目通、御入側ニて酒振舞候、其内ニ此節御差添の御物頭服部弥右衛門見舞ニ被参候ニ付、一所ニ酒振舞候、其内ニ供方も仕舞、無程同所出立、御茶屋御縁え甚九郎・志摩守見立送被申候、志摩守は是より引返し、直ニ沢村衛士方え参り、おかや伽ニ跡賑合いたし候由ニ候、植木町迯レニ惣庄屋八兵衛見立ニ罷出候、

　　夫より広尾町高瀬往還ニ日覆イいたし有之、小立、此近辺知行所の壱領一疋徳永十郎助・藤木栄之助・光永平八、其外庄屋・帳本共出迎、干肴・名酒・菓子抔差出し、供方えも酒肴等出し候、無程同所出立、往来共ニ右の者共致送迎、辻目見候、夫より暮前灯燈無しニ山鹿御茶屋え致着候、当町入口ニ当所の惣庄屋ニて御茶屋番兼勤、山口久左衛門出迎いたし居候、着の上菓子并もうそう・玉子抔遣し候、典礼留守より是迄見送り、見舞ニ使者砂光誘参り候ニ付逢、致直答候、其跡右久左衛門え逢候、其後おかやより使者中嶋順三郎と申者参り候ニ付逢、致直答候、明朝の見立もいたし候様申付られ候由ニ候、

　　其後引続、沢村隠居掃部よりの使者、同人事一日亭え暇乞ニ被参筈の処、纔一日滞留の事ニて、来客も定て多く妨と被存、今日猟懸にて、途中迄被参心組の処、今朝の天気合にて其儀も難成候ニ付、是迄使者被送候との事ニて、広瀬伝之助と申者参り候ニ付逢、致直答候、其後紙櫨方役人代中嶋健太郎・御郡横目田村銀左衛門罷出候ニ付、両人一同ニ逢候、其後伊牟田和泉頭父子、山辺紀伊之助同道ニて、守并献備米、内密別段祈祷の懐中守持参ニ付、三人一同ニ逢候、今晩は当所止宿いたし候事

一当所絵書犬塚松琴と申者、先年八代え参り候時分絵申付、日奈久入湯の節も召連レ存居候者ニて、次迄罷出候ニ付逢候事

　　　〇十五日　　少シ曇、次第ニ晴　　　　　　　　山鹿出立　　筑後柳川領 瀬高泊
一今朝六ツ時の供揃ニて五ツ時分山鹿出立、町迯レニ惣庄屋山口久左衛門、其外昨晩逢候伊牟田伊賀頭・和泉頭、山部紀伊助、沢村方よりおかや・掃部両人の使者、并遠山弥次兵衛、外ニ平野屋喜市見立ニ罷出居候、夫より岩村光行寺寺内の御小立場え小立、夫より肥猪町御小立場瀬口平次郎方え小立格合は歩御使番の由、出入共ニ門前脇ニ罷出居候、夫より南関橋際え当所惣庄屋木下初太郎、并当町別当猿渡円七罷出候、八ツ時分当所御茶屋え昼休ミ致し候、惣庄屋より酒肴菓子抔出シ候、右初太郎えは逢候、当時当所ニて専ラ製作のピストン筒見せ候様申聞、壱挺見候、右職場見物ニ作馬・源八両人遣し候、

　　無程当所出立、筑後の国柳川領原之町脇本陣、立花侯家来松尾理太郎方え小休ミ、同人え鳥渡逢、致挨拶候、左候て無程同所出立、夫より瀬高川手前の仮橋ロえ川方役岡田栄助・別当上田八兵衛、橋向橋口ニ川方役人、人馬見締兼勤成清梅蔵・別当坂田与助、四人罷出候、町内駅前ニ人馬見締田中喜三郎・小川善助・川野文之助と申者共罷出候、夫より瀬高柳川御茶屋番の中村左兵病中の由ニて、助勤伜ニて可有之、同寿三郎と申者御門外ニ出迎いたし居候、今晩は右御茶屋え止宿いたし候事

　　　〇十六日　　曇、昼前より雨、小雨ニて不晴　　　　筑後 瀬高出立　　筑前 山家止宿
一今朝六ツ時の供揃ニて出立前、御茶屋番中村太兵衛病ニ付、伜寿三郎え逢、左候て六ツ半時比同所出立、宿の町久留米侯御領、脇本陣中尾理兵衛方え小休ミ、夫よりアイゴヲと申所え野立テ、夫より道筋コウダラキと申所の名物饅頭五ツ、仁右衛門買セ給候、夫より府中本陣去十月出火ニて数軒焼の内ニ付、脇本陣綿屋金兵衛方え昼休、同所より菓子遣し候、無程同所出立、古閑の茶屋岩屋八次郎方え小休、夫より松崎駅の脇本陣柳川屋忠八方え小休ミ、忠八より饅頭差出し候、無程同所出立、乙熊村え野立テ、左候て暮灯燈無しニ山家本陣近藤弥右衛門方え着いたし候、町口迄同人出迎イ致し居候て、直ニ致案内候、着の上鮮鯛五ツ差出候、今晩は当所止宿ニて候事

　　　　　○十七日　　晴、夕風立　　　　　　　　　筑前　山家出立　　同国　飯塚止宿
一今朝出立前、本陣近藤弥右衛門え逢候、此所より忍ニて宰府え致参拝候ニ付、歩行の筈の処、昨晩より些風邪気ニ付、途中はケンモン駕ニて、朝五ツ時前当所発足、宰府一丁計り手前の山上より下乗致し、天満宮え参拝いたし、廻廊・絵間等左右致見物、三の橋上ニて、天王寺花売候子共有之、求て鯉鮒え給ヘサセ、仰山集り大紅鯉も多ク居候、夫より鳥井外亀屋と申料理屋え立より、昼飯拵ヘ給ベ候、娘ハ相応の容儀ニておなかと申、歳は廿二歳の由、

　　昼飯仕舞無程同所出立、おいしと申村ニて莨等呑ミ、夫より米山越し、米の山城跡前の小屋ニて莨呑ミ、無程同所立チ、山の口小屋ニて猶莨給ヘ、直ニ同所立チ、元石村と申本往還、長尾村と申所出口より五六丁計り手前より、ケンモン駕ニ乗り参り、右長尾村入口より本駕ニ乗移り直ニ同所出立、夫よりテントウ村渕上吉右衛門方へ小休、無程同所出立、暮比飯塚宿本陣長崎屋、畠間小四郎方え致着候、当所入口え右小四郎出迎居、直ニ本陣迄致案内候、今晩ハ当所止宿ニて候事、

　　府御宮ニて守等数枚受ケ、一ノ鳥井外町迄の間、敷石有之処のカタツラニ小間物出店有之処、一二軒より少々小間物求メサセ、追て小倉より供夫の帰り便ニ、八代え慰ニ送ル筈ニ候

　　　　　○十八日　　晴　　　　　　　　　　　　筑前　飯塚出立　　豊前　小倉止宿
一今朝六ツ時の供揃ニて、出立前本陣畠間小四郎え逢、六ツ時過比出立、駅迦レ迄小四郎罷出候、小竹と申所え野立、夫より小滝村岩崎屋勘助と申者方え小休ミ、夫より木屋瀬本陣石橋甚三郎え昼休ミ、夫より上之原と申所え野立テ、夫より黒崎駅の本陣関屋富田孫七方え小休ミ、菓子・香の物等出し候、無程同所出立、門前ニ右孫七出迎いたし、立の時は町迦レ迄罷出候、夫より大倉と申所まての間、小倉と申所の出小屋ニ、ひようたん、酒徳利、余計の焼（除野焼）も少々店ニ出居候、

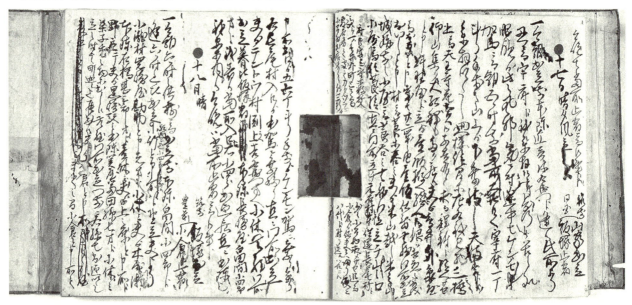

松井章之の参府日記　3月16日の最後 〜3月18日にかけての部分

　　夫より大倉と申所のわた屋藤平と申者方へ小休ミ、夫より小倉手前清水向キの茶屋迄、已前より別段出入の鶴崎軽輩御船横目の明石万之允、此節鳳麟丸乗組の内願ニて参り候ニ付、同所迄壱人出迎ニ罷出居候、小倉大門外町角迄、大津屋重五郎罷出居候、大門外ニ当所の本陣村上新蔵、并右新蔵幼年ニて十四歳歟の由ニて、後見の叔父の由村上銀右衛門、両人罷出居、直ニ致案内候、到津口御門とか申御門外迄、鶴崎御知行取御船頭已下、御船手の面々出向ニ罷出居、暮六ツ時比本陣新蔵方え致着候、今晩は当所止宿ニて候、着の上知行取御船頭中村英馬え逢、引続明石万之允、軽輩の事ニて御座候ヘ共別段ニて逢候事

　　　　　○十九日　　晴　　　　　　　　　　　　小倉出立、乗船

一今日は下の関え渡海、中国路明日より踏出し通行いたし候筈の処、筑前侯若殿御下国ニて、壱二宿目の処、丁度御相宿ニ相当り候御宿割ニ付、煩敷事も可有之、其上鶴崎より御船も毎も乗船丈ケの鳳麟丸を初メ廻着いたし居、直ニ中国路と申処ニては、御船頭を初御船手、不怪力落ニも相成候模様ニ付、旁先ツ乗船いたし、追て都合次第いつ方よりそ上陸いたし候筈ニて、今朝乗船前右の趣席中え、自筆状連名ニて壱封、他筆状等仕出し、且代官共も当所より引取候ニ付、お恒・胃助初え壱封仕出シ、太宰府ニて求メ候札守并小間物、且小倉ニて求メ候名物飴、猶又刑部・亀次郎え致約束置候火打金等仕出し候事

一今朝乗船前、小倉本陣村上新蔵、并後見の村上銀右衛門両人え逢、左候て代官の白石瀬兵衛、知行方根割両人、本陣次の間迄呼出し逢、直答いたし候、左候て昼九ツ時比、歩行ニて本陣出立、船場え参り直ニ御小早乗込ミ、五六丁沖え鳳麟丸繋居候ニ付、直ニ乗り移り候、関大神宮・劔八幡宮の海陸安全の札、洗米備有之候間、直ニ戴キ、洗米は其跡兵庫初え戴セ、守札は居間の柵ニ納メ置候、左候て口祝、三方祝候、無程太鼓打出船いたし候、夕七ツ半時分下の関湊え着船、湊内の亀山八幡宮え致参詣候、余程の大社ニて候、夫より阿弥陀寺え参り候処、暮ニ及ヒ燈明ニて安徳天王の御像、并左右の張付ニ、平家の一門方の男女の画像、次の間ニ源平合戦等の土佐絵の金張付ニて、十五歳の小僧訳を言、其外重物等数々致見物、帰りニ少々町内見物いたし、稲荷町と遊女町も見物いたし、左候て赤間関なすひ形チの硯石壱面、町内店ニて求メ、夜五ツ比本船の様ニ帰り候、尤極忍ヒニて、御船横目明石万之允、并大津屋小差重五郎致案内候、右阿弥陀寺略縁起、并太閤御詠歌の石摺等求メ候、重物左の通の由、右の内朱点懸置候丈ヶ致見物候事　（※「朱点」は傍線を手書き）

　　　　什宝目録
　　　安徳天皇木像　作者詳ならす　　　　　　平家一族画像 十張　狩野法眼元信筆
　　　源平合戦絵図八張　土佐将監光信筆　　　十一面観音　安徳天皇御守本尊 運慶作
　　　阿弥陀三尊　建礼門院持尊仏 定朝作　　　同　三尊　清盛持尊仏 恵心僧都作
　　　釈迦如来　重盛持尊仏 昆首羯磨作　　　安徳天皇御釼　御入水の後海底より取上候もの也
　　　能登守教経太刀　右同し　　　　　　　女筆平家物語
　　　後土御門院綸旨　二通　　　　　　　　後奈良院綸旨　一通
　　　正親町院綸旨　二通　　　　　　　　　鎌倉六波羅御教書　廿三通
　　　尊氏将軍御教書　二通　　　　　　　　太閤秀吉公御短冊
　　　同御羽織紐　　　　　　　　　　　　　同御盃
　　　吉田卜部二位殿御證文　一通　　　　　大内家證文　三通
　　　毛利元就公・隆元公・吉川元春公・小早川隆景公・毛利輝元公・委元公、其外毛利家御代々御書・御證文数十通　　当山懐古詩歌数十首　親王・公卿・諸大名、其外唐人・朝鮮人の作等なり
　　　　　数々の詩歌の内、玄旨君御歌迄控置
　　　　　もしほ草 かくたもとをも ぬらすかな すゝりのうミの 浪の名残に　　　玄旨
　　　庭ニ雪舟筑山あり、寺の前にうす墨といふ松有り
寺より見ゆるの景色、遠くハ豊前・筑前の諸山、近くハ文字か関、、内裏・柳の浦、乾珠・満珠の嶋、引嶋・舟嶋抔あり、前の海を硯の海といふ、往来の船日夜たへまなく、四時の風景具に述かたし、今晩は当湊え船泊いたし候事

　　　　○廿日　晴、至てナギの処、昼比より風立、向或ハ横風ニて少し波立　　　長州 下の関出船
　　　　　　　　　　　　　　　　　　　　　　　　　　　　　　　　　　　　　周防の内 新泊懸船泊り
一今晩八ツ時過、下の関出船、始ナギニ付押船ニて、朝四ツ半時分、長州萩領の本山と申処ニ潮懸りいたし、夕八ツ半比猶同所乗出し、向風横風等ニて押船ニて、夜五ツ時分（防）州の内新泊と申所ニ懸り船、今晩は此処ニ泊船ニて候事

　　　　○廿一日　　曇、ハエ風強ク波高シ、昼過より小雨降ル　　　周防の内 新泊滞船
一今日は風立波高ク、買船も近辺ニ通り居候船々も、ことゝくに当湊え船懸り致し候程の事ニて、今日は当湊え致滞船いたし候事
（ママ）

　　　　○廿二日　　曇、夕暫ク少々小雨降ル、余程順風ナレト風強し　　　周防 新泊出船
　　　　　　　　　　　　　　　　　　　　　　　　　　　　　　　　　　　萩領　上の関滞船
一今朝五ツ時前新泊出船、少々押船ニて参り候処、追風ニ付帆を懸ケ候処、次第ニ我等見込の通り風強ク、夕八
　ツ時過上の関え着船、右の通り余り風強ク候ニ付、今晩は当湊え致滞船いたし候、今日の船路里数、弐拾四里
　の由ニ候事
一暮比より暫ク、当湊見物として致上陸、無程船ニ帰り候事
一今夕大津屋小差重五郎よりアワビ遣し候事

　　　　○廿三日　時々曇、極少々雨、其内壱度アラレ少々降ル、風強シ、暮より晴　　周防の 上の関滞船
一今日も風強ク候ニ付、同所え致滞船候事
一昼、御差添の服部弥右衛門被参、暫ク逢候事
一今夕大津屋小差重五郎より、滞船の紛レニ可相成と、当所の懸物、并屏風ニ相成候壱双分の絵抔取寄、慰ミニ
　見せ候事
一今昼御船頭の中村英馬初、御船手の面々より鯛アワヒ等送りニ相成候事

　　　　○廿四日　　晴、順風　　　　　　　　　　　　　　　周防の上の関出船　　安芸の宮嶋え懸り船
一今朝六ツ半時分上の関湊出船、二十丁計り押船ニて出テ、夫より帆ニて夕八ツ半比芸州宮嶋え致着船、無程白
　衣忍ヒニて致参拝候、当所の案内者壱人、捧頭の吉兵衛、御船横目清之允致案内候、廻楼中ニて楊枝并桜の匙
　等求メ、宮え致参拝、開帳も申入候ヘ共、当時は市中とか申事ニて、其間は開帳等は一切法度の由ニて断申出、
　猶袴着用ニて大小帯シ候社人躰の者参り、右同様開帳断の訳合申出候、廻楼の絵間共打廻致見物、夫より千畳
　敷え参り候処、猿も五六疋参り居候、鹿は市中ニ多く居候、
　　左候て町内見物いたし、町裏山手ニ茶屋一二軒有之処の、丸屋喜右衛門と申者方ニて飯を申付給ヘ候、此家
　は煩敷無之処ニて、筑前の御家老抔も当所参詣の節立寄候由、女房の名ハおきくと申、三十歳計りの由ニて、
　已前は大坂芸者ニて当地え参り、元ハ京都産の者の由、右飯令仕舞、猶町内見物ニ参り、遊女町新町とか申所
　抔も見物いたし候ヘ共、店抔ニは壱人も不出居候、夫より猶楊枝店え参り、楊枝并クリ物四段提重の様の物、
　当所の惣絵図、并当所八景の絵抔求メ候内ニ、当時当社裏ニて芝居有之、
　　昨晩迄は女芸者の芝居ニ候処、昨晩限りニ相済、今晩よりは男役者の芝居初候由ニて、今少し已前ニ芸州の
　役者共致着船候由ニて、女芸者共船場まて迎ニ参り候由ニて、三味線太鼓等持参り、無程役者共、女役者、立
　役の者等芝居衣裳の如ク着用ニて、右楊枝店の前を通り、其跡少シ後レ、当所の芸者共数人、三味線太鼓ニて
　噺子通り、見物群衆ニて通り、能折柄ニて右楊枝屋の門口ニイミ、不残通りを見物いたし、夫より跡ニ後レ芝
　居屋の前ニ暫クイミ、芸者の役者を送り帰りを見物いたし、其後芝居屋の前を通り、夜五ツ半時分船の様ニ帰
　り候、
　　三四日已前迄は上方より能役者共罷下り、当所の舞台ニて奉納ニ三日能興行有之、二日は翁より有之、狂言
　も勿論有之、十番ツヽ有之、五番相済、中入有之、芸州広嶋より奉行并士抔も見物ニ参り、群集いたしたる由、
　三四日前ニ当所え参り候ヘハ至極の見物ニて有之たる由、当所の案内者申シ残念の事ニ候事
　　　但丸屋ニて飯給ヘ候節、飯の匂ヒ等、矢張御国日奈久の匂の如ク有之、船ニ帰り湯を給ヘ候処、当所の水
　　ニ付、矢張同様の匂ニ付、全ク水の匂イと相考候事

　　　　○廿五日　　晴、次第ニ風立　　　　　　　　　　　　芸州宮嶋出船、同国廿日市着船
　　　　　　　　　　　　　　　　　　　　　　　　　　　　　同所より上陸、同国海田市止宿
一今晩七ツ半時分宮嶋より出船、押船ニて五ツ半時分廿日市湊え着船、是より上陸、中国路の覚悟ニて無程上陸、
　当所本陣山田大次郎船上り場迄出迎、直ニ同人宅え小休ミいたし居候内、服部弥右衛門被参候ニ付鳥渡逢候、
　同人も是より中国路被参候、左候て昼飯共給、夫より供方相揃候迄、極忍ニて当所歩行ニテ出立、駅迯レ迄本
　陣大次郎送罷出候、当時当所町裏の山ニ天満宮社有之、開帳ニて角力抔有之由ニて、広嶋より男女見物人と相

見へ、段々往来多く有之候、

　　夫より井口ダヲと申所海辺、岩小嶋の様ニ出鼻有之、鳥井有之処ニ暫ク小休ミ、杉谷一太郎此処の図を写シ候、夫より草津の向井七兵衛と申者方え小休ミ、同所よりケンモン駕ニ乗り出立、広嶋御城下入り口の棒鼻松原と申処の桶屋藤兵衛と申者方え小立テ、御城下町通り、出切の岩鼻と申処の松原屋甚六と申は方へ小立テ、夫より同国海田市脇本陣加藤彦四郎方え夕七ツ半時分着、門前ニ出迎いたし居候、今晩は当所止宿ニて候事

一広嶋御城下町内元安橋と申橋乗越シ通の時分、長崎御奉行附の御役人の由ニテ行合候ニ付、左りゝゝニ通り行キ、供の面々笠計リ抜キ候事
一中国路道中、本棒駕ニて本供巻ニて通いたし候へ共、物入も大造（ママ）ニ付、供方成ル丈ヶ減シ、惣躰の供は大坂迄船より遣シ、ケンモン駕ニて、表向は松井兵庫名元ニして、大坂迄は十文字槍ニ白熊を付持せ、通行いたし候筈ニ候事

　　　　○廿六日　　晴　　　　　　　　　　　　芸州海田市出立、同国西条四日市止宿

一今朝出立前、当所脇本陣加藤彦四郎え逢、五ツ時分当所出立、門前迄彦四郎送ニ罷出候、夫より中ノ村の横呂清左衛門と申者方へ小立、此処は豪家の由ニて、珍悦見ル処も庭の石遣イ等も本式の由ニて泉水も有り、橋懸り、紅鯉抔も入り居候、夫より一貫田と申所の本陣野村万右衛門と申者方え昼休ミ、此処も庭中の桜・ツヽシ花盛りニて候、右万右衛門、門外ニ送迎いたし候、夫より上ミ瀬ノ尾と申処より歩行ニて坂登り、瀬ノ尾大山と申処の峠に暫ク小休ミ、

　　猶歩行ニて飯田村と申処の、内藤伊右衛門と申者方え小休ミ、無程此処より駕ニ乗り出立、夕七ツ時分、西条四日市脇本陣尾之道屋坪島吾十郎方え着、門外え吾十郎罷出居候、本本陣の方は長崎交代の公義御勘定役の由ニて、止宿ニ相成居候ニ付、門狭マなから右の通脇本陣ニ今晩は止宿いたし候事、右公義御役人は某当所着前ニ本陣ニ着ニ相成居候事
一右吾十郎より当所名物の、西条ツルシ柿壱箱差出シ候事
一今度召連候歩御使番の清原逸次、歩御小姓の石井九郎、両人呼ヒ暫ク色々咄し、左候て小姓頭側ニて酒等呑せ候事

　　　　○廿七日　　雨後曇、時々小雨降ル　　　　芸州西条四日市出立、　同国三原止宿
　　　　　　　　　　　　　　　　　　　　　　　　当所三原は、広嶋御家老浅野甲斐居城ニて候事

一今朝六ツ半過当所出立、全躰山迄ニて、石立と申処の松花屋平左衛門と申者方え小休ミ、夫よりタマライチト申処のしげみつ屋次助と申者方え小休ミ、長崎御目附交代の由ニて、岡部駿河守殿今日通行ニて、此処昼休の由ニて、此処ニて出合候ては煩敷由ニ付、是より歩行忍ヒニて、野道ニて行違の覚悟ニて当所踏出し、清原逸次を連レ候、

　　左候て駕は少し後レ、跡より出立いたし候処、無程野中ニおひて行逢候ニ付、脇道ニ迯し、通りを見物いたし候処、先ニ両人立、其跡より五六人歩行ニて踏込着用、菅笠をかふり、三十歳位の人躰ニて少し目立居、鑓壱本、袋傘を持せニ相成、駕ハ跡ニ引添参り、其外御歩目附、御小人目付衆、駕四挺引継参り、右通り相済候ニ付本道へ出、三拾町位参り、西ノ村出小屋十兵衛宅へ暫ク腰掛、たはこを呑、同所出立いたし、夫より新庄立場の本陣飯田屋伝右衛門と申者方え昼休ミ、夫より駕ニて南片村藤之棚と申処の、佐々木孫右衛門と申者方え小休ミ、

　　奴田本郷の茶屋ニて角屋善三郎と申者方え小休、夫より木の花と申処の河崎屋要助と申者方え小休ミ、尤ぬた本郷出切より是迄、奴田川の塘通り計リにて砂地也、川も砂川ニて八代砂川通り水浅ク川巾少し広し、夫より三原本陣山科久右衛門方え、暮未夕灯燈不用ニ致着候、城外本陣手前町口迄、右久右衛門罷出居、直ニ致案内候、今晩は当所止宿ニ候事
一当所城構、余程手の入りたる様ニ相見へ、堀は汐入りニて、ハクラ・チ（ン）・其外魚類沢山居、通りより見へ居候、然し三方山近ク、別て北ノ山至て近ク、定て覚悟の筋は有之事と相考候事
一当所名物の由ニて、山まゆ反物、并はさミ類持参り候ニ付、握はさミ壱本求メ候事

　　　　　　　　　　　　　　　　　　　　　　　　　　　　　　　　　　　　　（続く）

八代古文書の会 会報 No.43

2013年8月25日　八代古文書の会　発行
〒866-0081　八代市植柳上746-5　蓑田勝彦方

　熊本藩頭家老で知行3万石、松井章之の自筆の江戸旅行日記の2回目です。説明は前号に記されていますので、必要な方は会報No.42を御覧下さい。
　前号では3月11日に八代を出発して、同19日に小倉で熊本藩の船＝鳳麟丸に乗り、24日に安芸の宮嶋に参詣、25日に廿日市に上陸、その後は中国路を通行、27日には安芸（広島県）の三原に止宿したところ迄でした。今回は3月28日に三原を出発して、4月15日に三河国吉田（愛知県豊橋市）に止宿するところ迄です。

安政3年の松井章之の参府日記（その2）

蓑田　勝彦

　安政3年（1856）の参府日記の2回目である。解説は前号（No.42）に記してあるので、必要な方はそれを御覧頂きたい。ここには日記の記述で、説明しておいた方がよいと思われることを記しておきたい。

　〇4月1日の1行目、「同国（備後国）　藤井止宿」の「同国」に（ママ）を付けたのは、同日の終りから2行目を見ると、藤井宿は「備前国の岡山領」とあり記述が矛盾するからである。藤井は備前国である。

　〇4月2日の記事、4行目に「市太郎え図を書せ」とある。この「市太郎」は、3月25日の記事（前号）に見える「杉谷一太郎」のことで、普通は杉谷雪樵という名で知られている熊本藩の御用絵師で、この参府旅行に随行した人である。杉谷雪樵はこの時のスケッチをもとに「道中風景図巻」12巻を、慶応2年（1866）ころに完成させた（『杉谷雪樵―熊本藩最後のお抱え絵師―』熊本県立美術館、平成12年）。

　〇4月3日に姫路で止宿した時の記事に「室の本陣名村与三左衛門」が「鮮鯛一折」を持って挨拶にきたという記事が見られる。「室」は兵庫県たつの市御津町の「室津」のことで、古代から瀬戸内海の要港で、江戸時代には参勤交代で海路を通行する諸大名の船の拠点となっていた。細川氏も豊後の鶴崎から出航、この室津で上陸して江戸へ向った。名村与三左衛門は、熊本藩主が室津を利用するときの本陣の当主の名であり、熊本藩から100石を給されていた。姫路城下と室津とは地図で見ると15kmほど離れているが、熊本藩筆頭家老の宿所に挨拶に出向いたのである。なお、ここから大津屋右平が一行の「供」をすると記されているが、大津屋は現代風にいえば旅行業者のような存在で、参勤交代の旅を仕切る（大名などの旅行を世話する）商人で、旅行中の人馬や旅宿を用意し、一向に付添って旅行の世話をしたので、大津屋の名は3月18日・19日などにも出てきている。

　〇4月6日に大坂中の島にある熊本藩の藩邸に止宿している。藩邸に到着する少し前に十三(じゅうそう)で休憩して「本行列」で大坂藩邸に入ったと記されている。3月25日の記事（前号）に「惣躰の供は大坂迄船より遣シ」とあり、安芸の廿日市から中国路を旅するとき、供の大部分の人は、上陸せずに鳳麟丸でそのまま大坂まで直行したので、その人々は十三まで戻ってきて行列を組み、松井章之は筆頭家老としての威儀をととのえて藩邸に入ったのである。なお、彼が藩邸に入る時に出迎えた人々の名前が多く記されているが、その中に大坂の豪商（熊本藩の御用達）の名が何人も見られる。長田・稲川・加嶋屋などについては、本会報No.30の「他所合力」の史料を参照されたい。

　〇4月8日には「京都聴松院止宿」とあり、翌日には「京都聴松院出立」とある。聴松院というのは南禅寺の塔頭の一つであり、南禅寺は鎌倉時代に創建された「五山」の上の最高の寺格の寺院で、臨済宗の本山の一つである。南禅寺の玄圃和尚は松井家初代＝松井康之の叔父であり、聴松院の門は伏見にあった松井家の門を移築したものであったという。松井康之が豊後杵築で死去した際、遺骨は杵築の寺院に埋葬されたが、一部は聴松院に分骨され、石碑も建てられたという。そのような由緒を松井家代々が受け継いでいたために、松井章之も江戸への途中に聴松院に宿泊したのである。聴松院には帰国時の11月9日にも立寄っている。

＜安政三年 松井章之参府日記（その2）＞

　　　　○同廿八日　　少々曇ル　　　　　　　　　広嶋御家老領 芸州三原出立、　備後福山領 神辺止宿
一今朝出立前、当所本陣山（科）久右衛門え逢、六半時分出立、門前迄本陣宿亭、麻上下着用見送ニ出ル、夫より糸崎八幡社前ニて野立、同所八幡宮へ参り、夫より歩行ニて ほくち村吉福屋助右衛門宅へ暫ク小立、夫より駕ニて尾ノ道脇本陣佐伯屋順蔵方え小休ミ、夫よりボヲジ坂峠を越シ、此処芸州・備後両国境ニて、安芸様・福山様両御番所、并其前ニ両境の石、共ニ左ニ有り、夫より今津入口、道左リニ陰陽石有り、男女の陰陽物ニ似たる石ニて向合イ有り、其処ニ柱石建、左の通りの歌有り
　　　あふやいつ　わかるやいつと　いさしらす　石のちきりの　とことはの世に
夫より今津本陣、河本弥吉方え昼休ミ、夫より水越しと申処のツノゴウヤ勘七と申者方え小休ミ、夫より大渡川と申処船渡し、尤砂川ニて水浅し、左候て中津ノ原と申処の中津屋冨次郎と申者方え小休ミ、神辺本陣菅波武十郎方え暮前致着候、門外ニ武十郎出迎いたし居候、今晩は当所止宿ニて候事
一今晩は福山　（以下 約三行空白）

一服部弥右衛門より今晩ビリヤウうちわ壱本、甘齢酒小徳利壱ツ被送候事

　　　　○廿九日　　小雨　　　　　　　　　　備後福山領 神辺出立、　備中伊藤播広守殿領分 川辺止宿
一今朝出立前、当所本陣菅波武十郎え逢、左候て六ツ半時分当所出立、門外迄武十郎送罷出候、夫よりタカヤの宿と申処、福山屋円蔵と申者方え小休ミ、夫より備中の国ニ移り、七日市の駅本陣佐藤庄左衛門方へ小休ミ、此処は天領也、夫より小田村の堀越と申処の北村善平次と申者方え小休ミ、夫より矢懸ケの駅本陣石井源次郎方え昼休ミ、当所名物の由、ユベシ竹ノ皮包ミニしたるを二本求メ候、

　　夫より下馬と申処ニ野立テ、夫より尾崎と申処の朔日屋平八と申者方へ小休ミ、当所は備後の国ニて伊藤播磨守殿領分の由、夫より川辺の駅少し手前、三四丁左ニ伊藤播広守殿、松山の中ニ在所有り、屋形は松の生繁り居候て不見候、夫より川辺の駅本陣難波宗七方え七ツ半時過比致着候、右宗七門前より少し先キ迄麻上下着、大小帯し罷出居、直ニ致案内候、今晩は当所止宿ニて候、当所は伊藤播広守殿領分の由ニ候事
一当所名物の由ニて、本陣へ持参り候ニ付、瓊（タマ）の柚菓子竹の皮一包、九拾文ニて求メ給へ候処、至極の風味ニて候事
一今晩大津屋重五郎より、矢掛名物の由ニて餅ゆへし二包さし出候事

　　　　○四月朔日　　薄曇　　　　　　　　　　備後伊藤領 川辺（カワベ）出立、　同国 藤井（ママ）止宿
一当所名物の内の由ニ付、紺足袋二束求メ候事
一今朝服部弥右衛門被参、鳥渡逢候事
一其後当所本陣難波宗七え逢候事
一今朝六ツ半時前比当所出立、門外少し先キ迄本陣難波宗七送罷出候、夫より同所町迯シ、川船渡シ越し候、夫より山手と申処、風早仙助と申者方え小休ミ、夫より千足（センゾク）と申所の西屋仁左衛門と申者方え小休ミ、夫より板倉本陣東方平左衛門方え昼休ミ、門外少シ手前ニ右平左衛門出迎ニ罷出居候、夫より極忍ニて四五人召連、吉備津宮へ参詣、大社ニて廻廊（約五字分 空白）、町中賑カニて、遊女抔迄有之候由、此宮竈の祈祷と唱、社人出テ祈念いたし候内、老女白キ略狩衣を着し、口ニ紙をくわへ候て、小キ帯を持マゼ、水能の様ナルニ米を入レ、暫クはたり候へハ竈鳴出し、極々怪敷相見へ、竈の太サさし渡壱尺五寸位、音ヲーン 、、、、、、、、、ト鳴出し、暫クして社人きねんの終リニかしわ手を打ち、其後猶老女老母（ママ）ほふきを持、中をなで廻し候へハ止ミ、尤社人かしハ手を打候へハ直ニ鳴出し候、

　　竈の下は松葉ニて火をもやし、ほけ少々出候比より鳴出し候、参詣人も多く、此所の婦人首の手入中々念入ニて、面をかふり候様ニ首計り真白ク、顔ハ赤色黒色多く相見候事、夫より一ノ宮へ参詣、是又大社ニて、鳥井外ニて暫ク小休、山本屋勘十郎宅、是より駕ニて三角（ミカド）と申処の茶屋弥三郎と申者方え小休ミ、夫より岡山御城下を通り候、東手の山、近ク遠クして十七八丁も有之欤と見込候、夫より二本松と申処の岩屋茂次郎と申者方え小休ミ、夫より藤井の駅安井八郎兵衛方え着、今晩は当所止宿ニて候、当所は備前の国の岡山領ニて候事
一当所本陣より当所名物の由ニて、長船の小柄一本、ふしみよふかん竹皮包一本遣し候事

217

　　　　　○四月二日　　　曇、昼前より雨　　　　　　　　　備前 藤井出立　　播州 有年止宿
一今朝出立前、当所本陣安井八郎兵衛え逢、左候て一日市と申処の橋本屋源蔵と申者方え小休、然処当所本陣難
波三郎太夫と申者罷出、当国の長船の小柄・小刀壱本差出候、夫より伊部村竈元木村長十郎と申者方え小休ミ、
当所名物の備前焼を種々座敷え持出し並有之候を二タ品三品求メ候、外ニ市太郎え図を書せ、トヒ六寸五分の
巣中ニシて八本致注文置候、右長十郎より水入の焼物二ツ遣し候、夫より片上脇本陣中村太蔵方え昼休ミ、同
人より見事ナル　マスの生魚一ツ差出候、夫より井手中村と申処の中川屋喜次郎と申者方え小休ミ、
　　今日肥前佐賀侯御下国御通行無程塩梅ニ付、是より忍ヒ歩行ニて出立、清原逸次を召連候処、無程焼山村地
蔵ヶ嶽山中ニて、松平肥前守様へ行逢候ニ付、前以鑓の印を取せ置候ニ付、無構行列の脇を行過候、折節雨天
ニ付、手傘ニて逸次を初メ三四人同様の形チニて参り、焼石出小屋ニて休足いたし、夫より廿四五町歩行ニて、
三石駅ニて瓢箪屋両助宅へ暫ク小休、此所ニて総供駕を待合せ、夫より駕ニて梨ヶ原と申処の今屋武右衛門と
申者方え小休ミ、夫より西有年村と申処の松屋喜作と申者方え小休ミ、夫より有年駅の本陣え薄暮ニ致着候、
駅中迄本陣柳原与三左衛門罷出致案内候、今晩は当所止宿ニて候事

＜松井章之の参府日記のうち　4月朔日から4月2日にかけての部分＞

　　　　　○四月三日　　　曇、朝内不怪霧深シ、後程晴　　　　　　　　播州有年出立　　同国姫路止宿
一今朝出立前、本陣柳原与三左衛門え逢候、左候て六ツ半時分当所出立、夫より若狭の森茶屋の孫右衛門と申者
の横ニ野立テ、夫より鶴亀と申処の鶴屋仙蔵と申者方え小休、此所ニ鶴亀石とて黒き石に白キ色ニて鶴亀の形
見へ、裏ニは松竹梅の模様見へ候、実に奇成ル石也、御大名衆抔当所へ小休の時分、詩歌抔ありし様子ニて、
床ノ掛物も、播磨守殿歌也、長崎御奉行の由、公家方衆抔の歌数々有之、当家重宝の由なり、石摺を壱枚求候
事、
　　折節宿亭留主ニて娘罷出、右石の子細等を物語ル、弁舌宜敷、名を千代と云、廿二歳の由、尤容儀ハよろし
からす、俺女ともいわれす、夫より片島本陣山本範右衛門方え昼休ミ、右範右衛門町内迄致送迎候、夫より鰞
の江戸屋半兵衛と申者方へ小休ミ、夫より山田と申処の、此節棒頭ニ参り候山本吉兵衛方え小休、昨晩有年よ
り願イ、先ニ宿ニ帰り居、色々吸物・酒肴・餅抔差出し、次通ニも不残ニ地走いたし候、三幅対の書の懸物懸
り居候間尋候処、宮様御筆ニて、四百年計リニ相成候との事ニ候、
　　同所門前少し手前後迄、我等紋付羽二重小袖ニ、三階ヒシの麻上下着ニて罷出送迎いたし候間、内ニても鳥
渡逢候、猶跡より供ニ参候筈ニ候、夫より手ノ尾村と申処の丸屋亮助と申者方え小休ミ、尚暮前ニ姫路ニお
いて、井上庄兵衛宅へ着、止宿いたし候事、尤宿亭出迎いたし案内仕候事
一室の本陣名村与三左衛門、麻上下着用、鮮鯛一折さし出　伺ニ罷出候ニ付逢、会釈いたし、酒を給させ候様

申付候、且大津屋右平 明日より供いたし候由ニて、是又罷出候ニ付逢候、左候て当所の名物革細工の品々、商人持参り候ニ付数々調へ、来ル七日の朝迄ニ大坂御蔵御屋敷へ差出候様申付置、尤直段品付等の儀ハ別帳ニ控へ申付候、将又恵能院様御注文の小文庫も注文いたし置候事

　　　　　○四月四日　　曇　　　　　　　　　　　　　　　播州姫路出立　　同国大蔵谷止宿
一今朝出立前、宿亭井上庄兵衛逢、左候て六半時過当所出立、夫より 御 着の脇本陣岡村屋庄三郎方え小休ミ、（ごちゃく）是より忍ヒニて三四人召連、歩行ニて豆崎ニて中屋庄右衛門宅へ暫ク休ミ、此所ニて衣装一ツ抜キ同所無程出立、夫より魚橋ニて本陣神吉小左衛門 年九歳 宅へ暫ク小立、此所無程出立、是より駕ニてか子川（加古川）ニて脇本陣京津ヶ屋庄兵衛宅へ小休、当宿亭も幼年と相見候ニ付、尋させ候処十七歳の由、魚橋より此所まてニ、高砂石の宝殿等の名所廻りの道、追分ヶ有之、同所無程出立、西谷と申処の大西一右衛門と申は方え小休ミ、
　　　近日ハ参宮等の男女道者人余計ニ往来いたし居候処多く、右追分より名所廻りいたし候様子ニて、追分より此辺道者人等至テ少ク有之候処、清水新田（シミズシンデン）と申村中ニ、向方よりの名所廻りの追分有り、此処より猶道者人も往来多ク相成候、夫より長池と申処の梅田吉郎兵衛と申者方え小休ミ、夫より大久保の脇本陣林屋与兵衛方え小休ミ、同所無程出立いたし、今暮前大蔵谷ニて脇本陣石井五郎兵衛宅へ着、止宿いたし候事

　　　　　○四月五日　　曇　　　　　　　　　　　　　　　播州大蔵谷出立　　摂州西ノ宮止宿
一今朝出立前、宿亭石井五郎兵衛へ逢、左候て六半時分当所出立、夫より舞子浜ニおいて亀屋嘉右衛門宅へ小立、尤舞子浜少し手前、明石の内山田八幡社脇ニ大筒三挺有之候ニ付、寸を取せ候処、左の通
　　　一巣中四寸壱歩口　　壱挺　　　但玉走り七尺位、子ジ壱尺三寸、　　張皮五寸位
　　　一同　三寸壱歩　　　壱挺　　　但玉走り六尺位、子シ壱尺余、　　　張皮三寸壱歩五厘位
　　　一同　三寸　　　　　壱挺　　　但玉走り四尺五寸位、子シ壱尺位、　張皮三寸位
右萩野六兵衛製造の鉄炮と相見、唐金筒也
一舞子浜亀屋嘉右衛門宅無程出立、同歩行ニて敦盛の墓所脇ニ小休ミ、暫野立、此所そばの名物ニて、二杯給へ候、
　　　もりハてつかい あつもりそば ここじや 一はい御あかり ゝゝゝゝ ゝゝゝゝ、名所か廿四ケ所 御覧ならハ御案内申ましよふ
　　　　そばハ敦盛 あんはいゝ義経、熊谷の大茶わん てつかい山もり、夫をしりつゝいくらも九郎判官、うとんハ白い玉おり姫 酒ハ源平つゝじのもろはく、熊谷の大盃て一はい呑ば 顔は弁慶 大くひの大客ハ 茶屋のよし経、くいにけしたれハ あとがむさし坊、御茶ハせつたい さつまの守たゝ呑、座敷ハ千畳敷 泉水ハ帆かけ舟、紀州熊の浦までヤレツ放し也
夫より案内者をとり、一ノ谷より入込ミ、安徳天皇御殿跡、須广寺へ参り、所々見物、案内の者十三歳、名を栄吉と云、此者前条廿四ケ所の旧跡を物語、委敷ハ別図の通り、夫より東須广ニおいて泉屋利平次宅へ小立、此所ニて名物ミそを求させ、是より駕ニて兵庫脇本陣、明石屋惣左衛門方へ昼休、右本陣已前致止宿候安田惣兵衛宅少し差合の由ニて、同人よりの借受の由ニて、本陣安田惣兵衛より鯛・いせるび・樽を献す、
　　　夫より寺内と申処の魚屋伊兵衛と申者方え小休ミ、夫より住吉と申処の吉田善左衛門と申者方え小休ミ、当町内左り側ニ住吉社有り、相応の大社ナリ、夫より辻村と申処の丸屋勇助と申者方え小休ミ、夫より西ノ宮ノ東、本陣小畑源兵衛方ニ暮前ニ致着候、町内迄右源兵衛致出迎、直ニ致案（内）候、左候て無程暮比より、極忍ヒニて西ノ宮え致参詣、無程帰り候、今晩ハ当所止宿ニて候事
一東本願寺御使僧、今朝兵庫のナタ内の寺出立ニて、今晩は当駅中の寺え止宿ニて、某当所着少シ前ニ、彼の方は着ニ相成候由、駅中ニ供中の下宿は段々有之候事

　　　　　○四月六日　　曇、少々暫ク雨、夕より猶雨降ル　　摂州西の宮出立　大坂御屋敷 止宿
一今朝出立前、宿亭小畑源兵衛へ逢、左候て六時過、西ノ宮出立いたし、夫より尼ヶ崎棒鼻の冨本屋与平と申者方え小休ミ、夫より神崎川手前井筒屋忠次郎と申者方え小休ミ、夫より十三ニて昼休、大坂屋亀吉宅、尤大坂へ船ニて廻り候供中、行列道具持越、此所まて迎ニ出候ニ付、此所より本行列ニて、大坂棒鼻（約五字分空白）少の間小立、昼九ツ半時比大坂中の嶋御屋敷へ着、先例の通り出迎として御門内へ、左の通り罷出候事

　　　　的場範之允、　小川次郎助、　青山伝兵衛、　有働幸右衛門、　大塚忠左衛門、　入江清左衛門、
　　　　城健次郎、　野上権九郎、　矢津直助、　猪俣才八、　堀江徳次
　　右、左脇
　　　　永瀬七郎右衛門、　長田作兵衛、　稲川貞吉、　松尾丈右衛門、　加嶋屋弥四郎、　同 喜兵衛、
　　　　茨木屋九兵衛、　同 茂兵衛、　米屋喜八、　同 清助、　塩飽屋清右衛門、　同 伊兵衛
　　右、右脇へ出ル
一右の通り諸事先例通りニて、座着の上御留守居的場範之允へ逢、夫より順席の通り呼出逢、御用筋等承り候事
一右着歓として左の通り、方々よりさし出候事
　　　一生鯛弐尾　　的場範之允　　　　　　但外ニ内證より角蓋物ニ菓子・にしめ
　　　一扇子箱　　　永瀬七郎右衛門
　　　一扇子箱・一菓子箱　　長田作兵衛・同 作右衛門・稲川安右衛門・同 貞吉
　　　一扇子箱　　　平野屋帰一手代 馬太郎
　　　一右同断　　　塩飽屋清右衛門・同 伊兵衛・炭屋閑五郎
一的場範之允より極内密、身分の儀ニ付申出の趣有之、川上源吉迄内話の筋、江戸ニおひて斎様へ相談仕候筈の事
一今晩極忍ヒニて所々見物いたし、夜更ケ罷帰り候事

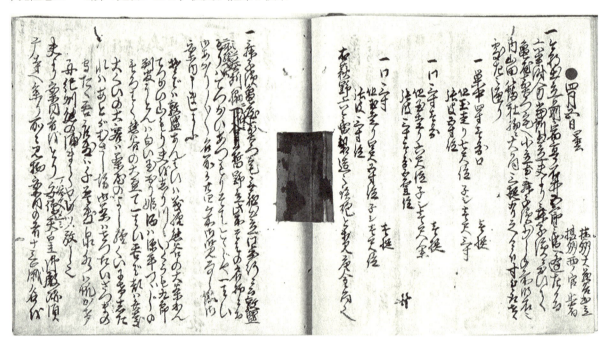

〈松井章之の参府日記のうち 4月5日の部分〉

　　　〇四月七日　　雨、夕より雨止ム　　　　　　　　　　　大坂御屋敷発足　　淀川上船
一今日伏見の様ニ参候ニ付、舟積諸手配出来の上、今夕七ツ半時分より乗舟いたし候間、乗舟前左の面々へ逢候事
　　　当所御留守居 的場範之允、　定府御舟頭 川野太郎左衛門、　米屋長兵衛、
　　　当時請込御目附 小川次郎助
一今昼左の面々より左の通さし出候事
　　　一鯛一折 弐・一扇子箱　　　　猪俣才八・堀江徳次
　　　一鯛壱折　　　　　　　　　　泉州庄屋（　空　白　）
一今夕七ツ半時分より乗舟いたし候ニ付、当所詰御留守居初、昨日着いたし候節の通り、御門内へ見送りニ出方いたし候事
一此節鳳麟丸乗組の御船頭中村英馬始メ、今夕乗舟の舟端へ見送りニ罷出候事
一今夕七ツ半時分より乗舟いたし、夜（食）抔仕廻、今晩舟え止宿の事

　　　　　○同八日　　曇、昼比より雨時々降ル、夜雨止ム　　　　今昼伏見着船、忍ヒニて京都聴松院止宿
一今朝橋本辺ニて夜明ケ候ニ付、朝飯舟ニて仕廻、極忍ニて四五人召連、丹波道舟渡けつねと申所より上陸いた
　し、石清水八幡宮へ参詣、黄金の樋抔も見物、此樋三尺廻りニして厚サ壱寸五歩、長サ拾三間の由、同所御守、
　目針竹抔求メ、淀の御城下の様ニ参り、今朝四ツ時分本船へ帰り候事
一今昼九ツ半時分伏見へ着船、本陣（以下 約1頁分 空白）

　　　　　○四月九日　　晴　　　　　　　　　　　　　　京都聴松院 出立、　江州大津 止宿
一今朝四時分聴松院出立（以下 約二頁分 空白）

　　　　　○四月十日　　薄曇　　　　　　　　　　　　　江州大津 出立、　同国石部 止宿
一今朝大津出立前、本陣大塚嘉右衛門え逢、引続京都用達井筒屋新兵衛父子、並墨屋岩太郎へ逢、六ツ半時分よ
　り大津出立、勢多鳥井川町ニおひて鍵屋庄兵衛宅へ小立、夫より月の輪ニて暫ク野立、夫より草津ニて金沢次
　郎右衛門宅小立、此所名物ニて餅を出ス、同所無程出立、同草津ニて本陣田中七左衛門宅へ昼休、同所より鞭
　二本献ス、同所出立、栗田郡梅ノ木村ニて嶋林四郎右衛門宅へ小立、此所名物の由ニて和中散、并伊吹もぐさ
　を献ス、同所無程出立、夕七時分石部へ着、同所本陣三代寺小右衛門宅へ止宿いたし候事
一右亭主より鞭二本献ス

　　　　　○四月十一日　　晴、夕風立　　　　　　　　　江州石部 出立　　勢州関 止宿
一今朝石部出立前、本陣三代寺小右衛門へ逢候筈の処、右の者当時熊本の御用向被差除置候由ニ付呼出不申、今
　朝六半時分出立、田川ニおひて井上庄左衛門宅へ小立、夫より水口ニて今宿屋小兵衛宅小立、此所どじよふ汁
　の名物ニ付二はひ給、其外かづら細工品々取寄見候得共、格別の品も無之候ニ付、下国の時分ニ猶持参候様申
　聞候事、但此所ニ梅とてきれい成ル娘給仕ニ出、供中興ニ入
一夫より大野ニて尾畑屋六兵衛宅へ小立、同所無程出立、土山ニおひて本陣堤忠左衛門宅へ昼休、同所より玉子
　塩さばを献ス、無程同所出立、街道ニ田村将軍の社有り、其先キ田村川橋有り、此辺より左ニ見ル山々芝山ニ
　木振り能キ松数本見へ景宜し、左候て猪の鼻と申処の中屋武右衛門と申者え小休ミ、同所無程出立いたし候
　処、薩州御家老嶋津耆伯ニ出会いたし候ニ付、双方より左々ニ片寄通行いたし、
　　鈴鹿ノ峠ニて堺屋五右衛門宅へ小立、是より忍ニて歩行いたし、坂ノ下ニて越後屋半兵衛宅へ小立、同所よ
　りも猶歩行ニて、筆捨山茶屋へ暫ク休足いたし、見物いたし、此所すしの名物の由ニて、茶屋よりさばのすし
　を出し候間、随分風味宜敷、此所山形屋嘉右衛門と申亭主ニて、山々見物いたし候内、本行列参り着候ニ付、
　是より駕ニ乗、今暮前 関駅本陣伊藤平兵衛宅へ着、止宿いたし候事

　　　　　○四月十二日　　晴、少々薄曇　　　　　　　　勢州関 出立　　同国桑名 止宿
一今朝出立前、関駅本陣伊藤平兵衛へ逢、左候て六ツ半時分同所出立、当駅迦レニ伊勢参宮の追分有り、夫より
　のんこと申処の茶屋庄次郎と申者え小休ミ、夫より亀山御城下通り、外町出切りの棒鼻、米屋次右衛門と申者
　方え小休ミ、夫より西富田と申処の八幡社の脇え野立、夫より庄野宿を通行いたし居候処、町中程ニて田中
　八郎兵衛へ行逢、此所ニてハ小立もいたし不申筈ニて有之候ニ付、八郎兵衛儀、石薬師宿昼休所迄可罷出段申
　出候得共、夫ニては迷惑ニ可相成候ニ付、さし付ニ庄野宿内小キ家ニ小立、三河屋徳四郎宅 八郎兵衛へ出会い
　たし、八代へも紙面幸便ニ付仕出候様申付、無程同所出立、
　　石薬師ニおひて、本陣園田庄兵衛宅へ小立、夫より杖突と申処の扇子屋長次郎と申者え小休ミ、当所名物
　のまんちゅう五ツ求メ給へ候、夫より追分ニて鍵屋長三郎宅へ昼休、同所無程出立、四日市ニて門屋伝四郎宅
　へ小立、此所ニて御国ニ参り候御飛脚ニ逢候ニ付、自筆を遣し候筈の処、今日は道もはり、途中ニて状抔調居
　候ハ夜ニ入可申見込ニ付、川上源吉へ申付、八代奥向へ紙面仕出させ、同所出立いたし候処、
　　二条御番建部内匠頭殿通行ニて、右ハ公義の御鉄炮持参ニ付、諸事煩敷有之候ニ付、是より歩行ニて極忍ニ
　て、少シ計り脇道いたし、街道え出テ冨田宿中少シ手前参り候処、其時分、右京都二条御城番同所へ小立ニて出
　立の処ニ付、暫ク近辺の人家へ待合居候内、出立ニ相成候ニ付、焼蛤の名物酒屋五兵衛宅へ小立、焼蛤を食し
　同所出立、猶忍ニて歩行いたし、大小向村ニおひて新屋浅右衛門宅へ小立、是より駕ニて桑名本陣大塚与六郎

宅へ、夜ニ入六半時過着いたし、止宿いたし候、当所名物の由ニて金物類等商人持参り候ニ付、左の通り求メ
候事
　　一火箸 弐膳、　　一小刀 三刃、　　一二徳灰押ヘ、　　一目釘貫、　　一手折 三枚、　　一櫛よふし 三

　　　　　○四月十三日　　晴、暮前より風立　　　　　　　　勢州桑名 乗船　　尾州宮え着 止宿
一今朝出立前、桑名本陣大塚与六郎ニ逢、直ニ乗船、五ツ時分より出帆いたし候処、極々穏成ル天気ニて順風ニ
　相成、夕八ツ時分宮ニ着、本陣南部新五左衛門宅ヘ止宿いたし候処、左の面々若殿様小姓役御先立、今夕当所
　ヘ着、明朝出舟ニて御国ヘ下り候由ニて、尋向ニ参り候ニ付逢候事
　　　　本間次兵衛、　神山喜一郎、　緒方城之助
一当所熱田社の神主松岡源八太夫より、御礼并菓子壱折差出、尋向ニ参り候事
一宿亭南部新五左衛門より菓子二重、さし出候事
一鳴海より絞り染の面々、反物持越候ニ付数々求メ、委細ハ別帳ニ控有り、大坂ニて求メ参り候白縮緬大巾弐反、
　中巾壱反、小巾弐反、絞り注文いたし、竹田庄九郎・中舛喜兵衛・鈴木与左衛門ヘ、遠方参り、夜ニ入候ニ付
　酒を給させ候様申付候事
一細物商人参り候ニ付数々求メ候事
一今晩極忍ニて熱田大明神ヘ参詣いたし、守扎を受帰り候事、尤、八剣ノ宮ニも参詣いたし候事
　　　　但今晩本陣隣家ニて囃子を催し、格別上手とハ聞ヘ不申候事

　　　　　○四月十四日　　晴、夕少々曇　　　　　　　　　尾州宮の駅 出立　　参州岡崎 止宿
一今朝出立前、本陣南部新五左衛門ヘ逢、引続キ当所御用達の大森仙左衛門え逢、左候て六ツ半時過比本陣出立、
　左候て笠寺前の山口屋勘助と申者方ヘ小休ミ、此所笠寺とて、笠をかぶりし観音堂有り、本尊観世音長ヶ四尺
　位ニして、菅笠をかぶりし像也、寺内広ク、堂拾間四面、寺内からん、絵馬堂抔有りて繁昌の寺と見へ候、同
　所出立、夫より鳴海ニおひて竹田庄九郎宅ヘ小立、尤当所より今朝書付を以、小立の儀小姓頭迄願候事、
　　　同所無程、此所ニて猶絞り類を買入、委細別帳控有、夫より前後ニて辰巳屋忠次宅ヘ小立、此所出立いたし
　候処、無程木村次郎左衛門下りニ行合ニ付、途中ニて暫ク咄、夫より池鯉鮒ニて、脇本陣矢田為蔵宅ヘ昼休、
　同所出立、夫より大浜と申処の中根源六と申者方ヘ小休ミ、当所名物そば切、御先代様より差上ケ来り候由ニ
　て、差上度旨申出、そば其外酒肴等差出し候、
　　　夫より矢はぎ橋の側、笹屋又四郎と申者方ヘ小休、熊本御小姓組の高嶋新右衛門・関平七郎、両人御国ヘ下
　りニて、当在町の内ニて行合候ヘ共、妨と被存態ト不被参、其上差急キニて被致無礼段申置キニて候、当所矢
　はぎ橋、地震後の洪水ニて橋両端シ少し残り、中通り不残流失ニて、仮船渡しニ相成居候、左候て岡崎ニおひ
　て、本陣中根甚太郎宅ヘ暮少し前着、止宿いたし候事

　　　　　○四月十五日　　晴　　　　　　　　　　　　　三州岡崎 出立　　同国吉田 止宿
一今朝出立前、当所本陣中根甚左衛門え逢、左候て六ツ半時分岡崎出立、夫より藤川ニて角屋佐七方え小休、此
　処名物の由ニて、柏餅并水晶石、先例の由ニて差出候、右水晶石は香の敷盤ニ相成候由ニて、薄クヘゲ候、外
　ニ二ツ三ツ貰ヒ置候、将又万年茸と申候て、当所床飾ニ数々有之、雲上ニも此節一ツ御買上ニ相成候由ニ付、
　帰国の時分一ツ求メ候筈ニて、其由申付置候、右は梅の木・とちの木抔の木口ニ立候由、
　　　同所出立、法蔵寺門前ニおひて、鈴木新助宅ヘ小休、同所よりも名物の由ニて紙一帖、并かしハ餅を出ス、
　夫より赤坂の宿中木ノ下屋利右衛門と申者方え小休ミ、夫より御油の宿、本陣鈴木善十郎と申者方え昼休ミ、
　同人より扇子一箱・鯔二本差出候、夫より稲村と申処の加藤彦助と申者方ヘ小休ミ、夫より夕七ツ時分、吉田
　の本陣山田新右衛門方え着、今晩は当所止宿ニて候事
一今晩荒井（新居）御用達前田作左衛門、鰹つけ小一樽差出、伺ニ罷出候ニ付、酒を給させ、且本陣飯田右平 鮮
　鯛壱折さし出罷出候ニ付、右同断の事

　　　　　　　　　　　　　　　　　　　　　　　　　　　　　　　　　　　　　　（続く）

八代古文書の会 会報 No.44	2013年9月5日　八代古文書の会　発行 〒866-0081　八代市植柳上746-5　蓑田勝彦方

　松井章之自筆の江戸旅行日記の3回目で、最終回です。4月16日に新居の関所（静岡県）を通って同25日に江戸へ到着、龍口藩邸（上屋敷）で藩主=細川斉護に拝謁、そのご白金屋敷（中屋敷）に移り、日記は4月29日までで終わっています。　松井章之の日記はまだいくつかあるので、機会を見て皆さんに紹介していきたいと思います。

安政3年の松井章之の参府日記（その3）

蓑田　勝彦

　安政3年（1856）の参府日記の3回目（最終回）である。松井章之は3月11日に八代を出発して、13代将軍徳川家定に御目見えするために江戸へ向った。前回（会報43号）は4月15日に三河国の吉田に止宿した所まで紹介した。今回は、その後の残りの部分を紹介する。

　4月25日の日記には、江戸の熊本藩邸=龍口屋敷（上屋敷）に到着した時のことが詳しく記されている。藩の筆頭家老=松井章之が到着すると、門の両扉が開かれ、「御留守居」の神谷矢柄らが並んで出迎え、玄関には藩邸詰の家老=大木舎人が出迎え、「御小姓頭」が途中まで案内、そのご「御坊主」が案内して「御家老間」へ到着、そのあと「表海御間」に出向いて藩主（細川斉護）に拝謁するなど、こと細かく記されている。藩主への拝謁が終わると、再び「御家老間」へ戻り、今度は御小姓頭の案内で「裏御玄関」から退出し、「西御門」から出て白金御屋敷（中屋敷）の「御小屋」に落ち着いた。御小屋というのは、藩邸の中にある家臣が居住するための場所であり、松井章之はここに当分の間居住するのである。この白金屋敷には、通常は若殿様が居住しており、＜若殿様が御在府ならば「諸事御同様」に、出迎えや拝謁の儀式もある筈＞という趣旨の文が記されている。

　この年、藩主=細川斉護は、松井章之に先だって2月18日に熊本を出発、3月26日に江戸へ到着していた。一方、若殿様=細川訓三郎（六之助、のち韶邦）は父の到着後まもなく、4月11日に江戸を発って国元へ向った（『熊本藩年表稿』）。4月17日の日記には、このとき松井章之が日坂（にっさか）（静岡県）で行き違うときの状況が記されている。4日前の4月13日の記事に「若殿様小姓役」の「御先立」の者3人が宮の宿で、松井章之の宿所に来訪したことが記されているので、その時に日程の確認が行われたのであろう。

　まだまだ説明しておくべきことが多くあると思うが、今回はここまでにしておきたい。繰り返しになるが、この時の江戸旅行日記については、本会報第10号（2011年8月）と第26号（2012年7月）にも、いろいろと記しているので、御覧頂きたい。

＜安政三年　松井章之参府日記（その3）＞

　　　　〇四月十六日　　　晴　　　　　　　　　　　　参州 吉田 出立　　　（遠州 浜松 止宿）

一今暁出立前、本陣山田新右衛門へ逢、今日ハ荒井（新居）御関所通行、舟渡、道もはり居候ニ付、今暁六ツ時前吉田出立、左候て町迦（はずれ）レニて提灯をけし、二タ川入口の棒鼻柏屋次郎八と申者方え小休ミ、夫より遠州の白須賀宿本陣　大村庄左衛門方え小休ミ、夫より荒井本陣飯田武兵衛ト申者方え小休ミ、右武兵衛より訥（ママ）豆壱曲、同人弟五右衛門・源左衛門両人より、生うなき串貫キニして差出ス、

　太守様御本陣疋田八郎兵衛より生うなき壱鉢、御用達前田作左衛門より生うなき壱鉢・かば焼壱重差出シ候、服部弥右衛門被参、鳥渡逢候、且本陣飯田武兵衛、并御用達前田作左衛門へ逢、御関所前鉄炮持通り等の儀ニ付て心配いたし候、会釈いたし、太守様御本陣疋田八郎兵衛へも逢侯て、無程本陣出立、御関所前通行、鉄炮持せ通り候儀ニ付てハ、委細別ニ記六（ママ）有之、松井兵庫名前を以、鉄炮持せ越候證文、御関所へ差出改相済、行列の先キニ持せ、無滞乗舟いたし、

　今日荒井乗舟の砌、吉田城主松平伊豆守殿水夫頭の由ニて、役人壱人舟の鼻ニ乗居世話いたし候事、夕八ツ半時分、舞坂宿へ着舟、本陣宮崎伝左衛門宅へ小立、同所隣家御用達源馬徳右衛門より干肴一折さし出罷出候

ニ付逢候、夫より篠原と申処の椛屋鈴木喜兵衛と申者方え小休ミ、夫より夕七ツ時過比、遠州浜松本陣伊藤平右衛門方え着、今晩は当所止宿ニて候、本陣より肴差出シ候事

　　　　　○四月十七日　　晴　　　　　　　　　　　　　　遠州　浜松　出立　　同国　金谷　止宿
一今暁出立前、本陣伊藤平右衛門へ逢、今日ハ若殿様日坂（にっさか）へ御泊ニ付、御機嫌伺ニ罷出候間、浜松宿さし急キ、浜松出迎レ余程参り候て、長村と申処の松原ニて提灯をケシ、夫より柏村と申処の、小キ六所宮の社有之処ニ野立テ、夫より天竜川渡り候、右川ニ御用達の平野太郎兵衛父子罷出居、直ニ先ニ致案内川越し、池田村同人宅え小休ミいたし候、此村内壱丁計り入込ミ、熊野母子墓前、座論梅抔有之、先年参り候ニ付此節は不参、猶帰国の時分抔参り候心組ニ候、

　　夫より見附本陣神谷三郎右衛門方え小休ミ、夫より袋井本陣田代八郎左衛門方小休ミ、同宿相本陣、御国御用達の由ニて、此方へ申受候筈の処、昨年地震後、当時作事ニて其儀出来兼候ニ付、当所へ小休頼候由ニて、麻上下着用、太田八郎兵衛肴壱折さし出罷出候、夫より原川村の伊藤又左衛門と申者方え昼休ミ、同所ニてどじよう汁二盃給ヘ無程出立、夫より掛川の入り口十九首町と申処の松屋又右衛門と申者方え小休ミ、此所葛の名物ニて、商人持来候ニ付六反求メ、外ニ合羽地五反注文いたし置候、

　　夫より山ノ鼻と申処の和出屋恒三郎と申者方え小休ミ、同所出立いたし、今晩ハ日坂宿へ若殿様被遊御止宿候ニ付、日坂棒鼻本覚寺へ暫ク小休いたし、御本陣へ被遊御着候上、伺ニ罷出候筈ニて、此所へ見合せ居候処、御先キニ着ニ相成候、左の面々見廻ニ参り候事

　　　但、立宿の儀、宿割より心配いたし候由ニ候得共、町中ニハ一ヶ所も無之、右寺ハ御大名衆日坂駅へ相宿ニ相成候時分、立場ニ相成候ケ所ニて、既ニ此節も若殿様御止宿ニ付てハ、右寺迄下宿の割込ニ相成居候得共、二条御城御番衆交代の時分ニて、右一ヶ所は残り居候由、幸イの事ニ付、右寺へ立宿いたし候事
　村井同雲、　御小姓役 吉田久之允、　御小姓頭 氏家甚左衛門、　御取次 前田善右衛門、
　溝口蔵人、　同 権之助
右の面々へハ出会、蔵人と咄合居候内、外ニ見廻ニ参候白木大助・渡辺善右衛門・加藤衛門助・福田次郎右衛門えハ不逢候事
一今暮時分日坂駅へ若殿様被遊御着、前以御用人早川十郎兵衛迄懸合置候間、罷出宜敷時分ハ御本陣より申来候筈の都合ニて、無程出方いたし候様申来候間、右寺より御本陣迄は歩行ニて、惣供ハ金谷の方の棒鼻迄廻し置、御本陣へ罷出、若殿様御機嫌奉伺候処、直ニ被召出、太守様・御初様御機嫌御伺被遊、色々御咄し被為在、左候て御手自御熨斗被下置、畢ニ於御前ニ御酒被為頂戴候筈の処、今晩ハ金谷迄参り候ニ付てハ急キ可申候ニ付、御用人詰間ニおひて御吸物御酒御肴御膳頂戴いたし候、尤溝口蔵人えハ御吸物・御酒迄、御用人十郎兵衛も相伴ニて候、

　（以下、「　」内は次項と内容が重複、抹消し忘レカ）「右相済、御同所出立いたし候処、金谷の方棒鼻迄、村井同雲見送り参り、夫より歩行ニて佐夜中山峠ニて小休、飴抔調、小和泉屋善右衛門と申者方え小休、当所の女房は先年参府の時分は美人ニて、当時三十位、始末罷出居候て茶給仕抔いたし、已前の咄等いたし候、但、已前格別の美人ハ余人欤、疑シ、夫より猶歩行ニて、今晩四半時過、金谷駅本陣山下佐治右衛門宅へ着、直ニ止宿いたし候事
一日坂御本陣ニて、片山多門并御小姓の落合半次郎えも逢候事」
一御本陣ニて片山多聞、御小姓頭の落合半次郎えも逢候、頂戴後蔵人と暫ク咄合等いたし、五ツ比引取、御本陣玄関上迄蔵人被送、板敷迄早川十郎兵衛送迎共ニ被致、半次郎ハ引取の節迄、同所迄送ニ出テ被居候、御本陣より外ニ立寄無シニ直ニ歩行ニて、日坂出切棒鼻御関札の処迄、村井同雲同道ニて被送、同所ニて別レ、夫より小夜中山峠小和泉屋善右衛門と申者方え暫ク休ミ、当所の女房は先年参府の時分は十六七ニて美人ニて、当時は三十歳余と見ル、始末側ニ罷出居、茶の給仕抔いたし、先年参府の時分の事より色々咄し等いたし、名物飴壱曲ヶ求メ、夫より矢張り歩行ニて、歩行の儘夜九ツ時分金谷本陣山下佐次右衛門方へ着、今晩は当所止宿ニて候事

　　　　　○四月十八日　　晴　　　　　　　　　　　　　　遠州　金谷　出立　　駿州　鞠子　止宿
一今朝出立前、本陣山下佐次右衛門え逢、左候て五ツ時過比金谷出立、大井川無滞川越相済、夫より島田の宿出

切りの棒鼻の茶屋の海老屋五郎七と申者方え小休ミ、夫より三軒屋と申処の岩崎屋太郎兵衛と申者方え小休ミ、夫より藤枝本陣村松伊右衛門方え昼休ミ、夫より岡部ニおひて江戸屋次郎右衛門宅へ小立、同所程なく出立、うつのや坂の下より歩行いたし、丸子棒鼻より行列にて、今暮少し前ニ丸子駅本陣横田三左衛門宅着、直ニ止宿いたし候事

一府中より細工の品々、本陣へ商人持参り候ニ付、つるべ虫籠井夏枕一ツ調候、且阿部川御用達横地庄次郎と申者、名物餅二重持参、本陣迄伺ニ罷出候事

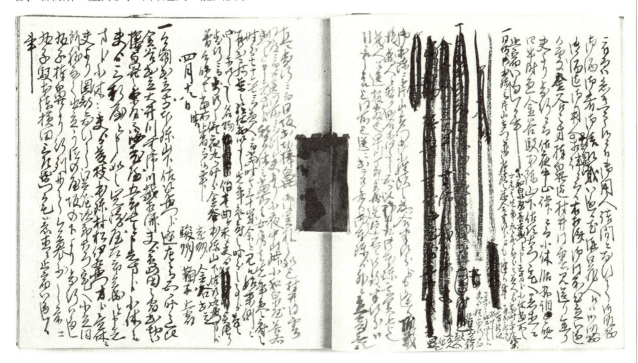

＜ 松井章之の参府日記のうち　4月17日から4月18日にかけての部分 ＞

　　　　〇四月十九日　　晴　　　　　　　　　　　　　　　駿河　鞠子　出立　　同国　由井　止宿

一今朝出立前、本陣横田三左衛門へ逢、六ツ半時過丸子駅出立、阿部川無滞渡り相済、溝口ニおひて破風屋六兵衛宅へ暫ク小立、此所名物細工品々さし出候ニ付四品調、跡品々ハ江戸表より、模様ニよってさし越候様申付候、同所より名物餅を壱重献ス、左候て無程同所出立、尤阿部川渡りの時分、駿府町御奉行付役人、小倉隼太・新谷文平両人、川渡才判ニ罷出、且府中町通行いたし候時分、同町御奉行組同心深津玄次郎・大賀正八郎罷出候ニ付、夫々会釈の金子等、小姓頭より引渡候由、且府中御城番様より使者参り候得共、是レハ間違と相見候ニ付、其段破風屋六兵衛より取計イ、此方より会釈無之、

　夫より小吉田ニおひて稲葉源右衛門宅へ小立、此所名物鮓三桶献ス、猶弐桶調へ持越、同所出立、江尻ニおひて本陣差支候ニ付、脇本陣府中屋茂兵衛宅へ昼休、興津の駅中の茶屋ニて、橋本屋甚右衛門と申者方え小休ミ、此処誠の海辺ニて三保ノ松原も右ニ見ル、夫より興津川無滞渡り相済、右の所より極忍ニて歩行いたし、西倉駅ニて（約五字分空白）宅へ小立、此所かい焼の名物ニて、かい焼盃調給候処、外ニ蚫（ママ）三　亭主よりさし出、同所無程出立、同歩行ニて由井駅棒鼻より行列にて、由井本陣岩鍋郷右衛門宅へ暮比着、直ニ止宿いたし候事　　　　　　　　　　　　　（※欄外に「府中町ニおひて」の文字あり）

　　　　但、今夕浦賀御陣屋より、右田長左衛門殿足軽飛脚を以、小姓頭迄、浦賀御陣屋見分いたし候ハヽ、道法等の儀委細申越候、然処大勢の供ニて廻り候てハ諸費も多く、其上右ハ何某より浦賀へ参り候儀、申通候儀ニ有之候哉、間違と相見申候ニ付、浦賀の方ハート先江戸へ着の上、惣躰の御模様ニ応し見分可仕旨、小姓頭より返答申越候様申付、使の足軽福田茂八、浦賀より昼夜ニかけ、早打ニて参り候由ニ付、心付ニ金子遣し、内分ニて一寸逢、惣躰浦賀の様子等承り候事

一江戸よりの御飛脚、塗亀様井大木舎人よりの書状到来いたし候ニ付、返事仕出候事

　　　　〇四月廿日　　晴、又次第ニ曇、夕七ツ時過比より小雨　　　駿州　由井　出立　　伊豆　三嶋　止宿

一今朝六時過由井駅出立前、宿亭岩鍋郷右衛門へ逢候筈の処、今朝二條御城番衆交代の立宿を受居候由ニて、昨夜早立を小姓頭迄申出候由、本陣を受居ながら双方を受候儀不都合のいたし方、小姓頭共存寄も有之候由ニ付、右岩鍋郷右衛門へハ、今朝ハ逢不申出立いたし、蒲原ニおゐて牧谷丈助宅へ小立、夫より岩渕御用聞富士川本陣、常盤弥兵衛方え小休ミ、当所名物水晶玉二ツ、印判石三ツ、火打石数々求メ候、右弥兵衛より苔并名物餅差出シ候、

　　同所無程出立、冨士川舟渡無滞相済、渡上り、村はつれより忍ヒ歩行ニて、原駅棒鼻迄参り、夫より行列ニて原宿本陣長谷川八郎兵衛宅へ昼休ミ、同所より玉子を献ス、右小休の内、京都二条御城番加納駿河守殿小休ミ前通行相済候上同所出立、柏原え参り候処、同所加納殿未タ小立ニ相成居候ニ付、同所の法花寺の由、立円寺と申寺内ニ暫ク小立テ致し居、加納殿小立場出立跡ニ、同ク柏原の浮嶋理右衛門と申者方え猶小休ミ、当所名物の鰻糀焼抔給へ候、夫より原の宿出切の方、棒鼻の茶屋ニて大和屋五郎右衛門と申者方え小休ミ、

　　夫より沼津町内出入の本陣の向ヲ本陣えは最早前段の加納殿着、止宿ニ相成居内、市中ニ公義預御筒も着ニ相成居、余り間近ク煩敷候間、本陣の小休は抜キ、町中通り抜ケ、山王社前敷石の上ニ暫ク野立いたし候、当御城も先年の地震ニて不怪損し、石垣等も崩レ落居、驚入たる有様ナリ、同所出立、喜瀬川ニて暮ニおよひ、夫より提燈ニて今暮過、三嶋駅本陣樋口伝左衛門宅へ着、止宿いたし候事

　　　但、宿亭より　いせゑひ壱台、あじ壱台献ス

　　　　　　〇四月廿一日　　陰、後小雨　　　　　　　　　　　伊豆　三嶋　出立　　相州　湯本　止宿
一今度通行の令幣使（例幣使）、今日箱根越し有無の儀、昨晩迄ハ当駅えも不相分候ニ付、今朝四ツ時分迄ニは様子も相分候由ニ付、暫ク見合居候処、今晩小田原泊りニて、明日箱根越しの由、五ツ半比当駅ニ相分り来り候ニ付、直ニ打立候、出立前本陣桶口伝左衛門え逢、左候て四ツ時前当所出立、夫より三谷村（ミツヤ）と申処の冨士見屋伊左衛門と申者方へ小立テ、赤飯を出ス、夫より山中と申所ニて広野助左衛門宅へ小立、同所より酒肴あかはらとも、うくいとも云由、赤飯・白玉たんこを出ス、

　　夫より箱根本陣石打太郎左衛門宅へ昼休、同所御用達大西牧右衛門玉子持参献ス、本陣よりハ酒肴并鮮魚壱折献ス、同所無程出立、御関所前通行無滞相済、畑ニおひて茗荷屋畑右衛門宅へ小立、同所より酒肴并名物たんこを献ス、同所細工の品々買入、外ニ注文もいたし置、委細ハ別記ニ有り、此所買物いたし候内、日暮ニおよひ、今日は小田原泊りニて有之候筈の処、令幣使明日御通行、今晩ハ小田原御止宿ニ付、表向合宿六ヶ敷、依之供方ハ極内證ニて脇本陣へさし越置、

　　自身ニハ今晩箱根内湯場へ脇道いたし、極々忍ヒニて一宿いたし候筈の手配ニいたし置候処、前条の通り日暮ニおよひ候ニ付、畑より惣供中ハ小田原へさし越、歩御使番清原逸次、并川上源吉・小川宅平・川上嘉三郎・谷口栄蔵召連、極忍ニて明松ニて湯本の様ニ参り、米屋門右衛門宅立寄、同所ニて種々細工物買入、同所へ服部弥右衛門も参り居、湯場の様ニ参り候へハ、程近ク有之候得共、夜更ケ殊ニ強雨ニも有之、承り候へハ令幣使も格別六ヶ敷事も無之様子ニ付、今晩ハ直ニ門右衛門宅へ極忍ヒニて止宿いたし候事

　　　但、同所ニても品々注文いたし置、巨細別記ニ有、畑・湯本両所共ニ、江戸の様ニ仕出候様申付置、宿亭妻名つねと申て、商売物等の取扱筋上手ニ見へ候

　　　　　　〇四月廿二日　　曇、次第ニ晴　　　　　　　　　　相州　湯本　出立　　同国　大磯　止宿
一昨日控通り、湯本ニて米屋門右衛門宅へ止宿いたし居、今朝五ツ時比同所前、令幣使御通行、道具は長刀壱振ニて、供廻極々少人数ニ有之、暫クいたし候て御幣入の唐櫃参り、右相済候ニ付、今朝四ツ時分より湯本出立いたし候処、壱里位歩行いたし候内、風松と申所ニて松屋伝右衛門宅へ、駕迎ニ参り居候ニ付、是より行列ニて小田原ニおいて、本陣片岡嘉左衛門宅へ立寄、

　　昨夜より惣供中世話もいたし候ニ付、一寸逢候て同所無程出立いたし、矢俣と申所ニて野立、夫より梅沢ニおひて、松屋作右衛門宅へ昼休、同所よりあんこう魚の皮と子を名物の由ニて献ス、夫より甲申宿と申処の　六社大明神鳥井内ニ暫ク野立、同所出立、今夕七ツ時過比大磯へ着、本陣屋上市左衛門宅へ止宿、同所より小石を鉢ニ入献ス、右石格別相替候儀も無之、奇妙成献しもの也

　　　　　　〇四月廿三日　　晴、極々薄曇　　　　　　　　　　相州　大磯　出立　　武州　神奈川　止宿

一今朝出立前、本陣屋上市左衛門へ逢、左候て六ツ半時分同所出立、夫より八幡(ヤワタ)と申処え野立テ、夫より馬入川船渡し、夫よりなんこと申処の江戸屋八郎左衛門と申者方え小休ミ、当所小休中ニ、小倉の若殿小笠原伊予守様御下国ニて御通行ニ相成り、当所藤屋平左衛門と申者方へ御小休ミニ相成候ニ付、我等御見舞ニ致参上候筈の処、暫御小休中の事ニ付、却て御手数ニ相成候間、態ト使者を御供頭迄差出候段申付、小姓頭共は供外の者最早先ニ踏通り、居合不申候間、川上源吉使者勤いたし候、

夫より四谷と申処の富士屋平左衛門と申者方え小休ミ、夫より藤沢本陣蒔田源右衛門方え昼休ミ、将又当所ニて、江戸表より典礼より返事の紙面相達候其中ニ、江戸先例書被差越候ニ、明後廿五日江戸龍之口御屋敷着ニ付て、詰込御家老大木舎人出迎有無の儀、先例ニ違候様ニ共ハ成行申間敷、些懸念の筋有之候ニ付、当藤沢の昼休所より、川上源吉え得斗申含メ、只今より先ニ江戸龍ノ口え差急せ、明朝ニも早々典礼初メ御役々ニ尋ね、懸合候様被差立て候、夫よりかげとり 影取山谷新田 と申処の西村左平次と申者方え小休ミ、右かげとりと申処は、当時浦賀を御受持已来、此方様御領分ニて候由、

夫より戸塚の駅中、紀伊国屋助右衛門と申者方え小休ミ、夫より信濃村と申処迄、笹屋栄蔵、夫と政尾郷方の武蔵屋卯兵衛、両人出迎ニ麻上下着ニて罷出居、直ニ跡より供いたし参り候、夫より境木小立少し手前坂有之下タ、矢張り信濃坂の内の由、此処ニて勢州桑名郡（約二字分空白）の増山河内守殿二万石の由、此人に行合、無構左りタ々ニて通り、

夫より境木と申処の若林長四郎と申者方え小休ミ、此処ニて先迄迎ニ罷出居候笹屋栄蔵・政尾郷方の武蔵屋卯兵衛、両人一同ニ鳥渡逢候、夫より程ケ谷入口苅(カリ)部右左衛門と申者方え小休ミ、夫より神奈川台の茶屋より少し手前より、提灯ニて夜六ツ半時分、神奈川本陣石井源三郎方え着、今晩は当所止宿ニて候、右源三郎より亀の甲せんへい壱箱差出し候事
一政尾宿武蔵屋卯兵衛、蒸菓子壱箱差出シ候事
一今晩本陣ニて右栄蔵・卯兵衛を呼出し、暫ク咄しいたし候事

　　　　〇四月廿四日　曇　　　　　　　　　　　　　武州 神奈川 出立　　同国 品川 止宿
一今朝出立前、当所本陣石井源三郎え逢、左候て朝五ツ時分同所出立、夫より生麦の藤屋万三郎と申者方え小立テ、夫より川崎本陣佐藤惣左衛門方え昼休ミ、夫より大森の長谷川忠次郎と申者方え小休ミ、当所名物の麦わら細工の小箱三ツ、八代土産ニ求メ候、夫より品川宿ニおひて、本陣鶴岡一郎右衛門宅へ今夕八半時分着、直ニ止宿いたし居候処、尋向ニ左の通り参り候ニ付、出会いたし候事、

三井小兵衛・森本儀十郎、其内大木舎人見へ、いろゝゝ咄いたし居候内、佐分利十右衛門并機密間根取坂本彦兵衛、同物書川添弥右衛門、今晩極忍ニて近辺の茶屋迄誘引ニ相成候ニ付、極々忍ニて、供川上源吉・小川宅平・宇野益城・緒ケ九郎四人召連、舎人も家来三人召連、（約六字分空白）宅ニて酒肴を出しニ相成、芸者五人参り、其外宿亭の妻娘等追々出、舎人・十右衛門儀ハ酒も給候人体ニて、酒機嫌ニ相成、興を催し候様ニて候、右芸者五人、亭主初メへ花として金子を遣し、尤舎人よりも同断ニて、惣躰の出方の儀ハ、舎人・十右衛門心遣の由、左候て今晩四ツ半時分旅宿へ引取候節、舎人・十右衛門も付添宿所迄見候事
一右の外、当所へ着いたし候歓として、出入の御侍を初御用達共、追々罷出候面々ハ別帳ニ控有之、略之

　　　　〇四月廿五日　（天気など 記入なし、以下同様）
一今朝出立前、服部弥右衛門罷出候ニ付出会いたし、畢て本陣鶴岡一郎右衛門へ逢、四ツ時分より品川宿出立、八山下通り、高輪、田町、芝金杉橋、夫より本通り、京橋五郎兵衛町、河岸通り、呉服橋、銭亀橋左へ通り、三橋、龍ノ口西御門より罷出候ニ付、先例の通り御門両扉を明キ、御門内へ御留主居神谷矢柄、御奉行副役辛川孫之允、御目附（約五字分空白）何レも麻上下着用、出迎ニ出方ニ相成、御留主居ハ御玄関迄案内いたし、御家老詰込大木舎人、平服ニて御玄関より上り候を見受、鏡板まて出迎ニ出方、鏡板へ御用人壱人（約六字分空白）、　御小姓頭（約四字分空白）詰懸、不残平服ニて出迎、案内の御小姓頭は切石半途ニ参り候を見受、薄縁ニ出迎、夫より御広間御廊下筋より、御坊主参上、間廊下筋、御家老間え案内いたし、御広間御取次其外の面々ハ御番席ニ居成ニ罷在候事
一表海御間ニおひて被召出、御継上下被為召、御手自御熨斗蚫被下、於板床御間壱汁三菜、御吸物・御酒・御肴壱種被下、御給仕御小姓組、右頂戴の儀御用人より申達有之候事

　　　　　但、本行御間ニおひて頂戴いたし候筈ニ御究りニ有之候得共、詰間ニて寛々頂戴いたし度願出、大木舎人
　　　　　　儀も詰間ニ居候事ニ付、旁詰間ニて本行の振を以頂戴いたし候事
一御国出立の節、澄之助殿・寛五郎殿より御機嫌御伺、并御一門衆初メ御機嫌伺の書付ハ、一両日前方ニ、右筆
　方共より江戸表へさし越置、蓮性院様・鳳台院様え御伺の書付もさし越ニて相済候、右御式相済退出ノ節、御
　家老間口より御小姓頭壱人案内ニて、裏御玄関箱段踏落迄送り、御用人ハ裏御玄関西の方、御使者間の辺ニ罷
　出候事、夫より西御門より大名小路・八官町・土橋左ニ、愛宕下大名小路右ニ、切通しを上り、左ニ西久保・
　赤羽根橋・三田通り、月の見崎、白金御屋敷板御門より御小屋へ、今夕七ツ時分着、此節御門両扉を開候事
　　　　　但、若殿様御在府ニて有之候得は、直ニ罷出候筈、右の節ハ龍之口通り出迎等、諸事御同様ニ有之候筈ニ
　　　　　　候得共、此節ハ御留主ニ付、右の手数無之候事
一蓮性院様御機嫌伺ニ罷出候ニ付、御裏御広敷より出方いたし、此節御広敷御門は扇開キ無之、御附役御玄関踏
　落東の方へ罷出、御広敷御番は薄縁西の方へ罷出居、御附役案内ニて上使の門・二之間へ罷通り候処、御茶・
　たはこ盆出御給仕、御内玄関番、蓮性院様御機嫌奉伺候段申達ス、若殿様并ニノ丸御方々様より御伺被仰上候
　趣、且御一門衆初メ例の面々、御機嫌奉伺候書付、御附役へ相渡ス、左候て蓮性院様被召出候ニ付、大奥へ案
　内有之、被召出の御式相済、最前の御間ニて御酒・御吸物等被下、退出の時分、御広敷御番より送り等、諸事
　前条の通り、
　　　　　且若御前様御広敷へ罷出候得は、前条同様の振合ニ有之候筈の処、御同所御裏の方は極々御間狭ニ付、白金
　　御裏方へ新屋形御裏御附役呼寄、若御前様御機嫌奉伺候趣申聞、右の段申上有之、若御前様被召出候節、白金
　　御裏より御間続キ新屋形御裏へ、御附役より案内いたし、若御前様被召出相済、御同所よりの頂戴ハ白金御
　　裏へ廻り候ニ付、於同所頂戴いたし、目出度今暮前、御小屋へ着いたし候事
　　　　　但、右の通り着いたし候ニ付、長門守殿初よりの所々使者、且御留主居初メ出入の御侍、追々歓ニ出方有
　　　　　　之、長門守殿使者へハ直ニ逢、其外尋向の面々等、委細小姓頭共記録ニいたし候儀ニ付略之
一今夕着いたし候ニ付、蓮性院様より御赤飯・御にしめ等沢山ニ被成為拝領候ニ付、頂戴残りハ供中へ頂戴いた
　し候様ニ申付候事
一今晩胃助初メよりの書状着、八代表静謐の段申越候事
　　　　　但、奥向キ政尾列より川上源吉迄文参り、奥向キ静謐の段申来候事

　　　　　○四月廿六日
一昨日蓮性院様御機嫌奉伺候処、猶今日出方いたし候様被仰付候ニ付、四ツ半時比より出仕いたし候処、被召出、
　御吸物・御酒・御肴三種頂戴いたし、左候て大崎御殿鳳台院様へ罷出候処、右同断ニて八ツ半比引取候、左候
　て夜ニ入機密間根取小山太左衛門・坂本彦兵衛出方いたし候ニ付、酒抔出し寛々咄いたし候事

　　　　　○同廿七日
一今朝五ツ半時比より、忍行列ニて白金へ出方いたし、引取より大木舎人同道ニて、観生太夫方へ能見物ニ参、(ママ)
　帰り掛 酔月楼へ立寄候処、芸者せい・のし・小よね・たまとて四人参り、舎人抔ハ興ニ入候様子ニて、今晩四
　ツ時分罷帰候事
一今昼出仕後ニ、細川幸之助殿尋向ニ見候由の事

　　　　　○四月廿八日
一今朝四半時分より、龍之口へ出仕いたし、帰り掛 政尾郷方へ参り候処、同方より種々馳走ニて、夜ニ入四ツ時
　分帰り候事
　　　　　但、龍之口より駕等は帰し、極忍ニて参候

　　　　　○同廿九日
一今夕、外使召連、極忍ニて買物ニ参り候間、切通しより愛宕下神明前ニ参り、むじん燈・水入ひいとろ・ミす
　抔調、左候て小林ニて飯を取寄給、今晩四ツ時分帰り候事　　　　　　　　　　　　　　　　　　　（終）

八代古文書の会 会報 No.45

2013年10月5日　八代古文書の会 発行
〒866-0081　八代市植柳上746-5　蓑田勝彦方

　今回は熊本藩の通貨制度―「銭匁勘定」についてです。江戸時代後期の熊本藩の古文書で金額が書いてあると、多くの場合は「銭〇匁」とか「銭〇貫〇〇匁〇分」などと書いてあります。〇匁〇分というのは銀貨の価値を表すもので、銭貨は「〇〇文」のはずです。なぜこのようなことになるのでしょうか。今回は「銭匁勘定」といわれる、この金額表示をどう理解したらよいかを考えます。熊本藩の後期の藩札は、この「銭匁勘定」にもとづいて発行され、人々に受けいれられて円滑に流通しました。

（分量の関係で2回に分けて掲載します）

江戸後期 熊本藩の通貨制度―「銭匁勘定」と藩札（上）―

蓑田　勝彦

1. はじめに―「銭匁勘定」の成立

　江戸時代の熊本の記録を見ていくとき、通貨の価値がよく分からずに困惑することが多かった。例えば通潤用水の建設費は、目鑑橋（通潤橋）の建設費が銭319貫406匁余、用水路関係の工事費が銭375貫403匁余、その他の経費を合せて合計銭711貫306匁余と記されている（註1）。〇貫〇〇匁というのは銀貨の単位のはずなのに「銭〇貫〇匁〇分……」と記されていて、どういうことなのか分らなくなってしまうのである。そもそも江戸時代の通貨制度は金・銀・銭の三貨制度といわれていて、「銭」の単位は「文」であるはずなのに、その常識から外れているのである。それでも熊本藩内の記録をみると通貨の額は、多くの場合この通潤橋の例と同様に「銭〇貫……」のように記されている。

　このことは多くの歴史研究者にとって長い間理解不可能な不思議なことであった。この不思議な通貨単位を理解可能にしたのが「匁銭」または「銭匁」（「銭匁勘定」とも）の考えである。これらの言葉は江戸時代から使われていた言葉ではなく、研究者がこの不思議な通貨制度を理解するため使用するようになった言葉である。「銀目」「金目」という言葉は昔からあって、「銀目」は「江戸時代の銀貨の秤量単位。貫・匁・分などの名目」と説明されている（『広辞苑』）。この「銀目」にならって、銭貨の単位に貫・匁・分などの名目を使用しているので、「銭匁」という言葉を使って「銭匁勘定」（「銭匁遣い」とも）と呼ぶことにしたものであろう。

　最も早い時期にこのような考えを発表した研究者の一人に藤本隆士氏がいる。藤本氏は日本の南西部の地方（「銀遣い」の地方）で、1匁＝60文（福岡藩など）、1匁＝70文（熊本藩など）、1匁＝80文（中津藩など）などで計算される銭建の通貨制度が行われていることを見出し、これを「匁銭」または「銭匁」と呼んだ（註2）。やがて多くの研究者がこのことを研究するようになり、現在では「匁銭」というよりも「銭匁勘定」（または「銭匁遣い」）とよぶ人が多い。この「銭匁勘定」を採用して

〔図1〕「七百目」と「六百目」の切手

いる地域では、ほとんどの取引（金額表示）に「銭〇〇貫〇〇匁」のような方法が行われており、金貨や銀貨による表示は特別な場合を除いて行われない。熊本藩も銭貨を基本通貨とする「銭遣い経済圏」の一つであり、「銭1匁＝70文」の「銭匁勘定」の地域である。

ここで最初に述べた通潤橋の建設費の問題にもどると、目鑑橋の建設費の銭319貫406匁は、319406×70文＝22358420文＝22358貫429文となる。仮によく使われる金1両＝銀60匁＝銭4000文で換算すると、金では約5589.6両となる。銭貨を基本貨幣とした場合、「文」という単位をそのまま使用すると、高額の場合は非常に大きな数字になってしまう。しかし「銭匁勘定」の場合は数字が小さくなって便利である。

0 この銭匁勘定を採用している地域では、前述のように1匁が何文であるかは、それぞれの地域でバラバラである。また同じ地域でも年代によって違いがあったりする。このことは「銭匁勘定」がそれぞれの地域で自然発生的に行われるようになって、やがてそれが制度として成立したからだと考えられる。熊本藩では「新続跡覧」に「享保の比、銀壱匁銭八拾銅ニ相極通用……元文の比より壱匁七拾銅ニ相極通用」とあり（註3）、元文年中（1736〜1741）から1匁＝70文の銭遣いが始まったように記されている。また

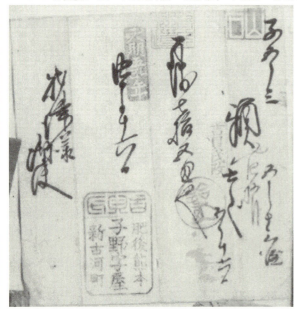

〔図2〕「銭七拾五匁」の「預」

「河江旧記」にも「享保の比銀壱匁相場八拾銅にて通用……元文の比より壱匁の銀七拾銅の相場を以致通用候」とある（註4）。なお「官職制度考」も同様に元文年中に1匁＝70文遣いになったとしている（註5）。ところで以上の三例の1匁＝70文という記事を見ると、三例とも＜<u>銀</u>1匁＝70文＞であり「銭匁勘定」でいう＜<u>銭</u>1匁＝70文＞ではない。＜銀1匁＝70文＞から＜銭1匁＝70文＞へ移行するにはある程度の時間が必要だったのではないかと考えられる。まず＜銀1匁＝70文＞が多くの人々に受けいれられる、その時間があって、やがてそれが単に＜1匁＝70文＞となり、さらに時間の経過があって＜銭1匁＝70文＞になった。それが「銭匁勘定」の成立ではないかと思われる。そのことを考えさせる史料が次に示す『荒尾市史』の記事ではないだろうか。

『荒尾市史』に元文4年（1739）の質地證文が紹介されている。それには畑6畝3歩の金額として「銀六匁弐分五厘　但七十文銭」とあり、＜銀1匁＝70文＞で表記されている。同じ『荒尾市史』に紹介されている49年後の、天明8年（1788）の借用證文では「銭六拾目　但七拾文銭」を借用したと記されている（註6）。ここでは＜<u>銭</u>1匁＝70文＞であり、50年ほどの時間差によって銀から銭への移行が見られる。この間の変化の契機となったかも知れないものとして宝暦5年（1755）に出された法令の「御国中銭遣　壱匁七十文ニ被仰付候事」がある（註7）。確証はないが、この法令が＜銀1匁＞から＜銭1匁＞への変化を決定づけた可能性が考えられる。このように熊本藩の場合は、元文年間から宝暦年間ころに長い時間をかけて＜銭1匁＝70文＞

〔図3〕「銭弐百五拾目」の「預」

の「銭匁勘定」（銭匁遣い）が成立していったのではないかと思われる。

2. なぜ「銭匁勘定」が成立したか

なぜ江戸幕府の三貨制度とはことなる「銭匁勘定」の制度が成立したのであろうか。このことについては研究

者の間でいろいろな説が出されているが、定説といえるものはないようである。以下まったくの推測によるものであるが、「銭匁勘定」がなぜ成立したかについて考えてみたい。「銭匁勘定」の理解に役立つとともに、後に述べる藩札の理解にも役立つと思うからである。江戸幕府の定めた「三貨」はそれぞれ大きな欠点をもつ通貨であった。金貨は高額の取引きには都合がよいが四進法で計算が簡単でなく、単位の名称が異なり不便である。また真贋を見分ける力がないと偽の金貨を掴まされる可能性もあったであろう。銀貨にも金貨と同様の欠点があるが、もっと大きな欠点は秤量貨幣であるための欠点であろう。一回一回重さを計るために秤を持ち運ぶ必要があるし、また場合によっては重さをごまかされることもあったのではないかと思われる。このことは、一般庶民が使用することを考えれば非常に大きな欠点であろう。またほとんどの庶民は、金貨・銀貨のような高額の通貨を使用する機会をもたなかったと思われる。金貨・銀貨は、そもそも庶民の使用する通貨としては本来不向きなものといえるであろう。銭貨は少額貨幣として庶民の使用に最も適した通貨であったが、商人間の高額（大量）取引きの場合などは、数字が大きくなりすぎるし、重量も大きくなりすぎる不便な通貨であった。江戸時代もかなり早い時期に（たとえば元禄期ころ）、貨幣経済が進展して一般庶民が通貨を頻繁に使用する時代になったころには、高額取引きにも、庶民の使用にも便利な通貨が求められ、それに応えるように登場したのが「銭匁勘定」といえるのではないだろうか。「銭匁勘定」は銀貨と同様の通貨単位を使用するものであり、銭貨と金貨・銀貨との変動相場による換算を考慮する必要はあるにしても、高額取引きにも対応できるものといえよう。

　この際考慮すべきことは、高額取引きの場において金貨・銀貨・銭貨などの実物が使用されたかどうかである。銭匁勘定が登場したころの経済状況は、高額の取引きにおいてはほとんどの場合、手形（切手）による決済が行われるようになっていたのではないだろうか。この点について史料的にはまったく把握できていないが、後の時

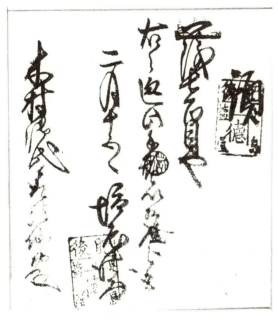

〔図4〕「銭七百目」の「預」

代の状況から推測すると、多くの取引きには、手形（切手）による決済が行われるようになっていたのではないかと考えられる。さらに推測を重ねると、取引きに使われる手形は、取引きの当事者間の決済に使われるだけでなく、信用ある商人の手形の場合は第三者との決済にも使用される状況になっていたのではないか、ということである。つまり信用のある商人などの発行する手形・預証書などは通貨（紙幣）と同様の交換手段して通用するようになっていたのではないだろうか。有力商人の発行する証書が通貨と同様の効力を持つ時代になったからこそ、有力商人が利用していた1匁＝70文というような方法が、次第に多くの人々の支持を得て定着していったのではないか、というのが筆者の考えである。

　そのような考えを筆者が持つようになったのは、後掲する〔図1〕～〔図8〕のような手形（切手、預）がかなり多く残存していることからである。それらは統一された様式で作成されているわけではないが、いずれも通貨としての機能を持っていて、現代の紙幣と同様の役割を果たしていたのではないかと考えられ、藩政府が発行した「藩札」に対して「私札」と呼んでもよいような存在だったのではないかと思われるのである。

3．残存する「私札」について

　ここで、本稿に写真を紹介する「私札」について一応の説明を加えておきたい。〔図1〕～〔図8〕に示したものは、時期が記されていたりいなかったりであるが、このような手形は前記のようにかなり早い時期から発行され、一種の紙幣として使用されていたのではないかと考えられるのである。

　〔図1〕は種山村（現八代市東陽町）の旧家に残されていたもので、右が26.8cm×6.5センチで「六百目」、左が26.5cm×6.3cmほどで「七百目」とあり、かなり高額の切手（手形）である（註8）。2枚とも右肩の付近に「丙子」の印が押されているが、宝暦6年（1756）なのか、文化13年（1816）なのか、または別の年なのかは不明である。「丙子」の字の上に「十二ヶ月限」の印が押されている。その左隣の長方形の印の中には「七拾文銭」の文

字がみえる。したがって金額は700×70＝49000文、および600×70＝42000文である。右下には長方形の印が押されていて、そこには「川原町　糀屋」の文字が見える。川原町は野津手永野津村の一部で、氷川を隔てた対岸には宮原町（同じく野津手永）があり、宮原町と両岸一体のように発展してきた町である。2枚の手形の宛名には「西原　幸八殿」「西原　定八殿」と記されている。この「西原」は北種山村の地名で現在の「石匠館」の所在地である。この切手に「十二ヵ月限」と記されているのは、この切手がその期限迄は第三者がこれを一種の紙幣として利用できたことを意味しているものと思われ「私札」の一種と考えられる。

〔図2〕は八代市高田地区の旧家に残されていた「預」である（註9）。写真で確認されるだけで、大きさなどは不明である。写真が小さくて文字は必ずしも明確には読み取れない。金額は「銭七拾五匁」と記されているが、たぶん1匁＝70文の金額であり、75×70＝5250文の「預」である。次の行に「四月十六日」とあり、その右肩の所に「天明五乙巳年」（1785年）の朱印が押されている。日付の下に大き

〔図5〕「鯛七百目」の「預」、左は表、右は裏

な、角の丸い印が押されており、そこには「肥後熊本　新古河町　子野字屋」とあり、上部には「吉貝氏」と刻まれており、発行者の名であろう。最後の行に「財津様　御使」と宛名が記されている。写真には、他に2枚の「預」が写っている。同じ大きさの紙に、全く同じ筆跡で記されており、金額は「銭百弐拾匁」と「銭三百目」で、両方とも「天明六丙午年」の朱印が日付の肩の所に押されている。

〔図3〕は寛政元年（1789）の「預」で、上益城郡矢部町に残存したものである（註10）。「預　一銭弐百五拾目也、右の通慥預置申候　以上、四月十二日、萬屋和三次、濱町灰屋　新吉殿」と記されている。つまり銭250目の預證文の形をとった手形（預、紙幣）で、大きさは15.3×14.6cmである。「銭」の右側に小さい字で「七十文」と記されているのは、1匁＝70文の「銭」という意味であり、250×70文＝17500文（17貫500文）ということになる。「四月十二日」の右肩に「寛政元酉年」の印が押されている。日付の下には「萬屋　和三次」と記されているが、そこには楕円形の印が押されており「肥後熊本　紺屋弐丁目　萬屋」と見える。宛名の「浜町灰屋　新吉殿」の「浜町」は江戸時代の名で、後の矢部町のことである。後に紹介する〔図B〕の藩札にも「右の通預置候」と記されており、これと似通った文が見られ、この「預」も「私札」の一種と考えてよいと思われる。

〔図4〕は熊本城下の商家に残された「預」である（註11）。写真だけで現物を確認していないので、よく分らない所がある。写真の説明に原寸大と記されているが、コピーのため現物の周囲の線が見えない。推定の大きさは10.9×10.0cmである。表示金額は「銭七百目」と記されており、〔図1〕〔図3〕などと同じく1匁＝70文で計算される「預（切手）」である。日付だけが「二月十五日」とあり、何年のものかは不明である。

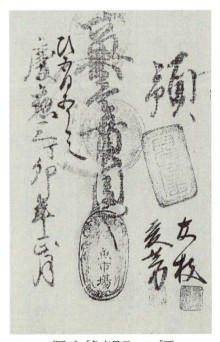

〔図6〕「魚壱貫目」の「預」

日付の下には発行者の名があり「塩屋徳右衛門」と読める。宛先は「木村御氏　取次仙助殿」とある。2ヵ所に押されている長方形の印は同じで「肥後　小島　塩屋」の字が刻まれている。その中央より少し下に、カギ形を肩にした、大きな「徳」の字が見える。坪井川と白川の二つの川の河口部に成立した在町＝小島町の塩屋が発行した「預」である。

〔図5〕は魚屋が発行した「預」で、左が表、右はその裏面である（註12）。大きさは15.0×10.5cmで発行年は

「午」とあるが時期は不明である。額面は「鯛七百目」とあるが、1匁＝70文で計算される切手（手形）と考えられ、700×70＝49000文の「預」である。発行者は「魚屋 源助」とあり、角の丸い長方形の印が押されており「肥後 高瀬」の字が読み取れる。高瀬は現在の玉名市である。裏面には「相すみ申候、以上」「五月五日 □□□ たい一枚」などの字が記されている。表に大きな丸と斜めの棒線が引かれているのは、この「預」が不要となって抹消したからであろう。

〔図6〕は熊本の「魚市場」が発行した「預」で「魚壱貫目」という高額である (註13)。〔図5〕と同様に「魚」と記されているが、1匁＝70文で計算する「預」で1000×70＝70000文＝70貫文である。高額の預であるためか20.2×13.1 cmと最大クラスの大きさである。左上方の「ひ五百五十三」という札番号と、右下の「友枝 藤芳」という人名（魚市場の責任者？）は筆書きであるが、他はすべて印判である。発行日は「慶応三丁卯年正月」(1867)とある。裏面には丸形の大きな印判が押されているが、その中に「此預来卯十月限両替可差留……」という文が見える。この預は有効期限は卯年の正月から十月までの10ヵ月として発行されたのであろう。この「預」は全体的に、後に紹介する〔図D〕の藩札とよく似ており、10ヵ月の有効期間が記されていることなどから、前述のように一種の紙幣として通用したものと思われる。この〔図5〕〔図6〕のように「銭〇〇匁」と記さずに、「銭」の代りに品物名を記すのは、他藩の藩札にも例が見られる。たとえば美濃加納藩には傘問屋が引き受けて発行した「傘壱本」という藩札がある（銀2匁通用）。同じ加納藩に産物会所発行の「ろくろ三」という藩札がある（銀3分通用）(註14)。図5・図6に「魚」とあるのは、民間の魚市場や個人の魚屋が発行したものであり、似たような例はかなり多かったのかも知れない。

〔図7〕「銭弐分五厘」の「預」

〔図7〕は南関手永大田黒村（現和水町）の酒店を営んでいた家に残されていたもので、現代でいえば「金券」または「商品券」のようなものと思われる (註15)。発行日は「午年」とだけあり、いつのものか不明である。楕円形の中に「大田黒 酒屋」の字が見え、これが発行者である。12.2cm×4.3cmの大きさで、「銭弐分五厘」とあり、金額は0.25×70文＝17.5文である。現代の「地域通貨」のようなもので、「私札」の一種といえよう。

〔図8〕は矢部手永で流通した「矢部郷札」とでも呼ぶべき「銭預」の概要を示した図である (註16)。大きさは16.2cm×5cmで、「銭預 壱匁」と記されており、1×70＝70文の紙幣である。裏面には「矢部郷通用」という印判が押されている。「丙寅四月限」とあって、通用期間を慶応2年(1866)の丙寅年迄に限って発行されたものと推定されている。これは矢部地方で流通させるために発行された地域通貨といえよう。

4.「銭預」の発行と流通

この〔図1〕～〔図8〕のような多種多様の手形（紙幣）が、江戸時代のかなり早い時期から出回っていて、その金額は「金目」や「銀目」ではなく、そのほとんどが1匁＝70文を単位とした「銭匁」によるものであったため、熊本藩全体に、いわば自然に1匁＝70文を基準とする「銭匁勘定」が広く行われるようになったのではないだろうか。このような手形（紙幣）が、発行したい人が自由に何時でも何処ででも発行できたのであり、藩当局はこのような私的な通貨である「銭預」（手形、地域通貨、個人的な「金券」のごときもの）の発行について禁止したり、制限したりした形跡は見られない。安永7年(1778)2月に藩は＜近年、現銭に交換できない手形が発行されて人々に迷惑をかけているので、「銭預」を発行する場合は必ず現銭を準備しておいて、いつでも現銭引替に応じられるように＞という趣旨の通達を出している (註17)。また天明6年(1786)には「銀銭預会所」を設けて民間で発行された「銀銭預」に加印して、その信用度を増す試みを行った。しかしその効果はなく、以前

〔図A〕加納藩札「傘壱本」

のように各商家などが自由に発行する態勢にもどされた（註18）。

銭預の流通について寛政9年（1797）5月の史料には次のように記されている（註19）。

「町家銭預の儀、現銭同前ニ相心得、預出候ハヽ早速鳥目引退ケ置、何方より受取ニ参候ても、不限昼夜相渡候様ニ安永七年（1778）及達、且又銭預を受取候節は、預出候ものゝ手前得斗相糺、何時ニても現銭相渡候儀無支ものと見定候上、通用いたし候様、若身上見懸りも無之ものゝ預を取、現銭渡方及難渋、訴出候ても決て御取上無之、万一家蔵等所持いたし、現銭渡し方無支程の者、預不埒の節は、訴出次第屹と御裁許被仰付候、依之借屋の者は不及申、家持たり共纔の身上の者は、一切銭預差出候儀停止被仰付旨……」

これによれば「銭預」は「現銭同前」であり、「預」を振り出した者は昼夜いつでも現銭への引き換えに応じなければならない。「銭預」を受け取る際は、振り出し人が信用できる者かどうかを確かめて受け取ること。もし後で現銭引き換えに応じないと訴え出ても、それは銭預を受取った者の自己責任であり、当局は訴えには応じない。家蔵などを所持するなど、財力がありながら、引き替えに応じない者は処罰する。したがって借家に住んでいる者や経済力のない者などが預を発行することは禁止する、などと記されている。これは熊本町人に対して出された当局（町方）からの達しであるが、藩当局からの達しとして藩内すべての地域に適用された法令と思われる。

〔図8〕「矢部郷通用」の壱匁「預」

なお「覚帳」の寛政4年（1792）閏2月の記事には＜中山手永萱野村（美里町堅志田の近く）徳右衛門と申す者が「銭預」を紛失したので、それが通用しないようして頂きたいと願い出た＞とあり、翌5年12月の記事には＜沼山津手永広崎村（益城町西部、益城熊本空港ICの近く）の吉右衛門が、「熊本町銭預」を紛失したので、それを拾った者が使用できないようにして頂きたい＞という願書を提出したと記されている（註20）。商家などが発行した「銭預」（切手、手形）が現在の紙幣と同様に流通していたことが、これらの記録から判明するのである。

（続く）

(註1) 「町在」明治元年（熊本県立図書館「永青文庫」複製本2002冊目）

(註2) 藤本隆士「近世西南地域における銀銭勘定」（『福岡大学 商学論叢』47号、昭和47年）

(註3) 「新続跡覧」安永3年（熊本大学附属図書館に寄託の永青文庫8‐3‐4‐1）。

(註4) 内山幹生「薩摩街道小川宿と姥婆神峠道」（宇城市教育委員会『燎火』19号、平成24年）に引用

(註5) 「官職制度考」（『肥後文献叢書』第1巻、212頁）。　　(註6) 『荒尾市史 通史編』643頁および646頁

(註7) 藩法研究会編『藩法集7 熊本藩』（創文社、昭和41年）575頁

(註8) 橋本家文書（八代市東陽町の石匠館に寄託）のうち　　(註9) 八代市の個人蔵

(註10) 松本寿三郎「熊本藩における藩札の史料収集と研究」（日本銀行金融研究所、平成2年）30・31頁より引用

(註11) 熊本市歴史文書資料室蔵の木村家文書・追148番　　(註12) 関家文書（長洲町中央公民館）のうち

(註13) 熊本市歴史文書資料室蔵の木村家文書・119番

(註14) 『国史大辞典』第11巻「藩札」の図版39・40、および同第3巻494頁「加納藩」の項（吉川弘文館）

(註15) 南関手永大田黒村（現和水町）の酒屋の金券（個人蔵）　　(註16) 註10の書51～52頁より引用

(註17)（註18) 松本寿三郎「熊本藩における藩札の発行」283～285頁『地域史研究と歴史教育』熊本出版文化会館、1998年）

(註19) 『八代市史 近世史料編Ⅲ』「御町会所古記之内書抜 下巻」（八代市教育委員会、平成4年）273頁

(註20) 「年々覚頭書」寛政元年～5年（永青文庫 文8‐2‐21）

八代古文書の会 会報 No.46

2013年10月15日　八代古文書の会 発行
〒866-0081　八代市植柳上746-5　蓑田勝彦方

> 　前回は、江戸時代の貨幣制度といわれている金貨・銀貨・銭貨の、いわゆる「三貨制度」の考えでは理解できない「銭匁勘定」についての説明が中心でした。熊本藩では「1匁＝銭70文」という銭貨を中心とする制度が行きわたっていて、金貨や銀貨は藩内の通常の取引きでは全くといってよいほど使用されず、「銭匁勘定」にもとづく藩札などの紙幣と、銭貨とが使用される社会が成立しました。今回はその続きで、おもに藩札について理解を深めたいと思います。

江戸後期 熊本藩の通貨制度―「銭匁勘定」と藩札（下）―

蓑田　勝彦

5．寛政年間の熊本藩の通貨の通用状況について

　「藩札」「私札」などについて考える材料の一つに次の史料がある。寛政7年（1795）3月の贋金使用事件についての記録である。玉名郡中富手永広町（山鹿市鹿央町）の太七の店に唖の男が入ってきて、懐中から「金子一粒」（一分判金）を出して、手まねでこれを銭21匁で売りたいといった。同意して21匁を渡したら、それを受取り、金子を紙に包んで表に「作太夫」と書いて手渡して立ち去った。包を開けたところ中に入っていたのは鉛製の偽物であった。すぐに男を追いかけて捕まえようとしたら、刀を抜きにかかったので、持っていた荷棒で刀を打ち落した。男を熊本に護送して取り調べた結果、八代御城附の続勘吾（知行150石）の弟で、年は34、5歳ということであった。次に紹介するのは彼を取り調べた時に作成された服装と所持品の記録である（註21）。

〔図B〕　熊本藩の藩札（註23）

　この史料の中で（　）内に番号を付けたものは、彼の所持品のうち通貨または通貨同様のものについての記事であり、ここでその内容について検討する。①の「御銀所預」は当時発行されていた藩札で、10匁（700文）1枚と20匁（1400文）1枚、合計2枚である。②は1分判金が6枚、つまり1.5両分の通貨。③はそれに似せて作られた贋の金貨5枚、それと同じ贋の金貨1枚は広町の太七と銭貨に交換する時に使用したと記されている。④は質札で、銭壱貫四百文（1400文）で、1分判金を味取町（熊本市植木町）で質に入れたと記されている。⑤は銭24匁と記されているが、実際にはどのような物であったか分からない、全額が現物の銭貨なら24×70＝1680文で、かなりの重さである。

　⑥⑦⑧⑨⑩の5つは、本稿で検討している手形（切手）つまり当時一般に使用されていた「私札」ではないかと思われる。各項目の初めには「金子壱歩分」とか「同　壱ツ分」「同　三ツ分」などと記されている。これは前述の1分判金のことであろう（註22）。しかしそれらの実際の通貨価値は、それに続いて記されている語句に表されている。つまり、⑥では「吉文字屋預」で銭7匁2分、つまり7.2×70＝504文であろう。同様に⑦は「しほ屋書付」で20×70＝1400文、⑧は「小嶋屋書付」で69×70＝4830文、⑨は「万屋書付」で23×70＝1610文、⑩は「酒屋銀兵衛書付」で23×70＝1610文ということであろう。

　⑥の「吉文字屋預」は、今まで見てきた手形（切手）と同じものと考えられるが、⑦～⑩の「○○屋書付」はどう理解すべきだろうか。実物を見てみないとはっきりとは分らないが、「預」と「書付」とが書き分けられているということは、何らかの相違があるということであろう。「書付」という文字から考えれば、「預」には文章らしい文章は記されていないのに対して、「書付」にはある程度の文章が記載されているのかも知れない。しかし「○

○屋書付」に続いて記されている金額の価値をもつという点では、「預」と全く変わりはないと思われる。つまり通貨的な効力という点では「預」も「書付」も変わりない「私札」的なものと考えてよいのではないだろうか。この寛政7年の贋金事件の記録からも、多くの商人が発行した多種多様の「預」や「書付」が、当時の人々の間で通貨と同様の価値をもつものとして利用されていたことが分かるのである。

≪贋金使用事件の記録≫

「　　　　　　覚

一男壱人　歳四十比、但帯刀の者　作太夫

右のもの衣類・帯・懐中、其外所持の品々、左の通　　　（以下、一つ書　原本は一行に一つ記す）

一大小柄黒糸白鮫鞘ろう色鉄鍔　　　一小柄壱本　　　一ちくさ木綿形付一重羽織襟黒日野

一ちくさ木綿ひとへ物紋丸の内りうご　　　一花色木綿かた付袷紋 右同　　　一ちくさ木綿はたき

一帯浅黄木綿嶋締居申候　　　一花色もゝ引　　　一紺紙手笠壱本

一御銀所預　内拾匁 壱枚、弐拾目 同　（①）　　　一壱分判六粒　（②）

一鉛ニて拵候歩判五粒、外広町太七へ売候壱粒　（③）　　　一香高キ薬壱包

一歩判壱粒の質札壱枚　銭壱貫四百文、但印肥後味取何屋と申儀ハ相分不申候　（④）

一めんにしき紙入壱ツ、但木綿浅黄かた付紙入上袋一ツ　　　一鵄目弐ツ　　　一郡内嶋財布ツ

一箸壱膳　　　一真珠丸八包

一反魂丹壱ツヽミ、　但真珠丸八包相求候代三百弐拾文、并壱分一粒預り置候との書付共壱枚

一銭弐拾四匁　（⑤）　　　一金子壱歩分　吉文字屋預壱枚、但銭七匁弐分と記有之　（⑥）

一同（金子）壱ツ分　　しほ屋書付壱枚、但銭弐拾目 右同　（⑦）

一同　三ツ分　　小嶋屋書付壱枚、但銭六拾九匁 右同　（⑧）

一同　壱ツ分　　万屋書付壱枚、但銭弐拾三匁 右同　（⑨）

一同　壱ツ分　　酒屋銀兵衛書付壱枚、但銭弐拾三匁 右同　（⑩）

右の者、着用衣類、所持の品々、私共儀　広町・広村役人共立合、相改申候処、右の通相違無之、生所何方の者ニて候哉、段々吟味仕候得共、おし躰の様子ニて、一向相分不申候候得共、昼中金子と鉛と摺替、鳥目奪取申候盗賊の儀は搦候て番人等堅ク付置申候、尤所持の品々広村太七・村役人連名書付相添、私共連名書付を以、早打御達申上候、以上

　　　（一七九五）　　　　　　　　　　　　　　　　　　　　　　　　　　　　　　　師富茂兵衛枠
　　　寛政七年三月　　　　　　　　　　　　　　　　　　　　　　　　　　　　　師富安之允
　　　　　　　　　　　　　　　　　　　　　　　　　　　　　　　　　　　　　　　新野尾寿助
　　　　　　　　　　　　　　　　　　　　　　　　　　　　　　　　　　　　　　　新野尾伊平

　　　　白石清兵衛殿
　　　　高嶋権右衛門殿　　　　　　　　　　　　　　　　　　　　　　　　　　　　　　　　　」

6．江戸後期の熊本藩札について

熊本藩の後期の藩札は、先に述べた「銭匁勘定」にもとづいて寛政4年（1792）から発行されたもので、一時的に混乱があったが明治初年まで順調に流通した。藩の「御銀所」や「小物成方」、「櫨方」、豊後の鶴崎や久住など、いくつかの役所から発行されている。〔図B〕は熊本藩の櫨方が発行した藩札で（註23）、大きさは14.7㎝×7.5㎝である。大へん特徴のある文字で記されていて読みにくいが「覚　一銭拾匁也　右の通預置候 以上、文化五年辰五月　櫨方御会所」と墨書され、借用證文（預證文）の形をとっている。右端の「覚」の下には「三万三千七百三拾五」という番号が見える。下方には「御横目 本田㊞、河原㊞、尾田㊞」とある。印判は使用されておらず手書きであり、〔図3〕の「預」（手形）と文面はほぼ同様である。額面は「銭拾匁」で、前述の通り1匁＝70文であるから10×70＝700文の藩札である。〔図3〕と文面がよく似ているということは、〔図3〕の「預」が藩札と同様に当事者間だけでなく、第三者にも通貨（紙幣）として利用されていたと考える根拠を提供しているように思われる（但し藩札の大部分は「御銀所預」とよばれるもので、ここに示した「櫨方預」とは違って、単に「預　五匁也」のごとく印判されており、「預置候」のような文はない）。熊本藩では宝永元年（1704）、享保18

年（1733）、同 20 年（1735）、延享 3 年（1746）にも藩札（銀札）を発行しているが、いずれも短期間で通用が停止されている。(註24)。その後かなりの休止期間をおいて藩札発行が再開されたのは寛政 4 年（1792）のことであった。この間の事情については諸書に記されているので説明は省略する (註25)。この時に発行された藩札は、1 匁＝70 文という「銭匁勘定」によって発行されたいわば"銭札"であった。以前の藩札はすべて額面は「銀○分」と記された銀札であったのに対し、寛政 4 年に発行された藩札は「預 銭○匁」と表記されている。なぜこのように「銀札」でなく、銭匁勘定にもとづく"銭札"が発行されたかは、これまでの記述から考えると容易にその理由が推測できるのである。つまり、その頃まで民間で自由な形で発行され、通貨として流通していた手形（銭預）が 1 匁＝70 文の銭匁勘定であったためであろう。そのように領内各地で発行されていた手形（紙幣）と同様の通貨であったため、領内の多くの人々に全く抵抗なく受け入れられ、そのご長く安定的に流通するようになったと考えられるのである。

なお、この藩札が「預」、「覚」などと記されて、いわば借用證文（預證文）の形をとった理由について述べておきたい。それは、のちに紹介する『藩札の経済学』にも記されている通り、安永 3 年（1774）9 月に幕府が「銀札の通用を中絶した藩による銀札発行の再開を禁止」(註26) したことが関係している。多くの藩が藩札を発行している中で、熊本藩も藩札を再発行しようとして幕府に伺いをたてたのであるが、幕府の方針でそれが認められなかったためである。「新続跡覧」には、銀札を発行したいと幕府に伺いをたてたところ「中絶の儀につき成り難き筋に候」との返答があったと記されており (註27)、また他の記録には「銀札ハ一度御届の事なれハ再興も出来兼候ニ付、此節ハ預と唱候」(註28) と記されている。そのため熊本藩では、以前発行していた銀札ではなく"銭札"として発行し、それを発行する役所（御銀所・櫨方など）の借用證文＝「預」という形をとったのである。

〔図 C〕 日出藩の藩札（10 匁）

他の多くの藩も同様で、〔図 C〕は豊後日出藩が文化 5 年（1808）に発行した藩札である。右が表、左が裏面で、大きさは 15.9 ㎝×4.6 ㎝、(註29)。表面には「預切手」「七銭拾匁」などと印刷されているが、「七銭」というのは 1 匁＝70 文の銭匁勘定という意味であり、額面は 10×70 文＝700 文ということになる。日出藩以外にも杵築藩・臼杵藩・佐伯藩・府内藩など、多くの藩の藩札に「預」の文字が見られる (註30)。これらの藩も熊本藩と同様に、幕府の意向に反しない「預」という形で藩札を発行したのである。

この「銭匁勘定」にもとづいて発行された熊本藩の藩札は、人々の生活に浸透し根づいていった。そのことを示す事例を紹介したい。〔図 E〕の 2 枚の藩札は右も左も同じ熊本藩発行の壱匁札である（個人蔵）。左の字や印判がはっきり見えるのは 14.7×8.4 ㎝、右の藩札は長期間使用されたために、ヨレヨレになり、左上には大きな穴があき、縮んで皺がよって、13.2 ㎝×7.5 ㎝ほどになっている。左の札に見える「預 一銭壱匁 御銀所」の字や、丸い印判などはほとんど見えない（右下の白い部分は所有者が付けたメモ書き）。それでも、赤い用紙であること、丸い二つの印判が押されていることなどから＜壱匁の御銀所預＞と判断できるので、正しい藩札として通用していたために保存されたと考えられる。このように、書かれている字が見えないほどに汚れたり、破損したりしても、藩札として通用したのは、人々の生活に広く深く浸透していて、ちょっとした特徴からその藩札を判別できたからであろう。なお説明を付け加えると、右側の古い藩札には大きな穴があいているが、よく見ると左の新しい藩札の方にも「御銀所」の「御」の字の左上に小さな穴があいているのが見える。これは藩札を何枚かをまとめて所持するときに、その穴にコヨリを通して結ぶ習慣があって、それが繰り返されていくうちに穴が次第に大きくなっていったものである。

このほかに、藩札が熊本藩の通貨として最も基本的なものであったことを示す事例を二つあげておきたい。第一の例は文化 9 年（1812）12 月に久住町で火災があり、手永会所なども焼失した。その際焼失した銭が 3 貫 424 匁余であったが、それはすべて「御預」、つまり藩札であったと記されている (註31)。つまり金貨・銀貨などは手

永会所では所蔵しておらず、藩札が最も重要な通貨であったことが分かる。また第二の事例としては、天保13年（1842）5月に熊本新桶屋町の旅人問屋＝吉文字屋に宿泊した筑後柳川の商人の二人が盗難にあった時の記録がある。その記録には衣類などの外に通貨類の盗難品として、金子2両2歩2朱・柳川米札3石余・久留米銀札10匁位・御銀所預（熊本藩札）40目位があげられている（註32）。柳川の商人が持っていたのは金子の外は全て藩札類であり、熊本藩以外でも藩札類が通常使用する中心的な通貨であったことが分かるのである。

また、明治4年（1871）に新貨条例が制定され（翌年には貨幣条例と改称）円・銭・厘を単位とする制度に変更されたあとも、新しい通貨が普及するまでの間はこの藩札が使用されていた。例えば「銭2分」の藩札には「1厘」、「銭5分」の藩札には「2厘」の大蔵省印が押されて、新しい通貨制度の下での通貨とされた（註33）。ところが人々はこれらを新しい制度による通貨単位では使用せず、相変わらず「〇〇匁」とか「〇〇分」という旧藩時代の呼称で使用していた。明治9年（1876）の「山鹿熊入々蕩諸控」という記録には、「壱匁　山鹿往還小屋茶代、三拾目　三鳥町より山鹿橋迄人力車代、三匁六分　山鹿町ニて飯のサイート皿代、八匁　米壱升代、八匁　万足代、十壱匁　宿銭二晩分……」などと記されている（註34）。このように明治9年の段階でも、江戸時代と全く同様に銭匁勘定に基づく通貨がそのまま使用されていたのである。

7．鹿野嘉昭『藩札の経済学』について

以上「銭匁勘定」と熊本藩の藩札・私札とについて述べてきたが、この文を記すにあたっては、下記の『藩札の経済学』によるところが大きい。この書は現段階における藩札と銭匁勘定について、全国的視野による研究水準を示すものと考え、読みながら重要と思われる部分を摘記したものである。多くの方にも参考になるものと思って収録した。

これらの中で、藩札について最も重要なことは〔A〕の③④⑨⑱などの項目に見られるように、藩札は現在の紙幣と全く同様に通用していたということである。とくに④に記されている「銭遣い」の日常生活への浸透、⑱に記されているように、藩内での取引き・支払いは原則としてすべて藩札で行う状況になっていたことは、多くの史料で確認できることである（但し、前述のように多種多様の「私札」も流通していた）。また④の(1)〜(5)の各項についても、そこに記された通りの内容を持った史料は確認できないが、多くの各種史料の記述を総合して考えると、ほぼその通り行われていた様子がうかがわれる。

鹿野嘉昭『藩札の経済学』（東洋経済新報社、2011年）ノート

〔A．藩札について〕

① 大名領国における基本通貨として機能することを期待されて藩政府により発行された紙幣であり、多くの場合、金・銀・銭貨という正貨との兌換により価値が保障されていた。(p.37)

② 金札・銀札・銭札・米札などというように、その額面表示にちなんだ名前で呼ばれた。(p.37)

③ 藩札発行藩内においては、藩札が交換手段として商人間の資金決済、領主への運上・冥加金の納入、農村における一般的な支払手段に利用されるなど、「札遣い」が日常生活に浸透していた。(p.37)

④ 各藩の藩札発行にかかわる基本的なルール　(p.44, 130, 151)
　　(1) 領内における正貨（幕府正貨）の流通禁止
　　(2) 個人間の正貨と藩札との引替取引の禁止
　　(3) 藩札から正貨への引替えは、藩外支払目的を除き禁止する
　　(4) 藩士への禄、給料などは（通貨で支払うことになっている分は）すべて藩札で支給する。
　　(5) 年貢等藩政府への支払い（通貨で支払う分）は藩札で行う

⑤ 18世紀半ば以降、財政赤字に悩む諸藩においては有力な赤字補填策として藩札の発行が採用され、全国諸藩へと広く普及していった。(p.45)

⑥ 銀札の通用を中絶した藩による銀札発行の再開は禁止された　安永3年（1774）9月。(p.49)

〔図D〕　熊本藩の藩札（註35）

⑦九州、中国・四国などの西南日本を中心として「金遣い、銀遣いに同置される銭遣い経済圏」が存在していたのではないか。(p. 55)
⑧松江藩では…天保期においては領内の有力商人が、自己経営の安定・拡大のため、自ら私札を発行するようになった。(p. 68)
⑨藩札は…江戸中期以降……士民生活における利便性の高い交換手段として定着していた。(p. 72, 116)
⑩藩札は「近世におけるもっとも典型的な信用貨幣」である。(p. 109)
⑪藩札は領国内での通用を前提とした政府貨幣の性格を持つと同時に…国家信用によって補強された信用貨幣としての性格をあわせて備えていたと理解される。(p. 114)　「近世」の信用貨幣である。(p. 115, 121)
⑫藩札は信用貨幣ではないと同時に政府紙幣でもないことが導かれた。(p. 134)
⑬藩は領民の保有する幕府正貨との交換を義務づけた　→領国内の幕府正貨は藩庫のなかで一元的に管理され……領国内では、藩札しか交換手段としては利用できないため、領内の取引は自ずと藩札で決済されることになった。(p. 130)　　　　　　　　　　　　　　　　　　　　　　　　　　　　　「(p. 132)
⑭藩札は…通貨の円滑な供給および地域の活性化を目的として地方政府により発行された地域通貨である。
⑮藩札は…領内における通貨不足の解消や財源調達を目的として、領内で流通していた幕府貨幣との引換えで発行された代用紙幣、あるいは現代的な用語でいう地域通貨と規定することができる。(p. 134)
⑯明治4年の廃藩置県時には244藩・14代官所・9旗本領、全国諸藩の約8割が藩札を発行。(p. 152)
⑰18世紀半ば以降、藩札が領内限りの地域的な交換手段として広く利用されるようになるなど、金銀遣いよりも札遣いのほうが一般的となっていた。(p. 154)
⑱諸藩の農民や町人等の庶民による日常生活は、藩外に旅行する場合を除き、ほとんど藩札と銭貨で賄われ……江戸・大坂・京都を除く日本全国に広く普及することになったのである。(p. 154)
⑲日本全体の藩札の発行高は不明であるが、幕末の時点で1900万両～2800万両という推計があるが、これは金・銀貨の発行残高1億3000万両の15～21%の規模であり、「藩札発行残高がきわめて巨額なものであった」。なお明治4年（1871）の廃藩置県時の残高は銀札だけでも金貨換算9000万両という推測もある。(p. 41)

〔B. 銭匁勘定について〕
①九州地方の大名領国においては江戸時代後期、銭○匁というように銀目を装いつつも実態的には銭貨建てとなっている匁銭が広く普及していた。(p. 139)

〔図E〕熊本藩札「銭壱匁」（もとは右も左も同じ大きさ）

②銭匁勘定では…財物や土地などの価値は銀1匁に相当する銭貨の量、または領国大名政府が定めた銭1匁当たりの銭貨領を単位として表示される。…銭匁勘定建て取引は通常、銭貨の受渡で決済されるが、金銀貨による決済はとくに排除されていない。…　銭匁勘定は価値計算のために利用される地域的な計算貨幣と称されることもある。(p. 139)
③西南日本地方において定着した固定銭匁勘定の場合……銭1匁の内実銭量と銀貨あるいは銀札との間には等価関係がそもそも成立していない。(p. 141)
④銭匁勘定の利用はすべて1736年に開始された元文の改鋳以降に始まったことが確認される。(p. 141)
　　　　元文期以降、漸次広範化していったとみなすのが一般的となっている。(p. 142)
⑤江戸後期の西日本においては「東の金遣い、西の銀遣い」に相当する「銭遣い」経済圏、つまり銭貨が財物の価値基準に用いられる貨幣経済が現出した。(p. 173、144)　　　　　　　　　　　　　　　　　「(p. 144)
⑥匁銭札は明らかに「銀遣い」なるが故に成立している……、匁銭札はまさに銀札の一亜種というべきである。
⑦銭匁札が発行された地域では…藩札の流通はおおむね円滑となり、領内での財物の価格は銭匁建てで表示さ

れるのが一般的になった…銀遣いは領内からほとんど消滅することになった。(p. 153)

⑧金銀貨の供給量減少を前提に1720年ごろを画期として、領内での流通量が相対的に潤沢であった銭貨が交換手段のみならず価値基準にも採用されることになった。このことが銭匁勘定の登場を促すこととなり、……藩札と銭貨のみが地域的な交換手段として領民の日々の生活を支えることになったのである。(p. 160)

⑨銀遣いの九州地方ではたとえば銭60文を1単位として緡（さし）に繋ぎ、この1緡を銀1匁相当として受け渡すという慣行が広く形成されていた。このことが銭匁勘定現出の基礎を形成した。(p. 161～162)

⑩銭匁札の発行をもって大名領国内での銭匁勘定成立の有無を判断できる。(p. 167)

⑪銀札にくらべて、価値の安定した銭貨を事実上の価値基準とする銭匁勘定建ての藩札、すなわち銭匁札の発行に大名政府が踏み切った。(p. 171)

⑫一般庶民は、銭匁勘定建てあるいは「銀遣い」であるかを意識することなく、日々の取引を主として銭貨で決済していた。(p. 171)

⑬銀貨建ての体裁をとっているものの、実態的には銭貨建てであるという財物の価値表示・決済。(p. 172)

⑭領外取引は「銀遣い」、領内取引は「銭遣い」という二重経済あるいは二層構造が形成された。(p. 174)

8．おわりに

くりかえしになるが、金・銀・銭の三貨制というのは幕府の通貨制度の建前にすぎないのであり、実際には藩札が発行されていた地域では藩札（紙幣）が決済手段として中心的な地位を占めていた。金貨や銀貨などは対外的に必要な場合を除いてほとんど流通しておらず、通常は藩札と銭貨との二つが中心的な通貨として専ら使用されていたのである。

本稿に述べた銭匁勘定や藩札は、従来江戸時代の通貨制度といわれていた金貨・銀貨・銅貨（銭貨）の"三貨制度"とは、いわば異質のものである。「銭匁勘定」は"三貨制度"の考えでは理解不可能といってもよいであろう。銭1匁＝70文というのはあくまでも銭貨の価値であり、固定されている。三貨制度でいう「銀1匁＝銭〇〇文」ということと混同しないことが肝要である。三貨制度でいう「銀1匁＝〇〇文」というのは、当然ながら常に変動しており、ある時は1匁＝100文であり（寛政4年）、ある時は112文であり（文化13年）、またある時は125文である（天保13年）である (註36)。

(終)

(註21)「御家老中窺控」（永青文庫10-15-20）

(註22)「一分金」は「一分判」ともいわれ、俗称「小粒」。4枚で小判1両になる。江戸時代の標準金貨であった。

(註23) 袖清一『肥後熊本藩 豊後鶴崎地方の古紙幣図録』（九州貨幣史岳会、平成3年）135頁

(註24)(註25) 註10・17の松本論文、 新熊本市史編纂委員会『新熊本市史』通史編 第3巻 近世Ⅰ（平成13年）753～801頁、蓑田勝彦「江戸後期 熊本藩の通貨制度—藩札の流通—」（熊本歴史学研究会『熊本歴研 史叢』第8号、2003年）、その他

(註26) 鹿野嘉昭『藩札の経済学』（東洋経済新報社、2011年）49頁

(註27)「新続跡覧」宝暦7年（註3の永青文庫271-35）　　　(註28) 熊本県立図書館所蔵の写本「吹寄与勢」第4巻

(註29) 前註23の書、180頁　　　(註30) 前註23の書、170頁～179頁

(註31)「遠慮帳」文化11年の記事（註3の永青文庫13-6-16）　　　(註32)「永代問屋記録」（熊本県立図書館所蔵）

(註33) 前註23の書、97頁および141頁

(註34) 原口文書（熊本県立装飾古墳館蔵）。なお「菊池川流域古代文化研究会だより」第25号（平成23年5月）に紹介されている。なお、この史料に見える「三鳥町」は味取町（みとりまち）のことで、現熊本市北区植木町の一部。また「万疋」は「まんびき」で魚の名。普通は「シイラ」といい、漢字では鱰・鱪と書く。

(註35)「預 一銭百目也 享和元辛酉年三月」、20.0×12.7㎝（個人蔵）。〔図6〕の「預」と外見がよく似ている。

(註36) 註24の『新熊本市史』通史編 近世Ⅰ 764頁

八代古文書の会 会報 No.47	2013年11月10日八代古文書の会 発行 〒866-0081　八代市植柳上746-5　蓑田勝彦方

> 　今回も松井章之日記です。54万石の肥後細川藩の筆頭家老である松井章之は、筆まめな性格で多くの日記を残しています。
> 　章之は天保12年（1841）年4月7日に八代を出発して5月22日に江戸の熊本藩邸に到着、7月1日に将軍＝徳川家慶に御目見え、11月22日に八代に帰着しています。今回の日記はその翌日＝11月23日から書き始められ、翌年の4月末日（29日）まで書かれています。　分量の関係で3回に分けて紹介、本号では天保12年12月末日（29日）までを掲載します。

「松井章之日記」 天保12年11月～天保13年4月 （その1）

蓑 田　勝 彦

　松井章之の日記はこれまでいくつか紹介してきた。彼は天保12年（1841）と安政3年（1856）とに、徳川将軍に御目見えするために江戸へ旅行しており、その2回の参府日記は大変興味深い。本会報の27・28・29号では、天保12年に参府する直前の、同年1月から4月にかけての日記を紹介している。今回紹介するのは、同年11月22日に江戸から八代に帰着した、その直後の11月23日から翌年4月晦日までの日記である。

　江戸滞在中と、江戸からの帰途の旅の期間の日記は残っていないので、江戸に到着した5月22日から八代に帰着する11月22日まで半年間の状況は残念ながら不明であるが、その時期を除いて、松井章之の天保12年の日記すべてが出揃うことになる。知行3万石という大名なみの大身武士の日記としては大変珍しいものといえよう。以下の解説は会報27号のものとほとんど同文である。

　熊本藩筆頭家老家の松井家の当主は、わずか173石余ではあるが将軍から知行地を給される徳川家の直臣でもあった。そのため将軍家の代替わり、自家の代替わりごとに江戸へ参府して将軍に御目見することになっていた。10代目の松井章之も、天保12年と安政3年に将軍に御目見しているが、安政3年の参府については本会報10号にその概要を紹介し、その時の江戸滞在中の状況についても、会報26号に紹介している。

　天保12年の参府については、本会の30周年記念誌『松井章之の江戸旅行日記』に、章之自筆の旅行中（八代～江戸）の日記の全文を紹介している（2008年10月発行）。天保11年11月に9代目で義父の督之（実兄）が死去したために章之がその跡を継つぎ、翌12年4月に将軍に御目見するために江戸へ向かった。その時の旅行日記が『松井章之の江戸旅行日記』であり、今回の日記はその旅行から帰着した後の日記である。

［凡例］
- 原本の大きさは12.5cm×19.1cmで 厚さは6.5mm、表裏の表紙を除いて50枚の用紙が袋とじされており、そのうち最後の6枚ほどは白紙である。　　　・日付の前の〇印は朱筆である。
- 利用の便を考えて読点（，）・並列点（・）を適宜付した。　　　・闕字・平出は空白を設けなかった。
- 漢字 かな とも通用の字体を用いた（處→処、靍→鶴、畧→略、扣→控、而→て、者→は、江→え、連→れ　など）。
- 割註は2行にせず、＜　＞の中に小さな文字で一行に記した。
- 子共（子供）、性名（姓名）、求广（球磨）、義（儀）、相拶（挨拶）などはそのままの字を使用した。

・翻刻に際して加えた説明は（　）の中に入れた。
・虫食いなどで判読できない文字は大体の字数を考えて□□□などとした。

（表紙題箋）

「日記　天保十二年十一月廿三日より
　　　　同　十三年四月晦日迄」

　　天保十二年十一月廿二日着城、翌廿三日よりの日記

　　　〇十一月廿三日　晴
一公私の用は今日よりも可承処、今明日ハ公私の差合日柄ニ付、来ル廿五日より相始メ候段申付置候事
　　　〇廿四日　晴
一郡夷則儀、当時は佐敷御番頭ニて、今日着城悦ヒニ被参、暫ク逢候、毎も右御番頭被参候節は、家司共相伴ニて酒等振舞候格式ニて候へ共、夷則儀は縁家の儀ニも有之候へ共、他人の取扱ニは難致、某相伴ニて酒も振舞候筈ニ候へ共、今日は差合日柄ニて有之、未タ着城格祝等の儀も無之内の儀ニ付、右訳合等相咄し、猶追て被参候節、振舞可申段申聞置候、無程被帰候事
　　　〇廿五日　晴
一御城附・自分方共ニ今日初用承り候、例の役々罷出候事
　　　〇廿六日　晴
一無記事
　　　〇廿七日　朝少シ雨、後晴
一無記事
　　　〇廿八日　晴
一今度継目の御礼無滞相仕舞、致着城候ニ付ての祝、今日御番頭初惣御城附中え酒振舞候ニ付、某は暫ク宛挨拶ニ出候事
　　　〇廿九日　朝少々雪
一今朝神谷源助被参、暫ク逢候事
一今日自分方一統着城祝の頂戴有之候事
　　　〇晦日　晴
一月末言上ニ御城附御目附并自分方大目附・目附・伝習堂目附罷出候、勘定目附は近日病中ニ付、不罷出候事
　　　〇十二月朔日　曇
一滞無之致着城ニ付て、今日八王社・伊勢堂・五霊（御霊）社・妙見社・塩屋八幡社・清瀧宮・浜ノ茶屋稲荷社え致参拝候、尤いつ方も長上下ニて致参拝候事
一松平大隅守様緒隠居松平渓山様、先月廿四日於江府御卒去ニ付て、昨今諸事穏便の段、今日大蔵より被申越候事
　　　〇二日　曇後雨
一昨日同様の儀ニて泰巌寺・春光寺へ参拝いたし候事

「日記」の表紙（濃紺色）

○三日　雨
一今日初野方猟漁出浮、六ツ半時分より参り、舛形下ノ刎ニて鯉・鮒、網ニて八十、一ノ刎ニて江鮒五六十、夫より高田場様ニ鷹筒猟、才吉方ニて昼弁当、リユウソ川（流藻川）ニても網ニて鮒四枚、某筒ニて雁三羽・真鴨壱羽、助彦雁壱羽、作馬雁二羽ニて候、尤松岡玄寿近日おか屋・お常病中ニ付て、昨日より熊本より被罷越、兼て□好キ□付、舛形の下タの鯉鮒漁見物ニ医師共同道ニて参り被申、不軽ガヲリニて候、右猟漁の品々玄寿えも遣し候、某は暮六ツ時前ニ帰り候事
　　　○四日　曇、次第ニ雨降ル、昼八ツ時過雷声一ツ鳴ル
一松岡玄寿今日熊本の様ニ被帰候筈ニて、今朝五ツ時分子共伺ニ被罷出候ニ付、某もおか屋部屋ニて鳥渡逢候事
一今日五ツ時過より北場近辺鷹筒猟ニ参り候、筒ニてヒシクイ雁一羽・雁五羽、宅平雁一羽打候、左候て夕七ツ時分帰り候事
　　　○五日　曇、雨少々降ル、夜アラレ少々降ル
一今夕七ツ半時分より北ノ丸え、未夕着城後参上不致候ニ付、略服ニて致参上候、六ツ時分帰り候事
　　　○六日　曇
一明日より出府致ス筈ニ付、毎の通今日御城附・自分方用承り候事
　　　○七日　晴　　　　熊本
一今暁七ツ半時の供揃ニて、地ノ行列ニて出府の筈の処、今朝ニも段々用多く、四ツ時八代発足、豊福ニて昼休ミ、古保里より提灯ニて、夜四ツ時熊本屋敷え致着候事

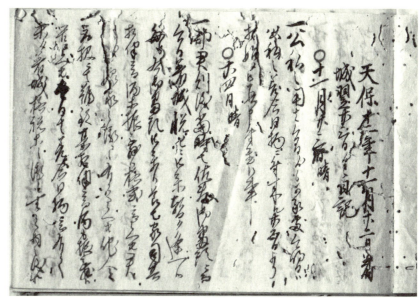

「日記」の第1頁（11月23日と24日）

　　　○八日　曇勝チ
一今朝舎人出府見舞、且此間漁の品遣候礼ニ被参、暫ク逢候、其後芦村冨雄被参鳥渡逢、其後永次郎被参、鳥渡逢候、定彦も被参候得共、只物出仕も及延引ニ候ニ付、猶近日内ニ逢可申段程能申達、今朝は不逢候事
一四ツ半時分より政府え致出仕候、今日ハ会議有之候事
一下りより下着後の御礼、泰勝寺え致参拝候、左候て住持も被出、暫ク逢候、夫より妙解寺え致参拝、夫より御瀧様え致参上、夜四ツ時分帰り候事、
　　　○九日　小雨
一今朝織部隠居の儀ニ付、裏玄関より被参、奥新居間ニて暫ク逢候、隠居後も初て某下着後も初の儀ニ付、鳥渡吸物ニても振舞候筈ニ候へ共、追て大蔵一同ニ案内可申入候間、今朝は態ト其儀も不致候段致挨拶候て、三方迄出し候、無程被帰候事
一来ル十五日・十七日両日於八代、当春巳来延へ置候某家督の祝能、且此節江戸表首尾能相済、着城の祝能申付候ニ付、番組等の儀ニ付、今朝右陣呼出、番組致相談候て相決置候、是より両座え申付候筈ニ候事
一今日は致暇日、下着の御礼ニ祇園社・六所宮・藤崎宮・本妙寺へ致参拝、左候て伊豆殿某下着祝ニ被参候返礼、且時候見舞旁ニ参り、申置候て帰り候事
一今夕内匠被参鳥渡逢候、其内ニ芦村も被参候得共、其内ニ溝口被参、御用談ニ付、芦村えは明朝ニも被参候様程（程能ヵ）申達不逢、溝口□□御用談相済、夜食中酒ニて振舞、夜五ツ半時前ニ被帰候事

243

　　　　○十日　晴
一今朝出仕前、定彦 其後冨雄被参、暫クツヽ逢候、其後小嶋権兵衛嫡子権之助、真下軍之助嫡子亀之助、出入願ニて被参、鳥渡逢候事
一例刻より政府え致出仕候事
一今夕爰元の同席中・大御目附・大奉行寄合ニて、下りより被参候、暮ニ被帰候、溝口えは咄候儀有之、暫ク跡ニ残り被居候て被帰候、尤今日は大蔵・九郎右衛門は引込中ニて被参不申候事
　　　　○十一日　晴
一今朝出仕前稲津被参、暫ク逢候事
一出仕前九郎右衛門方へ御用談ニ参り候、監物も参り被居、同人は少し先ニ被帰、某も無程跡より直ニ政府の様ニ致出仕候事
一織部、大蔵隠居家督後、某を未タ案内無之候ニ付、今日下より案内ニ付、某も未タ悦ニも不参候ニ付、麻上下着ニて参り候処、吸物・酒・肴振舞ニて、□（庄カ）之助仕舞等被致候、暮過ニ帰り候、供中ニも酒等振舞有之候事
　　　　○十二日　曇
一今朝三宅藤兵衛被参、暫ク逢候事
一其後大蔵被参、自身家督初の儀ニ候へ共、今日は御日柄の儀ニ付、平服ニ□□□昨日某彼ノ方へ参り候礼迄ニ被参、暫ク逢、無程被帰候事
一例刻より致出仕候、今晩より帰城の筈ニて、十五日ニ□（座カ）等も差立候ニ付て、此節ハ江戸えも段々仕出帖も有之候ニ付、少し致早引候事
一今夕武被参、其内熊人も被参、両人衆も暮過ニ被帰候事
一今晩出雲参り暫ク逢、五ツ半時分帰り候事
　　　　○十三日　雨、夕雨止ム　　　　　　　　帰城
一今暁七ツ時地の供ニて熊本発足、小川場の鹿嶋歩行ニて筒猟致し、左候て夜六ツ半時分致帰城候事＜得物某雁壱羽、カラス一ツ、伝八雁二羽ニて候＞
　　　　○十四日　雨、夕止ム
一無記事
　　　　○十五日　晴
一当春より流レ懸居候家督祝能ニ、
　此節首尾能下着祝能取結ヒ、今日
　表舞台ニて祝能催シ候、熊本より
　両座太夫初、狂言も両座太夫初メ
　申談呼寄せ候、番組左の通り
　　　　翁
　　　　高砂　　勘兵衛
　　　　八嶋　　徳三郎
　　　　羽衣　　仙吾
　　　　自然居士　右陣
　　　　邯鄲　　仙吾
　　　　鉢木　　右陣
　　　　小鍛路（冶）　角太郎

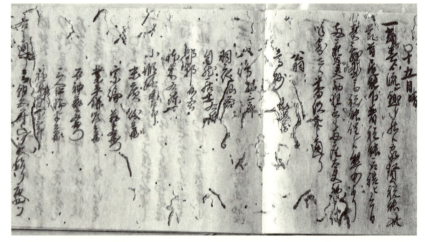

天保13年12月15日の記事（能の番組）

末広　　儀兵衛
　　　宗論　　芸右衛門
　　　業平餅　順兵衛
　　　石神　　芸右衛門
　　　三人片輪　半兵衛
　　　称宜山伏　小三郎

右の通りニて、朝五ツ時過より相始り、夜四ツ時過ニ無滞相済候、役者の面々、熊本より呼寄候太夫初えは、毎の通能相済候上、舞台へ呼出し鳥渡逢候、御番頭初惣御城附も不残程ニ拝見願ニて被罷越候、毎も御祝御能の時分は、脇能相済候へヽハ肩衣御免ニて、拝見等も同様ニ、已前の有り来り候へ共、某は存寄の筋有之、勿論某初祝能の節は、始末肩衣着ニ申付候、今日はいつれも能ク出来候事

　〇十六日　晴、次第ニ曇、夕極少々雨
一今日四ツ時分より古閑村より高嶋新地方の様ニ筒猟ニ参り、暮比ニ帰り候、獲物某雁四羽、ヒヨ鳥一ツ、助彦鳩七ツ、ムクワリ三ツ、百舌鳥一ツ、恒彦鳩四ツ、甚左衛門鳩三ツニて候事

　〇十七日　朝少シ雨、次第ニ晴
一去ル十五日ニ祝能ニ参り候両太夫初メ留メ置、今日猶遊覧能致せ候、番組左の通
　　　国栖　　角太郎
　　　実盛　　仙吾
　　　百万　　勘兵衛
　　　俊寛　　右陣
　　　通小町　仙吾
　　日頭
　　　是界　　右陣
　　　枕慈童　孫七
　　　融　　　徳三郎
　　附狂言
　　　粟田口　儀兵衛
　　　寝音曲　順兵衛
　　　栗焼　　芸右衛門
　　入
　　　舎弟　　八代子共連
　　　内沙汰　芸右衛門
　　　二人大名　八代連
　　　仁王　　小三郎

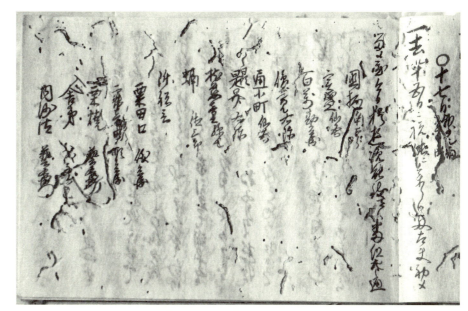

天保13年12月17日の記事（能の番組）

右の通りニて、四ツ時分より相始り、夜四ツ半時分相済候、御先代迄右様の御遊覧御能抔の節は御平服ニて、拝見の面々も同様、不残平服ニて有之候処候、此節よりは勿論一統は已前通りニて、家司共は朔日・十五日ニは当時も肩衣着用も致候身分ニ付、肩衣着用ニ申付候、将又某も遊覧の節は簾の内より致見物候ニ相決候、上の御遊覧の節も御出座は不被遊、御簾の内より被遊御覧候ニ付、爰元の儀も其御見合ニて、此節より右の通り初メ候事

　〇十八日　曇
一今日五ツ半時分より高田場え筒猟、帰りニ犬追物場跡より北の丸庭内え鳩内（打）ニ参り、暮前ニ帰り候、獲

物某雁三羽、鴨二羽、ヒヨ鳥一ツ、甚左衛門雁二羽ニて候事
一今日帰り道、黒門外ニて右陣え逢候ニ付、角太郎召連、本丸の様ニ罷出候様申聞置候ニ付、暮比より罷出候ニ付、此節江戸ニて仕直し候品、并買入候能衣装類、於奥両人え見せ候、左候て其後奥ニて、両人え四五番仕舞致せ候事

　　　○十九日　晴
一今日は少シ不快ニ付、春光寺へハ代参申付候事
　　　○廿日　晴
一無記事
　　　○廿一日　雨
一某胸の痛ミニ付て、奥村貞節を呼ヒニ遣シ候処、今晩着ニて直ニ被参候ニ付見せ候処、何そ格別熊本ニて見せ候節より相替り不申、少しハ□□（甘キカ）方の噂有之候、明日迄は滞留の由、奥次ニて酒抔振舞候事
　　　○廿二日　晴
一今昼奥村貞節、某痛所見舞ニ参り被申候ニ付見せ、格別気遣致し候程の儀ニては決て無之、併気の病根ニ付、随分気の散シ候様、出漁抔致候様ニとの儀ニて、不相替服薬・付薬等も被送候事
一右貞節も今晩夜半立ニて被帰筈ニて、今昼暇乞も被申候事
一今夕七ツ時分より浜ノ茶屋へ参り候、某鳩一ツ、ヒヨ鳥一ツ、伝八を近辺迄遣シ、雁一ツの獲物ニ候、尤右の雁は直ニ貞節え遣シ候事
　　　○廿三日　晴
一御城附用日ニ付、毎の通り相済、左候て泰巌寺へ致参拝、其後定日の自分用承り候事
　　　○廿四日　晴、昼より曇
一今日は用繁ニ有之候間、春光寺へハ代参申付候事
一お琴今日春光寺え被致参拝候事
　　　○廿五日　晴
一今朝五ツ時過より前川二ノ刎え参り網漁、某迄ニて鯉五本、鱸七本、鮒五十九枚、江鮒十計り、夫より築添の様ニ参り、留池ニて某船より□右衛門打候、某は中打ニて、両人ニて鯉一本〈尤大鯉ニて懸目一貫五百目有ル〉鮒百枚計り、ナマス五六本、筒ニてアイサ一羽、羽白鴨一羽ニて、暮前帰り候、今日は存外築添の方鯉鮒多ク、伽網・歩網も多く、大漁の者有之候事
　　　○廿六日　晴
一今昼泰巌寺え致参拝候事
　　　○廿七日　雨
一今昼春光寺え致参拝候事
一大坂より小廻り、江戸より小廻の船二艘共ニ、昨今致着船候由ニて、手元道具も今明日ニ差出候筈ニ候事
　　　○廿八日　雪、寒風甚シ
一今日五ツ半時分より松崎近辺、此節の大坂ニて堺え致注文置候筒、昨日致着候を持参ニて筒猟ニ参り、余り□□（寒気）強ク候ニ付、昼前ニ浜ノ茶屋の様ニ参り、夕方北ノ丸庭内筒抔致し、御恵茂様えも鳥渡懸御目、暮比ニ帰り候、今日の得物雁一羽、鳩一ツ、助彦浜ノ茶屋ニてヒヨ鳥一ツ、夕方土居内打廻り、鳩二ツニて候事
　　　○廿九日　晴
一御城附御目附并自分方、月末言上ニ罷出候事　　　（このあと約一頁空白）

（続く）

| 八代古文書の会 会報 No.48 | 2013年12月10日八代古文書の会 発行
〒866-0081　八代市植柳上746-5　蓑田勝彦方 |

　前回の続きで、「松井章之日記」のうち天保13年（1842）1月～2月の日記を紹介します。松井章之は天保12年1月に家督を継ぎ、4月には将軍徳川家斉に御目見えのために江戸へ向い、11月に八代に帰着しました。その翌年正月、章之が30歳になった時からの日記です。
　八代城の責任者としての活動、藩の家老としての活動などについて伺われる記事のほかに、個人生活についての記述も見られます。

「松井章之日記」 天保12年11月～天保13年4月　（その2）

蓑田　勝彦

　前号に続いて「松井章之日記」の天保13年1月1日～同年2月晦日（30日）の日記を紹介する。1月1日から数日間は、多くの新年の行事が目白押しの筈であるが、この日記には「礼式滞なく相済み候」のようにごく簡単にしか記されていない。日記の内容を見ると網漁・筒猟の記事が大へん多く、1月・2月とも月に8日ほど漁猟に出ている。前回12月22日の記事にあるように、医師の奥村貞節から、「気の散じ候よう、出漁など致し候ように」と言われたこともあろうが、根っからの漁猟好きだったようである。

　彼はまた能が好きで熱心だった様子が伺われる。能は大名など上級武士にとっては身につけるべき教養の一つだったといわれている。今回の記事にも熊本から八代へ能楽師の右陣・角太郎父子を呼んで（2月14日）数日間、子の助彦・亀次郎の指導（稽古）にあたらせている。前回の12月15日の記事には、章之の家督祝いの能番組の記事がみられるが、その日は朝五ツ（8時）過ぎから夜四ツ（10時）過ぎまで上演されたとあり、2日後の「遊覧能」は四ツ（午前10時）から夜四ツ半（11時）まで行われたと記されている。

　2月21日の記事に見られるように「文武試業」のことも記されている。「試業」というのは学校の勉学（稽古）の成果を試すもので、今日でいう「試験」と同様のものであろう。宝暦5年（1755）に設立された熊本の時習館にならって、八代でも宝暦7年に伝習堂が設けられた。松井家の家臣の子弟や、熊本から派遣されていた「御城附」の子弟などが文武の稽古に励んだ。一般的な「文学」のほかに、故実・音楽の試業も記されており、2月27日以後は軍学のほか槍術・剣術など各流派の武術の試業のことも記されている（武芸稽古所は「教衛場」）。

　正月5日・6日の記事に見える＜薩州の御隠居松平渓山様御遺骸御下り＞のことについて説明しておきたい。「松平渓山」というのは第9代薩摩藩主＝島津斉宣のことである。天明7年（1787）に父＝島津重豪の隠居により藩主となったが、隠居した重豪が実権を握っていたため彼の存在は目立たなかった。そして「近思録崩れ」の責任を取らされ強制的に隠居させられた（文化6年＝1809）。天保12年10月に江戸で死去し、その遺骸が薩摩へ運ばれる途中、八代を通過したのが同13年1月5日から6日にかけてであった。遺骸は八代本成寺に安置され、付添いの上級武士は熊本藩の「客屋」に宿泊したと思われるが、一行の人数は「継人足」だけで550人、「下宿」は63軒と記されている。（『八代市史 近世史料編 I 』635頁〈平成元年、八代市教育委員会〉）

　※近思録崩れ…文化朋党事件、秩父崩れともいう。文化5～6年、薩摩藩で徹底した財政緊縮策を実施しようとした改革派グループの77名を、前藩主の重豪が弾圧し（切腹・遠島35名など）藩主斉宣を隠居させ、

孫の斉興を藩主にした事件。近思録崩れというのは、改革派が「近思録」の読書会を行ったりしたことから、そう呼ばれた。

　　　天保十三年正月元日よりの日記
　　○正月元日　晴
一太守様御在府、其外上々様益御機嫌能遊御超歳、奉恐悦候事
一某在城、いつれも無事ニ致越年候事
一今朝奥ニて例の通りの祝式無滞相済候事
一御城附初、今日の礼式無滞相済候事
　　○二日　晴
一今朝登城無滞相済、其後礼式相済、夫より本□□（玄関）より伝習堂、夫より馬見所え参り馬乗初、夫より会所え参り、いつ方も無滞相済、裏玄関より帰り候事
　　○三日　曇
一今日の礼式無滞相済候事
　　○四日　晴
一今日の礼式無滞相済候、其後八王社・伊勢堂・妙見社・塩屋八幡社・清瀧宮・浜ノ茶屋稲荷社え致社参、帰りニ北ノ丸へ鳥渡御祝儀ニ致参上、直ニ帰り候事
　　○五日　晴
一今日の礼無滞相済候事
一今夕お琴・亀次郎・おか屋・お常、北ノ丸へ御祝儀ニ参上被致候事
一今夕七ツ時分より北ノ丸庭内并新部屋跡色々□□トヤ作りニ参り、新部屋方は小姓共え申付、某は北ノ丸の庭内ニ参りトヤ作り、御恵茂様えも鳥渡御目ニ懸り、今日お琴初え御吸物出候ニ付、某ニも御吸物・御酒等被下候、暮比ニ帰り候事
一（一字分空白）州（薩州）の御隠居松平（一字分空白）山（渓山）様御遺躰御下りニて、今日当町本成寺え御着棺ニて、明日は直ニ御出棺ニ付、諸事の手数等は見合の通り取計せ候事
　　○六日　雨少々
一今日春光寺・荘巌寺・泰巌寺□年詞の致参拝候、□も（毎も）本成寺えも致参拝候得共、此節は昨今（一字分空白）州（薩州）の（一字分空白）山（渓山）様御遺躰御泊りニ相成り、今朝御出棺ニ付ては、色々（一字分空白）雑も可有之候間、同所えは代参申付候事
一明日より出府の筈ニ付、今日は御番頭初自分方迄の用も、此節は一日滞留位の儀ニ付、格別用も無之候ハヽ、右の手数等ニ不及段申達、出方無之候
　　○七日　暁強雨、次第ニ晴、後夕又曇、夜晴ル　　　熊本
一今朝五ツ時過より地行列ニて表□□（玄関）より出府、松江駅所え立寄、同所ニて股引半切ニ着替、左候て乗

＜天保13年正月元日〜2日の部分＞

切ニて出府、豊福茶屋ニて弁当、同所え例の通り河江手永の惣庄屋川瀬安兵衛罷出ル、夫より夕七ツ半時分熊本屋敷え着、武祝儀ニ着前より参り被居□□□逢、直ニ被帰候

　　　〇八日　曇□
一溝口蔵人御用ニ付て江戸え明日出立ニ付、今日例の通り御機嫌伺有之候ニ付、例刻より花殿え不時寄合□致出仕候、左候て今夕は某方へ同席中、大目附并溝口寄合ニ付、某は惣躰の退出より少シ先ニ引取候、八ツ時分より右の面々被参、御用談後、溝口へ離盃の吸物等致し候、七ツ半時分相済被帰候、尤溝口は少シ被留、某え江戸出立の節、御内密御用被仰置候儀ニ申含、将又詰込の知ル人衆え伝言等申聞、直ニ被帰候事
一此節の出府は右御用迄ニ致出府候事ニ付、今夕暮比より打立、乗切ニて帰城、今晩ハ松橋迄参り、同所より船ニて帰城の筈ニ申付置、夜五ツ時前比、松橋町の毎も立寄り候江見屋へ立寄り、同所より歩行ニて迎船参り居候所迄参り、直ニ乗船いたし候事

　　　〇九日　晴　　　　　　　　　　　八代
一昨晩四ツ半時過比松橋出船、未夕夜の内ニ鹿ケ嶋（加賀島）前迄参り、潮を相待チ、今朝四ツ時分十分番所下え着船、直ニ駕ニて四ツ過ニ致着城候事
一今日例年通り、児ノ宮祭礼有之候、音楽・仕舞・囃子等も有之候事

　　　〇十日　晴
一児宮祭礼ニ付て、例の通り今日備物等、某致し候事
一右ニ付て、今日緒方美濃守勤ニ罷出候事
一昨日帰城ニ付て、毎の通り御番頭初被罷出候事

　　　〇十一日　（天気記載なし）
一例年の通り、今日居間ニて宗村又助軍学講釈、其後槍術・剣術・□□初メ、其後具足の餅、口ノ居間ニて祝ひ候、其後家柄の面々、三天の御酒頂戴ニ出座、毎も其後の具足の餅頂戴ニも暫ク致出座候得共、今日は初野方え参り候ニ付、餅頂戴の方は出座無シニて相済候事
一九ツ時過より松崎・高子原村初野方、帰り懸ケ、北ノ丸庭内え鳩打ニ参り、暮前帰り候事＜今日の得物、某雁一羽、鳩一ツ、助彦鳩二ツ、伝八鳩二ツニて候事＞

　　　〇十二日　雨
一今日泰巌寺え致参拝候、春光寺の方は御先代ニて十五日迄は年頭の御式も有之事ニ付、御参拝も無之、其上少シ用も有之候旁、代参申付候事

　　　〇十三日　晴
一今日立寄の礼を請候事
一其後九ツ時過より前川二ノ刎え網漁ニ参り、鯉二三本、鮒五十計りニて、同所ニて弁当仕舞、夫より横手・古閑村の様ニ鳩打ニ参り、某鳩四ツ、助彦三ツニて候事

　　　〇十四日　晴
一今朝五ツ時分より高田場筒猟、夫より築添新地網漁、其後猶筒猟いたし候、築添の方は御番頭并組脇・御目附一人宛連候ニ付、源助・震七郎・瀬左衛門被参候、将又丹下・九郎兵衛・善左衛門も罷出候、築添の漁、鯉一本、鮒六枚、筒猟ニて雁五羽、小鴨一羽ニて候事
一今日お琴・亀次郎同道ニて社参有之候事
一例年の通り左義長有之、お琴・亀次郎も社参帰りニ櫨馬場より見物被致候、左義長も至て無事ニ相済候事

　　　〇十五日　晴
一例年の通り、今日於小書院祈祷有之、某共致拝候事
一今夕七ツ時分より、新部屋跡北ノ丸庭内ニ鳩打ニ参り候、鳩一ツ、ヒユ鳥（鴨カ）一ツニて候、助彦土居内鳩

打ニ遣シ、鳩二ツ、トヒ一ツニて候、暮ニ帰り候事
　　　　○十六日　晴
一今日恒例の祈祷有之致拝候事
一今日昼比より浜ノ茶屋え亀次郎同道ニて参り、泉水クリ、芥揚□致せ候、鯉二三本、鮒メコ二ツ得物、助彦唐カラス一ツ打候、帰りニ北ノ丸ニてユイ鷺（五位鷺ヵ）一ツ打候、暮前ニ帰り候事
一今晩奥ニて側の者、納戸方詰懸りニて衣装付、能立致せ候事
　　　　○十七日　曇、夕雨
一今日より伝習堂出席有之候ニ付、麻上下ニて四ツ時参り、講釈承り候事
　　　　○十八日　曇
一定日の用日ニ付諸役罷出候事
一今日より用前ニ居間ニて講釈承り候、文右衛門罷出候事
一用相済、九ツ時分より近辺筒猟、真鴨一羽、小鴨一羽、鳩四ツ、助彦鳩四ツ、ツグミ一ツ、宅平鳩一ツ、伝八鳩六ツニて、暮過帰り候事
　　　　○十九日　晴
一今日春光寺え致参拝候事
　　　　○廿日　晴、夕曇、暮前より雨降ル
一今朝五ツ時分より二ノ刻え網漁、夫より前川筋筒網ニて留メ、木下より上ツ（上りヵ）高嶋古井抜より観音ホケ網漁、夫より暮前ニ浜ノ茶屋の様ニ参り、庭内ニ網張り、左候て夜四ツ時分帰り候、得物前川ニて鴨＜羽白ナリ＞二羽、江鮒十計り、井抜ニて鯉一本ニて、又左衛門鳩一ツ、作馬真鴨一羽ニて候事
　　　　○廿一日　雨
一今夕奥ニて側の者、小姓の者抔兼て舞方等致し候面々呼出シ、衣装付能致せ候、夜九ツ時分相済候事
　　　　○廿二日　曇、暮少シ前より雨
一今夕八ツ時過より前川え網漁ニ参り候、某得物鰡十七本、江鮒二ツ三ツ、イタ二ツ三ツニて候、理右衛門鰡十六七本、其外不知、暮六ツ時分帰り候事
　　　　○廿三日　晴
一定日の御城附御用日ニ付（マヽ）有之候、自分方の方は左の参拝有之候間、流レニ申付候事
一春光院様御征月ニ付、春光寺え致参拝候、尤其前ニ泰巌寺へ致参拝候、昨日の顕功院様、大信院様御命日の参拝も今日一日ニ致拝候事
　　　　○廿四日　晴
一昨日春光寺え致参拝候ニ付、今日は代参申付候事
一お琴今日当年の初寺詣、春光寺へ被致参拝候事
　　　　廿五日　雨
一今日五ツ時過より高田場え出猟、某筒ニてヒトリ鴨八ツ、歩網ニて流藻ニて大鮒二枚、二ツ橋の丸池ニて大鮒二枚、中鮒一枚、助彦筒真鴨二羽、タカベ鴨一ツ、白鳩一ツ、又左衛門ハシブト鴨一ツニて、夜六ツ時過ニ帰り候事
　　　　○廿六日　朝雨、昼より次第ニ晴
一今日四ツ時過より、浜ノ茶屋え参り候、下り鮒メコ一ツニて候、夕方亀次郎も被参、立つ抔被上候、少（某ヵ）より少シ先ニ被帰候、某は暮ニ帰り候事
　　　　○廿七日　晴
一明後廿九日より出府ニ付て、毎も前日御城附・自分方の用有之候ニ付て、御城附の方は矢張り明日ニて、自分

方のは明日ハ出漁の心組ニ付、今日用承り候事
一今日春光寺えは代参申付候事
　　　○廿八日　曇、昼より小雨、夕次第ニ雨強ク、暮より止ム
一明日より出府ニ付て、御番頭初被罷出候事
一自分方の儀は昨日の控通、昨日用承り候事
一今日四ツ半時比より二ノ刎え出漁、夫より前川筋出漁、某鮒十三四枚、鰛七八本、漁師喜三右衛門、理右衛門
　も罷出候、数不知候、夕七ツ半時分帰り候事
一明日より出府ニ付て、今夕ニも北ノ丸え御暇乞ニ参上の筈ニ候処、使者を差出候事
　　　○廿九日　晴　　　　　　　　　熊本
一今日より乗切ニて出府、五ツ半時過八代乗出シ、夕七ツ半時分熊本屋敷え致着候事
　　　○晦日　晴
一例刻より致出仕候事
一文泰院様今日御一周忌ニ被為当候を、昨年十二月廿日於神護寺御法会有之、已前より右様の節は、某方御代々
　様御参拝被為成候先例ニ候処、旧冬の時分は出府も不致候ニ付、今日御当日ニも有之候間、白銀一枚御香奠奉
　備、今夕八ツ時過長上下着ニて神護寺え致参拝候、法印えも逢候、委細の旧記等は、右筆所小姓頭共方えも有
　之候間、略シ候事
一今夕匠出府見舞ニ被参、暮比被帰候事
一今晩熊人・毎記被参、其後森本儀十郎も被参、夜四ツ半時過被帰候事
一今晩より於泰勝寺、泰観院様十七回御忌御法会有之候ニ付て、某も相詰候筈ニ候処、夕方より少シ不快ニ有之
　候間、今晩は詰方致かたく候段、同席中内ニ申遣置候事
　　　○二月朔日　晴
一不快ニ付致欠席候事
一今暁より昨日の控通、於泰勝寺御法会有之候、某は不快ニ付不相詰、今晩は成ル丈ケ相詰候心組ニ候事
一今夕沼田小兵衛被参、新居間ニて暫ク逢候事
一其後去年下りの節、御差添の御物頭木野庄左衛門、下着の時分は指合ニて、直ニ引入ニ相成居、其後忌明ニは
　相成居候へ共、逢候間合も無之、今夕初て被参逢候、暫ク咄シ被帰候事
　　　○二日　晴
一昨日より泰勝寺御法会ニ付、今暁九ツ半時より屋敷打立、泰勝寺え相詰候、無御滞相済、朝五ツ半時過ニ引取
　候事
一今日は政府えは致欠席候事
一今夕武被参、其内ニ毎記も被参候、暫ク咄シ被帰候事
一夕七ツ半時分より一日亭え参り、暮ニ帰候事
　　　○三日　晴、次第ニ曇、夕より雨
一致延引四ツ半時過より致出仕候事
一今夕八ツ半時分より御瀧様方え参上いたし候、江戸え御注文の品々、少々持下り候品々持参致し差出候、夜四
　ツ時分帰り候事
　　　○四日　雨、次第ニ晴
一定日の寄合ニ付、例刻より花殿え致出仕候事
一申渡も有之候事
一今夕定彦被参、新御居間ニて暫ク逢候事

　　　　○五日　晴
一例刻より致出仕候、少シ腹痛気ニ有之、致早引候事
一今夕武被参、暫ク逢候、無程被帰候事
　　　　○六日　晴
一例刻より致出仕候事
一下りより大蔵方参り候、織部始末被出候、武も跡より被参候、夜五ツ時分帰り候事
　　　　○七日　（天気記載なし）
一少シ不快ニ付、今日は致欠席候事
一今夕武・定彦・熊人・毎記追々ニ被参、夜九ツ時過ニ被帰候事
　　　　○八日　晴、夕曇、夜ニ入小雨
一今日迄は少シ不快ニ付、出仕不致候事
一今夕一日亭え御瀧様、お定御同道ニて御出被成候ニ付、某も一日亭え参り候、然処永次郎も被参、暮よりとなたえも、本宅の様ニ谷通りニて御出ニ相成、当年初ての儀ニ付、御吸物も鳥渡上ケ、御夜食過、右陣今夕参り候ニ付留メ置、角太郎・藤兵衛を呼ヒ仕舞等致せ、御目ニ懸ケ候、永次郎は四ツ半時分被帰、御瀧様・お定は九ツ時過ニ御帰り被成候事
一軽輩御鷹匠の、已前追々参り候太田五右衛門、今夕納戸え参り居候ニ付、久々不逢候ニ付鳥渡逢候事
　　　　○九日　曇、昼極少シ雨、後晴
一不快も快く、今日昼比より致出仕候事
一今夕武被参、暫ク被居候て被帰候事
一内尾先生被参、久々ニ鳥渡逢候事
一三宅藤兵衛被参、暫ク咄し候、色々咄ニて書附四冊借置候、暮ニ被帰候事
　　　　○十日　晴
一今朝毎記被参、暫ク逢候事
一今朝芦村被参、暫ク逢候事
一例刻より致出仕候事
一明日帰城いたし候ニ付て、平野儀此節は出府の翌日一日逢候迄ニて、其後引入ニ相成居候間、暇乞旁見舞、且少々咄合候儀も有之候間、致早引候て参り候、無程帰り候事
一大蔵家督後当時迄、未夕相招不申候、吸物等も不振舞候ニ付、今夕織部ト一同ニ一日亭え相招キ、七ツ時分より被参、吸物・夜食・菓子等振舞、供中えも酒等出サセ候、尤武を取持ニ相招キ候ニ付、八ツ半時分より本宅え被参候ニ付、某同道ニて一日亭の様ニ被参、始末被居、右両人衆も夜五ツ時過ニ被帰、武も其後暫ク被居候て被帰候事
一今夕八ツ半時分より熊人被参候ニ付、右一同ニ一日亭の様ニ致同道、大蔵被参候節被帰候事
　　　　○十一日　晴　　　　　　　　八代
一今日帰城、朝六ツ半時分熊本乗出シ、乗切ニて夕八ツ時過ニ致着城候事
　　　　○十二日　晴
一毎の通御城附・自分方用承り候事
一右陣・角太郎儀、此節八代ニて助彦共舞稽古致せ、外ニ弟子等も仕立テ候筈ニて、表向は日奈久え入湯の形チニて罷越候様申聞置候ニ付、一昨十日より当所え罷越、一昨晩は途中ニ留り、昨日当所着致シ候由ニて、今夕罷出候ニ付、奥ニて両人え舞致セ候事
　　　　○十三日　雨

一今日五ツ時分より浜の茶屋え参り候、下り鮒メコ一荷の得物有之候、夕方浜ノ茶屋え角太郎参り候て、暮比ニ引取候、某も暮ニ帰り候事

一今晩右陣罷出、助彦共稽古致シ候事

　　　○十四日　曇、昼より雨

一今昼前川え致出漁候処、雨降出候ニ付、夫より浜ノ茶屋の様ニ参り候、右陣・角太郎も前川え参り候ニ付、直ニ茶屋の様ニ参り候、下り鮒少々得物、前川ニてハ鰮・江鮒・セイコ少々の得物ニて候、暮前ニ帰り候事

一今晩右陣罷出、助彦共舞稽古致し候事

　　　○十五日　雨後曇、或ハ雨

一今昼浜ノ茶屋え参り候、亀次郎も被参、夕方某より先ニ被帰候、下り鮒少々得物有之、夕七ツ時過、帰り懸ケ北ノ丸庭内え筒、左候て御恵茂様えも鳥渡御目ニ懸り、暮前ニ帰り候事

一今晩右陣・角太郎罷出、助彦共稽古致し候事

一亀次郎今晩より右陣え舞習イ被申候、毎夜罷出候ニ付、右両人え某より袴一ツヽ遣シ候、亀次郎よりは追て肴等遣シ被申候様ニ、新十郎迄申付置候事

　　　○十六日　晴

一お琴今日妙見社、夫より浜ノ茶屋稲荷社え被致参詣候事

一今昼九ツ時過より前川え出漁、右陣・角太郎も参り候、暮過ニ帰り候、今日の獲物ハクラ二ツ、鰮四十八、江鮒三十九ニて、喜三右衛門は数不知、差出候鰮十九、江鮒二十五有之候事

一今晩も右陣・角太郎罷出、亀次郎初舞稽古有之候事

　　　○十七日　雨

一今昼山口弥左衛門・豊田甚之丞・蓑田勇馬・堤丈左衛門・上原茂次郎、於鉄炮ノ間申渡有之候事

一今晩も亀次郎初舞稽古有之候事

　　　○十八日　朝雨、一声雷鳴有り、次第ニ晴

一今朝五ツ時過より浜ノ茶屋え参り、八ツ半時分同所より直ニ前川上ノ刎え参り、暮比帰り候、お琴・亀次郎・おか屋も今朝の天気合ニて浜の茶屋、下り鮒余計ニも有之候ヘハ、見物ニ被参筈ニて、供も申付ニ相成、相揃候間、鮒は不下候ヘ共、八ツ時過より三人衆松浜軒え参り候、其後某は前川の様ニ参り候、得物浜茶屋ニて鮒少々、前川ニて鰮二十一本、江鮒七ツ、ハクラ一本、鮒三ツ、鮎二ツ、外ニイダ子少々ニて候、暮比帰り候事

＜外ニ喜兵衛を二ノ刎鮒釣申付候処、珍敷大鯉二本釣揚候ニ付、右の鯉は差出候事＞

　　　○十九日　晴

一今昼春光寺え致参拝候、今日はお琴も参拝被致候事

一増田権之助、此間当地え被罷越、今日被出、某江戸下着後未タ不逢候ニ付、暫ク逢度との事ニ付、暫今朝春光寺え参拝前逢候事

一小堀出雲近日より上京の筈ニて暇乞旁、外ニ納戸方迄内々願の趣も有之罷越、今夕罷出候ニ付暫ク逢候、能キ序ニ付、京都井筒屋え舞扇子注文の儀相頼、手本扇子等渡シ置候事

一今晩は右陣共父子は、中山平左衛門方ニて舞会有之由ニて、隙願出候ニ付、亀次郎初の稽古は無之候事

　　　○廿日　晴

一今日は熊本大網ニ出漁いたし候、今日は伝習堂目附并教官初一手の面々連候、外ニ増田権之助えも昨日致約束置候間連候、右陣父子も参り候、弓削清左衛門初も段々願ニて被参候、伝習堂見繕役は是より連候、左候て麦嶋切ニて大網は相済候ニ付、右の衆并連候面々は同所切ニて、側廻迄ニて前川の様ニ廻り、暮過ニ帰り候、熊川ニて鱸・ハクラ二十九本＜内二ツは某鉾先キ＞、大鯉一本、鱒八ツ、前川ニて鰮十四本、江鮒二十、漁師鰮六・ツ差出候事

　　　　○廿一日　晴
一今日より文武試業相始り候、今日は文ニて、四ツ半時分より相始り、夕七ツ半時分相済候、御城附子弟・自分
　方打交り致見聞候事
一今夕も右陣父子罷出、亀次郎初も稽古有之、其後助彦此節習揚候船弁慶を、衣裳を付ケ舞見候事
　　　　○廿二日　曇、昼比雨、其後止ム、夜ニ懸ケ時々少々雨降ル
一今日築添新地え出漁、夕七ツ半時前帰り候、得物某・漁師両人ニて鯉一本、鮒十九枚、ナマズ一二本ニて候、
　今日は右陣父子も参り候事
一今晩右陣父子罷出、亀次郎初稽古有之候事
　　　　○廿三日　曇、次第ニ晴
一定日の御城附用有之候、自分方の方は今日試業有之候間、流レニ申付候事
一試業ニ付て泰巌寺えは参拝不致候事
一四ツ半時分より文学試業相始り、夕七ツ半時分相済候事
一今晩も亀次郎初、舞稽古有之候事
　　　　○廿四日　（天気記載なし）
一今日も試業有之候間、春光寺えハ代拝申付候事
一九ツ時より文学試業相始り、八ツ半時前相済、左候て中入、故実并音楽の試業有之、暮前ニ相済候事
　　　　○廿五日　晴
一今日五ツ半時分より流藻川え出漁、帰りニ高田清水村の様ニ小鳥打ニ参り、暮ニ帰り候、得物鯉二本・アカメ
　一本、鮒二十枚、ナマズ一本、江鮒二ツ、漁師より鯉・鮒・アカメ・鰮等少々差出シ候、筒ニてツグミ二ツ、
　ヒヨ鳥一ツ、ムクワリ一ツ、助彦・右陣・岩彦抔も筒猟の品有之候得共、不残不覚ニ付不控、右陣・角太郎も
　今日の漁ニ参り候事
　　　　○廿六日　曇、暮前より雨
一今日四ツ時過より前川え出漁、鰮十八、江鮒三十、漁師より鰮五ツ、ハクラ一本差出シ候、七ツ半時分帰り候
　事
　　　　○廿七日　時々雨、夕晴
一試業有之候間、春光寺えは代参申付候事
一今日北条流軍学・宝蔵院流槍術・磯野流槍術・水足宝蔵院流槍術・雲弘流剣術試業有之、夜六ツ時比相済候事
　　　　○廿八日　晴
一今昼九ツ半時分より松浜軒え参り候、亀次郎も被参、帰りニは少シ先キニ帰り被申候、某は七ツ半時分帰り候
　事
　　　　○廿九日　曇
一今晩も右陣・角太郎罷出、仕舞の稽古有之候事
　　　　○晦日　晴
一今日は謙信流軍学、速見新蔭流・二天一流両流の剣術、塩田流棒取手試業有之、七ツ半時過ニ相済候事
一月末言上日ニ付、御城附御目附罷出被申候事
一月末言上自分方の方は、前文の試業有之候間、流レニ申付候事

　　　　　　　　　　　　　　　　　　　　　　　　　　　　　　　　　　　　　　　（続く）

| 八代古文書の会 会報 No.49 | 2014年1月10日八代古文書の会 発行
〒866-0081　八代市植柳上746-5　蓑田勝彦方 |

> 「松井章之日記」の最終回です。松井家の当主になって間もなく、八代城を預けられて、原則として八代に在城して政務を勤め、家老としての仕事が必要な場合には熊本へ出向いて（出府）いました。そのような彼の生活の一端がこの日記にうかがえます。

「松井章之日記」 天保12年11月～天保13年4月　（その3）

蓑田　勝彦

　前回は天保13年（1842）2月30日までの日記を紹介した。今回は3月1日から4月晦日（30日）までの部分である。前の説明と重なるが、松井章之は先代の松井督之が天保11年11月に死去したのでその跡をついだ。翌年江戸へ行き、将軍＝徳川家慶に御目見得し、天保12年11月に八代に帰着した。この日記は八代へ帰着した翌日の11月23日から天保13年4月30日までの記録で、今回はその最終回である。

　日記中に出てくる「亀次郎」は、系図によれば章之の弟で、天保8年（1837）生まれとあるので、この天保13年には6歳である。系図上では章之の弟であるが、先代 督之の実子である亀次郎は、もしかしたら将来松井家の当主になる可能性もある人物であった。実際には章之の子＝盈之が跡を継いだので、亀次郎（和之）は細川家臣の薮家（3000石）の養子となっている(註1)。この日記では亀次郎は6歳という幼年にもかかわらず能の稽古に励んでいる。章之は1月29日から2月11日まで熊本に出て、家老としての仕事に従事しているが、2月12日に八代へ帰るときに能楽師の桜間右陣を伴っている。その右陣の指導を受けて、亀次郎は毎日のように能を稽古、3月13日の「奥能」で「経政」を演じて「至極出来」がよかったと記されている。

　なお、前号に書きそこなったことで気になることを記しておきたい。章之は天保13年1月7日にも熊本へ出て9日には八代へ帰っている。熊本滞在は1月8日の1日だけであった。この日は9日に江戸へ出発する大奉行の溝口蔵人を加えた家老衆の会議が大目付も参加して開かれた。章之はその会議に出席するために熊本に出てきたのである。その会議の終了後に章之は溝口蔵人と二人だけで会い、藩主（細川斉護）から仰せ置かれた「御内密御用」について打合せをおこない、また江戸詰の「知る人衆」への伝言を頼んだと記されている。溝口は9日に江戸へ出発したが、その日に引き返してきたという(註2)。何らかの重要な出来事と関係する動きではないかと思われるが、それが何なのかは今のところ不明である。

（註1）『武家の婚礼』107頁（八代市立博物館展示図録、2004年）
（註2）『熊本藩年表稿』313頁（細川藩政史研究会、1974年）

（【凡例】の追加：原史料の割註は＜　＞の中に入れて示した）

　○三月朔日　（晴）
一今日は熊川大網、夫より前川の様ニ網漁ニ廻り、暮ニ帰り候、今日の得物、熊川の方は初網の所、網懸り余計ニ破レ候ニ付、鱸も余計ニ入り居候得共ヌケ出テ、其外は格別入候網も無之、鱸四本、鯉一本、某網ニテイタ・ハエ抔少々、前川ニテ某鯛六七本、江鮒二十計り、筒ニテ鴨五羽打候、尤今日は熊川えは御城附、自分方師役、代見も少々召連候、右陣・角太郎も参り、右両人は前川の様ニも参り候事
　○二日　晴
一今日は柳生流・自現流・渡辺新蔭流、三流の剣術試業有之、夕七ツ半時過ニ相済候事
一今晩も右陣・角太郎罷出、亀次郎初仕舞稽古有之候事
　○三日　晴
一今日の御礼、御城附・自分方、例の通り有之候、自分方進席・加増の御礼も有之候、御城附子弟の熊谷知鹿之助・吉田伝九郎次通願ニて対面致し、大書院ニて対面後、猶居間ニて逢候、其後客間ニて毎の通酒振舞候、尤同道は松本只右衛門・熊谷軍兵衛被罷出候、右四人の衆、内々願ニて奥の雛拝見願出ニ付、小姓頭案内ニて見せ候事
一お常初雛ニ付、祝式極りの通り無滞相済候事

一今日も家中・町家抔より大勢雛拝見有之候事
一今晩も亀次郎初メ舞稽古有之候事
　　　　○四日　晴
一今朝四ツ時前比より前川え出漁、夫より沖え参り、帰りニも前川致漁候て、夜五ツ半過ニ帰り候、得物鯏四ツ、江鮒五ツ、蛸壱ツ、さより二十七＜是はハジより取ル＞、笛吹六ツ、ます一ツ＜是はハジより取ル＞、蛤・アラシヤク少々ニて候事
一今晩も亀次郎初、舞稽古有之候事
　　　　○五日　晴
一今日全身流・無手勝流両流の居合、揚心流柔術の試業有之、夜五ツ半時過ニ相済候事
　　　　○六日　晴
一今日熊川大網五ツ半時過より参り、横石村下よりセンダン迄牽せ候、今日は御城附・自分方師役、代見の内少々召連レ候、此間森本儀十郎当所え罷越被居候ニ付、今日大網ニ連レ越候、右陣・角太郎も参り候、得物ハクラ六ツ、鱒十二、大イダ・中イダ四ツ、ハエ・イダ子数々ニて候、暮比ニ帰り候事
　　　　○七日　雨
一今日全身流＜高橋勘十＞、関口流・四天流・無双流三流の居合、扱心流躰術の試業有之、夕七ツ時過ニ相済候事
一今晩も亀次郎初、舞稽古有之候事
　　　　○八日　晴
一定日の御城附御用日ニ出方有之候
一稽古所所（マヽ）見繕役の能勢喜伝次罷出候ニ付、居間にて逢候事
一今昼春光寺え致参拝候事
一近日熊本の雲弘流剣術の建部貞右衛門嫡子九兵衛、当所え同門人の椋梨加左衛門と申人同道ニて参り被居候間、今日爰元相門中と仕方、今夕致見物候、其跡ニ御城附河添才兵衛流儀の剣術致見物呉候様願ニ付、是又一両人有之候間、致見物候、右の九兵衛・嘉左衛門両人えは居間ニて逢、其後客間ニて酒等振舞候事
一今夕も亀次郎初メ稽古有之候事
　　　　○九日　晴
一今日四ツ時分より前川え出漁、夕七ツ時過帰り候、得物鯏十本、鱸一本、江鮒九ツ、、筒ニて小鴨一羽、漁師より鯏十本差出候事
　　　今夕も亀次郎初メ稽古有之候事
　　　　○十日　朝少シ曇、次第ニ晴、又曇
一今日四天流組打、謙信流螺貝、鞍馬流□術、其外附属大社流居合、其外附属致見物候事
一今晩亀次郎・助彦抔近日能ニ付て、衣装付ニて稽古有之候、新座の座方の者太八と申者、此節能ニ付て呼寄置候内の人数ニて、右太八罷出、衣装抔着せ候、夜八ツ時分相済候事
　　　　○十一日　朝少シ雨、次第ニ晴
一今日四ツ時過より松浜軒え参り、暮ニ帰り候、下り鮒二百余り得物有之候事
一今晩も舞稽古有之候事
　　　　○十二日　晴
一春光寺えは代拝申付候事
一明日於奥舞台能致させ候ニ付、今日右陣父子共罷出、衣装しらへ致し、夜子共共の明日のしらへ致シ、将又中山平左衛門も明日能相勤メ候ニ付て、今日も表え罷出居候間、明日の下タしらへ致せ候、且又此節熊本より呼寄せ候多八も徳三郎弟子ニて、舞方も致し候間、且又仕舞二三番舞せ候事
　　　　○十三日　晴
一今日奥能有之、四ツ半時分より相始り、夜九ツ時前相済候、亀次郎□□初舞台の面々、至極出来候、尤平左衛門は気然計りニて甚タ不器用也、助彦格別宜敷、一流の評判も至極宜、驚入居候由、番組左の通り

　　　　　　　連　市兵衛
　　　加茂　　勘兵衛
　　　　　書角力
　　　兼平　平左衛門
　　　人
　　　　　　　亀次郎
　　　経政　　クセより切迄

牛盗人
　　　　　　連　助彦
　　　松風　　右　陣
　　　魚説教
　　　　　　　十五郎惣人数の子
　　　鞍馬天狗共　角太郎

　　　　文山賊
　　　桜川　助彦

　　　犬山伏
　　　　　　右陣
　　　三井寺

　　　　　　連　助彦　角太郎　太刀持
　　　小袖曽我
　　　　　　母　平左衛門　　　典八郎　岩彦

　　　釣女
　　　　　　連　平左衛門
　　　葵上　　右　陣
　　附
　　　祝言

<3月13日の 能番組の記事>

　右の通りニて、至極惣躰ニ出来候、此節は惣躰至て手軽ク、鳴方等も地方迄ニて、轍杯も罷出、熊本よりの脇
　方の勘右衛門、衣装附ニ多八、右両人迄参り候、委クは外ニ番組有之、略シ候事
　　○十四日　晴、夕暮前より夕立、雷鳴有り、少々雨降ル
一今夕北ノ丸えツヽシ咲出候ニ付、見物ニ参り候、お琴初メ子共も被参候、亀次郎ハ不被参候、御吸物抔被下候、
　暮過ニ帰り候事
　　○十五日　晴
一今日四半時の供揃ニて、九ツ時過より前川え参り、暮過ニ帰り候、得物鯔三十八本、江鮒三十五、鯉壱本、笛
　吹二ツ、セイコ九ツ、小鮒三ツ、ツナシ二、漁師より鯔五本差出候事
一お琴初メ子共衆迄、今日松浜軒え参り、夫より浜迄参り被申候事
一角太郎明日熊本の様ニ帰り候ニ付、暇乞ニ今晩罷出候ニ付、表居間ニテ暫ク逢候、右陣は今暫クは滞リ、助彦
　抔今少し稽古致ス筈ニ候、多八は今日帰り候、勘右衛門ハ当所脇師え暫く留、稽古致シ候由ニ候事
　　○十六日　晴
一今日竹林流・吉田当流の射術試業の筈ニ候処、御瀧様御二女、藪方え参り被居候お□事、此間より相煩被居候
　処、養生難叶一昨日死去の段申参り、今日迄は某も忌懸リニ付、延引申付候事
一右ニ付てお瀧様えは、今日側の者騎馬より御見舞ニ差立候事
一某今日迄忌中の段は、熊本え相届の数（手数ヵ）等毎の通りニ候事
　　○十七日　雨
一今朝泰巌寺え致参拝候事
一今日竹林流・吉田当流、両流の射術試業有之候事
　　○十八日　曇、次第ニ晴
一今日四ツ時過より浜ノ茶屋え参り、夕沖の番所迄小打揚打ニ参り、昼夜致打方、帰りニ猶松浜軒え鳥渡立寄、
　夜六ツ半時過ニ帰り候事
　　○十九日　晴
一今日は櫨馬場ニて騎射試業有之候事
一右の通りニ付、春光寺は代参致せ候事
一右陣罷出、亀次郎初舞稽古有之候事
　　○廿日　雨
一今日は五ツ時分より浜ノ茶屋え参り候、右陣も同所え罷出候て、某帰りより少シ先ニ本丸の様ニ罷出候、某ハ
　暮前ニ帰り候、下り鮒メゴ七八合得物有之候事
一右陣罷出、亀次郎初メ舞稽古有之候事

　　　　　○廿一日　晴、夕次第ニ曇
一無記事
一春銅院様御征月ニ付、春光寺え代参申付候事
　　　　　○廿二日　強雨、四ツ時分遠方ニ少々雷鳴有り
一今日五ツ時過より、浜ノ茶屋え下り鮒漁ニ参り候、右陣も拝見ニ罷出候、今日ハ多ク下り鮒有之候間、お琴・亀次郎・おか屋見物ニ、昼比より被参、夕七ツ半時分被帰候、某は暮前ニ帰り候、得物鯉六七本、鮒二荷、ナマズ壱荷、都合メゴ六ツ有之候事
一今晩も亀次郎初メ舞稽古有之候事
　　　　　○廿三日　晴
一御城附御用日ニ付、出方有之候、何右衛門ハ病中、源助は出府中ニ付、御番頭は出方無之候事
一泰巌寺え致参拝候事
一自分用日ニ付、いつれも罷出候、尤用前居間の講釈、文吾罷出候事
　　　　　○廿四日　晴、夕曇
一今日は於外馬場、御城附の馬術、大坪流・解龍流両流致見分候事
　　　　　○廿五日　晴
一今日は築添新地え出漁、夫より沖の様ニ廻り、夫より前川え参り、暮比ニ帰り候、築添にて某鮒二枚、ナマズ一ツ、其外小魚少々、漁師よりも少々差出候、筒ニて黒鴨一ツ、ヒトリ鴨一ツ、羽白鴨一ツ、前川ニて鰡・江鮒少々、漁師よりも少々差出候、某目関ニて小魚少々得物有之候事
　　　　　○廿六日　雨
一四ツ時分より浜ノ茶屋え参り、暮比帰り候、漁は鯉五本、中鮒一枚、小鮒少々得物有之候事
　　　　　○廿七日　晴
一無記事
一右陣此間風邪ニて引込居、今晩より罷出、亀次郎初舞稽古有之候事
　　　　　○廿八日　晴
一今日四ツ時分より沖え出漁致し、暮比ニ帰り候、得物数品の事ニ付略シ候、中ニもサヨリ十計り釣候、漁師よりも少々差出候、惣躰得物少ク候事
一右陣明日罷帰り候筈ニて、暇乞旁今晩罷出候、亀次郎も少々舞方被致、左候て其後某も暫ク逢、猶当所えも罷越呉候様申置、遣シ物の儀も表向の品は今昼次ニて引渡、内證の品は今般納戸ニて遣シ候、将又伽の子共中より送物の儀も、某より世話ニて遣シ候事
　　　　　○廿九日　晴
一月末言上日ニ付、御城附御目附出方有之候事
一自分方の儀は、今日馬術試業有之候間、流レニ申付候事
一今日於外馬場、自分方大坪流馬術試業有之候事
　　　　　○四月朔日　晴
一今日四ツ時分より沖ニ出漁、暮ニ帰り候、鰡・江鮒・雑魚少々、サヨリ十計り釣候、筒ニてヒトリ一ツ、漁師よりも少々差出候事
　　　　　○二日　曇
一今昼泰巌寺え致参拝候事
一今日大書院庭ニて、足軽の武芸試業有之候事
　　　　　○三日　曇、時々小雨降ル
一今日九ツ時過より前川え参り、暮ニ帰り候、網ニて江鮒十四五、小魚少々、鉾ニて大鱸壱本＜懸目壱貫三百七十目＞、中鱸壱本、漁師よりも鰡五本差出候事
　　　　　○四日　朝小雨、昼より晴
一今夕八ツ時過より前川大網ニ参り候処、格別の漁も無之、ハクラ五六本、鰡小、江鮒少々有之候、暮比帰り候事
　　　　　○五日　雨
一当所御普請頭両人、某手隙の時分逢被申度旨、頃日より願ニ付、今夕卓右衛門・紋吾両人、八兵衛同道ニて被罷出候事
　　　　　○六日　小雨
一今昼より浜ノ茶屋え参り、暮比帰候事

一今日は亀次郎も跡より松浜軒え参り被申候事
　　　〇七日　雨後晴又ハ曇
一今日井関九郎右衛門・同大八隠居家督の申渡、無滞相済候事
一其後松浜軒え参り、夕方松土手辺迄小鳥打ニ参り、猶松浜軒の様ニ参り、暮ニ帰り候、某ムクワリ一ツ、助彦同二ツ打候事
　　　〇八日　晴
一御城附御用日ニ付、被罷出候事
一其後伝習堂見繕役罷出被申候事
一其後外の馬場ニて自分方の解龍流の馬術試業有之候事
一今日は右の通ニ付、春光寺えは□参申付候事
　　　〇九日　晴
一今日五ツ半時過より前川え参り、夕七ツ半時過ニ帰り候、得物某鱲一本、大鮒一枚、小鮒二ツ、江鮒十四五、ツナシ六七、小江鮒其外雑魚少々、漁師よりも鱲□二本差出候事
　　　〇十日　晴
一無記事
　　　〇十一日　雨
一四ツ時前より松浜軒え参り、暮六ツ時分帰り候、鯉二本、小鮒五六十得物有之候事
　　　〇十二日　曇
一明日より致出府候ニ付て、毎の通り御番頭初被罷出候事
一右同断、自分方の役々罷出候事
一右ニ付て今日春光寺の方は代拝申付候事
　　　〇十三日　曇　　　　　　　　　　　熊本
一今朝四ツ時分八代発駕、地の行列ニて豊福茶屋昼休ミ、夜五ツ時分屋敷え致着候事
一芦村富雄よりすし壱重送り被申候事
　　　〇十四日　雨
一訓三郎様御事、御丈夫ニ被成御成候ニ付、□□□□月十三日御用□□□□信濃守様え被遊御差出候処、無御滞被成御請取□□候段申来候ニ付、今日麻上下着御歓有之候ニ付、四ツ時分より花殿え致出仕候事
一今日一日亭え義之助様御遊ニ御出ニ付、御歓後致早引候事
一某末た花殿え出居候内ニ、義之助様えは一日え御出被成居、某出候儀は今日は内匠罷出被居候ニ付、都合宜敷様ニ頼置候て、宜敷と申参り候上罷出候筈ニて居候内、内匠も只今宜敷由誘引、裏の馬場迄参り被申候□、直ニ致同道、一日谷ノ口迄御裏御附参り被居、某供は同所口迄ニ差置、庭内より直ニ上り、御目通致し候、某より差上物鮮鯛一折、お琴より御菓子二重〈朝日饅頭一重・かすていら一重〉ニて、右の品々は内匠より前以て御台所の方え頼ニ相成居候、一日ニて御吸物・御酒抔被下候、左候て某・お琴え佐賀関鯣一マゲ、朝鮮飴一マゲ被下候、子共え御巾着其外品々被下候、将又御供の御女中・御附役初え、酒・煮染・饅頭等遣し候、左候て某は暫ク出居候て、却て久敷□居候ても御上下の迷惑ニも相成候間引取候、諸事内匠の世話ニ相成り候、夕□ツ時分御帰座ニ相成候由、今日は惣躰御礼の儀は内匠方迄使者差出候事〈委クハ小姓頭共えニ控置候間、某は略シ候事〉
　　　〇十五日　晴
一例刻より致出仕候事
一今日織部隠居家督の節拝領の能衣装着初メの能、本宅ニて有之候ニ付、某其時分は江戸詰内ニて可為致世話候ニ付、今日の案内有之、今朝紙面被送候ニ付、致早引見物ニ参り候、夕七ツ時過ニ相済、無程帰り候事
一今晩武・毎記・平野郡右衛門被参、九ツ半時過ニ被帰候事
　　　〇十六日　晴
一少シ延引、四ツ半時分より致出仕候事
一三宅藤兵衛儀、某手透の時分逢呉候様、善兵衛迄被申置候ニ付、今夕被参候様申遣候処、八ツ半時分より被参、暫ク逢候、色々の咄有之候事
　　　〇十七日　晴
一例刻より致出仕候事
一監物方え去年下着後未タ不参ニ付、今日退出より鳥渡参り、夫より武方え参り、是以て同断ニて、今日初て参り候ニ付、鳥渡吸物・昼飯抔振舞被申、暫ク滞り、七ツ時比より御瀧様方え致参上、夜四ツ時分帰り候事
　　　〇十八日　曇

一少シ不塩梅ニ付、今日は致欠席候事
一江戸大川橋辺の図を屏風ニ書せ候筈ニて、杉谷市右衛門え申付候ニ付、今夕下タ絵相認メ候ニ付罷出、中嶋一郎も罷出候、段々委ク申付置候事
一今夕芦村冨雄被参、暫ク逢候事
一水野伝右衛門被参候ニ付、右の冨雄跡ニ暫ク逢候事
　　　○十九日　晴
一今朝出仕前定彦被参、暫ク逢候事
一例刻より致出仕候事
一今夕七ツ時分より九郎右衛門方え打寄、大蔵は不快ニて不被参候、堀平左衛門も被参候、夜五ツ時分帰り候事
　　　○廿日　晴
一例刻より致出仕、少シ致早引候事
一今夕三宅藤兵衛被参、暫ク逢候事
一其後木野庄左衛門被参、暫ク逢候事
一暮比より熊人・武・毎記追々被参、夜四ツ半時過ニ被帰候事
　　　○廿一日　曇、昼より雨　　　　　　　　　　八代
一今日地の行列ニて帰城、六ツ半時分熊本屋敷発駕、毎の通豊福茶屋ニて弁当、夕七ツ時過ニ致着城候事
　　　○廿二日　曇
一昨日致帰城候ニ付て、毎も翌日は御城附・自分方の用有之候へ共、明日双方共ニ公私の用日ニ付、今日ハ見合せ、明日取束承り候筈ニ候事
一今夕八ツ時分過より前川え参り候、某鱮三本、鮒二枚<内壱枚ハ鉾ナリ>、江鮒二十、イダ一ツ、コノシロ一ツ、コチ二ツ、小江鮒少々、漁師より鱮三本、江鮒十二差出し候、暮六ツ時分帰り候、今日は亀次郎も被参、某供廻の時先ニ被参、暮前ニ被帰候、亀次郎の船ニも少々得物有之候事
　　　○廿三日　晴
一定日の御城附・自分方共ニ用有之□、一昨日致帰城候ニ付ても、用も今日取束ね有之候、自分方の用前ニ毎の通講釈有之、文右衛門罷出候事
　　　○廿四日　晴
一今日春光寺え致参詣候事
一武・毎記今日熊本より打立被罷越、暮前より被参候ニ付、鳥渡吸物・夜食抔振舞、夜四ツ時分被帰候、当町中ニ止宿ニ相成居候事
　　　○廿五日　曇
一今日熊川大網ニ参り候、武・毎記も被参、萩原番所迄先ニ参り被居候、センタンより上り、夕七ツ時分帰り候、武・毎記は同所より直ニ平山焼物師の方え被参候、今日は此間より追々召連候師役々々の残連レ、今日ニて相済候、今日の獲物鱸二三本、ハクラ二三本、イタ・ハエの類数々有之、武・毎記は船組合ニて相応ニ得物有之候事<惣躰今日は至て魚少ク候事>
　　　○廿六日　曇、夕少々雨降ル
一四ツ時分より前川え出漁、鱮三本、江鮒七ツ八ツ、小江鮒少々有之候、亀次郎も被参、少シ先ニ被帰候、武・毎記も被参、自分々々ニ網打被申候、格別の得物無之候、夕七ツ時分ニ帰り候事
一暮前より武・毎記被参、夜四ツ時過ニ被帰候事
　　　○廿七日　曇
一今夕武・毎記被参候、明日被帰候由ニて暇乞被申候ニ付、今晩夜食の節鳥渡吸物振舞候、送り物等は夫々取計候事
　　　○廿八日　曇、少々雨
一今日四ツ時過より沖え出漁、夕七ツ半時分帰り候、得物グチ一ツ、雑魚少々ニて候事
　　　○廿九日　曇、時々晴
一四ツ半時分より植柳新地方バン狩、小姓頭初供外ニも参り候、勿論鷹も参り、鷹方共バン三ツ四ツ合せ候、網ニて少々小江鮒取り候、作馬古江鮒十二三取り候、夕七ツ半時分帰り候事
　　　○晦日　雨
一月末言上日ニ付、御城附・自分方毎の面々罷出候事

　　　　　　　　　　　　　　　　　　　　　　　　　　　　　　　（終）

八代古文書の会 会報 No.50

2014年2月10日 八代古文書の会 発行
〒866-0081 八代市植柳上746-5 蓑田勝彦方

今回は「高田手永略手鑑」です。天保15年（1844）の八代郡高田手永の概況を示しています。高田手永は46ヵ村からなり、石高は2万6000石余です。この頃の高田手永の実際の米の生産量は4万4000石余、人口は2万5000人余で、小さな大名領ほどの規模がありました。

手永内にあった寺院や神社、医師の名なども見え、在御家人といわれる武士身分の人たちの名前も記されています。内容を検討していくと、さまざまな興味深いことが分かります。

肥後国八代郡 高田手永略手鑑（天保15年）について

蓑田　勝彦

今回は天保15年（＝弘化元年＝1844）の「高田手永略手鑑」を紹介する。「手永」は「郡」と「村」の中間の行政単位で、江戸後期の熊本藩では豊後領を含めて51の手永があった。高田手永は本史料によれば46の村で構成されている。手永の「手鑑(てかがみ)」は手永の全体的な状況を記載した書類で、略手鑑というのは簡略な手鑑という意味であろう。『肥後国郷村明細帳』（一）（二）には多くの手鑑が収録されているので関心のある方は参照されたい（註1）。なお念のために付記すれば、熊本藩の手永名としての「高田手永」は二つ存在する。ここに紹介する八代郡のものと、もう一つは藩の飛地である豊後国鶴崎のある高田手永である。八代郡の高田手永は高田＝「こうだ」と読み、豊後の高田手永は高田＝「たかた」である。

肥後細川領は俗に54万石といわれているが、藩政史料では通常は74万石前後が藩の石高として記されている。この手鑑に高田手永の「高」（石高）として2万6000石余と記されている（本史料の中の「一紙」の部分）のも、74万石の中の高田手永分である。この74万石とか、2万6000石余とかは実際にとれる米の石高ではなく、年貢などの計算の基準として設定された数字である。この頃の実際の米の生産高は、藩全体では約72万石（約206万俵）、高田手永では4万4000石余（約12万5000俵）である。また藩全体（農村部）の米を含む生産物の総量は金額で銭19万8000貫余、米の量に換算すると198万石余であり、高田手永では銭9000貫弱、米の量では9万石弱である（註2）。

（A）の「一紙」の所に見える1万2000石余の「土物成」（御土物成）は「年貢」の量である。しかし実際に賦課される量ではなく「原則として賦課される石高」であり、実際にはその年の作柄など各種の状況によって減額されたりする石高である。「高四ツ六分……」というのは、手永の石高に対する土物成の割合（パーセント）である。これを単純に理解すると「年貢率」46％余ということになるが、この頃の実際の農村の総生産量に対する各種租税の総額の割合を計算すると、つまり「貢租率」を計算すると、高田手永では24.5％、藩全体では23.5％である（註3）。

庄屋のうちの何名かは、いくつかの村の庄屋を兼ねている。（A）の「一紙」に「46ヵ村 庄屋38人」と記されているように村の数と庄屋の人数は同じではない。東本野村の幾平、北片野川村の笹尾武右衛門、長田村の儀兵衛などのように村名が続けて記されている場合はすぐ分るが、萩原村の木村龍作のように、後の方にとびとびに記されていると分りにくい。彼の場合は中片野川村・西宮地村・東宮地村と合わせて4ヵ村の庄屋を兼ねている。

村々の石高は「御蔵納」と「御給知」とに分けて記載されている。「御蔵納」というのは藩が直接支配する土地で、年貢を藩の蔵に納入する土地という意味、「御給知」は細川家の家臣（知行取）たちに配分された土地で、本来はその知行地を給された家臣が支配して年貢を徴収する土地の意味であるが、この頃は土地の支配も年貢の徴収なども全て藩が行っており、「御蔵納」も「御給知」も実際にはほとんど違いはないという状況であった。なお、この高田手永内の「御給知」は、ほとんどの場合、藩の筆頭家老であり、八代城を預けられていた松井家（3万石）の知行地である。

村々の石高の記載で特異なのは、本町・二ノ町・新町・麦嶋町などの石高と庄屋名が記されていることである。これらの町は八代城下の町々である。八代城下町はいわゆる「五ヵ町」の一つで年貢は課せられない土地であり、

このように石高が記され年貢が課せられるような状況は有り得ない。ここに記されているような「年貢地」であるということは次のような事情が考えられる。八代城下町は球磨川の右岸（北岸）にあるが、もとは球磨川の中の三角州＝麦嶋にあった。最初の八代城は中世の時代に古麓の山地部につくられたが、小西行長はそれまで古麓（山地）にあった城を平地（三角州）の麦嶋の地に移した。その麦嶋城（八代城）が加藤氏時代に大地震で崩壊したので、球磨川北岸の現在地に移された。放棄された麦嶋城と城下町の跡はやがて農耕地となり、人々が住みついた。細川氏の時代にはそれが検地帳に登録され「年貢地」となった。しかしその年貢地は独立した農村としては扱われずに、元の麦嶋城下町の地名で呼ばれていた。そしてこの手鑑に記されたのが、これらの年貢地であると思われる。麦嶋城から松江城への変遷がこのような状況を生み出したのである。

　（D）の（在御家人…地士以上）の項目の中で、12番目に記されていて、村名も肩書も記載のない人物「佐藤久右衛門」と、（E）の（御郡代直触）の項目に記されていて、村名も肩書もない人物「小林英左衛門」の二名について説明しておきたい。この二名は高田手永の惣庄屋である。小林英左衛門はこの手鑑がつくられた天保15年4月に惣庄屋を解任されている。理由は、同手永古閑村の新地の上納米が数年間不足した事件の調査にあたって、十分な調査をつくさずに庄屋＝服部直次の私欲によると決めつけた調書を作成・提出したというものである。惣庄屋を解任された結果、惣庄屋就任以前の郡代直触の身分に戻されたが、高田手永内に居住していたためにこの項に肩書なしで記されたのである。彼は後に玉名郡の郡代手附横目役になったが、嘉永5年（1852）からは玉名郡小田手永の惣庄屋を勤めている。佐藤久右衛門は小林英左衛門の後任の惣庄屋である。彼は、それまでは銭塘手永の惣庄屋であったが、天保15年4月27日に高田手永の惣庄屋に任命された。この手鑑は同年5月に作成されたので、その時には高田手永に着任していたかも知れないが、諸役人段の身分であったため、この項目に記入されたものであろう（註4）。

　（D）の項目の最後から11人目には「諸職棟梁末席　木村栄太」が記されている。藩の「御用」を勤める諸職人の中で、藩にとって特に功績のあった職人には「諸職棟梁」の身分が与えられることがあった。木村栄太の祖父＝木村喜三次は宮地村の「御用紙漉」で、檀紙・奉書紙などそれまで他国産の購入が必要であった高級紙の生産に功績があったとして、寛政11年（1799）に「諸職棟梁末席」の身分を与えている。木村栄太も、祖父の喜三次に続いて文政10年（1827）に「諸職棟梁末席」となり、万延2年（1861）には「諸職棟梁」となっている（註5）。同様の例としては、藩御用の瓦を焼いていた鯰手永小池村の土山の瓦焼の職人である北村家・猿渡家・福田家の人々などが「瓦師棟梁」「諸職棟梁格」などになっている（註6）。

　（F）の「会所役人」の項に、高田手永の会所役人を勤めた人の名が記されている。「手代」は惣庄屋の下で会所の仕事をまとめる責任者である。惣庄屋は各地の手永を転勤するので、手永会所の運営における手代の役割は大へん重要であった。長く村々の庄屋を勤めた人物や手永会所の役人を長く勤めた経験豊富な人物が選任されたと思われる。「手代」は上豊原村の笹尾武右衛門と記されている。（A）の項を見ると、彼は北片野川村の庄屋も勤めていることが分かる。上豊原村は高田手永の会所がある所なので、彼は会所に勤務しながら、球磨川を隔てた北片野川村の庄屋役も勤めていたのである。手代に次ぐ重要な役職である「下代」は植柳村の山田熊太郎と記されている。彼の名は下松求麻村庄屋の所にも記されている。球磨川の最下流部の植柳村の人物である山田熊太郎が直線距離で2kmほど上流の手永会所に勤めており、さらに上流部にある下松求麻村の庄屋も兼勤していたことが分かる。他にも同様の事例があるのかも知れないが、くわしいことは分らない。

（註1）熊本近世史の会編『肥後国郷村明細帳』（一）（二）、（青潮社、昭和59年）
（註2）（註3）拙稿「天保期　熊本藩農村の経済力」（『熊本史学』第89・90・91合併号、平成20年）
（註4）花岡興輝『近世大名の領国支配の構造』401頁、449頁、（国書刊行会、昭和51年）
（註5）拙稿「熊本藩の御用紙漉」＝『和紙―用と美の世界―』67〜68頁、（八代市立博物館　展覧会図録、平成15年）
（註6）松本雅明監修『肥後読史総覧』1037〜1047頁、（鶴屋百貨店、昭和58年）

「高田手永略手鑑」【凡例】
・本史料は八代市の個人蔵である。　　　　　　・原本の大きさはタテ13cm、ヨコ19.5cmである。
・原本は1枚の紙を上下に折り、折目を下にして、それをまた左右に折って重ねて折目を左にする。それを15枚重ねて合計60頁のノートに造りたててある。　　・説明のために記入した語句は（　）の中に入れた。
・原本の記載は、1行1項目として書かれているので、その形で翻刻すると、余白が大きくなりすぎたりするので、1行に原本の3行分、4行分を入れたりした所もある。その場合、読点（，）を使用したり、空白部を長くとったりするなどした。このように原本の記載様式をかなり変更した部分もあるが、その際は記述された意味が分かりやすいような形に配列するようにつとめた。

◦ 翻刻にあたって多くの場合、現在通用の字を使用した（圓→円、寶→宝、豫→予、傳→伝、靍→鶴 など）。
◦ （F）の項目の「　」の中は、後に訂正のために記入された語句である。また斜めの線は抹消のために引かれたものである。

（表紙）

```
            天保十五年

         高田手永略手鑑

       辰五月吉日        西村姓
```

（A）
　　　御蔵納
　一高四百九拾九石壱斗六升　　　　上豊原村庄屋　　　小田平五
　　　右同
　一同九百八拾七石九斗三升　　　　下豊原村庄屋　　　池田五作
　　　右同
　一同五百六拾壱石八斗六升　　　　奈良木村庄屋　　　小田貞八
　　　右同
　一同四百七拾四石八斗三升　　　　東本野村庄屋　　　幾平
　　　御惣庄屋御知行
　一同弐拾石四斗壱升　　　　　　　同村庄屋　　　　　同人
　　　御蔵納
　一高五百四拾三石五升　　　　　　西本野村庄屋　　　幾平
　　　右同
　一同四百九拾四石弐斗七升　　　　高下村庄屋　　　　池田五作
　　　右同
　一同四百九拾三石四斗弐升　　　　西高下村庄屋　　　理兵衛
　　　右同
　一同百八拾壱石七斗六升　　　　　大福寺村庄屋　　　山田数右衛門
　　　御給知
　一同三百七拾九石九斗三升　　　　敷河内村庄屋　　　栄助
　　　右同
　一同千三拾石弐斗五升　　　　　　植柳村庄屋　　　　山田甚左衛門
　　　右同
　一同七拾七石四斗八升　　　　　　麦嶋村庄屋　　　　桑原八左衛門
　　　右同
　一同百八拾六石壱斗八升　　　　　古麓村庄屋　　　　山鹿珎次
　　　御給知
　一高四百五拾六石三升　　　　　　萩原村庄屋　　　　木村龍作
　　　右同
　一同千弐百四拾壱石九斗七升　　　横手村庄屋　　　　佐伯恵八
　　　右同
　一同五百四拾三石弐斗六升　　　　松江村庄屋　　　　純左衛門
　　　右同
　一八百六石八斗九升　　　　　　　田中村庄屋　　　　伊藤幾太
　　　右同

一同千百六拾八石六升 　右同	古閑村庄屋	内田権之助
一同九百八拾五石弐斗八升 　右同	上野村庄屋	西条三左衛門
一同八百六拾弐石四斗 　右同	大村庄屋	淳次
一七百五石八升 　右同	海士江庄屋（ママ）	郡野八郎右衛門
一同九百弐拾四石七斗九升 　右同	新無田村庄屋	伊藤幾太
一同弐百三十弐石六斗九升 　右同	南吉王丸村庄屋	高野勘治
一同五百五拾七石八斗三升 　右同	吉王丸庄屋（ママ）	林次
一同七百七拾四石六斗六升 　右同	吉王丸村庄屋	林次
一同九百四拾九石九斗八升 　右同	東川田村庄屋	高瀬市郎助
一同百三拾六石九斗三升 　右同	猫谷村庄屋	村崎文太
一同七百四拾石六斗八升 　御蔵納	北片ノ川村庄屋	笹尾武右衛門
一五百七拾九石五斗四升 　御給知	上片ノ川村庄屋	同人
一同四百拾弐石七斗八升 　御給知	同村庄屋	同人
一高七百三拾五石三升 　右同	中片野村庄屋（ママ）	木村龍作
一同八百拾弐石六斗壱升 　右同	下片野村庄屋（ママ）	吉村卯兵衛
一同七百石七斗六升 　御蔵納	長田村庄屋	儀兵衛
一同四百四拾九石六斗九升 　御給知	井上村庄屋	同人
一同八拾六石八斗六升 　右同	同村庄屋	同人
一同千弐百七拾三石三斗三升 　右同	下井上村庄屋	蓑田周平
一同三百三拾壱石弐斗八升 　右（右同）	日置村庄屋	西尾覚兵衛
一同四百七拾七石六斗八升 　右同	上日置村庄屋	同人
一高四百八拾弐石九斗壱升 　右同	福正原村庄屋	淳次
一同三百七拾四石三斗五升 　右同	西宮地村庄屋	木村龍作
一同三百五拾三石四斗七升 　右同	東宮地村庄屋	同人
一同九百八拾七石壱斗八升	下松求麻村庄屋	山田熊太郎

右同
　一同六百五拾弐石弐斗七升　　　　　上松求麻村庄屋　　鶴山藤兵衛
　　　右同
　一同百石二升　　　　　　　　　　　本町庄屋　　　　　清左衛門
　　　右同
　一同五拾壱石五斗九升　　　　　　　二ノ町庄屋　　　　清六
　　　右同
　一同五拾九石九斗弐升　　　　　　　新町庄屋　　　　　清左衛門
　　　御給知
　一高百五拾九石九斗七升　　　　　　麦嶋町庄屋　　　　清六
　　　右同
　一同拾七石六斗九升　　　　　　　　平河原村庄屋　　　同人
　　　右同
　一同八拾三石弐斗八升　　　　　　　徳渕村庄屋　　　　徳太
　　　右同
　一五拾弐石五斗三升　　　　　　　　塩屋村庄屋　　　　弥兵衛
　　　右同
　一同八拾壱石八斗三升　　　　　　　塩浜　同村庄屋　　同人

　　　一紙
　　　　　四拾六ヶ村　庄屋三拾八人
　一高弐万六千三百三拾三石八斗三升八合九勺六才
　　御土物成壱万弐千三百拾四石八斗七升弐合六勺六才
　　　　高四ツ六分七朱六厘四毛四弗

　　　　　　　内
　一高五千四百九拾八石弐斗四升七合弐才　　　　御蔵納
　　御土物成弐千六百七拾八石弐斗五升八合八勺
　　　　　高四ツ八分七朱壱厘壱毛壱弗
　　高弐万八百三拾五石五斗九升壱合九勺四才　　御給知
　　御土物成九千六百三拾六石六斗壱升三合八勺六才
　　　　　高四ツ六分弐朱五厘七弗

（B）
寺社山伏并在居住坊主
　　　宮地村　　妙見宮執行　　神宮寺、　　　同村　　　右同社僧　　悟真寺
　　　同村　　　右同社僧　　　院主、　　　　同村　　　右同　　　　一乗坊
　　　東宮地村　　　　　　　　宗覚寺、　　　松崎村　　妙見宮社僧　財徳坊
　　　上野村　　　　　　　　　徳敬寺、　　　奈良木村　　　　　　　正現寺
　　　東本野村　　　　　　　　延崇寺、　　　植柳村　　　　　　　　勝明寺
　　　同村　　　　　　　　　　明泉寺、　　　同村　　　　　　　　　光現寺
　　　下松求麻村　　　　　　　法讃寺、　　　上松求麻村　　　　　　崇光寺
　　　萩原村　　　　　　　　　専西寺、　　　古閑村　　　　　　　　浄沢寺
　　　日置村　　　　　　　　　正本寺、　　　下井上村　　　　　　　徳専寺
　　　長田村　　　　　　　　　真光寺、　　　新牟田村　　　　　　　円満寺
　　　上片野村　　　　　　　　清伝寺(ママ)、　西宮地村　　　　　　　正福寺
　　　宮地村　妙見宮神主　　　緒方大和守、　御霊宮右同　　　　　　緒方伊予守
　　　下豊原村　遥拝宮社司　　白石出雲、　　大福寺村　　　　　　　宝泉院
　　　植柳村　妙見宮社守　　　胎蔵院、　　　松江村　大神宮右同　　日照院

高下村　　　　　　　安楽院、　　　　萩原村　天満宮社守　梅本院
下井上村　竹原妙見宮右同　利生院、　　同村　右同断　　　　本覚院
下松求麻村　永代居住　　昇道、　　　　海士江村　一代居住　秀栄
西宮地村　二代居住　　　円快、　　　　田中村　一代居住　　了厳
下片野川村　右同　　　　了行、　　　　中片野川村　右同　　知燈
上日置村　右同　　　　　聞教、　　　　高子原村　右同　　　茂瑞
南吉王丸村　右同　　　　章瑞、

(C)　萩原村居住　御普請方人仕　　白石駒平
　　　松江村　右同　山城殿御家来　木本駒次
　　　同村　右同　御同人右同　　　西垣　一

(D)　(在御家人、地士以上)
　　　下豊原村居住　組付御中小姓列　　　松岡理右衛門
　　　同村居住　御留守居御中小姓席　　　松岡亀記
　　　吉王丸村居住　右同　　　　　　　　矢住次左衛門
　　　奈良木村居住　御留守居御中小姓列　小田藤右衛門
　　　植柳村　右同　　　　　　　　　　　米　弥左衛門
　　　同村居住　右同　　　　　　　　　　中村右左衛門
　　　同村居住　御目見医師　　　　　　　橋本宗甘
　　　御焼物師　歩御小姓列　　　　　　　上野忠兵衛
　　　上野村居住　御郡医師並　　　　　　土生玄忠
　　　宮地村居住　右同　　　　　　　　　桑原宗寿
　　　新牟田村居住　右同　　　　　　　　池辺恵畤
　　　　　　　　　　　　　　　　　　　　佐藤久右衛門
　　　在勤中諸役人段　　　　　　　　　　松岡理三郎　御山支配役并御蜜柑支配役、御備武器手入方受込
　　　在勤中諸役人段　　　　　　　　　　小田貞之允　唐物抜荷改方御横目并御手附御横目役兼帯井樋方助役、紙楮仕立方倡
　　　御焼物師　諸役人段　　　　　　　　上野野熊
　　　古麓村居住　一領壱疋　　　　　　　山鹿茂次右衛門　塘方助役、麓川并水無川橋筧、紙楮受払方并楮川下り惣見締、御新地御築立中御手附横目当分

　　　鋪川内村居住　在勤中一領壱疋　　　水谷久平　鋪川内御開見締役
　　　上松求麻村居住　壱領壱疋　　　　　鶴山金右衛門　紙楮見締
　　　古閑出村居住　　右同　　　　　　　渡辺重右衛門　四百町・七百町・鹿嶋尻御新地見締役
　　　萩原村居住　　　右同　　　　　　　阿部茂兵衛　紙楮見締役并同受払受込、楮問屋根締役兼
　　　高下村居住　　　右同　　　　　　　郡野喜三左衛門　△先ニ入（七行先の萩本理左衛門の次に移す）
　　　萩原村居住　　　右同　　　　　　　池部徳右衛門　紙楮蜜抜見締、同仕立方受込
　　　下豊原村居住　　右同　　　　　　　松岡仙八　櫨楮見締役
　　　西高下村居住　　右同　　　　　　　赤星伴七
　　　植柳村居住　　　一領壱疋　　　　　中村清兵衛
　　　同村居住　　　　右同　　　　　　　中村仙之助
　　　同村居住　　　　右同　　　　　　　山田甚左衛門
　　　萩原村居住　　　右同　　　　　　　萩本理左衛門
　　　△前より入（七行前の郡野喜三左衛門をここに移す）
　　　下豊原村居住　　右同　　　　　　　松岡新右衛門
　　　新牟田村居住　　右同　　　　　　　沢田市助
　　　萩原村居住　　　右同格　　　　　　清田平九郎
　　　新牟田村居住　　右同　　　　　　　西　三十郎
　　　諸職棟梁末席　　　　　　　　　　　木村栄太
　　　植柳村居住　　　地士　　　　　　　渡辺武左衛門　御制度格別見締
　　　同村　　　　　　右同　　　　　　　本田清八　平準方砂取御蔵見締

下松求麻村	右同	藤田清右衛門
新牟田村	右同	益田貞次
古閑村	右同	服部次郎兵衛
奈良木村	右同	小田貞八
下豊原村	右同	橋本九右衛門
植柳村	右同	坂田重右衛門
宮地村	右同	佐伯恵八
植柳村	右同	本嶋丈左衛門

(E)（在御家人…郡代直触）

一御郡代衆御直触

高子原村	伊藤幾太	在勤中　高嶋御開下見締
植柳村	中村万次郎	在勤中　養蚕方受込
宮地村	下川直吉	在勤中　蚕桑方受込
同村	佐伯理平次	在勤中　紙楮見締
上豊原村	豊田泰助	御制度格別見締
宮地村	木村龍作	紙楮受払受込
上片野川村	片山庄之助	在勤中　紙楮見締
日置村	蓑田平左衛門	在勤中　右同
長田村	有田直右衛門	在勤中　右同
植柳村	桑原八左衛門	在勤中　紙楮見締
上松求麻村	蓑田次助	右同
同村	鶴山藤兵衛	右同
上野村	橋本忠左衛門	御制度格別見締
横手村	西村丈七	在勤中　手永見締

西高下村	垣田勇喜、	同村	垣田只次、	萩原村	鶴　玄泰
古閑出村	郡野八郎右衛門、	上松求麻村	蓑田平右衛門、	植柳村	中村次郎八
古麓村	山鹿珎次、	横手村	吉永貞助、	上松求麻村	蓑田角之允
西高下村	宇野春斎、	海士江村	吉村仁右衛門、	下片野川村	吉村宇兵衛
上日置村	阿部理三次、	下松求麻村	田中玄的、		小林英左衛門
上片野川村	生田唯右衛門、	宮地村	西坂理助、	新無田村	高野勘次
下松求麻村	舟津恒三郎、	植柳村	桑原新七郎、	同村	井上新右衛門
吉王丸村	吉田角助、	日置村	蓑田又次郎、	上松求麻村	有馬恵兵衛
上野村	西条三左衛門、	上豊原	笹尾武右衛門、	萩原村	服部直次
同村	阿部惣七、	同村	松田栄吉、	同村	服部弥三次
高子原村	伊藤形右衛門、	新無田村	高野清兵衛、	猫谷村	村崎文太
高下村	池田五作、	植柳村	山田熊太郎、	同村	山田数右衛門
植柳村	藤木清蔵、	植柳村	岡田貞平、	宮地村	松村九平
中片野川村	本郷玄□、	吉王丸村	吉田一郎助、	西高下村	田川喜三郎
古閑村	加隈十蔵、	東川田村	伊藤善吉、	古閑村	田川助次郎
西宮地村	西尾覚兵衛、	猫谷村	本田貞八、	宮地村	宮原忠平
下松求麻村	藤田清之允　末席、	宮地村	下川寿一	右同
上日置村	西　道祐　御郡代衆御支配				

(F)

一会所役人并人馬所役人

手代	上豊原村	笹尾武右衛門、	下代	植柳村	山田熊太郎
根締	上豊原村	右田吉兵衛、	手代差添	宮地村	佐伯理平次
下代差添	東川田村	松島左次右衛門、	当用方	上片ノ川村	片山庄之助

会所詰	横手村	仁左衛門、		御免方 当分	下日置村	蓑田平左衛門
出銀方	横手村	西村丈七、		御年貢方	長田村	有田直右衛門
当用方	高下村	小左衛門、		役方	植柳村	和久田仙左衛門
御年貢方	奈良木村	小田弥七郎、		出銀方	大福寺村	勝右衛門
役方	鋪川内村	栄次、		手永横目	植柳村	岡田仲左衛門
右同	海士江村	本次、		井樋方 小頭	古閑村	「加隈」十蔵
塘方小頭	上豊原村	善左衛門、		右同小頭	福正原村	理三次
本方櫨方小頭	上豊原村	仙助、		御新地方小頭	古閑村	「加隈」和作
小頭	下松求麻村	次兵衛、		水善寺櫨方右同(ママ)	上豊原村	忠右衛門
麓川受込小頭	宮地村	順助、		麓川受込小頭	上野村	嘉左衛門

植柳村　山田甚右衛門、　下松求麻村　恒右衛門、　下豊原村　西 常太郎、　上豊原村　文五、
御山方小頭　奈良木村　安兵衛、　横手村　半左衛門、　上豊原村　橋本猪右衛門、
宮地村　用右衛門、　猫谷村　村崎直助、　上豊原村　敬右衛門、　下松求麻村　次右衛門、
宮地村　佐伯三次郎、　米穀方受込小頭　上豊原村　礼助、　下豊原村　西 保次郎、
植柳村　中村弥三郎、　御新地方小頭　高子原村　円助、　植柳村　格助

(G) 松江駅所惣代
　　　　横手村　吉永貞助、　　田中村　加隈徳左衛門、　　小頭　横手村　逸右衛門

　　　　以上

天保十五年　五月　　　　　　　　　　　　　　　　　　　　　　（終）

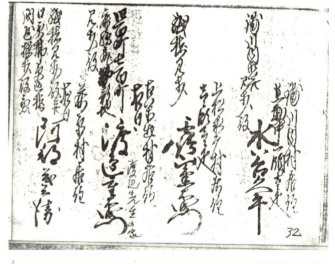

〈原本のコピー〉
　【上】表紙
　【右上】史料の32頁目
　【右下】史料の46頁目
　　右下隅の字は？
　　「中片野川村　本郷玄？」

あとがき

　八代古文書の会は、1978年（昭和53年）に発足しました。20周年目の1998年（平成10年）には八代市の文化祭に合わせて記念の講演会を実施し、30周年目には『松井章之の江戸旅行日記』の史料翻刻と、会員全員が書いた文章（論文など）を掲載した記念誌を出版しました。史料集も8冊出版しています。会員は20名にたりませんが、会員の熱心さに支えられて37年目を迎えています。

　本書は これまで出版してきた史料集と違って、蓑田勝彦の著作集的な性格のものとなりました。「はじめに」にも書いていますが、もともとは蓑田勝彦が今まで書いてきた論文などを集めた著作集を出版する予定でしたが、新しく書くべきことが多くあり、それを古文書の会会報という形で書いてきました。本書には50号まで収録しましたが、現在は下記のように61号まで発行しています。今後もできるだけ努力して、もし100号までできたら2冊目を……と思っています。

　　No.51　（2014年3月）　松井章之の参府行列（安政3年）について
　　No.52　（　同　4月）　熊本藩における「銭匁勘定」の成立と藩札
　　No.53　（　同　5月）　「伊勢途中記」―ある農民の伊勢参宮日記―
　　No.54　（　同　6月）　安政三年＜松井章之の帰国日記＞（上）
　　No.55　（　同　7月）　安政三年＜松井章之の帰国日記＞（下）
　　No.56　（　同　8月）　熊本藩農村における伊勢宮神納銭―藤岡家史料より―
　　No.57　（　同　9月）　江戸後期 八代海における干拓新田開発―鹿嶋尻新地について―
　　No.58　（　同　10月）　天保期の熊本藩農村―「諸御郡惣産物調帳」より―
　　No.59　（　同　11月）　肥後菊池の天地元水神祭司=渋江家について
　　No.60　（　同　12月）　熊本藩の芸能座―八代の加子町座について―
　　No.61　（2015年1月）　史料紹介　松井章之の参府日記（別本）＜その1＞

　出来たらこれまで書いてきたものを著作集という形にしたいと思って始めたことで、そのとき作成した著作目録がありますので次に記しておきたいと思います。いつかはこれをもとに著作集を作成したいと思っていますが、歴史研究をされる方に参考になりそうなものがあったら……と思います。

　　　　　　　《 蓑田勝彦著作目録 》

A.【論文など】
(1)肥後藩の干拓新田―いわゆる「士族開」について―
　　　　　　（熊本大学法文学部国史研究室『国史論叢』第一集）　　　　　　　　　　　　　1965
　　　のち（森田誠一編『肥後細川藩の研究』名著出版、1974.10）所収
(2)肥後藩の請免制について　（熊本近世史の会「年報 熊本近世史」昭和42年度号）　　　　1968.1
(3)松井氏の干拓新田史料　（熊本近世史の会「年報 熊本近世史」昭和43年度号）　　　　　1969
(4)肥後藩の蝋専売の成立について　（熊本大学国史科同窓会『国史論叢』第二集）　　　　　1972.1
(5)水俣の"ハゼの木騒動"について　（熊本県高等学校社会科研究会「研究紀要」第3号）　　1972.4
(6)史料紹介・肥後藩の蝋販売所と蝋価格　（熊本近世史の会「年報 熊本近世史」昭和46年度）　1972.4
(7)肥後の飛脚について　（熊本県高等学校社会科研究会「研究紀要」第4号）　　　　　　　1974.3
(8)松井氏の飛脚について　（熊本近世史の会「年報 熊本近世史」昭和47・48年度合併号）　1974.6
(9)球磨川の舟運と坂本村　（八代東高校坂本分校 郷土研究同好会、謄写版）　　　　　　　1974,10
(10)延享四年の芦北郡の百姓一揆について　（熊本近世史の会「年報 熊本近世史」昭和49年度号）　1975.5
(11)肥後藩の百姓一揆について　（「熊本史学」第49号、熊本史学会）　　　　　　　　　　1977.5
　　　のち（藤野保編『九州近世史研究叢書 第9巻 九州と一揆』、国書刊行会、1985.8）所収
(12)球磨川舟運と在町的集落の成立―八代郡高田手永萩原土手町について―
　　　　　　（熊本市史学会『熊本の歴史と社会』熊本史学第50号記念特集号）　　　　　　1977.12
(13)肥後藩の百姓一揆　上下　（熊本日日新聞）　　　　　　　　　　　　　　1978.3.20、同3.27
(14)近世球磨川の舟運について　（『歴史手帖』6-12、名著出版）　　　　　　　　　　　　1978.12
(15)松井家　（『太陽コレクション』9、仕事と暮し 武士・官吏」、平凡社）　　　　　　　 1979
(16)肥後藩の百姓一揆・補遺　（熊本近世史の会「年報 熊本近世史」昭和53年度号）　　　　1979.5

(17)民衆の抵抗・百姓一揆　『新・熊本の歴史』5　近世(下)、熊本日日新聞社）　1980.4
(18)史料紹介―加藤清正書状三通―　（熊本近世史の会「年報 熊本近世史」昭和54年度号）　1980.7
(19)史料紹介―徳富家の水俣書堂関係史料―　（熊本近世史の会「年報 熊本近世史」昭和55年度号）1981.3
(20)港の城下町・八代　（ぎょうせい『日本の城下町』12）　1981.10
(21)熊本県歴史の道調査―薩摩街道―（熊本県文化財調査報告　第60集、p.34～71)
　　　　　　　（熊本県教育委員会、昭和58年）　　〈分担執筆〉　1983.3
(22)熊本県歴史の道調査―人吉街道―（熊本県文化財調査報告　第66集、p.7～41)
　　　　　　　（熊本県教育委員会、昭和59年）　　〈分担執筆〉　1984.3
(23)幕末の肥後藩窯―八代焼の生産構造―（熊本近世史の会「年報 熊本近世史」昭和60年度号）1986.6
(24)古城松井家について　（熊本近世史の会「年報 熊本近世史」昭和61年度号）　1987.11
(25)熊本県歴史の道調査―球磨川水運―（熊本県文化財調査報告　第99集、p.101～137)
　　　　　　　（熊本県教育委員会、昭和63年）　　〈分担執筆〉　1988.3
(26)八代城下町について　（八代市史近世史料篇Ⅰ『御町会所古紀之内書抜』上巻）　1989.3
(27)加藤氏時代の八代焼について　（「史灯」第8号、熊本大学文学部国史研究室）　1989.8
(28)肥後八代の名産「搗剥」について　（熊本近世史の会「年報 熊本近世史」昭和63年度号）　1989.12
(29)稲津弥右衛門―萩原堤の復旧工事と農村復興―
　　　　　　　（「江戸時代人づくり風土記」43熊本、農山村文化協会）　1990
(30)櫨栽培―熊本藩の製蝋事業―　（「江戸時代人づくり風土記」43熊本、農山村文化協会）　1990
(31)球磨川舟運と坂本村　（坂本村村史編纂委員会『坂本村史』p.412～448)　1990.12
(32)解説「八代城郭図」について　（八代市史近世史料篇Ⅱ『御町会所古記之内書抜』中巻）　1991.3
(33)岩永三五郎と雄亀滝橋について
　　　　　　　（熊本近世史の会「年報 熊本近世史」平成元年度・2年度合併号）　1991.7
(34)史料紹介―月田蒙斎について―　（熊本近世史の会「年報 熊本近世史」平成元年・2年度合併号）
　　　　　　　　　　　　　　　　　　　　　　　　　　　　　　　　　　　1991.7
(35)史料に見る八代染革（八代の歴史と文化 Ⅱ「さまざまなる意匠―染韋の美―」八代市立博物館）1992.10
(36)史料紹介―細川氏の参勤交代と豊後国の神馬牧―
　　　　　　　（熊本近世史の会「年報 熊本近世史」平成3年度号）　1992.12
(37)史料紹介―幻の目鑑橋・馬見原三河橋（蘇陽町）について―
　　　　　　　（熊本近世史の会「年報 熊本近世史」平成4年・5年度合併号）　1994.6
(38)慶応四年豊後国鶴崎の敵討―横井小楠の「士道忘却問題」に関連して―
　　　　　　　（熊本近世史の会「年報 熊本近世史」平成6年度号）　1996.11
(39)肥後近世史の研究―八代古文書の会による近世史料出版―
　　　　　　　　　　　　　　　　（宮嶋利治財団『宮嶋クリエイト』第9号）　1997.3
(40)茂見伴右衛門と「天球地球」　（熊本歴史学研究会「熊本歴研 史叢」創刊号）　1997.8
(41)肥後の石工・目鑑橋について　（熊本県高等学校地歴・公民科研究会「研究紀要」第28号）　1998.3
(42)横井小楠の「酒失事件」について　（甲佐高等学校『甲高紀要』27号）　1998.3
(43)熊本町の豪商＝財津家について　（熊本歴史学研究会「熊本歴研 史叢」第2号）　1998.7
(44)熊本町における商品生産・流通の資料紹介
　　　　　　　（熊本近世史の会「年報 熊本近世史」平成7年・8年度合併号）　1998.11
(45)水俣侍山櫨場の開発について　（熊本近世史の会「年報 熊本近世史」平成9・10年度合併号）　1999.6
(46)肥後の富講―残存する富札による考察―　（熊本歴史学研究会「史叢」第4号・第5号合併号）　2000.7
(47)八代焼の歴史について―陶工上野家とその生産―
　　　　　　　（八代の歴史と文化 Ⅹ「八代焼―伝統の技と美―」八代市立博物館 図録）　2000.10
(48)江戸時代の松合村について　（不知火町郷土史研究会「燎火第8号」)　2001.3
(49)幕末期熊本藩における銃砲の製造（二）同田貫刀工による銃砲製造
　　　　　　　（玉名歴史研究会「歴史玉名」第45号、平成13年6月）　2001.6
(50)幕末期熊本藩における銃砲の製造（一）南関手永における銃砲の製造
　　　　　　　（玉名歴史研究会「歴史玉名」第47号、平成14年4月）　2002.4
(51)「漆川内焼」の新史料について　「年報 熊本近世史年報」平成11.12.13.年度合併号

　　　　　　　　（熊本近世史の会、平成14年7月）　　　　　　　　　　　　　　2002.7
(52)肥後細川藩の御用窯　八代高田焼と山鹿上野焼　（熊本歴史学研究会「熊本歴研 史叢」第8号）
　　　　　　　　　　　　　　　　　　　　　　　　　　　　　　　　　　　　　2002.7
　　　　　　（同題の、同趣旨の文を『やきもの』創刊号。やきもの研究会、平成14年9月に掲載）　2002.9
(53)江戸後期阿蘇地方における「北国流」稲作技術の導入
　　　　　　　　　　『アグリカ』第15号、熊本農耕文化研究会　　　　　　　2003.2
(54)江戸後期 熊本藩における通貨制度――藩札の流通――
　　　　　　　　　　『熊本歴研 史叢』第8号、熊本歴史学研究会　　　　　　2003.7
(55)幕末期の玉名郡伊倉町と旅人宿　　『歴史玉名』第51号、玉名歴史研究会　2003.10
(56)細川三斎の八代家臣団について　　『夜豆志呂』143号、八代史談会　　　2003.10
(57)熊本藩の御用紙漉――八代郡宮地村の紙漉について――
　　　　　　　　　　『和紙―用と美の世界―』、八代市立博物館 展覧会図録　2003.11
(58)真説 肥後の石工と目鑑橋　（熊本歴史叢書4　近世『藩政下の傑物と民衆』熊本日日新聞社）
　　　　　　　　　　　　　　　　　　　　　　　　　　　　　　　　　　　　　2003.12
(59)幕末期熊本における銃砲の製造　　（同上）
(60)肥後の石工・目鑑橋（補）　　（『年報 熊本近世史 平成14・15・16年度合併号』、熊本近世史の会）
　　　　　　　　　　　　　　　　　　　　　　　　　　　　　　　　　　　　　2004.6
(61)石工 岩永三五郎について　　　『熊本歴研 史叢』第9号、熊本歴史学研究会　2004.7
(62)同田貫刀工による銃砲の製造　　『同田貫―豪刀と幻の銃―』、玉名市立博物館 図録　2005.5
(63)横井小楠と米田監物―実学党の分裂について―（『熊本歴研 史叢』第10号、熊本歴史学研究会）
　　　　　　　　　　　　　　　　　　　　　　　　　　　　　　　　　　　　　2005.7
(64)江戸後期 熊本藩領における備前石工の活動　　（松本寿三郎先生・工藤敬一先生古稀記念論文集刊行会
　　　　　　　　　『熊本大学日本史研究室からの洞察』、熊本出版文化会館　　2005.8
(65)久野正頼「千日鑑」にみる横井小楠と米田監物　　（『近代熊本』No.29、熊本近代史研究会）　2005.9
(66)熊本藩の足軽・武家奉公人――「草取」「立木登」「御手木の者」――
　　　　　　　　　　『年報 熊本近世史』平成17年度、熊本近世史の会　　　2005.12
(67)「領内名勝図巻」の成立と熊本藩「御絵書」のストライキ
　　　　　　　　　　『熊本歴研 史叢』第11号、熊本歴史学研究会　　　　　2006.7
(68)小川の天野屋と熊本の天野屋――柏原太郎左衛門の子孫について――
　　　　　　　　　　『年報 熊本近世史』平成18年度、熊本近世史の会　　　2007.6
　　　　　　（のちに『燎火』第16号、宇城市教育委員会、2009年3月発行に転載）
(69)天保期 熊本藩農村の経済力―生産は200万石、年貢はその1/4－
　　　　　　　　　　『熊本近研会報』429号、熊本近代史研究会　　　　　　2007.8
(70)細川重賢の側室＝嘉門について　　『熊本歴研 史叢』第12号、熊本歴史学研究会　2007.8
(71)清田氏の拙稿批判について〈江戸時代後期、熊本藩の通貨制度〉　　（同上誌に収録）　2007.8
(72)肥後の敵討事件について　（『熊本史学』第87・88合併号、熊本史学会）　2007.6
(73)松井文庫の山鹿焼について　　『やきもの』第6号、やきもの研究会　　　2007.9
(74)熊本藩主の御用窯「山鹿上野窯」　（『新山鹿双書 第3回 山鹿上野窯』、山鹿市教育委員会）　2008.3
(75)熊本藩主の御座船「波奈之丸」の絵とその絵師
　　（『熊本藩家老 八代の殿様 松井章之の江戸旅行日記―八代古文書の会30年記念誌―』所収）　2008.10
(76)天保期　熊本藩農村の経済力―生産は二百万石以上、貢租はその1/4―
　　　　　　　　　　『熊本史学』89 90 91 合併号　　　　　　　　　　　　2008.10
(77)細川寿姫と「荒仕子」清七　『熊本歴研 史叢』第13号、熊本歴史学研究会　2008.11
(78)近世の八代―「八代の殿様」松井家―『肥後学講座 Ⅲ』熊本日日新聞社 所収　2009.3
(79)熊本藩の「請免制」とその経済効果（『年報 熊本近世史』平成19・20年度合併号）　2009.3
(80)熊本藩主＝細川斉護と「実学連」（『熊本近研会報』447号、熊本近代史研究会）　2009.3
(81)熊本藩の通貨と寸志―堤克彦氏の〈肥後藩の「寸志制度」について〉
　　　　　　　　　　『熊本近研会報』448号、熊本近代史研究会　　　　　　2009.4
(82)熊本藩主＝細川斉護の実学連排除―「学校党」は存在しなかった―

（『熊本近研会報』452号、熊本近代史研究会）	2009.8
≪熊本藩主=細川斉護の実学連排除―「学校党」は存在したか≫と改題、『熊本史学』第91号に収載	2010.5

(83)「天保期 熊本藩の生産力は二百万石以上、貢租はその1/4」について
　　　　　　　　　　　　　（『熊本近研会報』454号、熊本近代史研究会）　　　　　2009.10
(84)熊本藩武士社会の身分制度―知行取・中小姓・軽輩　　　　　　　　　　　　　2009.12
　　　　　　　　　　　　（『熊本歴研 史叢』第14号、熊本歴史学研究会）　　　　2009.12
(85)横井小楠の酒失事件について（『近代熊本』第33号、熊本近代史研究会）　　 2009.12
(86)熊本藩領 豊後国三手永の「惣産物調帳」について（『年報 熊本近世史』、熊本近世史の会）　2010.5
(87)横井小楠の酒失事件（補）『熊本近研会報』466号、熊本近代史研究会）　　　 2010.10
(88)熊本藩の「寸志」知行取（その1）（熊本歴史学研究会「熊本歴研 史叢」第15号）　2011.6
(89)細川幽斉画像の作者について　　　（熊本歴史学研究会「熊本歴研 史叢」第16号）　2012.5
(90)江戸時代の庶民と旅　　　　　　　（熊本歴史学研究会「熊本歴研 史叢」第17号）　2013.7
(91)〈史料紹介〉竹崎茶堂の長州探索　　『熊本近研会報』500号、熊本近代史研究会）　2013.8
(92)〈史料紹介〉肥後国八代郡 高田手永略手鑑（天保15年）について
　　　　　　　　　　　　　　　　　　（熊本歴史学研究会「熊本歴研 史叢」第18号）　2014.8

B.【史料翻刻など】（編者代表など）
ア．『肥後八代松井家 御家人帳』八代古文書の会　　　　　　　　　　1984.10（1997.12再）
イ．『人境考―江戸時代の八代郡誌―』八代古文書の会　　　　　　　　　　　　　1991.9
ウ．『天下太平 豊年記』八代古文書の会　　　　　　　　　　　　　　　　　　　1992.3
エ．『八代名所集―貞門時代の八代の俳諧集―』八代古文書の会　　　　　1992.11（1999.8再）
オ．『阿蘇の煙―細川氏歴代の逸話集―』八代古文書の会　　　　　　　　　　　　1993.4
カ．『熊本経済録―細川重賢の「宝暦の改革」―』八代古文書の会　　　　　　　　1995.
キ．『肥後八代 類例集―宝暦～文化年間の記録―』八代古文書の会　　　　　　　1996.5
ク．『八代市史 近世史料編Ⅳ 松井家文書 御給人先祖附』（八代市教育委員会）　1996.3
ケ．『八代市史 近世史料編Ⅴ 松井家文書 先例略記一』（八代市教育委員会）　　1996.3
コ．『八代市史 近世史料編Ⅵ 松井家文書 先例略記二』（八代市教育委員会）　　1997.3
サ．『八代市史 近世史料編Ⅶ 松井家文書 先例略記三』（八代市教育委員会）　　1998.3
シ．『八代市史 近世史料編Ⅷ 松井家先祖由来附』（八代市教育委員会）　　　　　1999.3
ス．『八代市史 近世史料編Ⅸ 松井家文書 大風 出火 洪水など』（八代市教育委員会）　2000.3
セ．『八代市史 近世史料編Ⅸ 松井家文書 大風 出火 洪水など』（八代市教育委員会）　2000.3
ソ．『八代市史 近世史料編Ⅹ 松井家文書 妙見宮関係』（八代市教育委員会）　　 2002.3
タ．『八代焼総合調査事業―八代焼史料集』（八代市立博物館）　（共編）　　　　 2002.3
チ．『八代市史 近世史料編 Ⅰ～Ⅹ 索引』（八代市教育委員会）　　　　　　　　 2006.3
ツ．『熊本藩家老 八代の殿様 松井章之の江戸旅行日記―八代古文書の会三〇年記念誌―』
　　　　　　　　　　　　　　　　　　　　（八代古文書の会）　　　　　　　　 2008.10

C.【一部分を分担したもの】
①清正勲績考刊行会『清正勲績考』（本妙寺 宝物館）　　　　　　　　　　　　　1970.3
②細川藩政史研究会『熊本藩年表稿』（代表 森田誠一）　　　　　　　　　　　　1974.3
③全国歴史散歩シリーズ43『熊本県の歴史散歩』（山川出版社）　　　　　　　　1974.11
〔新全国歴史散歩シリーズ43『新版 熊本県の歴史散歩』（山川出版社）1993.5　上記の改訂版〕
④『編年 百姓一揆史料集成』1～13（三一書房）　　　　　　　　　　　　　1979～1985
⑤岩本税・水野公寿『郷土史事典 熊本県』（昌平社）　　　　　　　　　　　　　1980
〔岩本税・水野公寿編『トピックスで読む 熊本の歴史』（葦書房）1994.10　上記の改訂版〕
⑥『熊本県大百科事典』（熊本日日新聞社）　　　　　　　　　　　　　　　　　1982.4
⑦『細川家旧記・古文書目録 続編』（細川藩政史研究会）　　　　　　　　　　　1983.11
⑧日本歴史地名大系 第44巻『熊本県の地名』（平凡社）　　　　　　　　　　　1985.3